JN441544

개정판

# 노동경제학

Labor Economics

김 유 배 저

博 英 社

# 개정판머리말

「노동경제학」 초판이 나온 지 어느덧 2년이라는 세월이 흘렀다. 지난 시간을 돌이켜볼 때, 많은 학생들과 독자들에게 과분한 격려와 조언을 받았다고 생각된다. 하지만, 저자가 이 책을 강의교재로 사용하면서 느꼈던 것은 학생들에게 좀더 풍부한 내용과 쉬운 설명을 하지 못했다는 것이다.

저자의 부족함을 다시 한번 느끼면서, 이번 개정판을 내놓음으로써 이 책을 강의교재로 쓰고 계시는 많은 교수님들과 노동경제학을 배우고 있는 많은 학생들에게 그 동안의 성원과 격려에 보답하고자 한다.

「노동경제학」 개정판은 초판의 기본골격을 유지하면서 서술내용을 좀더 간결하고 알기 쉽게 하였으며, 통계자료를 최근의 자료로 수정하였다는 것이 주요 특징이라 하겠다. 그리고 최근 변화하고 있는 노동시장 관련내용을 추가적으로 보충하였으며, 여러 가지 수식이나 그림에 사용된 기호나 문자를 일괄적으로 통일하였다. 또한 이론적인 구성이 미흡한 부분을 보완하여 정형화된 이론적 틀로 재구성하였으며, 필요이상으로 복잡하고 어렵게 구성된 내용을 축약, 삭제하여 군더더기 내용을 가능한 한 줄이도록 노력하였다.

마지막으로 이번 개정판을 내면서 그 동안 이 책의 향상을 위해 아낌없는 격려와 조언을 해주신 많은 분들께 이 지면을 빌어 심심한 감사를 드리고자 한다. 개정판의 편집을 맡아주신 박영사의 안종만 회장님과 우석진 차장님, 송창섭 선생님, 교정작업을 도와준 성균관대학교 경제학과 황광훈 조교, 남도학숙의 전영조, 박형욱, 이동욱, 이응서 군 등에게 깊이 감사드린다.

2006. 9.

명륜동 연구실에서

김 유 배

# 머리말

IMF외환위기 이후 한국의 노동시장에는 많은 변화가 있었다. 기업들의 파산에 따른 실직과 구조조정에 의한 대량해고 등 실업은 사회문제가 되었고, 평생직장은 사라졌으며, 사회 초년생에게 취업의 문은 너무 좁아졌다. 또한, 한국사회는 낮은 출산율과 노령화지수의 급격한 증가로 향후 빠르게 고령사회로 진입할 것으로 보인다. 이에 따라 경제성장의 저하와 산업구조의 변화는 노동시장에도 많은 변화를 줄 것으로 보인다.

노동경제학은 이렇게 우리의 삶과 밀접한 학문임에도 취업을 앞둔 고학년생이 되어서야 수강을 해서인지 학생들은 큰 관심을 두지 않는 것 같다. 그러나 앞에서 말한 것처럼 노동경제학은 교육, 취업, 임금, 실업 등 우리의 삶과 밀접한 분야를 다루는 학문으로서 학생들이 가장 관심을 가지고, 선호하는 과목이 되어야 한다는 것이 저자의 생각이다.

한편 노동경제학 분야에 대한 연구가 활발해지고, 그 중요성이 커짐에 따라 학생들이 보기 쉬운 교과서를 제공하여 노동시장에 대한 이해를 넓히고자 본서를 집필하였다.

본서를 집필함에 있이 저자는 대략 다음과 같은 점에 유의하였다.

첫째, 학생들에게 노동경제학의 중요성을 인식시키기 위해 이론과 실제의 연결을 중요시하여 친절한 설명과 분석에 바탕을 두어 사고의 폭을 넓히고자 하였다. 이를 위해 경제학의 영역과 경영학의 영역 중 노동시장 및 노사관계와 관련된 상당히 폭넓은 학문영역과의 연계성 속에서 노동경제학을 서술하였다. 특히 노동시장에서 노동력을 제공하고 수요하고 있는 개별 행위주체로서의 행동을 중심으로 한 미시적 분석과 경제 전체를 대상으로 한 노동시장의 거시적 분석을 나누어 살펴보고, 이를 체계적으로 연계시키는 데 역점을 두었다.

둘째, 노동경제학이 인간의 삶과 가치를 다루기 때문에 한국인의 삶과 가치에 부합하는 경제현실과 정합성을 갖는 실천적인 경제 · 사회정책을 모색하고자 노력하였다. 그런 의미에서 한국 노동시장의 현실자료 및 통계, 실증분석의 결과를 가능한 범위 내에서 포함시켰다.

셋째, 이 책은 비단 대학의 학생만이 아니라 노동관계 실무자, 노동조합 관계자, 일반 독자도 이해할 수 있도록 서술코자 최대한 노력하였다. 따라서 이 책은 기존의 이론과 정책을 소개하는 교과서로서의 성격을 지니기도 하며, 한국의 노동문제 해명에 유의한 체계를 객관적으로 정립해 보고자 하는 저작으로서의 성격도 지닌다.

이 책은 총 6편 19장으로 구성되어 있다. 노동경제학에서 다루어야 하는 모든 중요한 주제들을 포함하도록 하였고, 주제들을 배열하는 데에는 하나의 주제가 다른 주제로 원활하게 연결될 수 있도록 하기 위하여 각 장들이 논리적으로 진전되도록 구성하였다. 이 책의 내용을 요약 · 정리하면 다음과 같다.

제 1 편 노동경제학 입문에서는 노동경제학의 영역, 연구대상 및 특징과 역사 등을 소개한다.

제 2 편 노동수요와 노동공급에서는 먼저 단기, 장기에 있어 노동수요에 대해 살펴본 다음, 노동시간 배분 및 노동력 참가의 변화에 따른 단기 · 장기 노동공급 결정을 구체적으로 논의한다. 그리고 노동의 수요와 공급이 임금과 고용량을 결정하는 데 연계되어 있음을 밝힌다.

제 3 편 노동시장에서의 투자행위에서는 인적자본에의 투자결정 모형을 분석하고, 교육 및 기술에 관한 개인과 기업의 투자행위를 살펴본다. 또, 기업 내부와 외부에서의 직업탐색과 인적자본 투자로서의 노동이동을 분석하고 이런 노동이동을 가능하게 하는 요인을 살펴본다.

제 4 편 보수와 비임금 비용에서는 먼저 현실의 경제에서 보여주는 임금의 의미, 임금수준의 결정, 임금구조에 있어서 개념상의 문제 등을 파악한 다음, 현실의 노동시장에서 임금격차가 존재하는 현상을 보이고, 이어서 차별에 따른 임금격차가 발생하는 이유를 규명해 본다.

제 5 편 노동시장과 거시경제운용에서는 노동시장에서 총공급과 총수요의 괴리현상을 실업을 통해 파악하고, 각 유형별 실업이 어떠한 경제적 메커니즘을 통해 발생하는가를 검토한다. 또한, 특정 제약조건 아래에서 인간이 선택한 결과로서 결정되어지는 소득분배에 대한 몇 가지 문제들을 개관한다.

마지막 제 6 편 노사관계와 단체교섭에서는 노사관계의 구조 및 발전과정을 개관하고, 노동조합의 발달과정과 아울러 그 조직 및 구조, 영향 등을 차례로 살펴본다. 또한, 노동자는 왜 노동조합에 가입하고 단체교섭을 해야 하며 노동쟁의에 따른 노동조합이나 기업이 교섭과정에서 선택할 수 있는 수단들을 설명하고, 끝으로 임금, 고용, 생산성, 소득의 불평등, 경제적 후생 등에 관한 노동조합의 영향을 분석한다.

이 책은 경제학을 전공으로 하는 학생으로 미시경제학과 거시경제학을 수강하였다면 무리 없이 이해할 수 있을 것으로 생각된다. 노동시장론과 노사관계론으로 나누어 원래 두 학기에 강의를 마칠 수 있도록 집필하였지만, 전체를 한 학기에 강의할 경우에는 학생들이 독자적으로 이해할 수 있는 제12, 13, 17 및 18장 등을 자율학습이나 인터넷 가상수업으로 대체하는 것이 좋을 것으로 생각된다.

저자가 성균관대학교에서 노동경제학을 가르친 지도 어언 26년의 세월이 흘렀다. 미국에서 돌아와 학생들과 함께 하면서 때로는 경제자문관으로 아시아와 아프리카 등 후발개도국의 경제실상들을 접하였고, 최고의 정책과정에 참여하는 등 다양한 활동을 하였다. 저자는 그 동안의 경험을 정리하고자 노력하였고, 이는 학생들에게 유용한 교과서가 되리라고 생각된다.

본서를 집필함에 있어서는 여러분들이 많은 도움을 주었다. 우선 여러 해 동안 이 책을 기획해 온 박영사의 안종만 회장과 우석진 차장, 송창섭 씨 등 박영사 관계자 여러분들의 노고에 감사드린다.

이 책의 초교를 읽고 유익한 논평과 보완작업을 해준 윤석천 교수, 강순희 박사, 이규용 박사, 김태홍 박사, 김난주 양에게 감사드린다. 성균관대학교의 차진영, 이광진, 황광훈 군과 류서영 양은 원고정리부터 교정 및 색인작업에 귀중한 시간을 할애하여 주었다. 또한, 남도학숙의 한상진, 김성우, 김기환 군과 민영숙 양 등도 최후의 교정작업에 참여하여 많은 도움을 주었다.

본서의 내용구상, 집필과정은 저자에게 매우 어렵고 인내를 요구하는 과정의 연속이었다. 힘들고 고통스러운 사색의 과정에 있을 때 불편함도 참아가며 격려와 내조를 해 준 나의 아내와 가족들에게 고마움과 사랑의 마음을 전하고 싶다.

저자는 한국의 노동문제에 대한 경제학적 해명을 위한 설득력 있는 교재를 써 보겠다는 의욕으로 집필에 착수하였지만, 막상 집필을 마친 시점에서 돌이켜보면 저자의 학문적 부족을 절감하지 않을 수 없다.

아무쪼록 본서가 노동경제의 실상과 움직임을 보다 체계적으로 파악하는 데 도움이 되기를 바라며, 독자 여러분의 많은 비판과 충고가 있기를 기대한다.

2004. 10.

명륜동 연구실에서

金 有 培

# 차 례

## 제 1 편 노동경제학 입문

## 노동수요와 노동공급

# 제 3 편 노동시장에서의 투자행위

## 제4편 보수와 비임금 비용

## 제6편 노사관계와 단체교섭

# 제 1 편 노동경제학 입문

제 1 장

# 노동경제학 소개

경제학(Economics)이란 인간이 행한 선택의 원인과 결과가 어떻게 그들의 경제생활에 영향을 미치는가를 연구하는 사회과학이다. 경제학의 응용분야인 노동경제학(Labor Economics)은 인간이 행한 선택이 노동시장에 있어서 임금과 고용에 어떻게 영향을 미치게 될 것인가를 연구대상으로 한다.

노동경제학에서 다루는 분야가 교육, 취업, 임금, 이직, 노사관계 등 우리의 삶과 밀접한 관련이 있는 분야임에도 '노동' 이라는 단어가 주는 어감 때문인지 학생들의 관심은 그리 크지 않은 듯하다. 노동경제학이 조금은 고전적이고 협소한 경제학의 한 부분이라는 인식은 큰 잘못이다. 노동은 바로 사람이며, 사람은 바로 경제의 주체이다.

이 장에서는 노동경제학의 연구대상과 특징을 소개함으로써 이 후의 논의에 대한 이해를 돕고, 노동경제학에 대한 올바른 이해를 주고자 한다.

## 1.1 노동경제학의 연구대상

노동시장은 오늘날 경제 내에 존재하는 많은 시장들 중에서도 매우 중요하다. 대부분의 사람들은 생계를 위한 소득을 얻기 위해 하루의 대부분 시간을 노동시장에 제공하며, 일하지 않을 때의 여가 시간도 업무를 위한 기술습득이나 노동을 위한 재충전으로 소비한다. 개인이 삶을 통해 받는 교육과 훈련은 주로 노동시장에서의 수행능력을 높이기 위한 것이다.

대부분의 사람들은 금전적인 이익을 얻기 위해 일을 한다. 일의 대가로 얻은 소득은 그들의 평균적인 생활을 위한 상품과 서비스를 구입하기 위해 쓰여진다. 비록 많은 사람들이 일을 통해 만족과 보람을 느끼지만, 단지 이에 대한 대가로 일을 하는 사람은 거의 없다. 대부분의 사람들에게 일은 비효용의 원천이고, 그래서 그들이 바친 시간을 보상받기 위해 보수를 받는다. 따라서 노동시장에서의 필수적인 거래는 일과 보수를 교환하는 것이다.

노동경제학은 이러한 노동시장에서의 임금과 고용의 결정 메커니즘과, 그 결과로 발생한 개인과 가계의 소득분배를 중점적인 연구대상으로 한다. 또한 교육, 취업, 실업, 노사관계 등 경제주체의 삶과 밀접한 관련이 있는 영역을 연구한다. 이러한 노동경제학의 영역은 학문적 대상만이 아닌 실제 삶에 밀접한 주제를 다룬다는 점에서 흥미롭다. 연봉, 업무환경, 직업의 만족도, 이직 등도 노동경제학의 주된 관심사이다.

또한 노동경제학은 '주5일제 근무의 실시', '최저임금', '비정규직 근로자의 정규화', '파업' 등 사회적 이슈와 공공정책에의 다양한 적용이 가능하다. 물론 노동경제학이 이러한 문제들에 대해 명확한 해답을 제시하지는 못한다. 그러나 우리의 삶과 밀접한 다양한 주제에 합리적으로 접근할 수 있는 체계적인 분석방법을 제공한다. [그림 1-1]은 노동경제학 이론들 간의 상호관계를 개괄적으로 보여 준다.

그러면 노동경제학에서 취급할 수 있는 선택의 문제는 어떠한 것이 있는가? 노동경제학의 연구 대상이 될 수 있는 몇 가지 주요한 선택의 내용을 각 개별경제주체별로 예시하면 다음과 같다.

**노동의 공급** 개인의 경우에 있어 노동을 시장에 공급할 것인가 말 것인가를 선택하는 문제라던가, 만약에 그들이 노동력에 참가한다면 어느 정도의 노동시간을 공급할 것이며 이중직업을 가질 것인가의 여부를 결정하는 문제

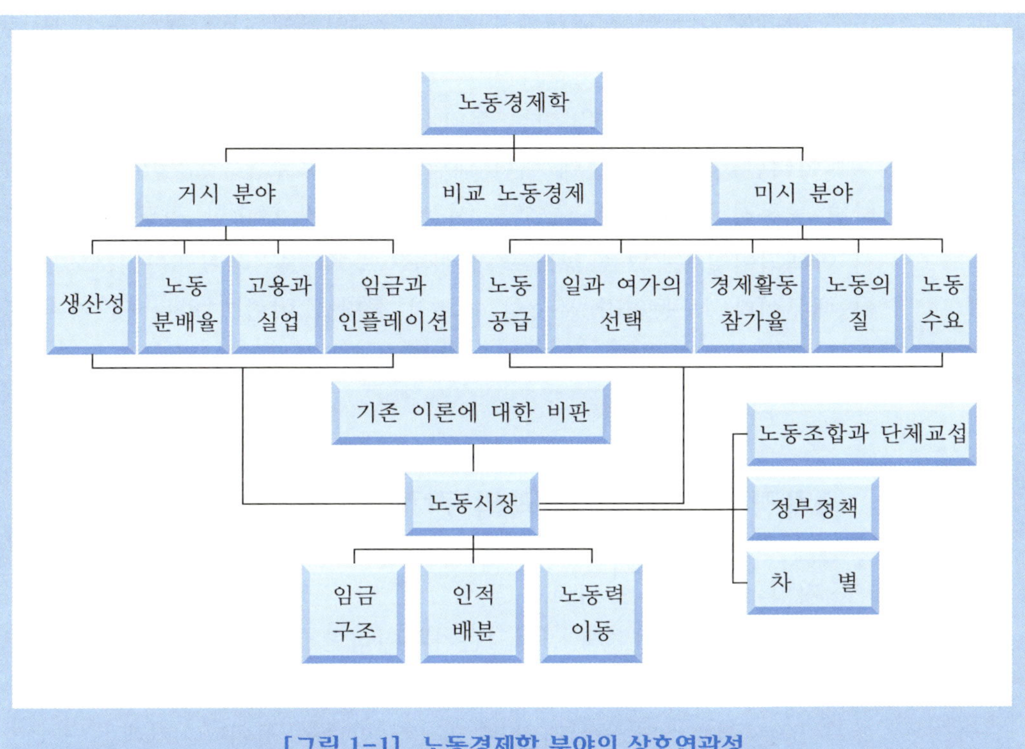


**[그림 1-1] 노동경제학 분야의 상호연관성**

자료: Campbell R. McConnell, and Stanley L. Brue, *Contemporary Labor Economics,* 2nd ed., McGrawHill, 1989, p. 6.

노동의 수요와 고용조정 기업의 경우 어느 정도의 노동력을 사용하고자 하며 노동력의 사용을 증가시킬 경우 노동시간을 연장할 것인가 아니면 피고용자수를 증가할 것인가를 결정하는 문제

노동조합과 단체교섭 노동조합과 사용자들은 단체교섭을 위해 어떠한 전략을 수립하고 있으며 정부의 관리들은 경제전체의 고용수준을 얼마로 유지하려고 하는가 하는 선택의 문제

인간이 행한 이러한 선택의 결과가 개별경제주체 사이에 어떻게 나타날 것인가? 예를 들면, 고용주들이 노동시장에서 여성에 대해 차별대

우를 한다면 여성임금은 어떻게 되고 남성임금엔 어떤 영향을 미칠 것인가? 또한 더 많은 기혼여성이 노동력에 참가한다면 청소년의 실업률 및 수입에 어떻게 영향을 미칠 것인가?

이러한 종류의 질문에 대한 대답은 그렇게 쉬운 것은 아니다. 왜냐하면 노동시장의 관계는 생산물 시장과는 달리 단순한 것도 아니며 즉시 이해되어질 수 있을 정도로 체계적으로 잘 정리되어 있는 것도 아니기 때문이다. 노동시장 분석의 체계적 설명을 어렵게 하는 몇 가지 중요한 특성을 아래에서 살펴보기로 하자.

## 1.2 국가경제와 노동시장과의 관계

기업과 근로자는 어떠한 과정을 통해 고용과 취업에 이르게 되는가? 또한 임금은 어떻게 결정되는가? 이러한 질문에 대한 접근에 주로 사용되는 분석방법이 노동시장(labor market)이라는 개념이다. 시장은 상품 또는 서비스의 공급자와 수요자가 만나는 곳이다. 거래는 공급자와 수요자 간에 가격에 대한 동의가 있을 때 이루어진다. 책, 의류와 같은 상품같이 노동도 거래되어진다. 노동이 상품과 다른 점이 있다면 노동은 상품을 생산하는 하나의 요소로써 사용되어진다는 점이다. 노동은 토지나 자본 같은 다른 요소와 결합되어 상품이나 서비스 생산에 사용된다. 이러한 노동이 거래되는 시장을 요소시장(factor market)이라 한다.

요소시장과 생산물시장과의 관계를 [그림 1-2]에 도시된 소득의 순환적 흐름을 통해 나타내 보자. 경제 내에는 가계와 기업 두 경제주체가 존재하며, 이를 연결시켜 주는 생산물시장과 요소시장이 존재한다. 기업의 목적은 상품과 서비스를 생산하여 이를 상품시장에 팔아 수익을 올리는 것이다. 이러한 상품과 서비스의 공급은 [그림 1-2]의 윗부분인 생산물시장에서 상품시장의 공급곡선($S_G$)으로 표시된다. 상품시장에는 또한 기업에 의해 제공되는 상품과 서비스의 수요를 통해 삶의 질을 높

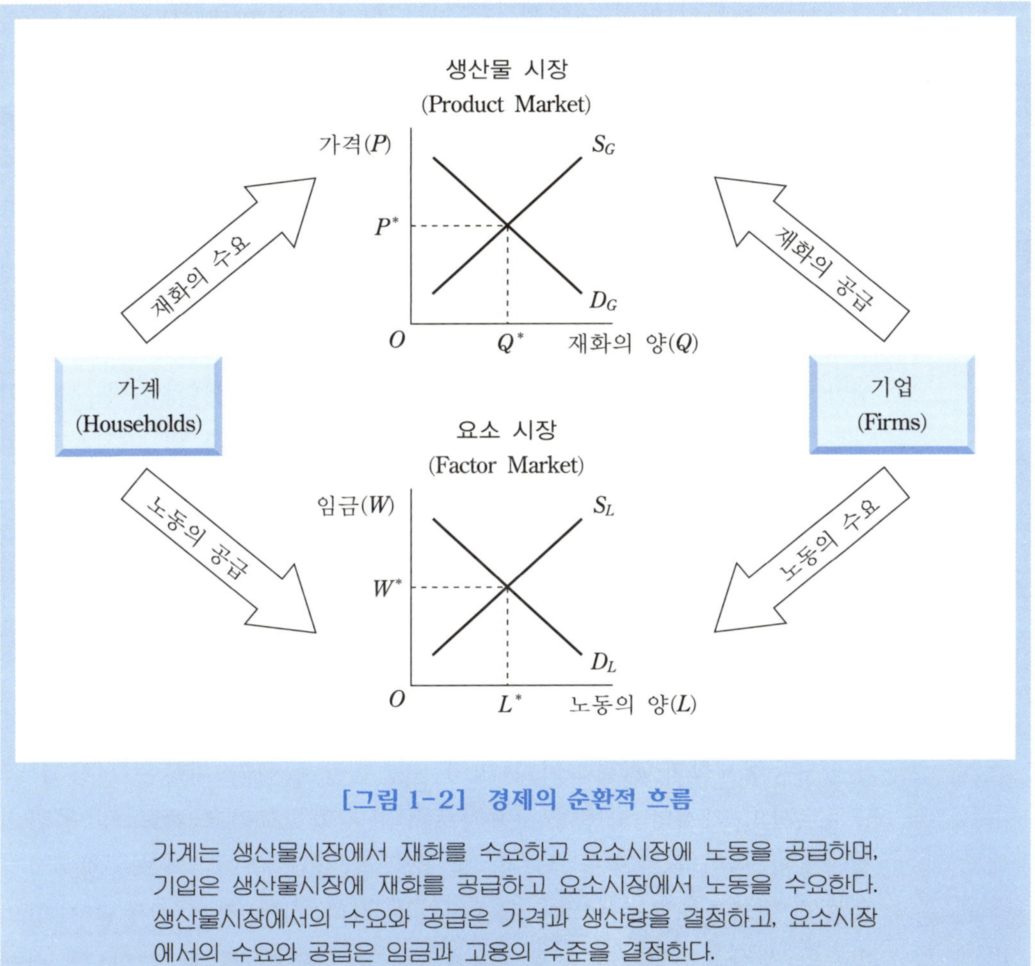


**[그림 1-2] 경제의 순환적 흐름**

가계는 생산물시장에서 재화를 수요하고 요소시장에 노동을 공급하며, 기업은 생산물시장에 재화를 공급하고 요소시장에서 노동을 수요한다. 생산물시장에서의 수요와 공급은 가격과 생산량을 결정하고, 요소시장에서의 수요와 공급은 임금과 고용의 수준을 결정한다.

이고자 하는 수요자, 즉 가계가 존재한다. 가계의 수요는 상품시장의 수요곡선($D_G$)으로 표시된다. 그리고 상품시장의 수요와 공급을 통해 균형 가격($P^*$)과 균형 공급 및 수요량($Q^*$)이 결정된다.

[그림 1-2]의 아래 부분은 기업의 노동수요와 가계의 노동공급이 요소시장에서 어떻게 균형에 도달하는지를 보여준다. 가계부문에 의해 수요되는 상품과 서비스를 생산하기 위해 기업은 노동력을 필요로 한다. 이러한 상품과 서비스를 생산하기 위해 기업이 임금에 따라 수요하

고자하는 노동의 양이 기업의 노동에 대한 수요곡선($D_L$)이다. 이와 유사하게 임금에 따라 가계가 공급하고자 하는 노동의 양이 가계의 노동에 대한 공급곡선($S_L$)이다. 가계는 생산물시장에서 상품 또는 서비스를 수요하기 위해 필요한 소득을 벌기위해 노동을 공급한다. 그리고 생산물시장에서처럼 노동의 수요와 공급은 균형임금($W^*$)과 균형고용량($L^*$)을 결정한다.

미시경제학(microeconomics)과 거시경제학(macroeconomics)은 생산물시장에서의 가격과 생산량의 결정에 초점을 두고 있다. 반면에 노동경제학은 요소시장에 초점을 두고 있다. 비록 노동경제학의 연구대상이 다르기는 하지만 노동시장에 대한 분석은 거시적 분석 및 미시적 분석과 밀접한 관련이 있다. 예를 들어, 생산물시장에서 가계의 소비증가는 요소시장에서 기업의 노동수요 증가로 나타나게 된다. 마찬가지로, 노동시장에서의 임금은 기업의 비용과 가계의 소득에 영향을 미침으로써 생산물시장에 영향을 미치게 된다. 소득의 이러한 순환적 흐름을 개관함으로써 우리는 경제체제내의 기본적 구조를 파악할 수 있으며 공급자와 수요자라는 가계와 기업의 이중적 역할을 이해할 수 있게 된다.

노동경제학과 관련하여 논의되는 중요한 관심의 대상은 노동의 공급자로서의 가계와 노동의 수요자로서의 기업, 그리고 수요 및 공급의 결과로서 일어나는 임금, 고용 및 소득의 형태 등이다. 노동경제학도 유기적 인과관계를 가진 한 체제이기는 하나 이와 같은 한정된 대상의 범주와 생산물시장과의 상호의존적 관계를 고려해 볼 때 보다 큰 경제체제의 부조직으로 파악함이 타당하다.

## 1.3 노동시장의 특징

노동시장에서는 수요와 공급의 상호작용에 의해 고용될 사람의 수와 그들이 받는 임금이 결정된다. 이러한 면에서 노동시장은 농산물과 같은 생산물 시장과 비슷하다. 모든 시장에 있어서 구매자와 판매자의 선택은 시장에서의 교환조건을 반영하게 된다. 그러나 노동시장은 농산물과 같은 생산물시장과 몇가지 점에서, 다음과 같은 중요한 차이가 있다.[1)]

### 노동시장에서는 사람의 노동력을 거래한다

노동시장과 생산물시장을 구분짓는 가장 중요한 특징은 바로 노동시장에서 거래되는 노동력이 바로 사람이라는 점이다(labor is embodied in the human being). 생산물시장에서는 구매자와 판매자간에 소유권이 거래된다. 그러나 노동시장에서는 사람이 가진 육체적, 지적 노동력의 제공을 거래하는 것이다. 그러므로 거래상대방은 서로간에 직접적이고 인간적인 관계를 형성하게 된다.

### 노동시장엔 다수의 시장이 존재한다

노동시장은 생산물 시장보다 더욱 다원적(the multiplicity of markets)이다. 노동시장은 노동자의 위치, 직업, 기술 등에 따라 다양한 시장이 존재한다. 단일노동시장만이 존재하는 것이 아니라 상호관련 있는 여러가지 유형의 노동시장을 갖고 있는 것이다. 한국의 의사와 변호사 시장은 미국의 시장과 서로 같지 않다. 한국의 쌀과 미국의 쌀이 다른 것처럼 생산물 시장도 세분화되어 있기는 하지만 노동시장에 비해 훨씬 덜 세분화되어 있다.

### 노동에 대한 조건이 중요하다

노동시장은 언제나 노동조건(working conditions)과 관련되어 존재한다. 쌀의 공급자는 자기의 쌀이 어디에서 어떻게 사용되고 팔리는 지에 관해서 알지도 못하고 또 알 필요도 없다. 그러나 노동력을 제공하고 있는 개인은 일할 것을 결정하기 전에 작업장의 환경과 위치, 작업의 안정도, 승신 및 발전의 기회 등 일체의 작업조건을 신중히 검토한다.

1) 이와 같은 노동시장과 생산물시장과의 차이점은 실제로 노동경제학자들의 주요 관심의 대상이 되어 왔다. 만일 노동시장에 있어 이러한 특성이 없다면 노동경제학이라는 별도의 과목이 존재할 이유가 없을 것이며 이런 경우 보통 경제학원론의 두어장만을 노동시장의 분석에 할애하면 충분할 것이다.

이 사실만으로도 노동시장은 다른 시장과 구별되는 복잡한 특성을 가지고 있음을 알 수 있다. 이와 같은 특수성 때문에 가끔 노동시장이 실제로 하나의 시장이 됨을 인식할 수 없거나 또한 수요공급법칙이 노동에 관련됨을 인식하지 못하기도 한다.

### 노동시장은 복잡한 구조를 가진다

노동력의 수급관계에 의해서 형성되는 노동시장은 노동의 다원적 역할에 의해 그 구조가 더욱 복잡해진다. 노동은 사용자의 입장에서 볼 때 생산요소로의 역할을 가지며 노동자의 입장에서 보면 소득의 원천이 된다. 한편 국민경제의 관점에서 보면 인적 자원이기도 하다. 노동력과 인간 그 자체와의 관계는 서로 불가분성을 가지기 때문에 노동력은 일반상품과는 본질적으로 구별되며 따라서 노동시장의 기능도 상품시장과는 구별되는 측면이 많다.[2)]

### 노동시장은 제도적 변화에 큰 영향을 받는다

노동시장은 생산물 시장에 비해 제도적 변화의 영향을 더욱 크게 받는다. 생산물 시장이 주로 가격의 매개기능에 의해 조절되는 면이 많은 반면, 노동시장의 경우에는 노동력의 가격인 임금의 매개기능에 의해서만 그 수급관계가 주로 결정된다고 보기 어렵다. 왜냐하면 노동시장을 둘러싸고 있는 여러 가지 환경적 요인, 예를 들면 정치 · 사회 · 경제적 환경, 또는 공업화의 단계, 노동시장의 집중화 정도, 각종 노동보호입법의 추진, 교육제도, 여성의 경우 경제활동참가율의 변화, 인구 및 인구구성의 변화 등이 상호 복합적으로 작용하고 있기 때문이다.

---

2) 노동력의 소유자(노동자)는 대상화된 상품으로써 자신의 노동을 판매하는 것은 불가능하며 오히려 자신의 몸 속에 있는 노동력 그 자체를 상품으로서 판매하지 않으면 안된다(K. Marx, Das Kapital).

# 노동경제학의 역사

오늘날 보통 노동경제학이라고 불리워지고 있는 것은 1930~1940년대 미국에서 발생한 것으로, 노동분야에 관한 경제학 및 관련 분야의 응용을 총칭한 것이다.

노동경제학은 고전학파 이래 일반경제학에서 취급된 노동에 관한 경제이론, 웹부처의 노동조합에 관한 연구, 제도학파 경제학자들의 연구가 축적되어 탄생된 것이다. 1930년대의 세계공황을 배경으로 탄생한 케인즈(J.M. Keynes)의 고용이론 및 이후 케인즈의 추종자들에 의한 고용이론의 전개, 힉스(J.R. Hicks)의 임금론 및 로빈슨(J.V. Robinson)의 불완전 경쟁이론 등은 노동에 관한 경제이론을 한층 풍부하게 하여 노동경제학의 체계화에 크게 이바지하였다.

그리고 제2차 세계대전을 계기로 한 노동력의 동원배치에 관한 연구는 노동시장론을 심화시켰고, 전쟁 이후의 인플레이션에 대한 관심에서 시작된 자금 및 물가에 관한 연구는 임금이론을 발전시켰다. 이러한 노동시장론에 대한 연구가 제도학파를 중심으로 한 노사관계론의 연구와 접목되어 노동경제론이 하나의 체계로 정립되었다.

오늘날 노동경제학은 이상과 같은 발생사적인 배경 때문에 노동시장론과 노사관계론이라는 두 개의 큰 틀로 구성되어 있다.

# 2.1 노동경제학 이론의 역사적 변천

노동경제학은 여러 가지 노동에 관련된 문제를 자본주의 경제 틀 내에서 분석하는 경제학의 한 분야이다. 이러한 노동경제학은 노동문제가 등장한 초기에는 체계적으로 연구되지 못하고, 이후에 이론적으로 정립되었다. 노동경제학은 국가마다 다른 시기에 발전하기 시작하였는데 대체로 노동문제가 사회적 이슈가 된 시기와 일치한다. 또, 각국의 학문적 발전은 경제의 발전단계와 노동시장 상황 그리고 경제학적 접근방법에 따라 각각 다르게 나타나고 있다.

노동경제학이 체계적인 이론으로 확립되기 이전에는 노동문제에 대한 연구가 주로 사회정책학의 테두리 안에서 이루어졌다. 선진자본주의 국가들이 산업혁명을 거치면서 저임금과 장시간 노동 그리고 미성년자 노동 등과 같은 여러 가지 사회문제가 발생하였고, 따라서, 국가가 정책적으로 노동시간이나 미성년자의 노동에 대하여 일정한 제약을 가하는 사회정책을 펴게 되었다.

이후 고전학파의 임금학설을 시작으로 임금과 가치에 대한 논의는 시간을 지나면서 체계적으로 발전하였다. 한계 생산성 이론이 전개되었던 19세기 후반을 전후하여 노동경제학의 발달과정을 역사적으로 살펴보면 다음의 몇 가지로 나누어진다.

## 1. 고전학파의 임금학설

임금에 대한 최초의 체계적 이론화는 영국의 고전학파 경제학자들에 의해서 이루어졌으며 임금기금설(wage fund theory)로 대표된다. 임금기금설은 농업경제 상태를 설명하는 임금학설인데 일정한 시기에 있어서의 임금기금은 전기에 발생한 총생산에서 생산자의 소비부분을 제외한 금액으로서 이는 해당기간의 임금으로 충당될 금액이며 사전적으로 정하여진다. 즉, 현행 임금($W$)은 임금기금($F$)을 근로자수($L$)로 나눈 값

($W=F/L$)으로 표시된다. 이때 만일 기술의 진보와 같이 임금기금의 크기를 변화시키는 제요인이 작용한다면 임금률은 임금기금의 변화와 동일한 방향으로 변화한다. 그러나 맬더스의 인구법칙을 적용하면 이러한 임금률의 상승은 인구증가 및 노동률의 증대를 가져오게 되고 노동력의 증대와 더불어 일정 임금기금을 획득하려는 경쟁이 일게 되어 임금률은 다시 하락하게 된다. 다시 말하면 생존수준 이상의 어떤 임금도 결국 노동력의 증대를 가져오고 생존수준 이하의 임금은 사망률의 증대로 노동력의 감소를 가져온다.

고전학파 경제학자들은(아담 스미스를 제외하고는) 이와 같이 임금기금설과 맬더스의 인구론을 연결시켜 소위 임금철칙설(iron law of wage)을 전개하였다. 이 이론은 단기에 있어서는 임금이 상승될 수 있을지는 모르나 장기적으로는 생존임금으로 귀착된다는 주장을 편다. 이처럼 노동자의 생활수준 향상에 대해 비관적 견해를 가지고 있는 경제학을 "음울한 학문"(dismal science)이라 부른다.[1] 후기 고전학파 경제학자들 가운데는 존 스튜어트 밀(John Stuart Mill)이 임금기금설을 주장하였다. 비관적인 고전학파의 임금설에 대한 비판으로 막스주의의 급진적 견해와 신고전학파의 이론이 등장한다.

## 2. 막스주의 임금설

여러 분야(특히 가치론)에서 막스주의는 고전학파 경제학과 견해를 달리하지만 임금이론은 리카도와 같은 초기 고전학파 경제학 이론과 매우 유사한 견해를 가졌다. 막스에 의하면 자본주의하의 임금은 장기적으로 생존임금에 귀착된다('임금철칙설').

---

1) 인구론의 모형체계는 기술제약과 토지부존의 제한 및 항구적인 성욕아래 노동자의 예방적 억제가 없는 한 노동자의 물질적 생활수준을 향상시키려는 어떤 노력도 수포로 돌아가는 마치 함정과 같은 안정적인 균형체계이다. 모형의 궁극적인 균형상태에서 생활수준은 생계비 임금수준에 귀착되며 인구규모는 임금기금을 생계비임금수준으로 나눈 수 만큼 된다. 인구론의 이러한 비관적인 결론이야말로 토마스 칼라일(Thomas Carlyle)로 하여금 경제학을 "음울한 학문"(dismal science)이라고 부르게 하였던 것이다.

물론 막스의 생존임금에 대한 개념이 고전학파의 개념과 동일한 것인가는 의문의 여지가 많다. 즉, 막스의 임금은 고전학파에서처럼 생존을 위한 물리적 필요에 의해 결정되는 것인지, 아니면 사회의 관습에 의해 결정되고 시간의 경과에 따라 가변적인 것인지 아직도 논쟁이 되고 있는 것이다.

막스의 이론에서 중요한 점은 가치의 창조에 있어서 노동의 역할이다. 막스에 의하면 노동에 의해서만 가치는 창조되며 자본은 과거의 노동에 대한 잠재적 생산능력을 보유하는 수단에 지나지 않는다고 하였다('노동가치설'). 그리고 주어진 생산비용으로 노동시장에서 실현된 노동의 교환가치와 노동이 공급된 후 상품생산능력에 의해 결정된 사용가치와의 차이를 노동착취의 원천으로 보았다. 아울러 노동자가 현대적 기계와 결합하여 얻어지는 생산성 향상의 결과로 생존비(임금) 이상의 생산물가치를 창출했을 때 잉여가치가 생기며 이는 노동자가 창조했지만 자본가 이윤의 원천이 된다고 본다('잉여가치설'). 또한 이와 같은 이윤율은 자본주의가 고도화되고 자본축적 및 자본의 유기적 구성이 증대됨에 따라 점차 감소하는 경향을 갖게 된다고 하였다('자본주의 붕괴론').[2)]

이와 같은 노동가치설은 초기 고전학파의 견해와 비슷한 입장이었으나 자본을 또 하나의 가치의 원천으로 보는 입장을 취하는 신고전학파(한계효용학파)의 대두 이후 많은 비판을 받게 된다.[3)]

## 3. 신고전학파의 한계혁명

한계생산력설의 발전은 소위 한계혁명이라 불리우는 가치론의 발전 과정 가운데 하나였다. 고전학파 경제학자들이 생산비용을 생산물 가격

---

2) 자본축적이 증대하면 '유동자본/고정자본'이 감소하고 이윤율('잉여가치/자본')은 하락하게 된다.

3) 막스이론에 대한 비판은 (1) 막스의 생산가격은 임금(생존비)과 이윤(시장가격)으로 형성되어 가치론의 순환론적 성격에 빠지게 된다는 점, (2) 자본, 기술 및 관리능력 등 타생산요소의 중요성을 간과하고 있다는 점, (3) 재생산구조, 이윤률 하락, 산업예비군, 독점 및 공황 등 비현실적 가정에 입각하고 있는 점, (4) 자본주의 붕괴론은 현실적 타당성이 결여되고 있는 점에 집중되고 있다.

의 결정요인으로 보는 반면 초기 한계효용학파에선 한계비용, 즉 수요를 생산물가격의 원천으로 보았다. 다시 말하면 노동의 한계생산물가치($VMP_L$)에 의하면 수요(효용)와 공급(생산비용)의 상호작용으로 가치가 결정되는 것이다. 이러한 마샬(Alfred Marshall)의 이론은 노동시장에도 적용되어 임금률은 수요공급의 결과로 결정된다고 보았다. 이러한 신고전학파의 임금 및 고용이론은 몇 가지 수정과정을 거쳐 가면서 노동시장 분석에 이용되어 왔다. 힉스(John R. Hicks)는 노동수요와 노동공급에 관련된 이론적 개념들을 개발하였고, 더글라스(Paul Douglas)는 힉스의 이론적 개념이 어떻게 통계적 데이터에 의해 측정되어질 수 있는지를 보였다.

## 4. 케인즈혁명, 교섭이론 및 제도학파 경제학

신고전학파의 거시경제적 의미는 1930년대의 세계 대공황으로 말미암아 빛을 잃고 말았다. 오직 완전고용하에서만 균형이 달성될 수 있다는 것이 신고전학파 이론의 중요한 결론이었기 때문에 신고전학파 경제학자들은 이미 불완전고용의 가능성은 알고 있었지만 이것을 비균형 상태로만 취급하였다. 그러나 고도의 실업수준이 장기적으로 지속되는 역사적 현실 속에서 실업을 단지 비균형적 상태 또는 장기적 문제라는 그들의 주장은 비판을 면치 못하였다. 이후에 영국의 경제학자 케인즈(John M. Keynes)는 불완전고용하에서의 균형이 어떻게 달성되는가를 설명하였다. 실업하에서도 균형이 달성될 수 있다는 케인즈의 주장은 경직적이고 비신축적인 임금을 가정함으로써 가능하였다. 케인즈의 견해에 의하면 임금은 초과공급의 영향을 받지 않는다. 즉, 현행 임금은 외생변수(혹은 고정변수)이며 그 수준 이하의 임금에서는 모든 노동력의 공급이 시장으로부터 배제된다.

임금률이 거시경제학적 체계 밖에서 결정된다는 주장은 비거시적 임금결정이론이 전개될 수 있는 다리를 놓은 셈이다. 이 범주에 속하는 이론 가운데는 제도학파의 접근이나 게임이론적 접근이 있다. 이러한 접근방법은 임금의 결정이 노동조합과 기업 사이의 상대적 세력관계에 의존한다고 주장하였다. 그러므로 단체교섭의 구조적 측면에 역점을 두었으며 극단적으로는 임금의 결정과정이 시장의 세력과는 관계가 없다고 주장하는 여러 가지 교섭이론이 전개되었다. 사실 1940-50년도에 있어 이와 같은 이론이 대두되었을 때는 노동경제학이 일단 경제사조의 흐름에서 유리되었다. 그 당시 노동경제학자들의 노력은 경제학의 다른 분야에 대한 발전에 아무런 영향을 미치지 못했을 뿐만 아니라 영향을 받지도 않았다. 이러한 고립화의 결과 가운데 하나의 주요한 예로서 노동경제학자들에 의해 전개된 인플레이션 결정에 관한 이론이 일반균형 이론과 서로 연결되지 않은 점을 들 수 있다.

## 5. 신고전학파의 노동시장 분석의 재대두

제도학파와 교섭이론이 풍미했음에도 불구하고 거의 4반세기 동안 소수 노동경제학자들 사이에 신고전학파적인 전통의 명맥이 유지되어 온 것이 사실이다. 1950년대 후반부터 1960년대 초까지 신고전학파적 접근방법이 재생되었고 단체교섭이론은 노동시장의 이중구조(dual labor market) 및 급진적 접근방법(radical approach)으로 대치되었다.

이중구조적 접근방법은 종래의 제도학파적 접근(institutional approach)이며 급진적 접근방법은 막스주의의 근대적 접근방법이다. 1960년대 및 1970년대에 있어서, 신고전학파의 노동경제학은 "신노동경제학(new labor economics)"이라 불리우며 케인즈 이전의 경우보다 내용의 보완을 이루어 왔다. 특히, 제도학파적 경제학자의 영향을 흡수하여 케인즈 이전의 신고전학파 이론에서 소홀히 다루었던 단체교섭, 노동시장의 차별, 인구증가, 그 외 다른 여러 분야에까지 방법론의 발전을 보았다.

1970년대에 있어서 노동경제학은 경제이론의 주류로 되돌아 왔다. 그 결과 노동경제학은 경제학의 타분야와 상호 작용이 이루어질 수 있었고 그 중에서 거시경제학과의 결합은 괄목할 만하였다. 예를 들면 장단기에 있어서 인플레이션과 실업의 상충문제에 대한 연구분석은 노동경제학과 화폐경제학의 결합이라 볼 수 있다. 동시에 거시경제학에 있어 케인즈학파와 신고전학파의 구분은 본질적인 것이 아니기 때문에 오늘날 거시경제학은 그 유형의 다양성에도 불구하고 두 학파의 업적을

**표 2-1 노동경제학의 역사적 변천과정**

| | 주요내용 및 특징 | 비 판 |
|---|---|---|
| 고전학파 임금 생존비설 | * 임금생존비설(스미스, 리카도, 맬더스)<br>* 장기임금은 생존임금으로 귀착<br>* 맬더스의 인구법칙 적용<br>* 노동공급은 완전 탄력적<br>* 후진국의 상황 설명 가능 | * 노동수요측 간과<br>* 임금이 생존비를 규정하고 생존비가 임금을 규정하는 순환론적 오류 |
| 고전학파 임금 기금설 | * 임금수준=임금기금/근로자수<br>* 단기임금 결정이론(밀)<br>* 단체교섭에 의해 임금변화 불가<br>* 임금총액이 사전적으로 고정됨 | * 기업의 사정을 지나치게 강조<br>* 노동조합을 비판하는 데 이용 |
| 막스주의 | * 노동가치설(노동만이 모든 가치 창조)<br>* 잉여부분(노동가치－지급임금)은 자본가가 수취<br>* 임금생존비설 수용 | * 가치론의 순환론적 성격<br>* 타생산요소의 중요성 간과<br>* 자본주의 붕괴론<br>– 현실적 타당성 결여<br>* 비현실적 제가정<br>– 재생산, 이윤율, 공황 등 |
| 신고전파 | * 한계생산력설(노동시장의 수요공급)<br>임금=한계생산물가치<br>* 경제성장단계가 다른 국가간, 지역간, 산업간 임금격차 설명에 유효 | * 노동공급에 대한 설명 부족 |
| 교섭이론 제도학파 | * 임금은 노동시장의 수급사정에 의하나 구체적으론 노사교섭력에 달려 있음<br>* 한계생산력설의 기본모형에 단체교섭 접목<br>* 정부의 중재역할 중요 | * 노동경제학의 고립화 초래 |
| 신노동 경제학 | * 신고전학파적 접근방식의 재생<br>* 노동시장의 이중구조론<br>* 급진적 접근론<br>* 노동경제학과 거시경제학의 접목 | * 경험적 연구의 한계 |

집대성한 것이라 볼 수 있다. 그러므로 거시경제학에서 배운 내용은 현대 노동경제학의 내용과 서로 괴리되는 일이 없게 되었다. 단체교섭의 접근은 계속 발전되고 있으며, 학문적인 방향에 있어서 주로 산업관계론(industrial relation)이나 인사관리(personal management)의 분야에서 연구되고 있다.

Labor box

**분단노동시장가설(segmented labor market hypothesis)**

분단노동시장가설이란 노동시장이 하나의 연속적이고 경쟁적인 시장이라고 볼 수 없으며 상당히 다른 속성을 근로자가 분단된 노동시장에서 상호간에 이동이나 교류가 거의 단절된 상태에 있고 임금이나 근로조건도 서로 차이가 현저하다고 보는 입장이다. 이는 경쟁노동시장가설을 비판하여 노동시장의 구조는 고전판 내지 신고전파학자들이 주장하는 것과 같은 일반상품의 수급조절기능과는 다른 특징을 갖고 있다고 보고 있으며, 노동시장에는 여러 가지 제도적 장애물이 있기 때문에 노동력의 원활한 흐름이나 배분, 임금 및 근로조건 등의 결정에 많은 문제가 발생한다는 것이다.

분단노동시장이론은 경제를 주요부분(primary sector)과 보조부분(secondary sector)으로 나누는데, 이러한 구분은 정규적인 부분(formal sector)과 비정규적인 부분(informal sector), 높은 가치를 지닌 부분과 낮은 가치를 지닌 부분으로도 나눌 수 있다.

보조부분(secondary sector)은 단기적인 고용관계가 특징인데, 내부적인 승진의 가능성과 시장에 의한 임금결정이 매우 낮다. 직업으로 보면, 낮은 가치를 지니거나 비숙련적인 직업들이며, 이러한 직업들은 낮은 기술수준, 낮은 소득, 쉬운 진출입 등이 특징이다.

Labor box

**내부노동시장(internal labor market)**

기업 내의 규칙이나 관리가 노동시장의 기능을 대신함으로써 노동시장 기능이 기업 내로 옮겨진 현상을 내부노동시장이라 한다.

기업 내에서는 계속적인 고용 관계에서 단독으로 혹은 노동조합과 합의된

규칙 등 여러 가지 기준에 따라 노동자의 배치 전환 · 훈련 · 승진 등이 이루어진다. 또한 이를 통해 노동력을 편성하고 임금을 관리함으로써 내부노동시장이 형성되는 것이다.

노동자의 기능은 그 기업에 국한되어 통용되는데 이것은 직장 내에서의 훈련에 의해 더욱 강화되며, 그 결과 노동자는 승진이나 승급 기회를 외부에서 구하기보다는 내부에서 구하게 되는 것이다. 이 내부화는 훈련 투자의 안전성을 높이고, 고용 관계의 영속화는 노동자의 사기를 높이는 등 기업의 입장에서 볼 때도 유효하게 작용한다.

던롭(J. T. Dunlop), 레이놀즈(L. G. Reynolds), 커(C. Kerr) 등은 기업의 규모가 커지고 노동조합이 성장함에 따라 기업간 노동시장과 관련성이 약한 기업 내 노동시장이 형성된다고 하여, 노동시장을 외부시장(external markets)과 내부시장(internal markets)으로 양분하고 내부시장에 깊은 관심을 기울였다.

이러한 관심은 도린저와 피오르에 의하여 구체화되었는데, 이들은 노동시장 분석에 독점자본주의적 속성을 배제해서는 안 된다는 점과 내부노동시장의 중요성을 강하게 인식하였다. 이들은 미국의 제조업체를 실증분석하여 그것을 바탕으로 내부노동시장의 존재를 명확히 하고, 그러한 시장의 형성요인이 ① 기업특수기능(skill specficity), ② 현장훈련(on-the-job training), ③ 관습(custom)이라는 것을 밝혀 냈다.

## 2.2 신고전학파와 제도학파

노동경제학은 한편으론 노동시장의 개별 수요공급자의 행위 및 임금을 분석한 신고전학파의 '노동시장론'과 또다른 한편으론 노동조합, 사용자단체 및 정부의 행위와 이들 3자 사이의 관계에 대하여 분석한 제도학파의 '노사관계론', 이렇게 두 가지의 독자적인 흐름으로 발전하여 왔다. 신고전학파가 노동시장을 시장기능의 작용으로 설명하는 반면에, 제도학파는 시장의 기능과는 다른 사회제도의 힘에 의해 노동시장의 임금 및 고용이 결정된다고 주장하였다. 두 학파는 임금과 고용의 결정에 있어서 각각 노동시장의 기능과 사회제도의 역할이 중요하다는 시각의 차이를 가지고 있는 것이다.

신고전학파 경제학자들은 경쟁시장가설(competitive market hypothesis)을 주장하였다. 경쟁시장가설이란, 노동력의 이동에 큰 장애가 없는 동질의 노동력은 동일한 지역 내에서 하나의 시장을 형성하며 그 시장은 기본적으로 경쟁적 시장이라고 보는 가설이다. 즉 근로자의 이동과 채용 · 배치에 따르는 제도적인 장애요인이 존재하지 않고, 다른 시장의 경우와 마찬가지로 노동시장 역시 수요자와 공급자 간의 경쟁에 의하여 균형가격이 성립하며, 각 기업과 근로자는 균형임금을 수용한다는 것이다.

제도학파 경제학자들은 경제가 시장원리에 의해 조직되고 자원이 시장에 의해 배분된다는 것을 수용하지 않았다. 시장은 단지 제도에 영향을 줄 뿐이며 오직 제도에 의해서만 자원의 배분이 결정될 수 있다고 보았다. 사회제도, 특히 노동조합의 형성, 역사적 발전과 제도의 효과에 치중하였으며, 이러한 시장 외적인 요소를 중시한다는 점에서 제도학파라 지칭되었다. 제도학파의 한 분파인 분단시장론자들은 노동시장에 자유로운 노동력의 이동을 저해하는 요인이 있고, 따라서 노동시장을 경쟁적인 시장으로 파악하기 어렵다고 보았다.

신고전학파와 제도학파의 노동시장에 대한 시각의 차이는 노동시장에서 노동력에 대한 수요와 공급이 조절될 수 있는 기간을 어느 정도로 잡고 있는가, 그리고 노동시장에 영향을 미치는 제도적 요인을 시장 외부의 여건으로 간주할 것인가 아니면 시장 자체의 내생적 변수로 간주할 것인가에 대한 견해의 차이에 있다. 수요와 공급이 조절되는 기간이 단기이고, 여기에 각종 제도적 요인 즉, 기업의 채용관행 등의 작용을 감안하면 제도학파의 주장이 타당성을 갖는다고 할 수 있다. 그러나 장기적으로는 노동시장에서도 경쟁을 통한 수요 · 공급의 조정이 작용할 수밖에 없다는 사실을 알 수 있다. 다만 제도학파는 신고전학파가 소홀히 다루기 쉬운 측면을 부각시켰다는 점에서 의의를 부여할 수 있다.

Labor box

### 제도학파 노동경제학

코몬스(John R. Commons)로 대표되고 펄먼(Perlman) 등에 의해 발전된 위스컨신 학파(Wisconsin school)는 Veblen이나 Mitchell 등과 함께 미국의 제도학파 노동경제학(institutional labor economics)의 시초를 형성하였다.

이 학파는 신고전학파 경제학에 대해 상당히 비판적인 시각을 형성하였고 그러한 전통은 1950년대에 던롭(Dunlop), 레이놀즈(Reynolds), 커(Kerr), 로스(Ross), 레스터(Lester) 등에 의해 이어지고 있다. 특히 이들은 임금이나 고용의 결정에 관해 수요와 공급의 중요성을 강조하는 신고전학파 이론이 너무 비현실적이라고 주장하였다. 이들은 기업수준의 실증적인 연구를 통해 노동조합이나 회사의 내부노동시장, 사회적 관습 등이 그 결정에 중요하다는 것을 확인했다.

1960년대에는 이중노동시장이나 분단노동시장이론을 주장한 Piore, Doeringer 등도 제도학파 노동경제학의 전통을 유지하고 있다. 이들은 노동시장의 작동이 수요, 공급의 시장의 힘에 의해 자유롭게 결정되기 보다 차별이나 계급과 같은 사회적 요인들이나 노동조합의 정책이나 회사의 인사정책 등에 의해 제약됨을 보였다.

제도학파 노동경제학은 개인적인 합리성이나 완전하게 작동되는 노동시장 등의 이론적 틀에 기초한 노동시장의 현상의 분석의 한계를 강조하면서 시장적 요인과 더불어 제도 및 사회적 요인이 고려되어야만 만족한 설명력을 보인다고 믿는다. 또 제도학파 노동경제학은 노동시장의 사회, 정치 및 문화적 측면을 이해하기 위해 경제학뿐만 아니라 사회학, 정치학, 경영학, 역사학 등의 이론적 틀도 활용하는 학제적 접근(interdisciplinary approach)을 채택하기도 한다.

## 2.3 최근의 연구동향

그 동안 노동경제학 분야에 있어 이론적 · 제도적 · 실증적으로 다양한 연구가 행하여져 왔다. 경제활동참가에 대한 분석과 노동공급에 관한 연구 및 인적자본이론(theory of human capital), 인구경제학(demographic economics) 등이 대표적이다.

1960년대 초부터 활발히 진행되기 시작한 인적자본이론은 베커(Gary S. Becker)에 의해 체계적으로 발전되었다. 인적자본이란 생산요소로서 인간이 지니고 있는 기술과 지식 등의 생산능력을 말한다. 노동력을 동일시했던 기존의 시각과는 달리 교육, 직업 훈련, 건강 등 독자적인 요인에 의해 결정되는 인적자본으로 취급하였다. 인적자본의 양과 생산성 사이에는 정(+)의 상관관계가 있어, 노동자의 임금은 타고난 노동력과 인적자본에 대한 투자량에 의해 결정된다고 보았다.

인구경제학은 사회학에서 논의되던 인구현상을 경제학적 분석방법으로 접근한 것으로 소득과 상대가격 등 경제변수가 인구의 출생 · 사망 · 교육 · 이동 등에 어떠한 영향을 미치며 그 결과 인구규모와 구조 및 분포상태를 어떻게 변화시키는가와 인구규모와 구조 및 분포상태의 변동이 생산 · 지출 · 분배 등 거시경제의 성장과 구조에 미치는 영향 등을 분석한다.

이외에도 노동시장에서 정보와 불확실성의 중요성이 강조되면서 구인 · 구직 모델, 정보취득을 위한 투자행태 등이 새로운 연구영역으로 대두되고 있다. 그리고 빈곤문제와 노동시장에서의 차별대우에 관한 연구도 활발하게 진행되고 있다.

우리나라의 경우 최근의 경제위기에 따른 구조조정과 관련하여 실업문제에 대해 관심이 집중되고 있으며 비정규직 확대, 외국인 노동자, 노동시간 단축 등의 문제들에 대한 정책적 연구가 활발하게 이루어지고 있다.

# 제 2 편

# 노동수요와 노동공급

# 노 동 수 요

복잡한 현실세계인 노동시장을 이해하기 위해서는 우선 노동시장의 특성을 추상화하고 여러 시장과의 공통적 특성을 투영하는 하나의 모형을 정립할 필요가 있다. 간단히 말해서 생산물 시장과 노동시장의 공통적 특성에 초점을 맞춘 신고전학파 모형을 기본모형으로 검토하고, 그러한 이론적 토대 위에 노동시장의 개별적인 복잡성을 설명하기 위해 기본모형의 연장을 시도할 것이다. 즉, 노동시장에 적용되는 가격제도의 논리에 맞추어 개별적인 복잡성을 이해하고 나아가 전반적인 시장운영에 미치는 영향을 설명할 것이다. 비록 비현실적이기는 하지만 분석을 크게 단순화시킬 수 있는 가정을 우선 수립함으로써 기본적인 모형이 정립되고 어느 시점에서 이러한 단순가정은 완화될 수도 있을 것이다. 그러한 관점에서 노동시장의 분석에 이론적 기초를 줄 수 있는 내용이 제 2 편을 통해 서술될 것이다. 노동시장이 거시경제학적 체계를 형성하고 있는 상품시장 및 화폐시장 등 다른 시장에 크게 의존하고 있지만 우선 노동시장만을 대상으로 그 기능을 분석하고자 한다.

이 장에서는 기업의 노동수요곡선을 도출하고, 노동수요를 결정하는 요인, 탄력성 등에 대해 알아보고자 한다.

기업이 자본과 노동의 생산요소를 이용하여 이윤극대화하는 과정을 통해 경쟁기업의 노동수요곡선을 도출하고, 장기와 단기의 노동수요의 차이를 살펴보고자 한다. 특히, 노동과 자본 두 생산요소가 모두 가변적인 장기에서는 노동수요의 이면에 대체효과와 규모효과가 존재함을 보게 된다. 또한, 노동의 가격(임금률), 다른 생산요소의 가격, 소비자의 수요의 크기, 노동의 생산성 및 생산기술 등 노동수요의 결정요인과 탄력성의 개념 및 응용에 대해 알아보고자 한다.

## 3.1 완전경쟁기업의 노동수요

이번 장에서 우리의 관심은 노동시장의 수요 측면에 있다. 왜 삼성전자, 포스코와 같은 기업들은 노동력을 고용하는지, 현대자동차의 노동수요는 그들이 생산하는 자동차에 대한 수요의 증감에 어떻게 영향을 받게 되는지, 어떤 요소들이 기업의 노동수요를 변화시키는지 등 이러한 질문들이 노동수요에 대한 논의의 동기가 된다.

기업은 생산활동에 종사하는 경제주체로 생산요소[1]를 생산물로 전환시키는 기능을 담당한다. 이때 기업의 생산요소에 대한 수요는 생산물에 대한 소비자의 수요에서 비롯된다. 따라서 노동에 대한 수요는 재화나 서비스에 대한 수요에 의해 창출되어지는 '파생수요' (derived demand)이다. 이러한 노동수요의 특징 때문에 노동의 수요는 그 상품에 대한 수요의 크기에 따라 결정되어진다. 기업은 생산요소를 투입하여 생산물을 생산하고 이를 판매함으로써 수입을 얻지만 생산요소의 투입에는 비용이 발생하게 된다. 장기에 있어서 기업이 생산활동을 계속하기 위해서는 생산물의 판매로 얻은 총수입이 총생산비용을 초과하여야 한다.

기업가는 기업경영자로서 자본 및 노동력의 투입량을 결정하고 나아가 재화 또는 서비스의 종류를 결정하게 되는데 이러한 재화 또는 서비스를 생산하기 위한 노동력의 고용에 관한 기업가의 의사결정이 곧 노동경제학의 주요 연구대상이 된다. 그러면 기업가는 어떤 기준에 의해 적정노동력을 선택하고 조정하여 고용을 유지하는가? 기업행위의 목적이 이윤극대화에 있다고 가정할 때, 기업가는 항상 생산요소의 한 단위 추가투입으로 발생하는 총수입의 변화와 총비용의 변화를 서로 비교하게 된다. 즉, 총비용 이상으로 총수입을 증가시켜 이윤을 가져다 주는 생산요소를 기업은 추가로 고용하지만 반대로 총수입 이상으로 총비

1) 생산요소란 기업의 생산활동에 투입되는 요소로써, 경제학에서 생산의 3대 요소는 노동 · 자본 · 토지이다.

용이 발생한다면 기업은 손실을 보기 때문에 그러한 생산요소를 추가로 고용하려 하지 않을 것이다.

장기에 걸쳐 기업은 생산활동의 유지를 통해 생산물의 종류를 바꾸거나 생산요소의 결합을 변경시키는 등 필요한 조정작업을 하지만 우선 첫 단계로 기업가의 결정이 주어진 시간에 의해 제약을 받게 되는 소위 단기(short run)분석을 가정하기로 하자. 단기란 생산에 투입된 생산요소 가운데 적어도 한 생산요소는 변화되지 않는 특정기간으로 정의된다. 이제부터 자본이 고정되어 있고 완전경쟁하에서 각각 생산물이 판매되며 생산요소가 구입된다고 가정하면 개별기업의 입장에서 보는 생산물의 판매가격이나 노동의 구매가격은 일정하게 주어지게 된다. 즉, 기업가는 주어진 현행 시장가격을 기준으로 산출량을 결정하거나 현행 시장가격을 기준으로 고용량 수준을 결정할 수는 있어도 시장에서 결정된 가격이나 임금률에 대해선 아무런 영향을 줄 수 없게 된다.

그러면 지금부터 여러 임금수준하에서 기업이 가변생산요소인 노동을 어떻게 수요하고 있는가를 살펴보기로 하자. 먼저 단기노동수요를 설명한 연후에 모든 생산요소가 변화하는 장기노동수요를 검토하게 될 것이다. 이 장에서 전개된 이론을 완전경쟁 시장에 있어 노동의 한계생산력설(the marginal productivity theory of the demand for labor)이라 부른다.

## 3.2 단기노동수요

생산요소와 산출량간의 기술적 관계를 생산관계(product rclations) 또는 생산함수(product function)라 한다. 만약 기술수준이 주어져 있다고 가정할 때 자본과 노동의 투입이 증가하면 산출량도 아울러 증가하게 된다.

## 1. 생산관계

일반적 기업의 생산요소와 생산물과의 관계를 도시하면 [그림 3-1]과 같은 일련의 등량곡선(isoquants)을 얻게 된다. 등량곡선은 동일한 양의 재화를 생산해낼 수 있는 자본과 노동의 여러 가지 결합관계를 나타낸다. 신발산업을 예로 들면, 10켤레의 구두를 생산하기 위해서 5단위의 자본과 2단위의 노동투입이 필요하다고 하자. 구두의 생산과정에서 노동과 자본의 상호 대체가 가능하여 4단위의 자본과 3단위의 노동을 투입해도 같은 수량의 구두를 생산할 수 있다면 이 두 점은 동일한 등량곡선상에 위치하게 된다.

등량곡선은 기울기가 부(−)이고 원점에 대하여 볼록한 것이 특징이다. 일반적으로 노동과 자본 사이에 완전대체(perfect substitution)가 이루어질 수 없는 경우, 한 생산요소를 1단위 감소시킬 때 동일한 생산량을 유지하기 위해선 다른 생산요소를 1단위 이상 증가시켜야 한다.

[그림 3-1]에 나타난 등량곡선상의 각 점에 있어서의 기울기는 동일한 생산량을 유지하기 위한 이러한 생산요소간의 대체관계를 나타내며, 생산요소의 한계대체율(marginal rate of substitution; MRS)이라 부른다.[2)]

자본($K$)에 대한 노동($L$)의 한계대체율은 다음과 같이 표시된다.

$$MRS_{L,K}=\frac{\Delta K}{\Delta L} \qquad \cdots\cdots \ (3.1)$$

식(3.1)은 그래프상에서는 등량곡선의 주어진 점에서의 기울기의 절대값이 된다. 예를 들면 기울기가 −1/3이라면 1단위의 자본투입을 감소시킬 때마다 3단위의 노동투입을 증가시켜야 하며 $MRS$는 1/3임을 의미한다. 등량곡선이 원점에 대하여 볼록한 형상을 가진 것은 등량곡선을 따라 자본에 비해 노동비율이 증가하면 단위자본의 감소에 대한

2) 이를 생산방식의 선택이 기술적 관계의 선택이라하여 한계기술적 대체율(marginal rate of technical substitution)이라 하기도 한다.

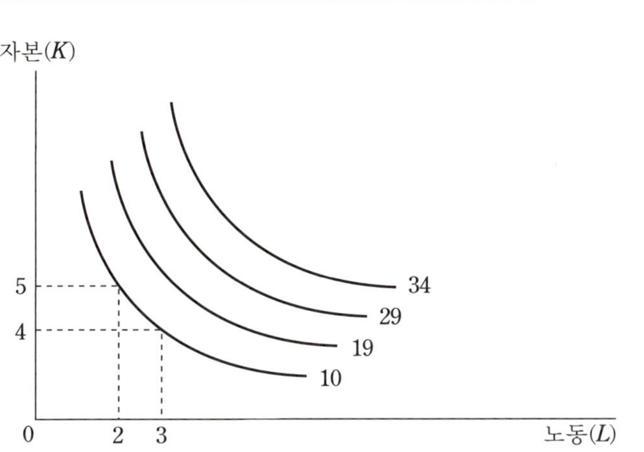


**[그림 3-1] 등량곡선**

구두 10켤레를 생산하는데 투입되는 노동 및 자본의 여러 가지 조합을 생각해볼 수 있다. 예를 들면 자본 5단위와 노동 2단위를 투입하거나 자본 4단위, 노동 3단위를 각각 투입하여 동일하게 10켤레의 구두를 생산할 수 있다.

노동증가분이 점차 커진다는 것을 의미한다. 즉, 노동-자본비율이 커짐에 따라 등량곡선의 기울기는 그 절대값이 점차 작아지게 되는데 이러한 법칙은 불완전대체(the principle of imperfect substitution), 혹은 가변비율의 원리(the principle of variable proportion)를 나타낸다.

자본이 고정되어 있는 단기적 분석에 의하면 기업은 노동량을 증대하지 않고는 산출량을 증대시킬 수 없다. 자본이 고정되어 있을 때 이러한 노동의 증가에 의한 생산효과를 [그림 3-2]에서 관찰하기로 하자. 만일 기업이 3단위의 고정자본([그림 3-2] (a)에서의 $K^*$)과 결합하여 노동 1단위를 채용한다면 생산은 10단위, 노동 2단위를 고용한 경우는 총생산은 19단위로 증가할 것이다. 이때 1단위 노동의 증가($\Delta L$)로 인한 총산출량 혹은 총생산의 추가분($\Delta Q$)을 노동의 한계생산물(marginal product of labor: $MP_L$)이라 하며 다음 식으로 표시된다.

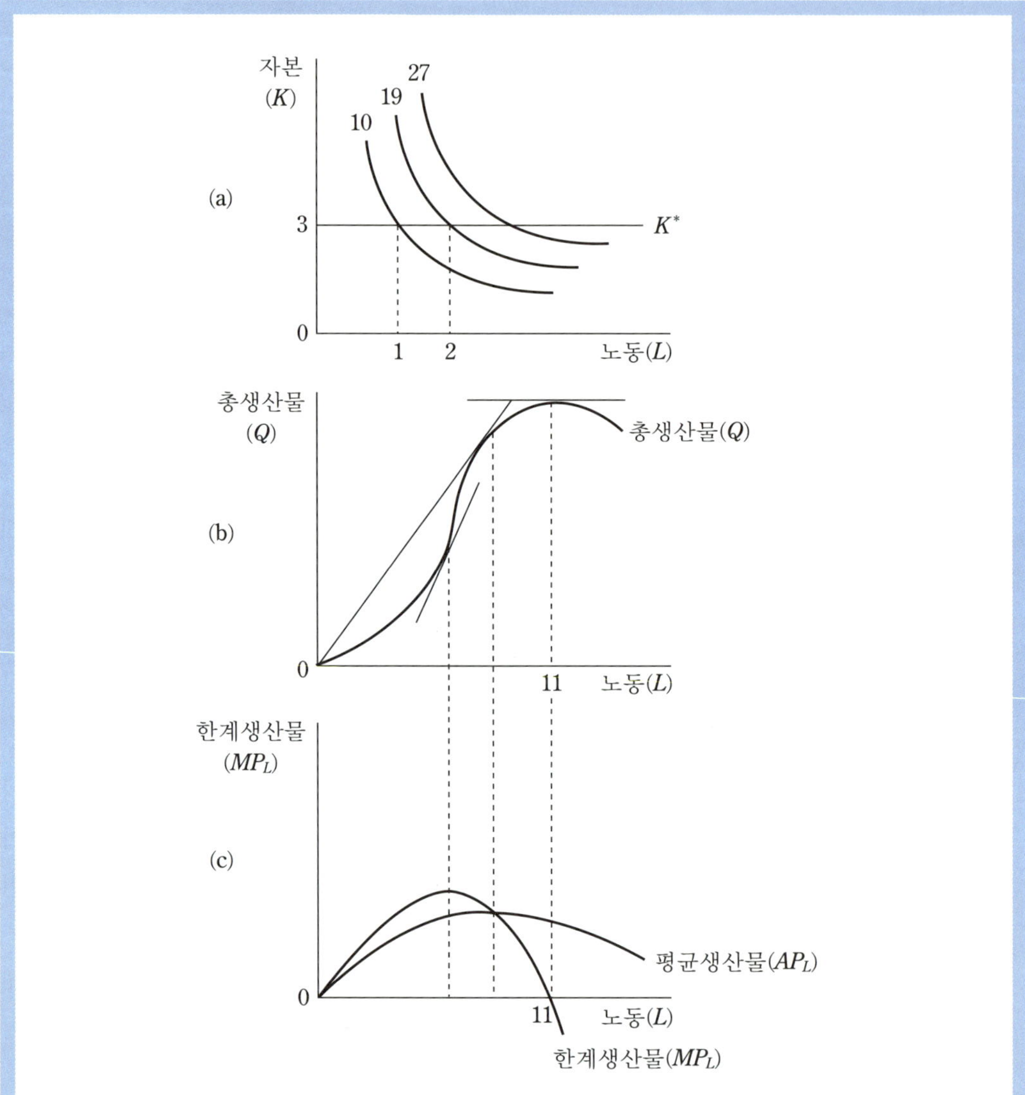


**[그림 3-2] 등량 곡선으로부터 생산곡선, 노동의 한계생산물 및 평균생산물의 도출**

(a)는 3단위의 고정자본하에서 여러 등량곡선을 표시하고 있으며, (b)는 이로부터 도출되는 단기 생산곡선으로 산출량의 생산에 필요한 기업의 노동투입량을 나타내며, (c)는 (b)로부터 도출한 한계생산물($MP_L$) 및 평균생산물($AP_L$)곡선을 나타낸다.

$$MP_L = \frac{\Delta Q}{\Delta L} \qquad \cdots\cdots (3.2)$$

총생산량곡선으로부터 $MP_L$의 도출은 [그림 3-2] (b)와 (c)를 통해 설명될 수 있다. 즉, 1단위의 노동 대신에 2단위의 노동을 투입하여 생산이 이루어진다면 총생산($Q$)은 10에서 19로 증가하여 2번째의 노동의 $MP_L$은 9가 되고 예시된 바와 같이 3번째의 노동의 $MP_L$은 8이다. 이와 같이 노동의 투입단위가 증가함에 따라 노동의 $MP_L$은 감소하게 되어 11번째 단위의 노동에 대해서는 $MP_L$은 0이 된다. 물론 그 이후의 노동투입이 이루어진다면 $MP_L$은 부(−)가 될 것이다.

자본량이 증대한다면 노동의 $MP_L$곡선은 우측으로 이동하게 된다. 예를 들어 자본을 3단위에서 4단위로 증대시키면, 첫번째 투입노동의 $MP_L$이 19로 될 수 있다. 그러므로 노동의 $MP_L$은 기업의 자본 증대와 더불어 증대하는 것이 일반적이다.

지금까지의 투입·산출의 관계는 일반적인 경향을 설명하고 있을 따름이다. 실제적으로는 노동의 증가에 따라 생산의 증가율은 초기에는 체증하는 경향이 있으나 노동이 어느 정도 이상으로 투입된 연후엔 결국 그 증가율은 체감하게 된다. 이는 기업의 독특한 생산과정의 특성 여부에 달려 있다. 그러므로 생산에 대한 수확체감(diminishing returns)이 작용하여 $MP_L$은 정(+)의 부호를 가지나 점점 체감하는 경향을 보이게 된다. 이와 같은 수확체감의 작용은 노동시장의 경제적 분석에 중요한 의미를 가지게 된다. 즉, 일정한 노동량이 고용된 후엔 추가된 노동력으로 확장될 수 있는 생산량은 점차 작아지기 때문에 기업의 입장에서는 전보다 낮은 임금이 아니면 추가노동을 채용하려 하지 않을 것이며, 그 결과 단기에 있어 노동수요는 부(−)의 기울기를 가지는 것이다.

## 2. 한계생산물가치

기업의 노동수요를 파악하기 위해서는 여러 가지 노동량에 대해서

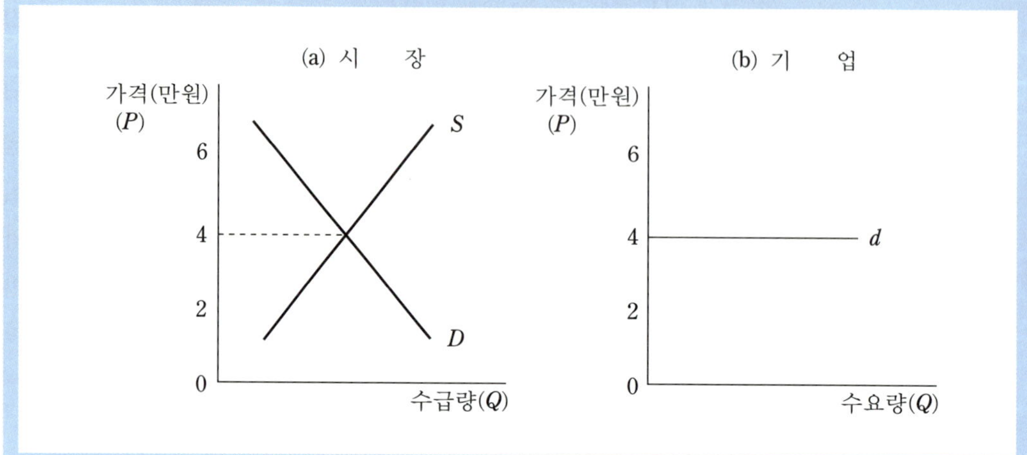


**[그림 3-3] 시장 및 기업의 구두에 대한 수요곡선**

그림 (a)에서 보듯이 구두가격은 시장수요 *D*와 공급 *S*의 상호작용에 의해 결정된다. 그 결과, 그림 (b)에서 기업의 수요곡선은 시장가격 4만원에서 완전탄력적으로 그려진다.

기업이 지불하려는 최대가격을 검토해야 하며, 이것은 노동에 의해 산출된 생산량의 판매수입에 의존하게 된다. [그림 3-3]은 완전경쟁 생산물시장에서 기업이 생산물을 판매할 때 시장가격을 어떻게 결정하는가를 보여주고 있다. 완전경쟁시장에서 구두의 시장가격은 구두의 수요공급에 의해 결정되며 [그림 3-3] (a)에 의하면 균형가격은 1켤레당 4만원에 이르게 된다.

완전경쟁하에서 개별기업은 구두의 시장가격에 아무런 영향을 미치지 못한다. [그림 3-3] (a)에서 보면 기업제품에 대한 수요곡선은 구두 1켤레당 4만원의 가격에 수평으로 표시되고 있다. 이 기업은 4만원 이상에서 판매가 불가능하며 4만원 이하로 판매할 필요도 없다.

이 경우 노동량을 증가시킴에 따라 기업수익의 증가액을 나타내는 곡선을 도출할 수 있는데, 이 곡선을 한계생산물가치(value of marginal product of labor: $VMP_L$)를 표시하는 곡선이라고 한다. 즉 기업이 노동을 추가로 1단위 증가시킬 때마다 기업의 수입은 한계생산물가치($VMP_L$)만큼씩 증가하게 된다. 이때 $VMP_L$는 생산물 단위당 가격 $P^*$에다 추가노동으로 생산된 생산단위($MP_L$)를 곱하여 얻을 수 있다. 즉, 한계생산가치는 식 (3.3)으로 표시된다.

$$VMP_L = P^* \times MP_L \qquad \cdots\cdots \ (3.3)$$

그러나 수확체감의 법칙 때문에 노동량이 증가될수록 수입의 증가분은 점차 적어진다. 예를 들어 첫번째 노동이 투입되어 수입은 40만원 증가되고, 두 번째 투입으로 36만원의 수입이 증대되며, 세 번째 노동단위 증가는 32만원의 수입을 발생시킨다 하자. 그러나 11번째 노동단위의 $MP_L$이 0이 되면 더 이상의 노동투입은 아무런 수입의 증가를 가져오지 못할 것이다.

## 3. 생산요소의 공급량

기업의 노동수요 결정은 생산물에 관련된 생산기술의 선택뿐만 아니라 생산요소 구입행위에 의해서도 영향을 받게 된다. 노동시장이 완전경쟁하에 있다면 노동의 시장수요곡선과 시장공급곡선에 의해 결정된 요소의 시장가격에 개별기업이 영향을 미칠 수 없는 입장이기 때문에 개별기업에 대한 요소의 공급곡선은 요소가격에 완전탄력적일 것이다. 즉, 개별기업은 시장에서 형성되는 주어진 가격으로 생산요소를 구입하게 된다.

이러한 개별기업의 생산요소의 선택을 도시하면 [그림 3-4]와 같다. 만일 임금률($w$)이 단위노동당 28만원이라면, 그 주어진 임금수준하에서 횡축에 수평인 공급곡선을 얻게 되는데 이 수평선을 노동의 한계비용(marginal cost of labor: $MC_L$)이라고 한다. $MC_L$는 기업이 노동을 한 단위 추가 고용할 때 드는 총비용($C$)의 변화분을 나타내며 단위노동당 임금과 같다.

$$MC_L = \frac{\Delta C}{\Delta L} = w \qquad \cdots\cdots \ (3.4)$$

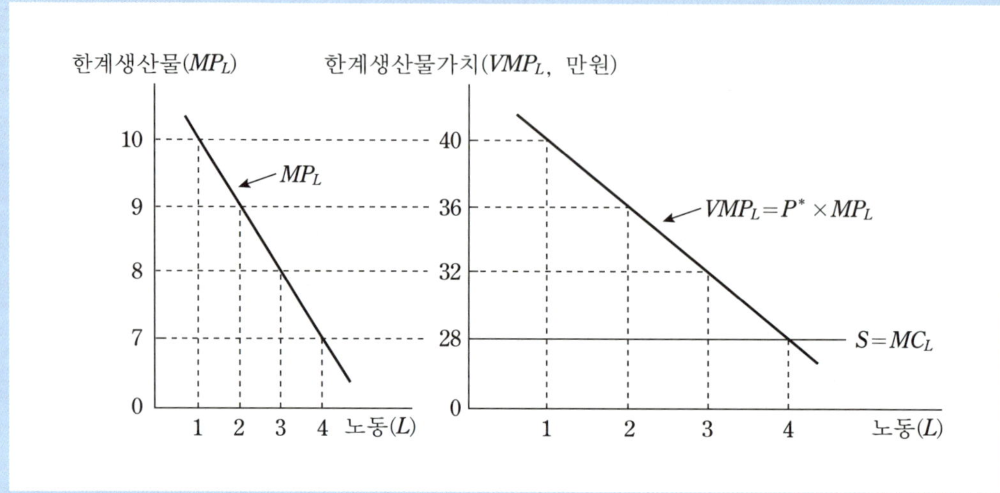


**[그림 3-4] 완전경쟁기업의 한계생산물 가치($VMP_L$)**

완전경쟁기업의 $VMP_L$는 생산물 단위당 가격 $P^*$에다 추가노동으로 생산된 생산단위인 $MP_L$를 곱한 것이다. $VMP_L$곡선은 기업의 노동에 대한 수요곡선이 되며, 만약 시장임금률이 단위노동당 28만원이라면, 기업의 한계요소비용($MC_L$)과 일치하는 임금률 수준에서 완전탄력적인 노동공급과 만날 것이다. 따라서 기업은 7단위의 노동을 고용하여 이윤을 극대화 한다.

## 4. 한계생산물가치와 개별기업의 단기 노동수요

그러면 기업은 이윤의 극대화를 위하여 어느 수준까지 노동을 고용할 것인가? 완전경쟁시장에서의 기업은 한계비용($MC$)이 한계수입($MR$) 혹은 생산물가격($P$)과 일치하는 점까지 생산을 계속함으로써 극대이윤을 추구할 것이다. 이와 마찬가지로 완전경쟁요소시장에서의 기업은 노동의 한계비용(즉, 임금률 또는 $MC_L$)과 노동의 투입으로 얻은 생산물의 한계수입(즉, $VMP_L$)이 같아질 때까지 고용량을 증대시킬 것이다.

이 경우 기업의 이윤극대화를 위한 생산조건과 이윤극대화를 위한 고용조건이 동일한가 그렇지 않은가를 살펴보자. 이윤극대화를 위한 고용조건은 $w=VMP_L$이고, 이윤극대화를 위한 생산조건은 $P=MC$와 같다. 여기에서 $MC$를 $MP_L$의 함수로 표시할 수 있다. 가령, 노동의 한계생산물이 3단위라면, 1단위 증가에는 1/3단위의 노동이 필요하게 된다. 말하자면 노동으로 표시된 생산물의 한계비용은 $1/MP_L$로서 노동의 한계수입이라 부르며, 이것을 화폐로 표시하면 $w/MP_L$가 된다. 그러므로 이윤극대화 생산조건은 $P=MC=w/MP_L$로서 이 식의 양변에 $MP_L$을 곱하면 이윤극대화 생산조건이 이윤극대화 고용조건과 일치함을 확인 할 수 있다.

그러면 다음으로 $VMP_L$곡선이 기업의 노동수요곡선을 나타낸다는 것을 설명해보기로 한다. 만일 임금률이 단위노동당 8만원이라면 앞에서 언급한 것처럼 기업은 주어진 임금하에서 완전탄력적인 노동공급곡선을 가지게 되며 이윤극대화를 도모하기 위한 고용정책으로 말미암아 $VMP_L$와 $w(=MC_L)$가 같아지는 9단위의 고용량을 유지할 것이다. 물론 임금률이 단위당 12만원으로 상승하면 8단위의 노동이 최적이 될 것이고 반대로 4만원으로 하락할 때는 10단위의 노동이 고용될 것이다. 그러므로 기업의 노동에 대한 수요는 임금률과 역의 관계를 가지며 따라서 노동의 수요곡선은 우하향하는 곡선이 된다.

이와 같은 우하향하는 기울기를 가진 노동수요곡선은 신고전학파적 기업이론에서 보면 중요한 의미를 갖게 되는데 그 이유는 이윤극대화 기업으로 하여금 이에 입각하여 적정고용량을 결정할 수 있도록 하기 때문이다. 즉, 완전경쟁하에서 기업은 항상 $VMP_L$와 임금률이 일치하는 수준에서 적정고용량을 결정하며 노동비용이 변화한다면 기업은 그에 따라 고용량을 조정하게 된다. 만약 노동비용이 상승한다면 기업은 고용을 감소할 것이고, 노동비용이 하락한다면 고용을 증대할 것이다.

지금까지는 단기에 있어서 자본투입량이 일정하게 주어져 있다는 가정하에서 완전경쟁기업이 어떻게 노동의 고용량을 조정하는가를 살펴보았다. 그러나 임금률이 상승할 때 기업은 노동을 자본으로 대체할 수 있으므로 다음 절에서는 이와 같이 노동과 자본이 서로 대체되는 장기균형의 변화를 설명하기로 하고, 요소가격의 상승을 상쇄하기 위해 생산물가격을 올리게 되는 불완전 경쟁시장의 경우를 6장에 서술하기로 하겠다.

## 3.3 장기노동수요

기업의 노동수요분석에서 단기와 장기의 구별은 매우 중요하다. 노동의 단기수요분석은 노동 이외의 다른 생산요소가 고정되어 있을 때 기업이 할 수 있는 고용량의 조정을 말하며 장기수요분석은 노동 이외의 다른 생산요소를 함께 변화시켜 가면서 고용량을 조정하는 경우에 해당된다.

### 1. 기업의 자본조정

앞에서 등량곡선의 분석을 통해 노동과 자본의 여러 가지 결합에 의해 특정수준의 생산이 이루어질 수 있다는 것을 보았다. 만약 기업가가 장기에 있어 자본과 노동의 어떤 결합이라도 자유로이 선택할 수 있다 할 때 가장 비용을 최소화할 수 있는 결합방법은 무엇인가?

예를 들어 자본비용($r$)이 단위 서비스당 1만원이고 노동비용($w$)이 단위당 2만원이라 하자. 이 경우 총예산 6만원을 노동의 구입에다만 지출한다면 3단위의 노동을 구입할 수 있고($6/w=6/2=3$), 자본에다만 지출한다면 6단위의 자본서비스를 구매할 수 있다($6/P_k=6/1=6$). [그림 3-5]의 $A$와 $B$를 연결시키는 직선은 총예산 6으로 구입할 수 있는 노동과 자본의 제 결합점으로서 등비용곡선(isocost)이라 한다. $w$와 $P_k$가 주어져 있을 때 등비용곡선의 기울기는 $-w/P_k$로서 표시된다. 총비용의 극소화를 가져다 주는 자본과 노동의 조합은 등량곡선의 기울기($\Delta K/\Delta L$)와 등비용곡선의 기울기($-w/r$)가 같게 되는 점이다. [그림 3-5]에 의하면 10단위의 구두생산을 위한 적정점은 점 $E$로 총비용 6만원을 갖고 노동 1단위와 자본 4단위를 구입할 것이다.

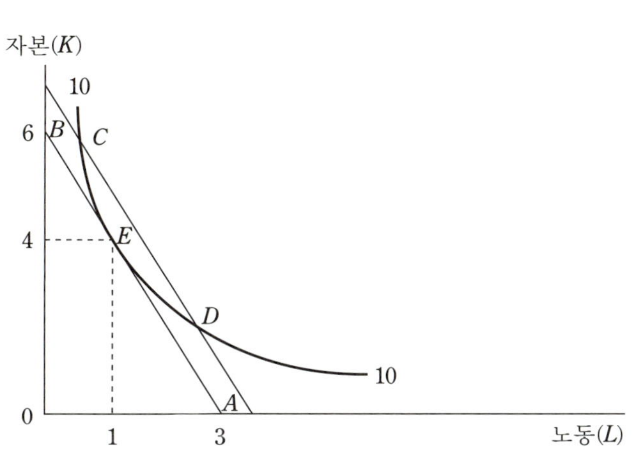


**[그림 3-5] 노동과 자본의 최소비용 결합**

10단위의 구두를 생산하기 위한 노동과 자본의 여러 가지 조합. 예를 들면 등량곡선상의 점들 *C*, *D*, *E* 를 선택할 수 있다. 그러나, 기업은 10켤레의 구두를 생산하는 데 최소비용 6만원이 드는 *E* 점의 조합을 선택할 것이다.

그러면 임금의 상승으로 인해 노동수요가 어떻게 조정되는가를 장·단기별로 비교하여 보자. 우선 기업이 [그림 3-6]에서와 같이 주어진 자본수준 $K_1$단위와 더불어 점 $E_1$에서 균형상태에 있다고 하자. 이 경우 만일 임금이 오른다면 기업은 주어진 $K_1$과 결합할 고용량을 감소시킬 것이고 고용량의 감소는 등량곡선을 아래로 이동시켜 단기적으로는 점 $E_1$ 보다 생산수준이 낮은 등량곡선 $I'$ 상의 $E_1'$ 점에서 실제 생산이 이루어질 것이다.

예를 들어 임금이 처음에 10만원이고 노동투입량이 100단위라 할 때 자본이 $K_1$으로 일정하게 주어져 있다면 노동수요곡선은 [그림 3-7]에서 $VMP_L$곡선이 될 것이다. 그러나 자본의 투입량을 장기적으로 변화시킬 수 있는 상황하에서 임금이 12만원으로 상승하는 경우라면 노동의 $VMP_L$이 새로운 임금보다 낮기 때문에 기업의 입장에서는 노동의 사용

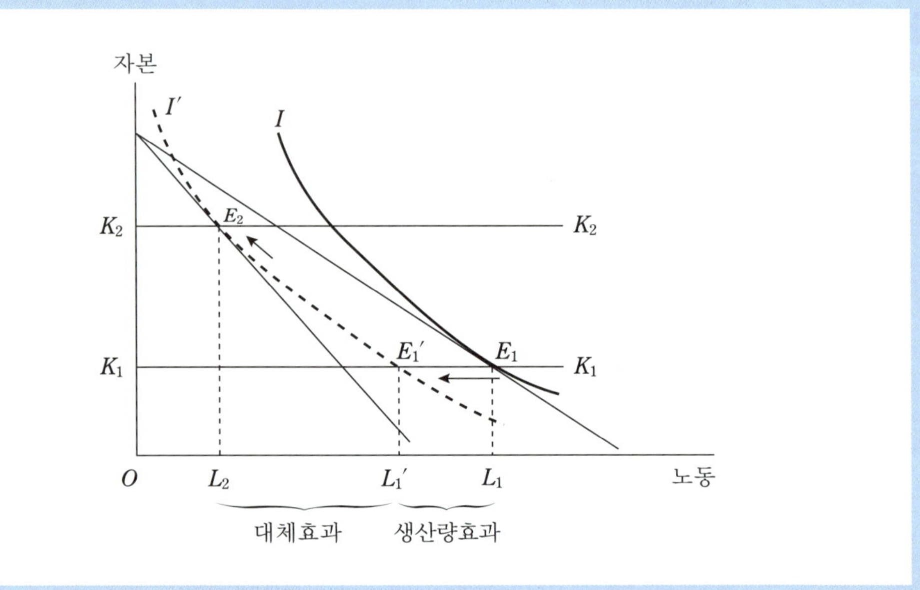


**[그림 3-6] 임금률이 상승했을 경우의 장·단기 조정**

초기에 기업은 주어진 자본수준 $K_1$단위와 더불어 점 $E_1$에서 균형을 이루고 있다. 임금률 상승 때문에 등비용곡선은 안쪽으로 이동하여 단기에는 점 $E_1'$으로 고용을 감소시킬 것이나 장기에 등량곡선 $I'$로 표시되는 생산량을 계속 생산한다면 비용최소화의 균형인 점 $E_2$로 다시 이동할 것이다.

을 줄이게 될 것이다. 한편 노동량의 감소는 동시에 상호 보완적인 한에서 자본투입의 감소를 가져오며 자본량의 변화는 차례로 노동의 $VMP_L$곡선을 같은 방향으로 이동시켜 새로운 $VMP_L$곡선 $VMP_L'$를 얻게 된다. 그리하여 기업은 새로운 노동가격과 $VMP_L'$가 같아지도록 노동량을 감소시켜 점 $E_2$에서 다시 균형을 유지하게 된다. 이때 $E_1'$에서 $E_2$로 이동은 노동을 자본으로 대체시킨 결과를 나타낸다. 그러나 장기적으로 임금의 상승으로 상대가격이 싸진 자본의 투입량을 증대시킨다면 노동의 고용량은 점 $L_1'$에서보다 더욱 줄게 되어 점 $L_2$에서 새로운 비용최소화 균형이 이루어지게 된다. 이와 같이 점 $E_1$에서 점 $E_1'$로의 이동은 기업에 있어 생산수준의 감소를 수반하기 때문에 임금변화에 대한 생산량

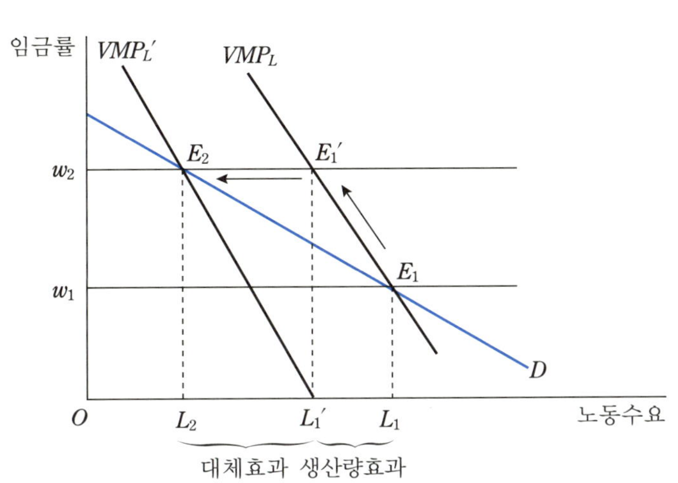


**[그림 3-7] 장·단기 노동수요곡선**

$w_1$에서 $w_2$로 임금률이 상승한다면 단기에 기업은 균형점을 $E_1$에서 $E_1'$로 이동시키면서 노동수요를 감소시킨다. 장기에서 균형점은 다시 $E_1'$에서 $E_2$로 이동하면서 그 결과 노동은 자본으로 대체되어 노동량은 더욱 감소한다.

효과(output effect)라고 하고, 점 $E_1'$로부터 점 $E_2$로의 계속적인 이동은 노동에 대한 자본의 대체로 생산비용의 감소를 가져오기 때문에 대체효과(substitution effect)라 부른다.

## 2. 장기노동수요곡선의 도출

[그림 3-7]은 기업에 있어 임금률 변화에 따른 노동수요의 변화, 즉 노동수요곡선을 표시하고 있다.

이미 앞에서 설명한 것처럼 임금률이 $w_1$에서 $w_2$로 상승할 때 자본이 고정되어 있는 단기에 있어서 기업은 노동수요곡선 $VMP_L$를 따라 $E_1$에서 $E_1'$로 이동하며 노동수요량을 줄이게 될 것이다. 그러나 장기에 기업이 노동을 자본으로 대체함에 따라 기업이 수요하는 노동량은 더욱 감소되어 점 $E_2$수준에까지 이른다. 따라서 단기에서보다 장기에서 임금률이 높으므로 기업에서의 노동수요량은 더욱 감소하게 된다. 이와 반대로 만약 임금률이 하락한다면 기업은 장기적으로 볼 때 자본을 노동으로 대체시키고 규모를 확장하여 노동고용을 증대시킬 것이다. 최초의 균형점 $E_1$의 오른쪽에 놓여있는 장기수요곡선 $D$는 단기수요곡선 $VMP_L$보다 위에 놓여져 있음을 보여 준다. 최초의 $VMP_L$곡선은 주어진 자본량 $K_1$에서의 경우이고 점 $E_2$에서 기업의 장기조정이 이루어지면 새로운 단기수요곡선 $VMP_L'$는 $K_1$대신 새로운 자본량 $K_2$하에서 임금의 변화가 생기는 단기조정을 나타낸다. 실제로 장기수요곡선상의 각 점은 단기수요곡선에 의해 교차되는 점들의 연속을 나타낸다. [그림 3-7]은 노동의 수요가 단기에서 보다 장기에서 더욱 탄력적임을 보여 준다.

## 3.4 노동수요 및 탄력성을 결정하는 요인

### 1. 노동수요를 결정하는 요인

지금까지 우리는 노동의 수요가 단기와 장기에 대해 달리 결정되는 것을 보았다. 이같이 노동의 수요는 여러 가지 요인에 의해 영향을 받고 그 요인에 따라 달리 결정되기도 한다. 일반적으로 노동의 수요는 노동의 가격(임금률), 다른 생산요소의 가격, 소비자 수요의 크기, 노동의 생산성 및 생산기술 등에 의해 결정된다고 할 수 있다.

첫째, 노동의 수요는 노동의 가격에 의해 영향을 받는다. 우리는 앞서 단기노동수요곡선을 도출하고 개별기업의 고용량이 임금률에 의해 결정되는 것을 보았듯이 임금이 상승하면 노동의 수요는 감소하고 임금이 하락하면 노동의 수요는 증가한다. 예를 들어, 구두공장의 임금이 하락하면 구두생산비가 적어져서 상품가격이 하락하게 되며 상품가격의 하락은 상품의 수요를 증가시켜 추가적인 노동의 수요를 유발하여 노동의 수요는 증가하게 되는 것이다.

둘째, 노동의 수요는 다른 생산요소의 가격에 의해 영향을 받는다. 앞서 장기노동수요곡선의 도출에서 보았듯이 자본량의 변화는 $VMP_L$곡선을 이동시켜 노동수요를 변화하게 하였다. 이같이 자본량의 변화는 자본재 가격의 변화에 따라 이루어지기 때문에 다른 생산요소의 가격은 노동수요에 영향을 미친다. 가령 구두공장의 임대료가 상승한다면 구두 생산비가 상승하게 되고 이로 인해 구두가격의 인상이 불가피해져 소비가 줄게 되면 이 구두수요의 감소에 따라 노동수요의 감소가 나타나게 된다.

셋째, 생산되는 상품에 대한 소비자의 수요의 크기에 의해서도 좌우된다. 예를 들어 소득수준이 늘어 소비자가 구두를 한 켤레만 갖고 신던 것을 두 켤레를 갖고 번갈아 신는다던지 여러 가지 모양의 구두를 갖는다면 구두의 소비가 늘어 추가적인 구두의 생산을 위해 노동의 투입은 증가해야 하므로 노동의 수요가 증가될 것이다.

다음으로 노동의 생산성 변화나 생산기술방식의 변화도 노동수요에 영향을 미친다. 새로운 구두제조기계의 발명으로 구두의 굽을 붙이는 공정이 없어진다면 이 작업을 담당하던 부문에서의 노동수요는 줄어들게 될 것이다. 또 작업자의 숙련이 높아져 단위시간에 생산할 수 있는 생산량이 늘어난다면 그에 따른 추가적인 하급숙련의 노동수요가 줄어들 것이다. 그러나 이와 같은 생산성의 향상이나 기술변화는 노동수요의 증가나 감소에 일정한 방향으로 영향을 미치는 것이 아니라 생산비용의 감소로 생산증대를 통한 상품가격의 하락으로 추가적인 노동수요를 가져오는 등 그 영향이 일정하지 않음에 유념해야 한다.

## 2. 노동수요의 탄력성

우하향하는 노동수요곡선은 임금과 고용량간의 역의 관계를 나타낸다. 그러나 임금의 변화가 고용량에 구체적으로 어느 정도 영향을 미치는지 그 변화의 크기는 나타내지 못한다. 이러한 경우 사용되는 개념이 탄력성이다. 노동수요의 탄력성(elasticity of demand for labor)은 임금의 변화에 따른 노동수요량의 변화 정도, 즉 임금변화에 대하여 노동수요량이 얼마나 변화하는지 그 정도를 의미한다.

노동수요의 탄력성($E_D$)은 다음과 같이 정의된다.

$$E_D = \text{노동수요량의 변화율}(\%)/\text{임금의 변화율}(\%) \qquad \cdots\cdots (3.5)$$

$$= \frac{\frac{\partial L}{L}}{\frac{\partial w}{w}} = \frac{\partial L}{\partial w} \cdot \frac{w}{L}$$

임금변화율에 대한 노동수요량의 변화율이 클수록 노동수요의 탄력성은 큰 값을 가지며, 변화율이 작을수록 0에 가까운 값을 가진다. [그림 3-8]은 노동수요의 탄력성이 가질 수 있는 5가지 영역을 나타내고 있다. 그림 (a)에서 $E_D=0$은 완전비탄력(perfectly inelastic)인 경우로 임금변화율에 대해 노동수요량이 전혀 변화하지 않는 경우를 나타낸다.

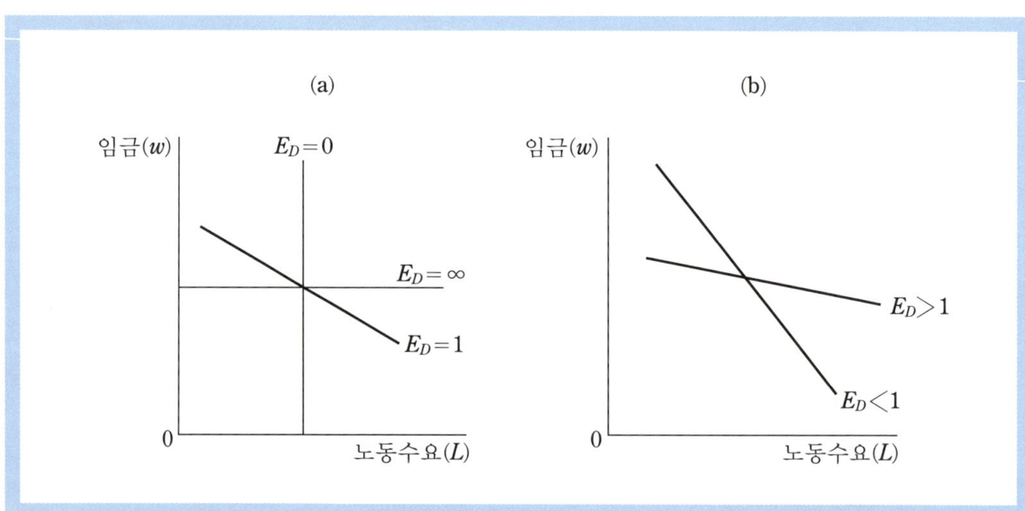


**[그림 3-8] 노동수요 탄력성**

노동수요 탄력성은 5가지 영역으로 구분할 수 있다. 그림(a)는 노동수요의 탄력성이 완전 비탄력적인 경우($E_D=0$), 완전 탄력적인 경우($E_D=\infty$)를 단위탄력적인 경우($E_D=1$)를 그림(b)는 노동수요의 탄력성이 탄력적인 경우($E_D>1$), 비탄력적인 경우($E_D<1$)를 보여준다.

그림 (b)의 $E_D<1$는 비탄력(inelastic)적인 경우로 0보다 크고 1보다 작은 경우이다. 예를 들어 임금변화율이 10%일 때 노동수요량이 5% 변했다면 $E_D=0.5$로 노동수요변화량이 임금변화율보다 작은 경우이다. 그림(a)의 $E_D=1$은 단위탄력적(Unit elastic)인 경우이다. 노동수요량의 변화율이 임금변화율과 같은 경우이다. 마찬가지로 $E_D>1$는 탄력적(elastic)인 경우, $E_D=\infty$는 무한탄력적(perfectly elastic)인 경우를 나타낸다.

## 3. 노동수요 탄력성의 결정요인

이제 노동수요의 탄력성을 결정하는 요인이 무엇인가를 검토해 보기로 하자. 노동수요의 탄력성 크기를 결정하는 요인은 마샬(A. Marshall)에 의해 검토되고 힉스(J. Hicks)에 의해 체계화되어 힉스-마샬의 법칙이라고도 한다. 일반적으로 노동수요는

첫째, 생산물의 수요가 탄력적일수록

둘째, 총비용에서 차지하는 노동비용의 비율이 클수록

셋째, 노동과 다른 생산요소간의 대체가 용이할수록

넷째, 대체생산요소(예를 들면 자본)의 공급탄력성이 클수록

탄력적이다.[3)]

### (1) 생산물 수요의 탄력성

노동수요의 탄력성은 기업의 생산물시장에 있어서 생산물의 수요탄력성에 의해 영향을 받게 된다. 만약 임금률이 하락한다면 산업 내의 개별기업이 임금하락에 대응함에 따라 그 산업의 생산은 증가하게 된다. 생산량의 증가는 곧 생산물가격의 하락을 가져오게 되며 그 결과 개별기업의 $VMP_L$곡신을 우측아래로 이동시킨다. 이 경우 생산물가격이 얼마만큼 하락할 것인가를 검토해 보는 것이 대단히 중요하다. 그 이유

3) 노동수요의 탄력성의 일반적 특징에 대해서는 1890년 마샬(Marshall. A. Principles of Economics)에 의해 전개되었으며 후에 힉스(Hicks, J.R., The Theory of Wages, 2. ed)에 의해 보완되었다. 그래서 이를 파생수요에 관한 힉스-마샬의 법칙(Hicks-Marshall rules of derived demand)이라 하기도 한다.

는 생산물가격의 하락 정도가 개별기업의 $VMP_L$곡선이 어느 정도 변화할 것인가를 결정하게 되고 차례로 산업의 노동수요에 대한 탄력성을 결정할 것이기 때문이다.

2개 산업을 예로 들어서 특수산업의 생산물 공급증가가 어떻게 가격에 영향을 미치는가를 검토해 보기로 하자. [그림 3-9]의 두 개의 산업 A, B는 각각 동일한 생산물 공급곡선과 동일한 $MP_L$곡선을 가지며 초기의 가격이 동일하다고 가정하자. 이 경우 두 산업에 있어서 임금률이 하락한다면 생산물의 공급은 $S_2$로 증가하게 될 것이다. 만약 A산업이 B산업보다 더욱 탄력적인 생산물 수요곡선을 가졌다면 노동비용의 감소로 인한 생산량 증대 효과는 B산업보다 A산업에 있어 더욱 크게 나타날 것이고 가격의 하락폭도 상대적으로 낮게 된다. 반대로 임금률이 상승하게 되면 B산업에서 보다 A산업에서 생산량 감소를 통한

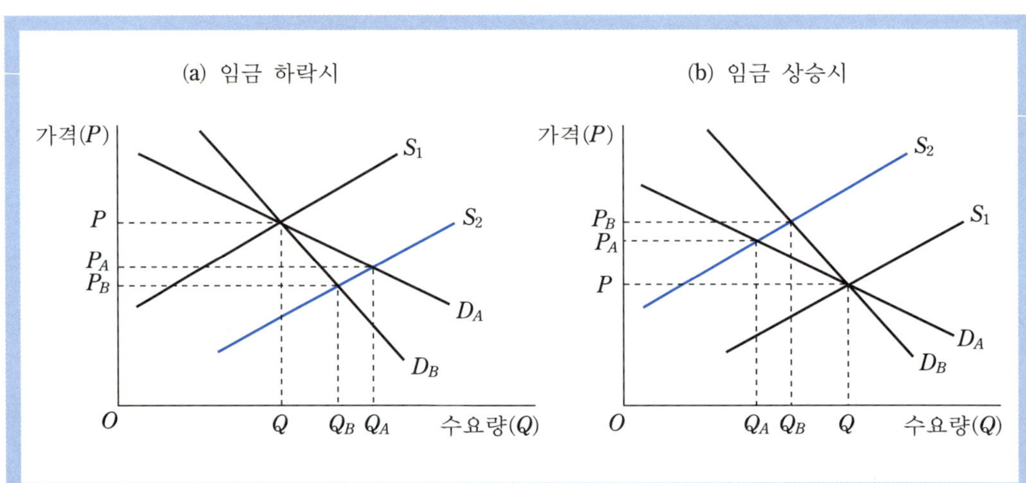


**[그림 3-9] 생산물 수요의 탄력성과 노동수요**

임금률의 변화는 생산비용에 영향을 미쳐 생산물가격을 변화시킨다. 이때 생산물에 대한 수요의 가격탄력성이 클수록 주어진 가격변화에 따른 산출량의 증감이 크게 나타나고, 이에 따른 고용량의 증감 또한 크게 된다. 그러므로 생산물 수요의 탄력성이 클수록 노동수요의 탄력성도 그만큼 크게 된다.

노동력 수요의 감소가 더욱 크게 될 것이다. 그러므로 생산물에 대한 수요의 탄력성이 크면 노동수요의 탄력성 또한 커짐을 알 수 있다.[4)]

### (2) 총비용에 대한 노동비용의 비율

기업의 노동수요에 대한 탄력성은 또한 총비용에서 차지하는 노동비용의 비율에 의해서도 영향을 받는다. 만약 생산비용이 노동비용뿐이라면 10%의 임금률 상승은 기업의 비용곡선을 10%만큼 상승시키게 된다. 그러나 노동비용이 생산비용의 50%라면, 10%의 임금인상은 5%의 생산비용의 증가를 보이게 된다. 가령 임금이 10% 상승하면 생산비용이 노동비용뿐인 A기업과 노동비용이 생산비용의 50%인 B기업 중 어느 기업에서 더 많은 고용감소가 이루어질까? 물론 B기업보다 A기업에서 임금상승이 총비용에 미치는 영향이 크므로 고용의 감소도 크게 나타난다. 그러므로 A기업의 노동수요는 B기업의 경우보다 더욱 탄력적인 것이다. 다시 말해서 노동비용이 전체 생산비용에서 차지하는 비중이 클수록 기업의 노동수요는 더욱 탄력적이라 볼 수 있다.

### (3) 노동과 자본의 대체성 정도

노동수요의 탄력성에 영향을 미치는 세 번째 요인은 노동과 자본의 대체가능성이다. 제 2 장의 등량곡선을 논의하면서 기업은 노동과 자본을 여러 가지로 조합하여 일정한 생산량을 산출할 수 있다는 것을 설명했다. 만일 어느 기업이 생산요소의 특정한 결합방법을 채용하고 있다고 할 때 보통은 자본사용을 증대하고 노동투입을 감소시켜도 동일한 생산량을 산출해낼 수 있을 것이다. 이 경우 1단위 노동을 줄이기 위해 자본투입을 얼마만큼 증대시켜야 하는가는 기업에게 있어 중요한 문제인 것이다.

예를 들면 1단위의 노동을 대체하는데 3단위의 자본이 필요한 경우와 1단위의 자본이 필요한 경우가 있다면 자본가격이 고정되었다고 가

4) 생산물수요와 노동수요의 관련성은 제 3 장 제 1 절 [그림 3-1], [그림 3-2]에 상세히 설명하였음.

정할 때 후자가 전자보다 더욱 유리하다. 그리고 임금상승에 따라 더욱 적은 자본량으로 단위노동력을 대체할 수 있게 된다면 기업은 노동수요를 더욱 줄이려 할 것이다. 즉 노동에 대한 자본의 대체가 더욱 쉬워진다면 노동수요의 탄력성은 점차 커지게 된다.

### (4) 자본공급의 탄력성

노동수요의 탄력성에 영향을 주는 네 번째 요인은 노동을 대체할 수 있는 자본 또는 다른 생산요소의 공급탄력성이다. 임금률이 상승하면 기업은 노동을 자본으로 대체하고자 한다는 지금까지의 설명은 기업의 자본수요 증가가 자본의 가격에 영향을 미치지 않는다는 소위 완전탄력적인 자본공급을 가정조건으로 하고 있었다. 그러나 전체 산업에 걸쳐 임금상승이 일어나고 그 결과로 개별기업의 자본수요가 증가한다면, 이러한 수요변화의 자본재 가격에 미치는 영향은 미미한 것이 아니

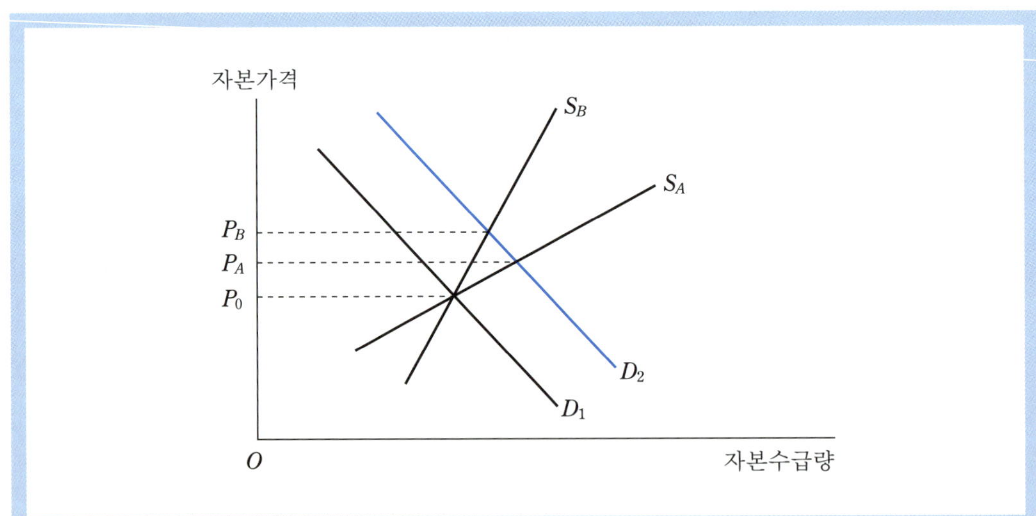


**[그림 3-10] 자본가격에 미치는 자본공급 탄력성의 영향**

자본수요가 $D_1$에서 $D_2$로 이동한다면, 자본가격은 초기수준의 $P_0$ 이상인 $P_A$로 상승할 것인데 만약 자본의 공급곡선이 $S_A$보다 비탄력적인 $S_B$라면 자본가격은 $P_B$까지 상승할 것이다.

다. 이 경우 자본재 가격의 상승은 임금상승 때문에 노동을 자본으로 대체시키려는 기업의 경향을 일부 상쇄시키는 작용을 한다. 즉 임금상승에 따라 자본재 가격상승이 상대적으로 높아지고 자본공급의 탄력성이 낮을수록 노동에 대한 자본의 대체경향은 줄게 된다. 반대로 자본재 가격상승이 상대적으로 낮고 자본공급의 탄력성이 클수록 임금상승에 따른 노동에 대한 자본의 대체경향을 상쇄시키려는 요인이 줄어들어 노동수요도 그만큼 탄력적이 된다.

[그림 3-10]은 두 가지 자본의 공급곡선(탄력적인 $S_A$ 및 이보다 비탄력적인 $S_B$)를 보여 주고 있다. 임금상승으로 인한 자본수요의 증가는 $S_A$의 경우보다 $S_B$의 공급곡선하에서 더욱 큰 가격상승효과를 가진다. 자본재의 가격상승은 노동에 대한 자본의 대체경향을 상쇄시키기 때문에 $S_B$에서 보다 $S_A$의 공급곡선하에서 노동의 수요는 더욱 탄력적이 될 것이다. 일반적인 원리로 다시 말해 대체생산요소의 공급이 보다 탄력적일수록 노동수요는 더욱 탄력적이다.

이 장의 기본목적은 경쟁기업의 노동수요량이 임금률과 부(−)의 관계가 있음을 밝히는 것이었다. 우리는 단기에서 그리고 주어진 특정 생산가격하에서 (a) 기업의 이윤극대화 원리와 (b) 노동의 한계생산성이 체감된다는 사실로 인해 노동수요량은 임금과 부(−)의 관계가 있으며 이러한 관계는 장기에 있어서는 가격과 자본의 한계생산성에 의해 보다 큰 영향을 받게 된다는 점을 살펴보았다. 아울러 장·단기에서 임금률의 변화에 대한 기업의 반응, 노동수요의 탄력성을 결정하는 요인과 이에 대한 분석수단을 소개하였다.

Labor box

### 직업훈련과 노동수요의 임금탄력성

노동수요의 임금탄력성은 정부가 직업훈련 프로그램의 적용산업을 채택하는데 중요한 역할을 하는데, 노동수요의 임금탄력성이 높은 직업에 대해 직업훈련을 실시하는 것이 보다 효과적이다.

[그림 1]에서 직업훈련은 노동공급을 증가시키므로 노동공급곡선 $S_0$를 $S_1$으

로 이동시킨다. 노동수요의 임금탄력성이 비탄력적인 경우 균형임금은 $w_0$에서 $w_2$으로 떨어지게 되며 취업한 직업훈련생의 수는 $L_0$에서 $L_2$로 증가하게 된다. 반면에 노동수요의 임금탄력성이 탄력적인 경우 균형임금은 $w_0$에서 $w_1$으로 떨어지게 되며 취업한 직업훈련생의 수는 $L_0$에서 $L_1$로 증가하게 된다. 노동수요의 가격탄력성이 상대적으로 작다면 직업훈련에 의해 새로 취업되는 직업연수생의 수는 상대적으로 작게 되는 동시에 기존 노동자가 받는 임금은 매우 큰 폭으로 떨어지게 된다. 낮은 임금은 기존의 많은 노동자들을 자발적으로 직장에서 떠나게 하는 대신 새 노동인력으로 하여금 이를 대신하게 만든다. 즉 노동수요의 임금탄력성이 높을수록 직업훈련에 의해 야기되는 임금하락의 폭은 작아질 것이고 새로 창출되는 고용의 크기는 커질 것이며 임금하락에 따른 자발적 퇴출노동자의 수는 적어지게 되는 것이다.

[그림 1] 수요탄력성과 직업훈련

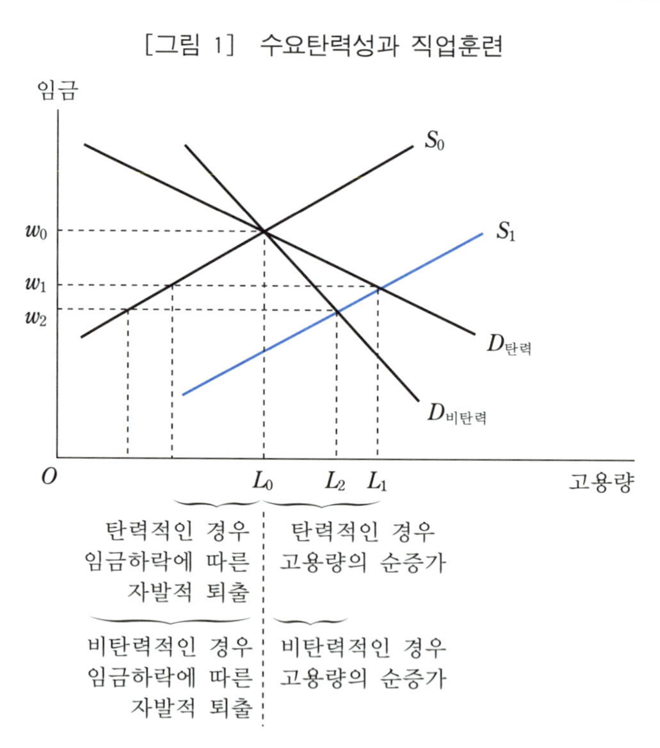

# APPENDIX A

## 개별기업의 단기 균형고용수준

개별기업의 단기 적정 고용수준을 수리적으로 유도해 보면 다음과 같다. 단기에는 노동($L$)만이 가변변수이다. 이윤을 극대화하는 고용량 수준을 결정하기 위한 기업의 이윤($\pi$)은

$$\pi = P \cdot Q - w \cdot L \quad \cdots\cdots \text{(3A.1)}$$

(단, $P$: 재화의 가격, $Q$: 생산량, $w$: 임금률, $L$: 고용량)

Q를 생산함수로 표현하면

$$\pi = P \cdot f(K,\ L) - w \cdot L \quad \cdots\cdots \text{(3A.2)}$$

이윤($\pi$)을 $L$에 대해 미분하여 이윤을 극대화하는 1계조건(first-order condition)을 구하면

$$P \cdot \frac{\partial f}{\partial L} - w = 0 \quad \cdots\cdots \text{(3A.3)}$$

$\partial f/\partial L$은 고용량을 추가함에 따른 추가적인 생산량의 증가분을 나타낸다. 따라서, 이는 노동의 한계생산물($MP_L$)을 나타낸다. 생산물시장이 완전경쟁시장임을 가정하므로, $P$는 한계수입($MR$)과 같다. 그리고 노동시장이 경쟁적임을 가정하므로, 고용량에 상관없이 $w$는 단위노동당 추가비용이다.

1계조건(3A.3)을 정리하여 $MR$, $MP_L$, $VMP_L$에 대해 표현하면

$$P \cdot \frac{\partial f}{\partial L} = w \quad \cdots\cdots \text{(3A.3}'\text{)}$$

또는 $MR \cdot MP_L = w$

상기식을 다시 표현하면

$$VMP_L = w.$$

따라서, 고용수준은 임금률($w$)이 $VMP_L$과 같은 수준에서 이루어지며 이윤은 극대화된다.

APPENDIX

APPENDIX B

## 개별기업의 장기 균형고용수준

개별기업의 장기고용수준은 노동과 자본의 한계대체율과 비용이 같은 수준에서 결정된다. 수리적으로, 등생산량은 다음의 특징을 만족하는 함수의 특정 생산량을 이끌어내는 노동과 자본의 조합을 통해 유도된다.

$$Q=f(K,\ L) \qquad \cdots\cdots \ (3B.1)$$

$Q$는 노동과 자본의 결합을 통해 생산된 생산량을 의미한다. 기업의 목적은 이윤을 극대화하는 노동($L$)과 자본($K$)의 조합을 선택하는 것이다. 노동($L$)은 임금률($w$), 자본($K$)은 자본비용($r$)으로 구입할 수 있음을 가정한다. 이윤은 총수익－총비용이며, 총수익은 가격×생산량($P\cdot Q$), 총비용은 자본비용($r\cdot K$)＋노동비용($w\cdot L$)이다. 그러므로 기업의 이윤은

$$\pi=P\cdot f(K,\ L)-r\cdot K-w\cdot L \qquad \cdots\cdots \ (3B.2)$$

이윤을 극대화하는 자본과 노동의 양은 식(3B.2)를 각각 $K$와 $L$에 대해 편미분하여 구할 수 있다. 이윤($\pi$)을 각각 $K$, $L$에 대해 편미분하여 이윤을 극대화하는 1계조건(first-order condition)을 구하면

$$P\cdot \frac{\partial f}{\partial K}=r \qquad \cdots\cdots \ (3B.3)$$

$$P\cdot \frac{\partial f}{\partial L}=w \qquad \cdots\cdots \ (3B.4)$$

식(3B.3)과 (3B.4)를 정리하면

$$P = \frac{r}{\frac{\partial f}{\partial K}} \qquad \cdots\cdots \text{(3B.3}'\text{)}$$

$$P = \frac{w}{\frac{\partial f}{\partial L}} \qquad \cdots\cdots \text{(3B.4}'\text{)}$$

위의 두 식을 하나로 정리하면

$$\frac{\frac{\partial f}{\partial L}}{\frac{\partial f}{\partial K}} = \frac{w}{r} \text{ 또는 } MRS_{L.K} = \frac{w}{r} \qquad \cdots\cdots \text{(3B.5)}$$

위 식은 극대화된 이윤을 산출하는 노동과 자본의 조합이다. 또한, *MRS*는 같은 수준의 생산량을 유지하기 위한 노동과 자본의 대체비율이기도 하다.

## 등량곡선상의 기울기

*MRS*는 등량곡선상의 한 점과 그 점에 접하는 직선의 기울기가 같음을 의미한다. 즉, 등량곡선상의 한 점의 기울기이다. 이는 수리적으로 생산함수의 전미분으로 표현할 수 있다.

$$df = \frac{\partial f}{\partial K} dK + \frac{\partial f}{\partial L} dL \qquad \cdots\cdots \text{(3B.6)}$$

등량곡선상에서 생산량수준은 같으므로 $df=0$이 된다. 따라서

$$0 = \frac{\partial f}{\partial K} dK + \frac{\partial f}{\partial L} dL \qquad \cdots\cdots \text{(3B.7)}$$

위 식을 정리하면

$$\frac{\frac{\partial f}{\partial L}}{\frac{\partial f}{\partial K}} = -\frac{dK}{dL} \text{ 또는 } MRS_{L,K} = -[\text{등량곡선의 기울기}] \quad \cdots\cdots \text{(3B.8)}$$

식(3B.5)와 식(3B.8)을 통해 장기 균형식을 구하면

$$\frac{w}{r} = MRS_{L,K} = -[\text{등량곡선의 기울기}] \quad \cdots\cdots \text{(3B.9)}$$

## 생산량 효과(output effect)와 대체효과(substitution effect)

노동 및 자본의 최적수준에 대한 이윤극대화 문제를 통해 투입요소 ($r$, $w$)와 생산량($Q$)의 함수인 노동의 수요함수를 얻을 수 있다.

$$L = l(r,\ w,\ Q) \quad \cdots\cdots \text{(3B.10)}$$

생산량($Q$)은 가격($P$)의 함수이므로

$$L = l[r,\ w,\ Q\{P(r,\ w)\}] \quad \cdots\cdots \text{(3B.10}'\text{)}$$

식(3B.10′)를 전미분하면

$$dL = \frac{\partial l}{\partial r}dr + \frac{\partial l}{\partial w}dw + \frac{\partial l}{\partial Q}\frac{\partial Q}{\partial P}\frac{\partial P}{\partial r}dr + \frac{\partial l}{\partial Q}\frac{\partial Q}{\partial P}\frac{\partial P}{\partial w}dw \quad \cdots\cdots \text{(3B.11)}$$

자본에 대한 비용($r$)이 일정하다고 가정하면

$$dL = \frac{\partial l}{\partial w}dw + \frac{\partial l}{\partial Q}\frac{\partial Q}{\partial P}\frac{\partial P}{\partial w}dw \quad \cdots\cdots \text{(3B.12)}$$

양변을 $dw$로 나누면

$$\frac{dL}{dw} = \frac{\partial l}{\partial w} + \frac{\partial l}{\partial Q}\frac{\partial Q}{\partial P}\frac{\partial P}{\partial w} \quad \cdots\cdots \text{(3B.13)}$$

위 식에서 보면 임금변화에 따른 고용량의 변화는 두 부분으로 나뉜다. $\frac{\partial l}{\partial w}$는 임금변화에 따른 고용량의 변화를 나타내는데, 이를 대체효과(substitution effect)라 한다. 오른편 뒷부분인 $\frac{\partial l}{\partial Q}\frac{\partial Q}{\partial P}\frac{\partial P}{\partial w}$는 생산량($Q$)의 변화에 따른 고용량의 변화를 나타내는데, 이를 생산량효과(output effect)라 한다. 실증분석에 따르면 두 효과는 임금변화에 대해 같은 방향으로 움직이며, 생산량효과가 대체효과보다 좀더 큰 것으로 나타난다. 임금이 오르면 생산비용은 증가하고 생산물가격을 올려 수요를 감소시키며, 따라서 고용을 감소시킨다.

APPENDIX C

## 노동자의 수요탄력성과 노조의 상대임금

이미 언급한 노동의 수요탄력성에 근거하여 조직노동자에 대한 수요탄력성의 결정요인을 설명할 수 있다. 즉, 조직노동자에 대한 수요는

첫째, 조직노동자에 대한 다른 투입의 대체 탄력성이 작을수록

둘째, 조직노동자에 의해 생산된 생산물에 대한 수요가 비탄력적일수록

셋째, 총 생산비에 대한 조직노동비용의 비율이 작을수록

넷째, 생산의 다른 대체요소의 공급탄력성이 작을수록

비탄력적이 된다. 이러한 제요인들은 상대임금에 대한 노조의 영향 및 주어진 임금상승에 대한 고용손실의 크기를 결정하게 된다. 그리고 상대임금에 대한 조합의 영향은 조직화된 노동자에 대한 수요의 탄력성에 의존한다. 즉, 조직노동에 대한 수요가 비탄력적일수록 일정한 임금상승에 의해 고용량의 감소를 야기시키는 정도가 작아서 상대임금에 미치는 조합의 영향은 크게 된다.

그러면 이와 같은 노동의 수요탄력성이 노동조합의 상대임금에 어떻게 영향을 미치는가를 살펴보기로 한다.

### 조직노동자와 다른 투입요소 사이의 대체탄력성

조직노동자와 다른 투입요소 사이의 대체탄력성이란 조직노동자의 요소가격변화가 조직노동자와 다른 투입요소의 결합수요에 미치는 정도를 나타내는 지표이다. 이 개념을 설명하기 위해 기술 및 교육에 의한 생산성이 서로 같은 두 그룹의 노동자군으로 구성된 순수경쟁 노동시장

APPENDIX

을 생각하여 보자. 기업은 이 두 그룹으로부터 노동력을 고용하며 두 그룹 중 하나가 노조를 형성하고, 노조는 비노조 노동자에 비해 조합원의 상대적인 임금향상을 위해 노력한다고 가정하자. 이때 기업은 임금이 상승된 노조노동자의 고용을 줄이고, 비노조노동자들을 고용하려 할 것이므로 이 경우에 대체탄력성은 무한히 높게 된다. 이와 같은 기업의 반응에 따라 노조측에서는 고용 및 소득면에서 손실을 입게 되고, 결국 비노조에 대한 노조원의 상대적 우위는 소멸되어서 상대임금에 대한 노조영향은 없어진다.

이와 같은 상황에서 기업이 노조노동자를 비노조노동자로서 대체하거나 다른 실물자본으로 대체하는 것을 막기 위해서 노조는 여러 가지 수단을 동원한다. 이 중에서 노조는 조직면에서 보통 노동조합원만을 고용하는 클로즈드 숍(closed shop)을 선호하는 경향이 있다. 즉, 법에 의해 노조가 기업에 대한 독점공급자이기를 보장받고자 하는 것이다. 클로즈드 숍은 미국에서 1947년의 테프트하트리(taft-hartley)법에 의하여 금지된 바 있지만 노동조합이 독점적으로 노동공급을 하고 있는 기업에서는 계속 발전되어 오고 있다. 한편, 유니온 숍(union shop)은 클로즈드 숍과 결과적으로 보면 같은 점이 많지만 클로즈드 숍의 경우는 처음부터 신규노동자를 노조가입원 중에서 채용하는 반면, 유니온 숍의 경우는 신규노동자가 채용된 다음 짧은 기간 내에 반드시 노조에 가입토록하고 있다. 오픈 숍(open shop)제도하에서는 노조원을 위해 협상된 임금인상이 노조원뿐만 아니라 비노조원에게도 적용되도록 법적으로 보장하고 있으므로 노조원을 비노조원으로 대체시키려는 유인 즉 노조원과 비노조원 사이의 임금격차는 일어나지 않게 된다.

비록 노조노동자를 비노조노동자로 대체하는 것을 노동조합이 막을 수 있다 하더라도 조직노동자에 대한 자본투입요소의 대체가 있을 수 있다. 물론 그와 같은 대체 가능성의 정도는 개별생산과정의 특성에 따라 다르게 나타난다. 그리고 자본과 노동조합노동자 사이의 대체탄력성이 낮으면 낮을수록 자본가격에 대한 노조임금의 상대적 상승으로 인한 노조의 고용손실은 그만큼 작아진다. 한편, 숙련 및 비숙련노동과 자본은 특정 생산과정에서 대체재일뿐 아니라 보완재가 될 수도 있다. 그러나 숙련노동과 자본의 대체탄력성은 비숙련노동과 자본의 대체탄력성보다는 낮다. 다시 말하면, 노조노동과 다른 투입요소간의 대체탄력성이 낮으면 낮을수록 일반적으로 노조노동수요가 더욱더 비탄력적이 되고, 상대임금에 대한 노조의 영향이 커진다.

## 생산물에 대한 수요탄력성

노조노동에 대한 수요탄력성은 소비자들이 생산물시장에서 구입하는 대체품에 의해서도 영향을 받는다. 노조임금상승이 기업의 생산원가를 상승시켜 기업은 특정 생산품 판매가격을 인상한다고 가정하자. 이 경우 기업의 판매액은 기업의 특정 생산물에 대한 수요탄력성에 의하여 영향을 받게 된다. 즉, 특정 생산물수요가 탄력적이면 탄력적일수록 그 생산물가격의 변동에 따른 판매손실은 그만큼 크게 된다.

만약 어떤 산업에서 한 기업만이 노조화되어 있다고 하면 그 기업에 있어 노조 임금상승으로 인한 생산물가격상승은 커다란 판매량의 손실을 가져오게 된다. 왜냐하면, 소비자가 그 산업에서 다른 유사한 생산품으로 구매를 대체할 것이기 때문이다. 반면에 한 산업 내의 모든 기업이 노조화되어 있을 경우 노조임금인상 및 생산물가격의 상승으로 인해 다른 산업 생산물의 대체구입이 일어나서 그 산업의 총판매량은 다소 떨어질 수 있지만 그 산업 내의 개별기업에 대한 영향은 비교적 크지 않다. 따라서 상대임금에 미치는 영향은 산업의 노조화 정도에 따라 다를 것이다. 이 경우 생산물수요가 비탄력적일수록 조직노동수요는 더욱 비탄력적이 되고, 상대임금에 대한 노조영향은 그만큼 커진다.

## 총생산비에 대한 조직노동자비용의 비율

어느 한 기업의 노조노동비용이 총생산비의 10%를 차지하는 데 비해 다른 기업의 노조노동비용은 총생산비의 50%를 차지한다고 하자.

APPENDIX

이 경우, 노조임금 10%포인트의 상승은 첫 번째 기업에서는 1%포인트의 총생산비 상승을 초래하고, 두 번째 기업에서는 5%포인트의 총생산비 상승을 야기시킨다. 고용손실은 생산비용의 손실이 작은 첫 번째 기업에서 더욱 소량으로 나타난다. 결론적으로 총생산비에 대한 노조노동비의 비율이 적을수록 노조노동수요는 보다 비탄력적이게 되고, 상대임금에 대한 노조의 영향은 더욱 커진다.

### 다른 대체투입요소의 공급탄력성

상대임금에 미치는 노조의 영향은 자본과 같은 다른 대체요소의 공급탄력성에 의해서도 영향을 받는다. 노조가 더 높은 임금을 위하여 교섭한다면 기업은 자본과 같은 다른 대체요소의 투입을 증대시켜 노동투입을 대체하려 할 것이고, 이에 따라 자본수요는 증가하고, 자본가격은 상승한다.

자본가격상승에 따라 공급되는 자본량은 어떻게 되겠는가? 우선 자본공급이 탄력적이라고 생각하면 자본수요증가는 자본가격을 상승시키고(자본재 가격상승률 이상으로) 자본재 산업의 생산증가를 유발하며 기업의 노동에 대한 자본대체를 용이하게 해 준다. 대체량은 물론 상대가격의 변화 정도에 의존한다. 자본공급이 탄력적일 경우 자본가격은 상당한 정도로는 상승하지 않을 것이므로 기업은 자본으로의 대체를 가능하게 할 수 있는 것이다. 이와 대조적으로 자본공급이 완전 비탄력적인 경우를 생각하여 보자. 이 경우 수요증가는 자본가격상승으로 나타나며 자본재 산출은 증가하지 않을 것이다. 따라서 기업은 노동에 대한 자본대체를 할 수 없으며 고용에 미치는 영향도 적게 된다. 결론적으로 자본공급과 다른 대체투입요소의 공급이 비탄력적일수록 노조노동의 수요는 비탄력적이 되고, 상대임금에 미치는 노조의 영향은 커질 것이다.

조직노동에 대한 수요탄력성의 네 가지 결정요인을 함께 묶어서 노조활동을 성공으로 이끄는 조건을 설명하기로 한다.

노조조직면에서 클로즈드 숍과 유니온 숍의 조직은 노조노동자의 대체를 불가능하게 하므로 노조활동의 성공에 매우 유리한 조건이 된다. 또한 노조활동은 조직노동에 대한 자본대체의 탄력성이 낮은 상황(기술노동자의 경우)에서는 비교적 성공적일 것이고, 대체자본의 공급이 비탄력적이면 더욱 그러하다. 건설업과 같이 생산과정에 있어 총생산비에서 차지하는 숙련노조원의 임금비율이 매우 낮은 경우에는 노조의 요구는 비교적 성공적으로 달성될 수 있다. 결국 노조의 세력은 산업 내에서 기업의 노조화된 정도에 따라 다르게 나타난다.

그러나 오픈 숍이 허용되는 다음과 같은 경우에는 노조의 성공률이 낮아진다.

(a) 기술수준이 낮은 노동자들의 구성비가 높고, 자본에 의한 대체탄력성이 높은 경우와,

(b) 노동비용이 총비용에서 점유하는 비율이 높은 섬유산업 같은 노동집약적 산업과,

(c) 광범위하게 조직력을 갖지 못하는 산업 그리고,

(d) 생산물수요가 탄력적인 기업이나 산업에서 노조가 형성될 경우이다.

# 제 4 장

# 노동공급: 근로에 대한 의사결정

이제 국민경제 내에 있는 가계로부터 공급되는 총노동량은 시장임금의 함수이고 총노동량의 변화는 임금의 변화와 체계적으로 관련되어 있다고 하자. 국민경제에 있어 노동의 총공급량은 ① 인구의 규모, ② 노동참가율, ③ 노동의 참가자가 제공하고자 하는 노동시간 등에 의존하며 총노동공급량을 결정하는 이들 제 요인은 나아가 시장임금률에 따라 그 크기를 달리한다.

그러나 본장에서는 인구의 규모는 일정하게 주어지는 것이라는 단순한 가정을 전제로 하여 노동참가율 및 노동의 공급시간이 단기에 있어 어떻게 시장임금률에 반응하는가를 분석하기로 한다. 이것이 단기의 노동공급분석이다. 단기는 항상 어떠한 조정도 불가능하고 어떠한 환경도 변경될 수 없는 기간을 의미하는데 제 3 장에서는 기업의 신고전학파 이론을 전개했을 때, 기업의 자본투입량을 변경할 수 없는 단기간 동안의 기업노동수요를 분석하였다. 자본투입량이 일정하게 주어져 있을 때, 기업의 수요를 분석했던 것과 마찬가지로 이 장에서도 인구는 주어져 있고 그들의 인적자본, 즉 노동기술이 일정하다고 가정하고 나아가 임금의 변화에 영향을 줄 수 있는 다른 요인, 즉 노동의 이동 등은 고려하지 않기로 하자.

주어진 기술을 가진 인구가 일정한 크기로 유지될 때 개인이 총효용극대화를 위하여 공급하려는 최적의 노동시간은 얼마이며, 경제적 조건에 따라 개인이 어떻게 노동공급을 조정하는가를 본 장에서 검토할 것이다. 먼저 노동공급시간은 노동에 대한 시장가격의 함수라는 것을 보이기 위해 개인의 노동시간 선택에 대한 전통적 효용극대화 모형을 설명하고 노동참가 및 노동이탈을 중심으로 한 노동문제를 살펴보고자 한다. 끝으로 노동시간의 선택 및 노동참가를 동시에 고려하여 경제 전체로서의 노동공급을 도출할 것이다.

## 4.1 노동/여가 선택에 대한 분배

개인의 선택모형에서 가계의 구성원들이 소비하는 재화는 두 가지 종류, 즉 시장재와 비시장재인 시간으로 나누어진다. 따라서 여기서 시장재란 보수를 얻을 수 있는 일에 기여하는 활동 즉, 노동이고 비시장재란 보수를 얻지 않는 모든 활동 즉, 여가를 뜻한다.

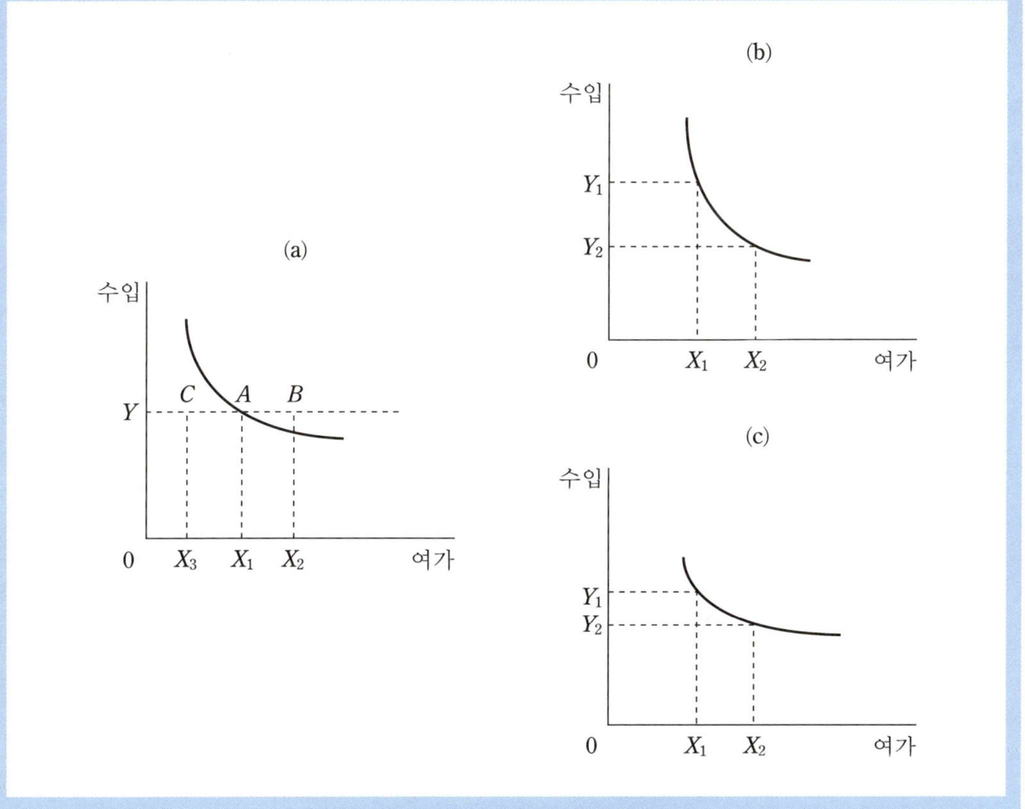


**[그림 4-1] 개별주체에 대한 무차별곡선과 그 기울기**

(a)에서 효용의 크기는 $u(B) > u(A) > u(C)$이다. (b)와 (c)는 여가에 대한 선호도의 차이에 따른 무차별 곡선의 차이를 보여준다. (b)는 (c)보다 여가를 더욱 선호하는 사람의 무차별곡선이다.

## 1. 효용과 무차별곡선

무차별곡선은 개인에게 주어진 효용과 만족의 범위에서 노동으로부터의 실질수입과 여가시간의 여러 가지 조합을 보여준다. [그림 4-1] (a)에서 $A$점은 두 재화의 조합을 나타낸다. $OY$는 수입을 위해 투입된 노동시간이고, $OX_1$은 여가로 소비된 시간으로 두 재화의 일정한 결합으로부터 효용을 얻게 된다. 만약 (B)의 조합을 선택한다면 $A$점의 효용보다 크다. 왜냐하면 수입의 크기는 동일한데 여가를 $X_1X_2$만큼 더 소비하기 때문이다.

무차별곡선은 언제나 부(−)의 기울기를 가진다. 즉 한 재화의 소비를 감소시킴으로써 잃게 되는 효용의 손실은 타재화의 소비량을 증가시킴으로써 얻게 되는 효용에 의해 정확히 상쇄된다. 그러므로 무차별곡선의 기울기는 총효용의 변화 없이 두 재화 사이의 소비를 서로 대체시키고자 하는 대체율을 나타낸다.[1] 노동시간과 여가활동에 투입된 시간과의 대체율은 기호 및 두 재화에 대한 선호가 다르기 때문에 개인에 따라 상이하게 나타난다.

노동시간과 여가 사이의 선호를 나타내는 무차별곡선은 개개인의 성격과 직업의 차이에 따라 차별적인 형태로 나타날 수 있다. 결혼을 함으로써 집안의 재정을 꾸려나가야 하는 사람의 무차별곡선은 수입을 증가시키기 위해 여가를 포기할 것이기 때문에 여가에 대한 가치를 낮게 설정하고 노동(수입)에 대한 가치를 높게 설정할 수 있다. 이 사람의 무차별곡선은 [그림 4-1]의 (c)와 같이 상대적으로 완만한 기울기를 가진다. 부자와 같이 재정적 부담이 적은 '여가선호자'의 무차별곡선은 기울기가 (b)와 같이 상대적으로 급한 경사를 가지며 이 사람은 일정한 여가시간의 획득을 위해서 많은 상당히 큰 수입을 포기할 수 있다.

---

1) 동일한 무차별곡선 위에 계속 남아 있다는 조건 하에서 한 재화($X$)의 변화량과 이로 말미암은 다른 재화(Y)의 변화량의 비율을 한계대체율($MRS$)이라 하고 이 비율은 무차별곡선의 기울기를 나타낸다. $MRS$를 수식으로 표시하면 $MRS = -\triangle Y/\triangle X$

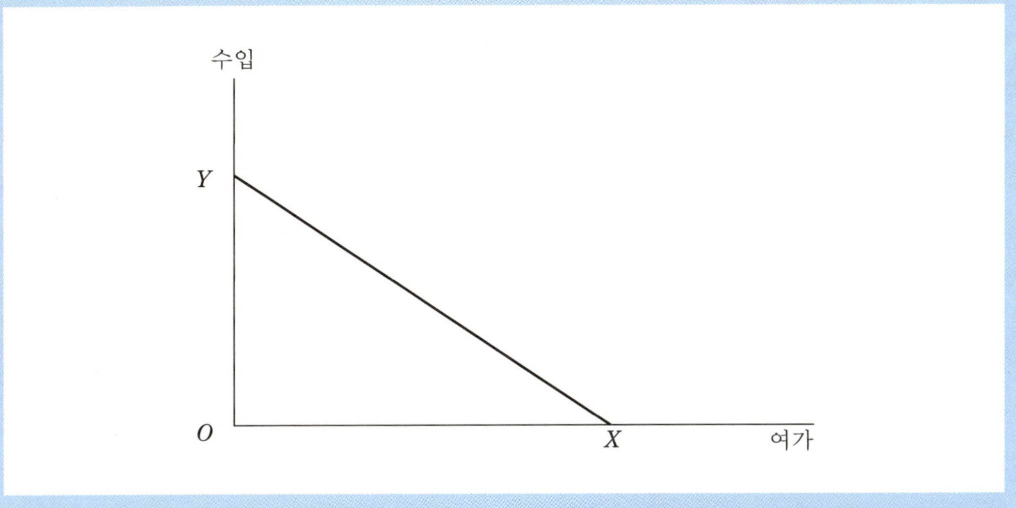


**[그림 4-2] 개별주체에 대한 예산제약선**

직선 *X*, *Y*는 예산제약을 나타내며 그 기울기는 임금률로서 여가활동시간을 근로시간으로 전환시키려는 상대 가격을 의미한다.

## 2. 예산제약

[그림 4-2]에서 개인에게 주어진 최대의 활동가능시간을 *OX*라 하고 이 모든 시간을 근로시간에 투입하여 얻을 수 있는 수입 즉, 활동가능시간의 시장가치를 *OY*라고 할 때 직선 *XY*는 예산제약선(budget constraint)으로서 개인이 주어진 시간과 임금하에서 배분할 수 있는 노동과 여가활동의 모든 극대조합을 나타낸다. 예산제약선의 기울기는 개인이 여가활동을 노동으로 전환시키려는 상대가격으로 임금률과 같다.

## 3. 최적 결합: 주어진 예산제약 하에서의 효용극대화

주어진 총시간과 시장임금률 하에서 노동과 여가의 최적결합은 어떻게 선택되는가? 각 개별경제주체가 선택하는 최적결합이란 우선 개인에게 극대효용을 주는, 즉 최대로 달성가능한 무차별곡선 상의 조합이

어야 한다.

[그림 4-3]에서 예산제약선과 무차별곡선 $IC_2$와의 접점 $U$가 이러한 최적결합점을 나타낸다. 물론 $T$점은 달성 가능하나 비효율적이고 $V$는 $U$보다 선호되나 예산제약의 범위를 벗어나 있기 때문에 달성가능한 선택이 될 수가 없다. 일정한 개인의 기호 및 선호와 그리고 주어진 제약조건하에서 극대효용을 주는 점이 $U$로서 $OY^*$의 수입과 $OX^*$만큼의 여가시간을 선택하며 따라서 노동의 공급시간은 $XX^*$가 된다. $U$점은 예산제약선의 기울기와 무차별곡선의 기울기가 같은 점이다. 이미 언급한 바와 같이 예산제약선의 기울기는 주어진 예산 하에서 여가시간이 근로시간으로 전환되는 가격비율, 즉 임금률을 나타내고 무차별곡선의 기울기는 일정한 효용이 충족되는 상태 하에서 여가시간이 근로시간으로 전환되는 대체율을 표시한다. 그러므로 최적선택에서는 수입과 여가의 두 가지 활동으로 얻게 되는 한계효용의 비율과 임금률이 서로 같아

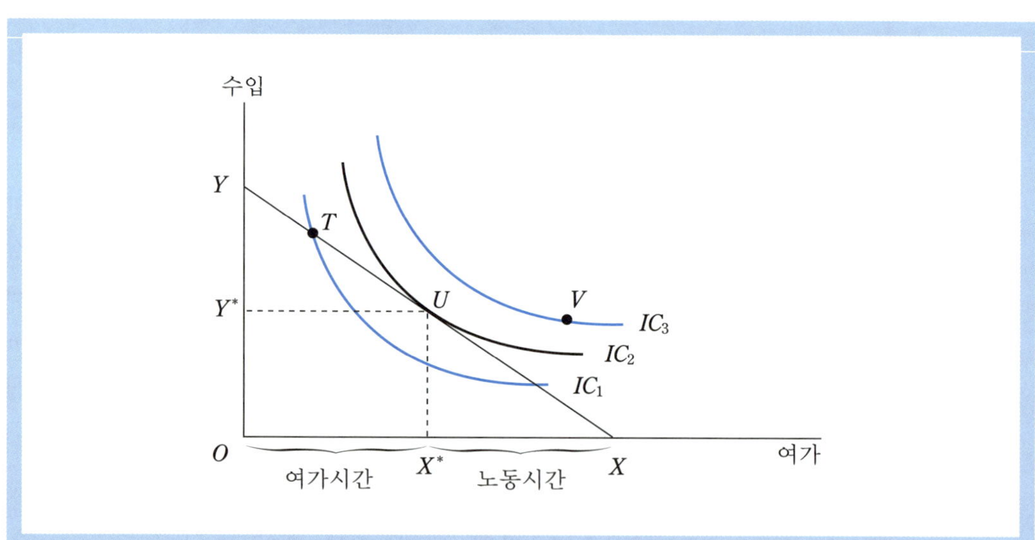


**[그림 4-3] 두 재화의 효용극대화 결합**

$U$점은 수입과 여가시간의 효용극대화 결합점으로서 $OY^*$의 수입과 $OX^*$의 여가시간을 나타낸다. 이 경우 총가용시간은 $OX$이고 개인이 $OX^*$의 시간을 여가시간에 할애한다면 노동시간은 $X^*X$가 될 것이다.

진다. 다시 말해서 소비선택행위는 대체율이 시장조건, 즉 두 소비행위를 가능하게 해주는 가격조건과 일치될 때 최적균형 하에 있게 된다.[2)]

## 4. 제약조건의 변화

앞의 [그림 4-3]의 U점은 주어진 선호 및 예산제약 하에서 소비자가 얻을 수 있는 최적선택이지만 예산제약의 변화에 따라 균형점이 이동하게 된다. 그러면 소득및 임금의 변화를 통해 예산제약선이 변경될 때 노동시간의 변화가 어떻게 이루어지는가를 검토하기로 하자.

### (1) 소득의 변화: 소득효과

비근로소득의 증대가 노동시간에 미치는 효과는 어떠한가? [그림

2) 그림에서 A와 B는 서로 같은 무차별곡선상에 있기 때문에 근무시간을 증대시킴에 따라 얻을 수 있는 총효용의 증대분($MU_X$)과 여가시간을 감소시킴으로써 발생하는 총효용의 손실분($MU_Y$)은 동일하다. 즉 수식으로 표시하면 무차별곡선의 기울기는 X, Y 재화의 한계효용의 비율과 등식관계에 있다.

$$(dY)(MU_Y)=(dX)(MU_X)$$

균형 하에서 예산제약선의 기울기와 무차별곡선의 기울기가 같기 때문에 상기식을 다시 정리하면

$$\frac{dY}{dX}=\text{wage rate}=\frac{MU_X}{MU_Y}$$

가 된다. 상기식에서 X는 여가시간, Y는 시장재의 생산활동을 나타내고 $M_u$는 한계효용을, d는 재화의 증가분을 의미한다.

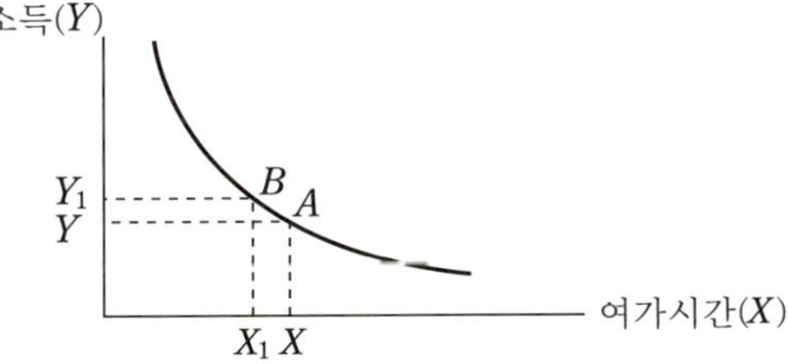


〈그림〉 무차별곡선의 기울기와 한계효용

A와 B점은 동일한 무차별곡선상에 있기 때문에 보다 많은 소득(Y)을 얻을 수 있는 총효용의 증가는 여가시간(X)의 감소를 통해서 잃게 되는 총효용의 감소에 의해 서로 상쇄되어 결과적으로 총효용에는 변화가 없게 된다.

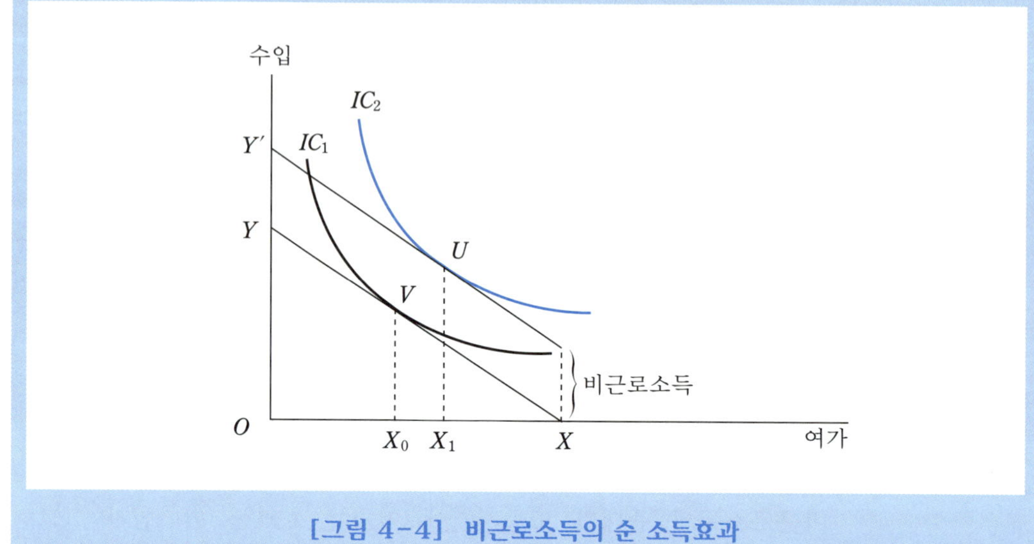


**[그림 4-4] 비근로소득의 순 소득효과**

비근로소득의 증가는 여가시간을 $X_0X_1$만큼 증대시키고 노동공급시간을 동일 시간만큼 감소시킬 것이다.

4-4]에서 소득증가가 예산제약선을 밖으로 평행이동시킴을 보여주고 있다. 총가용시간 $OX$를 여가시간에 투입한다고 하더라도 노동시간과 관계없는 비근로소득의 증가는 수입을 $YY'$ 만큼 증가시킨다. 그러므로 다른 조건이 일정하다면(ceteris paribus) 노동 이외의 소득이 증대함에 따라 노동시간은 $X_0X_1$만큼 감소하게 되고 여가시간은 $OX_0$에서 $OX_1$로 증가하게 된다. 즉, 소득이 증가할 때 정상재(이 경우 비노동시간 또는 여가)의 소비가 증가하는 이러한 효과를 소득효과(income effect)라 한다.

### (2) 임금률의 변화: 대체(상대가격)효과

여가시간을 노동시간으로 전환시킬 수 있는 가격비율, 즉 임금률을 변화시키면 노동공급은 어떻게 달라질 것인가? 우선 임금률의 변화와 더불어 소득의 증가효과가 없다고 가정하고 [그림 4-5] (a)에서 세 가지 임금률을 가정하자. 초기의 임금률 하에서는 $A$점이 최적조합점이고 이때의 노동시간은 $X_1X$라 하자. 그 후 임금률이 상승함에 따라 최적조합점은 $B$와 $C$로 변화하게 되며 노동시간은 최초의 $X_1X$에서 각각 $X_2X$, 그리고 $X_3X$로 변화하게 될 것이다. 이와 같은 임금상승률은 실질소득의 증가를 가져올 뿐만 아니라 상대가격의 변화를 가져오게 된다. 그리하여 여가시간의 소득으로의 전환율이 높아지고 이는 노동시간의 가격이 상승한 결과를 가져온다. 그리하여 임금률상승의 대체효과(substitution effect)는 노동공급을 증대시키는 방향으로 작용한다.

### (3) 임금률의 변화: 단기노동공급곡선

임금률의 변화는 상대가격의 변화와 동시에 소득의 변화를 수반한다. 임금률이 상승하면 예산제약선의 기울기가 변화하는데 이러한 예산제약선의 변화가 [그림 4-5] (b)에 나타나고 있다. 높은 임금 하에서는 여가시간을 노동시간으로 전환시키려 할 것이며 과거보다 높은 수준의 효용을 얻을 수 있기 때문에 실질임금의 증대를 누릴 것이다. 임금상승

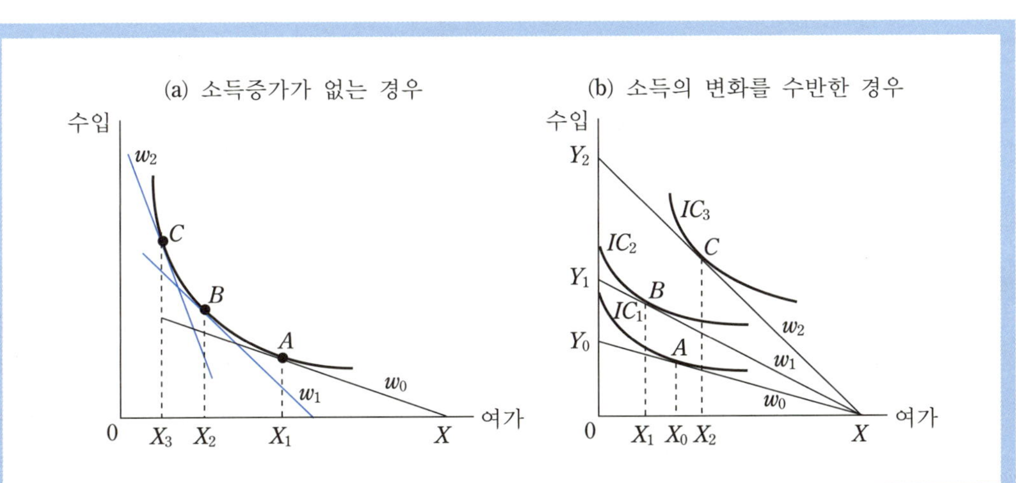


**[그림 4-5] 제임금 조건하에서의 최적조합**

임금률의 변화($w_0 \rightarrow w_1 \rightarrow w_2$)에 따라 최적조합점의 변화($A \rightarrow B \rightarrow C$) 노동시간의 증가($X_1X \rightarrow X_2X \rightarrow X_3X$)

임금상승($w_0 \rightarrow w_1 \rightarrow w_2$)에 따라 최적조합점의 변화($A \rightarrow B \rightarrow C$) 노동시간의 증가후 감소($X_0X \rightarrow X_1X \rightarrow X_2X$)

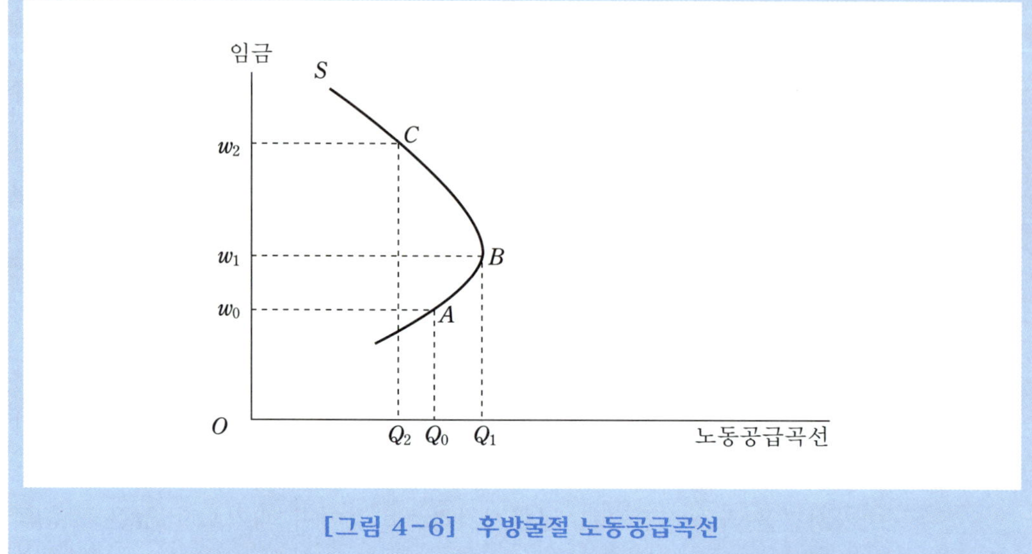


**[그림 4-6] 후방굴절 노동공급곡선**

초기임금이 $w_0$일 때 노동시간은 $OQ_0$, 임금이 올라 $w_1$수준일 때 노동공급은 $OQ_1$, $w_1$ 이상의 임금하에서 노동공급은 $OQ_1$ 이하로 떨어져 노동공급곡선은 후방 굴절 부분을 가지게 된다.

이전에는 $A$점이 최적점이었으나 임금이 오름에 따라 $B$와 $C$로 최적점이 이동되고 이상의 세 균형점하에서 노동공급시간은 각각 다르게 나타난다. 이와 같이 서로 다른 여러 수준의 임금률 하에서 공급된 노동의 양을 연결하면 노동공급곡선이 될 것이다.

[그림 4-5] (b)에서 초기임금이 $w_0$일 때 노동시간은 $X_0X$([그림 4-6]에선 $OQ_0$)이고 임금이 올라 $w_1$ 수준일 때 노동공급은 $X_1X$([그림 4-6]에선 $OQ_1$)가 될 것이다. 그러나 $w_1$ 수준의 보다 높은 임금에선 노동시간은 다시 감소하여 $X_2X$([그림 4-6]에선 $OQ_2$)로 표시되고 있다. 다시 말해서 일정 임금수준 이상이 될 때 노동의 공급곡선은 후방굴절부분(backward-bending portion)을 가지게 된다. 그러므로 임금변화의 소득효과가 대체효과보다 클 때는 임금과 노동시간 사이에 부(−)의 관계가 성립된다는 이론적 추론이 가능하게 된다.

[그림 4-7]에서도 똑같은 방법으로 예산제약선을 평행이동시키면

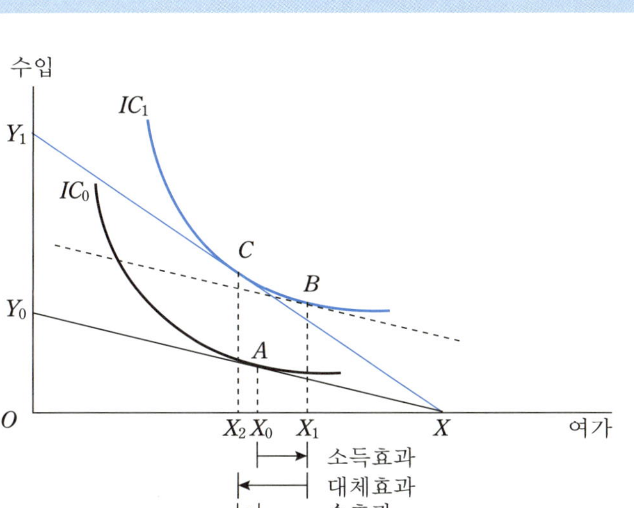


**[그림 4-7] 임금변화의 소득 및 대체효과**

임금률의 상승은 예산제약을 $XY_0$에서 $XY_1$으로 변화시키고 여가시간을 $X_0X_2$만큼 줄이고 노동시간을 $X_0X_2$만큼 증가시킨다. 임금률 변화에 따른 노동시간의 변화에는 소득효과와 대체효과가 존재한다. 소득효과는 노동시간을 $X_0X_1$만큼 감소시키고, 대체효과는 노동시간을 $X_1X_2$만큼 증가시킨다. [그림 4-7]은 대체효과가 소득효과보다 큰 경우를 나타내며 임금률 상승에 따라 노동시간이 증가함을 보여준다.

새로운 무차별곡선과의 접점 $B$를 얻는다. 이때 소득효과로 말미암아 노동공급시간은 $X_0X_1$만큼 감소한다. 그러나 임금률 변화는 순소득효과만 작용하는 것은 아니다. 임금상승의 효과에 의해 개인의 실질소득이 증가할 뿐만 아니라 상대소득의 변화를 초래한다. 이리하여 여가시간을 소득활동으로 전환하는 비율이 커지고 여가시간의 가격은 상대적으로 비싸진다. 즉 상대가격이 변함에 따라, 개별경제 주체는 소비상에 대체를 일으켜 가격이 상승한 여가시간을 줄이는 대체효과를 가지게 된다.

임금상승의 소득효과는 그림에서 $A$점과 $B$점 사이의 차이인 $X_0X_1$으로 나타나는데 이 경우 $A$점은 무차별곡선 $IC_0$와 예산제약선 $XY_0$와의 접점이며 $B$점은 $XY_0$를 평행이동한 접선과 무차별곡선 $IC_1$과의 접점을 표

**표 4-1 임금의 변화와 근무시간: 대체효과와 소득효과**

| 효과의 크기 | 근무시간에 대한 영향 | | 노동공급곡선의 기울기 |
|---|---|---|---|
| | 임금률 상승 | 임금률 하락 | |
| 대체효과>소득효과 | 증가 | 감소 | + |
| 대체효과<소득효과 | 감소 | 증가 | − |
| 대체효과=소득효과 | 변화없음 | 변화없음 | 수직 |

시한다. 반면에 임금상승의 대체효과는 상대가격이 오른 여가시간을 줄이게 되어 노동시간을 $X_1X_2$만큼 증대시키게 된다. 그림에서와 같이 점선의 기울기를 변화시켜 새로운 상대가격을 표시하는 예산제약선 $XY_1$을 그리면 이 새로운 예산제약선과 $IC_1$과의 또 다른 접점 $C$를 얻게 된다. 이 경우 $B$와 $C$는 동일한 무차별곡선 상에 존재하므로 $B$에서 $C$로의 이동은 실질소득의 변화가 없이 여가시간의 가격이 상대적으로 상승하는 것을 의미하므로 대체효과를 나타낸다.

임금률 변화의 순효과는 소득효과와 대체효과의 상호작용에 의해 결정된다. 즉 임금률 상승에 따른 소득효과는 노동공급시간에 대해 부(−)의 효과를 가지며 대체효과는 정(+)의 효과를 가진다. 위의 예에서와 같이 노동시간의 증가를 가져오는 대체효과가 노동시간의 감소 방향으로 작용하는 소득효과보다 클 때는 임금의 증가로 인해 $X_0X_2$만큼 노동공급의 증대가 이루어질 수 있다. 그러나 임금이 더욱 상승하는 경우엔 소득효과가 대체효과를 초과하기 때문에 노동공급을 감소시켜 후방굴절부분의 노동공급곡선이 가능한 것이다. 결국 노동공급곡선의 기울기는 소득효과와 대체효과의 상대적 크기에 의해 결정된다. [표 4-1]은 소득효과와 대체효과의 상대적 크기와 그 영향을 요약한 것이다.

## 5. 노동공급의 탄력성

노동공급의 탄력성(elasticity of labor supply)이란 임금의 변화에 따른 노동공급량의 변화 정도, 즉 임금변화에 대하여 노동공급량이 얼마나 변화하는지 그 정도를 의미한다.

노동공급의 탄력성($E_S$)은 다음과 같이 정의된다.

$$E_S = \text{노동공급량의 변화율(\%)/임금의 변화율(\%)} \quad \cdots\cdots (4.1)$$

$$= \frac{\Delta Q_S}{Q} / \frac{\Delta w}{w}$$

노동공급의 탄력성은 임금률 변화로 발생된 소득효과와 대체효과의 상대적인 강도에 따라 달라진다.[3] 만일 노동공급의 증가율이 임금상승률 보다 높다면[낮다면] 노동공급은 탄력적[비탄력적]이다. 따라서 노동공급의 탄력성함수의 부호는 임금률의 변화에 대한 대체효과가 큰지 혹은 소득효과가 큰지의 여부에 따라 다르게 나타난다.

## 4.2 경제활동 참가

경제활동인구(노동력)란 일반적으로 일정한 연령 이상의 인구로서 노동의 의사와 능력을 가진 사람의 수를 말하는 것으로 그 크기($L$)는 15세 이상 비집단거주인구($P$)와 15세 이상 비집단거주인구에 대한 노동력의 비율인 총노동력 참가율 또는 경제활동참가율(labor force participa-tion rate)에 의존한다. 즉 여기에서 경제활동 참가율이란 15세 이상 비집단거주인구에 대한 노동력의 비율을 의미한다.

$$L = P(L/P) \quad \cdots\cdots (4.2)$$

여기서 15세 이상 비집단거주인구란 15세 이상의 민간인구에서 "집

3) 기존 노동공급곡선상의 이러한 움직임은 노동공급곡선 자체의 전이(shift)와 혼동해서는 안된다. 노동공급곡선의 전이는 비노동소득의 변화나 개별적 선호함수의 변화에 의해 일어난다. 재산상속이나 복권당첨, 연금이나 복지혜택의 수혜등 비노동소득의 발생은 노동공급곡선을 좌측으로 이동시키고(이 경우 노동공급을 감소시킨다), 배우자의 실직이나 본인의 소득이 현저히 감소한다면 노동공급곡선은 우측으로 이동한다(이 경우 노동공급이 증가한다).

단거주인구"와 외국인을 제외한 인구이다. 집단거주인구란 군인, 전투경찰, 방위병, 그리고 교도소의 재소자, 정신병원 입소자 등을 말한다.

경제활동인구로서 최소한의 연령은 우리나라의 경우 15세이지만 미국의 경우는 16세로 규정하고 있다. 단기에 있어 인구규모는 일정하게 주어져 있기 때문에 노동력 크기의 변화에 비하여 총노동력 참가율의 변화가 중요하며 그 중에서도 특정연령층의 노동참가율이 중요하다. 예를 들면 기혼여성, 학생, 연로자 등의 경우에는 임금이 오르고 취업기회가 나빠지면 노동력으로부터 빠져나가게 된다. 이와 같이 노동력의 참가가 불연속적인 경우를 보조노동자 또는 제 2 차적 노동자(secondary workers)라 한다. 이와 대조적으로 대부분의 남성 및 여성 가장이나 남녀 독신자들은 임금 및 다른 노동시장 조건이 어떻든간에 고용 혹은 실업의 형태로 노동력에 계속 참여한다. 즉 임금 및 기타 노동시장 조건에 따라 노동의 참가가 변하지 않는 경우를 주노동자(primary workers)라 한다.

이 절에선 이와 같은 보조노동자(secondary workers)와 주노동자(primary workers)의 노동력 행위를 이해할 수 있도록 단기에 있어 노동력 참가에 대한 의사결정을 분석하고자 한다. 그러나 이에 앞서 노동경제학에서 매우 특별한 의미를 가진 소위 노동력, 고용, 실업 등 제개념을 우선 설명한다.

## 1. 노 동 력

광의의 총노동력(total labor force) 개념은 특정 1주일 동안에 있어 고용되었거나 실업상태에 있는 군인을 포함한 비집단거주인구(non institutionalized individual)로 정의된다. 이에 비해 민간노동력(the civilian labor force)의 개념은 군에 종사하는 인구를 제외한 총노동력으로 정의된다. 그러나 우리나라의 경우 그 구분에 있어 민간노동력을 노동력으로 파악하기 때문에 이러한 구분은 의미가 없다. 노동력은 15세 이상 민간인구(즉, 생산활동이 가능한 인구) 중에서 일하기를 원하는 사람을 의

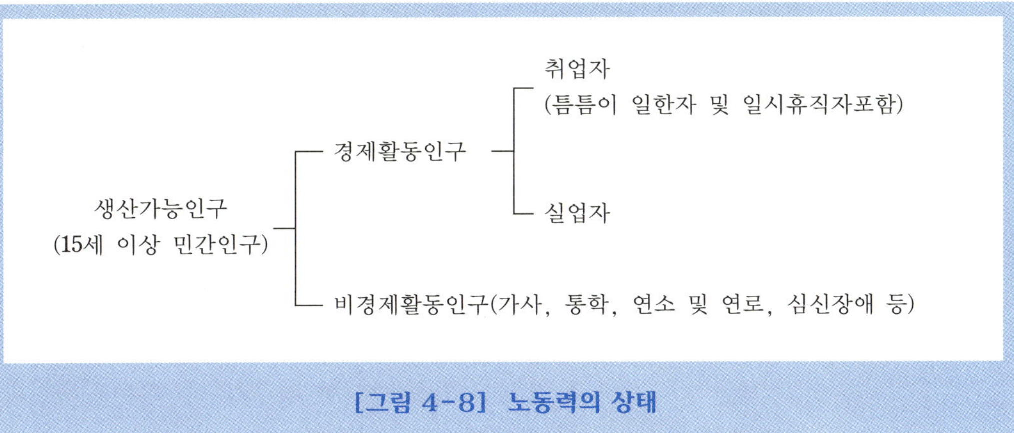


**[그림 4-8] 노동력의 상태**

미하며, 이는 고용된 노동자(the employed)와 실업자(the unemployed)의 두 집단으로 규정될 수 있다. 이때 일하기를 원한다는 의미는 현재 노동시장에서 결정된 임금(시장임금)을 받고 일하기를 원하는 사람을 가리킨다. 만약 주어진 시장임금이 너무 낮아서 일하고 싶지 않지만 시장임금이 조금 상승하면 일하고 싶어 하는 사람은 노동력인구에 포함되지 않는다. 우리나라의 경우 취업자, 실업자, 비경제활동인구는 전국을 대상으로 월별로 가계의 표본조사에 의해 추정된다.[4)]

### (1) 취 업 자

민간노동력 중 취업자(the employed)로 분류되는 경우는 다음과 같은 세 가지 중의 어느 한 범주에 속한다.

---

4) 한국의 경우에는 통계청이 경제활동인구조사를 실시해 왔으며, 만 15세 이상 인구를 조사 대상으로 하여 매월 15일이 포함된 주간을 기준으로 하여 1주간의 경제활동 상태를 설문조사하고 있다. 미국의 the Bureau of the Census에선 매월 current population survey의 일환으로 약 47,000가구조사를 실시한다. 조사의 주간은 항상 매월 19일이 포함된 주간으로서 이 주간에 표본가구를 방문하여 16세 이상된 가구원을 대상으로 전주간의 노동력 활동에 관한 설문조사를 실시한다. 그러므로 수집된 노동력에 관한 정보는 매달 12일이 포함된 주간에 있어 가구구성원의 경제활동을 토대로 한 것이며 이 주간을 조사주간(survey week)이라 한다. 노동통계국(the Breau of Labor Statistics: BLS)에서는 가구조사 자료를 최종적으로 수집, 편집하여 발행한다(미국에 있어 노동력의 개념에 대한 논의는 U.S.Department of Labor, Bureau of Labor Statistics, *BLS Handbook of Method*, Bulluetin 1976, chap 1 참조).

첫째, 조사주간에 있어 적어도 보수를 받고 하는 일이 있다면 고용된 노동력으로 분류된다. 이 경우 주당 1시간의 작업이나 40시간의 작업이 서로 구분됨이 없이 다같이 고용된 노동력으로 처리된다.

둘째, 조사주간에 보수를 받고 한 일이 아니라도 주 18시간 이상 가족이 경영하는 기업이나 농장에서 작업을 하는 경우에는 무급가족 종사자로서 고용된 노동력으로 간주한다.

셋째, 조사주간 동안 작업은 하지 않았어도 일정한 직업 및 사업체를 가진 경우는 고용된 노동력으로 간주한다. 예를 들면 조사주간 중 휴가, 질병, 기후 등으로 잠시 작업을 중단한 경우가 이 범주에 속한다.

요약해서 말하면 조사주간에 있어 다음과 같이 (a) 보수를 받고 작업을 할 때, (b) 보수를 받지 않더라도 가족경영이나 농장에서 작업을 할 때, (c) 조사주간에 작업을 하지 않았더라도 직장을 가졌으며 휴가, 질병, 기후 등으로 잠시 직장을 쉬었을 때 등의 범주에 속한 경우를 고용된 노동자로 간주한다.

### (2) 실 업 자

실업자(the unemployed)란 다음 기준의 전부에 속한 경우이다. 첫째, 조사주간에 수입 있는 일에 종사하지 못한 사람. 둘째, 작업을 할 수 있는 가능성이 있는 사람. 셋째, 직업을 찾기 위한 노력을 어느 정도 한 사람.

작업을 할 수 있는 가능성이 있다 함은 만일 직업이 주어진다면 그 직업에 종사할 수 있음이 확실한 경우를 말한다. 예를 들면 어떤 대학생이 3월부터 10월까지는 일을 할 수 없음에도 불구하고 3월 중에 직장을 구하려다 실패했다면 이 학생은 3월 중 실업자로 볼 수 없다. 직장을 구하기 위해 노력한다 함은 직장을 얻기 위해 정부의 직업안정망을 이용하거나 구직광고 등 구직에 관련된 특별한 노력을 수행함을 의미한다.

직장을 얻기 위한 특별한 노력이 없었더라도 다음과 같은 세 가지 경우에는 실업자로 간주한다. 첫째, 해고당한 직장으로부터 재취직의 통보가 오기를 기다리는 경우(소환(recall)제도가 있는 경우). 둘째, 일시적으로 새로운 직장에 취업되기를 기다리는 경우. 셋째, 일시적 병으로 인해 구직활동이 곤란한 경우 등이다.

### (3) 노동력 통계

[표 4-2]는 1985년 이후의 15세 이상 인구, 경제활동인구, 취업자 및 실업자 추이를 보여주고 있다. 15세 이상 인구는 지속적인 증가추이를 보이고 있으며, 경제활동참가율은 지속적으로 증가하여 왔으나 2000년의 경우 이전의 외환위기 여파 등으로 참가율이 다소 둔화되는 특징을 보여주고 있다. 실업률의 경우 1990년대에 들어 거의 완전고용상태를 유지하여 왔으나 1997년 외환위기 이후 실업률이 높아진 후 이전에 비해 계속 높은 수준이 유지되고 있다.

**표 4-2** **15세 이상 인구에 대한 노동력 상태**

(단위: 천명, %)

| 연 도 | 15세 이상 인구 | 경제활동인구 (경제활동참가율) | | 취업자 (취업률) | | 실업자 (실업률) | | 비경제활동인구 |
|---|---|---|---|---|---|---|---|---|
| 1980 | 24,463 | 14,431 | (59.0) | 13,683 | (94.8) | 748 | (5.2) | 10,032 |
| 1985 | 27,553 | 15,592 | (56.6) | 14,970 | (96.0) | 622 | (4.0) | 11,961 |
| 1990 | 30,887 | 18,539 | (60.0) | 18,085 | (97.6) | 454 | (2.4) | 12,348 |
| 1995 | 33,659 | 20,845 | (61.9) | 20,414 | (97.9) | 430 | (2.1) | 12,814 |
| 2000 | 36,186 | 22,069 | (61.0) | 21,156 | (95.9) | 913 | (4.1) | 14,118 |
| 2001 | 36,579 | 22,417 | (61.3) | 21,572 | (96.2) | 845 | (3.8) | 14,162 |
| 2002 | 36,963 | 22,877 | (61.9) | 22,169 | (96.9) | 708 | (3.1) | 14,086 |
| 2003 | 37,340 | 22,916 | (61.4) | 22,139 | (96.6) | 777 | (3.4) | 14,424 |
| 2004 | 37,717 | 23,370 | (62.0) | 22,557 | (96.5) | 813 | (3.5) | 14,347 |
| 2005 | 38,300 | 23,689 | (61.9) | 22,856 | (96.5) | 833 | (3.5) | 14,610 |

자료: 통계청, 경제활동인구연보, 각호

주: ( )안의 수치는 각각 경제활동참가율, 취업률, 실업률을 나타냄.

## 2. 노동력 참가 결정

개인의 기호 및 선호와 노동시장의 임금이 주어져 있을 때 개별노동 최적공급량이 0이 되는 경우가 있을 것이다. [그림 4-9]에서 이러한 개인의 최적선택의 점을 $A$로 표시할 때 이 점에서는 $OX_0$의 비노동시간이 선택되고 노동시간은 0이 될 것이다. 이러한 선택을 소위 "구석解(corner solution)"라 하는데 이 경우는 모든 가용시간을 비노동활동에 투입하기 때문에 노동력에 참가하지 않은 경우이다.

임금률의 변화와 노동참가의 변화 사이에 존재하는 상관관계를 [그림 4-9]를 이용하여 설명하여 보자. 현행 시장임금 아래에선 노동력에 참여하지 않는 사람이라도 임금이 상승하면 노동력 참가를 고려할 수도 있다. 즉, 개인에 있어 노동 이외의 다른 활동(여가)에 대한 가치가 일

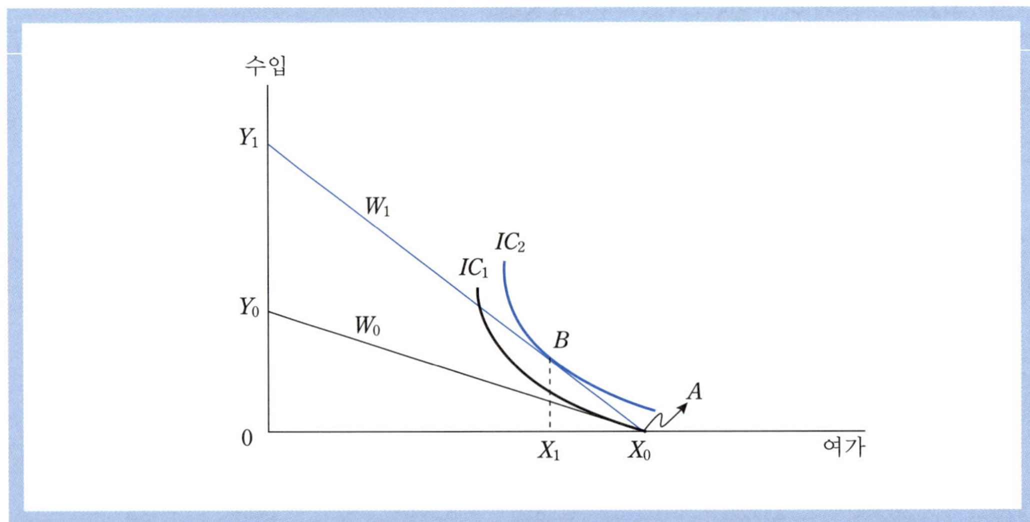


**[그림 4-9] 노동 참가 결정**

임금률이 $W_0$일 때 예산제약은 $X_0Y_0$로 이때의 균형점 $A$는 노동공급을 하지 않는 상태이다. 그러나 임금률이 $W_1$으로 상승하면 임금률이 근로자의 유보임금을 초과하여 근로에 참여하게 되며 이때의 근로시간은 $X_1X_0$이다.

정하게 주어져 있다면, 시장임금률의 상승은 여가에 투입된 시간의 기회비용을 증대시킬 것이고 한계적 개념으로서의 이러한 기회비용이 여가의 가치보다 높아질 때 노동력 참가시간은 증대될 것이다.

그러나 노동 이외의 활동에 부여된 가치와 노동시장에서 얻게 되는 시장임금은 사람에 따라 서로 다르게 평가된다. 예를 들면 남성가구주와 같은 주노동자(primary workers)는 노동시장에서 얻게 되는 임금에 비해 여가의 가치를 상대적으로 낮게 평가하는 반면 보조노동자(secondary workers)의 경우는 시장임금보다는 노동 이외의 활동에 더 큰 가치를 두는 경우가 많다.[5] 이같은 경우 시장임금이 여가의 가치만큼 상승하지 않는다면 이들은 노동력에 참가하지 않는다. 2차적 노동자가 현행 임금수준으로는 노동에 참여하지 않는다고 해도 이것이 개인으로 볼 때는 효용극대화를 위한 선택일 수 있다. 만일 어떤 사람이 시장임금의 상승으로 말미암아 노동력에 참여하기로 결정했다면 이러한 행동에 영향을 미치는 것은 어디까지나 예상임금인 것이다. 예상임금이란 특정 직업과 관련하여 받게 되리라 예상되는 임금을 그러한 직업에 취직할 수 있는 확률로 조정한 개념이다. 직장을 얻을 수 있는 확률은 실업률과 반비례하므로 2차적 노동자의 단기 노동력 참가율은 취업기회의 변화와 동일한 방향으로 작용한다.[6]

## 4.3 노동력 규모의 경기순환적 변화

주노동자가 임금 및 노동시장 조건의 단기적 변화에도 불구하고 취업자 및 실업자의 상태로 계속 노동력에 참가하고 있다면 경제활동 수

5) 예를 들면 자녀를 둔 기혼여성은 가사에 더 가치를 두고 청소년들의 경우는 교육활동, 노인의 경우는 여가에 더 큰 가치비중이 있다.

6) E.Alban and M. Jackson, "The Job Vacancy–Unemployment Ratio and Labor–Force Paticipation" *Industrial and Labor Relations Review,* vol.29, April 1976. pp. 412–419.; E. Alban and M. Jackson(1976)은 취업확률에 대한 이론적 모형을 정립하였다. 취업확률은 실업자 $U$에 대한 공직수 $V$의 비율로서 $V/U$는 보조노동자의 노동참가율에 따라 일정하게 변화한다.

준의 기복에 따른 노동력 크기의 변화는 주로 보조노동자의 노동참가율 변화에 기인할 것이다. 이 때문에 노동참가율은 완전고용하에서 약 60%에 이르지만 불황 아래서는 2-3%씩 내리는 것이 보통이다.

경기순환과정에서 이루어진 보조노동자의 순노동활동 상태의 변화에 대한 이론적 논쟁으로 추가노동자 가설(additional worker hypothesis)과 실망노동자 가설(discouraged worker hypothesis)의 두 개의 대립된 가설이 있다. 추가노동자 가설에 의하면 경기가 하강할 때에 주노동자가 실직하게 됨에 따라 가족 가운데 추가노동자가 가계의 소득을 유지할 수 있도록 노동력에 참가하여 구직에 나서게 된다는 것이다. 그리하여 보조노동자의 노동참가율은 실업률에 직접적으로 비례한다고 주장한다. 한편 실망노동자가설은 이와 다른 주장을 한다. 즉, 고용이 감소될 때에는 주노동자는 실업자의 상태로 노동력에 남게 되나 보조노동자는 새로운 직장에 취업할 수 있는 전망이 흐리기 때문에 실업의 상태로 노동력에 계속 남아 있기보다는 노동력으로부터 완전히 떠나는 경향이 있다. 그러므로 보조노동자의 노동참가율은 실업률과 반대방향으로 작용한다.

이러한 두 가설을 입증하기 위하여 많은 통계적 연구가 이루어져 보조노동자들의 노동참가율은 실업률과 부(−)의 관계를 가진다는 공통적인 결론을 얻었다.[7] 실망노동자효과가 추가노동자효과보다 크다는 것은 주노동자가 직업을 잃었을 때 보조노동자가 노동력에 참가하지 않는다는 것을 의미하는 것이 아니라 참가하는 노동자보다는 노동력으로부터 떠나는 노동자가 더욱 많기 때문에 보조노동자의 노동참가율은 실업률에 반비례한다고 볼 수 있다.

취업전망이 비관적일 때 노동력으로부터 퇴장하는 실망노동자들은 잠재실업(hidden unemployed)으로 분류해야 하며 이와 같은 잠재실업의 추계를 공식실업통계에 포함시켜야 한다는 주장이 있다. 그러나 민서(J. Mincer)는 또한 취업기회가 만성적으로 제한된 노동자에게도 관심을 가

7) 노동참가률과 실업율과의 관계에 대한 연구는 민서(J. Mincer) 에 의해 이루어졌다. J. Mincer, "Labor-Force Participation and Unemployment: A Review of Recent Evidence", in R.A. Gordon and M.C. Gordon, eds., Prosperity and Unemployment, Wiley N.Y. 1966, pp. 73-112.

져야 되겠지만 일반적으로 보조노동자에 의한 경기순환적인 노동참가를 경기조정의 원천으로 볼 수 있어야 한다고 주장한다. 즉 많은 노동자들은 취업기회를 고려하여 시장활동에 참가하기를 원하며 이러한 시간에 따른 노동력참가의 조절을 통해서 보조노동자들은 경제에 있어 중요한 유보노동력(labor reserves)의 원천을 제공한다.

APPENDIX

# 노동/여가 선택 모형

개별 경제주체의 노동/여가에 대한 최적 시간배분을 수리적으로 유도해 보면 다음과 같다.

## 균형시간 배분

동일한 효용(utility)을 가지는 소득과 여가의 조합을 나타내는 무차별곡선은 다음과 같이 나타낼 수 있다.

$$U=U(Y,\ L) \qquad \cdots\cdots \ (4A.1)$$

경제주체는 효용($U$)을 극대화하는 소득($Y$)과 여가($L$)를 선택하고자 한다. 예산과 시간에 대한 제약은

$$Y=(T-L)w \text{ 또는 } Y-(T-L)w=0 \qquad \cdots\cdots \ (4A.2)$$

상기식에서 $w$는 임금률, $T$는 총가용시간으로 $T \geq L$,
$(T-L)$은 여가에 투입된 시간을 의미한다.

식(4A.2)는 높은 수준의 효용을 누리기 위해 소득과 여가 사이에 존재하는 상충효과(trade-off)를 보여준다. 그리고 임금률($W$)은 여가가 소득으로 전환될 수 있는 범위를 제한한다.

예산제약 하에서의 극대화문제를 풀기 위해 라그랑지 함수(lagrange function)를 설정한다. 라그랑지 함수는 효용함수와 예산제약에 라그랑지 승수(lagrange multiplier)인 $\lambda$를 곱한 값의 합으로 얻을 수 있다.

$$F(Y,\ L,\ \lambda)=U(Y,\ L)+\lambda[Y-(T-L)w] \qquad \cdots\cdots \ (4A.3)$$

라그랑지 함수를 $Y$, $L$, $\lambda$에 대해 편미분하여 1계조건(first-order conditions)을 구하면

$$\frac{\partial F}{\partial Y}=0:\ \frac{\partial U}{\partial Y}+\lambda=0 \qquad \cdots\cdots \text{(4A.4)}$$

$$\frac{\partial F}{\partial L}=0:\ \frac{\partial U}{\partial L}+\lambda\cdot w=0 \qquad \cdots\cdots \text{(4A.5)}$$

$$\frac{\partial F}{\partial \lambda}=0:\ Y-(T-L)\cdot w=0 \qquad \cdots\cdots \text{(4A.6)}$$

식(4A.4)와 (4A.5)를 각각 정리하면

$$\lambda=-\frac{\partial U}{\partial Y} \qquad \cdots\cdots \text{(4A.4}'\text{)}$$

$$\lambda=\frac{-\frac{\partial U}{\partial L}}{w} \qquad \cdots\cdots \text{(4A.5}'\text{)}$$

위의 두 식을 하나로 정리하면

$$\frac{\frac{\partial U}{\partial L}}{\frac{\partial U}{\partial Y}}=w \text{ 또는 } MRS=w \qquad \cdots\cdots \text{(4A.7)}$$

따라서 노동/여가에 대한 시간배분은 소득과 여가의 한계대체율($MRS$)이 임금률과 같은 곳에서 결정된다.

이 경우 무차별곡선 상의 어느 한 점에서의 소득과 여가의 한계대체율($MRS$)은 무차별곡선에 접하는 선의 기울기와 같다. 즉, $MRS$는 무차별곡선 상의 기울기를 의미한다.[1)]

---

1) 이를 수리적으로 나타내면

$$dU=\frac{\partial U}{\partial Y}\cdot dY+\frac{\partial U}{\partial L}\cdot dL \qquad \cdots\cdots \text{(4A.8)}$$

무차별곡선 상에서 효용의 크기는 같으므로 $dU=0$이 된다. 따라서

$$0=\frac{\partial U}{\partial Y}\cdot dY+\frac{\partial U}{\partial L}\cdot dL \qquad \cdots\cdots \text{(4A.9)}$$

다른 한편으로 식(4A.6)의 예산제약선의 기울기는 $w$이므로 상기 (4A.7)에서 노동과 여가에 대한 시간배분은 무차별곡선의 기울기는 예산제약선의 기울기가 같아지는 두 곡선의 접점에서 결정됨을 알 수 있다.

### 소득효과(income effect)와 대체효과(substitution effect)

소득 및 여가의 최적 수준에 대한 효용극대화 문제를 통해 노동시간을 구할 수 있다. 경제주체의 노동공급함수는 임금률과 소득의 함수로 표현된다.

$$L = l(w,\ Y) \qquad \cdots\cdots \ (4A.12)$$

위 식을 임금률에 대해 편미분하면

$$\frac{\partial L}{\partial w} = \frac{\partial l}{\partial w} + \frac{\partial l}{\partial Y} \cdot \frac{\partial Y}{\partial w} \qquad \cdots\cdots \ (4A.13)$$

소득($Y$) = 임금률($W$) × 노동시간($L$)이고, $\frac{\partial Y}{\partial w} = L$이므로 식(4A.13)은

$$\frac{\partial L}{\partial w} = \frac{\partial l}{\partial w} + L \cdot \frac{\partial l}{\partial Y} \qquad \cdots\cdots \ (4A.13')$$

식(4A.13)의 $\frac{\partial l}{\partial w}$는 임금률 변화에 따른 근로시간의 변화를 나타내는데, 이를 대체효과(substitution effect)라 하며, $L \cdot \frac{\partial l}{\partial Y}$는 소득변화에 따른 근로시간의 변화를 나타내는데, 이를 소득효과(income effect) 라고 한다. 여가가 정상재(normal good)임을 가정할 때 대체효과는 +, 소득효과는 −를 보이게 되며 따라서 임금률 변화에 따른 노동시간의 변화

---

위 식을 정리하면

$$- = \frac{\frac{\partial U}{\partial L}}{\frac{\partial U}{\partial Y}} = \frac{\partial Y}{\partial L} \text{ 로서} \qquad \cdots\cdots \ (4A.10)$$

$MRS$는 무차별곡선의 기울기를 의미한다.

는 두 효과의 크기에 의해 결정되어진다.

보통의 경우 임금률 변화에 따른 노동시간의 변화를 보기 위해 식 (4A.13′)을 탄력성으로 전환한다. 양변에 $\frac{w}{L}$를 곱하면

$$\frac{\partial L}{\partial w} \cdot \frac{w}{L} = \frac{\partial l}{\partial w} \cdot \frac{w}{L} + w \cdot \frac{\partial l}{\partial Y} \qquad \cdots\cdots \text{(4A.14)}$$

$\frac{\partial L}{\partial w} \cdot \frac{w}{L}$는 근무시간에 대한 임금의 총탄력성 또는 비보상된 탄력성(uncompensated elasticity)이고, $\frac{\partial l}{\partial w} \cdot \frac{w}{L}$는 임금의 보상된 탄력성(conpensated elasticity), $w \cdot \frac{\partial l}{\partial Y}$는 총소득 탄력성이다. 임금률 변화에 따른 노동시간의 변화는 이 두 탄력성의 크기에 따라 결정된다.

APPENDIX

# 제 5 장

## 노동공급: 가계 내 생산 그리고 생애주기

앞의 제4장에서는 시장임금 및 소득이 변화할 때 효용극대화를 목적으로 개인이 어떻게 노동공급을 조정하는가를 살펴보았다. 노동공급에 대한 지금까지의 분석은 단기분석이었기 때문에 인구규모가 주어져 있고 각자가 가지고 있는 기술수준이 일정하다고 가정하였다. 이러한 상황에서 노동공급의 조정은 노동시간의 조정과 경기변동에 따른 노동력참가의 조정을 통해서만 이루어지게 된다.

본 장에서는 장기노동공급을 검토하고자 한다. 노동공급의 장기분석은 상황변화에 보다 완전히 조정되도록 충분한 시간을 허용하며, 다음과 같은 두 가지 측면의 장기 조정에 관심을 갖는다. 첫째, 장기조정은 노동력참가의 장기적 변화이다. 노동력참가율은 어느 나라를 막론하고 총량면에서는 비교적 안정을 유지하는 반면, 노동력의 연령별 및 성별 구조면에서는 급격한 변화를 보이고 있다. 특히, 급격한 증가세를 보이고 있는 기혼여성의 노동참가율이나 최근 감소 경향을 보이고 있는 노인층과 청소년층의 노동참가율은 매우 중요한 의미를 가진다. 또한, 다른 하나의 장기조정은 인구규모의 변화이다. 이미 언급한 바와 같이 인구규모는 경제전체에 있어서 세 가지 노동공급량의 결정요인 가운데 하나이다. 노동공급의 장기분석은 출산, 시장임금 그리고 소득의 장기변화 사이의 관계에 관심을 갖는다.

장기노동공급을 설명하기 위하여 벡커(G. S. Becker)의 시간배분모형을 제시하고 신고전학파 모형에 의한 가계 구성원의 노동참가 및 출산에 대한 결정을 구체적으로 토의해 보도록 하자.

## 5.1 시간배분 모형

벡커(Becker)의 시간배분 모형[1]에 의하면 가계는 소비의 주체일 뿐만 아니라 생산의 주체이기도 하다. 가계는 소비행위를 통해 효용을 얻을 수 있는 '최종소비품'(commodities)을 생산한다. 즉, 가계는 효용극대화를 목적으로 한 경제주체로서 시장재(market-produced goods)와 가계구성원의 시간 및 기타 투입물을 결합한 소비품을 생산해 낸다. 가계구성원의 총시간은 일정하게 주어져 있을 뿐만 아니라 여러 가지 형태로 사용될 수 있다. 즉 총가용시간이 소비품의 생산 및 소비활동에 사용됨은 물론 시장재의 구입을 가능케 해주는 시장활동에도 투입된다. 시간배분의 효용극대화 모형은 시간의 가격(임금률)이 변할 때 가계구성원이 어떻게 자기의 시간을 효율적으로 배분하는가를 보여줄 뿐만 아니라 총가용시간의 최적사용은 어떠한가를 제시해 준다.

### 1. 가계의 생산함수

앞 장에서 우리는 가계에서의 시간을 여가로 간주하였다. 그러나 사실상 가계에서의 시간은 여가라기보다는 근로에 가깝다. 가계에서의 근로와 보수를 위한 근로 사이의 선택에 기초한 모형은 가계에서의 시간과 구입된 재화가 결합되어 그 이후 소비되는 상품을 생산한다고 가정한다. 예를 들어, 식품과 에너지가 조리시간과 결합하여 음식을 생산하는 반면 공책, 장난감 그리고 자녀지도 시간 등이 어린이들의 발전에 기여한다. 따라서 가계에서의 시간은 직접 소비되는 항목이 아니라, 가계상품 생산의 투입물로 간주된다. 즉, 궁극적으로 소비되어 가계구성

---

1) 벡커 모형에서는 최종소비상품(commodities)과 시장재(goods)의 개념이 구별된다. 즉, 가계는 여러 가지 재화나 서비스, 가용시간 등을 이용하여 생산활동을 하기 때문에 가계의 시장생산재(market produced goods)에 대한 수요는 최종소비상품들을 생산하기 위한 파생수요이다(G.S. Becker, "A Theory of Allocation of Time" *Economic Journal*, vol 75, september. 1965, pp. 493-517).

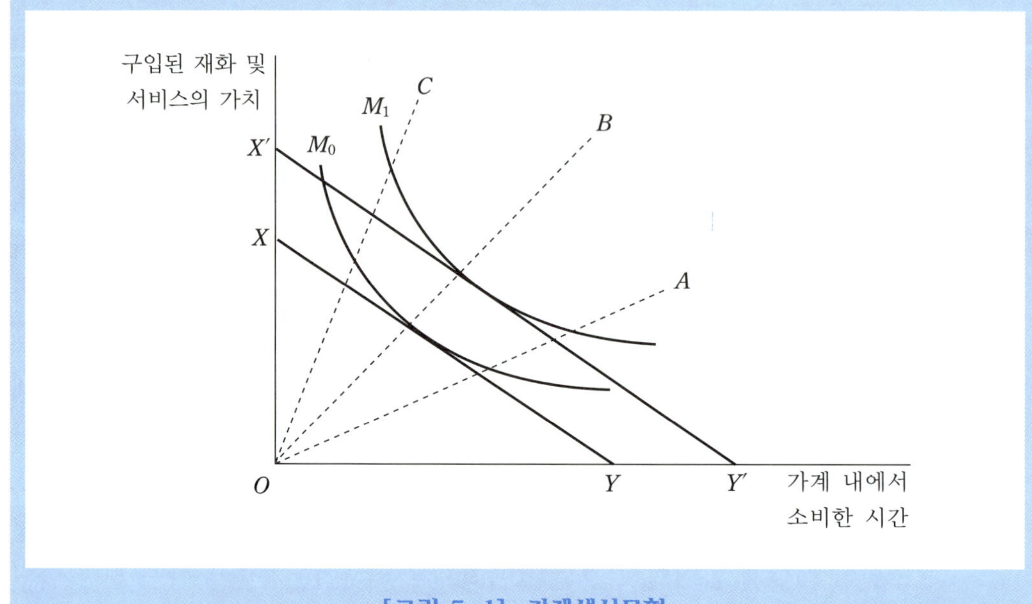


**[그림 5-1] 가계생산모형**

A: 시장에서 구입한 재화 및 서비스의 비율이 낮은 경우
C: 시장에서 구입한 재화 및 서비스의 비율이 높은 경우

원들을 위해 효용을 제공하는 것이 바로 가계상품이라는 것이다.

[그림 5-1]의 가계생산모형에서, $M_0$는 시간과 시장 대체재의 결합을 통해 동일한 효용의 상품을 생산하는 등량곡선을 나타낸다. 생산활동 $A$는 시장에서 구입되는 재화와 서비스를 비교적 적게 사용하고 가계 내 생산활동의 비중이 높은 경우이고 생산활동 $C$는 가사노동의 많은 부분을 시장재로 대체하는 경우이며 $B$는 $A$와 $C$의 중간 단계를 나타낸다. 예를 들어, 자녀양육을 생각해 보자. 어떤 사람은 자녀들을 관리하고 그들의 음식을 조리하며 심지어는 그들의 의복 중 일부를 만들기 위해 가정에 머무름으로써 가계 밖에서 구입되는 재화와 서비스의 사용을 최소화한다($A$). 반면, 다른 사람은 보수를 위해 일을 하며, 인스턴트 식품이나 보모와 같은 시장에서 만들어진 재화 또는 서비스에 의존하여 가계 내에 시간투입을 줄이게 된다($C$). 또한, 경우에 따라선 위의

두 경우를 적절히 조정하여 이용할 수도 있을 것이다($B$). 이런 상품생산에 있어서 효용극대화점의 임금은 비임금소득, 기호 등에 달려 있다. 그리고 비근로소득의 증대는 예산선의 기울기에는 영향을 주지 않으나 예산선을 $XY$에서 $X'Y'$로 상향이동시키는 역할을 한다.

## 2. 효용함수 및 제약조건

가계는 최종소비품을 소비함으로써 효용을 얻는다. 제 4 장의 시장재 선택에 관한 두 개의 가정은 최종소비품의 선택에도 적용된다. 즉, 첫째, 최종소비품의 소비가 많을수록 효용은 증대된다. 둘째, 최종소비품의 소비증가는 한계효용체감을 보인다. 전과 같이 최종소비품간의 무차별곡선은 원점에 대해서 볼록하다.

한편 최종소비품은 무한히 소비될 수 없는 세 가지 중요한 제약조건이 있다. 첫째, 시장재의 구입에 필요한 총지출은 가계의 화폐소득 즉, 노동임금 및 기타 소득의 합에 의하여 제한을 받는다. 둘째, 최종소비품을 생산하기 위해 사용된 시간과 시장활동이나 교육 및 여가 등 다른 활동에 투입된 시간의 합은 총가용시간을 초과할 수 없다. 셋째, 투입과 산출의 생산관계는 고정되어 있다고 가정한다. 즉, 가계가 시장재와 시간 그리고 기타 요소를 투입하여 최종소비품을 생산해 내는 기술수준은 일정하다.

## 3. 일정 제약조건 하에서의 효용극대화

주어진 제약조건 하에서 어떻게 효용극대화를 도모할 수 있는가? 제 4 장에서 수입과 여가와의 최적조합은 수입에 대한 여가의 한계효용비율이 두 재화의 한계비용과 같아질 때임을 설명하였다.[2] 벡커의 모형에서도 결론은 동일하다. 즉, 최종소비품 $i$와 최종소비품 $j$의 최적결합

---

2) 즉, $MU_H/MU_G = \Delta G/\Delta H$으로서 $G$는 시장에서 구입한 상품의 양 $H$는 수입은 언기 위한 활동에 투입한 노동시간이다. 이때 $\Delta G/\Delta H$는 임금률과 같아진다.

은 두 소비품의 한계효용비율과 한계비용비율이 같아질 때이다.[3)]

### 4. 제약조건들의 변화

비근로소득 및 임금률의 변화로 인한 노동공급에 미치는 효과는 전과 동일하다. 이제 각각의 경우를 살펴보기로 하자.

비근로소득의 증가(임금률을 일정하게 유지)는 “정상적 소비품” (normal commodities)의 소비량을 증대시킨다. 소비를 위해서는 소득과 여가시간이 필요하기 때문에 가계의 총노동시간은 감소한다.

임금률의 상승(실질소득은 일정하다고 가정)은 두 가지 상대적인 가격효과인 소득효과와 대체효과를 가진다. 소득효과는 임금률 상승에 따라 소득이 증가하게 되고 따라서 근로시간을 줄이게 되는 효과를, 대체효과는 임금률 상승으로 인해 상대적으로 싸진 여가를 비싸진 노동으로 대체하게 되는 효과를 말한다. 앞에서 서술한 바와 같이 노동공급량의 변화가 임금률의 변화에 대해 부(−)의 관계를 갖느냐 정(+)의 관계를 갖느냐하는 것은 소득효과 및 대체효과의 상대적 크기에 따라 결정된다.

다음 절에서 이러한 시간배분 모형을 이용하여 중요한 노동집단에 대한 노동력참가의 장기적 변화 추세를 설명할 것이다.

## 5.2 노동력참가의 장기적 변화

금세기에 괄목할 만한 노동참가율의 증가를 보인 부분은 기혼여성의 경우에서이다. 카인(Glen G. Cain)은 미국의 기혼여성의 노동참가율이 1900−40년 사이와 1940−60년 사이에 각각 2배로 증가되었음을 입증하

3) 수식으로 표시하면, $MU_i/MU_j=MC_i/MC_j$가 성립된다. 여기에서 (최종)소비품의 한계비용은 재화의 구입비용과 시간비용부분을 포함한다. 여기에서 $MC_i=GC_i+TC_i$이다. 단, $GC_i$와 $TC_i$는 각각 최종소비품 $i$를 생산해 내기 위해 필요한 시장재투입의 한계비용 및 시간투입의 한계비용을 나타낸다.

고 있다.[4)]

즉, 1940-60년 사이에 미국의 총노동력 증가는 1440만 명으로 그 중에서 56%(810만 명) 이상이 기혼여성에 해당한다. 또한 1950년과 1960년 사이에 증가된 노동력참가의 60%를 기혼여성이 차지하여 1970년까지 이들의 노동참가율은 40.5%에 이르렀다. 한국의 경우 역시 여성의 경제활동 참가율이 계속적으로 증가하고 있다. [표 5-1]에서 보면 알 수 있듯이, 1963년에는 전체 여성인구 중 경제활동에 참가하고 있는 수가 37.0%에 지나지 않았지만, 2005년에는 50.1%로 13.1%나 증가하였다.

기혼여성의 이러한 추세와는 달리 청소년(teenage males) 및 65세 이상의 노인층(elderly males)의 노동참가율은 계속적으로 감소하는 추세에 있어 미국의 경우 각각 25%와 50%까지 감소하였다. 한국의 경우에도 청소년 경제활동 참가율은 계속적으로 감소하고 있는 추세이다. [표 5-2]에서 보면 알 수 있듯이 15~19세 청소년층의 경제활동 참가율은 80년 30.6%에서 2005년 9.1%로 큰 폭으로 감소한 것을 알 수 있다.

**표 5-1 성별 경제 활동 참가율(%)**

| 연 도 | 1963 | 1965 | 1970 | 1975 | 1980 | 1985 | 1990 | 1995 | 2000 | 2005 |
|---|---|---|---|---|---|---|---|---|---|---|
| 계 | 56.6 | 57.0 | 57.0 | 57.6 | 59.0 | 56.6 | 60.0 | 61.9 | 61.0 | 61.9 |
| 남 | 78.4 | 78.9 | 77.9 | 77.4 | 76.4 | 72.3 | 74.0 | 76.5 | 74.0 | 74.6 |
| 여 | 37.0 | 37.2 | 39.3 | 40.4 | 42.8 | 41.9 | 47.0 | 48.4 | 48.6 | 50.1 |

자료: 통계청, 「경제활동인구조사」, 원자료.

**표 5-2 15~19세 청소년의 경제 활동 참가율(%)**

| 연 도 | 1980 | 1985 | 1990 | 1995 | 2000 | 2005 |
|---|---|---|---|---|---|---|
| 비율(%) | 30.6 | 17.5 | 14.6 | 12.0 | 11.9 | 9.1 |

자료: 통계청, 「경제활동인구조사」, 원자료.

4) Glen. G. Cain, "Married Women in Labor Force," The Univerity of Chicago Press. Chicago and London, 1966.

그러면 이 절에서 노동력참가율의 장기적 변화 추세를 시간배분 모형과 연결하여 살펴보고 시장임금과 소득 그리고 금세기에 걸쳐 계속적으로 변화된 기타 변수들이 노동력참가에 어떤 영향을 미쳤는지 살펴보자.

## 1. 기혼여성

남편의 임금률이 장기적으로 상승할 경우 기혼여성의 노동력참가에는 어떤 변화가 일어날 것인가? 다른 조건이 변하지 않는 한, 남편의 임금상승은 가계소득을 증가시키게 되지만 아내가 느끼는 시간에 대한 가치를 변화시키지는 않는다. 그러나 소득의 증가는 소비를 증가시키고 소비는 근로시간 외의 시간을 필요로 하므로 가계구성원으로 하여금 경제활동 참가시간을 줄인다. 그러므로 남편의 임금이 장기적으로 상승하게 되면, 기혼여성의 노동력참가는 오히려 줄어든다.

그러나 남편의 임금상승효과와는 달리 기혼여성의 경제활동참가에 정(+)의 효과를 가져다 주는 많은 요인들이 있다. 그 중 중요한 요인의 하나로 특정 기술수준 및 교육수준을 가진 기혼여성에 대한 임금률의 장기적 상승현상을 들 수 있다. 여성의 임금상승은 소득효과 및 대체효과를 가진다. 즉, 가사(household production)에 투입된 시간의 가격이 상승하므로 가사일(production of commodities)을 하는데 드는 시간을 노동으로 대체하려는 것이다(예를 들면, 식사준비에 있어 인스턴트식품을 더 많이 사용하게 되는 경우). 물론 임금상승으로 인한 소득효과는 소비상품에 대한 수요를 증대시키고 그리하여 노동참가를 줄이는 경향이 있다. 따라서 임금상승에 따라 노동공급이 증가하는지 감소하는지는 이론적인 문제가 아니라 실증분석을 필요로 하는 문제이다.

기혼 여성의 경우, [표 5-3]에서 보면 알 수 있듯이 전체 여성 노동자에서 기혼여성의 경제활동참가율이 급속히 증가하였음을 알 수 있다. 특히, 일정한 기술수준이나 교육수준이 높은 경우 장기적으로 임금이 상승하였다. 뿐만 아니라 기혼여성의 일반적 교육수준 자체가 남성

**표 5-3** **여성의 혼인 상태별 경제활동참가율**

(단위: %)

| 연 도 | 1980년 | 1985년 | 1990년 | 1993년 | 1994년 | 1995년 | 1996년 | 1997년 | 1998년 | 1999년 |
|---|---|---|---|---|---|---|---|---|---|---|
| 미 혼 | 85.6 | 79.3 | 65.9 | 58.7 | 57 | 56.8 | 55.6 | 52.7 | 52.7 | 51.5 |
| 기 혼 | 14.4 | 20.7 | 34.1 | 41.3 | 43 | 43.2 | 44.4 | 47.2 | 47.3 | 48.5 |

자료: 통계청, 「경제활동인구조사」, 원자료.

과 비교하여 상대적으로 계속 향상되어 왔다. 이로 인하여 노동에 참가하는 여성의 기술수준의 향상도 남성에 비해 상대적으로 높게 나타났으며, 이것은 기혼여성의 임금(주부의 시장노동활동에 대한 가격)을 상승시켰을 뿐만 아니라 주부의 시장활동참가 시간을 더욱 확대하는 역할을 하여 왔다. 더구나 교육수준과 직업의 쾌적함(pleasantness)간에는 정(+)의 상관관계가 있기 때문에 기혼여성의 교육수준 향상은 경제활동참가에 대한 비화폐수익(nonpecuniary returns)을 점차 증대시키고 아울러 노동공급을 더욱 촉진시키는 경향이 있다.

한편, 자녀를 갖게 되면 기혼여성의 경제활동참가는 낮아지는 경향을 보인다. 그러나 보육시설이나 보모와 같은 서비스가 존재한다면 자녀양육에 필요한 시간을 이와 같은 용역으로 대체하여 경제활동을 가능하게 할 수도 있는 것이다.

뿐만 아니라 법정근로시간의 단축, 시간제(part-time) 근무제 도입, 기술의 발전 등은 가사에 필요한 시간제약을 줄임으로써 기혼여성의 경제활동참가율을 높이는 결과를 가져온다.

**Labor box**

### 가정주부의 노동가치

가정주부의 가사노동은 국민소득에 포함되지 않는다. 이는 가족을 위하여 제공한 식사, 세탁, 육아 등의 활동이 시장에서 거래되는 서비스가 아니기 때문이다. 그러나 가정주부의 서비스에 가치를 부여하는 일은 매우 중요하다. 가정주부의 노동가치를 평가하는 방법에는 다음과 같은 방법들이 있다.

**시장가격 접근방법**

가정주부의 서비스가 시장에서 거래될 경우, 얼마만큼의 비용이 들것인가를 측정하는 방법이다. 이러한 접근방법은 서비스가 이용가능하나 구입되지 않을 경우, 가정주부의 서비스는 과소평가된다는 문제점이 있다.

**기회비용 접근방법**

가정주부가 보수를 위해 근로를 하였다면 얼마를 벌었을까를 추정하는 방법이다. 일부 주부들은 잠재적 시장근로소득보다 집에서 제공하는 서비스의 가치를 더 높게 보기 때문에 일을 전혀 하지 않는다. 따라서 이 방법은 가정주부가 가정에서 행하는 서비스의 가치를 과소평가하는 결과를 가져 올 수 있다.

**자영업 접근방법**

가정주부들은 그들의 한계가계생산성(Marginal Household Productivity: MHP)이 시장임금(W)을 능가하면 가정에서 보내는 시간을 증가시킬 것이고, 그 반대의 경우에는 가정에서 보내는 시간을 감소할 수 있는 자영업을 하는 개인으로 취급하는 것이다.

**추정치들**

앞의 두 경우의 방법은 이론적으론 만족스럽지 않으나 계산상 용이하다는 장점이 있다. 따라서 많은 경우, 앞의 두 경우의 방법을 사용하여 가계서비스의 가치를 추정한다.

## 2. 청소년층

기혼여성의 노동참가율은 상승세에 있는데 반하여 청소년층의 노동참가율은 감소하는 경향을 보여 왔다. 이와 같은 노동참가율의 감소경향은 '시간배분 모형'에 의해 어떻게 설명할 수 있을까? 남편 및 주부의 임금이 오르면 가계소득이 증대하고 가계소득 증대는 정상소비로서의 자녀교육에 대한 수요를 확대해 왔다. 그리하여 소득의 장기적 상승으로 청소년의 노동참가는 하락하는 경향을 보여 왔다.

청소년의 노동참가에 영향을 미치는 또 다른 요인은 교육에 따르는 비용의 크기이다. 교육의 비용엔 두 가지 종류가 있다. 첫째는 수업료, 책값 등의 외연비용(explicit cost)으로 이 비용의 하락추세는 교육의 수요증대를 가져온 반면 노동력참가를 감소시키게 된다. 또 다른 비용은 내연비용(implicit cost)으로 개인의 시간에 관한 기회비용(opportunity cost)이다. 교육도 소비재일 뿐만 아니라 시간의 투입을 필요로 하는 생산재이므로 청소년층의 임금상승은 그들 시간의 가치를 증대시켜 시장활동을 촉진시키는 반면 교육의 수요를 감소시킨다.[5] 일시적으로 학교에 진학할 것인가 또는 직업을 얻을 것인가를 결정함에 있어 청소년들은 제한된 기술을 가지고 받을 수 있는 시장임금뿐만 아니라 직장을 얻을 수 있는 확률, 즉 취업기회를 고려하게 된다. 여러 연구결과를 통해서 알 수 있는 것은 실업률과 학교입학률과는 정(+)의 상관관계를 가지고 있다는 점이다. 청소년의 실업률이 증대되고 높은 임금하에서 취업기회가 감소되어 학교의 진학에 보다 큰 유인이 주어질 때 청소년의 노동참가율은 하락하게 된다.

## 3. 노 인 층

장기적 추세에 있는 소득과 임금의 상승은 노인층의 노동참가율을 하락하게 하는 중요한 이론적 결정요인이다. 임금상승은 소득 및 대체효과를 가져오나, 이 두 효과 중 어느 효과가 더 큰가하는 것은 이론적으로 결정되는 것이 아니라 실증적 검증을 요하는 문제이다. 그런데 노인층의 노동참가율에 대한 중요한 결정변수로는 비노동소득을 들 수 있다. 노인층의 노동참가율과 비노동소득에 관한 연구결과는 이 두 변수간에 부(−)의 상관관계를 입증하고 있다.

---

5) 그러나 이러한 경향은 미국의 경우 최저임금제의 도입으로 어느 정도 상쇄되었다. 왜냐하면 최저임금제의 실시결과 청소년의 실업증가가 현저하였기 때문이다. 예를 들어 1975년 미국의 연평균 실업률은 8.5%인 반면에 청소년층의 실업률은 19.9%였다.

## 5.3 출산율 결정 및 인구[6)]

가족의 규모에 대한 선택을 살펴보기로 하자. 자녀는 경제재로써 부모에게 일련의 효용을 제공하고 부모가 자녀를 기르는 데는 그만큼의 일련의 비용을 부담해야 한다고 가정하자.[7)] 이 경우 자녀를 갖기로 결정한다면 부모는 자녀로부터 얻을 수 있는 기대편익(expected benefit)과 기대비용(expected cost)을 고려할 것이며 장기적으로 시장임금과 소득이 오름에 따라 자녀에 대한 기대편익 및 기대비용은 다같이 변하게 된다. 특히 자녀로부터 오는 편익은 감소하고 비용은 증가할 것이며 이와 같은 편익-비용구조의 변화에 따른 적정 자녀수는 감소하게 된다. 이러한 선택의 결과는 실질임금의 장기변동뿐만 아니라 인구증가에 대해 매우 중대한 의미를 부여한다.

### 1. 자녀로부터 오는 효용 및 비용[8)]

자녀는 부모에게 일련의 효용 및 생산적 용역을 제공한다. 저소득 가정(주로 농업)에서의 자녀는 농장의 생산에 기여하거나 가정에서의 생산적 용역을 담당하기 때문에 부모가 고령이 되었을 때는 가족의 중요

6) 본절에서는 다른 조건이 불변일 경우 인구구조의 변화는 궁극적으로 총노동공급곡선의 이동을 초래한다고 규정지었다. 이 같은 내용을 염두에 둔다면 출산율과 인구에 관한 논의를 생각하여도 제 2 편에서 전개되고 있는 주된 흐름에 별영향을 주지는 않을 것이다.

7) 자녀의 선택이 경제적 요인에 의해서만 결정되어지는 것은 아니다. 그러나 굳이 경제적 요인만을 추상화한다면 분석을 위해 벡커의 경제재로서의 가정을 도입할 필요가 있다.

8) T. W. Schultz and G. S. Becker의 연구에 근거한 것이다.

T. W. Schultz, "The Value of Children: An Economic Perspective," *Journal of Political Economy,* Vol 81. March/Aprill 1973, pp. S2–S13. and "The High Value of Human Time: Population Equilibrium," *Journal of politicalcal Economy,* Vol 82, part II March/Aprill 1974, pp. S2–S10

G. S. Becker, "An Economic Analysis of Fertility," in Demographic and Economic Change in Developed Contnries Princeton University Press. Princeton N.J. 1960. pp. 209–231.

한 소득원이 될 수 있다. 자녀는 그들의 부모에게 투자재의 역할로서의 편익뿐만 아니라 소비재와 마찬가지로 효용을 주기도 한다. 그러나 고소득가정(주로 비농업)에서는 자녀로부터 얻게 되는 일련의 생산적 용역은 최소한에 지나지 않거나 거의 존재하지 않지만 소비자용역은 저소득경제에서와 별로 차이가 없다. 자녀에 대한 비용은 시간비용 및 화폐비용을 포함하는데 시간비용은 여성임금의 상승으로 급격히 상승해 왔다.

그러면 벡커(Becker)의 모형을 사용하여 가계가 선택하는 자녀수에 대한 소득 및 임금변화의 효과를 분석하기로 하자.

## 2. 소득 및 임금변화가 자녀수에 미치는 효과

가계소득의 증가는 벡커(Becker)의 모형에서 정상재 상품의 수요를 증가시킨다. 자녀는 정상재이므로 소득이 증가함에 따라 자녀수는 증가한다. 반면에 여성의 임금상승은 자녀수를 늘리는데 기회비용을 증가시켜 자녀수 감소로 나타난다. 보통 소득증가효과보다 기회비용증가에 따른 자녀 한 명의 가격상승으로 인한 대체효과가 더 크다. 따라서 소득과 임금이 증가함에 따라 가구당 자녀수 감소, 출산율 감소가 나타나게 된다.[9)]

그리하여, 소득과 임금이 시간적으로 오르게 됨에 따라 부모들은 질적으로 우수한 소수의 자녀를 선호하게 된다. 적정 가족규모에 대한 이러한 선택은 인구증가 및 총임금의 변동에 중요한 의미를 부여한다.

## 3. 인구변화와 실질임금의 변화[10)]

인구의 증가는 노동의 총공급곡선을 우측으로 이동시키는 효과를

9) G. S. Becker and H. G.Lewis, "On the Interaction between the Quantity and Quality of Children," *Journal of Political Economy,* Vol 81. part II March/Aprill 1973, pp. S279-S288.

10) 본 소절에서의 견해는 슐츠(T. W. Schultz)의 "The High Value of Human Time: Population Equilibrium" 과 상당히 유사하다.

가져오고, 다른 여건이 일정하다면 이것은 실질임금을 감소시키는 경향이 있다. 또한 고전학파 경제학자들의 임금 철칙설에 의하면 임금상승과 인구증가의 직접적 상관성을 엿볼 수 있다. 슐츠(Schultz)는 이러한 고전학파의 견해를 "오랫동안 인간의 사회사상에 깔려 있는 인간행위의 비관론(a dismal view of human behavior)"이라 말하고 있다.

그러나 여기에서 논의하고 있는 출산행위에 대한 분석은 인구구조 변화 및 미래의 인구전망에 대해 전혀 새로운 견해를 보이고 있다. 인구학적 추이(demographic transition)는 높은 출생률과 높은 사망률을 보이는 단계(제 1 단계)로부터 낮은 사망률과 높은 출생률을 보이는 단계(제 2 단계)를 거쳐 낮은 사망률과 낮은 출생률을 보이는 단계(제 3 단계)로 이루어진다. 제 2 단계 경제에서 현재 가장 신속한 인구증가율을 보이고 있으나 자녀에 대한 편익(benefits)의 감소와 비용의 증가로 가족규모가 감소한다면 경제발전과정에서 인구증가는 완화되어질 것이다. 특히 개도국에서 1인당 국민소득이 계속적으로 상승함에 따라 건강의 증진과 수명의 연장은 더욱 출산율의 하락을 보여 임금상승과 인구증가율 사이의 부(−)의 상관관계를 입증하고 있다.

**Labor box**

**우리나라 경제활동참가율 동향**

우리나라 경제활동 참가율은 60% 수준으로 비록 1985년 이후 경제활동참가율이 지속적인 상승 추세를 보이고 있으나 선진국에 비해 여전히 낮은 수준에 있다. 우리나라에서 경제활동참가율 수준이 본격적으로 상승하기 시작한 것은 노동력 부족이 현저히 나타나기 시작한 1980년대 후반 이후이다. 이는 1980년대 중반 이후 경기의 호황으로 노동수요의 증가분이 정규직 중심에서 비정규직 중심으로 이루어지고, 이에 따라 주부, 청소년층, 고령층 등이 노동시장에 참여할 유인이 커진 데서 그 요인을 찾을 수 있다.

〈표 1〉은 우리나라 경제활동참가율이 여타 선진국에 비하여 상대적으로 매우 낮음을 보여주고 있다.[11]

11) 표에서 보듯이 15세 이상 인구를 기준으로 경제활동참가율을 비교할 경우 1997년 현재 한국의 경제활동참가율은 62.2%로 일본(63.2%), 미국(67.1%)과 비슷하며 프랑스

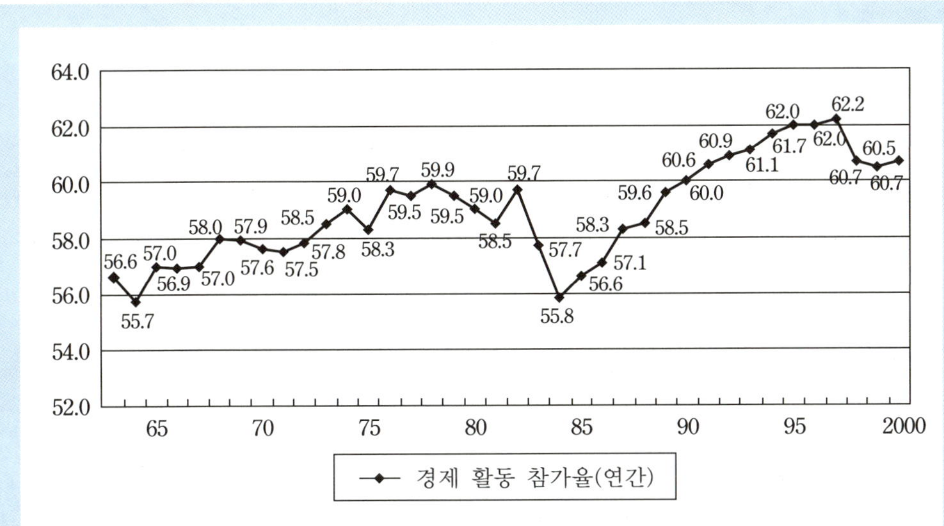


이와 같은 현상은 저조한 여성의 경제활동참가율, 청소년층(15～29세)의 노동시장 진입 연령이 높은 점, 그리고 파트타임 근로제 비활성화 등의 고용형태의 경직성에 따른 유휴인력을 흡수하기 위한 노동시장 기반이 취약하기 때문으로 볼 수 있다.

〈표 1〉 경제활동참가율의 국제비교(1999)

(단위: %)

| | 한국 | 일본 | 대만 | 호주 | 프랑스 | 독일 | 스웨덴 | 영국 | 미국 |
|---|---|---|---|---|---|---|---|---|---|
| 15세 이상 | 60.5 | 62.4 | 58.0* | 64.2 | 55.7 | 57.6* | 63.2 | 62.9 | 67.1 |
| 15～64세 | 63.9 | 72.4 | 64.1 | 73.6 | 67.8 | 71.2 | 78.5 | 76.3 | 77.2 |

자료: 한국노동연구원, 「2000 해외노동통계」, 2000.
주: * 1998년도 수치임.

(55.5%), 독일(52.8%)에 비해서는 오히려 높다. 이는 한국의 경우 고령화 사회로 진입한 상기 국가들에 비해 인구구조가 상대적으로 젊기 때문이다. 따라서 국제비교를 위해서는 고령자를 제외한 15～64세의 인구를 기준(OECD에서 주로 사용)으로 하는 것이 바람직하다.

Labor box

## 우리나라 실업률 동향

노동수요는 상품수요로부터 발생하는 파생수요이다. 따라서 경기변동과 산업구조의 변화는 직접적으로 노동에 대한 수요 즉 취업과 깊은 연관을 가지며, 간접적으로는 노동공급자의 기대형성(expectation formation)을 변화시켜 부가노동자효과(additional worker effect)나 실망노동자효과(discouraged worker effect)를 통하여 경제활동참가에 영향을 미치게 된다.

1963년부터 실업통계가 작성된 이래 실업률은 경제성장과 산업발전, 그리고 이에 따른 노동수요의 증대로 인하여 꾸준하게 낮아지는 추세를 보이고 있다. 이러한 실업률의 변화추이를 경제성장률과 실업률수준 등 노동시장 지표의 상대적 수준에 따라 다음과 같이 5단계로 구분이 가능하다.

첫째, 고성장 고실업기(1963~72년)로 이 기간 동안 연평균 실업률은 5.8%를 기록하였다. 그러나 수입대체 산업화 및 경공업을 중심으로 한 고도의 경제성장에 따른 높은 노동수요의 증가로 1963년 8.1%에서 1972년에는 4.5%로 실업률이 급격하게 낮아지고 있는 추세를 보여주고 있다. 이 기간 동안 취업자 증가율은 연평균 3.6%, 경제활동인구 증가율은 연평균 3.1%를 기록하였다.

둘째, 고성장 중실업기(1973~78년)로 이 기간 동안 연평균 실업률은 3.8%로 전기에 비하여 크게 낮아졌다. 이는 경제개발 5개년 계획이 본격 궤도에 접어들고 초기의 경공업 및 70년대 중반 이후 중화학공업 위주의 경제성장이 이루어짐에 따라 노동수요가 지속적으로 증가하여 취업자 증가율이 연평균 4.2%에 이를 정도로 고용규모가 급격히 확대되었기 때문이다.

셋째, 중성장 중실업기(1979~86년)로 이 기간 동안 연평균 실업률은 3.9%로 전기와 비슷한 수준을 기록하였다. 전반적으로 고성장 기조가 유지되기는 하였지만 산업구조가 노동집약적 산업에서 자본집약적 산업으로 본격 이동하는 과도기이며, 또한 70년대 말과 80년대 초의 광주민주항쟁 등 정치·사회적 불안정, 오일쇼크의 여파 등으로 경제성장률이 1980년 한 때 마이너스를 기록하는 등 경제성장에 있어 부침이 심하였던 시기이다.

넷째, 중성장 저실업기(1987~97년)로 이 기간 동안 연평균 실업률은 2.4%로 거의 완전고용상태[12]를 기록하였다. 이 기간의 초기(1986~88년)에는 이른

12) 노동에의 의지와 능력을 갖추고 취업을 희망하는 모든 사람이 고용되는 상태를 말함. 이는 고용기회에 대한 완전한 정보가 없거나 이동의 제약 등으로 인하여 발생하

바 3저 호황으로 두 자리수의 성장률을 기록하기도 하였지만 80년대 후반 노사관계의 급변과 대외경제환경의 변화 등으로 기존의 요소투입 위주의 소품종 대량생산체제가 한계에 봉착함에 따라 경제구조의 변환이 요구되었다 그러나 정부의 200만호 주택건설, 올림픽 특수 등에 따른 내수산업의 호황으로 인하여 서비스업 부문을 중심으로 취업자가 크게 증가하여 취업자 증가율은 연평균 2.6%로 지난 시기에 비하여 더 높아졌으며, 노동공급증가를 앞지르는 노동수요의 증가로 인하여 실업률은 더욱 하락하여 자연실업률[13] 수준을 기록하였다.

다섯째, 1998년 이후로 1997년말의 금융·외환위기 이후 급격하게 노동시장이 악화됨에 따라 1998년 실업률은 6.8%을 기록하였으며 취업자 증가율은 −5.3%를 기록하여 1984년 이후 처음으로 마이너스 증가를 기록하였다. 그러나 점차 실업률이 낮아지고 있는 추세를 보이고 있으며 아직 외환위기 이전의 수준까지는 회복되지 않았지만 최근 들어 실업률수준 자체는 안정적인 추이를 보이고 있다.

〈표 2〉 실업률의 장기변화 추이

(단위: %)

| 기 간 | Ⅰ기 ('63~72년) | Ⅱ기 ('73~78년) | Ⅲ기 ('79~86년) | Ⅳ기 ('87~97년) | 1998년 이후 | | | | | | | |
|---|---|---|---|---|---|---|---|---|---|---|---|---|
| | | | | | '98년 | '99년 | '00년 | '01년 | '02년 | '03년 | '04년 | '05년 |
| 경제성장률 | 9.3 | 9.2 | 7.0 | 7.7 | −6.9 | 9.5 | 8.5 | 3.8 | 7.0 | 3.1 | 4.7 | 4.0 |
| 취업자 증가율 | 3.6 | 4.2 | 1.9 | 2.6 | −5.3 | 1.4 | 3.8 | 2.0 | 2.8 | −0.1 | 1.9 | 1.3 |
| 실 업 률 | 5.8 | 3.8 | 3.9 | 2.4 | 6.8 | 6.3 | 4.1 | 3.8 | 3.1 | 3.4 | 3.5 | 3.5 |

자료: 통계청.

는 마찰적 실업이나 현행의 실질임금이 희망임금수준과 일치하지 않아서 발생하는 자발적 실업 등은 포함하지 않기 때문에 실업률이 '0' 임을 의미하지는 않으며, 선진국의 경우 대체적으로 3~4% 정도의 실업률수준을 완전고용상태로 보고 있음.

13) 정부가 경제에 대하여 전혀 간섭을 하지 않을 때 장기적으로 나타나는 실업률을 말함. 이는 고정되어 있는 것이 아니며, 마찰적 실업의 정도, 노동시장의 경직성, 고용보험, 기타 경제사회적 각종 제도적 관계에 의하여 영향을 받고 이에 따라 변화할 수 있음.

# 임금과 고용량의 결정

제 3장에서 논의한 한계생산성 이론은 기업의 노동수요이론이다. 여기에 몇 가지 가정이 주어지면 한계생산성 이론은 경제전체에 대한 임금과 고용이론으로 발전될 수 있다. 즉, 거시경제이론으로서 일반적인 임금수준과 경제전체에 있어 총고용량의 결정을 설명할 수 있다. 본 장에서는 먼저 노동의 시장수요곡선으로서 한계생산성 모형을 제시하고, 노동의 시장공급곡선을 도출하고 난 후, 이들의 상호작용을 분석하기로 한다. 즉, 어떤 과정을 거쳐 균형이 이루어지는지 분석한다. 마지막으로 이 개념들을 이용하여 노동력 수급 변화가 노동시장에 미치는 영향을 논의할 것이다.

또한, 생산물시장과 노동시장이 완전 경쟁적이라는 가정을 완화하여, 노동배분과 임금 및 고용수준에 대한 공급독점(monopoly) 및 수요독점(monopsony)의 효과를 각각 살펴보기로 한다.[1] 독점과 수요독점은 경쟁의 불완전함을 나타내며, 임금 및 고용과 경제적 후생에 특별한 영향을 준다. 이 장에서는 독점에 의해 특징지워지는 생산물시장과 수요독점으로 특징지워지는 요소시장에서의 임금, 고용, 경제적 후생이 어떻게 경쟁상태와 다르게 나타나는가를 취급할 것이다. 특히 불완전 경쟁시장의 원인과 결과를 분명하게 이해하기 위하여 먼저 생산물시장에서의 독점자는 완전경쟁 기업에 비해 낮은 산출량 및 고용수준 그리고 한계비용을 초과하는 가격을 가지며 사회적으로는 독점으로 인해 경제적 후생의 손실을 입게 된다는 것을 설명할 것이다. 또한 노동시장에 있어 수요독점이 있는 경우 임금 및 고용수준이 완전경쟁시장보다 높지 않다는 것과 수요독점이 존재하는 여러 시장의 예를 제시하고자 한다.

---

1) 이하 공급독점(monopoly)은 독점이라 하고, 수요독점(monopsony)은 그대로 수요독점이라 하기로 한다.

# 6.1 시장의 수요 및 공급곡선

## 1. 노동의 시장수요곡선

노동의 수요곡선이 여러 가지 임금률 하에서 기업이 선택할 수 있는 노동량을 나타낸다면 시장 임금률은 어떻게 결정되는가? 이에 대한 답을 위해 노동의 시장수요(또는 경제전체의 노동 수요)에 대한 정의 및 노동시장의 성격을 알아볼 필요가 있다. 이 장에서는 다음과 같은 몇 가지 비현실적인 단순한 가정을 하기로 하자.

첫째, 모든 노동은 동질적이다. 즉 모든 노동자는 같은 수준의 기술을 가지고 있으며, 모든 직업에 대해 똑같은 선호도를 가지고 아무런 훈련비용이 없이도 다른 직업으로 자유로이 이동할 수 있다고 가정한다. 한편 고용주의 입장에선 모든 노동자 사이에 완전대체가 가능하다고 본다.

둘째, 모든 노동자는 노동시장정보에 대해 완전한 지식을 가지며 지역간 이동이 자유롭다. 즉 노동자는 경제전체의 취업기회에 대해 완전한 정보를 가지며 노동자의 지역간 이동에는 비용이 들지 않는다.

셋째, 생산물시장과 요소시장은 완전경쟁시장이며 생산물가격이나 임금률은 완전 신축적이다.

넷째, 노동력의 크기는 일정하게 주어져 있다. 즉 노동에 이용될 수 있는 총노동량은 일정하며 임금률에 대해 비탄력적이다.

다섯째, 생산물의 총수요수준은 일정하다.

이상과 같은 가정 하에서는 경제전체에 있어 오직 하나의 노동시장만이 존재하게 된다. 3장에서 기술한 바와 같이 기업의 한계생산물가치($VMP_L$)곡선은 노동의 한계생산물($MP_L$)에 생산물가격($P$)를 곱하여 얻어진다. 수확체감의 법칙 때문에 노동량의 증가에 따라 한계생산물($MP_L$)은 감소하게 되지만, 생산물가격은 기업의 노동량에 영향을 받지 않는다. 완전경쟁시장하의 개별기업의 입장에서 볼 때 노동투입량을 증가하면 산출량이 증대되지만 생산물가격은 아무런 영향을 받지 않는다. 즉 개별기업의 노동수요곡선은 생산물가격이 일정하다는 전제하에 도출된 것이다.

그러나 시장(산업)의 노동수요곡선을 도출할 때는 산업 전반에 있어 고용 및 생산량의 변화가 생산물가격에 영향을 미치게 된다는 사실을 고려해야 한다. 이 점을 고려하기 위해서 일단 생산물가격이 산업의 고용량 증감에 영향을 받지 않는다는 가정 하에 산업의 노동수요곡선을 도출하고 그 다음 생산물가격변화의 효과를 살펴보기로 한다.

### (1) 생산물가격이 일정한 경우 산업의 노동수요곡선

생산물가격이 일정한 경우 산업의 노동수요곡선은 특정 임금률에서 산업 내에 있는 각 개별기업의 노동수요를 합한 것이다. [그림 6-1]에 예시된 것처럼, 설명의 단순화를 위해 3개의 기업으로만 구성된 산업을 가정할 때 그 산업의 노동수요곡선은 각 임금수준에서 (a), (b), (c) 그

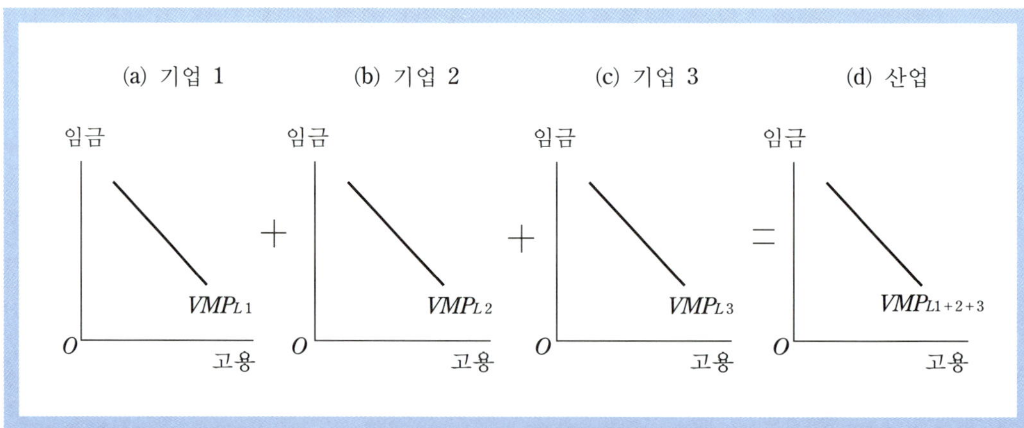


**[그림 6-1] 산업의 노동수요곡선 도출(생산물가격이 일정한 경우)**

생산물가격이 일정한 경우 노동에 대한 산업수요는 각 임금수준에서 각 개별기업들의 노동수요량을 합함으로써 구해진다. 즉 산업의 $VMP_L$ 곡선은 그 산업 내에 있는 모든 개별기업들의 $VMP_L$곡선의 수평적 합계인 것이다.

림의 세 기업의 노동수요를 합한 그림(d)로 나타난다. 바꾸어 말하면 산업의 노동수요곡선(또는 $\Sigma VMP_L$ 곡선)은 산업 내에 있는 개별기업의 $VMP_L$곡선을 수평적으로 합한 개념이다. 즉, 산업의 노동수요는 산업전체로 볼 때의 한계생산성가치인 것이다.

### (2) 생산물가격이 변하는 경우 산업의 노동수요곡선

산업의 노동수요곡선이 음(−)의 기울기를 가진다는 것은 다른 조건이 일정할 때(ceteris paribus) 임금률이 하락할수록 산업의 고용량 및 산출량은 증대되는 것을 의미한다. 또한 산업의 생산물에 대한 수요곡선도 생산물가격의 감소함수이기 때문에 생산량의 증가는 생산물가격의 하락을 가져올 것이다. 그러면 이러한 가격효과가 노동수요에 어떠한 영향을 미칠 것인가?

만약 산업 내에 있는 모든 기업의 임금률이 낮아지면 모든 기업은 개별기업의 한계생산물가치($VMP_L$)와 새로운 임금률이 같아지는 점까지 고용량을 증대시키고자 할 것이다. 개별기업이 고용을 증대시키면 그 산업의 산출량이 증대되고 가격이 하락한다. 이때 각 개별기업에 대해서는 $VMP_L = P \times MP_L$의 관계가 성립하기 때문에 생산물가격의 하락은 각 기업의 $VMP_L$곡선을 하향 이동시킨다. 따라서 임금의 하락에 따른 산업의 고용증대효과는 생산물가격의 변화가 없을 때보다 작아지게 된다.

[그림 6-2]가 바로 이러한 과정을 도시하고 있다. $\Sigma VMP_{Li}$곡선은 초기 생산물가격하에서 그 산업 내에 있는 세 기업들의 $VMP_L$곡선을 수평적으로 합한 곡선이다. 처음 임금수준 $W_1$에서 산업의 전체고용량은 $N_1$이다. 이제 임금이 $W_2$로 하락하게 되면 개별기업은 주어진 생산물가격하에서 이윤극대화 수준 $N^*$까지 고용을 증대시킬 것이다. 그러나 생산물가격의 하락은 각 개별기업의 $VMP_L$곡선을 하향 이동시키게 되며 그 결과로 산업의 $VMP_L$곡선은 $\Sigma VMP_{L2}$수준으로 하방이동되어 임금 $W_2$에서의 노동수요는 $N_2$가 된다.

임금수준이 변할 때마다 언제나 이에 상응하는 생산물가격과 $\Sigma VMP_L$곡선이 존재한다. 즉 특정 임금률에 상응하는 $\Sigma VMP_L$곡선과 그

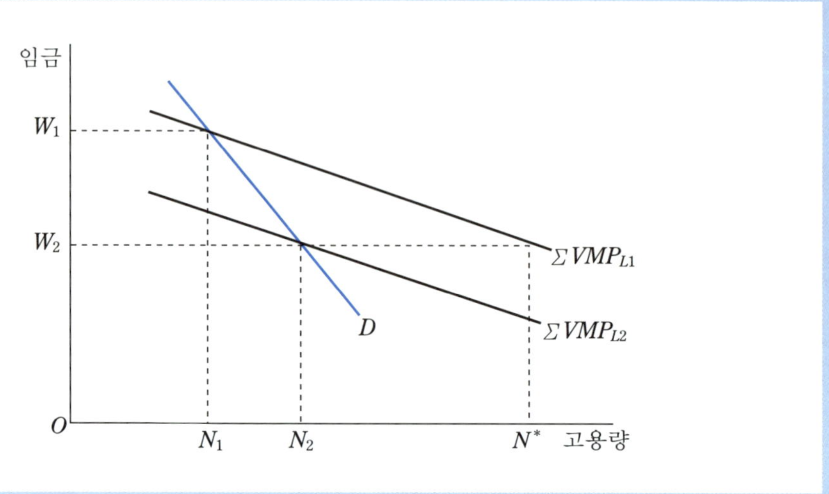


**[그림 6-2] 산업의 노동수요(생산물가격이 변하는 경우)**

생산물가격이 변하는 경우 각 임금률 수준에서 각각 다른 생산물 가격이 결정된다. $\Sigma VMP_{L1}$과 $\Sigma VMP_{L2}$는 각각 생산물가격 $P_1$과 $P_2$에서의 각 개별기업들의 $VMP_L$곡선의 합이며 산업수요곡선 $D$는 각 가능한 임금수준에서 산업이 수요하려는 노동량을 나타낸다. 이처럼 생산물가격의 변동이 있을 경우 산업의 노동수요곡선은 그렇지 않은 경우보다 더욱 비탄력적이 된다.

임금률과의 교점에서 산업의 노동수요량이 결정되는데 각 임금수준마다 형성되는 이러한 균형점의 궤적을 구하면 [그림 6-2]에서와 같은 산업의 노동수요곡선 $D$를 얻을 수 있다.

### (3) 전체 노동시장의 노동수요곡선

산업의 노동수요곡선을 도출한 것과 같은 방법으로 전체 노동시장에 대한 노동수요곡선을 얻을 수 있는데 이렇게 도출된 시장노동수요곡선(market labor demand curve) 경제전체의 한계생산가치를 나타내는 곡선으로서 [그림 6-3]에 도시한 바와 같다. 이제 [그림 6-3]에서 노동공급곡선 $S$가 수직으로 주어져 있다면 노동의 수요곡선과 공급곡선의 교점에서 균형임금률 $W_e$가 결정된다. 그러므로 $W_e$에서 개별기업들은 완전탄

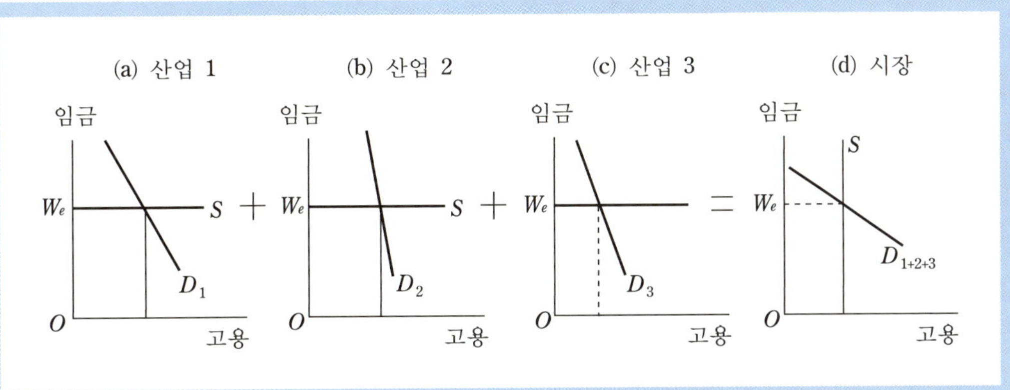


**[그림 6-3] 시장의 수요와 공급 및 시장임금률의 결정**

각 임금수준에서 노동의 시장수요는 시장 내에 있는 각 산업들의 노동수요량의 합이다. 이때 산업수요곡선은 각각 $D_1$, $D_2$, $D_3$이며 시장임금률 $W_e$는 노동의 시장 수요인 $D_{1+2+3}$와 노동의 시장공급 곡선 $S$의 상호작용에 결정한다.

력적인 노동공급에 직면하게 되며 각 개별기업들은 이윤극대화를 도모할 수 있도록 시장에서 결정된 임금률에 맞추어 고용량을 조절할 것이다.

## 2. 노동의 시장공급곡선

노동의 시장공급곡선은 시장임금과 시장활동에 부여된 시간과의 총량관계로서 여러 임금률 하에서 모든 시장참여자들이 제공한 시간의 합으로 나타난다. 그와 같은 시장관계는 언제나 노동시장에 참여하는 개별경제주체의 선택을 반영하고 있다. [그림 6-4]는 세 가지 다른 임금수준 아래에서 이루어진 개별시장참가자들의 선택 및 그 선택의 합인 시장노동공급곡선(market labor supply curve)을 나타낸다. 개별경제주체 1에게는 시장임금상승의 대체효과가 소득효과보다 커서 노동공급시간은 40으로부터 45 내지 50시간으로 증가할 것이다. 개별경제주체 2의 경우는 반대로 소득효과가 대체효과보다 커서 노동공급은 시장임금이 오름에 따라 40에서 35 내지 30시간으로 감소된다. 세 번째 사람은 임

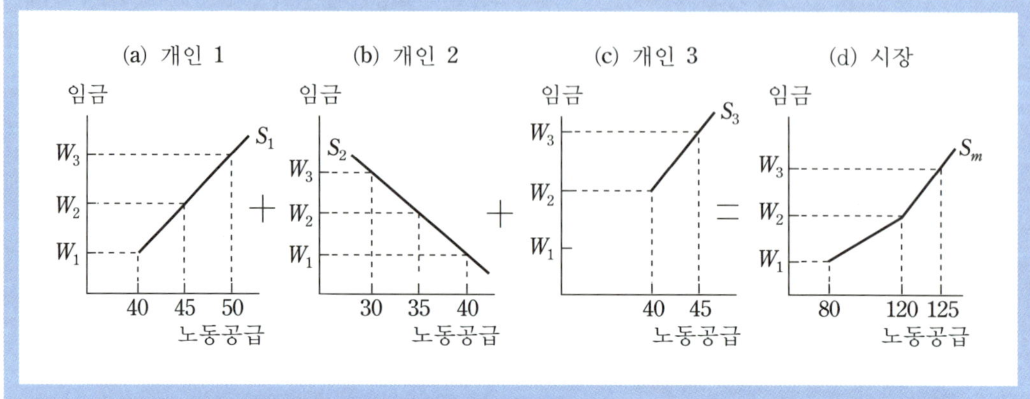


**[그림 6-4] 노동의 시장공급곡선 도출**

$S_m$은 세 가지 다른 임금수준 하에서 이루어진 개별시장참가자들의 선택 및 그 선택의 합인 시장노동공급곡선을 나타낸다.

금 $W_1$에서는 노동력의 참가자가 아니나 $W_2$의 임금에서는 노동력에 참가하여 40시간을 공급한다. 또한 임금이 $W_3$으로 오르게 되면 노동공급시간은 45시간으로 증가한다. 그러므로 시장의 노동공급곡선 $S_m$은 여러 다른 임금수준 아래에서 이 세 사람의 노동공급량을 합함으로써 이루어지며 이것은 효용극대화를 목적으로 한 개별경제주체가 임금률의 변화에 따라 선호하는 여러 가지 선택을 나타낸다.

## 6.2 완전경쟁 하의 임금과 고용량

### 1. 노동수요와 노동공급의 상호작용

이제까지 노동의 수요와 공급을 각각 따로 살펴보았지만, 본 절에서는 이들의 상호작용에 대한 단순모형(이하 "완전경쟁모형"이라 부르기로 한다)을 제시하고 이 기본모형의 중요한 의미를 평가하고자 한다.

### (1) 노동시장의 균형

균형이란 개념은 어떠한 변화의 움직임도 없는 상태이다. 이 균형 하에서 모든 경제주체들은 주어진 경제여건에 완전하게 적응되어 있으므로 아무런 변화의 유인이 없게 된다. 그러면 노동시장의 균형이 어떻게 달성되는가를 노동공급이 일정하게 주어진 경우와 그렇지 않은 경우로 나누어 살펴보기로 하자.

먼저, [그림 6-5]의 (a)는 노동공급이 일정하게 주어진 경우 노동의 시장수요 및 공급에 의해 결정되어지는 균형임금률($W_e$)과 균형고용량($N_e$)을 나타낸다. 만약 어떤 이유로 해서 시장임금률이 균형임금률보다 높은 $W_1$으로 변한다면 어떤 결과가 일어날 것인가? 이러한 시장임금률 $W_1$에서 총노동수요량은 $N_1$으로서 노동공급량에 미치지 못하게 되어 실업이 발생하게 된다. 그러나 이 상황에서는 노동공급자간에 취업기회에 대한 경쟁이 심화되어 임금률을 인하시키려는 압력이 시장에 존재하게 되고 인하된 임금은 다시 기업으로 하여금 고용증대의 유인을 준다. 이러한 과정은 노동의 초과공급이 해소될 때까지 작용하여 결국 임금은 $W_e$, 총고용량은 $N_e$로 환원된다. 반대로 균형임금률 이하인 $W_2$ 수준의 임금률에서는 노동에 대한 초과수요가 발생하여 노동을 유치하려는 기업간의 경쟁이 임금인상압력을 가져오고 이렇게 하여 상승된 임금은 원래의 균형을 회복할 때까지 기업의 노동수요를 감소시키게 된다.

노동공급이 일정하게 주어진 것으로 가정한 경우와는 달리 이 경우 임금률 상승은 노동공급의 증가를 유발한다. [그림 6-5]의 (b)에서 보면 노동수요 $D$ 및 노동공급 $S$의 상호작용에 의해 균형임금률 및 고용수준이 각각 $W_e$와 $N_e$로 결정된다. 만일 노동수요가 $D'$로 증가하면 초기 임금률 수준에서 $N_d-N_e$ 만큼 초과노동수요가 존재한다. 이러한 노동부족은 가용노동공급에 대한 기업간의 경쟁을 유발하게 되어 임금률은 $W_e'$로 오르게 된다. 따라서 새로운 균형은 임금률 및 고용수준이 각각 $W_e'$와 $N_e'$인 점 $E'$에서 결정된다. 노동의 초과수요가 없어지기 위해 임금률이 어느 정도까지 올라가야 하는가는 노동공급의 탄력성에 따라 결정된다.

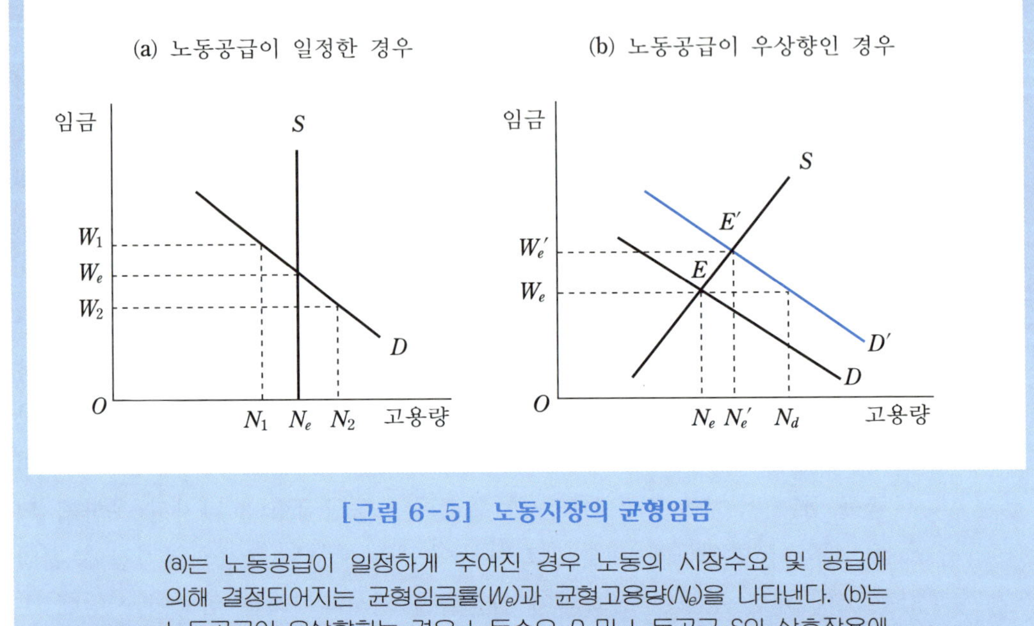


**[그림 6-5] 노동시장의 균형임금**

(a)는 노동공급이 일정하게 주어진 경우 노동의 시장수요 및 공급에 의해 결정되어지는 균형임금률($W_e$)과 균형고용량($N_e$)을 나타낸다. (b)는 노동공급이 우상향하는 경우 노동수요 $D$ 및 노동공급 S의 상호작용에 의해 균형임금률 및 고용수준이 각각 $W_e$와 $N_e$로 결정됨을 보이고 있다. 이 경우 (a)와는 달리 임금률 상승은 노동공급의 증가를 유발한다.

### (2) 완전경쟁모형의 의의

노동의 효율적 배분, 임금격차, 완전고용 그리고 임금수준에 대하여 기본모형은 다음과 같은 중요한 의미를 포함하고 있다.

#### 효율적 배분

균형 하에서 동일 산업내의 노동임금률은 기업전체의 총 $VMP_L$와 같고 개별기업마다 임금률이 모두 같기 때문에 노동의 $VMP_L$ 또한 모든 기업마다 같다는 것이 기본모형의 결론이다. 노동의 $VMP_L$가 기업마다 같다는 것은 주어진 기술수준과 주어진 노동 및 자본의 공급 하에서 경제전체의 생산물가치(혹은 국민총생산)가 이 점에서 극대화된다는 것을 의미한다.

[그림 6-3]에서 세 산업 내에 있는 모든 기업들이 서로 균형상태에 있을 때 1산업에 종사하던 근로자 한 사람이 2산업 내에 있는 어떤 기업으로 전직한다고 가정하자(산업 2에 속해 있는 기업주가 현행 시장임금률로서 사람을 채용하지는 않을 것이라는 사실을 무시하고). 이때 산업 1에 속해 있는 기업이 한 사람의 이직으로 말미암아 입게 되는 $VMP_L$의 손실은 임금률 $W_e$와 같다. 그러나 노동의 한계생산력은 체감하기 때문에 산업 2의 기업이 한 사람의 추가고용으로 얻는 $VMP_L$의 증가는 $W_e$보다 적을 것이다. 즉, 산업 1에서의 생산감소는 산업 2의 생산증가보다 크기 때문에 사회전체로서는 후생의 감소를 가져오게 된다.

### 임금격차의 부재

기본모형의 또 다른 의의는 균형 하에서는 지역별, 산업별, 직업별 임금격차가 없게 된다는 것이다. 만일 균형 하에서 어떤 지역의 임금이 타지역보다 높다면 근로자는 언제나 최선의 직업을 가지려 하기 때문에 임금이 높은 지역으로 이동하게 될 것이다(완전정보를 가지고 특정 직업에 대한 훈련투자가 없다는 가정 하에). [그림 6-6]을 통해 지역별 임금격차에 의한 노동이동의 효과를 살펴보기로 하자.

이제 두 지역간의 노동과 자본의 양이 다르기 때문에 A지역의 초기 임금 $W_A$이 B지역의 초기 임금 $W_B$ 보다 높다고 하자. 이 경우 A지역의 임금이 B지역보다 상대적으로 높기 때문에 노동자들은 B지역을 떠나 A지역으로 이동하고자 할 것이다. 따라서 B지역에서의 노동공급은 $S_1^B$에서 $S_2^B$로, A지역에서의 노동공급은 $S_1^A$에서 $S_2^A$로 각각 증감하게 된다. 노동공급량의 증감은 임금을 상승시키거나 하락시키는 유인이 되어 "지역간 노동이동 → 노동공급량의 증감 → 임금변동"의 과정을 통해 결국 상호 균형임금인 $W_e$에 수렴하게 된다.

또한 노동의 이동이 없다 하더라도 자본의 이동에 의해 지역간 임금격차는 해소될 수 있다. 이미 언급한 것처럼 노동의 $VMP_L$가 클수록 자본 사용량은 많아지게 되는데 [그림 6-7]에서처럼 A지역의 임금이 B지역보다 높다고 할 때, A지역에 있는 기업들은 상대적으로 값싼 노동

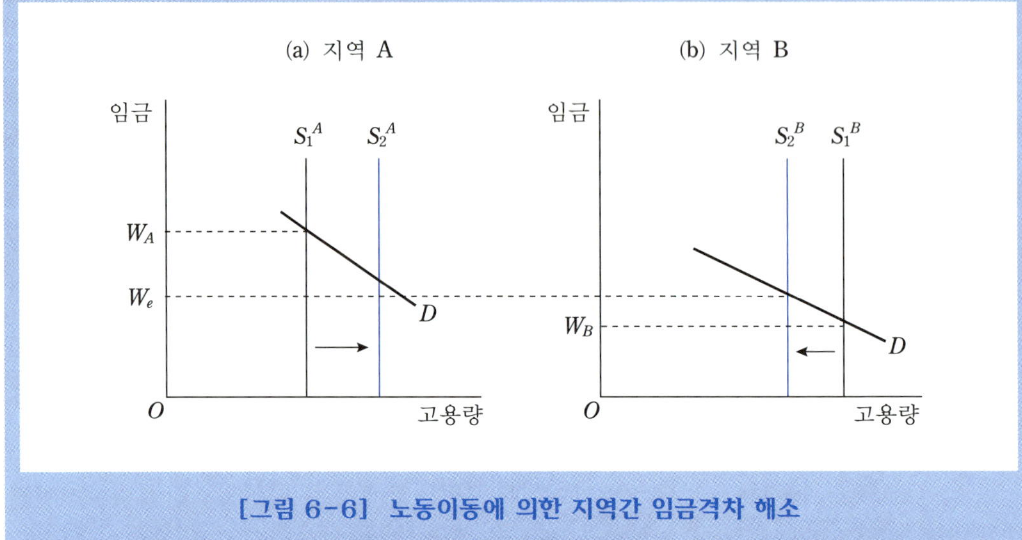


**[그림 6-6] 노동이동에 의한 지역간 임금격차 해소**

만약 A지역의 임금률이 B지역보다 높다면 A지역의 노동공급은 B지역에서 A지역으로의 노동이동 때문에 $S_1^A \to S_2^A$로 증가한다. 역으로 B지역의 노동공급은 $S_1^B \to B_2^B$로 감소하게 될 것이며 결국에는 동일한 균형임금률 $W_e$로 수렴한다.

력을 이용하기 위해 B지역으로 자본을 이동시킬 것이다. B지역에서의 자본증가는 그 지역의 $VMP_L$곡선 또는 노동수요를 증대시키는데, 그 결과 임금률은 상승하게 된다. 한편 A지역에서는 이와 반대의 과정이 일어나서 임금률은 하락한다. 그리하여 A지역의 임금과 B지역의 임금은 동일한 수준의 균형임금률 $W_e$를 향해 수렴하게 된다.

이와 마찬가지로 일정한 가정 하에서 산업간, 직업간 임금격차가 존재하지 않는다는 것을 추론해 낼 수 있다. [그림 6-6] 및 [그림 6-7]이 두 지역이 아니고 두 산업이나 두 직종을 나타낸다고 한다면 임금이 높은 산업 및 직업으로부터 임금이 낮은 산업 및 직업으로의 노동이동이 이루어져 산업간 혹은 직업간 임금이 서로 같아지는 것을 설명할 수 있다.

### 완전고용의 보장

기본모형에 의하면, 기업간의 경쟁이나 근로자 상호간의 경쟁을 통

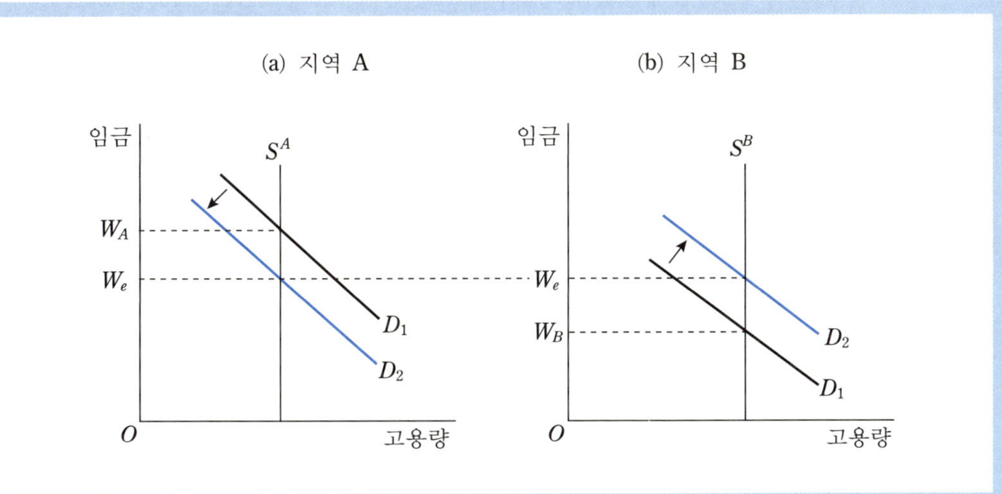


**[그림 6-7] 자본이동에 의한 지역간 임금격차 해소**

A지역의 보다 높은 임금은 A지역으로부터 B지역으로의 자본 이동을 가져오며 B지역의 증가된 자본 저량으로 인해 노동수요가 증대되고 따라서 임금률이 상승한다. 이와는 반대의 변화가 지역 A에서 일어나고 결과적으로 두 지역은 동일한 균형임금률 $W_e$를 갖는다.

해 균형하에서는 완전고용이 보장된다. 균형가격 이상의 임금률에서는 노동의 공급이 수요를 초과하여 실업이 발생되나 앞에서 지적한 것처럼 취업을 위한 근로자 상호간의 경쟁에 의해 임금이 하락하기 때문에 결국 완전고용에 상응하는 임금률로 환원된다.

### 일반임금수준의 결정

기본모형은 시대적으로 또는 나라에 따라 경제수준이 상이한 경우 일반임금수준이 인구 및 자본량의 상대적 크기에 의존하여 어떻게 다르게 나타나는가를 설명해 준다. 예를 들어 만약 미국과 한국이 각각 일정한 크기의 인구를 갖고 있는데 미국의 자본저량이 한국에 비해 상대적으로 증대된다면 미국의 임금수준이 보다 높아질 것이고, 두 나라 모두 자본저량이 일정한데 한국의 인구가 상대적으로 감소된다면 한국의 임금수준이 보다 높아질 것이다. 결론적으로 인구에 대한 자본량의 상대적 크기에 의해 경제전체의 임금수준이 결정된다고 볼 수 있다.

## 2. 노동력 수급 변화와 노동시장에의 영향

기본모형을 통해 노동의 시장수요 및 공급의 상호작용에 의해 균형임금률과 균형고용량이 결정된다는 사실을 설명하였다. 만약 어떤 이유로 노동력 수급에 변화가 있을 경우 노동시장의 균형에 어떤 영향을 미칠 것인가?

가령 수요의 증가로부터 고용량의 증대가 발생한다면 그 영향은 두 가지 다른 형태로 나타날 것이다. 즉 주어진 종업원을 표준노동시간 이상으로 초과노동(overtime)을 시키거나 혹은 모든 종업원이 표준시간을 작업한다고 가정할 때 종업원 수를 증대하는 방향으로 나타날 것이다. 또한 생산성 증대에 의한 산업의 노동수요증가는 당해 산업의 생산물가격을 상승시키고 나아가 임금변화를 유도할 것이며, 인구증가에 의한 노동공급의 변화는 임금의 하락을 가져올 것이다. 이제 이러한 노동수요·공급의 변화와 임금, 가격, 생산성, 고용 등 제 변수 사이의 상관관계를 검토해 보기로 하자.

### (1) 평균노동시간의 변화와 고용

제 4 장과 제 5 장에서 노동시간의 공급이론을 제시한데 이어, 본 장에서는 고용주 측면에서의 적정 노동시간의 결정을 살펴보기로 하자.

노동력의 고용을 증진시키기로 결정할 때 고용주는 종업원의 수를 증가시킬 수도 있고 또는 기존 종업원의 노동시간을 연장할 수도 있지만 그 두 선택간에는 서로 무차별할 수 없다. 이러한 결정에는 초과노동에 대한 효율성과 신규채용에 따르는 초기비용이 영향을 미친다. 기존 종업원이 일정 시간을 초과하여 일하게 되면 노동의 효율은 감소하게 되므로 고용주는 과도하게 긴 노동시간을 원하지 않을 것이다. 그러나 신규고용에는 상당한 채용비용(start-up cost)이 발생한다. 만일 고용주가 노동력을 확대하기로 결정했다면 채용, 심사 및 훈련비용을 감수해야 하는데 특히 기업에 대한 특수훈련(specific training)을 요구하는 기술직의 경우에는 훈련비용이 매우 높은 비중을 차지한다. 더군다나 사내훈련(on-the-job training)을 방금 마친 훈련생의 경우에는 봉급을 전액 지급받고 있지만 그의 노동은 완전 효율적일 수는 없다. 이러한 채용비용은 각각의 종업원에게 한 번씩은 발생한다. 그러나 개별종업원으로 하여금 보다 많은 시간을 일하도록 한다면 시간당 초기비용은 낮아질 것이다. 초기비용 외에도 경상고정비용(recurring fixed cost)이 있는데 예를 들면 회사가 지불하는 생명보험료 및 의료보험료는 매 봉급기간에 반복해서 발생하는 회사의 비용으로 종업원의 노동시간과는 무관하다. 즉 매 종업원당 상기비용은 일정하게 주어져 있기 때문에 개별적 노동시간에 따라 변하지 않는다.

고용에는 항상 이러한 채용비용과 경상고정비용이 발생한다는 사실은 기업인들이 생산을 증가할 필요가 있을 때 언제나 고용인수를 늘리는 것보다는 기존노동력으로 하여금 더 많은 노동시간을 일하도록 하기를 선호하는 이유가 된다. 만약 고용주가 시간외 임금(overtime premium)을 지불하지 않고도 시간외 노동을 시킬 수 있다면 고용주의 이와 같은 선호는 언제나 끊임없이 계속되겠지만, 법률에 의해 시간외 임금을 지불해야 한다면 결과는 다르다.[2) 예를 들면 채용비용 및 노동시간의 노동효율에 미치는 영향은 무시하기로 하고 시간당 임금이 1,000원, 주당 40시간의 표준시간을 일하며, 40시간 초과시의 시간외 임금은 원래 임금의 1.5배이고 고정비용은 4,000원이라고 가정하자. 이때 [그림 6-8]에서 볼 수 있듯이 근무시간이 증가함에 따라 시간당 평균노동비용은 하락하여 시간당 평균임금 1,000원에 수렴한다. 40시간 노동시 시간당 평균노동비용은 1,100원이나 시간외의 초과임금으로 말미암아 시간당 초과노동비용은 1,600원으로 상승하게 되고 그 후 1,500원에 접근하게 된다.[3)] 이러한 상황에서 고용주는 개별종업원으로 하여금 표준노동시간만

2) 미국 연방법률에 의하면 표준시간을 초과한 노동에 대해 노동당 150% 이상의 시간외 임금을 지불하기로 되어 있으며 표준노동시간은 주당 40시간으로 되어 있다.

3) 만일 10시간 작업하는 경우의 평균임금은 (1,000원×40시간+4,000원)/10시간=4,400원이고 40시간 작업하는 경우의 평균임금은 (1,000원×40시간+4,000원)/40시간=

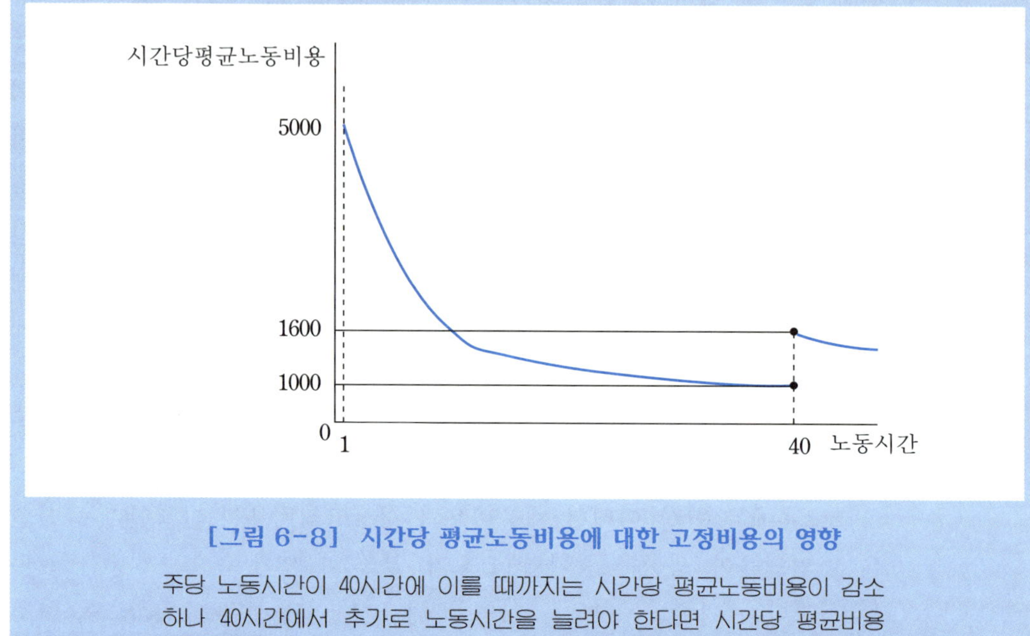


**[그림 6-8] 시간당 평균노동비용에 대한 고정비용의 영향**

주당 노동시간이 40시간에 이를 때까지는 시간당 평균노동비용이 감소하나 40시간에서 추가로 노동시간을 늘려야 한다면 시간당 평균비용(고정비용과 임금을 포함하여)은 즉시 상승하여 곧 다시 감소하기 시작한다.

을 일하도록 하고 필요한 노동시간을 달성하는데 필요한 노동자의 수를 고용하고자 할 것이다. 수요의 증가가 항구적이라면 보통 이것이 고용주가 선택하는 방법이다.

그러나 만일 생산물 수요의 증가가 일시적이라면 초기비용이 매우 중요한 역할을 한다. 가령 종업원에게 주당 40시간씩 일을 시키고 있는 고용주에게 생산물의 일시적 수요증가가 있다고 하자. 이 경우 기업주는 신규채용에 포함된 초기비용을 부담하기보다는 기존 종업원에게 시간외 근무를 시키고자 할 것이다. 즉 수요의 일시적 증가가 예상되는 경우 초과시간에 지불될 총 시간외 임금이 신규채용에의 초기비용보다

---

1,100원이나 초과시간 노동으로 말미암아 1.5배의 임금을 받기 때문에 실제 평균임금은 (40시간×1,500원+4,000원)/40시간=1,600원이 된다. 40시간 이상으로 노동시간이 증대함에 따라 시간당 고정비용은 감소되어 평균임금은 결국 40시간 이후의 시간당 임금인 1,500원에 수렴하게 된다.

작다면, 일반적으로 기업주는 시간외 임금을 지불하고자 한다.

반대로 생산물의 수요가 감소한 경우에도 똑같은 원리가 적용된다. 수요의 감소가 일시적이라면 기업주는 종업원을 해고시키기보다는 기존 종업원을 그대로 유지한 채 노동시간을 감소시키고자 할 것이다. 왜냐하면 일단 해고된 인원은 그 기업에 다시 돌아온다는 보장이 없으며 보충 채용에는 다시 초기비용을 지불해야만 하기 때문이다. 그러나 수요의 감소가 영구적이고 장기적임이 예상될 때 기업주는 필요없는 만큼의 종업원을 해고시키고 나머지 인원으로 하여금 표준노동시간을 일하도록 할 것이다.

수요증가가 계속되고 항구적임이 확신될 때만이 노동력의 추가고용이 실행된다. 이러한 이유 때문에 경기회복의 초기에는 평균노동시간이 증가하나 그 후로 점차 취업자 수의 상당한 증가 현상이 보인다. 경기하강시엔 평균 노동시간의 감소가 먼저 일어나고 후에 고용의 감축이 따른다.

### (2) 임금-가격-생산성의 관계

생산성의 변화는 우선 생산물가격에 영향을 미치며 생산물가격은 생산성 증가와 임금변화 사이를 연결해 주는 역할을 한다. 이와 같은 생산성 변화의 생산물가격에 미치는 영향으로 말미암아 생산성과 임금의 관계는 그렇게 단순하지 않다.

우선 생산성 증가가 생산물가격에는 아무런 영향을 주지 않는다는 가정 하에 생산성이 증가하고 있는 산업(A산업)과 정체하고 있는 산업(B산업)을 비교하기로 하자. 완전정보, 자유이동, 완전경쟁의 가정은 계속해서 유효하기로 한다. [그림 6-9]에서 산업의 생산성이 향상되면 산업의 노동수요는 증가한다고 하자. A산업의 비중이 크다면 경제전체에서의 노동수요에도 영향을 미치게 된다. 그러므로 A산업과 B산업 간의 노동력 수요경쟁으로 시장임금은 $W_1$에서 $W_2$로 상승한다. 이 경우 생산성이 증가하고 있는 A산업의 경우엔 고용이 증대되고 생산성이 정체되어 있는 B산업에선 고용이 감소됨을 알 수 있다. 또한 임금은 전체 노

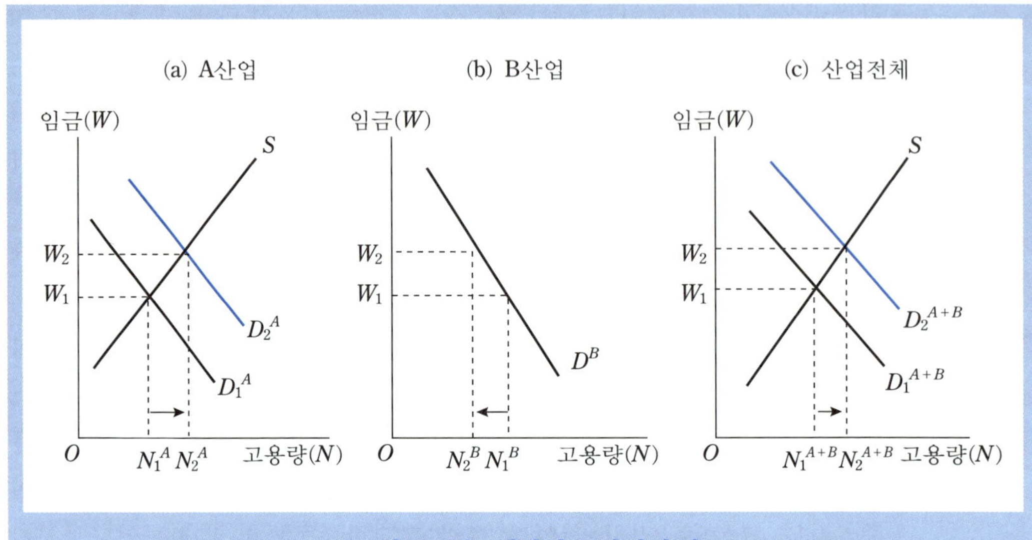


**[그림 6-9] 생산성 증가의 효과**

노동수요가 A산업에서는 증가하나 B산업에서는 불변이라고 가정하면 전체적 임금수준은 $W_1$에서 $W_2$로 증가될 것이며, A산업의 고용량은 $N_1^A$에서 $N_2^A$로 증가한다. A산업의 고용량의 증가가 B산업의 고용량 감소보다 크므로 전체 고용량은 $N_1^{A+B}$에서 $N_2^{A+B}$로 증가하게 된다.

동시장에서 결정되기 때문에 노동임금률도 두 산업에서 다같이 상승한다. 임금이 어느 정도까지 상승하는가는 노동공급의 탄력성에 의존한다. 즉 노동공급이 더욱 탄력적이면 생산성 증가로부터 오는 임금상승은 낮아지게 된다.

생산성 증가시 평균생산비용과 한계비용은 불변이기 때문에 산업의 공급을 증대시키고 산업의 공급증대는 생산물가격을 하락시키며 생산물가격의 하락은 노동수요를 어느 정도 감소시킬 것이다. 가격하락의 영향은 생산성 증대로 발생한 노동수요의 증가분을 일부 상쇄하거나 혹은 압도하게 되는데 이러한 결과는 생산물의 수요탄력성에 의존하게 된다.[4)]

---

4) 생산물의 수요가 보다 탄력적이면 가격 하락이 더욱 노동수요를 상쇄하는 효과도 작게 될 것이다. 생산물의 수요탄력성이 비탄력적이어서 생산성 증가의 순효과가 노동수요의 감소로 나타날 수 있는가? 이와 같은 경우는 이론적으로 가능하지만 경험적

### (3) 인구, 자본스톡, 기술변화의 영향

이제 자본스톡의 증가, 기술변화, 그리고 인구증가가 어떻게 노동시장에 영향을 미치는가를 검토해 보기로 하자.

제 5 장에서 설명한 것처럼 다른 여건이 일정하다면 인구의 증가는 노동공급을 증대시킨다. 만일 인구가 증가하여 시장에 대한 노동공급이 증대한다면 수요조건이 일정한 한 그 결과는 임금의 하락으로 나타난다. 한편 자본스톡의 증가는 노동생산성을 향상시키고 노동의 한계생산물의 상승은 노동수요곡선을 상향 이동시켜 결과적으로 임금이 오르게 된다. 기술발전도 자본스톡의 증가와 마찬가지로 임금에 동일한 영향을 주게 된다. 기술발전이란 노동과 자본의 특정한 결합으로부터 얻게 되는 산출량의 증가를 의미한다. 물론 예외는 있지만 역사적으로 보아서 자본스톡과 인구가 동시에 성장하고 있는 나라가 대부분이다. 만약 이러한 나라들에 있어 자본스톡의 성장률이 인구증가율보다 상대적으로 높다면 저축 및 소득은 증가할 것이다. 이러한 이유로 저축률(투자의 원천)이 높은 나라가 가장 빠른 1인당 소득증가율을 보여 온 것이 일반적이다. 그러나 자본 증가가 임금의 상승을 가져온다는 결론은 기계가 노동을 배제하는 경우를 생각하면 그 타당성이 의문시되기도 한다.

사실 막스주의 경제학에 의하면 자본증가는 평균임금수준을 하락시킨다고 주장한다. 자동화가 일자리에 미치는 영향에 관한 일반인의 관심은 이러한 오해에 바탕을 두고 있다. 그러나 시장이 조정되기에 필요한 만큼 충분한 시간이 주어진다면 자본성장은 경제전체로서 노동수요를 확대시킬 것이다. 물론 자동화는 특정 대분류산업의 노동수요를 감소시킬 수 있으나 그런 경우는 그리 흔하지 않다(농업부문에서 이러한 현상을 다소 발견할 수 있다). 200년 전에 기술발전이 정지되었다면 오늘날 1인당 국민소득은 얼마나 되었을까를 생각해 볼 때 "기계는 소득증가의 적"이라는 견해가 타당성이 없다는 것은 자명한 것이다.

---

검증의 결과에 의하면 대분류 산업에 있어서(농업의 경우를 예외로 하고) 생산성 증가는 결국 노동수요 및 산업의 고용을 증대시켜 온 것이 사실이다.

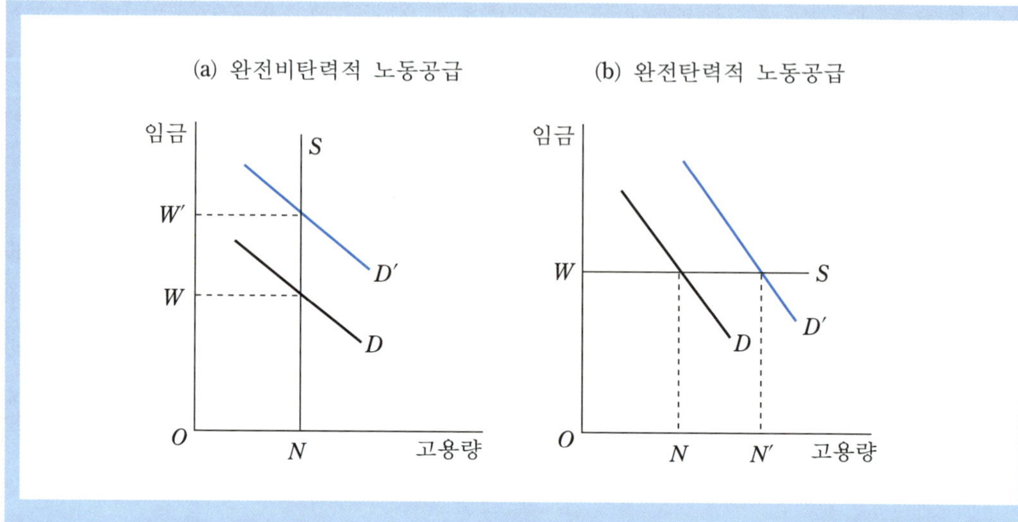


**[그림 6-10] 노동공급의 탄력성에 따른 자본스톡 · 기술발전의 임금 및 고용량에 대한 영향**

그림 (a)에서처럼 노동공급 S가 완전비탄력적이라면 노동수요의 증가는 임금수준에 전적으로 영향을 미칠 것이고, 그림 (b)에서처럼 완전탄력적이라면 증가된 노동수요는 임금수준에 아무런 영향을 미치지 못하고 전적으로 고용증가의 효과를 가진다.

앞에서 자본스톡이나 기술발전에 의해 임금수준이 어느 정도까지 오르는가는 노동공급의 탄력성에 의존한다는 것을 보았다. 특히 노동수요가 일정하게 증가할 때 노동공급이 탄력적일수록 임금수준의 상승은 더욱 작아질 것이다. [그림 6-10]의 (a)는 앞에서 논의한 기본모형을 제시하고 있는데 노동공급이 완전비탄력적이라면 노동의 총수요증가는 임금상승만을 가져온다. 그러나 [그림 6-10]의 (b)에서 보듯이 노동공급이 완전탄력적이라면 노동에 대한 수요증가는 임금수준에 아무런 영향을 미치지 못하고 단지 고용수준만을 증가시킨다.

루이스(W. Arther Lewis) 모형에 의하면 경제성장에 필요한 자본스톡의 크기가 증가하지만 생산성 증가가 수반되기 때문에 임금수준은 상승하지 않는다는 것이다. 이 같은 주장은 지속적인 경제성장속도에 있어서 중요한 의의를 가진다. 즉, 완전탄력적인 노동임금하에서 총 노동수요가 증가해도 높은 임금률을 지불할 필요가 없는 노동시장조건이라면 기업경영자는 많은 자원을 자본형성에 더욱 투입하게 될 것이다.[5] 그러나 이 모형은 노동공급을 경제발전과정의 시동(initiating force)으로는 보지 않고 오히려 수동적 요인으로 취급한다. 물론 노동공급이 비탄력적일 때보다는 탄력적 일 때 자본형성률이 더욱 높고 노동수요 증가의 임금상승에 대한 압력이 더욱 작아지게 된다.

지금까지 노동의 수요 · 공급에 대한 분석적 수단을 사용하여 임금, 가격, 생산성, 고용 등 제 변수 사이의 중요한 상호관계를 검토하였다. 우리는 노동의 동질성 및 완전정보의 가정을 유지한 채로 전반적인 임금 및 고용에 관한 몇몇 중요한 의미들을 살펴보았다. 그러나 노동경제학의 어떤 문제들은 노동의 비동질성, 불완전한 정보의 가정 하에서도 분석되어질 필요가 있다.

## 6.3 불완전경쟁 하의 임금과 고용

### 1. 독 점

생산물시장에서 독점자는 밀접한 대체재가 없는 생산물이나 용역의 유일한 판매자이기 때문에, 독점기업과 산업 간에 서로 구분이 없게 된다. 이 경우 산업은 1개의 독점기업으로만 이루어지기 때문에 독점자가 산출한 생산물에 대한 수요곡선은 이 산업의 생산물에 대한 수요곡선이 되는 것이다.

---

5) 루이스모형을 입증해 줄 수 있는 예는 2가지가 있다. 즉, 제 2 차 세계대전 후의 서구의 경우와 1980-1914년 사이의 미국의 경우로서 이 시기에는 다같이 자본형성이 빠르고 노동수요가 증대했던 시기였다. 킨들버거(C. P. Kindleberger)는 전후 남부 유럽으로부터 수많은 이민이 몰려와 경제발전을 위한 유보 노동력으로 이용되었던 당시 서구경제의 성장을 루이스모형에 의해 설명하였다.

### (1) 독점자의 가격과 한계수입

[그림 6-11]은 독점자의 산출에 대한 수요곡선으로서 우하향하는 기울기를 가진다. 수요곡선이 우하향함은 생산물가격을 낮추어야 만이 판매량을 증가시킬 수 있다는 것을 의미한다. 예를 들어보면 가격이 1,000원 일 때 독점자는 100단위를 판매할 수 있고 10만원의 총수입을 얻게 되나, 가격이 하락하여 995원이 되면 독점자는 101단위를 판매할 수 있고 그 때의 총수입은 10만 495원이다.

그러면 판매량이 증가함에 따라 독점자의 총수입은 어떻게 변화할 것인가? 그것은 순수경쟁기업의 경우처럼 생산물가격과 동일한 액수로

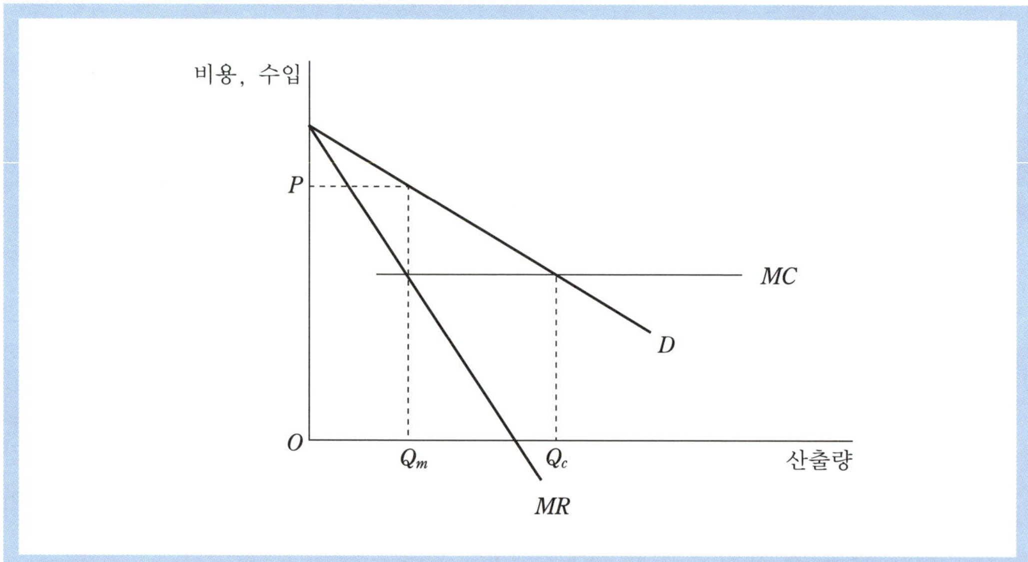


**[그림 6-11] 독점자의 균형모형**

독점자가 생산한 산출물에 대한 수요곡선 D는 우하향하는 기울기를 가지고 있으며, 독점자가 판매량을 증대시키기 위해서는 판매가격을 인하시켜야 하기 때문에 판매량 증가로 얻는 총수입의 증가분($MR$)은 판매가격보다 낮다. 따라서 독점자는 $MC=MR$이 되는 $OQ_m$만큼을 생산한다. 그러나 이 기업이 그림과 같은 $MC$곡선을 갖는 경쟁기업이라면 $MC=MR$(=가격)인 $OQ_c$만큼을 생산할 것이다.

변화하는 것이 아니라 생산물가격 이하로 변화하게 된다. 산출물 $OQ_m$에서 보면 한계수입은 가격보다 낮은데 이것은 판매되어지는 모든 산출량 수준에 대해서도 마찬가지이다. 위의 예에서 101번째 단위의 한계수입은 495원으로서 이는 100단위 대신 101단위를 판매함으로 얻을 수 있는 총수입의 증가분을 의미하며 이 액수는 101단위를 판매할 때의 가격 995원보다 낮다. 따라서 한계수입곡선(schedule of marginal revenue)은 판매량이 증가함에 따라 하락하는 현상을 보여준다. 또한 생산물가격의 하락과 더불어 기업의 총수입이 감소하는 경우가 있는데 이것은 그림에서 음(−)의 한계수입을 보이는 영역인 것이다.

[그림 6-11]에서 독점자의 한계비용곡선이 $MC$라면 독점자의 이익을 극대화시키는 산출량은 $OQ_m$으로서 이때 한계수입은 한계비용과 같아진다($MC=MR$). 이 산출량에서 독점자는 소비자들이 기꺼이 지불하려하는 최대가격 $OP$를 가격으로 설정하지만 이것은 그 산출량의 한계비용을 초과하는 가격인 것이다. 반면 동일한 한계비용곡선을 갖는 순수경쟁기업은 독점기업보다 더 많은 산출물 $OQ_c$를 생산할 것이다. 이때 한계비용은 한계수입과 같아지고 한계수입은 가격과 동일하다. $OQ_m$와 $OQ_c$ 사이에서 생산물가격이 한계비용보다 높다는 사실은 독점자가 포기한 그 이상의 추가적 생산에 지불되는 비용보다도 추가적 생산물의 가치가 사회적으로 더욱 크게 평가된다는 것을 의미한다. 그러나 독점자에게는 $OQ_m$에서 이윤이 극대화되므로 그 이상을 생산할 이유가 없다.

### (2) 한계수입생산물 곡선

순수경쟁기업의 노동수요는 한계생산가치로서 $VMP_L=MP_L \times P$가 됨을 제 3 장에서 살펴보았다. 순수경쟁기업에서 한계수입은 가격과 같으므로 노동수요는 $VMP_L=MP_L \times MR(=P)$이다. 노동에 대한 독점자의 수요도 $MP_L$에 $MR$을 곱한 것이다.[6] 그러나 독점자에 있어서 한 가지 차이는 부가적 산출물을 판매하여 얻는 총수입의 변화는 판매가격과 다르

6) 부가적 생산물을 판매하여 얻는 총수입의 변화는 $VMP_L$가 아니라 $MRP$를 의미함.

다는 점이다. 즉 한계수입($MR$)은 가격($P$)보다 낮다. 단기에서 기업의 노동수요는, 생산에 있어서 수확체감의 법칙 때문에 음(−)의 기울기를 가지나 독점자의 노동수요는 또 다른 이유로 음(−)의 기울기를 갖는다. 즉, 독점자가 노동의 추가적 투입으로 생산되는 부가적 생산물을 판매하기 위해서는 생산물의 판매가격을 낮추어야만 하므로 판매되어지는 모든 생산물 수준에서 $MR$은 가격보다 낮다. 따라서 독점자의 노동수요는 한계수입생산물(marginal revenue product: MRP)로서 $MRP=MP_L\times MR$이고 $MR$은 $P$보다 낮다. 여기에서 노동수요는 기업의 여러 가지의 노동수입에 대해 대가를 지불하려는 최대가격을 나타낸다.

### (3) 이윤극대화의 고용량: 독점자와 순수경쟁기업의 비교

[그림 6-12]는 독점기업과 순수경쟁기업의 노동수요곡선을 나타내고 있다. 먼저 노동시장에 있어 두 기업이 완전경쟁상태에 있다고 가정하자. 이 경우 개별기업은 임금에 영향을 미칠 수 없기 때문에 현행 임금으로 고용하고자 하는 모든 노동력을 채용하고자 할 것이다. 또한 개별기업에 대한 노동의 공급은 시장임금률 $OW$ 하에서 완전탄력적이며, 제 3 장에서 살펴본 것처럼 임금은 노동의 한계비용($MC_L$)이다. $OW$의 임금에서 완전경쟁기업의 이윤극대화 고용량은 $ON_c$이고 이때 총수입의 변화($MR$)는 총비용의 변화($MC$)와 같게 된다. $OW$임금에서 독점기업의 최적 노동량은 $ON_m$이고 그 최적량에서 총수입의 변화는 총비용의 변화와 같게 된다. 그러나 $VMP_L$와 $MRP$ 사이의 차이 때문에 독점기업은 순수경쟁기업보다 주어진 임금상태에서 노동량을 더욱 적게 고용한다.

독점이 존재한다고 하더라도 임금에 차이가 나는 것이 아니라는 사실은 특히 주의를 요한다. 즉, 순수경쟁기업이나 독점자에 의해 고용된 노동자들은 다같이 $OW$의 시장임금을 받는다. 이러한 결론은 독점자가 독점이윤을 배분함에 있어서 노동자들에게 더 높은 임금을 지불할 것이라 생각하는 사람들에게는 정반대의 결론일 수가 있다. 임금에 미치는 독점의 효과에 대한 이러한 연구 및 경험적 검증은 다음 절에서 다루고자 한다.

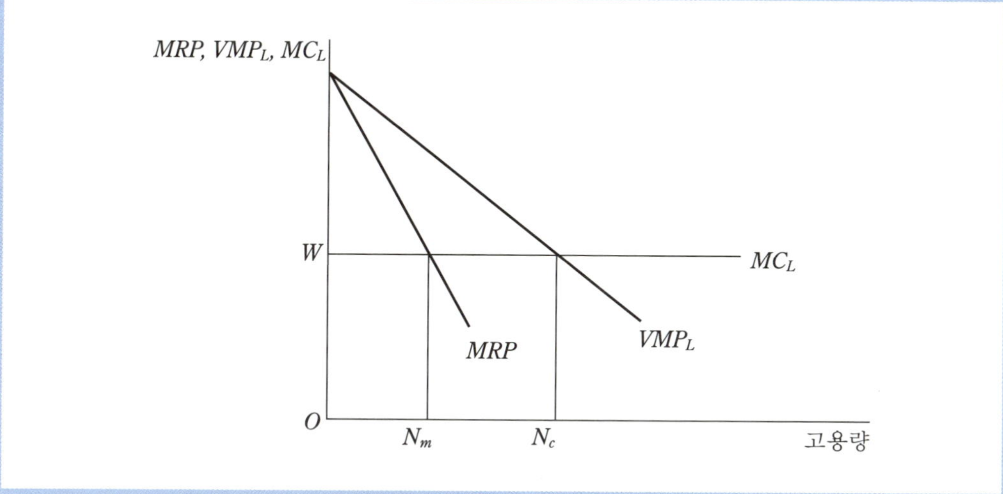


**[그림 6-12] 독점기업과 경쟁기업의 노동수요 비교**

독점기업의 노동수요는 *MRP*이고 순수경쟁기업의 노동수요는 $VMP_L$이다. 노동시장에서 *OW*의 시장임금이 지불된다면 독점기업은 $MC_L=MRP$ 되는 $ON_m$의 노동을 고용할 것이고, 순수경쟁기업은 $MC_L=VMP_L$이 되는 $ON_c$의 노동을 고용한 것이다.

또한 개별기업은 기업이 지불하고자 하는 최대가격 즉, 최종적으로 고용하는 노동자로부터 얻게 되는 총수입의 변화분을 노동자들에게 임금으로 지불한다는 사실 또한 주목할 필요가 있다. 순수경쟁기업에 있어 이것은 $VMP_L$를 말하며 독점자에게는 *MRP*를 의미한다.

## 2. 임금 및 경제적 후생에 미치는 독점의 효과

독점의 존재는 임금의 차이에서가 아닌 다른 면에서 그 의미를 갖는다. 첫째, 독점자는 순수경쟁기업보다 각 임금수준에서 노동을 더욱 적게 고용한다. 따라서 독점이 경제에 미치는 한 가지 효과는 독점부문에 있어 고용과 산출량의 감소인 것이다. 뒤에서 설명하겠지만 이와 같은 효과는 경쟁부문에서의 고용증가에 의해 일부 상쇄되기도 한다. 독점의 두 번째 효과는 소비자로부터 독점자에게로의 소득재분배효과를 들 수 있다. 이러한 영향은 최근에 와서 매우 중요한 사실로 받아들여지고 있으며 실제적으로 주목을 끌고 있다. 세 번째 독점의 영향은 노동배분의 비효율성이다. 이것은 독점으로 인해 높은 생산성을 지닌 직장으로부터 낮은 생산성을 가진 직장으로 노동자들이 이동하지 않으면 안 된다는 사실을 말한다. 우리는 이러한 영향을 차례로 살펴보겠지만 우선 임금에 미치는 독점의 효과부터 먼저 설명하기로 한다.

### (1) 임금에 미치는 독점의 효과

앞의 [그림 6-12]에서는 독점기업과 순수경쟁기업 사이에 있어서 임금의 괴리가 이루어지지 않고 두 기업이 다같이 임금 $OW$를 지불하고 있음을 보여 주었다. 이와 같이 독점의 존재 그 자체가 높은 임금의 원인이 아니라는 사실을 입증하는 많은 연구가 있다. 와이스(Leonard Weiss)[7]에 의하면 독점기업이 특정 직업에 대해서 높은 임금을 지불하는 경향이 있기는 하지만, 이 임금은 노동자의 개인적 특성에 의한 것에 불과하며 다른 상황이 동일한 순수경쟁분야에 고용되어 있더라도 그 노동자는 똑같은 임금을 받게 된다는 것이다. 이와 같이 독점은 임금에 대해서 독립적인 영향을 가지지 못하며 독점기업의 노동자들은 독점이윤(monopoly rents)을 배분받지 못하는 경향이 있다.[8]

### (2) 산출물 및 경제적 후생에 대한 독점의 효과

산출물에 대한 독점의 직접효과를 분석함으로써 독점의 부정적인

---

7) L. W. Weiss, *Concentration and Labor Earnings*, American Economic Review, vol. 56, March. 1966, pp. 96-117.

8) 랜던(John. H. Landon)은 신문 산업에 있어 임금에 대한 독점의 영향을 조사하였다. 즉 조합화의 정도, 도시의 전반적인 평균임금 등이 일정하다는 가정 하에 1966년의 68개 도시의 표본을 사용하여 그는 특정 도시에 있어서 신문의 수(독점도의 정도)와 신문사 종업원들의 임금 사이에는 아무런 상관관계가 존재하지 않음을 밝혔다. 이와 같은 통계적 연구에 의하면 독점은 임금격차를 만들지 않는다는 사실이 입증되고 있다(J. H. Landon, *The Effect of Product-Market Concentration on Wage Levels; An Intra-Industry Approach*, Industrial and Labor Relations Rewiew, vol. 23. January 1970, pp. 237-247).

효과를 조사하는 것은 흔히 있는 방법으로서 이를 통해 고용에 관한 독점의 효과를 추론할 수 있는 것이다.

예를 들면 [그림 6-13]에서 순수경쟁기업은 가격 $OP_c$에서 산출량 $OQ_c$를 생산하며 이 산출량수준에서 $MC=MR$(=가격)이 된다. 독점기업은 역시 $MC=MR$인 점에서 산출량을 생산하지만 $MR$은 모든 산출량수준에서 가격수준보다 낮기 때문에 독점자의 산출물은 $MC$를 초과하는 가격으로 판매될 것이다. 따라서 독점자는 더 적은 산출량 $OQ_m$을 생산하며 더 높은 가격 $OP_m$으로 판매할 것이다.[9)]

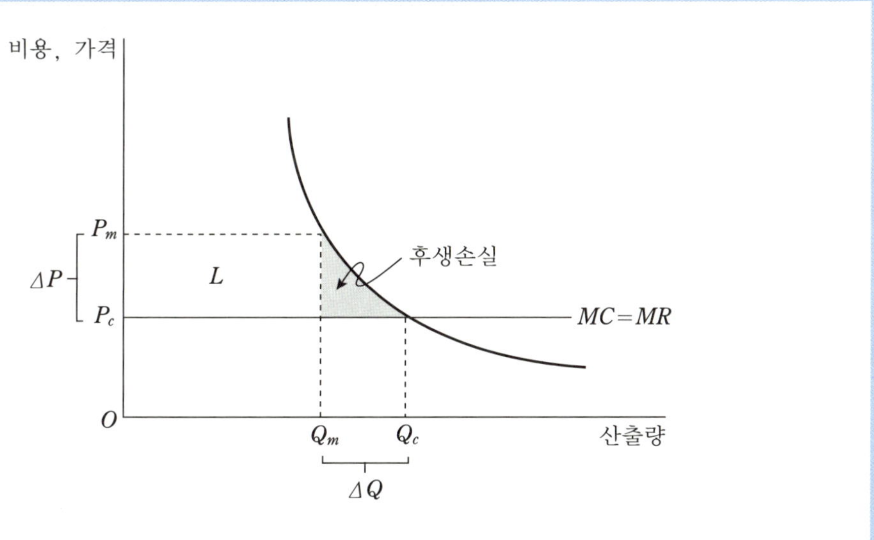


**[그림 6-13] 독점에서 발생한 경제후생손실**

생산물시장에서 순수경쟁기업은 $P_c$에서 산출량 $OQ_c$를 생산하며, 이 산출량수준에서 $MC=MR$(=가격)이 된다. 반면에 독점자는 더 적은 산출량 $OQ_m$을 생산하며 더 높은 가격 $OP_m$으로 판매할 것이다. 즉 색 입힌 삼각형에 해당하는 만큼이 바로 독점에 기인한 산출량의 손실 혹은 후생의 손실이다. 독점의 또 다른 효과는 소비자로부터 독점생산자에게로의 소득재분배가 일어난다는 것인데 그 크기는 그림에서 $L$로 표시되고 있다.

9) [그림 6-13]은 포스너(Posner)의 것을 인용하였다. R. A. Posner, "The Social Costs

이와 같이 가격이 경쟁수준 이상으로 상승할 때에는 두 가지 경제적 효과가 있다. 첫째, 더 높은 가격 하에서 소비자들이 생산물의 구입을 중단할 때 [그림 6-13]에 나타난 바와 같이 빗금친 삼각형에 해당하는 만큼의 손실을 입게 된다. 이것이 바로 독점에 기인한 산출량손실 혹은 후생손실(welfare loss)이다. 빗금친 부분이 전체 경제에 대한 순후생손실(net welfare loss)이라는 사실은 특히 중요하다. 독점산업에 있어 산출물의 총손실은 산출수준 $Q_m$과 $Q_c$ 사이에 있는 수요곡선 아래의 전 면적을 나타낸다. 그러나 $(Q_c-Q_m)$의 산출물을 생산하는데 소요될 자원들이 이제 경쟁부문으로 유입되어 빗금친 삼각형 아래의 사각형만큼 산출량이 증가될 수 있기 때문에 이러한 증가가능한 산출량의 이득을 독점산업에 따른 총산출손실로부터 차감하면 빗금친 삼각형 만큼의 순산출량(혹은 후생)의 손실을 구할 수있다.[10]

독점의 또 다른 효과는 소득재분배에 대한 효과이다. 즉 생산물을 높은 가격으로 계속 구입하려면 소비자들은 독점자가 얻는 증가분과 정확히 같은 손실(사각형 *L*)을 입게 된다. 결과적으로 독점의 경제적 효용 중 일부는 소비자로부터 독점생산자에게로의 소득재분배인 것이다. 기업이 독점자가 되거나 독점상태를 유지함으로서 자기에게 유리하도록 소득분배를 변동시킬 수 있다면 이런 능력은 명백히 경제적 가치를 가질 것이며 기업들은 이를 위해 기꺼이 자원을 지출하고자 할 것이다. 예를 들어 정부 및 정부대행기관에 의해 경쟁이 제한되는 경우에 이러한 현상이 일어날 수 있으며, 이에 따른 사회적 비용은 대단히 높은 것으로 밝혀지고 있다.[11] 이와 같이 독점의 사회적 비용은 경쟁가격 이상

---

of Monopoly and Regulation," *Journal of Political Economy,* vol. 83. August, 1975. p. 808 참조.

10) 자세한 논의는 D. R. Kamerschen, "An Estimation of the Wealfare Losses' from Monopoly in the American Economy," *Western Economic Journal,* vol. 4, Summer 1966, pp. 221-236 참조.

11) Posner, *op. cit.,* pp. 818-819. 규제에 대한 사회적 비용은 대단히 높은 것으로서 포스너(Posner)의 연구에 의하면 GNP의 약 17%에 해당한다. 그리고 경쟁가격 이상으로 가격을 유도할 수 있을 만큼 경쟁에 대한 제약을 가진 산업 즉, 교통, 통신, 전력, 은행, 보험, 의료서비스 같은 산업에 있어서 특히 규제비용이 높게 나타나고 어쩌면 그 규제비용은 민간독점비용을 초과할지도 모른다는 것이다.

의 높은 가격을 지불하므로 발생하는 산출량의 손실뿐만 아니라 독점력(monopoly power)을 얻거나 막기 위해 유입된 자원의 기회비용으로 구성된다.

### (3) 고용에 대한 독점의 효과

끝으로 독점의 영향을 파악하는 데 있어 고용에 미치는 독점의 효과를 간과할 수 없다. [그림 6-14]에서 생산물시장과 요소시장에 있어 순수경쟁상태가 지배한다고 가정하고 그림 (a), (b), (c)를 생각해보자.

그림 (c)에서 보면 경제전체로서 노동의 수요와 공급에 의해 균형

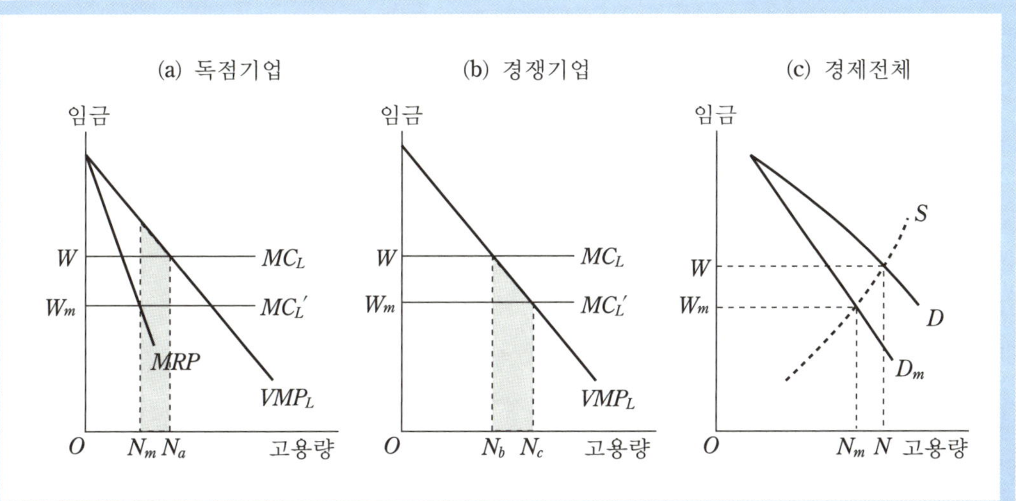


**[그림 6-14] 독점에 의한 고용 손실**

모든 기업들이 생산물시장에서 순수경쟁이라면, 노동에 대한 수요 및 공급은 임금 $OW$와 고용량 $ON$에서 균형을 이룬다. $OW$의 임금에서 그림 (a)의 기업은 $ON_a$, 그림 (b)의 기업은 $ON_b$만큼의 노동력을 각각 고용한다. 이제 기업 a가 독점자로서 행동한다면 노동에 대한 수요곡선은 $VMP_L$대신에 $MRP$로 변화할 것이며 노동에 대한 시장수요는 $D_m$로 하락하여 균형임금 및 고용량이 각각 $OW_m$과 $ON_m$으로 하락할 것이다. 따라서 독점기업은 고용을 $ON_m$으로 감소시킬 것이며 고용되지 못한 노동자들의 일부분이 경쟁부문으로 유입되어 순수경쟁기업은 하락된 $OW_m$의 임금수준에서 $ON_c$만큼의 노동력을 고용하게 될 것이다.

임금 $OW$와 균형고용량 $ON$이 달성된다. 그림 (a)와 (b)에서 나타나는 기업들은 시장임금 $OW$에서 노동량 $ON_a$와 $ON_b$를 고용한다. 지금 기업 a를 독점자라 할 때 경제의 어느 부문에 있어 독점의 출현은 경제전체의 노동수요를 $D_m$으로 감소시키고 임금을 $W_m$으로 떨어뜨리게 된다. 따라서 그림 (a)에 있는 독점기업의 고용량은 $ON_m$으로 감소하고 독점의 출현으로 고용에서 배제된 실직 노동자가 경쟁부문으로 유입되어 그림 (b)에 있는 경쟁기업의 고용량은 $ON_c$로 증가된다.

그림 (a)에서 빗금친 부분은 독점으로 말미암아 발생한 산출량의 가치 손실을 나타내는 동시에 독점에 의해 감소된 고용량을 표시한다. 그림 (b)의 빗금친 부분은 경쟁부문에 있어 낮은 임금 $OW$수준에서의 고용량 증가 때문에 발생하는 총산출량의 가치 증가를 나타낸다. 그리하여 그림 (a)에 나타난 후생의 손실은 그림 (b)에 있어 고용량 및 산출량의 증가에 의해 일부 상쇄되지만 경제전체로 볼 때 총고용량 $ON_m$은 순수경쟁상태의 총고용량 $ON$보다 적다. 그러나 독점의 결과 경쟁부문에 고용된 사람들이라 할지라도 전보다 낮은 임금을 받는다는 점을 감안할 때 독점하에서의 노동은 필연적으로 잘못 배분되고 있음을 알 수 있다.

지금까지 논의한 독점모형은 독점의 출현으로 인한 경제적 후생의 손실을 설명한다. 생산물시장에서의 순수경쟁기업과 비교할 때 독점에서는 동일한 비용으로 더 적은 산출량을 생산하며 한계비용을 초과한 가격으로 말미암아 경제 내의 여러 산업 사이에 있어 노동배분이 왜곡되고 각각의 임금수준에 있어 노동의 고용이나 다른 생산요소의 투입량이 줄게 된다. 독점자가 비용 이상으로 가격을 상승시킬 때 산출량의 손실뿐만 아니라 소비자로부터 독점자에로 소득의 재분배가 존재하게 된다. 소비자를 희생시키고 독점자가 이익을 얻는 잠재력이 존재한다면 그것은 경제적 의미를 갖는 것이며 그리고 경쟁이 제한되는 정부규제 산업에서 보는 것처럼 기업은 이 잠재된 경제적 가치를 유지하거나 얻기 위하여 상당한 자원을 투입하게 된다.[12)]

12) 이 같은 접근은 크루거(Krueger)에 의해 인디아와 터키에 있어서 수입허가정책에 대

## 3. 수요독점

노동시장에서 수요독점(monopsony) 기업은 생산요소의 유일한 구입자이다. 경제전체로서 오직 한 수요자만이 존재하기 때문에 수요독점기업의 노동수요는 노동에 대한 시장수요와 동일하게 된다.

### (1) 한계요소비용곡선

기업이 수요독점자라면 노동의 시장공급은 곧 기업에 대한 노동공급을 의미한다. [그림 6-15]는 수요독점자에 대한 노동의 공급을 도시하고 있는데 이 곡선의 기울기가 우상향함은 노동자를 추가로 고용하기 위해선 더 높은 임금을 지급해야 된다는 것을 가리킨다. 순수경쟁 노동시장에서의 임금은 노동의 한계비용($MC_L$)이지만 기업이 수요독점자이라면 임금은 더 이상 한계비용이 아니다. 노동력을 추가로 고용하기 위해서 수요독점자는 전 보다 더 높은 임금을 제공해야 하는데 추가노동자를 유인하는데 필요한 보다 높은 임금은 모든 노동자에게도 다 같이 지불되어야 할 임금인 것이다. 편의상 임금이 월 400,000원이라 하자. 기업이 이 임금수준에서 10명의 노동자를 유인할 수 있고 임금이 425,000원이라면 11명의 노동자를 유인할 수 있다 하자. 이 경우 11번째 노동자의 한계요소비용은 노동자의 임금과 같은 액수인 425,000원이 아니라, 425,000원에다 10사람의 노동자에게도 추가로 지불해야 할 금액(25,000원×10명)을 합한 액수인 것이다. 따라서 11번째 노동자의 한계요소비용은 임금보다 높은 675,000원이다. 이와 같이 수요독점 하에서의 특정 노동량에 대한 한계요소비용은 임금보다 높다고 결론지을 수 있는데 [그림 6-15]는 이러한 경우를 도시하고 있다. 이 그림에서 노동자를 추가로 고용함에 따라 총비용이 어떻게 변화하는가를 보여주는 곡선($MC_L$)이 추가노동자의 유인에 필요한 임금수준을 나타내는 곡선($S$)의 위

---

한 사회적 비용산출에 의해 이루어졌다. A. O. Krueger, *The Political Economy of the Rent-Seeking Society*, American Economic Review, vol 64, June 1974, pp. 291-303 참조.

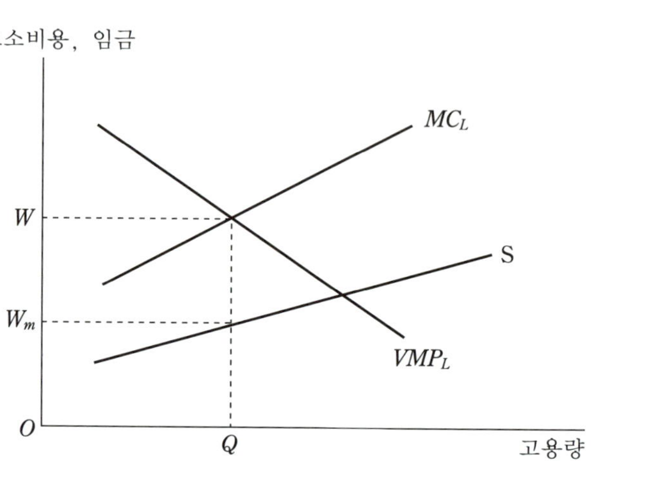


**[그림 6-15] 노동시장에서의 수요독점**

기업이 노동시장에서 수요독점자라면 노동의 시장공급($S$)은 이 기업의 공급곡선이 된다. 만일 기업이 노동자를 더 고용하기 위해서 임금을 상승시켜야 한다면 추가고용에 의한 총비용의 변화($MC_L$)는 임금보다 높다. 따라서 수요독점자의 이윤극대화는 마지막 노동력을 고용함으로서 $MC_L = VMP_L$가 되는 점이며 이때 기업은 $OQ$만큼의 노동력을 고용하고 그 노동력의 공급가격과 일치하는 $OW_m$을 임금으로 지불할 것이다. 임금 $OW_m$은 그 고용량에서의 $VMP_L$보다 작다.

에 놓여있음을 주의할 필요가 있다.

### (2) 수요독점자에 의한 고용과 임금 결정

기업이 비록 노동시장에 있어 수요독점자라 하더라도 생산물시장에 있어 순수경쟁상태에 있는 한 기업의 노동수요는 $VMP_L$라고 가정하자.[13] 수요독점자는 이윤극대화를 위한 노동량을 선택할 것이다. 즉 기업은 총비용보다 총수입을 더 증가시켜 줄 것으로 여겨지는 한 추가적으로 노동자를 고용하고자 하며 기업의 총수입보다 총비용이 증대된다

13) 이러한 예는 인근노동시장에서는 유일한 고용자의 역할을 하지만 주위에는 많은 생산자를 가지고 있는 석탄산업의 경우를 들 수 있다.

면 노동자를 추가로 고용하지 않을 것이다. 따라서 수요독점자의 이윤극대고용량은 [그림 6-15]에서 $OQ$이며 이때 마지막 고용된 노동자에 대해서 $VMP_L=MC_L$가 성립된다.

그러나 노동시장에 있어 완전경쟁기업과는 달리 수요독점자는 지불해야 할 임금을 자신이 결정해야 한다. 이는 수요독점자가 따라야 할 시장임금이 존재하지 않기 때문에 얼마의 임금을 지불해야 하는가의 문제가 제기된다. 즉 수요독점자가 기꺼이 지불하려는 최대가격으로서의 임금 $OW_m$와 $OQ$의 노동자들이 기꺼이 일하려고 하는 임금 $OW$ 중에서 어느 임금이 지불되는가? 이 점에서 수요독점자는 노동의 공급가격과 같은 임금 $OW_m$를 지불하고자 한다.

## 4. 수요독점(monopsony)의 경제적 효과

수요독점의 효과는 [그림 6-15]를 참조하여 요약할 수 있다. 노동시장이 순수경쟁상태라면 임금은 노동의 시장공급곡선인 $S$와 노동의 수요곡선 $VMP_L$와의 교점에서 결정되고 그 임금 하에서 균형고용량은 $OQ$보다 더 크다. 그러나 수요독점 하에선 순수경쟁의 경우에 비해 고용량이 적고 임금수준이 낮다. 고용량 $OQ$와 임금 $OW_m$은 균형상태로서 여기에서는 아무런 변화의 요인이 존재하지 않는다. 그럼에도 불구하고 기업은 임금수준 $OW_m$에서 노동공급이 허용되는 한 될 수 있는 데로 $OQ$이상으로 고용을 증가시키고자 한다. 그런 의미에서 수요독점 기업은 균형공직(equilibrium job vacancies)을 보유하고 있으며 따라서 수요독점 상태에 있는 노동시장은 만성적인 공직을 가지는 경향이 있다.[14] 수요독점자에 의해 지불되는 임금은 기업이 지불하려는 가격(마지막 고용된 노동자의 $VMP_L$)보다 낮다. 즉 순수경쟁 노동시장에서의 기업은 기업이 지불하려는 최대가격(노동자의 $VMP_L$)과 같은 임금을 지불하는 반면

14) R. W. Hurd, *Equilibrium Vacancies in Labor Market Dominated by Non-Profit Firms: The "Shortage of Nureses,"* Review of Economics and Statistics, vol. 55, May 1973. pp. 234–240.

수요독점기업은 이 최대가격보다 낮은 임금을 지불한다.

이러한 결과를 가져오는 실제적인 요인은 무엇인가? 순수경쟁시장의 가정은 노동자의 입장에서 볼 때 여러 가지 고용의 선택이 노동자에게 가능하다는 것을 의미한다. 노동시장에 있어 완전경쟁적인 기업에 종사하고 있는 노동자들은 여러 가지 고용의 선택이 가능하기 때문에 기업이 최종단위의 노동력을 고용해서 얻을 수 있는 총수입의 변화분(즉 마지막으로 고용된 노동자의 $VMP_L$)과 동일한 임금을 받는다. 그러나 수요독점자에게 고용된 노동자는 위와 같은 선택의 자유가 없기 때문에 수요독점자가 설정한 임금으로 일을 하든지 아니면 일을 그만 두고 노동시장에서 퇴장해야 한다. 잠재적 고용자로서의 병원수가 제한되어 있고 고도의 전문화된 기술을 가지고 있기 때문에 다른 직종으로의 전환이 곤란한 간호원에 대한 노동시장은 이러한 수요독점 모형의 특성을 나타내는 한 예로 볼 수 있다.[15)]

또한 신문의 수가 적은 도시일수록 임금이 낮아지는 경향은 신문사의 수요독점력에 기인하며 특정 도시에 있어 어느 정도의 독점력을 가질 뿐만 아니라 식자공 같은 특정 직종에 대해 유일한 고용주로의 수요독점력을 갖는 신문 산업은 수요독점과 독점의 두 요소가 동시에 공존하는 예이다. 고용주들이 경쟁을 제한하고 시장을 배분할 수 있는 한 이러한 수요독점력은 어떤 특정 직업의 노동시장에 있어서 계속적으로 행사될 수 있다.[16)]

---

15) 링크(C. R. Link)와 랜돈(J. H. Landon)은 미국 간호원에 대한 노동시장에서 수요독점 현상을 발견하고 어떤 도시에 있어 병원의 집중률이 100% 증가할 때 대학출신 간호원의 연봉이 $400 감소함을 지적했다(C. R. Link and J. H. Landon, *Monopsony and Union Power in the Market for Nurses*, Southern Economic Journal, vol. 41, April 1975, pp. 649-659).

16) 랜돈의 신문 산업 연구는 이러한 신문 산업에 있어 독점에 의한 임금변화 효과보다 수요독점에 의한 상쇄효과가 더욱 크게 나타나기 때문에 다른 조건이 일정하다면 신문의 수가 적을수록 임금이 낮아지는 경향이 있다고 결론짓고 있다.

# 노동시장에서의 투자행위

제 7 장

# 인적자본투자

지금까지 우리는 노동력을 동질적인 것으로 취급하여 왔다. 다시 말해서, 노동자들의 기술수준 및 훈련 정도가 동일하고 이들간에 완전한 대체가 가능하다고 가정하였다. 지금까지 이와 같은 단순한 가정으로 많은 노동경제학 관련 문제를 분석해 왔지만, 이제부터는 개별노동자 및 그 집단 사이에 존재하는 기술수준이나 훈련 등의 차이를 고려하기로 하자.

특정 기술 및 훈련 등을 보유하고 있는 개인 또는 집단은 이를 통해 매년 일정한 소득을 얻게 된다. 이러한 기술은 계속적으로 일련의 소득을 가져다 주기 때문에 그것을 보유하고 있는 개인에게는 가치 있는 것이 되는데, 이것은 어떤 유형자산에 투자한 후 그로부터 현재가치에 해당하는 일정한 화폐수익을 얻는 것과 다를 바가 없다. 이와 같이 개인 또는 집단의 근로소득능력을 증대시켜 주는 특정 기술수준 및 훈련 등을 인적자본(human capital)이라 한다. 제 7 장에서는 이러한 인적자본의 개념을 구체적으로 밝히고 실물투자분석에서와 동일한 방법으로 인적자본에의 투자결정모형을 분석하고자 한다.

투자대상으로서 인적자본의 범주에는 정규교육 또는 기타 학교교육, 훈련 및 기술, 일정한 인적자본을 축적한 근로자가 자신의 생산능력을 최대한 발휘할 수 있는 곳으로 이동함으로써 자신의 가치를 더욱 증가시키는 과정인 이주, 건강수준을 향상시킴으로써 결근 등에 따른 경제적 손실을 줄일 수 있다는 의미에서의 건강, 취업을 위한 정보 등이 포함된다.

노동 공급자로서의 개인과 노동 수요자로서의 기업은 다같이 인적자본의 투자 주체이다. 이 중에서 개인은 일반교육에 투자하는 반면 기업은 주로 현장훈련(on-the-job training) 투자에 집중하는 경향이 있다. 제 7 장에서는 이와 같은 교육훈련 및 기술에 관한 개인과 기업의 투자행위를 살펴보겠다.

## 7.1 인적자본의 개념

보통 자본을 생각하면 주로 생산과정에 투입되는 설비와 같은 물적 자원을 떠올리기 쉽다. 요리사의 조리기구나 공장의 생산설비, 학교의 책상과 걸상, 칠판과 같은 것들이 바로 물적자본이다. 자본이란 생산요소의 핵심적 특징은 자본자체도 생산된 산출물이라는 점이다. 그러나 이러한 물적자본과는 달리 직접 보고 만질 수는 없지만 생산과정에 중요한 역할을 하는 자본이 바로 인적자본(human capital)인데, 인적자본은 사람에 대한 투자의 결과로 형성된다. 그리고 이러한 인적자본은 현재의 지출을 통해 미래의 생산성을 높이고자 한다는 점에서 여느 투자와 마찬가지이나 인적자본의 형태로 특정한 사람에게 축적될 수 있다는 점에서 차이가 있다.

특정 기술 및 훈련을 통해서 얻게 되는 소득은 어떤 유형자산의 투자로부터 얻는 현재가치로서의 화폐수익과 다를 바 없다. 가령 1천만원을 가지고 있는 사람이 그 돈으로 채권(bond)을 구입하여 10%의 연간 수익을 얻는 것이나 그 돈을 대학교육에 투입함으로써 졸업 후 대학에 진학하지 않은 사람들보다 더 많은 보수를 받는 것은 동일하다고 할 수 있겠다. 위의 두 경우 모두, 소득의 기간별 수익을 얻으려는 기대에서 자금이 투자되는 것인데 후자의 경우(즉, 교육에 투자할 때) 개인의 자금은 '근로소득능력' (earning power) 또는 '인적자본' (human capital)의 축적에 투자되는 셈이다. 개인 또는 집단의 근로소득능력을 증대시켜 주는 특정 기술수준 및 훈련 등을 인적자본(human capital)이라 한다. 인적자본이 축적되면 인간의 자본적 가치는 그만큼 높아지고 그로부터 자본소득이 발생하여 더 높은 소득을 얻게 된다.

인적자본이론은 노벨경제학상을 수상한 바 있는 슐츠(Schultz), 벡커(Becker), 민서(Mincer) 등 수많은 노동경제학자들에 의하여 발전된 이론이다. 이 이론에 의하면 개인의 노동소득이 다른 이유는 개인의 축적된 인적자본의 스톡(stock)량이 다르기 때문이며 개인별 노동소득을 평준화하는 방안의 하나는 인적자본에 대한 투자기회를 평준화하는 것이 된다. 인적자본에 대한 투자는 다음의 [표 7-1]과 같은 범주로 구분될 수 있다.

인적자본에 대한 접근은 인적자본의 축적에 관한 투자결정이라는 측면에서 인간의 행위를 보다 잘 설명하는 것으로 이해할 수도 있지만 이에 대한 비판 또한 없지 않다.

첫째, 인적자본접근방식에 대한 한 가지 전형적 비판은 "노동자를 사람보다는 기계처럼 취급한다"는 점이다. 그러나 이러한 비판에 표현된 휴머니즘(humanism)적인 감상은 인적자본접근방식에 대한 정확한 이해가 부족한 데서 비롯된다. 보다 엄밀하게 말하면 인적자본접근방식에서 인간은 실물자본(physical capital)에 투자하는 것과 같이 자신의 근로소득능력에 투자하는 주체적 인간으로 취급된다. 자본가 및 기업가는 의사결정자이며 위험감수자(risk taker)인 데 비해 노동은 생산과정에 있어서 수동적인 입장이라는 것이 경제학자들의 전통적 견해이다. 이와는

**표 7-1 인적자본투자에 대한 범위**

| 구 분 | 범 위 |
|---|---|
| 정규교육 또는 기타 학교교육<br>(formal education and schooling) | 일반적으로 학교에서 이루어지는 기본교육을 말한다. |
| 현장훈련(on-the-job training) | 취업자가 취업 후에 사업장의 작업현장에서 작업을 통하여 획득되는 기술훈련을 말한다. |
| 이주(migration) | 일정한 인적자본을 축적한 근로자가 자신의 생산능력을 최대한 발휘할 수 있는 곳으로 이동함으로써 자신의 가치를 더욱 증가시키는 과정이다. |
| 건강(health) | 건강수준을 향상시킴으로써 노동공급시간을 일정한 수준 이상으로 유지시킬 수 있고 결근 등에 따른 경제적 손실을 줄일 수 있다. |
| 정보(information) | 일정한 탐색비용의 지출 또는 기타 노동시장관련 정보의 획득에 지출된 투자비용으로 자신의 취업 내지 고용으로부터 더 많은 경제적 편익을 확보해 준다. |

달리 인적자본접근방식에서는 사람이 정도의 차이는 있지만 모두가 기업가이기도 하고 불확실성하에서 투자를 하여 위험에 참가하는 투자의 주체이기도 하다는 점을 전제로 하고 있다. 특히, 미래 상황의 변화를 예측할 수 있고 이에 신속하게 적응할 수 있는 능력을 가진 인적자본 혹은 실물적 자본의 투자가들에게는 언제나 가장 높은 이익이 돌아가게 되며 불균형에 적응하는 이와 같은 능력은 과거의 교육투자에 의해서 영향을 받으며 미래의 교육투자에 관한 개인의 선택에 영향을 주기도 한다.

둘째, 교육 · 훈련이 생산성을 증대시키고 증진된 생산성이 높은 노동수입을 가져온다는 인과관계가 불분명하다는 비판이다. 다만 교육, 훈련이 보다 높은 수익을 가져온다는 사실만이 실증적으로 입증되고 있을 뿐이다.

끝으로 교육 · 훈련은 단지 능력 있는 사람만을 식별 또는 선별해 줄 뿐이지 능력 그 자체를 향상시키지 못한다는 비판이 있다. 선발가설은 교육의 차이가 궁극적으로 개인별 소득차이를 가져온다는 점에서는 인적자본이론과 동일하지만 투입인 교육과 산출인 근로소득을 연관시키는 것이 노동생산성이 아닌 학위나 신용장의 획득이라고 주장한다. 즉, 선발가설에 의하면, 교육 · 훈련은 노동생산성에 중요한 영향을 주지 않을 수도 있으나 교육 · 훈련 프로그램에 선발된 사람들은 고용주가 원하는 개인적 특성들을 지니고 있기 때문에 노동생산성이 높지 못하더라도 더 높은 임금률을 지급받고 있다는 것이다. 그러나 이러한 선발가설의 적합성에 대해서는 회의적인 견해도 있다. 즉 일생주기에 걸쳐 교육 · 소득간에 정(+)의 관계가 지속되고 있다는 사실과 선발가설은 모순되는 것이며 교육적 성취와 직장에서의 성취간에 정(+)의 관계가 있음이 경험적으로 제시되고 있다는 사실이다. 또한 선발가설은 교육기회의 평등화정책 그 자체의 유효성을 부인하고 있다는 점에서 그 타당성이 의문시된다.

# 7.2 인적자본투자의 결정

## 1. 인적자본투자의 수요곡선

인적자본투자량을 비용으로 표시할 때 처음 얼마간의 인적자본투자로부터는 매우 높은 수익률을 기대할 수 있으나 투자량이 늘어남에 따라 수익률은 차츰 감소할 것이다. 이러한 인적자본투자의 각 단계에서 단위금액 투자가 추가될 때의 내부수익률을 한계수익률(marginal rate of return)이라 하고, 이 한계수익률(*MRR*)이 바로 인적자본투자에 대한 수요곡선이 된다. 인적자본투자의 한계수익률은 인적자본투자가 증가함에 따라 감소하는데 그것은 수확체감의 법칙이 작용함을 가정하고 교육투자자의 고령화에 따라 추가적인 인적자본은 감소된다는 사실과 인간수

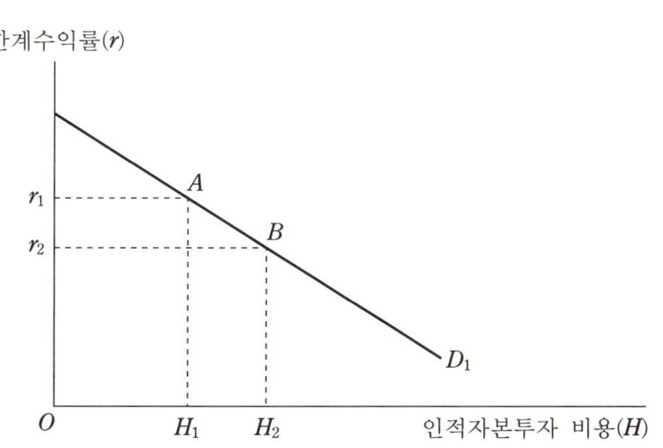


**[그림 7-1] 인적자본투자의 수요곡선**

인적자본투자의 각 단계에서 단위금액 투자가 추가될 때의 내부수익률을 한계수익률(*MRR*)이라 하고 이 한계수익률이 바로 인적자본투자에 대한 수요곡선이 된다.

명의 한계성 때문에 투자수익회수기간이 단축되고 한계수익률(*MRR*)은 시간의 경과와 더불어 낮아진다는 사실 등에 연유한다.

[그림 7-1]은 인적자본투자의 수요곡선을 나타내고 있다. 이것은 인적자본에 소비되는 $H_1$의 수익률이 $r_1$이라는 것을 보여 주고 있다. 그리고 매년 수입이 $Or_1AH_1$의 영역으로 나타내지고 있다. $H_2$의 금액만큼 투자하였을 때, 수익률은 $r_2$로 떨어지고 개인의 연간 수입은 $Or_2BH_2$가 될 것이다.

## 2. 인적자본투자의 공급곡선

개인 또는 가계의 입장에서 볼 때 인적자본투자를 위한 자금의 공급조건이 어떠한가가 바로 인적자본투자의 공급곡선을 결정한다. 인적자본투자에 대한 공급곡선은 계단식 모양을 갖는데 그것은 인적자본의 투자가 증가함에 따라 그 단위비용이 점차 커진다는 사실을 의미한다. 즉, 특정 규모의 인적투자가 이루어질 때까지는 공공자금 또는 자신의

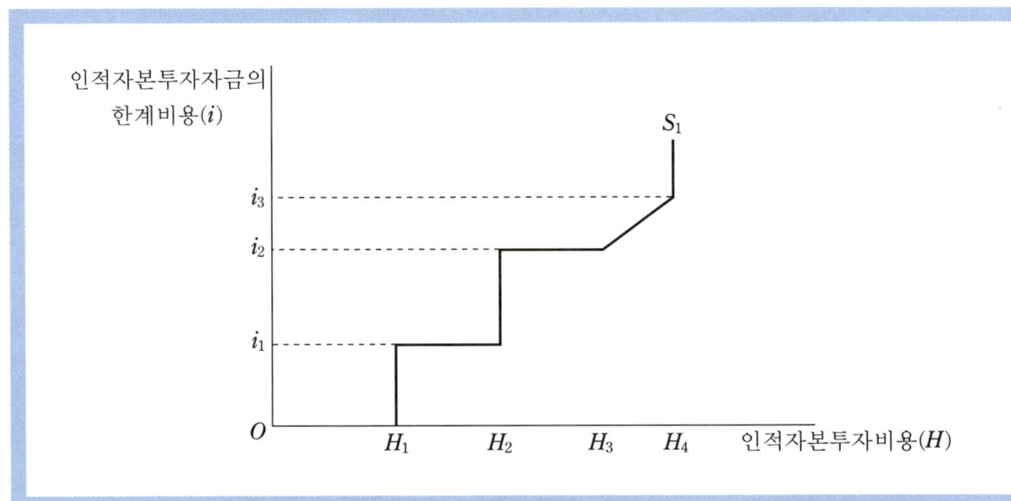


**[그림 7-2] 인적자본투자의 공급곡선**

인적자본투자의 공급곡선은 자금의 공급조건에 의해 결정되므로 투자 증가에 따라 비용이 증가하는 계단식 모양을 갖는다.

가용자금범위 내에서 그 투자비용이 충당되지만 그 이상에서는 외부차입이 이루어지기 때문에 그 비용이 상승하게 된다.

[그림 7-2]는 인적자본투자를 위한 자금의 공급곡선을 나타낸다. $H_1$은 보통 부모에 의해 제공된 자금으로 볼 수 있고, 어떠한 이자비용도 없다. 그러나 추가된 금액은 계속적으로 더 높은 이자율($i_1 \rightarrow i_2 \rightarrow i_3$)이 적용되고, 어느 수준에 이르면 자금을 더 이상 이용할 수 없다.

## 3. 인적자본투자의 균형

인적자본의 적정투자수준은 수요곡선과 공급곡선이 서로 교차하는 균형점에서 결정된다. [그림 7-3]에서 보면 균형투자수준이 $H^*$일 때의 균형수익률은 $r^*$이다. 만일 기회가 일정하고 개인의 능력차이가 존재하는 경우 투자수익률은 어떻게 결정될 것인가? 이 경우는 능력 있는 사

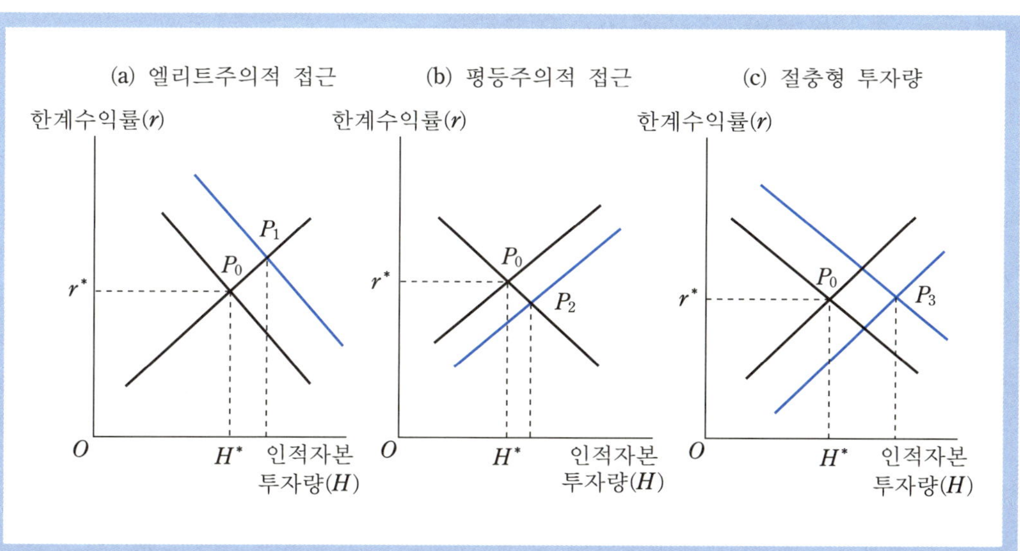


**[그림 7-3] 능력 및 기회의 차이와 투자수익률**

(a) 능력 있는 사람에게 더 많은 교육투자, 수익률 증대: $P_1$의 경우
(b) 교육기회를 평등히 하기 위해 교육비지원 확대: $P_2$의 경우
(c) 능력 있고 기회가 많은 사람이 가장 많은 투자: $P_3$의 경우

람에게 교육투자를 집중시킬 것이며 동일한 금액의 투자에 대해 한계수익률은 수요곡선의 이동을 통해 능력이 큰 사람에게서 더 높게 나타나는 것이다. 영국을 위시한 유럽지역에서 채택하고 있는 이러한 교육정책을 엘리트주의적 접근방식(elite approach)이라 한다.

이와 반대로 더 많은 기회를 가진 사람은 자금동원이 용이하여 더 많은 인적자본에 투자를 할 수 있게 된다. 따라서 미국에서처럼 교육기회를 평등하게 하기 위해 교육비 지원 및 장학기금 지급 등을 확대하는 교육정책을 실시하는 것을 평등주의적 접근방식(egalitarian approach)이라 한다.

한편 능력과 기회의 차이가 다같이 존재한다면 능력 있고 기회가 많은 사람이 가장 많은 투자를 할 것이고($P_3$) 반대로 능력 없고 기회도 적은 사람은 투자를 상대적으로 적게 할 것이다.

## 7.3 개별적 투자행위: 교육투자

개인이 자신의 자금을 가지고 투자를 하는 행위는 그 투자가 증권이건 대학교육이건 간에 소비(혹은 적어도 소비할 수 있는 능력)를 포기한 결과이다. 이러한 소비행위의 포기는 개별투자행위로부터 오는 예상수익에 의해 그 크기가 결정되는데 얼마의 수익이 있어야 투자가 이루어지는가는 사람에 따라 다르다. 수익률과 개인의 선호관계, 투자수익률의 결정, 나아가 인적자본의 수급관계를 차례로 살펴보고자 한다.

### 1. 교육투자 결정

교육투자의 결정에서, 개인이 교육에 투자를 할지 아니면 직업을 선택할 것인지는 교육투자의 비용에 대한 화폐적 편익에 따라 좌우된다. 이러한 편익과 비용은 [그림 7-4]에서 잘 설명해 주고 있다. 이 그림은 두 가지의 다른 투자전략으로 인한 결과를 나타내 주고 있다. 즉, 고등학교를 졸업한 만 18세에 풀타임(full-time)의 정규직으로 일을 시작하여 만 65세까지 일을 할 경우와 만 18~21세까지 4년제 대학에 진학 후 만 22세부터 만 65세까지 일할 경우를 설명하고 있다.

[그림 7-4]에서 $Y^C$는 대학에 진학했을 경우의 편익과 비용을 나타내 주고 있고, $Y^H$는 고등학교만 졸업한 경우의 편익과 비용을 나타내 주고 있다. 우선, 대학에 진학했을 경우의 비용을 살펴보면, 대학 진학 시에는 (1)의 직접비용과 (2)의 기회비용이 드는 것을 알 수 있다. 만약 대학 졸업자가 대학 졸업시 고등학교 졸업자보다 낮은 임금으로 일을 시작하게 된다면 대학 진학의 기회비용은 몇 년 더 연장될 수도 있다. 결국 대학 진학의 기회비용은 직접비용을 가중시키는 결과를 낳는다. 그럼 다음으로는 화폐적 편익을 고려해 보자. 대학 진학의 화폐적 편익은 대학 졸업자가 직업시장에서 받을 수 있는 소득이다. [그림 7-4]에서 화폐적 편익은 22세 이후의 $Y^C$와 $Y^H$의 격차이고 (3)으로 나타난다. 인적자본의 경우, 이를 획득하는 비용은 즉시 지불되지만 편익은 미래에 실현된다. 그

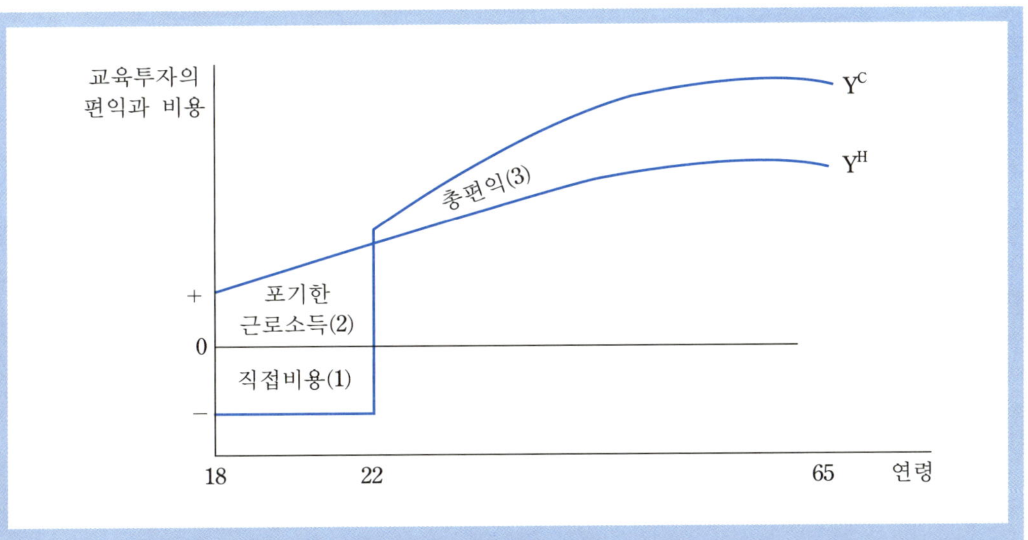


**[그림 7-4] 대학 진학시의 편익과 비용**

(1) 직접비용: 등록금, 책값 등
(2) 기회비용: 포기한 근로소득
(3) 총편익

$Y^C$: 대학에 진학했을 경우의 편익과 비용
$Y^H$: 고등학교만 졸업했을 경우의 편익과 비용

러므로 인적자본의 편익과 비용을 비교하기 위해서는 편익은 현재가치로 측정되어야 한다.

## 2. 내부시간선호율과 투자수익의 현재가치

합리적인 개인은 미래에 좀더 잘 살 수 있으리라는 기대 하에서만 현재소비를 희생할 것이다. 예를 들면, 은행에 1년 만기 정기예금을 10,000원 저축하는 사람은 반드시 1년 후 10,000원 이상을 받을 수 있을 것으로 기대하며, 만일 그런 기대가 없다면 예금을 하지 않고 현재의 10,000원을 현금으로 보유하거나 소비하기를 더 선호할 것이다. 그런데 1년 후에 얼마의 금액이 되어야 투자를 할 것인가는 사람에 따라 그 정도가 다르다. 만일 1년 후 11,000원(원금+10% 이자) 이상을 받아야만 현재의 10,000원의 소비를 기꺼이 포기한다면 그 사람이 받을 수 있는 투자에 대한 최소수익률은 10%가 된다. 다시 말하면, 일정 금액의 1년 후 가치는 동일한 금액의 현재가치보다 10%가 낮은 셈이다. 이것을 경제학 용어로는 내부시간선호율(internal rate of time preference)이라 한다. 10%의 내부시간선호율을 가진 개인에게 있어서 지금부터 1년 후에 받게 될 11,000원의 현재가치는 10,000원인 것이다.

$i$를 내부시간선호율이라 하면 현재가치는 미래가격(11,000원)을 $(1+i)$로 나눈 값과 같다. 즉, 1년 후에 받게 될 금액을 $S_1$이라 하면 $S_1$의 현재가치(PV)는 공식

$$PV = S_1/(1+i)^1 \qquad \cdots\cdots \ (7.1)$$

로 표시된다. 만약 2년 후에 11,000원을 받는다면 10%의 내부시간선호율을 가진 사람에겐 그것의 현재가치가 10,000원 이하가 될 것이다. 이때 11,000원의 현재가치는 복리할인의 과정 즉, 복리이자에 대해 역의 과정을 적용하여 계산된다. 다시 말해서 2년 후의 미래가격 11,000원의 현재가치는 11,000원을 $(1+i)^2$으로 나눈 값인 9,091원이 되는데 2년 후에 받게 되는 미래가격을 $S_2$라 하고 이를 공식화하면

$$PV = S_1/(1+i)^1 + S_2/(1+i)^2 \quad \cdots\cdots (7.2)$$

가 되는 것이다. 만일 11,000원을 3년간 계속해서 받게 된다면 미래의 금액 $S_1$, $S_2$, $S_3$에 대한 현재가치는 다음과 같이 계산된다.

$$\begin{aligned} PV &= S_1/(1+i)^1 + S_2/(1+i)^2 + S_3/(1+i)^3 \\ &= 10{,}000 + 9{,}091 + 8{,}264 = 27{,}355 \end{aligned} \quad \cdots\cdots (7.3)$$

이제 수리적 간편함을 원용하면 n년까지 공식은

$$PV = \sum_{j=1}^{n} S_j/(1+i)^j \quad \cdots\cdots (7.4)$$

로 나타낼 수 있다. 그러므로 현재가치란 장래에 실현될 어떤 가치를 이자율(내부시간선호율)과 현재로부터 그 시점까지의 기간이라는 두 가지 요소로 할인한 가치를 말한다.

## 3. 교육투자 수익률의 결정

대학 진학을 선택하는 데에는 여러 가지 이유가 있겠지만 그 중 하나로 "고등학교 졸업자보다 높은 임금을 받을 수 있다는 기대"가 있다. 대학생활에 드는 비용은 현재소비의 희생에 해당되며, 대학교육에 대한 투자가 이루어진 후에 나타나는 금전적 편익은 미래의 수입증가에 대한 현재가치로 설명된다. 예를 들어, 고등학교를 갓 졸업하고 4년제 대학에 진학하고자 하는 18세 소년의 경우를 생각해보자. 대학 진학의 결정에 영향을 미칠 수 있는 모든 비금전적 요인을 무시하고 금전적 편익과 비용만을 고려하기로 한다. 대학교육에 대한 금전적 편익은 22세 이후에야 비로소 발생하기 시작하는데 이는 대학 졸업 후 얻을 수 있는 수입과 대학 진학을 하지 않고서 해당 연도에 얻을 수 있는 수입과의 차액으로 계산된다. 이때 해당 연도에 그 소년의 나이가 $a$라면 편익의 현재가치는 이러한 두 가지 경우의 수입차이를 $(1+i)^{a-18}$로 나눈 값으로서 만약 그가 65세까지 일을 하여 수입을 얻는다면 모든 장래편익의 현

재가치($PV_B$)는

$$PV_B = \sum_{a=22}^{65} [Ya^C - Ya^H]/(1+i)^{a-18} \quad \cdots\cdots (7.5)$$

이 된다. 위 식에서 $Ya^C$는 대학을 졸업한 경우 $a$연령에서 얻을 수 있는 수입, $Ya^H$는 고등학교만을 졸업한 사람이 $a$연령에서 얻는 수입을 표시한다.

경제적 관점에서 볼 때, 대학교육에 대한 투자는 그 편익의 현재가치가 투자비용의 현재가치를 초과하거나 아니면 적어도 같아질 때에 이루어지는데 이때 비용은 등록금 및 교재대를 포함하나 대학 진학 여부와는 관계없이 발생하는 하숙비 및 생계비 등은 포함시키지 않는다. 가장 중요한 비용항목으로는 대학에 다니기 때문에 얻을 수 없는 포기소득(forgone earnings)이다. 만일 고등학교 졸업자가 매년 2000만원의 소득을 얻을 수 있다면 대학생은 4년 동안 학위를 얻기 위하여 매년 2000만원의 소득을 포기한 셈이다. 대학에 다니면서 시간제근무(part-time work)에 의한 수입이 있다면 포기소득은 그만큼 감소될 것이나 보통 포기소득은 등록금보다 큰 것이 일반적이다. 대학교육에 대한 투자비용 또한 수년에 걸쳐 발생되기 때문에 현재가치로 표시되어야 하는데 앞의 예에서와 같이 4년제 대학의 투자비용에 대한 현재가치($PV_C$)는

$$PV_C = \sum_{a=18}^{22} Ca^C/(1+i)^{a-18} \quad \cdots\cdots (7.6)$$

으로 나타낼 수 있다. 여기서 $Ca^C$는 $a$연령에서 발생하는 대학교육의 총비용이다.

지금까지 대학 진학의 선택을 경제적 측면으로만 살펴볼 때, 기대소득의 현재가치가 비용의 현재가치를 초과할 때 대학에 대한 투자선택이 이루어진다는 것을 보았다(대학 진학 예정자는 대학을 가는데 필요한 자금을 보유하고 있거나 그러한 자금을 내부시간선호율 이하로 차입할 수 있다고 가정함). 다시 말해서, 투자수익률(the rate of return on investment)이 내

부시간선호율(internal rate of time preference)을 초과할 때 대학교육에 대한 투자가 이루어진다. 그러므로 다음 방정식을 만족시키는 투자수익률 $r$의 값을 구하면 된다.

$$\sum_{a=18}^{22} Ca^C/(1+r)^{a-18} = \sum_{a=22}^{65} [Ya^C - Ya^H]/(1+r)^{a-18} \qquad \cdots\cdots \ (7.7)$$

여기서 투자수익률 $r$은 투자가 이루어질 때 그 투자로부터 발생하는 미래수익의 현재가치를 투자비용과 일치시켜 주는 할인율로서 내부수익률이라고도 한다. 다시 말하면, 투자수익률은 편익의 현재가치와 비용의 현재가치가 일치할 때의 수익률이다. 내부시간선호율이란 개인이 받아들이려고 하는 최소의 수익률을 나타내기 때문에 만약 수익률이 내부시간선호율 이하일 때 투자는 이루어지기 어렵다. 즉, 8%의 투자수익률은 5%

**표 7-2 학력별 월평균임금**

(단위: 원)

| 연도(년) | 전체평균 | 중졸 이하 | 고졸 | 전문대졸 | 대졸 이상 |
|---|---|---|---|---|---|
| 1993 | 757,007 | 643,934 | 700,926 | 763,837 | 1,073,426 |
| 1994 | 827,625 | 700,927 | 774,175 | 836,354 | 1,148,671 |
| 1995 | 927,891 | 782,099 | 860,868 | 935,979 | 1,263,681 |
| 1996 | 1,049,895 | 865,268 | 967,386 | 1,041,896 | 1,424,315 |
| 1997 | 1,131,621 | 923,910 | 1,044,314 | 1,107,406 | 1,519,873 |
| 1998 | 1,148,122 | 910,466 | 1,040,208 | 1,108,744 | 1,550,242 |
| 1999 | 1,210,838 | 967,356 | 1,088,550 | 1,126,218 | 1,650,922 |
| 2000 | 1,313,910 | 1,041,664 | 1,185,870 | 1,226,448 | 1,789,179 |
| 2001 | 1,393,059 | 1,086,595 | 1,243,649 | 1,288,937 | 1,893,873 |
| 2002 | 1,532,750 | 1,159,521 | 1,362,881 | 1,385,666 | 2,035,761 |
| 2003 | 1,651,100 | 1,225,664 | 1,455,716 | 1,489,264 | 2,208,440 |
| 2004 | 1,750,421 | 1,257,875 | 1,541,551 | 1,578,311 | 2,347,257 |

자료: 노동부, '임금구조기본통계조사보고서' 각 연도.

의 내부시간선호율을 가진 미래지향형 사람에겐 투자가치가 있으나 반대로 10%의 내부시간선호율을 가진 사람에겐 매력이 없는 것이다.

대학교육에 대한 투자선택에 있어 아무런 수정 없이 이상과 같은 투자기준을 적용하는데는 '대학교육을 받는 목적이 경제적 편익만을 위한 것인가?', '교육에 대한 편익의 계산은 가능한가?' 등의 문제점이 제기될 수 있을 것이다. 일반적으로 높은 수준의 교육을 받은 사람은 높은 소득수준을 향유한다. [표 7-2]에서 보면, 2004년 대졸 이상의 교육을 받은 사람의 임금이 고졸자에 비해 805,706원 정도 많은 걸 알 수 있고, 또한 이러한 차이는 매년 꾸준히 증가하였음이 [그림 7-5]에 나타나 있다. 또한, 특정 교육수준과 바로 그 아래의 교육수준과는 어느 정도 소득차이를 보이는 것을 알 수 있는데, 이는 각각의 교육수준에서 직업훈련 및 경험의 축적으로 노동생산성이 증대하기 때문이다. 물론

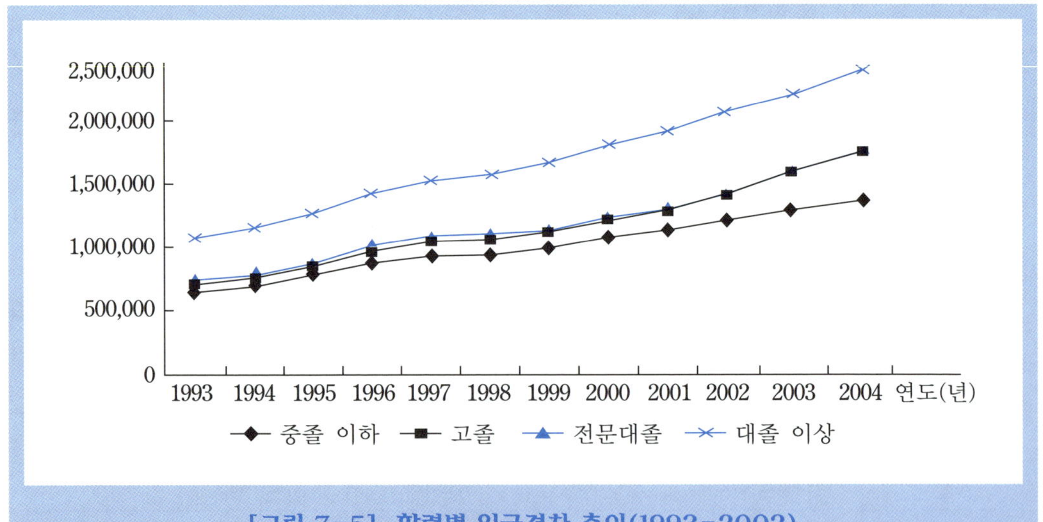


**[그림 7-5] 학력별 임금격차 추이(1993-2002)**

1. 각 학력별 6월 급여임
2. 연간특별급여액이 제외된 임금임
3. 상용근로자 5인 이상 기준임

자료: 노동부, '임금구조기본통계조사보고서' 각 연도.

높은 교육을 받은 사람이 받는 수익의 증가가 반드시 추가 교육으로 말미암아 발생한 것이라고 보기에는 문제가 있다. 첫째, 대학졸업생 등의 평균능력은 고등학교 졸업자보다 높기 때문에 대학졸업자의 높은 소득의 일부는 교육투자의 수익이 아니라 능력(ability)의 수익으로 볼 수 있다. 그러나 일정한 능력을 가진 집단을 비교하여도 교육수준과 소득사이에 정(+)의 상관관계가 있음이 사실이다. 두 번째 이유로는 선발가설(screening hypothesis)에 의한 것이다. 이 가설에 의하면 교육은 개인에게 있어선 기술습득의 수단이나 잠재적 고용주에게 있어선 학위 소지자의 개인적 특성(즉, 성공적으로 직무를 수행할 수 있는 지적능력, 동기, 인내 등)을 알려주는 신호수단(signal)이다. 그러나 대학학위가 기업주에게 상기 정보를 전해 주는 수단에 지나지 않는다는 의미에서 선발가설이 타당하다 해도 교육투자에 대한 개인적 수익은 이에 영향을 받지 않는다. 대학교육이 높은 생산성을 가져온다거나 혹은 높은 임금을 줄 가치가 있다는 기업주의 확신을 유도하는 수단이던 간에 대학졸업자의 소득은 상대적으로 높은 수준에 있는 것이 사실이다.

한편, 대학교육의 투자수익률을 계산함에 있어 사적수익률과 사회적 수익률을 구분할 필요가 있다. 투자자 자신이 받는 측정가능한 편익과 개인이 부담하여야 할 비용만을 고려하여 계산한 수익률은 사적수익률이라 볼 수 있다.[1] 교육의 비용을 정부나 동창회, 사회단체로부터 지원을 받는 경우에서의 사회적 비용은 사적비용보다 높고 따라서 사회적 편익은 사적편익보다 크다고 할 수 있다. 사적수익률과 사회적 수익률의 구분이 교육지원을 결정하는 공공정책에 대단히 중요하지만 노동시장 참가자들의 상호작용은 사적수익률에 의존한다.

## 4. 인적자본시장의 수급작용

지금부터는 노동이 동질적이 아닌 경우 노동시장의 작용을 검토해

1) 프리만(Richard Freeman)의 연구결과에 의하면 1959년 1969년 및 1972년의 미국에 대해서 계산한 사적수익률은 10%을 초과하였으나 1974년에는 8.5%로 하락하고 있다.

보기로 하자. 인적자본의 중요성을 예시하기 위하여 노동의 동질성에 대한 가정을 여기서는 일부만 완화하기로 한다. 구체적으로 두 가지 종류의 노동, 즉 고졸자와 대졸자만이 존재하고 고졸자는 생산과정에서 대졸자를 완전히 대체할 수 없으나 모든 대졸자간에는 물론 고졸자간에도 서로 완전 대체가 가능하다고 가정하자.

### (1) 대학졸업자의 균형 상대임금률

만일 대학졸업에 대한 수익률이 내부시간선호율보다 높다면 대학에 진학할 것이며, 대학졸업자의 보수가 고졸자에 비해 상대적으로 높을수록 대학학위의 수익률은 크게 된다.[2] 장기에 있어 대졸자의 이러한 상대적 공급곡선($S_1^L$)이 [그림 7-6]에 제시되어 있다. 고졸자에 대한 대졸자의 상대적 보수가 낮을 때는 내부시간선호율이 낮은 사람만이 대학교

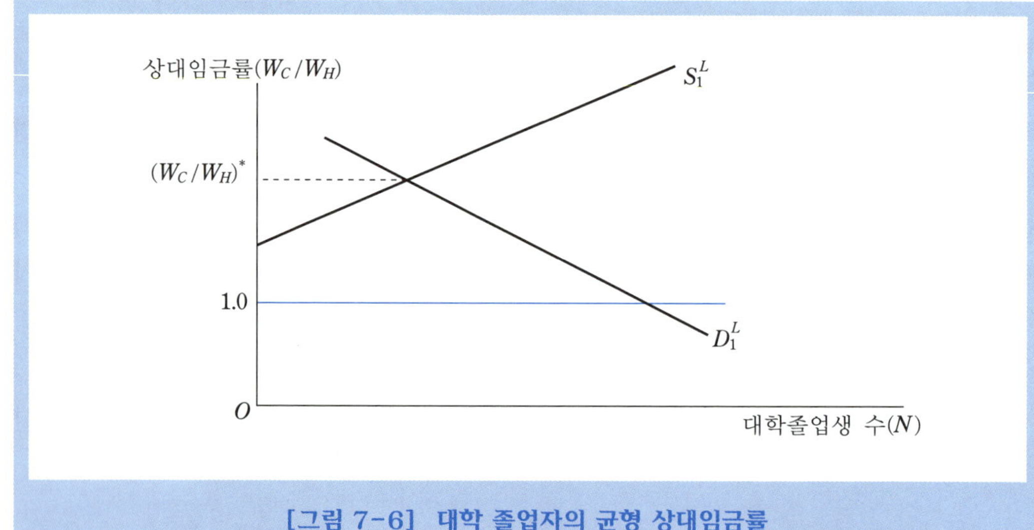


**[그림 7-6] 대학 졸업자의 균형 상대임금률**

고졸자에 대한 대졸자의 상대적 보수가 낮을 때는 내부시간선호율이 낮은 사람만이 대학교육에의 투자를 선택할 것이나 상대임금이 상승함에 따라 보다 높은 시간선호율을 가진 사람이 투자에 참가한다.

2) 내부시간선호율이 사람에 따라 각각 다르다고 가정한다면 노동시장에 공급된 대학졸업자의 수는 그들의 수익률과 정(+)의 상관관계를 가질 것이다.

육에의 투자를 선택할 것이나 상대임금이 증가하면 이에 따라 보다 높은 시간선호율을 가진 사람이 투자에 참가할 수 있기 때문에 대학졸업생 수는 증가한다. 그러나 1.0 이하의 상대임금은 음(−)의 수익률을 의미하기 때문에 공급곡선은 전체적으로 1.0의 상대임금보다 위에 있게 된다. 한편 [그림 7-6]에 대학졸업자에 대한 수요곡선을 첨가하면 고졸자와 대졸자 두 가지 유형의 인적투자에 대한 한계생산성이 다 같이 체감한다는 조건 하에 대학교육의 수요는 상대임금에 대한 음(−)의 함수로 표시된다. 결국 대학교육에 대한 장기수요공급의 상호작용에 의해 균형 상대임금$(W_C/W_H)^*$과 그에 따른 수익률이 결정될 것이다.

### (2) 대학졸업자의 상대수요 변화에 따른 장단기 수급조정

[그림 7-7]에서 대학교육에 대한 수요가 $D_1^L$에서 $D_2^L$로 변화할 때 그 결과를 분석하기로 하자. $D_1^L$과 $S_1^L$(장기공급곡선), 그리고 $S_1^S$(초기에 있어서 단기공급곡선)의 교점에서 각각 시장의 장기 및 단기균형이 달성되고 균형상대보수는 $W_1$이 된다. 이때 단기공급곡선은 상당히 비탄력적이지만 완전비탄력적인 것은 아니라고 가정한다.

이제 수요곡선이 $D_2^L$로 변하여 상대임금이 $W_2$로 오르면, 경제활동에 참가하고 있지 않던 대학졸업생 중 일부(예를 들면 집에서 일하는 기혼여성 등)는 시장활동에 대한 수익률이 높아졌기 때문에 이제 경제활동에 참가하고자 할 것이다. 다시 말하면, 높은 상대임금 때문에 가사일에 대한 기회비용이 오르면 대졸 출신 여성의 경제활동 참가가 늘고 많은 고졸자들이 대학을 찾게 되어 단기공급곡선은 우측으로 이동한다. 그리하여 공급의 증가는 상대보수율을 계속적으로 하락시켜 장기균형은 상대임금이 $W_3$이 되는 곳에서 달성된다. 이때 $W_3$은 $W_1$ 보다 높은 것이 특징이다. 그 이유는 보다 높은 내부시간선호율을 가진 사람들이 대학교육을 선호할 만큼 대학졸업자의 상대임금이 처음보다 높아질 때만 $D_1^L$에서 $D_2^L$로의 수요 증가가 가능하기 때문이다.

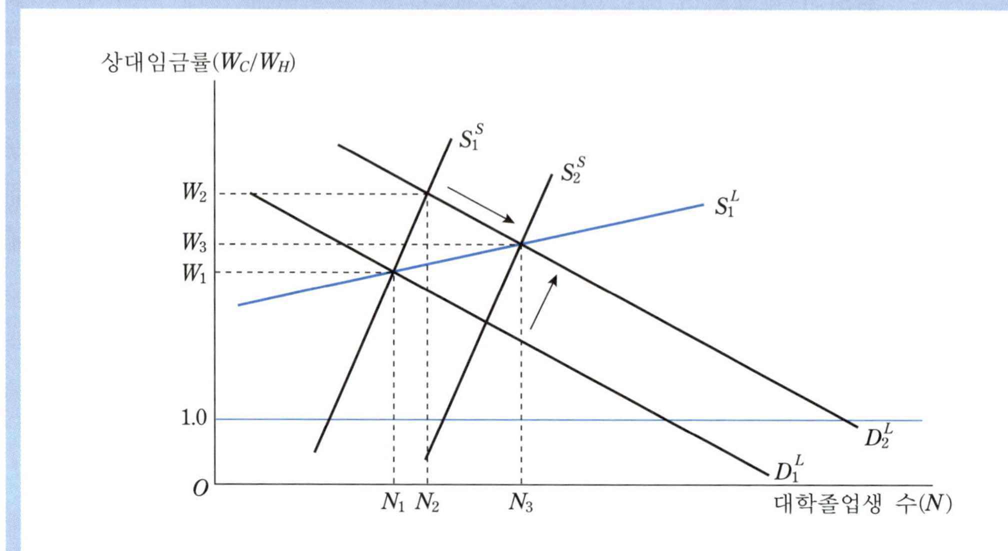


**[그림 7-7] 대학졸업자의 상대수요 변화에 따른 장단기 수급조정**

대학교육에 대한 수요가 $D_1$에서 $D_2$로 변위할 때 상대임금이 $W_2$로 오르면 가사일에 대한 기회비용이 올라 대졸 여성의 경제활동참가가 늘고 많은 고졸자들이 대학을 찾게 되어 단기공급곡선은 우측으로 이동한다. 공급의 증가는 상대보수율을 계속적으로 하락시켜 장기 균형은 상대임금이 $W_3$이 되는 곳에서 달성된다. 그러나 $W_3$은 반드시 $W_1$ 보다는 높다.

### (3) 비경제적 편익비용을 고려한 대졸자의 수요 · 공급곡선

만일 대학교육에 대한 개인의 선택이 경제적 편익 및 비용 이외의 여러 가지 다른 요인에 의해 영향을 받는다면 어떨까? 대학을 다니는 이유 중의 하나는 학위를 가짐으로 해서 얻게 되는 명예감이다. 또한 높은 보수와는 관계없이 학위를 필요로 하는 직업에 종사함으로써 신분상의 특권을 향유할 수도 있다. 더군다나 교육은 소비의 효율을 증진시키기 때문에 소비자는 전보다 예산을 더욱 효율적으로 배분할 수 있게 된다. 한편으로 진학예정자는 졸업 후 실업률 혹은 직업의 안정성을 중요하게 고려할 수도 있다. 이상과 같은 비경제적 편익을 화폐가치로 환산한다면, 이는 대학교육에 따르는 이러한 비경제적 편익을 얻기 위해 매년 포기되어야 할 보수와 같다고 볼 수 있다. 예를 들어 비경제적 편익이 2%의 수익률에 해당되는 경우 비록 10%의 높은 시간선호율을 가진 사람이라 하더라도 8%의 경제적 수익률만 얻을 수 있다면 교육에 투자하고자 할 것이다.

만일 비경제적 수익률이 2% 추가된다면, [그림 7-6]에 있는 대학졸업자의 공급곡선은 [그림 7-8]의 (a)에서와 같이 아래로 이동한다. 즉, 보수만을 고려해서 투자했을때 보다 2% 낮은 수익률에 해당하는 상대임금하에서도 동일한 대학졸업자의 공급이 이루어질 수 있다. 물론 대학교육에 대한 비경제적 수익은 사람마다 각각 다른 가치비중을 가진

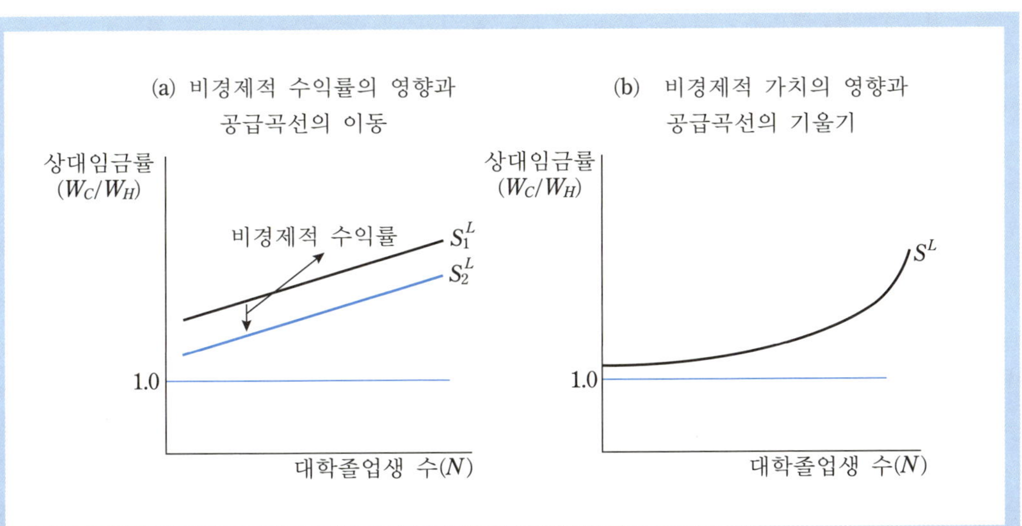


**[그림 7-8] 비경제적 수익을 포함한 대졸자의 공급곡선**

(a) 만일 비경제적 수익률이 2% 추가된다면 [그림 7-6]에 있는 대학졸업자의 공급곡선은 아래로 이동한다.

(b) 비경제적 가치의 영향으로 대졸자의 공급곡선의 기울기는 점점 높아지는 경향이 있다. 공급곡선의 하단부분은 낮은 시간선호율과 높은 비경제적 가치를 가진 사람의 경우에 해당하며 반대로 공급곡선의 상단은 매우 높은 시간선호율과 낮은 비경제적 가치의 경우를 나타낸다.

다. 예를 들면, 대학졸업 자격을 요구하는 직업에 취직함으로 얻게 될 명예감도 대단히 주관적이다. 교사, 은행원과 같은 특정 직업의 신분이나 근로환경이 좋은 직장에 대해서 부러움을 느끼는 사람도 있고 그렇지 않은 사람도 있다. 그러나 비경제적 가치의 영향으로 대졸자의 공급곡선의 기울기는, [그림 7-8]의 (b) 그래프에서처럼 점점 높아지는 경향이 있다. 공급곡선의 하단부분은 낮은 시간선호율을 가지고 비경제적 측면에 높은 비중을 두는 사람의 경우에 해당하며 반대로 공급곡선의 상단은 매우 높은 시간선호율을 가지고 비경제적수익에 매우 낮거나 음(−)의 가치를 부여하는 경우를 나타낸다.

대학교육에 대한 비용 측면에서도 주관적 혹은 비경제적 요인이 존재한다. 대학에 다니는 심리적 비용(psychological cost)이 그것이다. 학위취득을 위한 노력은 학문적 방향에서 능력과 적성이 모자라는 사람에게는 상당한 부담이 되나 소위 '진정한 학자'로서의 소양을 가진 사람에게는 무한한 기쁨이 되는 것이다. 또한, 어느 경우에나 대학생활에는 투자비용을 상쇄시킬 수 있는 소비적 편익 즉 '낭만적 분위기'나 '시장활동(직장생활)을 연기할 수 있는 여건' 등 여러 가지 편익이 존재한다. 비경제적 비용은 부분적으로 주관적이고 사람에 따라 각각 다르기 때문에 전체적으로 양(+)의 값을 갖는지 음(−)의 값을 갖는지 알 수 없다. 그러나 비경제적 비용이 크다고 판단하는 사람은 다른 여건이 일정하다면 높은 수익률이 보장되어야만 대학에 갈 것이고 비경제적 비용이 음(−)의 값(즉, 교육이 소비적 효용을 증대시켜 교육의 실질비용을 감소시키는 경우)이라고 생각하는 사람은 경제적 수익이 적어도 진학을 희망할 것이다.

그러나 이와 같은 비용과 편익의 일부 주관적 성격으로 인하여 노동시장과 인적자본에서의 개별행위간의 연계가 감소 또는 완화되는 것은 아니다.

## 5. 교육투자에 영향을 미치는 요인

지금까지 논의한 개인의 교육투자행위에 영향을 미치는 요인은 다음 몇 가지로 요약될 수 있다.

첫째, 고졸자에 비해 대졸자의 수요가 상대적으로 증대된다면 대졸자의 상대적 보수는 올라가기 마련이고 높은 상대적 보수는 시장에 있어 대졸자의 공급을 확대시킨다. 둘째, 대학에서의 교육비용의 변화는 대학의 수익률 변화를 통해 대학교육에 영향을 가져온다. 즉, 대졸자의 수요곡선 및 균형하의 상대적 보수가 주어져 있을 때 교육비용의 감소는 처음에 대졸자의 수익률을 올려주지만 결과적으로 이들의 공급곡선을 우측으로 이동시키기 때문에 새로운 균형상대임금은 전보다 낮아지고 균형졸업자수는 전보다 증가하게 된다. 셋째, 포기소득(forgone earning)이 교육비용의 대부분을 차지하기 때문에 고졸자의 실업률 변화가 대학 입학률에 영향을 미친다. 즉, 불황하에서 고졸자들의 취업기회는 제한되고 보다 낮은 보수를 받고서야 취업이 가능하게 되므로 이 경우 교육비용 항목으로서의 대졸자의 포기소득은 상당히 감소되어 대학입학률이 증가한다. 이와 같이 대학 입학률은 불경기하에서는 높고 호경기하에서는 낮아서 청소년의 경제활동참가와 경기변동의 관계와는 대조적이다. 끝으로 개인의 교육투자 행위에 영향을 미치는 또 다른 중요한 요인은 비경제적 요인의 변화이다. 예를 들어, 대학재학 중 병역특혜 혜택을 받을 수 있다면, 병역특혜는 대학생에게 양(+)의 편익을 주게 되고 다른 여건이 일정하다면 그들은 고졸자보다는 높은 효용을 얻고 병역면에 있어서 비용의 절감을 얻는다. 만약 대학생에 대한 병역특혜가 폐지된다면 대학교육에 대한 비경제적 편익이 감소되어 장기 공급곡선은 좌측으로 이동되고 대졸자의 상대임금 및 경제적 수익이 높아진다.

여기에서는 오직 한가지 유형의 인적자본투자, 즉 대학교육만을 분석했다. 그러나 여기서 전개한 원리는 어떤 형태의 정규교육(formal education)투자에도 적용될 수 있을 것이다. 나아가 정규교육(formal education)만이 유일한 인적자본에 대한 투자가 아니고 미래의 소득을 증대시키는 어떤 지출도 투자로 볼 수 있다면 건강의 증진을 위한 지출, 지역간 이주비용 등이 인적자본의 투자 범주에 속할 것이며 인적자본의 투자주체로서는 개인뿐만 아니라 정부 및 기업도 포함되어야 할 것이다.

Labor box

**대학 졸업자! 너무 많은가? 너무 적은가?**

1990년초, 미국에서는 대학 졸업자의 수요와 공급에 대한 흥미로운 논쟁이 있었다. 한 쪽에서는 대학 졸업자가 너무 적다고 주장하였고 다른 한 쪽에선 너무 많다고 주장하였다.

우선, 대학 졸업자가 너무 적다는 주장을 살펴보면, 이들은 80년대에 대학 졸업자들이 상대적으로 적게 공급되었다고 보고 있다. 그런 증거로 대학 졸업자와 고등학교 졸업자의 상대적 소득 차이를 들고 있다. 1979년 남성 대학 졸업자는 남성 고졸 출신에 비하여 33%, 여성 고졸 출신에 비하여 41%의 소득을 더 얻었는데 이런 프리미엄이 1998년에는 남성은 77%, 여성은 78%로 상승하였다.

대학 졸업장에 대한 이런 놀라운 프리미엄은 두 가지로 설명될 수 있다. 전문 직종의 성장에 따른 대학 졸업자의 수요증가와, 상대적으로 대학 진학 연령층이 줄어든 것에 따른 대학 졸업자의 완만한 증가이다.

이제, 대학 졸업자가 너무 많다는 주장을 살펴보자. 이들은 1980년대에 상대적으로 대학졸업자의 소득이 증가하였다는 점은 부정하지 않는다. 그러나 대학 졸업자의 수요가 공급을 초과하였다는 주장에는 동의하지 않는다. 그들의 연구에 따르면, 1990년과 2005년 사이에 각각 대학 학위를 요구하는 새로운 일자리는 602,000개 정도 생겨나는 반면에, 같은 기간 동안 매년 백십만개의 새로운 노동력이 시장에 진입할 것으로 예상하고 있다. 그러므로 매년 498,000의 초과 공급이 발생하는 것이다. 대졸자의 이러한 초과 공급은 직업 탐색의 기간을 더 늘리고, 비자발적 실업, 대학 졸업증이 필요치 않는 직종으로의 취업으로 흡수될 것이다.

그렇다면, 이들 주장대로 대학 졸업의 과잉 공급이 발생한다면, 대학 졸업자의 상대적으로 높은 임금은 어떻게 설명할 것인가? 이 질문에 대한 답은 고졸 노동시장에서 찾을 수 있다. 대학 졸업자에 대한 수요가 공급을 따라잡지 못한다면, 고졸 노동시장에서의 수요와 공급의 불균형은 더 심화될 것이다. 그동안 고졸자에게 제공되던 고소득 직종은 점점 사라지고 있고, 고졸자들은 점점 낮은 임금의 직종에서 일을 할 것이다. 결과적으로 고졸자의 상대적 소득은 대졸자의 초과 공급으로 인하여 심각하게 떨어질 것이다.

어떤 전망이 옳든지 간에, 이들이 전하고자 하는 메시지는 같다. ―대학 졸업자의 소득이 높으며, 점점 더 올라갈 것이라는 것이다. 그러나 이런 현상을 통해 경제를 바라보는 해석은 꽤 다르다. 한 쪽에선, 대학 졸업자에 대한 높은 임금은, 높은 기술의 노동자가 많이 필요한 것으로 경제가 건강하게 성장하고 있다는 신호라고 보고, 다른 쪽에선 대학 진학을 선택할 수 없거나 대학에 갈 수 없는 사람들이 적당한 임금을 받을 수 있는 기회를 줄이게 되는 나쁜 신호라고 보는 것이다.

자료: Danie Hecker, "College Graduater; Do We Have too Many or too Few?" Occupational Outlook Quarterly(Summer 1992); 13-23; Kristina J. Shelly. "The Future of Jobs for College Graduates," Monthly Labor Review 115(July 1992); 12-21.

## 7.4 기업의 인적자본에 대한 투자행위: 현장훈련(OJT)

### 1. 기업의 인적자본 투자의 결정

수요공급 조건에 의해 교육수준이 높을수록 높은 보수를 받을 수 있게 된다면 자유시장에서 인적자본의 투자에 대한 수익률은 양(+)의 값을 갖는다. 선발가설(screening hypothesis)을 고려하지 않는다면 높은 임금을 받게 되는 가장 중요한 이유로서 인적자본에 대한 투자가 생산성을 향상시킨다는 사실을 들 수 있다. 가령 어떤 기업이 훈련에 자금을 투입함으로 종업원의 한계생산가치를 $VMP_L^a$로부터 $VMP_L^b$으로 향상시킬 수 있다고 하자. 이때 $VMP_L^a$와 $VMP_L^b$의 차이가 투자에 대한 기업의 수익인 것이다. 그리고 그 수익은 한번만 받는 것이 아니라 종업원이 기업에 남아 있는 한 매 기간마다 받게 된다. 지금 매 기간을 1년으로 하고 *C*라는 비용을 부담하여 종업원 훈련을 1년 내에 완료했다고 가정하자. 이 경우 현재가치로 할인한 수익이 훈련비용을 초과한다면 즉,

$$C < \sum_{i=1}^{n} (VMP_{Li}{}^{a} - VMP_{Li}{}^{b})/(1+r)^{i} \quad \cdots\cdots \ (7.8)$$

의 조건이 성립된다면, 기업은 유리한 투자를 하고 있는 셈이 된다. 상기식에서 $i$는 수익을 받게 될 연도이고 $n$은 투자가 이루어진 후 기업에 근무할 것이 예상되는 연수이며 $r$은 기업에 대한 기회수익률(opportunity rate)을 나타낸다. 또한 훈련과정에서 사용된 재료와 훈련을 시키는 사람에게 지불하는 임금, 훈련기간 중에 발생하는 생산의 절감 등이 훈련비용에 포함될 수 있다.

그러면 기업이 특정 개인에게 시키고자 하는 적정훈련은 어느 정도인가? 훈련에 대한 잠재수익이 존재할 때 그 수익은 투자증가에 따라 체감하게 된다. 투자기간이 길면 수익을 얻을 수 있는 기간이 짧다는 이유 때문에도 한계수익은 체감하게 된다. 그러므로 적정 투자량은 추가훈련에 대한 한계수익의 현재가치가 한계비용과 같을 때의 투자를 가리킨다. [그림 7-9]는 현장훈련(On-the-Job Training: OJT)의 비용과 수익을 나타내 주고 있다. 현장훈련의 비용은 *AEFB*구역으로 나타나고, 현장훈련의 수익은 *FCDG*구역으로 나타난다. 보통 현장훈련은 적절한 투자이기 때문에 훈련받은 노동자에 의해 생겨나는 생산흐름의 현재가치(*ABCD*)는 적어도 훈련이 제공되지 않았을 때(*EG*)의 생산흐름보다는 높아야 한다.

현장훈련(OJT)을 실시하지 않거나 혹은 기본채용비용(start-up cost of employment)을 지불하지 않는 기업은 주어진 기간 동안의 $VMP_L$가 적어도 임금수준 이상인 한 종업원을 그대로 보유하고자 할 것이다. 그러나 훈련투자를 한 경우에는 이 기준이 달라진다. 훈련투자를 한 이상 노동은 준고정생산요소(“quasi-fixed” factor of production)이며 투자는 매몰비

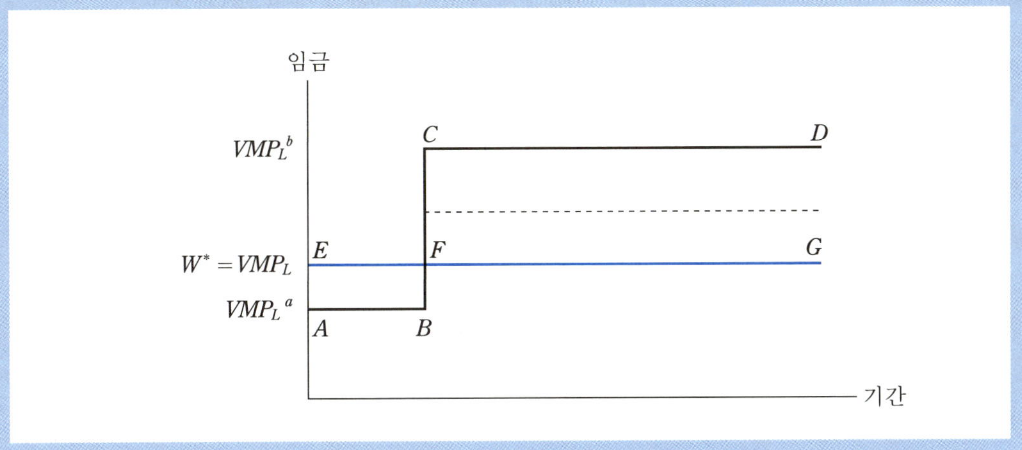


**[그림 7-9] 현장훈련(OJT)의 비용과 수익**

구역 *AEFB*: 현장훈련(OJT)의 비용
구역 *FCDG*: 현장훈련(OJT)에 의한 생산의 증가

용(sunk costs)이 된다. 기업은 현재의 $VMP_L$가 낮은 경우 종업원을 해고하지만 미래에 있어 고용이 확장될 때 해고된 종업원을 다시 채용할 수 없는 위험부담이 따르므로 신규종업원의 훈련투자를 실시하게 된다. 기업이 이미 종업원에 대한 투자를 실시했다면 그 종업원을 보유하는 데 필요한 조건은 장래 $VMP_L$의 현재가치가 장래임금($W_i$)의 현재가치 이상이어야 한다는 것이다.

그렇지만 경기하강시에도(현행 $VMP_L$가 임금 이하일 때) 그것이 잠정적이라 본다면 기업측에서는 종업원을 해고하려 하지 않을 것이다. 그러므로 고정채용비용이 지불되어, 특히 훈련비용과 같이 인적자본에 대한 기업투자가 이루어질 때 훈련을 마친 종업원들의 고용은 다른 여건이 일정할 때 더욱 안정적이게 된다.

## 2. 일반훈련 및 특수훈련

지금까지는 종업원을 보유하는데 있어 고용주가 직면하게 되는 문제점을 무시해 왔다. 만약 정년퇴임할 때까지 근속하리라는 기대하에 기업이 종업원에 대한 투자를 했다면 종업원이 정년 이전에 퇴임하는 경우 기업은 투자비용을 전부 회수할 수 없게 된다. 가령, 기업이 한 사람의 전기 기술자를 양성하기 위하여 100만원을 지불했다면 현재 고용되어 있는 기업에 대하여서나 혹은 미래에 고용될 수 있는 기업에게나 다같이 그 기술자의 $VMP_L$는 증가하게 된다. 이 경우 훈련을 받은 종업원이 지금보다 더 많은 보수를 주는 직장으로 가기 위하여 퇴직하는 것을 어떻게 막을 수 있을 것인가?

만일 현재의 고용주가 다른 기업과의 경쟁에 대응하기 위해 종업원에게 높은 임금을 지불한다면 그는 손해보는 경쟁을 하는 것이다. 즉, 그는 비합리적으로 종업원의 $VMP_L$ 보다 높은 임금을 지불하는 셈이 된다. 그러나 훈련비용을 부담하지 않은 다른 기업은 $VMP_L$ 만큼을 지불하고자 할 것이다. 이러한 경쟁하에서 전기기술자에게 훈련을 시키는 기업은 투자에 대한 수익을 전혀 회수할 수 없게 된다. 왜냐하면 종업원의 생산성이 증대한 것과 똑같은 정도로 임금을 올려야 하기 때문이다. 그러나 다른 기업은 똑같은 임금을 지불한다 할지라도 훈련비용을 담당하지 않기 때문에 훈련을 시키는 기업보다 더 유리한 입장에 서게 된다. 이것이 통상적으로 기업이 자기 기업에 있는 전기기술자를 훈련시키지 않으려는 이유이다. 이러한 종류의 훈련을 일반훈련(general training)이라 하는데, 일반훈련이란 자기가 속하고 있는 기업에 있어서의 한계생산성을 올릴 뿐만 아니라 다른 기업에 있어서도 동일하게 생산성을 증진시킬 수 있는 훈련을 말한다. 전기기술자 외에도 기계기술자, 회계사, 그래픽 디자이너 등의 예가 여기에 속한다. 일반훈련을 받는 종업원은 보통 훈련기간 중에 자기의 한계생산성 이하의 임금을 받음으로써 훈련비용을 지불하지만 만약에 그렇지 않는다면 기업은 일반훈련을 시키지 않을 것이다. 설비회사, 건설회사 등이 시키는 도제훈련(apprenticeship)의 경우 훈련비용은 장인(journeyman)이 받는 봉급보다도 더 낮은 임금을 받음으로써 견습공 자신이 그 비용을 부담한다. 훈련기간 중

한계생산이 영에 가까울 때는 일반훈련을 시키는 기업은 피훈련자에게 훈련비용을 부담시킨다. 예를 들면, 간호대학을 운영하고 있는 여러 병원에서는 학생들에게 그 비용을 부담시키고 있다. 보다 전형적인 일반훈련은 직업학교나 단과대학 혹은 종합대학에서 시키는 전공교육으로 볼 수 있다.

이와 대조적으로 현재 고용되어 있는 회사나 혹은 그 회사에 속하고 있는 산업에 한해서만 생산성을 높여 주는 그런 종류의 훈련을 특수훈련(specific training)이라 한다. 특수훈련의 좋은 예를 들기는 쉽지 않다. 그러나 가능한 예로서 전화가설원이 특정 지역에 있어서 어떤 한 기업에서만 가치가 있는 아주 특수한 교육을 받았다고 가정하거나 특정 회사나 산업에만 적용되는 원가계산기법을 개발했다고 가정하자. 이와 같이 고도의 특수교육을 시키는 기업에서조차도 이직에 대한 문제를 안게 된다. 훈련은 기업에서보다도 산업에서 보다 특수적인 경향이 있기 때문에 산업 내에서의 다른 기업이 이러한 훈련투자에 대한 수익을 향유할 수도 있다. 그러나 산업 내에 있는 경쟁기업들이 지리적으로 광범위하게 분산되어 있다면 이러한 영향은 미미하게 된다. 완전히 기업에 특수한 훈련(firm specific training)을 시키는 경우에서조차 종업원의 이직을 모두 예방할 수 있는 것은 아니다. 만약 그러한 기업이 훈련을 받은 종업원에게 다른 기업에서 얻을 수 있는 생산성의 가치와 동일한 보수를 준다면 보수 이외의 다른 유인이 이들의 전직에 작용할 수 있다. 그리하여 특수훈련을 제공하는 기업은 다른 기업보다도 더 높은 임금을 지불하지만 현재 종사하고 있는 기업의 한계생산성보다는 낮은 임금을 지불한다. 높은 임금의 제공은 종업원으로 하여금 훈련을 받은 후의 이직을 방지할 뿐만 아니라 우선 훈련을 받으려는 유인을 주게된다.[3)]

또한 연공서열이나 연금제도 등 보수 이외의 유인책은 이직

3) 펜커벌(Dobu Pencavel)의 주장에 의하면 특수훈련을 받은 사람에게 지불하는 임금프리미엄과 사직률(quit rate) 사이에 부의 상관관계가 있다는 것이다. 사실, 지불하고자 하는 임금프리미엄과 받아들이고자 하는 사직률 정도 사이에 있어 기업의 선택은 특수훈련의 투자 정도에 의존한다. 즉, 특수훈련에 많은 투자를 한 기업은 높은 임금프리미엄을 지불할 것이다.

(turnover)을 줄이는 역할을 하는데 종업원에게 현장훈련을 위시한 제반 투자를 많이 한 기업일수록 이러한 유인정책에 관심을 갖는다. 즉, 종업원에 대한 투자증대는 고용의 안정 및 작업조건의 향상을 가져온다. 그러나 훈련투자를 필요로 하는 직무에 대해서 고용주는 연로자나 여성의 채용을 기피하려는 경향이 생긴다. 왜냐하면 근속가능연수가 길수록 기업의 투자수익의 회수는 커지기 때문이다. 연로자의 근속가능연수는 상대적으로 짧고 여성인력은 결혼 및 임신으로 인하여 주기적으로 경제활동에서 퇴장할 가능성이 높기 때문에 현장훈련을 받을 기회가 상대적으로 줄게 된다.

Labor box

**기업이 일반현장훈련의 비용을 지불한다?**

앞에서 논의한 현장훈련에 관한 인적자본이론에 의하면 고용주인 기업은 특수훈련의 비용만을 부담하고 일반훈련의 비용은 피고용자가 부담하게 되는데, 이는 훈련받는 피고용자의 이동성(transportability)에 기인한다. 그러나 모든 기업이 이러한 결론에 맞게 직원들을 훈련시켰던 것은 아니었다.

1989년 미국에서 네 번째 규모의 타올(towel) 생산업체인 던디 밀즈(Dundee Mills)는 종업원들의 기본교양과 수학지식 향상을 위해 기업이 교육비 전액을 부담하는 학교교육 프로그램을 실시하였다. 또한 종업원이 원할 경우 자신이 원하는 특별지식 습득을 위해 추가적으로 교육을 더 받을 수도 있었다. 이러한 훈련 프로그램은 그 당시 던디 밀즈(Dundee Mills) 뿐만 아니라 다른 기업에서도 자주 제공되는 일반훈련의 유형이었는데 1995년 고용주지원훈련 설문에 따르면 1994년에 총훈련시간 중 일반훈련의 비중은 33%, 일반훈련을 받은 피고용자 비중은 52%, 기업의 보상지원금액은 일인당 $41에서 $76까지로 조사되었다.

위와 같이 기업들이 종업원들이 일반훈련비용까지 부담했던 현상은 어떻게 설명될 수 있을까?

첫 번째로 이론적 가정과는 달리 노동시장이 완전경쟁적이지 않을 수 있다는 점을 들 수 있다. 노동시장이 완전경쟁적인 경우 근로자의 이직가능성은 상당히 현실적이지만 이러한 이직가능성이 제한되면 기업은 일반훈련의 비용을 지출하더라도 손해를 보지 않게 된다. 던디 밀즈(Dundee Mills)는 아틀란타(Atlanta)로부터 40마일 떨어진 조지아주의 교외마을인 인구 22,000명의 그리핀에 위치하고 있었으며 다른 섬유업체와 평균 72마일 떨어져 있었다. 이러한 비경쟁적 상황에서 기업은 근로자에게 좀더 높은 임금을 지급할 수 있었으며 한계생산성만큼의 임금을 지불할 필요는 없었으므로 근로자 훈련의 비용을 감당할 수 있었던 것이었다.

두 번째로는 인적자본이론에서 다루지 않은 가정인 기업 충성도(loyalty)의 역할을 들 수 있다. 일반훈련을 통해서 근로자들은 자기 자신뿐만 아니라 기업에 대해서도 긍정적인 인식을 가지게 되고 자신이 발전하고 있으며 끊임없이 기업 내에서 새로운 것을 학습하고 있다고 생각하게 되면서 근로자의 이동가능성이 지리적으로 제한되는 효과와 동일하게 이들의 이직가능성도 억제될 수 있다.

마지막으로 근로자의 이동가능성이 가정에서처럼 비용이 전혀 들지 않기보다는 기업의 비용구조에 영향을 줄 수 있을 정도로 현실에서는 상당히 존재할 수 있다는 점도 지적할 수 있다.

자료: Sonia Murray, “Sending Workers to School,” Atlanta Journal(20 October 1990).

# 제 8 장

# 직업탐색

동질성이 매우 높은 재화나 증권은 가격의 변동을 통하여 항시 수급이 일치되며 조직화된 시장(상품시장 및 주식시장)에서 거래가 이루어진다. 그렇지만 노동과 같이 동질성이 낮은 서비스는 공급자나 수요자간에 가격이 서로 다를 뿐만 아니라 품질이나 거래조건에 관한 시장 내의 정보교환이 철저하지 못하기 때문에 조직화된 시장이 성립되기가 어렵다. 이러한 경우 거래주체들의 입장에선 탐색(search)활동이 필요하고 탐색활동에는 일반적으로 비용이 발생하기 때문에 정보수집에 지불되는 비용을 극소화하기 위한 선택문제에 직면하게 된다. 그리하여 8장에서는 탐색활동을 현실시장의 기본적 특성으로 고려하여 노동시장에서 야기되는 현상을 설명하고자 한다.

## 8.1 탐색의 필요성

노동시장에 있어서 탐색활동이 이루어지는 이유는 다음과 같다. 첫째, 노동자의 자질과 직무의 내용은 다양하고 여러 가지 차이와 특성이 존재하며 이것을 계량화하여 기술하기가 곤란하기 때문에 노동자나 고용주 측에서 다같이 정확한 정보를 얻기 위한 탐색을 필요로 한다. 둘째, 노동자가 취직하여 업무를 수행하게 되는 경우(입직), 많은 고정비용(채용 및 훈련비용 등)이 필요하기 때문에 노사 쌍방에 있어 가능한 한 고용기간을 길게 할 필요가 있고 시행착오를 거쳐 최상의 노동계약을 선택할 필요가 있다. 이러한 두 가지 이유에서 개별노동자들이나 기업 고용주들은, 거래조건을 철저히 파악하기 위해 거래비용(시간과 금전)을 지불하고자 하는 것이다.

## 8.2 노동자에 의한 탐색

지금 실업중인 노동자가 이전에 종사하고 있던 곳과 동일한 직종의 직장을 탐색하는 것으로 가정하고 고용주가 그 직종에 있어 동일한 정도의 기술능력을 가진 노동자에 대해서 서로 다른 임금률을 제시한다고 하자. 그러한 상황에서 직업을 구하고 있는 노동자는 직업을 구할 가능성과 기회를 알고 있으며, 제시된 임금들 중에서 가장 유리한 조건을 선택한다고 할 때 이러한 일련의 과정을 탐색활동이라 한다.

한편, 탐색과정에는 탐색을 행함에 따라 입직의 시기가 지연되는 시간적 비용(기회비용)과 교통, 통신비, 광고료 등 제 비용이 따르기 마련인데 이러한 비용은 일종의 투자비용에 해당한다. 탐색이라는 투자활동에 의해 순수익이 발생하는데 이 경우 순수익이란 탐색의 결과로 선택한 직장에서 받게 되는 소득(현재가치로 환산한 소득)과 탐색을 전혀 하지 않을 경우 얻을 수 있는 소득(현재가치로 환산한 소득)과의 차이로 볼 수 있다. 직업을 탐색함에 있어 노동자는 단위기간 탐색에 따른 추가적 비용보다 탐색결과 기대되는 한계기대수익이 크다면 탐색을 계속할 것이며 한계비용이 한계기대수익과 같아질 시점에서 직업을 선택함이 가장 합리적 의사결정이며 최적 선택이 된다. 특정 노동자의 탐색과정에서 선택이 배제된 직장이라도 다른 노동자에 의해 선택될 가능성이 있는데, 특히 실업률이 높은 지역에선 실업 노동자는 최초의 고용기회를 선택하는 경향이 있기 때문에 그러할 가능성은 더욱 크다.[1)]

1) 탐색활동을 통하여 발생하는 실업(마찰적 실업)의 양과 기간은 노동수요의 거시경제적 수준과 크게 관련되고 있다.

이상의 설명에서는 탐색과정에 있는 노동자는 실업상태에 있다고 가정하였지만, 취업중에 있는 노동자도 현재의 직장에 불만을 가지고 있다면 취업중에 있으면서도 탐색을 할 가능성이 있다. 그러한 취업중 탐색으로 실업을 경험하지 않고 직장을 발견할 수도 있다. 이 경우 직장 자체의 좋고 나쁨에 대한 판단은 단지 임금률의 크기에 한정된 것은 아니다. 즉, 고용의 안정성, 교통의 편리, 승진의 가능성, 부가적 급부, 직무내용 등 다양한 요소가 노동자의 관심 대상이 된다. 또한 임금률에 있어서도 현재의 높고 낮음이 문제가 아니라 임금격차의 형태와 현재가치, 승급의 가능성 등도 중요한 기준이 될 수 있다. 현실적으로 개별노동자는 자기가 종사하고 있는 직종의 노동시장상태에 대한 정보를 충분히 가지고 있는 한 그 정보에 준하여 자기의 노동 서비스에 대한 유보임금(reservation wage) — 자기가 받고자 하는 최저한의 임금 — 을 설정하고 탐색과정에서 실제 고용주가 제시한 임금률에 이 유보임금을 비교 · 조정하여 선택하게 된다.

## 8.3 고용주에 의한 탐색

기업 내의 공석(unfilled vacancy)을 충족시키기 위해서 고용주도 동일한 탐색활동을 한다. 현재 충족되지 않은 고용을 현재의 임금수준으로 메우기가 곤란한 경우, 고용주는 임금을 인상시키거나 채용기준을 낮추어 구인노력을 한다. 이러한 탐색과정은 처음엔 노동자와 고용주 사이에 일치하지 않던 요구수준이 시간이 경과함에 따라 점차 구체적이고 현실적으로 조정되어 가는 과정이라 볼 수 있다.

첫째, 새로운 노동자를 고용하고자 하는 경우, 비록 고용주가 신규 노동자의 입직당시의 직종과 상위직책에 대한 잠재적 적성 중 후자를 전자보다 더 중요하게 보지 않는다고 하더라도, 고용주는 내부노동시장에서의 특수기능을 축적할 수 있는 훈련가능성(train ability)을 무엇보다도 중요하게 고려한다.

둘째, 고용주가 어느 시점에서 탐색을 종결시키는 것이 바람직한가라는 문제가 있다. 일반적으로 고용주는 만족할 만한 후보자가 있는 시점에서 탐색을 종결하는 것이 아니라 채용기준을 낮추는 비용과 추가적인 후보자를 탐색하므로 공석을 그대로 유지하는 비용(생산감소나 초과수당의 지급 등)을 비교하여 그 탐색종결시기를 결정한다. 경제가 호황에 있어 실업률이 낮은 경우에는 특히 채용을 하지 않아서 발생하는 비용은 매우 높은 편이다.

셋째, 공석을 외부로부터 채워야 하느냐 아니면 내부로부터 채워야 하느냐 하는 문제가 있다. 일반적으로 공석은 반드시 외부로부터 충원되어야 하는 것은 아니다. 내부승진을 통해 공석을 채우게 되면 하위직급에 공석이 발생한다. 특히 고위직급의 공석을 내부승진을 통하여 충족하면 연쇄적 이동이 발생하여 결국 그 기업내부의 최하위직에 공석이 생기게 된다.

## 8.4 직업탐색과 실업문제

탐색모형자체는 노동시장에서의 퇴장자(실업상태에서도 직업탐색을 행하려고 하지 않는 노동자)와 마찰적 실업자를 개념적으로 구별하는 유효한 수단이 된다. 실업중의 노동자는 즉각적인 고용기회가 존재할 가능성이 없거나 다른 고용기회를 탐색하는 데 드는 비용이 매우 높은 경우에는 실업상태에 있을지라도 직업탐색을 포기하고 노동시장으로부터 퇴장하는 경향이 있다. 이와 대조적으로 직업을 탐색하여 만족할 수 있는 직장(유보임금을 초과한 임금제시)을 얻고자 노력하는 노동자가 있는데 이를 마찰적 실업자라 부른다.

[그림 8-1]에서 $\varepsilon$을 실업상태에 있는 경우의 기대수익 또는 유보임금이라 하고, $C$를 탐색비용이라 할 때 낮은 유보임금 $\varepsilon_0$는 높은 탐색비용 $C_0$와 대응하고 높은 유보임금 $\varepsilon_1$은 낮은 탐색비용 $C_1$과 대응하고 있다. 실업중의 기대수익이 $\varepsilon_0$인 노동자는 탐색비용이 $C_0$ 이상이거나 탐

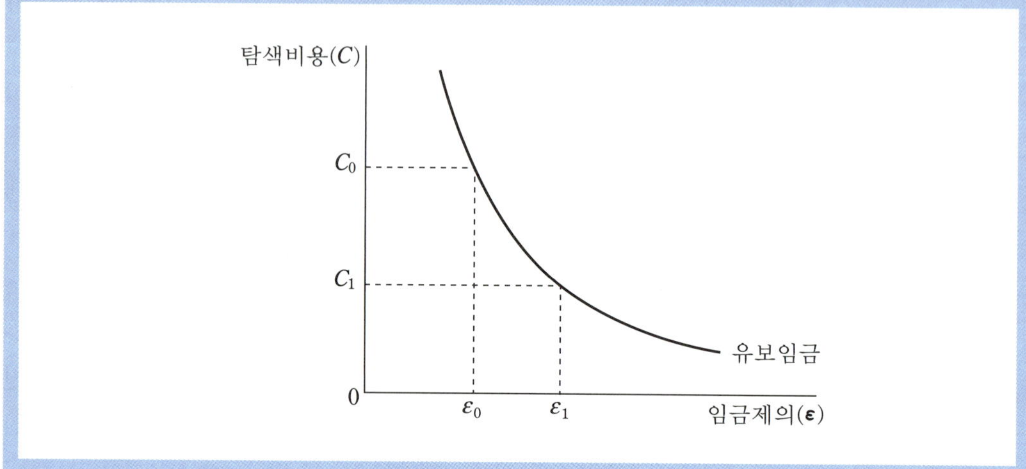


**[그림 8-1] 탐색비용과 노동시장으로부터의 퇴장**

실업중의 기대수익이 $\varepsilon_0$인 노동자는 탐색비용이 $C_0$ 이상이거나 실제 기대수익률이 $\varepsilon_0$보다 작다면 노동시장으로부터 퇴장할 것이나 탐색비용이 $C_0$ 이하에서는 $\varepsilon_0$를 초과한 임금제시를 목표로 탐색을 계속한다. 그러한 탐색기간이 마찰적 실업기간이다.

색비용에 대응한 실제 기대수익률이 $\varepsilon_0$보다 작다면 탐색을 하지 않고 노동시장으로부터 퇴장(drop-out)할 것이다. 반대로 탐색비용이 $C_0$ 이하인 경우 노동자는 이에 대응하는 $\varepsilon_0$를 초과한 임금제의(offer)를 목표로 탐색을 계속하고자 한다. 그러한 탐색기간이 마찰적 실업기간이다. 일반적으로 다른 조건이 일정하다면 탐색비용 $C$가 높을 때 탐색기간은 확률적으로 단축되는 경향이 있다.[2] 결국 실업상태에 있는 노동자는 기대수익 $\varepsilon_0$에 대응된 탐색비용 $C_0$보다 현실의 탐색비용이 높은가 낮은가를 비교하여 노동시장으로부터 퇴장할 것인가 탐색을 계속할 것인가를 결정하게 된다. 실제적으로 탐색비용 자체는 모든 노동자에게 동일한 것이 아니다. 예를 들면 노동시장에 있어서 차별적인 집단(예컨대 여성 노동자)에 대하여서는 이러한 탐색비용은 상당히 높은데 이것이 이 집단

2) 만일 $N$이 실업기간을 표시하는 파라미터이고 직업탐색에 성공할 확률 $P=1-F(\varepsilon)$가 기하분포를 이룬다면 평균실업기간 $E(N)$은 $1/P$ 혹은 $1/(1-F(\varepsilon))$로 주어진다. 그리하여 $\varepsilon$가 커감에 따라 $E(N)$은 길어진다($F(\varepsilon)$는 $\varepsilon$의 증가함수임).

의 퇴장이 높은 이유가 된다.

한편 탐색모형이 가지고 있는 이론상의 유효성은 거시적 이론의 설명에 미시적 기초를 제공할 수 있다는 데 있다. 사실, 탐색모형의 대부분은 필립스 곡선(임금의 변화율과 실업률간의 상충관계)을 이론적으로 설명하는데 집중되어 있다. 가령, 총수요가 증대하여 당해 기업의 생산물의 수요곡선이 상방으로 이동하였다고 하자. 그 생산물 수요의 증가는 물가수준을 일시적으로 상승시키며, 요소투입의 증가 즉, 노동투입을 증가시키게 된다. 이 경우 탐색중인 노동자는 수요증가에 맞추어 유보임금 $\varepsilon$을 초과한 임금제시를 이전보다 용이하게 발견할 수 있다. 그리하여 생산물 가격의 변화율이 크지 않을 때는 단기간의 탐색으로 취업될 확률이 높기 때문에 실업률은 저하된다. 역으로 총수요가 일시적으로 감소할 때는 노동수요가 감소하고 이에 따라 임금이 하락하며 노동자는(정보의 불완전성에 의해) 유보임금 $\varepsilon$을 변경하지 않은 반면 기업에 의해 제시된 임금분포 자체는 좌로 이동되어 실업은 일반적으로 증가된다. 이상의 설명은 단기적인 인플레이션율과 실업률과의 음(−)의 상관관계를 나타낸다.

## 8.5 투자로서의 직업탐색

직업탐색은 노동의 수급변동이 일어나고 정보가 불완전한 시장에 있어서 필요불가결한 활동이다. 노동시장에 관해 개인이 가지고 있는 정보는 일종의 자본에 해당하므로 탐색비용을 지불할 때 높은 임금을 획득할 수 있는 가능성이 커진다. 개인의 입장에 있어 획득한 정보의 자본가치는 보통 자산평가와 동일한 방법을 통하여 계산된다. 탐색활동에 대한 비용은 노동자와 고용주 사이에 분담되는데 그 비율은 노동시장의 제도적 특성에 의해 결정된다. 그 가운데 중요한 요인으로는 노동자가 가지고 있는 기능의 기업특수성을 들 수 있다.

사회적 관점으로 볼 때, 정보의 투자로부터 얻을 수 있는 수익은 노동력의 효율적인 배분을 가능하게 한다. 노동시장정보에 정통함으로써 개별노동자의 한계생산물은 극대화 될 수 있는데 그러한 의미에서 탐색활동을 통한 정보수집은 고용주에게는 효율적인 노동력을 제공받을 수 있는 수단이 되며 노동자에게는 보다 나은 직업을 얻을 수 있도록 해준다.

## 8.6 직업탐색에 영향을 미치는 요인

직업탐색은 노동시장으로부터 퇴장하는 노동자의 수를 감소시키기 위한 정책과도 관련된다. 첫번째 관련은 탐색비용 인하정책(직업소개 기관을 통한 정보 확산, 광고 등)으로서 [그림 8-2](a)에서와 같이 탐색비용을 $C_0$로부터 $C_1$로 인하하는 경우이다. 지금 $C_1$에 대응한 기대수익률은

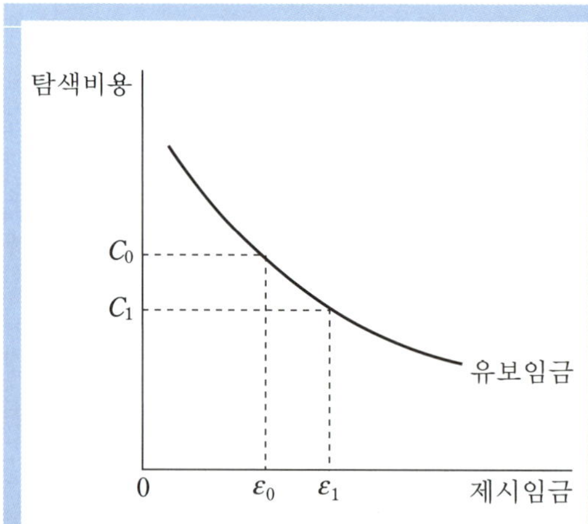


**[그림 8-2] (a) 정보확산의 효과**

탐색비용을 $C_0$로부터 $C_1$로 인하하면 개별노동자에 있어서는 $\varepsilon_1 - \varepsilon_0$의 추가적 가치가 창출되고 사회전체로는 $\varepsilon_1$만큼 후생이 증진된다.

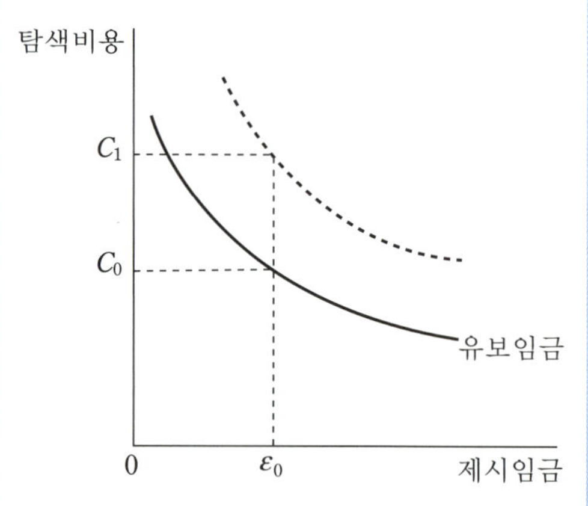


**[그림 8-2] (b) 직업훈련의 효과**

직업훈련의 결과 임금분포곡선이 변위하여 비노동력화 비율이 종전보다 낮아진다.

$\varepsilon_1$이 되어 실업상태에서의 기대수익 $\varepsilon_0$보다 크기 때문에 직업을 탐색하는 것이 개인에게 유리하다. 탐색비용을 감소시킴으로써 추가로 얻게 되는 가치는 개별노동자에 있어서는 $\varepsilon_1 - \varepsilon_0$이고 사회전체로는(역시 $\varepsilon_0$가 사회보장급부를 통해 지불된다고 볼 때) $\varepsilon_1$이다. 또 한 가지 정책을 고려한다면 직업훈련을 철저히 실시함으로서 개별노동자의 기술수준을 높이고 임금분포 전체를 우상향으로 이동시키는 정책이 있다. 직업훈련계획을 추진한 결과로 기술이 향상된다면 [그림 8-2](b)에서 임금분포를 나타내는 곡선은 우상향으로 이동된다. 그리하여 실업노동자의 경우, 실업상태에서 받는 기대수익(실업보험, 여가 등)은 $\varepsilon_0$의 수준에 머물게 되나 $C_1$보다도 높은 탐색비용 하에서는 노동시장으로부터 퇴장된다. 그러나 종전의 $C_0$의 경우보다는 비노동력화 비율이 낮다.

한편 최저임금의 도입은 직업을 탐색하고 있는 노동자가 직면하고 있는 제시임금의 분포를 변화시킨다. 그러나 최저임금 $w_m$을 초과한 임금분포는 최저임금에 영향을 받지 않을 것이다. 즉, $w_m$이 노동자의 유

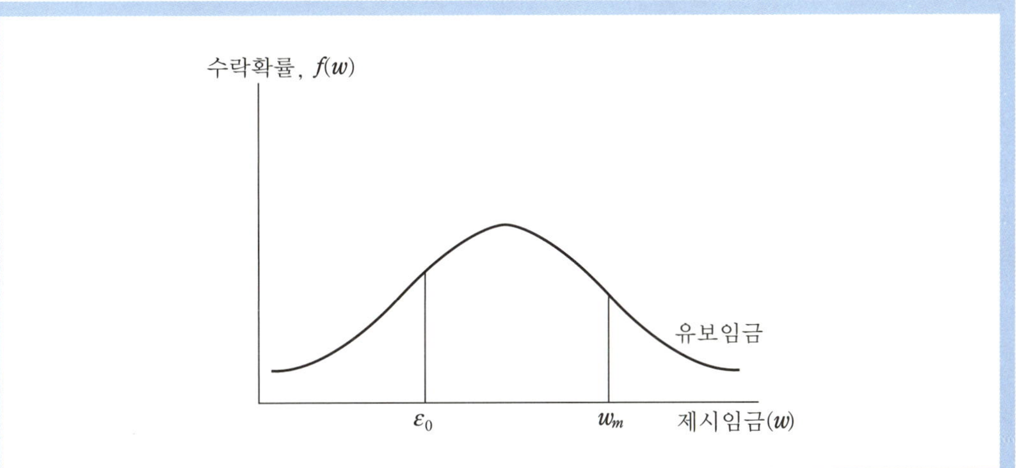


**[그림 8-3] 최저임금법과 실업기간**

$w_m$이 도입되기 이전에는 $\varepsilon_0$와 $w_m$과 사이에서 제시된 임금은 노동자가 수락하여도 무방한 영역이었으나 지금 $w_m$이 설정되어 있기 때문에 그러한 가능성은 배제되고 그 결과 마찰적 실업의 평균기간이 증대된다.

보임금 $\varepsilon_0$ 이하에 있다면 노동자의 행동에 아무런 변화를 초래하지 않는다. 그렇지만 $w_m > \varepsilon_0$인 경우에는 $w_m$의 도입은 노동자의 행동에 영향을 미친다. [그림 8-3]에서 보면 $w_m$이 도입되기 이전에는 $\varepsilon_0$와 $w_m$과 사이에서 제시된 임금은 노동자에 의해 수락되어도 무방한 영역이었으나 지금 $w_m$이 설정되어 있기 때문에 그러한 가능성은 배제되고 그 결과 마찰적 실업의 평균기간이 증대된다.[3)]

3) 그리하여 직업탐색에 성공할 확률을 $P=\int_{\varepsilon_0}^{\infty} f(w)dw$이라 할 때 최저임금($W_m$) 출현 이전의 평균실업기간은 $E(N)=1/P$으로 표시되고 최저임금법 시행 이후의 평균실업기간은 $E'(N)=1/P'$이 될 것이다. 단 여기서 $P'=\int_{w_m}^{\infty} f(w)dw$이다. 최저임금 시행 전후의 실업기간을 비교하면 분명히 $E'(N) > E(N)$임을 알 수 있다.

# 노동이동

노동이동은 노동자들에 의한 지역간 이주, 산업간 이동, 직종간 이동, 직업간 이동, 기업간 이동 등을 말한다. 노동이동은 경제활동에서 중요한 요소로서, 지금 이 순간에도 수많은 사람들이 직장을 옮기고 있고 그 수는 점점 늘어날 것이다. 노동이동에는 직장을 그만두었을 경우의 손실, 다른 곳에서 제시되는 근로조건에 관한 정보비용, 이주비용, 노동 이동에 따르는 심리적 비용 등 많은 비용이 든다. 그럼에도 불구하고 사람들은 보다 나은 삶을 위하여 더 좋은 조건의 직장을 찾아 노동이동을 하고 있다. 우리는 제 9 장에서 인적자본투자로서의 노동이동을 분석하고, 이런 노동이동을 가능하게 하는 요인을 살펴보겠다.

## 9.1 노동이동의 개념

노동이동(labor mobility)이 무엇인가에 대한 질문의 답으로는 여러 가지가 있지만 그 내용은 대체로 유사하다. 일본 노동성의 정의에 의하면 "노동력의 산업간 · 지역간 등의 이동, 신규노동력의 유입, 기존 노동력의 사망, 은퇴 등 노동시장에 있어 노동력의 움직임"이라 하였으며, 헌터와 레이드(L.C. Hunter & G.L. Reid)에 의하면 노동이동이란 "기업 내의 직무간 · 기업간 내지는 산업간 또는 지역간에 있어 노동자의 취업상 지위 또는 노동자에 의하여 수행되는 작업에 관련된 노동자의

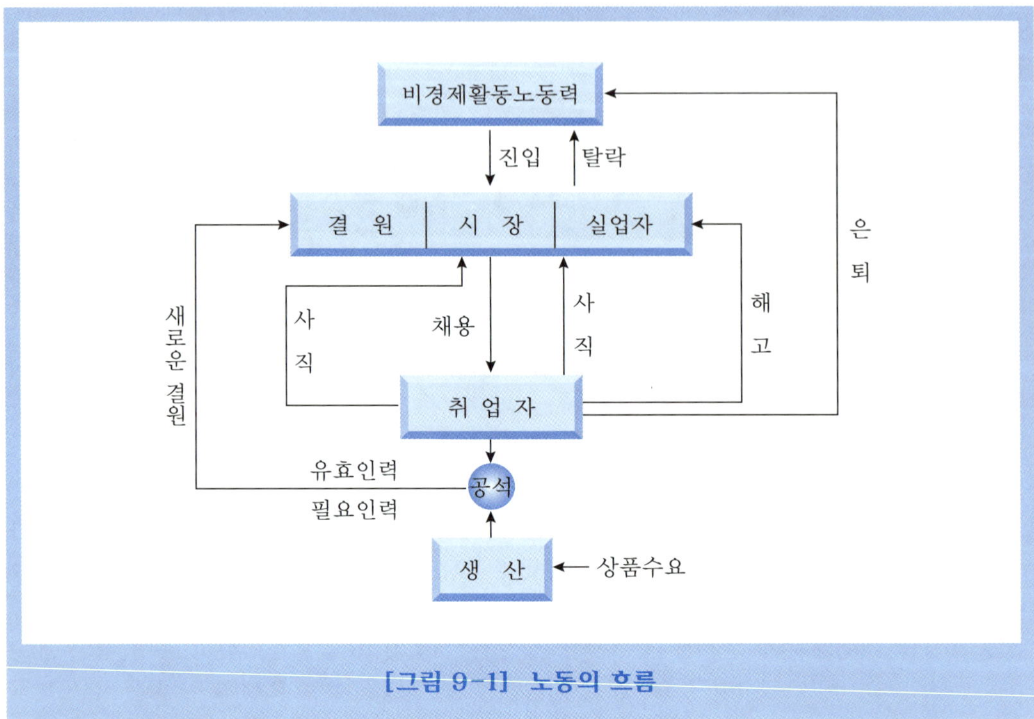


[그림 9-1] 노동의 흐름

자료: C.C. Holt, "Job Search, Phillips' Wage Relation and Union Influence: Theory and Evidence. Phelps. et al *Microeconomics of Employment and Inflation theory*; Macmillan, 1970. p. 57.

움직임"이라 하였다. 이상의 견해를 통해 우리는 노동이동을 노동력 상태의 변경, 노동시장의 유입 및 퇴출, 노동시장 내의 움직임, 노동시장 간의 이동이라 정의할 수 있을 것이다.[1] 이 정의와 관련된 노동력의 흐름은 [그림 9-1]과 같다. 그림의 화살표는 노동력의 이동방향을 뜻하며 이 그림은 하나의 노동시장을 매개로 하여 노동자의 이동을 유형적으로 도시하고 있다.

한편, 노동의 흐름을, 기업중심으로 볼 때 노동이동(labor turnover)

1) 또한 노동자의 노동이동은 다음 세 가지 개념으로도 나누어 생각할 수 있다. 즉 "노동이동을 할 수 있는 능력, 자격을 갖추었는가"라는 관점의 잠재적 노동이동(potential mobility), 노동이동을 할 의사가 있는가, 없는가의 이동성향(propensity to move), 실제 시행된 노동이동으로서의 실행노동이동(actual mobility)이 그것이다.

이란 개념을 주로 사용한다. 즉 기업의 관점에서 본 노동이동이란 근로자가 기업으로 들어오는 입직(accession)과 기업을 떠나는 이직(separation)을 의미한다. [그림 9-1]에서 보는 것처럼 고용노동자의 흐름인 신규채용(new hires), 재채용 또는 소환(recalls), 사직(quits), 일시해고(layoffs), 은퇴(retirements) 등을 말한다. 입직은 신규채용과 일시해고 중에 있던 근로자의 소환으로 이루어지며 이직은 보통 다음 네 가지의 경로로 이루어진다.

**사 직** 자진사퇴 또는 자발적 이직이라고도 하며 정년퇴직이나 군입대, 동일기업의 타사업장으로의 배치 전환 등의 이유가 아닌 경우로 근로자가 자신의 희망에 의하여 또는 스스로의 주도하에서 이직하는 경우이다.

**일시해고** 근로자의 귀책사유 없이 기업의 가동률 저하로 인하여 근로자가 기업으로부터 일시적으로 해고되는 경우를 말한다.

**해 고** 기업이 정당한 사유(회사의 규칙을 위반하는 등 근로자 귀책사유)로 근로자를 면직시키는 경우를 말한다.

**기타 이직** 군복무, 정년퇴직, 신체적 장애, 사망 등으로 이직하는 경우이다.

노동자의 이동은 시장경제에서 중요한 역할을 한다. 어떤 시장에서든지 일자리는 자발적인 교환을 촉진시키기 때문에, 사회는 사용자들 사이에서 노동자들의 자유로운 이동에 의존하여 노동자와 소비자 모두의 최대만족을 달성하는 방법으로 노동을 배분한다. 그런데, 이동에는 비용이 수반된다. 노동자들은 다른 곳에서 제시되는 근로조건에 관한 정보를 얻기 위해서 시간을 사용하여야 하며, 많은 경우 노동자들의 일자리에 대한 탐색은 자신들이 현재의 일자리를 먼저 사직할 때, 매우 효율적으로 이루어진다.

일단 새로운 일자리가 발견되면, 노동자들은 새로운 환경으로 이동하는 금전적 비용에 당연히 직면하며, 또한 정신적인 부담도 가지게 될 것이다. 노동자들은 이러한 비용을 고려하여 이직을 결정하게 된다.

그러면 노동이동은 왜 발생하며 경제이론은 노동이동을 어떻게 설명하는가를 간략히 살펴보기로 한다.

## 9.2 노동이동의 원인

노동이동이 왜 발생하는가에 관해서는 신고전학파적인 임금격차설과 그것을 수정한 취업기회설의 두 가지가 있다. 전자는 노동이동의 원인을 임금격차에서 구하고 노동력의 공급 측면을 강조하는 푸쉬(push)가설이며 후자는 그것을 취업기회의 차로서 설명하여 수요 측면을 중시하는 풀(pull) 가설이다.

### 1. 임금격차설

노동시장이 완전경쟁시장이라고 한다면 노동력이 부족한 분야에서는 임금 및 노동 제조건이 여타 분야에 비해 상대적으로 개선되고 새로운 노동력이 유입되며, 반대로 노동력이 초과 공급된 분야에서는 노동력이 유출되는 경향을 보인다. 즉 자본이 이윤률 격차를 중심으로 이동한다면 임금노동은 임금률 격차를 중심으로 상향이동하는 것이다. 일찍이 아담 스미스(A. Smith)는 그의 국부론을 통해 광의의 소득격차설을 전개하였다. 그는 노동이동의 원인을 임금격차라는 금전적 격차만이 아닌 비화폐적 보상요소[2)]를 포함하는 순이익의 격차에서 구하고 있다. 그 후 마샬(A. Marshall) 이래 신고전학파의 한계주의원리에 입각한 노동시장론에 의거 순이익을 임금격차만으로 파악하기에 이르렀다.

---

2) 비화폐적 요소에는 (1) 직업의 쾌적함, 청결, 사회적 평가, (2) 일의 습득에 있어 난이도와 이에 소요되는 비용, (3) 고용의 안정성, (4) 직업상의 성공 여부 등이 포함된다.

## 2. 취업기회설

임금격차설은 저임금의 산업 및 지역에서 고임금의 산업 및 지역으로 노동자가 이동한다는 이른바 노동력의 공급 측면을 강조하였다. 이에 비해 취업기회설은 타산업, 타지역으로의 이동은 취업기회의 증감에 의해 규정된다는 것으로 노동력의 수요 측면을 강조하고 있다. 슐츠(T. Schultz)에 의하면 미국의 농업부문에서 일어나고 있는 계속적인 노동력 유출현상은 소득격차, 임금격차와 같은 노동의 상대가격 메커니즘에 의해 설명될 수 있는 것이 아니라 취업기회의 존재여부에 의해 규정되어야 한다는 것이다. 따라서 산업간 · 지역간 노동이동은 도시·농촌간 임금격차의 원인뿐만 아니라 공업부문의 취업기회 확대가 농업 노동력을 흡수하였다는 것이다.

노동이동의 원인에 관한 두 가지 설명은 서로 배타적인 것으로 비교될 성질의 것이 아니라 보완적인 것으로 인식할 필요가 있다. 왜냐하면 전자의 이론은 정태적, 균형적인 파악인데 비하여 후자는 동태적인 파악이기 때문이다. 또한 임금격차가 존재한다 하여도 취업기회가 없으면 이동은 발생하지 않을 것이고 취업기회가 존재한다 하더라도 지금의 이익보다 낮다면 이동이 없을 것이다. 따라서 노동이동에 있어 임금격차와 취업기회는 상호 배타적인 이론이 아니라 상호 보완적 성격을 갖는다고 할 수 있다.

# 9.3 노동이동의 인적자본론적 접근

인적자원의 이동에 대한 전통적 모형인 신고전학파 모형에 의하면 노동자의 이직은 직장간의 순경제적 수익의 격차에 의해 영향을 받으며 이동은 그것에 반응하여 일어난다고 가정한다. 즉, 이 모형은 임금률을 인적자원의 시장간 이동을 발생시키는 주된 요인으로 규정하고 있다.[3)]

3) 이 이론은 단일시장에서 개별노동자는 노동공급량을 결정함에 있어서 노동과 여가에

그러나 이 이론은 노동이 동질적이며 시장간의 이동에는 비용이 존재하지 않는다는 상당히 비현실적인 가정을 전제로 하고 있다. 이런 가정의 비현실성은 인적자본(human capital)의 도입으로 극복될 수 있게 되었다. 즉, 노동을 인적자본으로 표현하여 동질성의 가정을 극복하였으며, 비용을 인적자본에 대한 투자에 수반되는 것으로 보아 이 비용의 문제를 극복하였다. 인적자본론의 노동이동에 대한 분석 시각의 출발은, 노동자에게는 그들의 생애에 있어 삶의 질을 개선하기 위해서 많은 화폐적 또는 비화폐적 비용이 발생되며 이때의 비용을 인적자본에 대한 투자로 간주하는 데에 있다. 즉, 노동이동을 인적자원(human resource)의 생산성을 향상시키는 투자행위로 파악하여 투자에 따른 비용과 수익을 고려함으로써 전통적 이론의 문제점을 극복하였다.

인적자본이론이 제시하는 모형은 노동이동을 인적자본에 대한 투자의 한 형태로 보아 투자 초기에 그 비용을 부담하는 대신 장기간에 걸쳐 그에 대한 수익을 회수한다는 비용, 편익 분석으로 제시된다. 인적자본론적 접근은 한 직장에서 다른 직장으로 이동할 경우 예상되는 순이익의 현재가치를 노동이동의 결정요인으로 설명한다. 노동이동에 따른 순이익의 현재가치를 결정해 주는 요인으로는 첫째, 이동 전의 직장과 새로운 직장간의 효용내지 수익의 차, 둘째, 새로운 직장에서의 예상근속연수, 셋째, 장래에 기대되는 수익의 차를 현재가치로 할인해 주는 할인율, 끝으로 노동이동으로 말미암아 발생되는 직접비용 및 심리적 비용 등을 들 수 있다. 즉, 신·구 직장간의 수익의 차가 크면 클수록 새로운 직장에서의 예상근속연수가 길면 길수록 또한 할인률이 낮으면 낮을수록, 그리고 이동에 부수적으로 발생되는 직접 및 심리적 비용이 적으면 적을수록 이동에서 오는 순이익의 현재가치가 크게 된다는 것이다.

이상의 논의를 요약하면 인적자본론적 견해는 노동이동을 이동에

---

대한 한계대체율이 실질임금과 같아지는 수준에서 조정한다는 소비자행동이론의 특수한 경우에 지나지 않는다. 이 경우 노동이동이란 노동자가 제공하는 노동공급의 변화를 뜻하며 몇 개의 시장을 상정할 경우 해당 시장에서의 최적공급량을 선택하는 행위의 결과인 것이다.

따른 순이익의 현재가치 즉 노동이동이라는 인적자본투자에 대한 수익, 이에 소요되는 비용, 그리고 예상 및 시간 등과 관련한 투자위험에 의해 결정되는 것으로 설명한다.

## 9.4 노동의 지리적 이동 개념

국가간 또는 국내 지역간 노동자들의 이동은 경제생활의 중요한 현상 중의 하나이다. 세계적으로 약 1억 명의 사람들이 자신의 모국이 아닌 국가에서 생활하고 있으며, 그 이유의 70~80%가 경제적 이유라고 한다.

### 1. 이주의 방향

인적자본이론은, "상대적으로 낮은 근로소득을 얻게 될 가능성이 큰 지역으로부터 높은 근로소득의 기회가 더 많은 지역으로 이주의 흐름이 이어질 것이다"는 것을 제시한다.

통상적인 연구결과에 의하면 도착지에서 좋은 기회를 얻을 수 있다는 '끌어들이는 힘(pull)'이 출발지에서 기회가 적다는 '밀어내는 힘(push)' 보다 더 강함을 나타낸다. 즉, 사람들은 근로소득이 더 높아지리라고 기대되는 장소에 더 이끌리지만, 기회를 잡기가 가장 어려운 지역으로부터 필연적으로 이주가 이루어지는 것은 아니다. 이러한 현상을 이해하기 위해서는 사람들이 어디로 이동할 것인가의 문제로부터 누가 이동할 가능성이 큰가에 대한 문제로 논의를 전개해야 할 것이다.

### 2. 이주의 결정요인

#### (1) 이주자의 개인적 특성

모든 사람들의 이주 가능성은 동일하지 않고, 매우 선별적이다. 인적자본이론이 의미하는 바와 같이 이주는 젊고 교육을 더 많이 받은 사람들 사이에서 더 빈번하게 이루어진다. 그럼, 이주자들의 개인적 특성이 이주에 어떤 영향을 미치는지 자세히 살펴보도록 하겠다.

### 연 령

연령은 이주를 결정하는 데 있어 가장 큰 영향을 미치는 요소이다. 이주는 젊은 사람들 사이에서 더 빈번히 발생하는데 이주가 젊은 사람에게 자주 일어나는 데는 두 가지의 설명이 가능하다. 첫째, 나이가 적을수록, 인적자본투자로부터의 잠재적 수익이 더 커진다. 투자로부터 편익이 얻어질 수 있는 기간이 길면 길수록, 이 편익의 현재 가치는 더 커지는 것이다. 둘째, 이주비용의 큰 부분은 친구들, 지역에서의 유대 그리고 주변을 잘 안다는 편익을 상실하는데 수반되는 정신적인 비용이다. 나이가 어리다면 이 손실이 비교적 적을 것이다. 이러한 종류의 추론은 같은 연령 그룹 내에서 미혼자들이 기혼자들보다 다른 지역으로 이주할 가능성이 더 크며, 자녀가 없는 기혼자들이 자녀를 가진 기혼자들보다 더 이동성이 있다는 사실에 의해 뒷받침된다.

### 교 육

교육은, 지역간 이동을 결정짓는 가장 큰 요인인 연령을 통제한 경우 즉, 동일한 연령 그룹 내에서 누가 이동할 것인가를 결정짓는 주요한 지표이다. 이주의 비용 중 하나는 어디에 일자리가 있으며 그 일자리가 얼마나 좋은가를 확신하는 비용이다. 이동이 발생한다는 것은 그러한 장애가 있음에도 불구하고 사람들이 정보를 얻을 수 있다는 사실에 대한 근거가 된다. 그런데 고학력일수록 이동이 상대적으로 쉬울 것이다. 이는 이들의 경우 채용정보를 더 쉽게 알 수 있는데, 이들은 신문에서 정보를 알 수도 있고, 구인자들이 직접 대학을 방문하기도 한다. 따라서 교육수준이 높을수록 이동의 기회가 더 많이 주어지며, 이동에 관련된 정보를 더 쉽게 구할 수 있다.

### 가 족

가족의 크기가 커지면 이주의 잠재적 비용도 증가한다. 따라서 다른 요소가 동일할 경우, 미혼자에 비하여 기혼자가 이주를 하려는 경향이 적다. 기혼자가 이주를 하려고 할 경우에는 기혼자와 그의 배우자가 소득이 낮거나 직장을 얻지 못한 경우가 대부분이다. 만약, 부부 모두가 높은 소득을 얻고 있는 데 이주를 할 경우, 이주 기간 동안의 수입을 포기해야 하므로 이주에 따른 가족비용이 매우 높을 것이다. 또한 다른 지역으로의 이주를 할 경우, 다른 배우자가 새로운 이주지역에서 새 직장을 얻는 것이 어려울 수도 있다. 부모나 아이들이 있을 경우에는 친구나 친척들과 떨어져 지내야 한다는 심리적 비용 또한 커질 것이다.

### 이동 거리

인적자본이론에 따르면 이주비용이 증가함에 따라 자연스럽게 이주의 흐름은 하락한다는 것을 제시하고 있다. 그리고 이주비용은 다음의 두 가지 사실 때문에 증가된다. 첫째, 지역 노동시장에 해당하는 사람들의 경우, 다른 곳에서의 기회에 관한 정보를 얻는 비용이 많이 소요될 수 있다. 둘째, 이주를 할 경우 이동을 위한 비용, 이주를 한 후 친구나 친지들을 다시 만나기 위한 여행에 지출되는 교통비 그리고 이에 따른 정신적 비용은 거리가 멀어짐에 따라 증가하게 된다. 따라서 사람들은 먼 거리보다는 짧은 거리로 이동할 가능성이 더 크다는 것을 알 수 있다. 그리고 정신적인 비용과 정보비용을 최소화시키려는 욕구는 사람들이 친구들 또는 친지들이 이전에 이주하였던 지역으로 이주하려는 현상을 낳는다. 기타 조건이 동일하다면, 연령의 경우보다 교육을 받지 못했다는 것이 장거리 이주를 더욱 저해하는 요인으로 작용한다. 연령이라는 장애물은 정신적인 비용과 밀접한 관련이 있는 반면에, 교육수준은 정보접근의 용이성과 밀접하게 연관되어 있다. 따라서 교육수준이라는 것은 정보비용이 이주와 거리의 관계에 더 큰 영향을 미치고 있음을 나타낸다.

### (2) 기술, 소득분배, 국제 이주

국제 이주는 규제를 크게 받기 때문에, 거주 국가를 바꾸길 원한다고 해서 쉽게 이주를 할 수 있는 것이 아니다. 그러나 국제 이주에도 연령, 교육, 거리 등이 미치는 영향 등이 모두 나타나게 된다. 노동의 국제적인 흐름을 분석할 때, 특히 중요한 점은 이민노동자를 받아들이는 국가와 보내는 국가의 상대적인 근로소득분배의 문제이다. 상대적인 근로소득의 분배는 이주노동자들을 떠나보내는 국가 안에서 어떤 기술을 가진 그룹이 외국으로 이주할 가능성이 가장 큰지를 예측하는 데 도움이 된다.

일부 국가들은 미국보다 더 균등한 근로소득분배구조를 가지고 있다. 이들 국가에서는 비숙련자와 숙련자와의 평균임금격차가 작기 때문에 숙련노동자들과 전문직 노동자들은 미국으로 이주함으로써 더 큰 이익을 얻게 되며 미국이주자와 숙련도간에는 양(+)의 관계가 나타난다.

미국에 비해서 소득분배가 덜 균등한 국가들에서는 미국으로 이주하는 비숙련노동자들에게 잠재적 이익이 크게 나타나게 된다. 따라서 미국이주자와 숙련도간에는 음(−)의 관계가 나타나며 이를 다시 말하면 근로소득분배가 덜 균등한 국가들로부터 미국으로의 이주자들은 비례적으로 볼 때 비숙련노동자들이 더 많게 될 것이다.

**Labor box**

**한국의 외국인 인력정책 — 고용허가제**

2004년 8월 17일부터 우리나라에서 외국인근로자를 합법적으로 채용할 수 있는 외국인 고용허가제가 시행되었다. 고용허가제란 외국인 근로자에게 고용조건에 있어 국내근로자와 동등한 대우를 보장해 주는 제도로써, 외국인 인력을 고용하려는 사업자가 직종과 목적 등을 제시할 경우 정부(노동부 장관)가 타당성을 검토하여 허가여부를 결정하는 제도이다.

2004년 6월말 현재 국내에 체류중인 외국인 노동자는 42만 1천여 명이며, 이 중 합법적 체류자는 25만 5천여 명, 불법체류자는 약 16만 6천명 정도로 추산하고 있다. 정부의 불법체류자 단속에도 불구하고 불법체류자 비율은 여전히 30%를 넘는 것으로 추정하고 있다. 여기에 고용허가제에 따라 2004년 새로 입국하는 합법근로자는 7만 9천여 명과 통계에 잘 잡히지 않는 밀입국자 4만~5만명을 더하면, 국내에서 활동하는 외국인 노동자는 50만명을 넘어설 것으로 추산된다. 이대로 가다보면, 어쩌면 우리나라는 외국인 인력의 과포화 상태에 빠질 가능성이 높다. 국내 경제가 어려운 상황에 기존 외국 인력도 취업난에 시달리고 있어, 정부는 불법체류자를 줄이기 위한 대책 마련에 부심하고 있다. 불법체류자를 줄이지 못하면 합법적으로 들어오는 인력도 3년 뒤 자기나라로 돌아가지 않을 가능성이 많아 고용허가제 자체의 붕괴요인이 될 수도 있기 때문이다. 따라서 노동부는 외국인 고용허가제를 성공적으로 정착시키기 위한 방법에 고심하고 있다.

# 제 4 편 보수와 비임금 비용

# 제 10 장

# 임금의 기초개념

생산물시장에서 상품이 거래되고 수요와 공급에 따라 가격과 거래량이 결정되듯이 노동시장에서도 임금과 노동량이 시장에서 결정된다. 그러나 현실에서의 임금은 노동시장에서 작용하는 수요와 공급의 법칙 이외에도 오랫동안 내려온 제도, 노동조합 등 여러 요인의 영향을 받는다. 제10장에서는 임금이 의미하는 바를 파악하고, 임금의 여러 형태를 비교 분석해 보도록 하겠다.

## 10.1 임금의 정의

노동시장에서는 타인소유의 사업장에서 노동력을 제공하고 이를 통해 얻은 대가로 생계를 유지하는 노동자가 존재한다. 이 경우 이들이 고용주로부터 받는 노동력에 대한 일체의 대가를 일반적으로 임금(wage)이라고 정의할 수 있다.

한편, 특정 기술을 가진 근로자의 임금은 노동시장의 조건에 따라 상승할 수도 있고 하락할 수도 있다. 예를 들어 건설근로자의 임금은 건설 성수기에는 올라가는 반면 비수기에는 내려가게 된다. 그렇다면 성수기나 비수기가 아닌 시기에 노동시장이 균형을 이루는 상태의 임금은 어떻게 결정되는지 생각해보자.

임금의 정의와 임금수준의 결정요인에 관한 의문에 대하여 두 가지의 대립된 견해가 존재한다. 하나는 임금이 노동 또는 노동서비스에 대한 대가로써 노동의 가격이라고 보는 신고전학파 중심의 견해이고, 다른 하나는 임금이 노동력의 재생산비로서 노동력의 가격이라고 보는 견해이다.

임금을 노동 또는 노동서비스에 대하여 지불하는 대가로 보는 견해에 따르면, 만약 어떤 근로자가 하루 8시간을 일할 경우 그는 8시간의 노동에 대한 임금을 받으며 이러한 임금은 그가 생산에 기여한 부분과 같다. 따라서 근로자는 임금을 지급받음으로써 자신이 생산에 기여한 부분을 되돌려 받는 것이다.

반면에 임금을 노동력의 재생산비라고 보는 견해는 근로자가 하루에 8시간 노동을 하더라도 실제 지불받는 임금은 8시간 노동에 대한 것이 아니라 근로능력과 에너지를 재생산하는 데 필요한 만큼이라고 보는 것이다.

## 10.2 임금의 경제적 기능

임금은 기업주와 근로자에게 어떤 의미를 지니는가? 그리고 임금은 국민경제에 어떤 경제적 기능을 하는가?

첫째, 임금은 기업주에게는 공장의 감가상각비 · 토지임차료 · 재료비 등과 같은 생산에 필요한 비용 중 하나이며 기업주는 임금비용을 가능한 한 줄여서 이윤을 증대시키려고 한다. 반면에 근로자에게 임금은 가족의 생계를 꾸려나가는 유일한 또는 가장 중요한 소득의 원천이므로 근로자는 임금소득을 증대시키려고 하게 된다. 따라서 기업의 부가가치가 일정하다고 볼 수 있는 단기에는 임금과 기업이윤은 서로 반대방향으로 움직이게 된다.

둘째, 기업주에게는 임금이 비용으로 간주되기 때문에 화폐임금(명목임금)이 중요한 반면, 노동자에게는 생계의 수단이기 때문에 구매력을 나타내는 실질임금이 중요하게 된다.

셋째, 한 공장에 다수의 근로자가 일하고 있을 때 기업주는 가능한 한 지급하는 임금총액을 줄이고 근로자들이 담합이나 태업을 하지 않고 경쟁적으로 열심히 일하도록 하기 위하여, 근로자의 선천적 또는 후천적 특징을 기준으로 근로자간 임금의 차이를 두는 등 여러 가지 관리방안을 도입한다. 하지만 근로자들은 경쟁을 피하고 단결을 보다 용이하게 하는 '동일노동 동일임금'을 선호하는 경향이 있다.

넷째, 임금수준은 노동과 대체관계에 있는 다른 생산요소인 자본(기계류 등)에 대한 기업주의 투자를 결정하는 중요한 요인이 된다. 만약 현재의 임금수준이 상대적으로 높다면 기업주들은 노동절약적 기술을 개발하여 추가적인 고용을 줄이고자 할 것이며 이와는 반대로 저임금의 근로자가 풍부하다면 노동집약적 노동과정을 더 선호하게 된다. 따라서 임금수준은 기업의 기술수준과 기술개발투자를 결정하는 중요한 요인이 된다.

다섯째, 임금은 국민경제에 중요한 기능을 한다. 즉 임금의 대부분은 결국 기업에서 생산한 제품을 구입하는 데 지출되므로 한 나라의 유효수요의 크기를 결정하는데 중요한 역할을 하게 된다.

이처럼 임금은 개인과 가계에는 소득의 원천으로서, 기업에는 제조원가의 주요 구성요소로서, 국민경제에는 가장 중요한 국민소득의 구성부분이면서 대외경쟁력과 관련된 원가의 구성요소가 된다.

## 10.3 임금의 분류

### 1. 시간임금

임금은 노동수요와 공급에 의해 결정된 노동력의 시장가격이며 기업은 이러한 시장가격을 기준으로 노동량에 따라 임금을 지불한다. 그런데 임금은 지급수준이나 지급체계뿐만 아니라 지급형태를 통해서도 근로능률의 향상과 기업 신뢰감의 형성에 중요한 역할을 한다.

임금은 기본적으로 시간임금(시간급)과 생산고임금(성과급)의 형태로 지급된다. 먼저 시간임금이란 노동력의 1일 가치(일임금), 1주 가치(주임금)에 따라 지급하는 임금을 말한다. 시간임금은 기본적으로 단위노동시간의 가격인 시간임금률(hourly rate)로 표시되며 이는 노동력의 평균노동일에 대한 가치를 평균노동일(working-day)의 시간으로 나눈 것이다. 그리고 시간임금률에 실제로 일한 노동시간을 곱하면 임금수입이 되므로 시간임금수입($E$)은 시간임금률($R_h$)에 실제의 작업시간($H_a$)를 곱한 값으로 $E=R_h \cdot H_a$로 나타낼 수 있다.

이와 같은 일임금·주임금 등의 임금수입은 시간임금률과 노동일(노동시간)의 크기에 결정되는데 이 중 노동일의 장단이 특히 중요하다. 노동일의 표준이 정해지지 않은 경우 일임금이나 주임금은 불변하더라도 노동의 시장가치는 낮아질 수 있고, 일임금이나 주임금이 동일하더라도 노동의 시장가치를 일정수준 이상으로 유지하기 위해서는 일임금·주임금과 같은 임금수입액 증가만으로는 불충분하므로 노동일의 표준설정은 매우 중요하다고 할 수 있다.

## 2. 생산고임금

생산고임금이란 생산물 1개당 단가에 생산물 수량을 곱한 임금을 말하는 것으로 시간이 아닌 노동의 성과인 생산량으로 임금을 측정하는 것이다. 생산고임금수입(price rate earnings)이란 산출률($R_h$)에 생산물의 수량($N_p$)를 곱한 값이므로 $E=R_h \cdot N_p$로 나타낼 수 있다.

그러나 시간임금과 생산고임금은 본질적으로 동일한 것으로 볼 수 있다. 왜냐하면, 생산고임금의 식은 (생산고당 임금)×(시간당 산출개수)인데 이는 (노동력의 하루가치/1노동일의 산출개수)×(1노동일의 산출개수/1노동일의 시간수)라고 하는 변형된 시간임금 수식과 동일하기 때문이다. 결국 생산고임금은 시간임금의 변형된 형태에 지나지 않으며 이들 사이에는 단지 임금지불의 형태상 차이 내지 노동력의 가치와 가격의 표현상 차이만이 존재한다고 볼 수 있다.

역사적으로는 시간임금의 형태가 먼저 시행되었지만 생산고임금은 내재적인 장점으로 인하여 산업자본주의 단계에서 널리 보급되었다. 특히, 공장법 등에 따라 표준노동일의 제한이 임금형태에 영향을 미치게 되자 공장에서는 생산고임금이 일반화되었다. 그런데 이러한 생산고임금의 보급으로 결국 노동시간은 연장되었고 임금은 하락하였다.

이러한 상황에서 노동자들의 표준노동일 설정과 생산고임금률에 대한 관심이 고조되고 이로 인해 생산고임금에 의한 노동자의 통제가 곤란해지자 19세기말부터는 생산고임금의 변형인 능률급이 등장하게 되었다.

## 3. 능 률 급

임금의 기본형태라고 할 수 있는 시간임금과 생산고임금은 산업의 생산과정, 작업 특수성, 노사관계, 표준노동일의 설정, 노무관리의 내용이나 기법의 정도 등에 따라 다양한 형태로 전개되었다. 특히, 19세기말 이후 독점자본주의 단계로 들어서면서 생산고임금의 파생적 형태인 능률급(payment by results, efficiency pay)이 등장하게 되었다.

능률급이란 노동의 양적 성과를 기준으로 하여 임금을 지불함으로써 근로능률을 자극하는 임금형태이다. 이에는 작업성과의 양적 증가를 척도로 하는 성과급, 일정한 작업량을 완료하는 시간의 단축을 척도로 하는 할증임금제도, 능률의 향상에 의해 증가한 이윤을 추가임금으로써 분배하는 이윤분배제도 등의 시스템이 있고, 성과급 · 장려금 · 생산장려금 등의 이름으로 지급된다.

이러한 능률급의 예로써 '토웬'의 이익분배제는 근대적인 능률급의 선구로서, 경영활동에 의한 발생이익을 당해 이익에 관여한 정도에 따라 배분하는 것이며 할시제는 일급제나 이익분배제 등의 결함을 극복하기 위해 시간임금과 생산고임금을 절충한 제도이다. 로완제는 시간할증제의 일종으로 작업능률과 단축시간에 따라 할증률을 부과하는 제도이며 테일러제는 동작 및 시간연구 등 과학적 관리기법을 이용하여 정확하게 직무를 평가하여 임금수준을 결정하는 복률 생산급의 형태이다.

## 4. 연 봉 제

연봉제는 개개인의 능력 · 실적 및 공헌도에 대한 평가를 바탕으로 계약을 통해 연간 임금액을 결정하는 실적 중심형의 임금형태이다. 연봉제는 임금의 구성항목들을 통합한 연봉금액을 계약에 의하여 결정하는 것으로 보통 기본급 · 제수당 · 상여금 등의 구분없이 지급된다. 최근 우리나라 대기업에서는 관리직 · 전문 기술직 등과 같은 특수직종에서 연봉제를 많이 채택하고 있다. 이는 과거 연공서열형 인사관리가 능력있는 인재를 채용하는 유인으로써 작용했으나, 이제는 그 힘이 많이 약해졌기 때문이다. 이제는 산업이 고도화됨에 따라 유능한 인재를 고용하는 방법은 고임금이라는 유인책을 제공할 수밖에 없어진 것이다.

Labor box

### 미국과 일본의 연봉제

미국의 경우 일반적으로 연봉제가 보편화되어 있는 것으로 알려져 있으나, 사실 그 범위는 상당히 제한적이다. 실제로 연봉제가 실시되고 있는 분야는 직무분석과 능력에 대한 평가를 필요로 하는 기술직 · 관리직 · 전문직 등에 국한되어 있으며 사무직에는 월급제, 생산직에는 시간급 형태가 일반적이다. 이처럼 임금지급 형태는 다양하지만 임금관리는 모든 지급형태를 연간수입으로 환산하여 행하고 있다.

일본의 경우에는 1969년 SONY에서 관리자를 대상으로 처음으로 연봉제가 실시되었으며, 그 후 오늘날까지 이를 실시하는 기업과 적용대상이 확대되고 있다. 이와 같은 연봉제의 확대는 무엇보다도 일본기업들이 국제화 진전, 산업구조 고도화, 업무 다양화, 가치관 변화 등 대내외 여건 변화로 인해 종전의 연공서열적 임금체계로는 이러한 환경 변화에 탄력적으로 대응할 수 없기 때문에 직무 · 직능 중심의 임금 형태인 연봉제를 활용하고 있기 때문이다.

다만 일본에서는 미국식의 순수한 연봉제보다는 일본 고유의 사회적 풍토와 고용관행을 반영한 '일본형 연봉제'가 도입되어 있다.

# 10.4 임금의 동기유발제도

## 1. 동기유발제도

동기유발제도란 상이한 능력과 자질을 갖춘 노동자로 하여금 각자 최대한의 노력을 발휘할 수 있도록 하는 노동자관리제도를 의미한다. 구체적으로는 노동자의 능력과 자질이 다른 현실에서 참노동자 · 성실노동자를 채용하고 이들에게 생산성 수준에 부합하는 보수를 지급하며 직무태만과 직무유기 없이 최대한의 노력으로 경쟁할 수 있도록 기업을 조직하는 방법 등을 말한다.

기업내 동기유발제도는 크게 동기유발을 위한 보수와 기업지배구조로 나눌 수 있다. 성과급이나 성과연동임금을 통해 금전적으로 동기유발을 자극할 수도 있고, 내부 노동시장에서의 직업능력 향상이나 승진을 통한 동기유발 방법도 있다. 이러한 동기유발의 보수 및 보수지급방식은 이 장의 중요한 주제로 볼 수 있다.

동기유발을 일으키는 또 다른 방법은 기업지배구조에 노동자를 참여시키는 것이다. 기업지배구조란 기업의 생산 및 경제적 이윤배분 결정에서 결정권의 행사주체와 그러한 결정권 행사에 대한 감시 · 감독의 방법에 대한 기업의 통치구조를 말한다. 예를 들면, 노동자로 하여금 기업소유자와 일체감을 가지고 창의적으로 행동하고 위험과 불확실성에 대해서 기업소유자와 같은 입장에서 대처하도록 하기 위해 노동자를 기업의 생산결정에 참여시키거나 주식을 배분하여 주주처럼 기업의 경제적 이윤을 배분받게 하는 방식 등이 이에 해당한다고 볼 수 있다. 이러한 동기유발 기업지배구조는 노동자로 하여금 자신의 이익과 기업소유자의 이익을 동일시하도록 하는 것을 목적으로 한다.

## 2. 동기유발제도의 경제적 기능

동기유발제도로는 개수제 임금, 성과급 임금, 시간제 임금과 승진, 이연급여, 효율성 임금 등을 들 수 있으며 이들의 특징은 다음과 같다.

### (1) 개수제와 시간제

노동자의 동기유발을 자극하는 가장 단순한 보수지급제도는 개수에 의한 임금지불제도와 시간에 의한 임금지불제도(시간제)이다. 개수제는 생산량에 따라 급여를 지급받는 것을 말한다. 예를 들어, 가내수공업 형태의 인형공장에서 일을 하는 근로자가 있다면, 그의 임금은 얼마나 많은 인형을 만드느냐에 따라 결정된다. 반면에 시간제는 보수가 근로자가 투입한 시간에 의해 결정되는 것으로, 예를 들어 패스트푸드점에서 일을 하고 임금을 시간당으로 받는 경우이다. 시간제 급여는 최소한 단기에 있어서는 제품생산량과는 무관하다고 볼 수 있다.

### (2) 상대적 성과에 의한 보수 – 토너먼트

지금까지 노동자들은 절대적으로 측정된 작업능력에 의해 보상받는다고 가정하였다. 그러나 그렇지 않을 경우, 즉 한 노동자가 다른 노동자에 대한 상대적 생산량을 기준으로 임금이 지급되는 경우도 있을 수 있다. 이 경우 회사는 노동자의 상대적 생산성에 따라 소속 노동자들을 서열화한 후 우위자에게는 더 많은 보상을 하고 열위자에게는 적은 임금을 제공하는 토너먼트(tournament)를 시행하게 된다.

회사가 시간급 또는 개수제 대신에 토너먼트 제도를 실시하는 것은 회사에 대한 실제 기여도보다는 순위를 측정하는 것이 훨씬 더 용이하기 때문이다. 즉, 종업원들간의 경쟁을 통하여 승진대상을 결정하는 것은 쉽지만, 종업원 개개인의 회사에 대한 기여도를 절대적으로 파악하는 것은 쉬운 일이 아니다.

### (3) 이연보수

현실의 직업세계에서 경력-임금곡선(experience-wage profile)은 우상향의 기울기를 갖는데 이는 승진기회가 없는 노동자들에 대해서는 작업노력을 유발함과 동시에 직무태만과 직무유기를 방지하는 보수체계라는 의미를 가진다. 일례로 승진기회가 없는 하위직 노동자나 회사의 중간관리층 사무직 노동자들 보다 연장자인 근로자들이 더 높은 임금을 받는다. 나이 든 사람들의 생산성이 반드시 높은 것이 아닌데도 임금수준이 높고 이들의 경력-임금곡선도 우상향하는 기울기를 갖는데 이는 이들의 작업노력 유발과 회사에 큰 손실을 가져오는 근로자의 직무태만과 직무유기를 방지하는 기능을 가진다.

이연 임금론에 의하면 기업은 합리적 선택의 결과로서 참되고 성실한 노동자와 장기고용계약을 체결하게 된다. 고용초기의 임금은 근로자의 생산성보다 낮게 책정되며, 작업성과가 좋지 않은 근로자는 고용초기에 해고되는 반면 작업성과가 좋은 근로자는 일정 근속기간 후에는 자신의 생산성 이상의 임금을 받게 되는데, 이는 초기의 낮은 임금을 보상받는 것으로 볼 수 있다.

### (4) 효율성 임금

효율성 임금 이론에 의하면 높은 임금을 지급하면 근로자들의 생산성이 높아져 기업의 수익성도 증가하게 된다. 기업이 높은 임금을 지급하면 이직률은 낮아지고 근로자들의 근로의욕은 고취되며 우수한 근로자를 채용할 수 있다는 것이다. 만약 이 이론이 옳다면, 일부 기업들은 자발적으로 시장 균형임금보다 높은 임금을 지급하고자 할 것이다.

지금까지의 논의는 근로자들이 열심히 일을 하면 노동생산성이 증대되고, 이에 따라 높은 임금이 지급된다는 논리에 바탕을 두고 있다. 향상된 생산성 이상의 임금지급은 기업의 경쟁력을 약화시키고, 향상된 생산성 이하의 임금지급은 근로능력이 우수한 노동자를 채용할 유인을 제공하지 못하므로 결국에는 향상된 생산성을 반영하는 임금으로 회귀하게 될 것이다. 이처럼 고임금은 어디까지나 생산성 향상의 결과로써 지급되는 것이다. 그러나 효율성 임금 이론은 이와는 전혀 반대의 논리를 전개한다. 즉, 높은 임금을 지급하면 노동자의 노력이 증대되고 이것이 결국 생산성 향상으로 이어진다는 논리이다.

효율성 임금이란 이윤극대화 기업이 외부 노동시장조건에 관계없이 근로자에게 지급하기로 결정한 임금을 말한다. 효율성 임금은 시장평균 임금보다 높은 수준으로 설정되기 때문에 기업의 노동수요량보다 노동공급량이 큰 상태에 놓이게 된다. 그렇다고 하더라도 기업은 효율성 임금수준을 낮추려 하지 않는데 이는 임금을 낮출 경우 노동자들의 직무태만 때문에 기업은 이윤을 극대화하지 못하고 손해를 볼 수 있기 때문이다. 따라서 효율성 임금을 지급하는 경우에 기업은 오히려 이윤이 극대화된다.

Labor box

### 맥도날드의 효율임금

효율성 임금 이론은 근로자의 감독에 애로가 있을 경우 높은 임금으로 근로자의 '도덕적 해이'를 막는데 이용될 수 있다. 다음의 예는 미국의 대표적 햄버거 체인업체인 '맥도날드'의 임금을 분석한 연구결과로서 '효율성 임금'이 실생활에서 어떻게 적용되고 있는가를 보여준다.

맥도날드 직영점과 가맹점의 시간당 평균임금

| 구 분 | 관리자급 | 일반직원 |
|---|---|---|
| 직 영 점 | 4.75 | 3.61 |
| 가 맹 점 | 4.35 | 3.57 |
| 차이(%) | 9.2 | 1.1 |

미국의 맥도날드 체인점은 직영점과 가맹점으로 나누어진다. 가맹점은 소유주가 직접 운영하기 때문에, 종업원의 근무태도가 바로 매출액으로 연결되어 소유주는 종업원을 철저하게 감독할 것이다. 그러나 직영점의 경우, 단지 맥도

날드의 직원에 불과한 점장은 가맹점의 소유주보다 종업원 감독에 소홀하게 될 것이다. 표는 맥도날드 체인점의 점장을 제외한 관리자급과 일반직원의 임금을 비교해 본 결과이다. 일반직원은 손님을 직접 상대하고 상대적으로 근무태만의 가능성이 적기 때문에 임금 차이가 적은 반면, 관리자급의 경우 직영점과 가맹점의 임금 차이는 높은 것으로 나타났다. 이는 직영점 관리자들의 도덕적 해이를 방지하기 위해 효율성 임금이 지급됨을 나타낸다.

## 10.5 비임금 노동비용

### 1. 채용 및 훈련비용

기업은 신규인력을 채용하고 훈련시키는데 상당한 비용을 지출한다. 채용비용에는 채용을 위한 광고, 지원자의 자격을 평가하기 위한 선발과정, 채용이 결정된 지원자들을 적합한 일자리에 근무하도록 하는 배치과정 등에 관련되는 모든 비용이 포함된다. 또한 이들이 일단 고용된 뒤에 이들을 급여대상에 계속 유지하기 위해 필요한 경상비용도 채용비용에 포함될 수 있다. 이러한 경상비용에는 근무기록을 유지하기 위한 비용, 급여를 계산하고 급여를 지급하기 위한 비용, 정부에 근로자의 근로소득에 관한 정보를 제공하는 데 드는 비용 등이 포함된다.

신규 고용인들은 전형적으로 공식 또는 비공식의 훈련 및 신입사원 지도프로그램을 거치게 되는데, 훈련 프로그램들은 기계사용법 등과 같이 고용인들의 생산능력 증가와 직접적으로 연관된 신기술을 가르쳐 주는 것 등을 포함한다. 이와는 달리, 신입사원 지도프로그램은 신규 고용인들에게 만약 기계고장시 대처방법이나 물품의 요청방법 등과 같은 기업조직의 배경에 관한 정보를 단순 제공하는 것이다. 이러한 정보는 근로자의 숙련도에 변화를 가져오지는 않으나 이들이 시간을 보다 효율적으로 활용하도록 함으로써 생산성을 증가시킬 수 있다.

기업들이 부담하는 훈련비용에는 적어도 다음의 세 가지가 포함될 수 있다. 첫째, 훈련과정 동안 고용인들이 훈련대상자로서의 역할에 충실하기 위한 명시적 화폐비용 및 훈련에 사용되는 재료비용, 둘째, 공식적이지 않은 훈련상황에서 특정 자본설비와 경험이 많은 고용인들을 통해 훈련을 실시하기 위한 암묵적 비용 또는 기회비용, 셋째, 훈련대상자들의 시간에 대한 암묵적 비용 또는 기회비용이다.

고용주는 근로자들의 모집 및 훈련비용이 존재하기 때문에 전반적인 채용전략을 결정하여야 한다. 이때, 고임금전략을 선택한 기업은 일자리가 생길 때마다 많은 지원자들의 지원을 받게 되며 훈련이 잘 된 경험많은 근로자들을 선발할 수 있다. 뿐만 아니라 이 기업들은 경험이 거의 없는 근로자를 채용하는 경우에 발생하는 명시적 · 암묵적 비용도 회피할 수 있다. 반면에 저임금전략을 선택한 기업은 경험이 없는 근로자들만의 지원을 받게 되며 이에 따라 일정 기간의 훈련을 실시하여야 할 뿐만 아니라 나중에 자신들이 훈련시킨 근로자들을 고임금 사용자들에게 빼앗길 위험을 감수하여야 한다. 따라서 저임금전략의 고용주들은 시간당 비용을 절약할 수는 있지만 높은 훈련비용 및 모집비용을 부담하게 된다.

## 2. 부가급여

부가급여(employment benefits)는 일반적인 급여 외에 고용을 통해 근로자가 누릴 수 있는 일종의 혜택을 의미하는 것으로 법적으로 요구되는 사회보험에 대한 급여와 사적으로 제공되는 편익을 포함한다. 법적으로 요구되는 급여로는 실업(실업보험), 부상(근로자보상), 퇴직(노령, 유족, 장애, 건강보험－사회보장)의 경우 고용주들이 근로자들을 보상해 주기 위한 기금프로그램들에 급여를 기준으로 납부해야 하는 지출을 들 수 있으며, 사적으로 제공되는 편익에는 공휴일보수, 휴가 및 병가, 개인연금, 개인 건강 및 생명보험 등이 있다.

## 3. 비임금비용의 준고정적 성격

비임금비용은 임금비용과는 달리 근로시간당 비용이 아니라 근로자당 비용으로 부담된다. 이렇게 비임금비용은 근로시간의 크기에 따라 변하지 않으므로 기업은 일단 근로자들이 채용된 후에는 근로자의 근로시간과 무관한 비용을 부담하게 된다는 의미에서 경제학자들은 비임금비용이 준고정적 성격을 가지는 것으로 간주한다.

채용 및 훈련비용은 동 비용들이 신규고용자 개개인과 관련되며 훈련기간 이후 근로자들의 근로시간과는 관련되지 않는다는 점에서 준고정적이다. 또한 많은 부가급여와 관련된 비용 역시 준고정적이다. 예를 들어, 대부분의 생명보험 및 의료보험은 1인 근로자 기준으로 보험료가 납부되며 비근로시간(휴식시간, 공휴일, 휴가, 병가)에 대한 보수도 마찬가지이다. 또한 '보수에 따른 연금납부액 설정 연금계획'을 제공하는 사용자들은 고용보수액의 일정비율을 연금기금에 납부하기 때문에 일부 연금비용은 근로시간에 따른 급여를 포함하며 이러한 연금계획의 비용은 대부분의 경우 준고정적이다.

법적으로 요구되는 급여에서는 근로자들의 보상비용이 급여액의 일정비율로 부과되기 때문에 근로시간에 정확히 비례하게 되며 사회보장세도 대부분의 경우 근로시간에 비례하는 것으로 볼 수 있다.

Labor box

### 1979~1992년 미국의 실질임금 정체

미국의 경우 지난 한 세기동안 시간당 실질임금과 주간 수당은 노동수요증가가 노동공급증가를 크게 상회하면서 물가상승률 이상으로 명목임금이 상승하면서 지속적으로 증가하였다. 그러나 이러한 현상이 항상 유지되었던 것은 아니었다.

1979년을 시작으로 미국의 물가상승률을 고려한 시간당 임금과 주간 수당은 정체를 보이기 시작하였으며 1992년에는 모든 민간 비농업부문의 시간당 실질임금은 1979년의 8.17$에서 7.42$로, 평균 주간 실질수당도 292$에서 257$로 크게 하락하였다. 이러한 현상은 미국의 노동수요 증가가 노동공급 증가를 따라가지 못함에 따라 전체 고용은 증가하면서 근로자의 평균 실질임금은 하락했음을 보여준다.

1979년부터 1992년까지의 미국 근로자의 실질임금 하락의 원인으로는 우선 공급 측면에서는 출산급증(Baby Boom)과 관련한 노동력의 증가와 기혼여성을 중심으로 한 여성 노동력의 참가가 증대되었다는 사실을 들 수 있다. 이와 아울러 수요 측면에서는 해외경쟁의 격화로 미국 내 임금의 하방압력이 크게 증대되었으며 노동조합주의(unionism)가 퇴색되면서 노동생산성의 증가분이 충분히 임금에 반영되지 못하면서 실질임금도 하락하게 되었다. 또한 항공·운송·은행산업에서 규제가 완화되어 경쟁이 격화되면서 동 산업의 실질임금도 하락하게 되었다. 이외에도 낮은 급료의 비정규직 근로자 증가와 고용주 부담 건강보험료 인상에 따른 기업들의 임금인상 부담증가도 실질임금을 하락시켰던 요인으로 볼 수 있다.

# 제 11 장

# 임금과 부가급여

임금에 대한 문제는 개념상 세 가지 연구영역으로 구분될 수 있다. 첫 번째 연구영역은 경제전체의 산출물이 자본, 토지 및 노동의 투입요소 사이에 어떻게 배분되어야 하는가에 관한 문제이다. 이러한 문제는 경제학을 분배의 경제학으로 보는 리카르도(D. Ricardo)의 중심과제로서 소위 노동분배율에 관한 연구이다. 두 번째 연구영역은 일반임금수준의 결정과 변동에 관한 것이다. 화폐임금률의 변동을 노동시장에 존재하는 초과노동수요의 지표로 보고 실업률과 관련시켜 설명하는 것으로 필립스 곡선에 관한 연구가 그 대표적인 경우이다. 세 번째 연구영역은 개별임금수준의 결정과 임금구조에 관한 것이다. 마샬(A. Marshall)에 의하면 현대사회에 있어 실제로 중요한 것은 일반임금률에 관한 문제가 아닌 노동자 집단이 직면하고 있는 개별적이고 고유한 임금에 관한 문제라는 것이다. 노동시장에 참여하고 있는 노동자 집단 내의 임금차이에 관한 연구는 아담 스미스(A.Smith) 이래 경제학의 주요 연구대상이 되어 왔다

본 장에서는 개별임금수준의 결정과 임금구조에 있어서의 개념상의 문제를 고찰하고자 한다.

## 11.1 임금수준의 결정

### 1. 임금의 의의와 특징

임금이란 노동(근로)이 상품으로 판매됨으로서 발생하는 노동의 가격이라고 할 수 있다. 임금은 근로자측에서 보면 생계를 유지하는 수입

의 원천이며 근로자의 사회적 지위와 위신을 표시하는 지표인 반면 기업측에서 볼 때는 제품의 원가를 구성하기 때문에 기업의 비용(노무비)에 속한다. 이와 같이 임금은 사용자와 노동자의 입장에 따라 서로 다른 양면성을 갖기 때문에 사용자는 되도록 낮은 임금을 지불하고자 하고 근로자는 되도록 높은 임금을 요구한다.

임금은 우선 근로자에게 동기부여의 수단이 된다. 즉 임금은 근로자에게 근로의욕을 자극하는 요소로 경영자가 근로자의 동기부여를 자극할 필요가 있을 때 가장 유효한 매체가 된다. 근로자는 임금으로 스스로의 노동력을 재생산하며 이를 통하여 가족전체의 생활비용을 마련하기 때문에 항상 임금의 상승과 안정을 바라고 있으며 특히 생존적 욕구가 강할 때는 임금이 가장 큰 동기부여의 요소가 된다. 그러나 임금에 대한 근로자의 욕구충족은 그렇게 쉽게 이루어질 수 없다. 다시 말해서 인간의 욕구는 무한하고 아울러 임금에 대한 욕구도 무한하지만 임금에는 언제나 부족감과 불만족이 뒤따르기 마련이다. 특히, 임금이 감액되는 경우 근로자의 불만이나 저항은 커지기 때문에 임금에는 하방경직성이 작용한다. 임금은 또한 근로자의 사회적 지위를 나타내는 지표로 작용한다. 즉 임금은 기업내외에 있어서의 근로자의 사회적 지위를 결정해 주기도 한다.

한편 임금은 기업의 목적달성을 위한 수단이기도 하다. 기업은 적절한 임금관리를 통해 노동생산성을 높이고 비용면에서 수지타산을 감안하여 이윤을 극대화한다. 그러므로 오늘날 기업에 있어서 임금관리의 목표는 기업이 필요로 하는 근로자를 확보하여 그 능력을 최대한 발휘하게 하여 기업을 발전시키고 동시에 근로자의 복지향상을 유도하는데 두고 있다.

임금은 노사 양쪽에서 볼 때 서로 다른 성격을 갖는 것이지만 다음과 같은 몇 가지 공통적 특징을 필요로 한다.

첫째, 동일지역 내의 타기업 혹은 동종산업의 타기업과 비교하여 일정한 수준을 유지할 수 있어야 한다. 둘째, 임금은 근로자의 생계원천으로 생활비를 충족시킬 수 있을 만큼 만족스러운 것이어야 하며 근로자의 생활 향상에 대한 욕망과 기대에 부응할 수 있어야 한다. 셋째, 동일기업 내의 다른 근로자와 비교하여 노동의 성과에 대한 공정한 평가가 필요하다. 넷째, 기업이 지불할 수 있는 총인건비는 기업에게 일정한 이윤을 약속한다는 전제가 필요하므로 기업경영에 있어서 일정한 성과를 보장할 수 없는 임금인상은 억제된다. 끝으로 한 기업의 임금이 다른 기업과 산업, 그 지역의 임금에 영향을 미칠 뿐 아니라 최종적으로 국민경제 전체에 영향을 미치게 되므로 임금인상을 위해서는 일정한 생산성 향상이 동반되어야 한다.

## 2. 임금수준의 결정요인

임금의 양면성으로 인해 근로자는 임금수준의 결정요인으로 생계비, 물가상승 등을 요구하는 반면 사용자측은 영업실적, 생산성 등을 기준으로 하고자 한다. 노사간에 임금을 보는 시각이 다르므로 현실적으로 임금수준은 노사간의 세력관계에 의해 영향을 받게 된다. 한편 임금수준은 노동의 수요와 공급, 즉 노동시장의 여건에 의해서 영향을 받기도 하는데 이러한 임금결정의 제요인을 사회·환경적 요인, 노동적

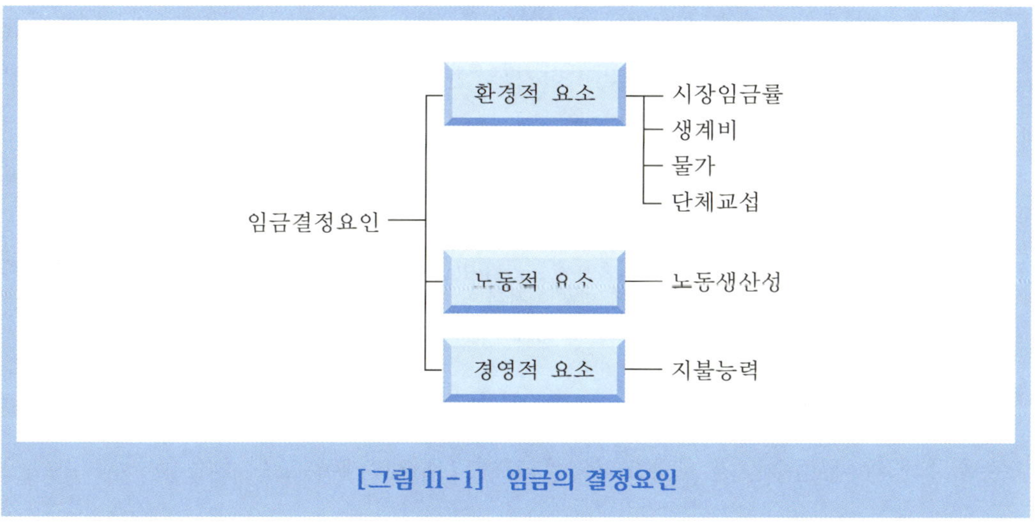


[그림 11-1] 임금의 결정요인

요인, 경영적 요인으로 분류하기도 한다.

### (1) 노동생산성

일반적으로 생산성[1]이란 단위투입량에 대한 산출량의 크기(즉, 생산성=산출량/투입량)로서 투입량의 종류에 따라 노동생산성, 설비생산성, 원재료생산성, 통합생산성 등으로 분류하기도 한다. 노동생산성은 물적 노동생산성 혹은 부가가치 생산성으로 파악될 수 있다.

그 중 물적 노동생산성이란 단위노동량에 대한 산출량을 의미하며 가격의 영향을 받지 않아 동종업종, 국제간 · 기간간 비교에 유용하다. 물적 노동생산성은 종업원의 의욕이나 숙련도에 의해 변화되거나 주로 설비 이외의 기술적 수준에 영향을 받기도 한다. 한편 부가가치 생산성이란 부가가치[2]와 그 부가가치를 생산하는데 필요한 노동량을 대비한 개념으로 이 경우 부가가치란 기업의 경영활동에 의해 창출된 가치, 즉 기업의 매출액에서 외부구입가치를 공제하여 순수하게 자기회사에서 창출한 가치를 말한다.

### (2) 생 계 비

생계비란 노동자의 생존을 유지하는 비용으로서 임금결정의 요인이 된다. 그러나 생존비로서의 임금의 기능이 충족된 단계에서는 사회생활을 유지하는 비용을 의미하기도 한다. 생계비에는 실태생계비, 이론생계비, 최저생계비가 있다.

---

1) 생산성의 종류에는 노동생산성(물적 노동생산성, 부가가치 노동생산성), 설비생산성, 원재료생산성, 통합생산성이 있다.

2) 부가가치를 계산하는 방법으로 가산법과 공제법이 있다. 가산법은 기업의 손익계산서와 제조원가명세서중에서 부가가치에 해당하는 항목을 골라 계산하는 방식으로 다음과 같은 기본산식에 의해 계산된다.

부가가치=법인세 차감전 순이익+인건비+금융비용+임차료+조세공과금+감가상각비.

한편, 감가상각비 공제법에 의하면 부가가치는 총산출가액에서 외부구입가치를 차감한 것으로 계산된다. 즉,

부가가치=순매출액−(원재료비+지불경비+감가상각비+기초재고액−기말재고액−부가가치 조정액)

실태생계비

이론생계비에 대응하는 개념으로 실제 생계지출의 비용을 말한다. 가계부에 의한 생계비를 임금수입과 비교하여 볼 때 임금수입이 생계비 지출보다 큰 가계는 흑자를 유지하고 동시에 만족스러운 임금수준을 향유하는 반면 임금수입이 생계비 지출보다 적은 가계는 적자로서 불만족스러운 임금수준을 받고 있음을 의미한다.

실태생계비 개념은 현실성은 있으나 가계지출이 현실적인 수입에 의해 규제되기 때문에 바람직한 기준을 파악하기 어렵다는 문제점이 있다.

이론생계비

이론생계비란 실태생계비에 대응하는 개념으로 먼저 근로자가 필요한 소비내용을 이론적으로 결정하고 거기에 각 품목의 적정가격을 곱하여 생계비를 산출한다.

최저생계비

표준생계비 유형의 하나로 다음과 같은 방법 등에 의해 산출된다.

첫째, 1인당 국민소득(국민소득/인구수)으로 파악

둘째, 노동에 필요한 칼로리로 먼저 음식물을 정하고 다음에 주거, 피복 등의 필요액을 정하는 방식(음식물비를 정하고 난 다음 최소한도의 엥겔계수에 의해서 전 지출액을 구하는 방법)

셋째, 실태생계비를 분석하고 그 구조변화에서 최저생계비를 확정하는 방법

넷째, 실제의 연령별 임금곡선에서 구하는 방식 등이 이용된다.

### (3) 기업의 지불능력

기업의 지불능력이란 기업이 임금수준을 어느 정도까지 지불할 수 있는가 하는 가능성을 말하며 기업이 최대한으로 지불할 수 있는 금액을 의미하기 보다는 얼마를 지불하는 것이 기업경영상 허용될 수 있는가 하는 문제를 말한다.

기업의 지불능력을 무시하고 결정된 임금은 기업을 궁지에 몰아넣거나 도산에 이르게 할 것이므로 경영비용으로서의 임금은 기업의 지불능력 내에서 결정된다. 기업의 지불능력은 기업의 자본 및 노동생산성이나 손익분기점, 원가구성, 매출이익 등 수익성을 분석하여 파악하기도 한다.

### (4) 물　가

물가는 실질임금을 결정하는 주요 요인으로서 물가와 관련하여 명목임금과 실질임금의 개념으로 구분된다.[4)]

명목임금은 노사간의 임금교섭을 통하여 매년 결정되는 임금으로 보통 화폐단위로 나타내며, 실질임금은 기준연도와 비교연도 사이에 발생한 물가상승의 효과를 제거한 실질적인 임금액을 말한다.

임금과 물가 사이에는 상호 작용관계가 있어서 임금이 물가에 영향을 미치기도 하고 물가가 임금에 영향을 주기도 한다.[5)]

### (5) 시장임금률

기업 내의 각 개인의 임금인 개별임금이 학력, 성별, 능력, 직무 등이 동일한 사람과 비교하여 얼마나 동일한 수준에 있는가하는 것을 의미한다.

기업 내에 우수한 인재를 확보하여 기업을 발전시키기 위해서 또는 종업원의 사기진작을 위해서는 시장임금률에 대한 배려가 필요하다. 특히 노동력이 부족할 때는 시장임금률이 임금결정의 유력한 요인으로 작용하며 노사간에 있어 서로 상대방의 납득을 쉽게 얻을 수 있는 기준이

---

4) 명목임금과 실질임금의 관계는 다음 식에 의해 표현된다
실질임금=명목임금/소비자물가지수×100
명목임금지수=명목임금(비교시)/명목임금(기준시)×100
실질임금지수=실질임금(비교시)/실질임금(기준시)×100

5) 임금이 물가에 영향을 미치는 정도는
① 임금인상에 따른 생산성 증가의 정도
② 기업의 시장 지배력의 정도
③ 노동을 다른 생산요소로 대체할 수 있는 대체탄력성의 크기 등에 의존한다.

되기도 한다.

### (6) 단체교섭

오늘날 임금은 임금을 직접적으로 규제하는 노사의 임금정책과 깊이 관련되어 있다. 단체교섭에 의한 임금결정은 직접적인 이해당사자인 노사간의 고용조건에 관한 공동결정 또는 상호 승인을 의미하는 것으로 대립하는 임금결정의 책임을 노사쌍방에 부과하는 것이기도 하다.

단체교섭은 보통 대기업에서 노사관계가 대등한 경우에 이루어지며 대등한 노사관계가 형성되지 않은 소규모 경영 및 기능직에 있어서는 단체교섭보다는 개별교섭이 이루어지기도 하지만 복잡한 산업사회에 있어 그 유용성이 크지 않다. 그러나 소규모 경영에 있어서 단체교섭력의 불균형을 구제하기 위해 개별교섭 외에 일개 산업전체의 경영자 대표와 노동조합 대표에 의한 단체교섭이 적용되기도 한다.

한편 기계화, 분업화가 진전된 대기업에 있어서 다수의 미숙련노동자는 단기간의 훈련에 의해서 생산에 종사하기 때문에 사용자측의 일방적인 평가에 의해 임금이 결정되기도 한다.

대기업에 있어서 대등한 노사관계가 이루어지지 않을 경우에도 경영자나 노동조합 중 어느 한쪽의 일방적인 임금결정방식이 채용되는 예는 많이 있다.

## 3. 생산성 임금제

생산성 임금제란 매년 임금결정 교섭에 있어서 임금의 인상률을 생산성 상승률에 연결시켜 결정하는 방식으로 최근 임금인상의 기준으로서 활발히 논의되는 개념이다.

생산성 임금제는 명목임금의 상승률을 부가가치 생산성의 상승률 또는 물가상승률+물적생산성상승률과 일치시키거나 실질임금상승률을 물적생산성상승률과 일치시키는 제도이다.

그러나 생산성임금제가 노사 양쪽에 대하여 타당성을 가지기 위해서는 물가상승률, 생계비상승률, 기업측의 제품가격상승률이 일치하여야 하며 부가가치율의 변화가 없어야 한다는 전제조건이 있다.

또한 생산성 임금제가 전국적 임금인상률의 기준이 되기 위해선 산업부문에서 물적 노동생산성이 동일한 수준으로 상승하여야 한다는 전제조건이 필요하다. 그러나 이러한 제조건은 비현실적 가정이기도 하다.

즉, 첫째 물가상승률과 생계비상승률간의 격차, 둘째 물가상승률과 기업측의 제품가격 상승률과의 격차, 셋째 산업 또는 기업내부의 내수 수요가격과 수출가격간의 괴리, 넷째 산업 또는 기업의 수출비율 차이, 다섯째 각 산업간의 생산성 상승률 차이 등으로 인해 생산성 임금제를 국민경제적 관점에서 임금의 결정기준으로 적용하기는 다소 힘든 부분이 있다.

그러므로 생산성 임금제 적용상에는 다음과 같은 점에 유의하여야 한다.

첫째, 생산성 임금은 거시적 지표로 활용하는 것은 가능하나 개별 기업 수준에서 적용하기는 곤란하다. 또한 일부 산업부문을 대상으로 측정된 생산성을 국민경제 전체적으로 확대 적용하는데는 어려운 점이 있다.

둘째, 장기적 관점에서 실질임금의 상승률과 물적 노동생산성의 상승률을 일치시키거나 밀접히 관련시켜 적용하는 것이 중요하다.

셋째, 생산성 임금제를 채택할 경우 이론적으로 노동분배율을 고정시킨다는 가정을 전제로 하기 때문에 이 점을 충분히 고려하여야 할 것이다.

## 11.2 부가급여의 결정

부가급여란 경상화폐임금 이외에 노동자에게 지급되는 것으로서 경상화폐임금과 부가급여의 합은 기업차원에서 노동자 보수가 된다. 부가급여는 첫째, 사용자가 적립하는 퇴직금, 둘째, 월차휴가, 연차휴가, 생리휴가, 산전후 휴가 등 유급휴가와 정규 국경일 등 유급휴일에 대한 지급료, 셋째, 의료보험제도, 사회보장제도 및 실업보험제도하에서 사용자가 부담하는 보험료, 넷째, 회사부담의 교육훈련비, 다섯째, 기타 항목(무료 또는 할인식권, 상품권, 직업복지권) 등 여러 가지로 나눌 수 있다.

## 1. 근로자들의 부가급여 선호

먼저 근로자의 입장에서 부가급여형태로 보상을 받는 것이 갖는 이점을 살펴보자. 부가급여는 편의상 두 가지 범주로 나누어 생각할 수 있다. 첫째는 비금전적 급여 내지 현물급여로서 이러한 부가급여에는 기업이 지불해 주는 보험료 또는 유급휴가, 유급휴일 등이 속한다. 그리고 둘째 범주로는 이연보수가 있다. 이연보수란 노동소득이 현재 발생하지만 화폐형태로의 지불이 장래의 일정 시점까지 연기 내지 유예되는 보수를 지칭한다. 예를들어, 연금이나 퇴직금이 이연보수에 속한다.

먼저 현물형태의 급여가 근로자에게 유리한 이유를 설명해 보자. 원래 동일한 가치의 보상이라면 그것을 현금으로 받는 것이 근로자의 효용을 극대화하는 것이다. 왜냐하면 다른 사정이 동일하다면 현금으로 근로자가 희망하는 재화와 서비스를 가장 자유롭게 선택하거나 구입할 수 있기 때문이다. 그러나 다른 사정이 동일하지 않은 경우에 가장 중요한 고려사항은 조세상의 혜택이 된다. 일정한 금액을 현금으로 받으면 근로자는 근로소득세를 부담하게 되는데 그것이 비현금형태로 제공될 때에는 조세를 감면받는 경우가 많다. 그리고 현물형태의 급여는 대량 내지 집단적으로 할인되어 구입될 수 있으므로 근로자에게 이익이 될 수 있다.

둘째 범주에 해당하는 이연보수의 경우에도 조세상의 혜택이 있을 수 있다. 연금 또는 퇴직금은 보통 정년퇴직 이후의 노령기에 이를 수령하게 되고 이런 종류의 보수에 대해서는 세율이 특별히 낮다. 또한 이 시기의 근로자의 임금소득은 낮기 때문에 부담세율도 낮은 것이 보

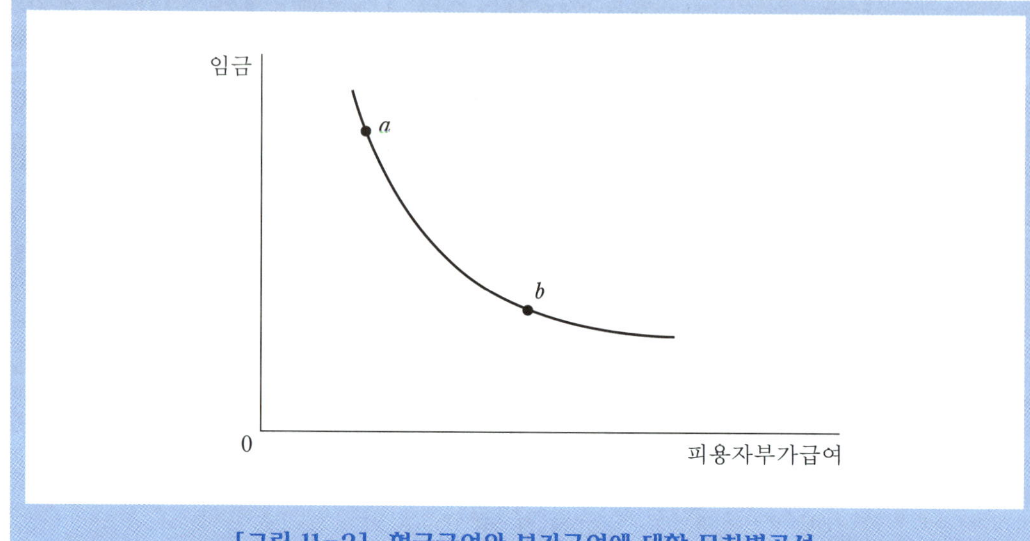


**[그림 11-2] 현금급여와 부가급여에 대한 무차별곡선**

현금급여(임금)와 부가급여에 대한 근로자의 선호체계
*a*점: 낮은 부가급여 수준으로 부가급여혜택을 한 단위를 더 누리기 위해 포기해야 하는 현금의 양이 큰 점.
*b*점: 높은 부가급여 수준으로 부가급여혜택을 한 단위를 더 누리기 위해 포기해야 하는 현금의 양이 작은 점.

통이다. 따라서 매월 추가적인 세부담없이 저축된 금액을 퇴직이후의 노후대책으로 받게 되며 이는 조세면에서도 유리하므로 이러한 이연보수형태는 근로자들에게 선호될 수밖에 없다.

근로자들은 현금급여와 부가급여 사이에서 선택할 수 있다. 현금급여가 가져다 주는 편리함과 부가급여가 가져다 주는 세제상의 혜택 모두를 누릴 수는 없으며 현금급여의 편리함을 누리자면 세제상의 혜택을 포기하여야 한다. 현금급여와 부가급여에 대한 근로자의 선호체계를 그림으로 표시한 것이 [그림 11-2]에 나타난 무차별곡선이다. *a*점에서는 부가급여 수준이 낮기 때문에 부가급여혜택을 한 단위 더 누리기 위해 포기하고자 하는 현금의 양은 크다는 점을 보여 주며, *b*점에서는 부가급여 수준이 높기 때문에 부가급여혜택을 한 단위 더 누리기 위해 포기하고자 하는 현금의 양이 대단히 작을 것이라는 점을 [그림 11-2]의 무차별곡선은 보여 주고 있다. 즉, 부가급여가 증가될수록 부가급여를 한 단위 더 얻기 위해 포기하고자 하는 현금량은 점점 작아질 것이다. 즉, 임금과 부가급여간의 한계대체율(*MRS*)은 부가급여가 커질수록 점차 체감하게 될 것이다.

## 11.3 특정 직업에 대한 면허

앞서 우리는 시장에서 임금의 차이가 보상임금의 형태를 가지고 있다는 점을 살펴보았다. 그러나 제도적 요인 또한 임금의 결정에 영향을 끼칠 수 있다. 이런 제도적 요인 중 하나가 특정 직종에 참여하는 노동공급을 제한하거나 장려하는 정부의 정책이다. 이러한 정책 중 대표적인 것이 특정 직업의 면허에 관한 법률이다.

### 1. 면허의 대상

정부의 면허가 필요한 직업은 의사, 변호사에서부터 부동산 거래업자에 이르기까지 실로 다양한 분야에 걸쳐 있다. 하지만 이러한 직업에 대한 면허요구는 공통적으로 관련서류의 검토, 면허료의 부과, 연령·교육·훈련 등에 관한 최소기준 설정 등을 담당하는 면허협회의 창설을 필요로 하게 된다. 이러한 면허협회의 운영에는 해당 면허를 가지고 있는 일부의 사람이 주체로 참가하게 되며 이 과정에서 이해관계의 충돌이 일어나게 된다.

### 2. 면허의 이득과 비용

면허는 사회에 편익과 비용 모두를 제공한다. 우선 편익면을 살펴보면, 정부의 면허는 소비자가 최상의 결정을 할 수 있는 가장 효율적인 방법이다. 면허의 이득으로는 소비자가 면허를 통해 정보를 얻게 되고 보호받을 수 있다는 점을 들 수 있다. 소비자들은 그들이 받는 서비스의 질이나 서비스를 제공하는 자의 경쟁력을 구별할 수 없다. 특히, 비정규적이거나 고도기술과 관련된 서비스의 경우에는 더욱 그러하다. 설령 소비자가 잘 알고 있다고 하더라도 저렴한 가격에 의한 이들의 역선택이 결과적으로 개인은 물론 사회에 큰 피해를 줄 수도 있다. 또한 소비자 개인은 저급의 서비스를 통하여 전체 서비스에 대한 저평가를 하게 될 수 있으며, 사회는 올바른 면허를 가진 이들을 보호할 필요가 생긴다.

한편 면허는 면허가 필요한 직종의 임금과 그에 따른 물가를 상승시키고 고용을 감소시키는 등의 비용을 수반한다. 이것은 [그림 11-3]에 나타나 있다. 어떤 직업이 면허가 필요하기 전에는, 수요곡선 $D_1$과

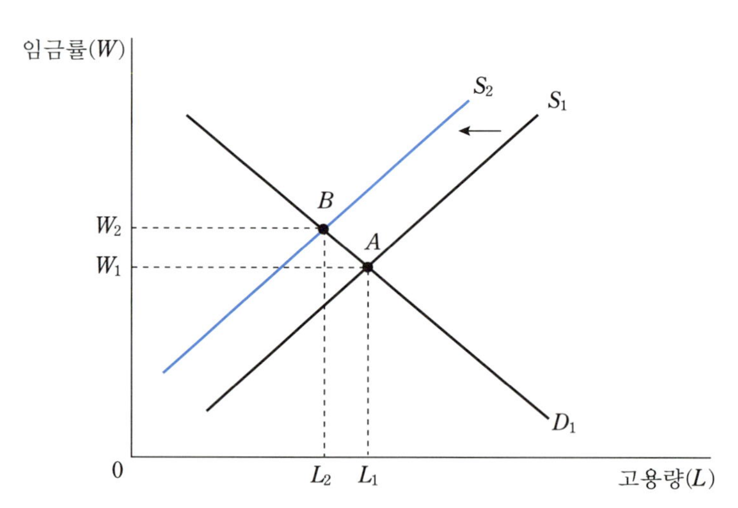


**[그림 11-3] 임금과 고용량에 대한 면허의 효과**

직업면허의 법제정 전에는 노동시장에서의 임금은 $W_1$이고 고용량은 $L_1$이다($A$점). 직업면허의 법제정 후, 입직에 대한 제한으로 공급곡선은 $S_1$에서 $S_2$로 이동한다. 이러한 직업면허의 효과로 임금은 $W_2$로 올라가고 고용량은 $L_2$로 줄어들게 된다($B$점).

공급곡선 $S_1$이 교차하는 $W_1$수준에서 가격이, $L_1$수준에서 고용량이 결정되었다($A$점). 이제 면허가 필요한 경우를 보자. 면허는 장래에 이 직업을 갖고자 하는 사람에게 특정한 교육이나 자격을 요구하게 된다. 예를 들어, 특정 학교를 졸업하게 한다던가, 어려운 자격시험을 보게 한다던가, 혹은 특수한 훈련과정을 거치도록 하고 있다. 이런 변화는 면허를 요구하는 특정 직업의 진입장벽을 높이고 그 직업에 대한 수익률을 높이는 결과를 가져온다. 결과적으로 일부 사람들은 이 직업을 포기하고 다른 직업을 얻을 것이다. 따라서 공급곡선은 $S_1$에서 $S_2$로 이동하게 되고, 새로운 균형점($B$점)에서 임금률 $W_2$는 면허가 있기 전보다 높다. 그러나 고용량 수준은 $L_1$($A$점)보다 떨어지게 된다. [그림 11-3]에서 직접적으로 나타내고 있지는 않지만 면허도입의 추가적인 영향은 줄어든 서비스 양이 줄어든 반면 소비자가 지불해야 하는 비용은 커진다는 것이다.

## 3. 독점이윤을 주는 면허

면허에 의해 생산가격이 더 높아지고 고용량 및 생산량이 더 낮아진 것은 소비자 보호의 증대와 상충관계에 있다. 그러나 직업면허가 소비자를 보호하지 않고 오히려 면허를 가진 전문가의 이득만을 보호하는 측면도 있다. 직업면허에 대한 법률은 기존에 그 직업에 종사하던 사람의 이윤을 더 늘리는데 기여하고 새롭게 그 직업을 가지려는 사람들에게 진입장벽으로 존재한다. 이렇게 더 높아진 소득은 '독점이윤'이 되는 것이다. 직업면허는 다음의 세 가지 방법을 통하여 기존에 그 직업에 종사하던 사람에게 독점이윤을 주게 된다.

### 직업자격의 강화

직업면허는 기존에 그 직업에 종사하던 사람을 제외하고 새롭게 입직하려는 사람에게 수준 높은 자격을 요구함으로써 독점이윤을 얻을 수 있다. 이는 전형적으로 새로운 입직자에게는 특정 교육이나 연수기간을 강화시키고, 기존의 그 직업 종사자에게는 그런 자격을 예외로 한다. 따라서 새로운 입직자에게는 [그림 11-3]에서의 $W_2$의 높은 임금이 높은 진입비용과 상충되어진다. 그러므로 높은 임금은 경쟁수준에서도 직업에 대한 투자의 수익으로 남아 있게 된다. 그러나 기존에 그 직업에 종사하던 사람들은 직업의 자격강화가 $W_1$에서 $W_2$로 임금을 증가시키므로 경쟁시보다 더 높은 이득을 얻게 되는 것이다.

### 지역 이동의 제한

직업면허에 대한 독점이윤을 강화시키는 두 번째 방법은 노동자들의 지역간 이동을 제한하는 것이다. 지역간 이동의 제한은 특정 지역에서 획득한 면허를 다른 지역에서는 사용할 수 없도록 제한하는 것이다. 예를 들어, 교원 임용시 강원도에서 임용고시에 합격한 교사는 강원도가 아닌 다른 지역에서는 임용이 되지 않는 경우나 특정 지역에서만 개업을 하여야 하는 특정직업의 경우가 여기에 속한다. 이런 지역이동의 제한은 그 지역에 거주하지 않는 사람들의 진입비용을 높여서 기존의 종사자를 보호한다.

### 훈련의 제한

직업면허에 대한 독점이윤을 강화시키는 세 번째 방법은 특정 훈련이나 교육과정을 제한하는 것이다. 예를 들어, 의사의 경우를 살펴보면 의사가 되기 위해서는 반드시 의과대학을 졸업하여야 한다. 또한, 변호사가 되기 위해서는 사법고시에 합격하여야 한다. 위의 두 경우 모두 새로운 입직자의 공급을 엄격하게 제한하고 있으며 그런 제한은 그 직업의 진입장벽을 높이는 결과를 낳고 있다.

APPENDIX

## 보상임금과 노동효율

### 1. 아담 스미스의 보상적 임금

만약 모든 직종이 동일한 지역에서 동일한 근로조건을 제공한다면, 근로자들은 기대임금이 가장 높은 곳에서 일을 하려고 할 것이다. 이에 따라 높은 임금을 지불하는 사업체에는 구직자가 몰려드는 반면 낮은 임금을 제공하는 사업체는 구인난에 시달릴 것이다. 따라서 노동시장의 가격조정 메커니즘이 정상적으로 작동한다면 모든 직장의 임금은 균등한 수준에서 결정될 것이다. 그러나 모든 직종의 조건이나 성격이 동일한 것은 아니다. 어떤 직종에서는 양호한 작업환경에 상대적으로 높은 교육수준과 훈련을 요구하고, 어떤 직종에서는 3D 업종에 해당하는 어렵고(difficult), 더럽고(dirty), 위험한(dangerous) 성격의 직종도 존재한다.

노동시장에는 수많은 직업 또는 직무가 있다. 각각의 직업 · 직무는 서로 다른 특성을 가지고 있으며, 이미 200여년 전에 아담 스미스는 이러한 직업에 있어서의 다섯 가지 차이점을 지적했다.

**직업의 쾌적성과 불쾌성** 근로공간의 상태에 따른 것으로 공간적인 것과 정신적인 것을 모두 포괄하는 개념이다. 소음, 먼지, 좋지 않은 기상조건 등과 같이 작업환경이 나쁘거나 사회적으로 불명예스러운 직종 등은 직업의 불쾌성이 높은 직종이라고 할 수 있다(예; 의사, 교수 대 벌목작업 종사자, 조립라인 작업자)

**직업의 지속성이나 불규칙성** 어떤 직업은 1년 내내 꾸준히 일을 할 수 있기 때문에 임금소득이 매달 확실히 보장될 수 있으나 계절에 따라 일거리가 생기거나 간헐적으로만 근로자를 필요로 하게 되어 임금소득이

불안정한 직업들도 있다(예: 공무원 대 농촌지역 일용직 근로자)

**직업기술 습득의 용이성(난이도)**

어떤 직종에서는 해당 직업기술을 습득하는데 1주일이면 가능한 반면, 다른 직종에서는 인적자원투자를 통해서 수년이 걸리기도 한다(예; 단순 건설노무자 대 대학교수).

**직업수행자에게 요구되는 책임의 정도**

직업에 따라 타인에 대해 책임질 필요없이 자신의 단순 반복적인 일에만 책임지는 직업이 있는 반면, 의사처럼 타인에 대해 커다란 책임을 지거나 경영자처럼 조직전체의 구성원들에 대한 지시와 감독권을 행사하는 막중한 책임을 갖는 직업도 있다.

**직업에서의 성공가능성(실패 확률)**

어떤 직업은 그 직업에서 성공이 확실하게 보장되어 높은 사회적 평가를 기대할 수 있는 반면에 어떤 직업은 성공의 가능성이 매우 적을 수도 있다.

아담 스미스는 나쁜 노동조건, 불규칙성, 장기의 훈련과정, 높은 훈련비용 등을 갖는 직업에서는 이러한 불이익들을 감내하기에 충분할 정도의 높은 임금을 노동자들에게 지불하게 될 것이라고 주장하였다. 또한 노동조건의 차이, 근로소득의 안정성, 훈련비용 등의 차이에 따른 불이익을 충분히 견딜 수 있는 정도의 임금프리미엄이 균등화 임금격차(equalizing difference)이며, 이를 통해 노동자들에게 각종 직업이 갖는 매력은 균등화된다고 보았다. 이러한 프리미엄이 근로자들에게 불이익을 보상한다는 점을 보다 강조한다면 균등화 임금격차는 곧 보상적 임금격차(compensated difference)가 되는 것이다.

만일 노동시장이 경쟁적이고 노동자간 능력이 균등하며 직업에 대한 취향이나 선호도에서만 차이가 존재한다면, 노동자간의 자유로운 이동에 의해 직업의 금전적 이익이 동일해지는 것이 아니라 직업의 금전적·비금전적 이익을 합친 순이익이 동일하게 된다. 이러한 직업의 순이익 균등화가 이루어지지 않는다면 순이익이 많은 직업으로 사람들이 모여들고 순이익이 이에 미치지 못하거나 오히려 손해가 나는 직업에는 사람들이 그 직업을 떠나게 될 것이다. 사람들의 이러한 자기이익 실현 동기에 따른 직업선택의 결과  모든 직업의 순이익은 균등화될 것이다.

따라서 직업의 순이익 균등화가 이루어지도록 노동자와 기업간의 교섭이 이루어지는 곳이 노동시장이며, 노동시장은 노동을 각자 상이한 분야로 배분하는 역할을 하게 되는 것이다. 이 이론에 의하면 고학력자와 저학력자간의 임금격차도 보상적 임금격차로 볼 수 있다. 고학력자가 자신의 학력을 취득하는데 발생하는 어려움과 비용에 대한 보상이 고학력자의 고임금이며 따라서 고학력자와 저학력자간의 직업의 순이익은 동등한 것이 된다. 보상적 임금격차는 원래 직업간 임금격차를 설명하는 이론이었으나 인적자본투자에 의한 학력, 숙련도별 임금격차를 설명하는데도 유용하다고 할 수 있다.

보상적 임금격차는 다음 두 가지의 상호 연관된 사회적 목적에 유용하다.

첫째, 임금격차는 사람들에게 불결하고 위험하거나 불쾌한 일을 자발적으로 수행할 유인을 제공함으로써 사회적 필요를 충족시킬 수 있다. 이와 같은 맥락에서 보상적 임금격차의 존재는 바람직하지 못한 작업환경을 근로자에게 제공하고 있는 사용자에게 금전적인 범칙금을 부과하는 역할도 하게 된다.

둘째, 개인적 차원에서 임금의 격차는 사람들이 기피하는 일자리를 기꺼이 받아들인 노동자에게 다른 일자리에서 근무하는 노동자들보다 더 높은 임금을 지급함으로써 이를 보상해 주는 역할을 한다. 예를 들어, 사용자 X는 시간당 8,000원을 지급하는 대신 깨끗하고 안전한 작업환경을 제공하고, 사용자 Y는 시간당 8,000원을 지급하는 대신에 지저분하고 시끄러운 작업환경을 제공한다고 가정하자. 대다수의 근로자들은 보수가 동일한 상황에서는 보다 쾌적한 작업환경에서 근무할 것을 원하기 때문에 분명히 사용자 X의 회사를 선택할 것이다. 그런데 여기서는 8,000원이 두 기업의 균형임금이라고 볼 수 없을 것이다. 기업 X는 8,000원의 임금으로 노동자들을 모으기가 쉽기 때문에 미래의 임금인상을 유보할 가능성이 높은 반면, 기업 Y는 필요한 노동자들을 충족시키기 위해서 더 높은 임금을 지불하거나 작업환경을 개선해야 할 필요가 있다.

기업 Y가 노동자들을 유인하기 위해서 지급하여야 하는 추가임금은, 바람직하지 않은 작업환경 때문에 노동자들에게 보상을 해주기 위하여 보다 높은 임금을 지급하는 것이기 때문에 '보상임금격차'라고 부른다. 만일 임금에 이러한 차이가 없다면 기업 Y는 기업 X가 확보가능한 미숙련노동자들을 자신에게 유인할 수 없을 것이다.

하지만 이러한 추가임금 지급을 통해서 미숙련노동자 모두를 자신에게 유치할 수는 없다. 몇몇 노동자들은 질이 낮은 작업환경에 상대적으로 무감각하여 추가임금을 받는 대신 열악한 근로조건을 참으며 일을 하려고 할 수도 있지만, 다른 사람들은 소음이나 먼지 등에 민감하기 때문에 차라리 낮은 임금을 받기로 결정할 수도 있을 것이다.

## 2. 헤도닉 임금

### (1) 헤도닉 임금의 의미

헤도닉 임금(hedonic wage)은 시카고대학 교수인 로젠이 1974년에 처음 사용한 이후, 이제는 노동경제학에서 일반적으로 사용되고 있는 용어이다. 로젠이 사용한 헤도닉 임금이란 힘들고 유쾌하지 못한 직무에 대해서 노동자가 이 일을 수행함에 따르는 보상까지 포함하는 시장임금수준 또는 편하고 쾌적한 직무에 대해서 노동자가 얻게 되는 편함과 쾌적함이라는 직무특성에 대한 대가지불을 반영한 시장임금수준을 말한다. 또, 우리는 비효용을 가지는 직무를 다룰 때 헤도닉 임금을 보상충족임금이라고 할 수 있으며, 반대로 효용을 가져오는 직무를 다룰 때는 직무특성에 대해 노동자가 그 대가를 지불하려는 의사를 반영한 시장임금이라는 의미에서 의중반영임금이라고 할 수 있다.

이제 우리는 산업재해의 위험이 있는 직무에 있어서 보상충족임금 결정을 논의하고자 한다. 그 동안 이루어진 직무특성과 임금간의 실증 분석에 의하면 산업재해의 위험이라는 직무특성만이 이론과 부합되는 것으로 나타났기 때문에 우리의 초점을 산업재해에 국한하여 보상충족 임금이론을 설명하고자 한다. 그럼, 이에 따른 몇 가지 기본가정을 살펴보겠다.

첫 번째, 노동자들은 그들의 소득이 아니라 그들의 효용을 극대화 한다는 것이다. 만일 노동자들이 소득을 극대화하려 한다면 그들은 항상 그들이 얻을 수 있는 일자리 중에서 가장 높은 임금을 지급하는 곳을 선택할 것이다. 이와는 달리 일부 사람들은 낮은 임금을 받는 대신에 보다 쾌적한 일자리를 선호하여 가장 높은 임금을 제공하는 일자리를 선택하지 않는 경우에 보상임금격차는 발생한다.

두 번째, 노동자들이 잠재적으로 그들에게 중요한 일자리의 특성을 알고 있다는 것이다. 노동자들이 일자리를 얻기 전에 그 특성을 알았는지, 또는 일자리를 구한 후에야 그 특성에 대해서 알게 되었는지는 크게 중요하지 않다. 어떤 경우든지 보상임금격차 없이 나쁜 일자리를 제공하는 회사는 노동자들을 모집하거나 보유하는데 곤란을 겪을 것이며, 이러한 어려움은 회사로 하여금 결국 임금을 인상하지 않을 수 없도록 만들 것이다.

노동자들은 직접관찰, 다른 노동자들로부터의 정보입수, 여러 자료의 활용 등을 통해서 작업장의 상황은 물론 위험사고 발생확률까지도 정확하게 평가할 수 있는 충분한 정보를 얻을 수 있다. 실제로 자신들의 업무가 위험하다고 생각하는 노동자들의 비율과 정부가 집계하여 발표하는 산업의 실제 부상률과 밀접한 관련이 있음이 이미 알려져 있다. 그러나 아주 확연하지 않은 특성들에 대한 예측에는 오류가 있을 수도 있다. 예컨대, 현재는 석면의 위험성이 알려져 있지만 40년 전만 하더라도 이 사실이 널리 알려진 것은 아니었다. 이러한 사실이 알려지는데는 오랜 시간이 소요되었는데 이는 석면과 관련된 일자리를 선택하는 상황이 만들어졌기 때문으로 볼 수 있다. 이로 인해 그 당시에는 이러

APPENDIX

한 위험에 대한 보상임금격차가 나타날 수 없었으며 이런 측면에서 보상임금격차에 대한 예측은 근로자들이 알고 있는 일자리의 특성에 한해서만 성립된다고 볼 수 있다.

세 번째, 노동자에게는 광범위한 일자리가 제공되고 노동자들은 이 중에서 다양한 선택의 기회를 갖게 된다는 것이다. 제공되는 일자리의 수가 많지 않다면, 노동자들은 그들이 원하는 직무특성의 조합들을 선택할 수 없거나 그들이 참여를 원하지 않는 일자리의 특성을 회피할 수 없을 것이다. 예를 들어 만약 노동자들이 오로지 위험한 일자리 밖에 구할 수 없다면 부상위험에 대한 보상임금격차는 나타날 수가 없게 된다.

일자리에 대한 선택이 가능한 경우는 일자리를 구하는 각 노동자가 여러 가지 일자리를 동시에 제공받을 수 있거나 또 다른 방식은 근로자들의 이동이 자유로운 경우이다. 즉, 여러 일자리를 동시에 제공받지 못한 노동자들이 일자리를 얻은 후에도 그들이 좀더 좋은 일자리를 얻을 수 있다고 생각하면 계속하여 일자리를 탐색하기 때문에, 어떤 시점에서 일자리가 제공이 되지 않더라도 노동자들은 일정 기간에 있어서는 상대적으로 광범위한 선택가능성을 가지게 된다. 또한 이는 궁극적으로 노동자들이 효용을 극대화시키는 일자리를 선택하도록 만들게 된다.

### (2) 헤도닉 모형

#### 1) 노동자 측면

노동자들이 직장에서 부상당할 위험을 싫어한다는 것은 너무나도 당연한 사실이다. 예를 들어, 매년 노동자의 1%가 부상을 당하고 있고, 그 기업에서 지급한 임금은 그 일자리에 고용된 사람에게 일정수준의 효용을 주고 있다고 하자. 만일 다른 근로조건은 그대로인 채로 산업재해률이 10%로 증가하면 그 회사는 노동자의 효용수준을 그대로 유지하기 위해서는 더 높은 임금을 지불해야만 한다. 따라서 동일한 효용을 주는 여러 가지의 임금/위험률 조합들이 존재할 수 있으며, 이들 조합점들을 연결한 무차별곡선을 그릴 수 있다. 임금과 위험률간의 무차별곡선은 다음과 같은 성질을 갖게 된다.

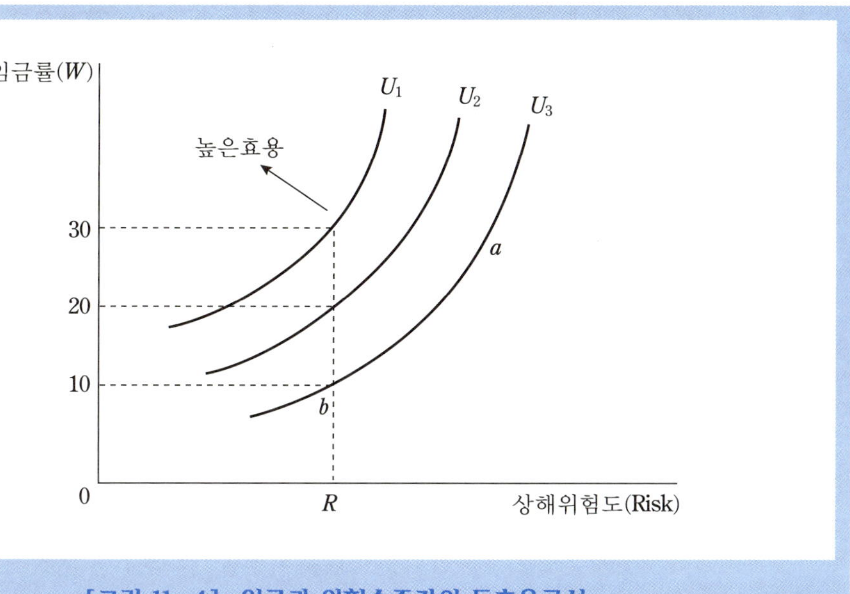


**[그림 11-4] 임금과 위험수준간의 등효용곡선**

부상위험률이 동일한 경우 무차별곡선 $U_1$의 임금이 가장 높고, $U_2$, $U_3$의 순으로 임금이 높다. 즉, $U_1$이 가장 큰 효용수준을 나타내고 $U_3$가 가장 작은 효용을 나타내고 있다.



첫째, 임금과 위험률간의 무차별곡선은 우상향의 형태를 갖는다. 이는 부상위험이 소비자의 효용을 감소시키는 비효용재이기 때문에 동일한 효용을 유지하기 위해서는 위험이 증가하면 임금도 증가해야 하기 때문이다.

둘째, 무차별곡선이 왼쪽 위쪽에 위치할수록 높은 효용을 나타낸다. 이는 주어진 위험수준에서 높은 임금을 받을수록 효용이 증가한다는 것을 의미한다. 즉, [그림 11-4]에서 보면 알 수 있듯이 부상위험률이 동일한 경우 무차별곡선 $U_2$의 임금은 $U_3$의 임금보다 높고, $U_1$은 $U_2$의 임금보다 높다. 즉, $U_1$이 가장 큰 효용수준을 나타내고 $U_3$가 가장 낮은 효용을 나타내고 있음을 알 수 있다.

셋째, 무차별곡선은 볼록한 형태를 취한다. 이는 임금과 위험수준간의 한계대체율이 체감함을 나타낸다. 그림에서 무차별곡선 $U_3$상의 $a$

점은 *b*점에 비해 상대적으로 높은 임금과 높은 위험수준을 나타낸다. *a*의 경우 노동자는 일정한 위험감소를 위하여 *b*에서 보다 임금을 대폭적으로 포기할 용의가 있다.

넷째, 개인은 위험에 대하여 서로 다른 행동을 보인다. 즉 위험을 기피하는 사람일수록 위험이 증가하게 되면 상대적으로 큰 폭의 임금인상을 요구한다. 따라서 위험기피성향이 강한 근로자일수록 무차별곡선의 기울기는 가파른 반면 위험기피성향이 적은 사람의 무차별곡선은 상대적으로 완만한 형태를 갖게된다.

### 2) 고용주 측면

고용주는 완전경쟁하에서 위험 이외의 다른 직업특성이 일정하다면 다음과 같은 이유 때문에 임금/위험간의 상충관계에 직면한다.

첫째, 노동자들이 직면하는 위험을 감소시키기 위해서는 비용이 든다는 점이다. 이는 안전모, 안전교육 등과 같이 노동자들이 직면하는

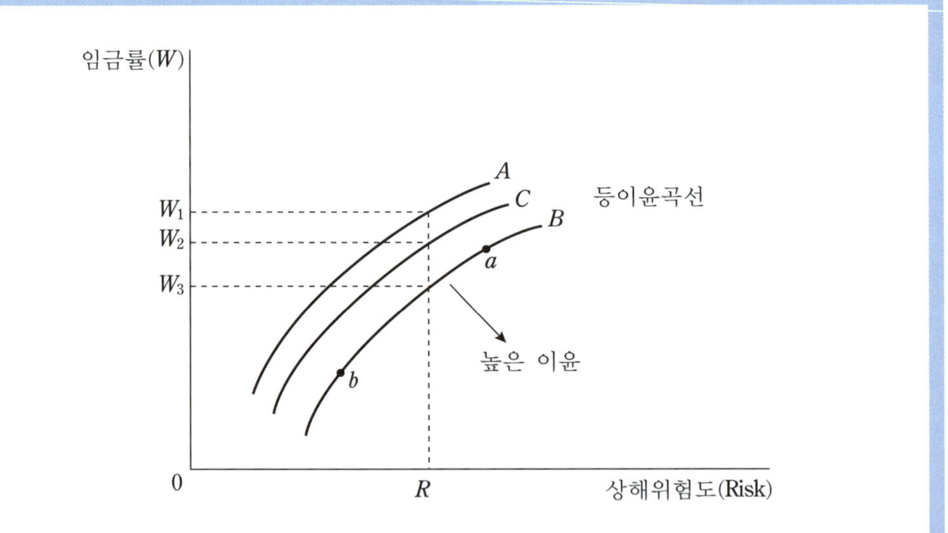


**[그림 11-5] 고용주의 등이윤곡선**

등이윤곡선은 오른쪽 아래에 위치할수록 높은 이윤수준을 나타낸다.

위험을 감소시키기 위해 고용주가 부담하는 비용을 말한다.

둘째, 완전경쟁하에서는 고용주는 다른 기업보다 낮은 위험과 높은 임금을 제시할 수 없다. 즉, 기업이 부상위험을 줄이기 위한 프로그램을 실행한다면 기업은 시장에서 살아남기 위해 임금을 하락시켜야만 한다.

한편 기업은 높은 위험과 낮은 임금과 같은 다른 기업보다 불리한 고용조건을 제시한다면 원하는 노동자를 고용할 수 없을 것이다. 따라서 노동시장에서 고용주 측면에서는 낮은 위험과 낮은 임금, 높은 위험과 높은 임금형태의 조합을 이루게 된다. 이러한 고용주의 위험/임금불규칙성 간의 상충 관계를 등이윤곡선을 통해 나타낼 수 있다.

이러한 위험과 임금간의 등이윤곡선은 다음과 같은 특성을 갖는다.

첫째, 등이윤곡선은 오른쪽 아래에 위치할수록 높은 이윤수준을 나타낸다. [그림 11-5]를 보면 알 수 있듯이 등이윤곡선이 오른쪽 아래에 위치할수록 낮은 임금을 지급하기 때문이다.

둘째, 등이윤곡선은 밑에서 볼 때 오목한 형태를 가진다. 이는 안전을 위한 지출의 한계수익(marginal return)이 체감함을 나타낸다. 예를 들어 기업의 위험수준이 매우 높은 $a$점에서 조업을 하고 있는 경우를 살펴보자. 이 경우 기업의 위험감소에 대한 초기 노력은 가장 명백하고 쉽게 제거할 수 있는 위험요인만을 제거하는 것이고 이로 인해 상대적으로 높은 한계수익을 가져올 것이다. 그러나 $b$점의 경우 이미 위험이 매우 낮은 상태이므로 이미 많은 위험요소를 제거한 상태에서 위험을 더 줄이기 위해서는 비용이 더 많이 들게 된다. 따라서 이러한 비용을 지불하기 위해서는 임금을 그만큼 더 많이 하락할 수밖에 없을 것이다.

셋째, 고용주들은 위험을 제거하는 비용면에서 서로 다르다. 위험감소비용은 등이윤곡선의 기울기로 나타나는데, 위험이 쉽게 제거될 수 있는 기업의 등이윤곡선의 기울기는 완만하고 위험제거가 어려운 기업의 등이윤곡선의 기울기는 가파르게 나타난다.

### 3) 헤도닉 모형의 균형

노동자는 직업을 선택할 때 자신의 효용을 극대화하므로 임금이 동

APPENDIX

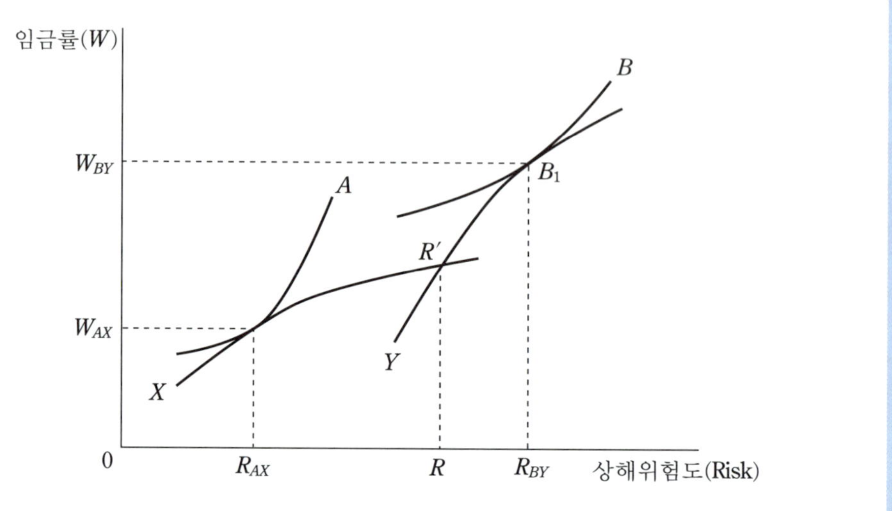


**[그림 11-6] 무차별곡선과 등이윤곡선의 결합**

A: 위험기피성향이 큰 노동자로 X의 기업에서 $R_{AX}$의 낮은 위험수준 하에서 $W_{AX}$의 임금을 받는다.
B: 위험기피성향이 작은 노동자로 Y의 기업에서 $R_{BY}$의 높은 위험수준 하에서 $W_{BY}$의 임금을 받는다.

일할 경우 위험이 낮은 직업을 선호할 것이고, 위험수준이 동일하다면 높은 임금을 선호할 것이다. 그러나 노동자는 실제로 고용주가 제시하는 직장 중에서 선택해야 하는 제약에 직면하게 된다.

한편, 완전경쟁하에서는 고용주는 다른 고용주보다 좋은 조건을 제시할 경우 비용이 많이 들어 경쟁에서 도태되므로 지나치게 좋은 조건을 제시할 수 없다. 또한 고용조건이 나쁠 경우는 원하는 노동자를 고용할 수 없다. 따라서 노동자들의 등효용곡선과 고용주의 등이윤곡선을 그래프에 함께 그리면 [그림 11-6]과 같이 된다. 그림에서 노동자 *A*는 노동자 *B*에 비해 위험기피성향이 상대적으로 큰 사람이다. 그리고 *Y*기업은 *X*기업에 비해 상대적으로 위험감소비용이 큰 기업이다. 균형은 노동자의 무차별곡선과 기업의 등이윤곡선이 접하는 점에서 달성된다.

위험기피성향이 큰 노동자 $A$는 위험감소비용이 상대적으로 작아 저임금 저위험의 일자리를 제공하는 $X$기업에 취업하여 $R_{AX}$의 낮은 위험수준하에 $W_{AX}$의 임금을 받고, 위험기피성향이 작은 노동자 $B$는 위험감소비용이 큰 $Y$기업에 취업하여 $R_{BY}$의 높은 위험수준하에 $W_{BY}$의 임금을 받고자 할 것이다.

# 제 12 장

# 노동시장에서의 임금구조

임금구조의 분석을 진행하는 데 있어 먼저 필요한 것은 '임금구조'의 개념을 정의하는 일이다. 현실의 노동시장에는 무수히 많은 임금이 존재하며 이들 간에는 임금격차가 존재한다. 그러나 노동자 개개인의 임금의 상호 의존성과 그 규칙성을 체계적으로 이해하기 위해서는 현실적으로 존재하는 무수히 많은 임금을 일정한 분석목적을 위하여 추상화할 필요가 있다. 일반적으로 임금구조란 각종의 임금 격차를 총체적이고 복합적으로 해석하는 것이다. 이러한 의미의 임금구조는 다음과 같은 5가지 유형의 임금격차를 포함한다.

**직종간 임금격차** 동일 기업 내에 있어서 다른 직종집단간에 존재하는 상대 임금수준

**개인간 임금격차** 동일기업, 동일직종 내의 연령, 성, 인종 기타 개인적 속성의 차이에 의한 노동자간의 상대임금수준

**지역간 임금격차** 동일산업, 동일직종 내에 있어 지역의 상이로 인한 노동자의 상대임금수준

**산업간 임금격차** 동일산업, 동일지역에 있어 노동자의 이종산업간의 상대임금수준

**기업간 임금격차** 동일산업, 동일지역에 있어 서로 다른 기업간의 상대임금수준

앞에서 언급한 5가지 임금격차는 기본적으로는 협의의 임금구조를 형성하는 것으로 상정하였지만 다른 유형의 임금격차에 대한 중요성을 간과해서는 안된다. 즉, 노동조합이 조직화 되어 있는 노동자집단과 그렇지 않는 노동자집단간에 존재하는 임금격차 또한 중요한 연구대상인 것이다. 그러므로 임금격차의 분류기준은 임금구조의 연구목적에 대응하여 탄력적으로 설정될 필요가 있다.

그러나 이러한 임금격차의 분류와 관련하여 한 가지 중요한 문제는, 직종간 임금격차와 산업간 임금격차, 또 개인간 임금격차와 지역간 임금격차를 동일한 관점과 시각에서 분석하는 것은 타당치 않다는 것이다. 예를 들어, 직종간 임금격차를 분석함에 있어 숙련노동자와 미숙련노동자간의 임금의 차이를 생각해 보자. 이 경우 숙련노동자의 상대적 임금이 높은 것을 숙련기술의 습득에 투하된 인적자본의 회수에 의한 것으로 볼 수 있다. 또 쾌적한 직업과 그렇지 않은 직업이 있을 때 만약 이 두 가지 직업에 있어 임금이 동일하다면 노동자는 누구나 쾌적한 직업을 선택하고자 한다. 그러나 후자의 직업에 높은 임금을 줌으로써 두 가지 직업에 대한 매력을 균등화 할 수 있다.

이와 같은 두 가지 사례는 노동시장에 있어서 완전경쟁이 존재하는 경우에도 임금격차가 발생하기 때문에 노동시장의 균형을 보증하기 위해서도 임금격차가 필요함을 보여주고 있다.

한편, 임금구조를 내부와 외부 임금구조로 이분하는 견해도 있다. 외부 임금구조란 기업측이 가지고 있는 속성(산업, 규모, 지역 등)이 임금의 높고 낮음에 영향을 미치는 경우인데 비하여, 내부임금구조란 노동자 편에서 가지고 있는 속성(성, 연령, 학력, 직종, 경력연수 등)이 상이할 때에 존재하는 임금격차를 말한다.

즉, 외부 임금구조가 기업의 속성을 통하여 경제구조에 규정되는 면이 강한데 비해 내부 임금구조란 개별기업이 가지고 있는 노무관리 중 임금관리의 영향을 비교적 강하게 받는다는 것이다.

## 12.1 직종간 임금격차

직종간 임금격차란 수많은 직종(생산직, 사무직, 기술직, 기능직 등)간에 요구하는 교육수준, 노동조건, 이동의 난이성, 안전성, 업무의 중요성 등의 차이로 인해 발생되는 임금의 격차를 말한다. 현실적으로 직종간 임금격차를 이해하기 위해서는 개별기업이 형성하고 있는 내부노동시장의 구조에 의한 임금관리, 시장균형과 양립되는 임금격차(보상적 임금격차)와 시장균형과 양립되지 않는 임금격차(구조적 임금격차)로 나누어 그 형성요인을 파악할 필요가 있다.

## 1. 내부노동시장에 의한 임금관리

임금의 설정, 노동력의 배분, 직업훈련에 관한 의사결정이 직접적으로 경제변수를 통하여 통제된다고 보는 전통적 노동시장 모형은 외부노동시장과 관련되어 있다. 이에 대하여 전통적 노동시장관에 수정을 가한 내부(혹은 기업 내)노동시장은 임금의 설정 및 노동력의 배분을 규제하는 기업 내의 제도적 규칙(공식적 · 비공식적을 불문하고)을 역설하고 내부노동시장의 형성에 기여하는 세 가지 요인을 지적한다. 첫째로, 숙련은 기업특성에 속하며 노동자를 통하여 보유될 수 있는 숙련기술은 주로 특정 노동시장이 가지고 있는 특유한 직무와 연결된다. 둘째로, 대부분의 노동자는 숙련을 습득하는 방법으로 직장 내 훈련에 의존한다. 끝으로, 특정 사회제도에 있어서 기업노동의 '장'에는 여러 가지 관습적 규칙(예를 들면 선임권)이 있어 사실상 노동자를 특정의 노동시장에 고착시킨다.

한편, 제도적 규칙이 정형화되어 있는 내부노동시장에는 경쟁모형이 상정하고 있는 것과는 다른 기업행동을 보여준다. 예를 들면, 노동공급곡선이 우상향으로 변화한다 하여도 기업은 비용을 절감시키기 위한 임금 인하를 단행하지 않거나, 노동수요가 증대하여도 임금인상의 필요성을 느끼지 않을 수 있다. 그리하여 내부노동시장은 비록 소규모이지만 단기에 있어서는 외부노동시장과 분리되어 있다. 물론 내부 및 외부노동시장의 결합 정도는 해당기업(내부시장)으로의 노동자의 진입, 기업 내의 이동, 기업으로부터의 퇴직을 규제하는 제도적 규칙과 함수관계에 있다. 그러므로 제도적 규칙은 2가지 시장을 '집합시켜 주는 교차로' 또는 '고용의 입출구'의 성격을 결정하여 주는 요인이다.

[그림 12-1]에서 보면, 기업 A는 여러 숙련의 노동자가 외부로부터 직접 채용되며, 이동은 각 숙련의 감독자에게로 제한되어 있는 경우로, 고도로 분할된 내부노동시장을 나타낸다. 또한 상위의 숙련수준으로의 진입이 극히 제한되어 있다. 이와 반대로 기업 B에서는 채용의 입구는 가장 낮은 숙련수준에만 개방되어 있고 외부노동시장에 대해서는

폐쇄적인 경우이다. 그러나 미숙련노동자가 경험을 축적하거나 직장내 훈련을 통하여 상위의 숙련수준으로 승진할 가능성이 높아 내부노동시장 자체 내는 매우 개방적인 점이 특징이다. 한편 기업 C는 기업 A와 B의 특징을 동시에 갖추고 있어서 미숙련 노동자에 대해서는 매우 높은 임금취득 기회를 제공하므로 상대적으로 낮은 임금을 지불하는 기업에 비하여 노동자의 모집영역은 매우 광범위하다. 끝으로, 기업 D는 일정한 숙련수준에 대하여서는 내부노동시장을 분할하고 있다. 이 경우 노동자는 미숙련노동자로 입직하여 세 가지 경로 중 어느 하나에 배치되고 이에 따라 상향 이동이 가능하게 된다.

이와 같이 [그림 12-1]은 내부노동시장이 외부노동시장으로부터 분리되는 정도는 내부노동시장의 유형과 숙련수준의 차이에 크게 의존한

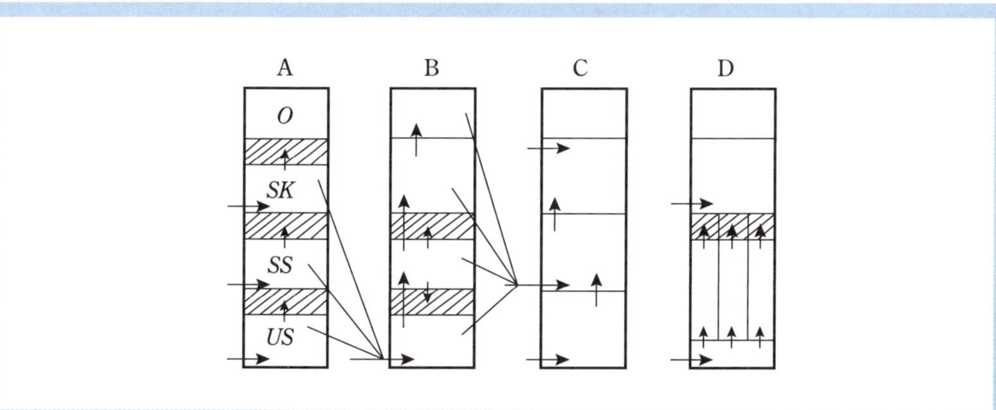


**[그림 12-1] 내부노동시장의 유형**

횡축으로 표시하는 화살표는 특정 숙련수준에 해당하는 노동자가 외부노동시장으로부터 채용되는(고용의 입구) 경로를 표시하고, 종축으로 표시되는 화살표는 기업 내에서의 이동 즉, 승진의 가능성을 의미한다. 또한 사선부분은 당해 숙련집단의 감독자를 표시한다.

자료: D. Robinson, "External and Internal Labour Markets," in *Local Labour Markets and Wage Structures,* ed. by D. Robinson, London, 1970, p. 55.

주: *US*는 미숙련 노동자 *SS*는 반숙련 노동자
*SK*는 숙련 노동자 *O*는 기타 노동자

다는 것을 나타내고 있다.

내부시장에 대한 평가는 일정치 않다. 기업 내의 승진제도는 노동자에 대하여 상위의 숙련기술을 습득할 경제적 유인을 제공하고 직업훈련의 효율화를 촉진한다고 볼 수 있다. 또한, 내부노동시장에 있어 일련의 통제과정(노동자의 모집과정, 훈련 및 노동보수를 규제하는 규칙 등)은 경쟁적 시장과 동일한 기능을 수행한다.

이러한 적극적 평가는 다른 한편으로 비판의 여지도 있다. 다시 [그림 12-1]을 참조하여 보면 기업 A는 처음부터 미숙련노동자로 머물러도 만족할 수 있는 미숙련노동자를 모집한다고 가정한다. 그러나 기업 B의 미숙련노동자는 직장내 훈련을 통하여 일정 기간 후에 상위의 숙련직으로 승진하고자 기대하며 취업당시엔 상대적으로 낮은 임금을 감수한다. 그러므로 두 기업 A와 B의 미숙련노동자는 엄밀한 의미에서 동일하다고 볼 수 없다. 즉, 비교적 잠재능력을 보유한 기업 B의 미숙련노동자는 언제라도 고임금을 요구하며 기업 A와 동일한 내부노동시장으로는 만족할 수 없게 된다. 기업 A와 B는 동일수준의 숙련을 가진 노동자를 획득하기 위해 동일한 외부노동시장에서 경쟁하기 때문에 두 기업간에 있어 숙련별 임금률의 균등화를 가져온다.

## 2. 보상적 임금격차

11장에서 이미 살펴본 보상적 임금격차(equalizing difference)란 직종간에 존재하는 상대적 불리성 또는 비용부담을 보상해 줌으로 순수익의 균등화를 가져오는 경우에 발생하는 임금격차를 말한다. 노동시장에서 완전경쟁이 지배적인 경우에 임금격차가 어떤 이유로 발생하는가를 설명함에 있어 보상임금을 도입한 스미스의 공헌은 무시할 수 없다. 예컨대, 균형하에서 직업별 임금격차가 존재하는 이유는 다음과 같다. 첫째, 직종마다 입직에 필요한 기술을 습득하는데 있어 비용이 다르다. 둘째, 사람에 따라 내부시간선호율이 각각 다르다. 셋째, 직종에 따른 비경제적 요인(명예, 작업환경)이 다양하다. 넷째, 비경제적 요인에 대한 평가 및 기호가 사람마다 각각 다르다. 다섯째, 직종마다 위험 정도(안전성, 성공의 가능성 등)가 서로 다르다. 여섯째, 위험에 대한 태도가 사람에 따라 서로 다르다.

이상의 제요인은 개별직종의 노동공급에 영향을 미치게 되는데, 이러한 영향이 어떻게 작용하는가를 검토해 보기로 하자. 여기서는 노동의 동질성에 대한 가정 대신에 현실적으로 존재하는 노동시장의 개념을 사용하여 서로 이질적이고 상호 의존적인 직업별 노동시장을 상정한다.

### (1) 기술습득비용과 내부시간선호율의 차이

특정 직종의 입직에 필요한 기술습득을 위해 지출되어야 할 비용은 직종마다 각각 상이하다. 예를 들어 고도의 기술훈련이 요구되는 $A$와 훈련이 필요없는 비숙련직업 $B$의 두 가지 직종이 있다고 가정하자. 이 경우 두 직종간에는 기술훈련에 대한 비용의 차이 이외의 다른 조건들이 동일하고 근로자들의 기호 및 내부시간선호율이 서로 동일하다고 한다면 인적자본의 투자가 요구되는 $A$직업으로 근로자들의 입직을 유도하기 위해서는 임금 프리미엄을 지불해야만 가능할 것이다.

주어진 가정 하에 투자비용의 일부를 부담하는 근로자에게는 $B$직업에서 보다 높은 보수를 받지 않는다면 $A$직업에 입직할 아무런 유인이 없다. [그림 12-2]의 (a)는 이러한 상황에서 $B$직업에 대한 $A$직업에의 상대적 노동공급곡선을 나타내고 있다.

$A$직업에의 상대적 노동공급은 임금비율 $W_e$에서 완전탄력적이고 $W_e$는 1.0 보다 크다. 임금비율은 1.0 보다 높아지므로 투자수익률이 모든 사람에 동일하다고 가정한 내부시간선호율과 같아질 수 있는 것이다.

만일, 임금비율이 $W_e$ 이상이 되면 사람들은 $B$직업을 떠나 $A$직업으로 전직을 하게 되어 $B$직업의 임금은 오르고 $A$직업의 임금은 하락하게 된다. 이와 같이 $B$로부터 $A$직업으로의 전직이 계속되면 결국 임금비율은 다시 $W_e$로 되돌아오고 이때 $A$, $B$ 두 직업 사이의 선호는 무차별한

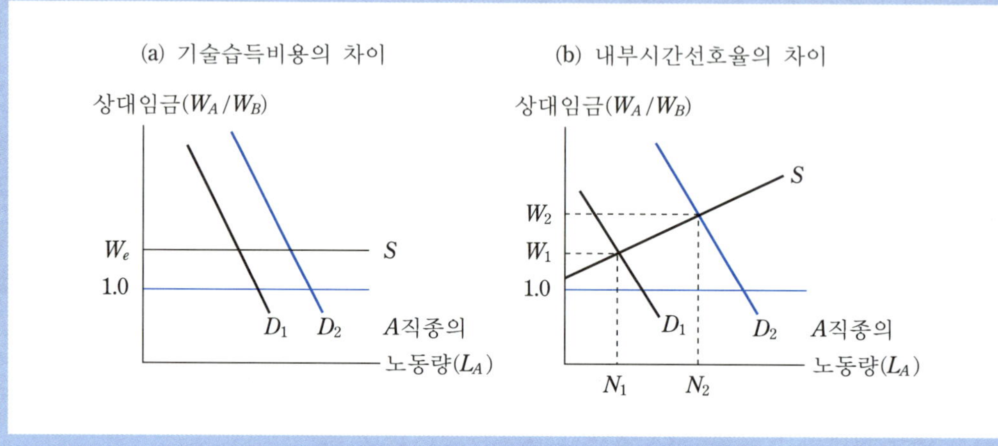


**[그림 12-2] 기술습득 비용 및 내부시간선호율의 차이에 의한 직업별 임금격차**

고도의 기술훈련이 요구되는 A와 훈련이 필요없는 비숙련직업 B의 두가지 직종이 있다고 가정할 때 S는 B직업에 대한 A직업에의 상대적 노동공급곡선이다. 임금비율이 1.0 보다 높아지므로 해서 투자수익률이 내부시간선호율과 같아진다.

내부시간선호율의 차이로 A직업에의 노동공급은 불완전탄력적이 된다. 이때 균형임금률은 수요 측면에 따라 결정되고 임금 프리미엄에 의해 항상 1 보다 크다.

관계가 된다. 이와 동일한 이유로 상대임금이 $W_e$ 이하로 떨어지면 기술직종 A로부터 비숙련직종 B로의 전직이 이루어져서 결국 상대임금이 다시 $W_e$로 환원된다. 그러므로 상대임금 $W_e$에서 A직종의 노동공급은 완전탄력적이 된다. 이러한 가정 하에서 수요의 변화는 균형상대임금에 아무런 영향을 미치지 않는다.

### (2) 직업선택의 비경제적 측면

지금까지 논의한 바에 의하면 동일한 유형의 인간자본투자를 필요로 하는 두 개의 직업은 동일한 임금을 지불한다는 결론을 내릴 수 있다. 그러나 사실은 이와 다르다. 직종마다 비경제적 측면(노동의 유쾌한 정도, 노동의 난이도, 온·습도, 소음, 진동 등 작업환경의 차이, 명성, 위신

등 주관적 만족도의 차이 등)이 서로 달라서 이에 따른 차이가 상대임금에 반영될 수 있는 것이 일반적이다. 또한 이러한 작업환경의 차이가 두 직종간의 균형임금격차에 영향을 미치게 된다.

직업에 대한 명성 역시 그 직업의 인기 및 임금에 영향을 미친다. 또한 고소득 직업으로 진출할 수 있는 기회 역시 직종마다 다르고 그 직업의 인기 및 임금에 영향을 미친다. 예를 들어 회계사의 경우는 약제사보다 중역이 될 수 있는 더 좋은 기회를 가지고 있어 회계사의 임금이 높다. 사실 직업의 인기에 영향을 미치는 제요인은 또한 직업간의 상대적 임금에 영향을 미친다. 직업의 비경제적 측면의 영향을 예시하기 위하여 인간자본투자를 필요로 하지 않는 두 직종을 검토해 보자. 직종 $H$는 명성이 높은 직종이고 $L$은 명성이 낮은 직종이라 하자. 만약, 직종 $H$의 추가 명성에 비해 동일한 기호를 가진다면 직업 $L$의 노동공급은 직업 $L$의 낮은 명성을 충분히 보상해 줄 수 있는 임금비율 $W_L/W_H$에서 완전탄력적이 될 것이다. 그리하여 임금비율은 [그림 12-3]의 (a)에서 처럼 1.00을 초과하게 되는데 $W_H$에 대한 $W_L$의 초과분이 '보상적임금 또는 균등화임금격차' 인 것이다. 그것은 보수와 명성을 다같이 고려하는 경우 두 직업 사이에 존재하는 순이점을 동등하게 하기 위하여 지불되어야 할 프리미엄이라는 의미이다. 사실 '보상적 임금 또는 균등화임금격차' 는 직업 사이의 비경제적 격차를 보상하기 위하여 존재한다.

균형임금비율로부터의 상대임금의 단기적 이탈은 노동이동을 유발하고 결국 균형 상대임금으로 환원된다. 보다 인기 있는 직업에 대해선 '보상임금 또는 균등화임금격차' 와는 거꾸로 '심리적 임금(psychic wage)' 을 받게 된다.

보상임금 또는 균등화임금격차를 설명하면서 비경제적 측면에서의 모든 사람의 기호가 동일하다고 가정하였다. 그러나 실제에 접근하기 위하여 사람에 따라 기호가 다르다는 가정하에 분석을 연장해 보기로 하자. 특정인에게는 매우 인기가 있는 직업이 다른 사람에게는 인기가 덜 할 수도 있다고 가정할 때, $L$이라는 직업의 상대적 임금비율이 낮다

해도 직업 $H$에다 비경제적 가치를 가장 적게 두는 사람들은 $L$직업을 택할 수도 있다.

그리고 $L$의 상대임금이 높아질수록 $L$직업에 대한 선호도가 낮아지는 사람들까지도 입직하게 된다. [그림 12-3]의 (b)에 의하면 $L$직업에의 노동공급은 $L$의 상대임금에 대한 증가함수이다. $L$직업에 대한 노동공급곡선 전체가 상대임금 1.0 위에 있는 것은 아니다. 왜냐하면 사람마다 직업의 비경제적 요인에 대해 서로 다른 가치를 부여할 뿐만 아니라 양(+)의 가치를 부여하는 사람이 있는가 하면 음(−)의 가치를 가지고 있는 사람도 있기 때문이다. 하나의 예로서 군복무를 생각해 보면 군대생활에 매력을 가진 사람이 있는가 하면 싫어하는 사람도 있다.

만약, $L$직업에 대한 노동수요가 [그림 12-3]의 (b)에서 $D_1$처럼 매우 낮고 임금비율이 1.0 이하이며 대부분의 사람들에게 인기가 없는 직업이라 해도 수요에 응할 만큼 그 직업을 선호하는 사람들이 충분히 입직하게 될 것이다. 그러나 상대수요가 $D_2$로 증가한다면 임금비율이 1.0 이상인 $W_2$로 오르게 될 때만 추가노동이 공급될 것이다. 이때 직업 $L$로의 추가 입직자는 $L$의 상대임금이 $W_1$일 때 그 직업을 선택한 사람보다도 동일직업에 대한 선호가 낮은 사람들인 것이다.

직업의 수요변화가 임금률을 어떻게 변화시키며 그 직업에 종사하는 사람들의 일반적 특성까지도 어떻게 변화시키는가를 예를 들어 설명하기로 하자.

고층건물의 건설작업은 항상 위험에 직면해 있기 때문에 누구나 기피하는 직종이다. 그러나 위험을 느끼는 정도는 사람에 따라 다르며 특히 위험을 많이 느끼는 사람은 이러한 작업을 하는데 더 많은 프리미엄을 요구하게 된다. 미국의 경우 고층건물이 처음 건설될 때는 이러한 건설공의 수요가 적어서 공중에서의 작업에 위험부담을 덜 느끼는 인디안들이 그 작업을 담당하였으며, 이 경우 보상임금은 그렇게 크지 않았다. 그러나 공중작업에 대한 수요가 점차 증대하게 되고 인디안 건설공의 공급이 한계에 달하게 됨에 따라 인디안 노동자보다 공중건설작업에 위험부담을 더 느끼는 다른 노동력을 유인하기 위해서는 높은 상대임금

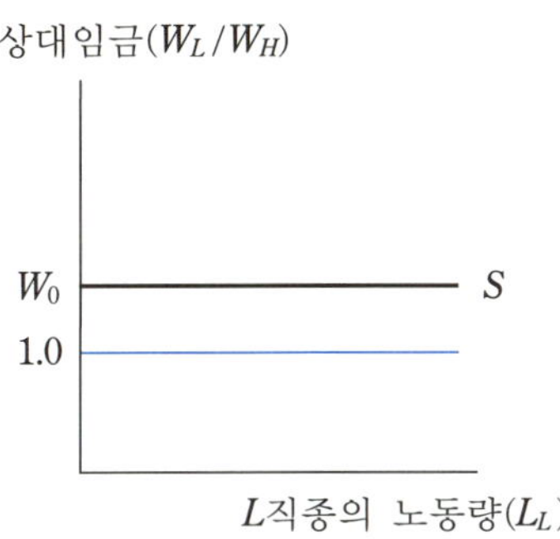


(b) 기호의 차이에 의한 격차

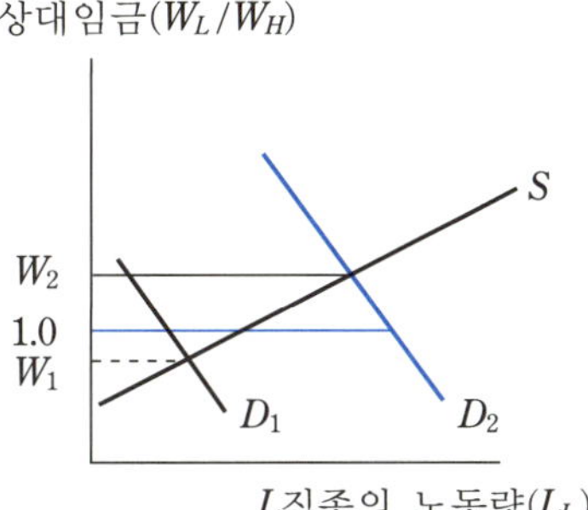


**[그림 12-3] 비경제적 측면의 차이에 의한 직업별 임금격차**

직종 $H$는 명성이 높은 직종, $L$은 명성이 낮은 직종이라 하면, 직업 $L$의 노동공급은 직업 $L$의 낮은 명성을 충분히 보상해 줄 수 있는 임금비율 $W_L/W_H$에서 완전탄력적이다. 임금비율은 1을 초과하게 되는데 $W_H$에 대한 $W_L$의 초과분이 '보상적 임금'이다.

특정인에게 매우 인기가 있는 직업이 다른 사람에게는 인기가 덜할 수도 있다고 가정할 때 $L$이라는 직업의 상대적 임금비율이 낮다고해도 직업 $H$에다 비경제적 가치를 가장 적게 두는 사람들은 $L$직업을 택할 수도 있고 $L$직업에의 노동공급은 $L$의 상대임금에 대한 증가 함수이다. 이때 $L$직업에 대한 노동공급곡선 전체가 상대임금 1.0 위에 있는 것은 아니다.

을 지불할 수밖에 없었다.

### (3) 직업별 소득의 편차 및 위험에 대한 태도

두 직업간에는 연평균임금이 동일하지만 직업 내에서는 소득의 편차가 서로 다른 경우가 많다. 즉, 고등학교 교사와 같은 직종에서는 개인의 소득의 편차가 작으나 배우의 경우 개인간의 소득차가 커서 연평균소득만으로 그 직종의 연간소득을 추정하는 것은 무의미 하게 된다. 배우직을 택한 사람은 앞으로 성공하게 되리라고 미리 예측할 수 없기 때문에 상당한 위험을 각오해야 한다. 그러나 그 직업의 구성원 사이에 있어 광범한 소득의 분산만이 위험인 것은 아니다. 예를 들면 직업 내에서의 생애소득에 있어 상당한 편차를 가지는 직업이 있는가 하면 그렇지 않은 직업도 있으며 직종에 따라 실업위험 및 직업의 안정성이 서로 다르기 때문에 이것들이 직업선택에 영향을 미친다.

위험 — 즉, 특정 시점에 있어서의 소득분산 및 시간별 소득분산 — 은 특정 직업의 노동공급에 영향을 미친다. 만약 두 직업이 평균소득을 포함하여 모든 면에서 동일한 조건이지만 위험에 있어서 서로 다르다면 위험직종을 기피하게 된다는 의미에서 대부분의 사람들은 '위험회피자'(risk averter)이다. 만일 모든 사람이 동일하게 위험을 회피한다면 위험직종에 대한 노동공급은 추가위험을 충분히 보상할 수 있을 만큼의 높은 프리미엄을 포함한 임금비율에서 완전탄력적일 것이다. 그리하여 공급곡선은 [그림 12-2]의 (a)와 같이 된다. 이 경우 직종 $A$는 보다 위험직종이다. 그러나 다른 사람보다 위험을 덜 회피하는 사람도 있다. 즉, 위험회피에 소극적인 사람은 적극적으로 위험을 회피하고자 하는 사람보다도 상대적으로 낮은 위험보상(또는 보다 낮은 상대임금) 하에서도 직업 $A$를 선택하고자 한다. 이것을 도시하는 [그림 12-2]에서처럼 우상향하는 공급곡선을 얻게 된다. 그러나 위험을 회피하기 보다는 위험을 추구하고자 하는 사람의 $A$직업에서의 공급곡선은 [그림 12-2]의 (b)와 달리 임금비율 1.0 이하일 수가 있다. 비현실적으로 행운이나 능력을 믿고서 광범하게 분산된 소득 가운데 상위소득을 추구하는 사람들이 있기 때문에 이러한 가능성은 타당하게 된다. 그러나 경험적 검증결과는 직업별 노동시장에서는 위험회피자가 지배적임을 입증하고 있다.

### (4) 직업별 임금격차와 경험적 사실

지금까지 직업별 임금격차에 영향을 미치는 제요인을 개별적으로 검토해 왔지만 이제 이러한 요인들의 중요성을 전체적으로 잠시 생각해 보기로 한다.

첫째, 어떠한 요인이 직업에의 노동공급곡선을 우상향하도록 하는가? 그것은 내부시간선호율, 기호, 위험회피의 정도에 대한 개인별 차이에 의한 것이다. 필요한 인간자본투자의 크기나 비경제적 직업의 특성, 직업의 위험에 대한 작업별 차이는 직업의 노동공급곡선을 상하로 이동시킴으로 직업별 임금격차를 확대시키게 한다.

둘째, 직업별 임금격차를 분석함에 있어서 두 가지 직종만을 선택할 수 있다고 가정하였다. 그러나 실제에 있어선 특정 직업의 임금, 인간자본의 투자, 비경제적 요인, 위험 등을 다른 모든 직업의 경우와 비교해야만 할 것이다. 그러나 이러한 복잡한 과정을 거치지 않고서도 지금까지 논의한 결론이나 일반화는 변화가 없을 것이다.

셋째, 인적자본의 차이에 의한 영향이 지배적임을 명심해야 한다. 개인별 소득의 차이를 설명하는 많은 연구결과에 의하면 기본적 인적자본의 차이가 소득분산을 설명해 주는 유일하고 중요한 요인임을 밝히고 있다. 인적자본의 투자와 직업별 임금수준은 여러 가지 면으로 연결될 수 있다. 특정한 교육수준을 획득해야만 일정수준의 교육의 정도가 요구되는 고소득 직종으로 입직할 수 있으며 이러한 사실로부터 대부분의 사적 투자수익이 발생된다. 또한 직업 내에서의 소득편차 또한 인적자본의 차이로 설명된다. 일반적으로 경제분석에 있어 기타 요인을 무시하고 인적자본을 집중적으로 고려하는 이유는 두 가지가 있다. 무엇보다 내부시간선호율이나 직업에 대한 비경제적 측면으로서의 기호, 위험회피의 정도 등 제요인에 대한 자료가 이론적으로는 측정되나 실제적으로는 얻기가 쉽지 않다. 그리고 더욱 중요한 사실은 기호 및 시간선호율, 위험회피의 변화는 매우 서서히 일어나며 그래서 이러한 변화는 직업의 상대적 공급의 변화에 거의 영향을 미치지 않는다. 예를 들면 단기에 있어 직업의 명성이 급격히 등락하는 경우는 거의 없다.

## 3. 구조적 임금격차

구조적 임금격차(structural difference)는 직업의 상대적 특성의 차이에 의한 임금격차와는 달리 개별직종의 노동시장 구조의 차이에 기인한 임금격차를 말하며 비경쟁집단(non-competing groups)에 의한 임금격차와 일시적 임금격차(transitory difference)로 나누어 설명할 수 있다.

비경쟁집단

노동조합화, 정부가 부여하는 면허, 자격, 인허가, 이주비용 및 직업탐색비용의 발생으로 인한 노동이동의 제약, 노동시장의 차별적 관행 등 진입장벽으로 말미암아 상이한 직종간에 비경쟁집단이 형성되어 인위적인 임금격차가 형성되는 경우이다.

일시적 임금격차

수요공급의 일시적 불일치로 발생하는 임금격차로서 장기적으로 일시적 격차는 사라지기 마련이다. 즉, 수요가 증대하여 고용이 증가할 필요가 있을 때 노동공급이 비탄력적인 경우, 공급이 용이하지 않으므로 해서 일시적으로 보다 더 높은 임금을 지불하게 되는 현상을 말한다.

숙련도별 임금격차의 변동

숙련도별 임금격차는 장기적으로 축소되는 경향이 있는데 그러한 추세는 교육기간의 연장으로 숙련근로자의 상대적 공급이 과잉상태이고, 미숙련노조의 조직확대로 숙련근로자의 임금격차의 계속적 유지가 곤란하며, 고등교육의 보편화로 인한 미숙련노동자의 공급제한 등에 연유한 것으로 입증되고 있다. 특히 레더(Reder)는 경기변동에 따라 기업이 채용기준을 변경하므로 숙련도별 임금격차가 변화함을 관찰하였다. 즉, 채용기준을 완화하여 미숙련노동자의 채용을 증대 시키므로 임금격차는 완화되고 불경기에는 채용기준을 강화하여 숙련노동자의 채용을 증대시키므로 임금격차는 확대된다는 것이다.

## 12.2 외부 임금구조

이제까지 직종간 임금격차를 중심으로 구조를 살펴보았다. 그러면 이제 외부 임금구조를 형성하고 있는 산업간, 기업간, 지역간 임금격차를 분석하기로 한다.

### 1. 산업간 임금격차

산업간 임금격차란 동일한 직종 · 지리적 영역에 있는 노동자가 상이한 종류의 산업에 종사하고 있을 때, 이 상이한 산업간에 존재하는 상대임금수준을 말하는 것이다. 이와 같은 산업간 임금격차가 발생하는 이유는 산업에 따라 요구되는 숙련직종의 구성이 다르고, 산업간 노동생산성의 차이가 존재하며, 동일직종이라도 그 직종의 비금전적 측면이 산업에 따라서는 다른 경우가 있고, 산업별 집중도(독과점력)의 차이와 노동조합의 존재, 산업별 수요구성의 차이 때문이다. 그러나 노동시장 및 노동이동에 대한 완전정보가 존재하고 이에 따르는 비용의 발생이 없다면 장기적으로는 산업간 노동시장에는 임금격차가 존재하지 않게 된다.

[그림 12-4]를 통해 이를 설명해 보자. 만약 산업 A에서 노동의 수요가 증가하면, 산업 B에서의 노동수요가 그만큼 감소하여 실질임금에는 아무런 영향을 미치지 못한다. 산업 $A$에서의 고용이 $L_1^A$에서 $L_2^A$로 증가하면, 산업 B에서의 고용은 $L_2^B$에서 $L_1^B$로 감소하여 전체고용량은 변하지 않는다. 그러나 노동시장의 정보 및 노동이동이 불완전하고 이에 대한 비용이 발생할 때는 산업간 수요구성의 상대적 변화를 통해 임금격차가 발생한다. 즉, 단기 노동공급곡선($S_S$)은 비탄력적으로 되어 결과적으로 산업의 수요가 증대하는 부분은 단기적으로는 $W_1$에서 $W_2$로 임금이 상승한다. 그러나 장기적으로는 $W_1$으로 되돌아가게 된다.

(a) 정보가 완전하고 노동이동이 자유로울 때

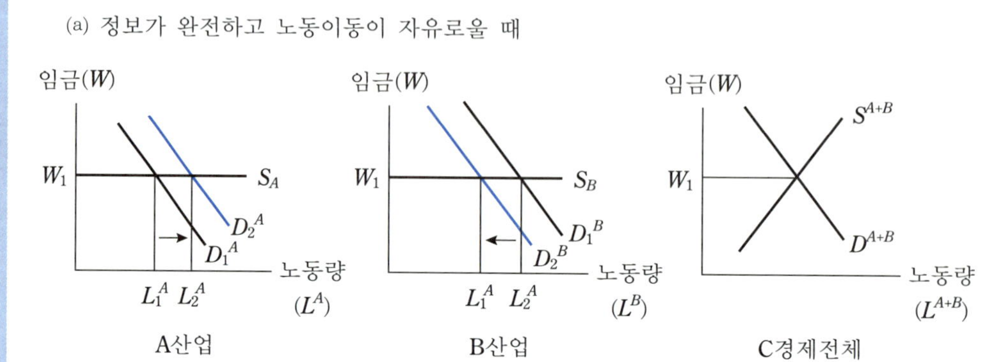


(b) 정보 및 노동이동에 있어 불완전성이 존재한 경우

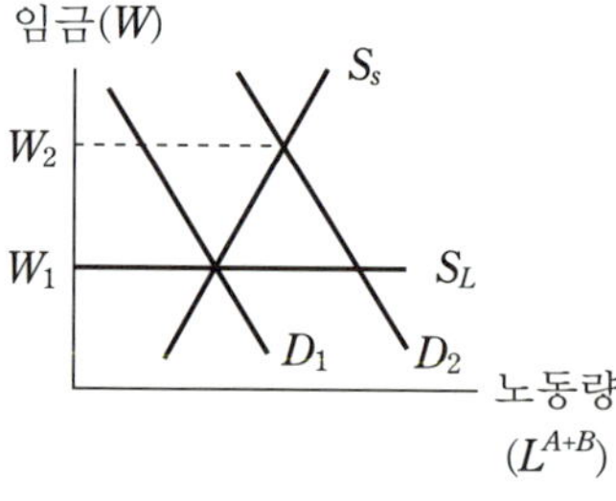


**[그림 12-4] 산업별 수요구성의 변화에 의한 노동시장 효과**

(a) 정보가 완전하고 노동이동이 자유로울 때
산업 A에서 노동수요가 증가하면 산업 B에서의 노동수요가 그 만큼 감소하여 전체 고용량 및 실질임금에는 변화가 없다.

(b) 정보 및 노동이동이 불완전한 경우
단기적으로는 수요구성의 변화를 통하여 임금격차가 발생하거나(임금이 $W_1$에서 $W_2$로 상승) 장기적으로 $W_1$의 임금으로 되돌아 온다.

## 2. 지역간 임금격차

완전경쟁 하에선, 동일노동에 대한 지역간 임금격차(regional wage differences)는 존재하지 않는다. 그러나 이것은 1인당 임금이나 소득이 지역에 상관없이 동일하다는 것을 의미하지는 않는다. 반면에 불완전경쟁 하에선 지역간 임금격차가 존재한다. 이와 같은 지역간 임금격차를 발생시키는 요인(애초엔 동일한 임금에서 시작되었다 하더라도) 즉, 지역간의 노동의 수요와 공급을 이동시키는 요인으로는 생산성, 외부로부터의 이주 및 노동력 이동의 제약, 중요한 천연자원의 발견, 지역간 산업배치의 차이에 의한 노동력 수요의 차이, 도시의 발달 정도, 순수지역효과(수요독점적 착취의 존재, 생산물 수요의 부족, 과잉노동공급) 등을 들 수 있다.

노동이 동질적이고, 양 지역은 오직 한 재화만 생산하며, 기술수준과 천연자원의 상대적 부존량이 동일하여 양 지역간의 생산함수가 동일하다고 가정하자. 또는 생산비용의 유일한 격차원인은 임금률의 차이에 의한 것이고 양 지역간에는 처음엔 교역이 없으며, 수송비용도 없다고 가정한다. 이 경우 두 지역간 교역에 따라 지역간 임금격차는 해소되는데, 그 과정을 미국의 남부와의 교역을 예로 들어 설명해 보자. [그림 12-6]에서 미국 남부의 저임금은 저렴한 상품가격으로 인해 북부의 수요가 증대하고 남부의 노동수요가 $D_1^S$로부터 $D_2^S$로 증가하였다. 그에 따라 북부의 노동수요는 $D_1^N$로부터 $D_2^N$으로 감소하고, 결과적으로 양지역의 임금은 $W_e$로 접근하여 임금격차는 해소된다. 그러나 현실적으론, 자본과 노동의 자유로운 이동이 보장되지 못하기 때문에 단기적으로는 지역간 임금격차가 존재할 수 있다.

자본이동이 위의 그림에서 남부의 임금이 저렴하기 때문에 자본이 남부로 이동하여 생산성이 증대되고 노동수요는 증대($D_1^S$로부터 $D_2^S$로 증대)하여 임금은 $W_e$까지 상승한다. 한편 북부는 반대의 과정을 밟아 $W_e$로 접근하게 되고, 결국 지역간 임금격차는 해소된다.

노동이동 [그림 12-5]에서 북부의 임금은 남부의 임금보다 높다. 그에 따라 남부에서 북부로 노동의 이동이 발생하고 남부의 노동공급은 $S_1^S$에서 $S_2^S$으로 감소하여 결국 양 지역은 $W_e$의 임금수준으로 접근하게 되고 지역간 임금격차가 해소된다.

(a) 자본의 이동에 의한 임금격차 해소

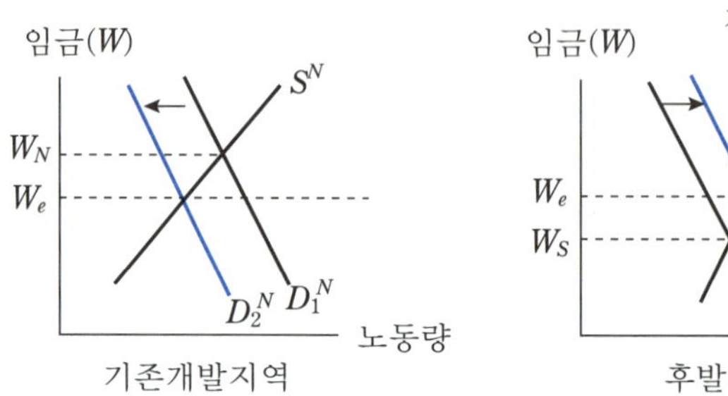


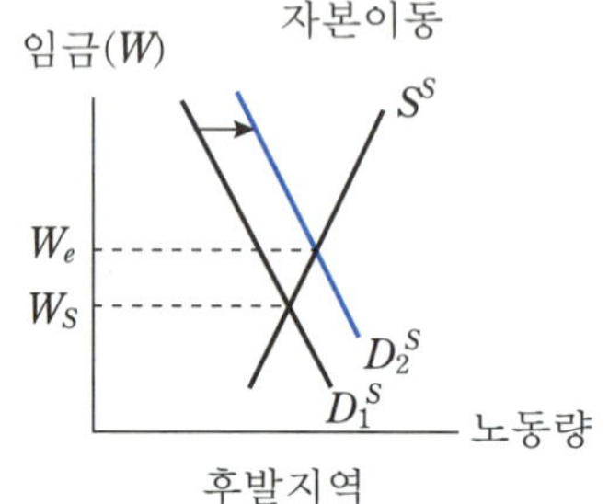


후발지역과 기존 개발지역간에 교역이 시작되면 후발지역의 저렴한 상품가격으로 인해 기존개발지역의 상품수요가 증대한다. 이와 동시에 자본이 후발지역으로 이동하여 후발지역의 생산성과 노동수요가 증대 ($D_1^S$로부터 $D_2^S$로)하여 그에 따라 기존 개발지역의 노동수요는 반대로 $D_1^N$로부터 $D_2^N$로 감소한다. 결과적으로 양 지역의 임금은 $W_e$로 접근 임금격차는 해소된다.

(b) 노동이동에 의한 지역별 임금격차 해소

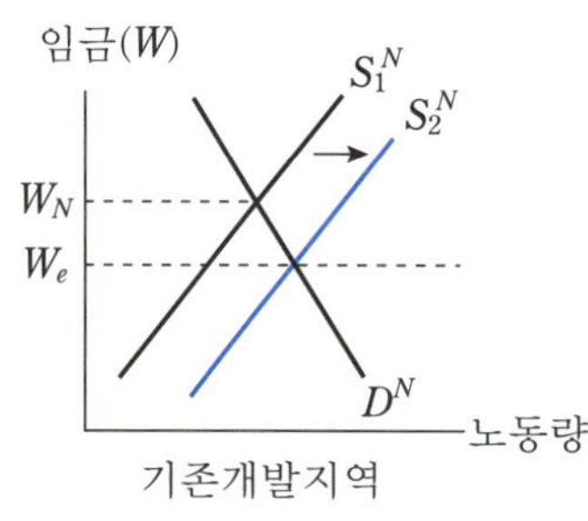


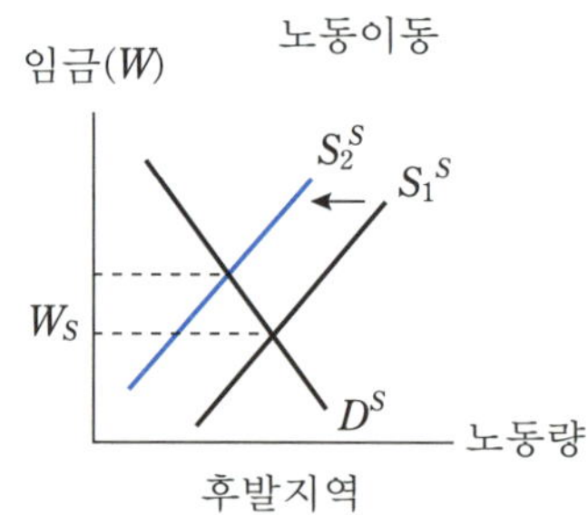


기존 개발지역의 임금은 후발지역의 임금보다 높아 후발지역에서 기존 개발지역으로 노동의 이동이 발생하여 개발지역의 노동공급은 $S_1^N$에서 $S_2^N$로 증가하고 후발지역의 노동공급은 $S_1^S$에서 $S_2^S$로 감소하여 결국 양 지역은 $W_e$의 임금수준으로 접근하게 되고 지역간 임금격차가 해소된다.

**[그림 12-5] 지역간 교역에 의한 지역별 임금격차의 해소**

### 3. 기업규모별 임금격차

앞에서 지적한 것처럼 동일산업, 동일지역 내에서 서로 다른 기업간의 상대임금수준의 차이가 발생하는데, 특히 대기업은 중소기업보다 상대적으로 고임금을 지급하고 있는 것으로 분석되고 있다. 대기업이 중소기업에 비해 상대적으로 고임금을 지급하는 이유는 다음과 같은 몇 가지 가설에 의해 설명되기도 한다.

첫째, 1인당 부가가치 생산성이 높은 기업(대기업)이 높은 임금을 지급할 수 있다고 본다.

둘째, 생산물시장 구조가설은 대기업의 경우 독과점력으로 상대적 고임금 실현이 가능하다는 견해이다.

셋째, 대기업일수록 노조조직률이 높아서 고임금의 유지가 가능하다는 주장도 있다.

넷째, 이질노동력가설에 의하면 채용시 대기업의 경우 우수노동력을 확보하고 경영합리화를 통해 노동강도 및 노동생산성의 향상 그리고 노동의 질적 우수성을 기할 수 있으므로 고임금을 실현할 수 있다고 한다.

다섯째, 국민경제의 구조적 설명을 보면 대기업의 경우 자본 · 기술의 우위로 고임금실현이 가능해진다.

## 12.3 학력별 임금격차

학력별 임금격차는 다음과 같은 제요인에 의해 발생한다.

첫째, 노동시장의 학력별 분단화에 의해 학력별 임금격차가 발생한다. 기업의 직종체계가 학력별 기준으로 조직(학력별 직무분석)되어 있기 때문에 학력별 입직문이 교육수준에 따라 구분되어 있다. 이 경우 교육수준이 차별화수단으로 이용된다.

둘째, 학력별 임금격차는 학력별 노동공급 사정의 차이에 기인하여 발생한다. 처음 고급인력의 상대적 부족으로 일류대 선호와 함께 임금격차가 커졌으나 최근에는 고급인력이 과잉공급된 상태에서도 여전히 학력별 임금격차는 생존하고 있다. 문제는 교육투자비용에 기초한 것 이상의 학력별 임금격차가 발생하는 데 있다.

셋째, 학력별 임금격차는 학력이 노동생산성과 가장 높은 상관관계가 있다고 확신한 기업가가 실제 생산성과는 관계없이 학력으로 선별기능을 대신하면서 선별비용을 절감하고자 할 때 발생한다.

넷째, 전통적 개념에 따라 임금격차가 발생한다. 학력을 무비판적으로 중시(조선시대의 통치수단 또는 일제의 분할수단 등)하는 경우로서 학력별 임금격차의 관행이 사용자들의 경영통제를 위한 합리화 수단으로 이용된다.

다섯째, 승급, 승진상의 관리차별에 의한 임금격차가 있을 수 있다. 즉, 학력을 위주로 승급, 승진 등을 결정하는 노무관리가 관행화되면 연령에 따라 오히려 학력별 임금격차는 확대되는 경향이 있다.

# 제 13 장

# 차별에 따른 임금격차

현실의 노동시장에서는 다양한 형태의 차별이 존재하고, 이런 차별 행위는 차별을 받는 그룹이 낮은 임금을 받는다는 공통된 결과를 낳는다. 예를 들어, 남성과 여성 집단에서는 여성이 남성에 비해 낮은 임금을 받고 흑인과 백인 집단에서는 백인 집단에 비하여 흑인 집단이 낮은 임금을 받는 것으로 여겨지고 있다. 차별은 비슷한 배경을 가진 사람들에게 인종, 성, 연령이나 다른 개인적 특성에 의해 서로 다른 기회가 부여되는 것을 말한다. 차별은 어떤 사람들이 다른 사람들에게 가진 편견 때문에 생겨나게 된다.

## 13.1 노동시장에서의 차별

### 1. 차별의 측정

노동시장에서 발생한 차별(discrimination)이 각기 다른 근로자 집단의 소득에 어떤 영향을 미쳤는가에 대한 답변은 쉬워 보여도 금방 대답하긴 어려운 것이다. 우선, 그 질문에 대한 답변으로 근로자 집단 간의 평균임금을 비교하여 차별의 정도를 추정해 볼 수 있을 것이다. 예를 들어 최근 수년간 우리나라의 여성 근로자의 평균임금은 남성 근로자의 평균임금보다 낮았고, 고용주들이 여성 근로자를 차별한다는 증거로 이런 임금격차가 제시되기도 하였다.

그러나 이런 접근방법에는 분명한 문제가 있을 수 있다. 차별이 전혀 없는 노동시장이라도 임금차이는 있기 마련이기 때문이다. 사람들마다 가지고 있는 인적자본이 다르고, 하고 싶어 하는 일의 종류도 각각 다르다. 우리가 현실에서 관찰하게 되는 임금격차는 대부분 임금수준의 결정이론에 의해 발생한 것이다. 남자와 여자처럼 넓은 인구집단 간의 단순한 평균임금의 차이는 차별의 존재에 대해 아무런 단서도 제공하지 못한다. 예를 들어 인적자본의 영향을 생각해 보면, 과거 그 격차가 매우 극심했던 성별 임금격차도 남녀의 학력수준이 비슷해짐에 따라 완화되고 있음을 알 수 있다.

사실 임금격차를 설명하는 데 있어서 수치적 변화보다 근로자 집단 간 인적자본의 차이가 더 중요할 수도 있다. 예를 들어, 과거 의대 진학이 졸업 후 더 높은 소득을 보장해 줌에도 불구하고, 오랜 기간 동안 많은 학교에서는 여학생에게 의대보다는 교대를 선택하도록 권장하였다. 만약 우리가 몇 년의 교육투자가 이루어졌는가 뿐만 아니라 교육의 종류까지도 정확하게 측정할 수 있다면, 근로자 집단 간의 인적자본 차이는 기존에 나타난 것보다 더 클 것이다.

직장 경력의 차이에 의한 인적자본 축적의 차이로도 임금격차를 설명할 수 있다. 특히, 여성들은 평균적으로 남성보다 직장 근무경력이 짧다. 그 이유 중 하나는 지난 수 십년 동안 여성의 노동시장 참여율이 꾸준히 높아졌음에도 불구하고 오늘날 여성 근로자의 평균연령은 남성 근로자보다 낮기 때문이다. 또한 여성 근로자들은 직장생활 중 임신과 출산에 의한 경력 단절을 경험하게 된다. 이 두 가지 이유로 인해 여성 근로자의 평균경력은 남성 근로자의 평균경력에 비해 짧을 수밖에 없다.

임금격차를 설명하는 또 하나의 변수는 보상적 임금격차이다. 일부 연구결과에 의하면 여성들은 남성에 비해 비교적 쾌적하고 덜 고된 직장을 갖게 되는 경향이 있다고 한다. 이런 경향으로 인하여 남녀간 임금격차가 발생한 것이라면 이를 남녀차별로 볼 수는 없다. 예를 들어, 단순 비서직의 경우 여성이 그 일을 선택할 가능성이 크고, 중장비 운전사의 경우는 남성이 그 일을 선택할 가능성이 크다. 단순 비서직과 중장비 운전직의 상대적 임금은 이 직업의 근무조건에 의해서도 일부 영향을 받는다. 직업의 이러한 비금전적인 측면은 계량화하기 곤란하기 때문에 임금격차가 보상적인 것인지 남녀 성차별에 의한 것인지 명확하게 구분하기가 어렵다.

결국 근로자 집단 간의 평균임금 격차만을 가지고 노동시장에 차별이 존재하는지 여부를 확인하기는 어렵고, 다만 임금격차의 일부는 차별에 의한 것으로 믿고 있을 뿐이다.

사회에 일반화되고 있는 인종 및 성에 대한 고용주의 차별행동은 본질적으로 4가지 이유 때문에 나타난다. 즉, 고용주의 편견, 고용주의 불완전한 정보, 피고용자의 편견, 소비자의 편견이 그것이다. 첫째로 고용주는 개인적으로 여성과 소수자 집단에게 편견을 갖는다. 예를 들면 고용주의 이윤이 희생되더라도 여성의 고용을 거절할 만큼 여성고용을 싫어할 수 있다. 이와 같은 고용주의 편견과는 달리 나머지 세 가지 차별의 형태는 부분적으로 이윤극대화 행동에서 나타나는 것이다. 만약 고용주가 여성 개개인에 대한 완전한 정보를 갖고 있지 않고 다만 과거의 경험을 통해서 평균수준의 여성 노동자의 생산성이 평균수준의 남성의 생산성보다 낮다는 사실만 알고 있으며, 그것이 교육수준의 질적 차이에 의한 것일 수도 있다는 사실을 염두에 두지 않는다면 고용주는 여성을 차별할 것이다. 다시 말해서 여성의 평균생산성이 남성의 평균생산성보다 높거나 같은 경우조차도 고용주는 현재에 대한 불완전한 정보 때문에 과거의 경험에 비추어 차별을 계속하는 것이다. 고용주는 또한 피고용자의 편견(employee prejudice) 때문에 차별을 할지도 모른다. 미국의 예를 들면, 백인 피고용자가 흑인과 같이 작업하는 것을 꺼려하지 않는다 할지라도 보통 인종적 마찰 때문에 백인만이 작업하는 경우보다는 흑인과 백인이 함께 작업하는 경우에 있어 생산성이 낮아지는 결과를 낳을 수 있다. 마찬가지로 소비자의 편견(customer prejudice)은 소수자 집단이나 여성을 고용하는 기업을 불리하게 하는 경우가 있으며 이와 같은 차별의 원천은 임금차별이나 직업차별의 어느 하나의 결과를 낳게 된다.

## 2. 고용주에 의한 차별

교육수준의 차이와 보상적 임금격차에 의한 임금 차이를 반영한 뒤에도 여전히 근로자 집단 간에 임금격차가 있다면 이것은 과연 누구의 책임일까? 우선 임금을 차별해서 지급하는 고용주들 탓이라고 생각할 수 있다. 그러나 경쟁적인 시장경제는 이윤동기를 통하여 고용주의 차별을 억제한다.

어떤 경제에 키가 작은 근로자 집단과 키가 큰 근로자 집단이 존재한다고 하자. 키가 큰 근로자와 키가 작은 근로자는 모두 똑같은 기술, 경험, 직업의식을 가지고 있고 키는 작업능률에 아무런 영향을 미치지 못한다고 가정하자. 그러나 고용주들은 키가 작은 근로자를 별로 좋아하지 않는다. 따라서 키가 작은 근로자들에 대한 수요는 차별이 없는 경우에 비해 낮고, 키가 작은 근로자들은 키가 큰 근로자들보다 낮은 임금을 받게 된다.

이 경제에서는 키가 작은 근로자를 고용하는 기업들은 경쟁에서 손쉽게 이길 수 있다. 키가 작은 근로자들을 고용함으로써 기업들은 생산비용을 절약할 수 있기 때문이다. 시간이 지남에 따라 키가 작은 근로자를 고용하는 기업의 숫자가 점차 늘어나고, 키가 큰 근로자만을 고집하는 기업들은 상대적으로 높은 비용을 지불하게 되어 경쟁에서 점차 불리한 입장에 서게 될 것이다. 결국 키가 작은 근로자에 대한 수요는 증가하고, 키가 큰 근로자에 대한 수요는 감소하여 임금격차는 점차 감소하게 된다. 이 과정은 두 종류의 근로자 사이에 임금격차가 없어질 때까지 계속될 것이다.

즉, 이윤에만 관심을 갖는 기업주들은 근로자를 차별하는 기업주에 비해 경쟁에서 유리한 입장에 서게 되어 근로자를 차별하는 기업들은 시장에서 도태된다. 시장경쟁이 고용주에 의한 차별을 억제하는 가장 좋은 치료제인 것이다.

## 3. 소비자에 의한 차별

이윤 동기는 차별적인 임금격차를 줄이는 강력한 힘이지만 거기에는 소비자 선호라는 한계가 있다.

소비자들의 차별적인 선호가 임금에 어떤 영향을 미칠 수 있는지 보기 위해 앞의 키 작은 근로자와 키가 큰 근로자의 예를 다시 생각해 보자. 식당 주인들이 웨이터를 고용할 때 키가 작은 사람을 차별한다고 하자. 따라서 키가 작은 웨이터들은 키가 큰 웨이터들보다 낮은 임금을 받게 될 것이다. 그러나 어떤 식당은 키가 작은 웨이터들을 고용하여 가격을 낮게 받고자 할 것이다. 식당 손님들은 오직 음식의 질과 가격만을 따진다면, 키가 작은 웨이터를 차별하는 식당들은 그 결과 시장에서 퇴출되고 차별에 의한 임금격차는 사라지게 될 것이다.

그러나 만약 식당 손님들이 키가 큰 웨이터를 더 선호한다면 키가 작은 웨이터를 고용하는 식당들이 시장경쟁에서 반드시 유리한 것은 아니다. 즉, 차별의 원인이 소비자에게 있다면 차별적 임금격차는 경쟁에 의해 반드시 사라지지 않는다. 이 경우 시장에는 결국 두 종류의 식당이 공존하게 된다. 키가 작은 웨이터를 고용하는 식당들은 낮은 임금을 지불하기 때문에 음식가격이 낮을 것이고, 키가 큰 웨이터만을 고집하는 식당들은 높은 임금을 지불해야 하기 때문에 음식가격이 높아진다. 웨이터의 키에 관심이 없는 고객들은 키가 작은 웨이터가 있는 낮은 가격의 식당을 찾을 것이고, 편견에 사로잡혀 키가 큰 웨이터를 고집하는 고객들은 키가 큰 웨이터만 있는 높은 가격의 식당을 찾을 것이다. 결국 이들은 자기들이 가진 편견 때문에 높은 가격을 지불하게 된다.

## 4. 피고용자에 의한 차별

고용주는 또한 피고용자의 편견(employee prejudice) 때문에 차별을 할지도 모른다. 예를 들어, 기업의 피고용자 중 흑인들은 동료의 인종에 관심이 없으나 백인들은 흑인과 같이 작업하는 것을 꺼려한다고 가정해 보자. 그런 경우 흑인을 고용하는 고용주에게는 심각한 노사관계에 대한 문제가 발생하게 된다. 백인이 흑인과 함께 작업하는 것까지는 꺼려하지 않는다 하여도 인종적 마찰 때문에 백인만이 작업하는 경우보다는 흑인과 백인이 함께 작업하는 경우에 있어 더욱 생산성이 낮아지는 결과를 낳을 수 있다. 이럴 경우, 인종에 차별을 주지 않는 고용주라 할지라도 다른 인종을 같은 사업장에 두려 하지 않을 것이다. 따라서 고용주는 백인의 임금이 낮으면 전부 백인을 채용하고, 흑인의 임금이 더 낮으면 흑인을 채용할 것이다. 따라서 피고용자에 의한 차별은 고용주에 의한 차별과는 달리 기술수준이 동일한 흑인·백인에게 다른 임금을 제공하지 않으며, 고용주는 더 싼 노동력을 고용할 것이다.

Labor box

### 스포츠에서의 소비자 차별－소비자에 의한 차별

1988년에 Journal of Labor Economics에는 미국 프로농구 선수들의 보수를 분석한 논문이 발표되었다. 이 논문에 따르면 흑인 선수들이 비슷한 경기능력을 가진 백인 선수들에 비해 약 20% 정도 보수를 적게 받고 있는 것으로 나타났다. 그리고 백인 선수들의 비중이 큰 팀이 출전하는 시합에 관중이 더 많이 모인다는 사실도 함께 밝혀냈다. 결국 이 사실은 흑인 선수와 백인 선수 간의 임금격차는 관객, 즉 소비자들의 인종차별에 의한 결과라는 것을 알 수 있다. 소비자들이 그런 차별성향을 가지고 있는 한, 기업주들이 이윤만을 추구한다고 하더라도 차별적 임금격차는 유지될 수밖에 없다.

자료: "Racial Differences in Professional Basketball Players' Compensation"－*Timothy Tregarthen*－*Journal of Labor Economics* 6(January 1988).

Labor box

### 외모 프리미엄(Beauty Premium)

광고 속에는 외모가 출중한 연예인이나 모델이 많이 등장한다. 그리고 우리는 외모가 출중한 모델이 나오는 제품광고를 보면 그 제품을 사고 싶은 충동을 느끼게 된다. 따라서 그 제품의 매출은 올라

갈 것이고, 그 모델의 몸값 역시 높아질 것이다.

그렇다면 좋은 외모는 우리에게 경제적으로 얼마나 많은 혜택을 줄까? Hanermesh와 Biddle은 외모와 경제적 소득과의 연관성에 대하여 연구하였는데, 이들에 따르면 외모가 개인의 소득에 상당한 영향을 미친다고 한다. 좋은 외모를 지녔다고 평가 받은 사람은 보통 5~10% 정도 높은 소득을 얻고 있다고 한다. 이 결과는 남녀 모두에게 나타났다.

그럼, 이런 임금격차가 나타나는 이유는 무엇일까? 우린 외모 프리미엄(Beauty Premium)에 대해서 몇 가지 해석을 할 수 있다.

첫째, 외모 자체가 생산성과 임금을 결정짓는 타고난 능력이라는 것이다. 모든 사람이 태어날 때부터 좋은 외모를 가지고 태어나는 것은 아닌데, 사람을 상대하는 직종에 종사할 경우 좋은 외모는 매우 유용하다. 따라서 좋은 외모를 지닌 사람은 그 자체로서 기업의 생산성에 영향을 줄 수 있다.

둘째, 어떤 사람이 외모가 좋다는 느낌은 단지 그 얼굴의 생김새에 좌우되는 것이 아니라 입고 있는 옷이나 머리모양, 예절, 평소의 태도와 연관이 있다는 것이다. 따라서 좋은 인상을 가지고 있는 사람에 대해서 외모가 좋은 사람이라는 인식을 가지게 될 수도 있다는 해석이다. 그리고 사람들에게 좋은 인상을 심어주도록 노력하는 사람은 일에서도 유능하고 철저한 사람일 것이라 생각하는 것이다.

셋째, 외모 프리미엄은 단순한 차별의 일종이라는 것이다. 단순히 외모가 좋은 사람은 일을 잘 할 것이라는 편견이 불러온 차별의 결과라는 것이다.

## 13.2 차별 행위에 따른 임금격차: 성별 임금격차

임금결정에 있어서 성별은 중요한 역할을 차지하는 것으로 알려져 왔다. 특히, [그림 13-1]에서 보면 알 수 있듯이 중졸 이하의 저학력 노동자일 경우 그 차이는 더 큰 것으로 나타나고 있다. 중졸 이하 여성의 경우, 남성 임금의 66.9%에 불과하고, 비교적 그 차이가 적다고 할 수 있는 전문대 졸 학력의 경우도 74.7%에 불과하다. 이는 노동시장에서 차별이 임금에 불평등한 중요한 원인이라는 것을 나타내 주고 있는

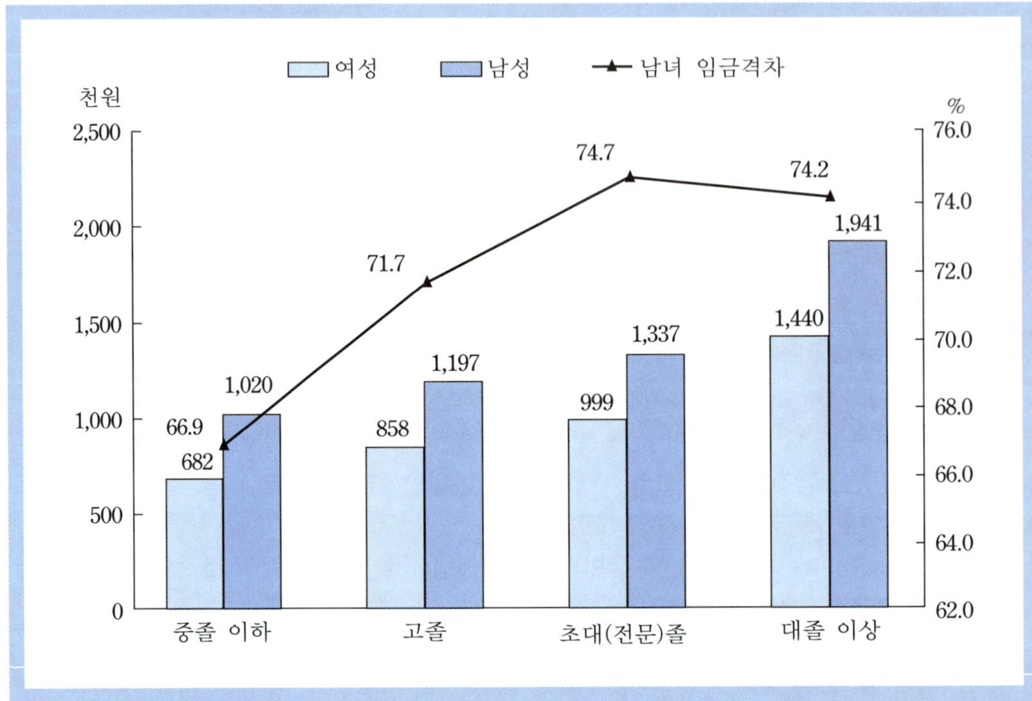


**[그림 13-1] 교육 정도별 남녀 임금격차(남성=100, 정액급여 기준)**

자료: 노동부 '2001 임금구조 기본통계조사보고서'.

것이다. 물론, 성별에 따른 임금차이가, 성별에 따른 대학 전공과 직업 선호 문제에 따른 것이라는 주장도 있으나, 고용주가 노동자를 선택함에 있어서 성별은 개인적 편견에 따른 차별이 존재함을 무시할 수는 없을 것이다.

여기서는 우리 사회에서 많은 고용주가 여성과 같은 특수한 집단에 대해 차별을 한다는 사실을 인정하기로 하고 고용주의 비차별 행위라는 가정을 완화하면서 차별의 형태를 살펴보고, 나아가 차별을 받는 집단과 차별로부터 편익을 얻는 집단의 임금차이와 그러한 임금차별의 효과를 분석할 것이다.

## 1. 차별의 형태

동일한 직종에 종사하는 남성과 여성에 대해서 상이한 임금이 지불되는 경우가 있다. 생산성이 다른 두 집단의 노동자에 대해 지불되는 임금에 차이가 난다는 것은 어느 정도 납득이 가지만 때로는 생산성에 관계없이 노동자의 개인적인 특성이나 사회적 관습에 의해 두 집단의 노동력이 노동시장에서 다르게 평가되는 경우가 있다. 이와 같은 현상은 노동시장에서의 '차별'(discrimination)행위로 볼 수 있는데 보통 다음과 같은 2가지 유형으로 나타난다.

### (1) 임금차별

어떤 한 직업에 종사하는 여성과 남성 노동자 사이엔 생산성의 차이가 없다고 가정하자. 이 경우 차별의 원천과는 관계없이 고용주가 남성보다 싼 비용으로 여성을 고용했다면 그 고용주를 차별자라 할 수 있다. 베커(G. Becker)의 이론을 적용하면 고용주의 차별계수(employer's discrimination coefficient)를 $DCi$이라고 하고, $DCi$가 0.25일 때 여성과 남성의 임금비율 $W_f/W_m$가 $1/(1+DCi)$과 동일할 경우 고용주는 여성 노동자를 고용하거나 남성 노동자를 고용하거나 간에 그 선호가 무차별하게 된다. 예를들면 고용주 차별계수 $DCi$가 0.25라면 여성의 임금이 실제보다 25% 높은 것처럼 여성을 취급한다. 시장임금률이 남성은 40만원이고, 여성은 32만원이라 하자. 이 경우 임금비율 $W_f/W_m$는 0.8이고 $1/(1+DCi)$가 또한 0.8이기 때문에 여성과 남성의 고용에 있어 고용주의 선호는 무차별적이다. 그러나 만약 0.8 이상의 $W_f/W_m$비율이라면 고용주는 여성을 고용하려 하지 않을 것이다. 역으로 0.8 이하 $W_f/W_m$비율에서 고용주는 남성을 선호함에도 불구하고 배타적으로 여성을 고용할 것이다. 그러므로 $DCi$는 고용주가 가지는 여성고용에 대한 남성고용의 선호도(intensity of the employers preference)를 나타낸다. 즉, 이것은 고용주가 여성고용을 피하기 위해 기꺼이 지불하고자 하는 가장 높은 상대적 임금 프리미엄을 나타낸다. 고용주에 따라 차별계수는 다를 수 있

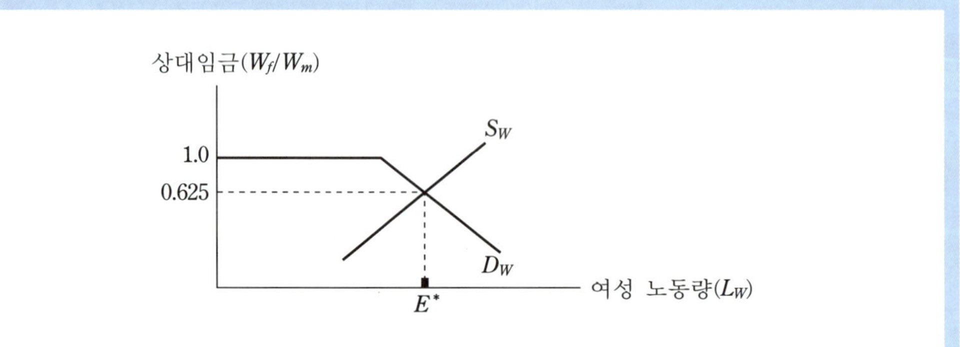


**[그림 13-2] 임금차별과 여성인력의 노동시장**

임금비율 1.0에서 수요곡선이 수평적인 부분은 비차별고용주에 의한 여성 노동력의 수요를 나타낸다. 그 이상의 여성 노동력 수요는 여성과 남성의 임금비율이 1.0 이하로 떨어질 때만 가능하다. 여성 노동력의 공급이 주어져 있는 경우 균형 여성/남성의 임금비율은 0.625이며 $E^*$는 이 시장에서 고용되는 여성 노동자의 수이다. $E^*$보다 왼쪽에 있는 수요곡선의 부분은 *DCi*가 0.6보다 작은 고용주의 수요를 나타내고 *DCi*가 0.6보다 큰 고용주는 여성 노동력을 고용하지 않는다.

다. 비차별적인 경우 *DCi*의 값은 0이 되며 여성과 남성 사이는 완전대체적이라 볼 수 있다. 여성에 대한 시장수요는 가장 낮은 차별계수를 가진 고용주로부터 가장 높은 차별계수를 가진 고용주의 여성노동력 수요를 나열한 곡선으로서 [그림 13-2]에 나타낸 것과 같다. 수평측에는 여성고용량을 표시하는데 임금비율 1.0에서 수요곡선이 수평적인 부분은 비차별고용주에 의한 여성 노동력의 수요를 나타낸다. 이러한 수요량 이상으로 수요되는 여성 노동자의 수는 여성과 남성이 임금비율이 1.0 이하로 떨어질 때만 증가한다. 대부분의 고용주에게는 *DCi*의 값이 0보다 크기 때문에 여성 노동시장은 남성위주의 일반 노동시장으로부터 분리되는 것이 보통이다. 시장에 있어 여성 노동력의 공급이 주어져 있는 경우 균형 여성/남성의 임금비율은 여성 노동자에 대한 수요와 공급이 일치하게 되는 $W_f/W_m$의 값에서 결정된다. [그림 13-2]에서 균형임금률은 0.625이며 $E^*$는 이 시장에서 고용되는 여성 노동자의 수이다.

수요와 공급곡선이 만나는 점보다 왼쪽에 있는 수요곡선의 부분은 *DCi*가 0.6보다 작은 고용주의 수요를 나타낸다. 왜냐하면 0.625와 1/(1+0.6)가 동일하기 때문이다. *DCi*가 0.6보다 큰 고용주는 여성 노동력을 고용하지 않는다.

특정 지역에 있어 여성공급이 증가하면 현재의 임금률에서 초과공급이 있게 된다. 현존직업에 대한 여성 사이의 경쟁은 시간의 경과에 따라 새로운 균형에 이르기까지 상대 임금을 하락시킬 것이다. 이와 같이 여성의 상대적인 공급의 변화는 여성과 남성의 임금비율의 지역간 차이에 영향을 미친다. 즉, 고용주 차별계수의 배분이 지역에 따라 같다 할지라도 여성과 남성의 임금비율은, 여성 노동자 공급이 큰 지역에서 낮은 것이 보통이다.

임금차별에 대한 벡커의 접근법은 다음과 같은 몇 가지 근거에서 비판되고 있다.

첫째, 비차별적 고용주는 차별적 고용주에 비해 더 낮은 비용을 택하므로 그들의 생산물을 더 낮은 가격으로 팔 수 있으며 그것은 고도의 경쟁적인 생산물시장에서 차별적인 기업을 몰아낼 수 있다. 그런 비판은 차별의 원인이 완전경쟁시장에 있어 고용주 편견에 의한 경우라면 타당하게 된다. 그러나 여성고용을 회피하기 위한 프리미엄의 지불은 실제로 독점지대를 받고 있는 고용주의 경우에만 가능하며 경쟁시장에서의 고용주는 그렇게 할 수가 없다. 반대로 차별의 원인이 소비자 편견에 있다면 어떻게 될 것인가? 그런 경우에 있어 여성 노동력은 제조업과 같이 소비자 편견이 존재하지 않는 기업으로 그 고용이 제한된다. 한편 피고용자 편견이 존재하는 경우 경쟁효과는 분명하지 않다. 어떤 특정직업에 여성을 고용하려고 하는 고용주는 다른 직업에 있으나 여성과 함께 작업해야 하는 남성 피고용자로부터 강한 저항을 받게 된다. 그런 압력이 있는 경우 고용주의 입장에선 차별하는 편이 비용면에서 유리하다는 것을 발견한다, 경우에 따라서는 모든 직업에 배타적으로 여성만을 고용함으로써 그런 압력을 피할 수도 있다. 그러나 대부분의 직업에 있어 훈련을 받을 수 있는 기회가 여성인력에게는 배제되어 있다면 그러한 선택의 가능성은 없게 된다.

벡커의 접근법에 대한 두번째 비판은 차별사회에서 여성이 그들의 한계생산물보다 낮은 급료를 받고 있지만 그런 기업가 행동은 이윤을 극대화시키지 않는다는 점이다. 오히려 여성이 남성보다 낮은 임금으로 공급될 수 있다면 비차별적 고용주는 이와 같은 낮은 임금의 이점을 살려 노동집약적인 생산수단을 사용함으로써 이윤극대화를 도모할 수 있다. 그러나 이것은 여성이 남성과는 다른 직업에 고용됨을 의미한다. 실제적으로 두 집단 사이에 있어 직업이 다르며 이들의 고용에는 서로 다른 훈련과 기술이 요구된다. 이미 언급한 바와 같이 차별의 또 다른 형태는 직업차별이다. 이제 직업차별의 형태를 살펴보기로 한다.

### (2) 직업차별

여성 및 신체장애자, 기타 소수집단의 경우에 있어 어떤 특정 직업에 종사하는 것이 사회적으로 제약되어 있을 때 직업차별(occupational discrimination)이 존재한다고 볼 수 있다. 최근까지도 어떤 특정 직업을 남자의 일 혹은 여자의 일로 부르는 것에 대해 별다른 거부감을 느끼지 않았으며 실제로 그런 차별은 자연 질서의 일부인 것처럼 제도적 관행으로 받아들여져 왔다. 이와 같이 전통적으로 여성 및 소수집단에게는 어떤 특정 직위에 종사할 수 있는 기회가 배제되어 왔으므로 직업차별이 없는 경우에 비해 이들이 집중되어 있는 직종의 임금은 더욱 낮아지게 된다. 동시에 오직 남성이나 다수집단만이 종사하고 있는 직업에서는 노동공급이 전보다 줄게 되어 차별이 없었던 경우보다 임금이 더 높게 된다. 직업차별은 여성과 소수자들의 임금을 언제나 하락시키는 것만은 아니다. 그러나 분명한 것은 그들에게 취업가능한 직업의 수가 제한된다는 사실이다. [그림 13-3]에서 두 직업 $M$과 $W$가 있다고 가정하자. 이 경우 직업 $M$은 전통적으로 남자에게만 허용된 직업이고, 직업 $W$는 여성직업이라고 가정하자. 차별이 없는 상태에서는 직업 $M$과 $W$의 임금은 임금률 $W_e$에서 동일하다. 차별의 효과가 직업 $M$에 있어 이용가능한 노동공급을 감소시킨다면 이 직종의 균형임금은 $W_m$이 된다.

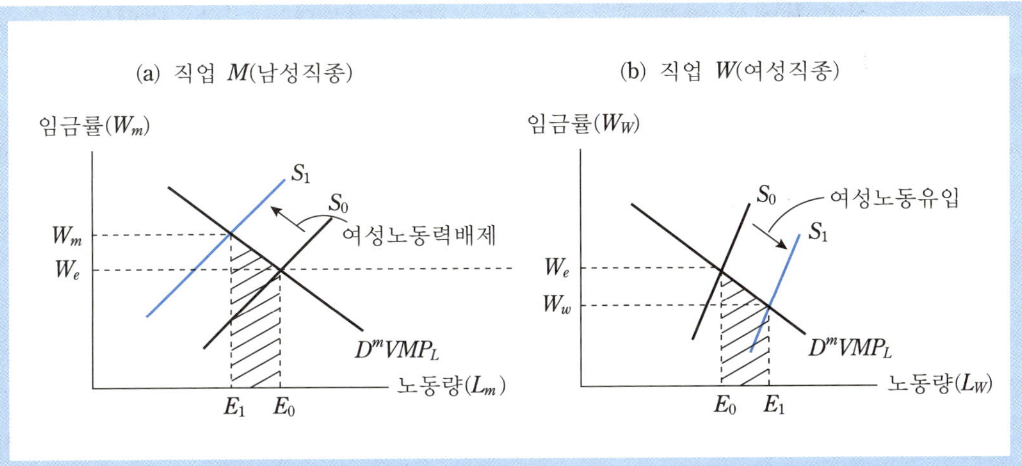


**[그림 13-3] 직업차별**

직업 $M$은 남자에게만 허용되며 직업 $W$는 여성직업이라 가정하자. 차별의 효과가 직업 $M$에의 노동공급을 감소시키고 직업 $W$에 여성 노동력을 집중시킨다면 남성과 여성직업에 있어서 임금은 각각 노동의 한계생산물 가치와 같다. 직업 $W$에 집중고용된 초과 여성 노동력($E_1 - E_0$)의 한계생산물은 여성 노동력이 직업 $M$에 고용되는 경우의 한계생산물 보다는 적기 때문에 직업 $W$에서의 빗금친 부분(산출물의 증가분)은 직업 $M$에서의 빗금친 산출물의 감소분보다 적다. 따라서 직업차별에 기인하는 순후생의 손실이 존재한다.

마찬가지로 직업 $W$에 여성노동력이 집중된다면 $W$직종에서의 균형임금은 $W_W$로 나타날 것이다. 남성과 여성직업에 있어서 임금은 각각 노동의 한계생산물 가치와 같다. 여성의 임금이 낮은 것은 한계생산성 이하의 낮은 임금지불을 의미하는 것이 아니라 오히려 직업 $W$에 여성이 집중되어 그들의 한계생산성을 자유경쟁노동시장에서 보다 낮게 하므로 나타나는 현상이다. 즉, 남성과 여성 사이에 있어 한계생산성의 차이가 바로 임금차이를 가져오는 것이다. 그러나 이 경우 남성과 여성의 한계생산성이 각각 다르기 때문에 사회전체적으로는 산출량의 손실을 입게 된다. 왜냐하면 여성인력이 $W$직종을 떠나 $M$으로 입직하게 되면 산출물 가치는 $W$직종에서 보다 $M$직종에 있어 더욱 높아질 수 있기 때문이다. 따라서 노동자가 이직할 때 직업 $M$에서 발생하는 산출량의 손실은 직업 $W$에서 얻게 되는 생산물의 가치증가보다는 적다. 이때의 순산출물 증가는 $W$에서 $M$으로의 직업전환이 어렵기 때문에 차별이 없는 경우에 비하여 실제적으로 잠재적 산출물에 있어서 순손실이 존재하게 된다.

직업차별에 기인한 후생의 순손실은 독점으로 인한 후생의 손실과 유사한 방식으로 분석될 수 있다. [그림 13-3]에서 직업 $W$의 수요곡선 아래로 빗금친 부분은 $W$직업에 여성노동이 집중된 결과로 얻어진 산출량의 증대분을 표시한다. 반면에 직업 $M$에서의 수요곡선 아래로 빗금친 부분은 여성고용을 배제함으로 나타난 산출물의 감소량을 나타낸다. 직업 $W$에 집중고용된 초과 여성 노동력$(E_1-E_0)$의 한계생산물은 여성노동력이 직업 $M$에 고용되는 경우의 한계생산물보다는 적기 때문에 직업 $W$에서의 빗금친 부분, 즉 산출물의 증가분은 직업 $M$에서의 빗금친 산출물의 감소분보다 적다. 따라서 직업차별에 기인하는 순후생의 손실이 존재한다.

## 2. 여성/남성간의 소득차이

남/여의 임금차이를 비교하는 목적이 여성임금에 대한 현행 노동시장차별의 효과를 측정하는 것이라면 필연적으로 동일한 생산성을 가진 남/여를 비교하는 것이어야 한다. 단순한 남녀의 소득비교는 현행 노동시장의 차별뿐만 아니라 여성의 교육획득에 저해요인이 되는 과거 노동시장차별의 효과를 함께 반영하는 것이 된다. 또한 단순한 남녀의 소득비교에는 가계에서 발생하고 있는 노동 분화의 효과를 포함하고 있다. 가계에서의 여성은 집안일에 국한되고 남편은 시장활동에 특화된다는 전통적인 노동분화는 그 이유가 무엇이든간에 노동시장에 있어 여성의 참여기회를 제한하는 효과를 가져왔다. 이러한 노동분화와 직업적인 차별 때문에 여성의 교육수준은 남성의 교육수준보다 낮은 것이 일반적이다. 또한 결혼한 가정에 있어 남편과 부인이 동등한 교육수준을 갖고 있더라도 전통적인 노동분화의 비경제적인 성향이 없는 곳에서 조차 실제적 노동시장에서는 여성에게 불리한 노동분화 현상을 보이게 되며 게

다가 학교교육 이후의 소득증대와 관련된 교육투자도 비교적 남편에게 집중되는 경향이 있다. 한편, 고용주들은 개별여성 노동자들의 노동성과를 예측할 수 없는 불완전한 정보 때문에 여성의 고용에 대해서도 평균적 아니면 표준적 경험에 따라 행동하며, 만약 고용주가 직업훈련에 대한 의사결정을 할 경우에도 출산을 이유로 여성에 대해 차별을 하는 경향이 있다. 그러므로 동일한 나이와 교육수준의 남성/여성 간에도 불구하고 남성과 여성의 생산성은 다를 수 있다. 한국에 있어 성별 임금격차를 보면 생산성 차이로 인한 임금격차는 점차 감소추세인 데 비해 차별대우로 인한 임금격차는 확대되고 있는 것으로 추정되고 있다.

Labor box

**우리나라의 성차별 현황과 개선을 위한 노력**

2001년에는 임신, 출산, 육아 등의 사유로 인한 여성취업 장애요인을 제거하고 모성보호 및 육아책임의 사회분담화를 위한 제도 마련을 위해 근로기준법, 남녀고용평등법, 고용보험법 등 근로여성 모성보호관련 3법을 개정·시행하였다. 60일의 산전후 휴가기간을 48년만에 90일로 연장하고, 산전후 휴가급여제도 신설과 남성의 육아책임부담 등을 내용으로 하는 육아휴직제도 개선으로 직장과 가정의 양립지원 기반을 강화하였으며, 남녀고용평등법 적용범위를 1인 이상 전사업장으로 확대하고, 여성보호규정을 합리적으로 조정하여 여성이 능력을 발휘할 수 있는 제도적 기반을 마련하였다.

이에 따라 2002년도에는 남녀고용평등 정책목표를 「여성고용기반의 조기정착」으로 설정하고, 이를 위한 정책과제로서, ① 엄정한 법집행을 통한 제도정착, ② 자율적인 고용평등실현 지원, ③ 교육·홍보의 다양화로 고용평등의식 고취, ④ 여성의 직업능력개발을 통한 고용촉진 등을 선정하여, 분야별로 세부사업을 추진하였다.

또한, 2001.8.14 남녀고용평등법 개정에 따라 노동부장관이 남녀고용평등 실현에 관한 기본계획을 수립해야 함을 규정함에 따라 2003년부터 2007년까지 향후 5년간 추진할 「제 3 차 남녀고용평등기본계획」을 수립하였다.

제 3 차 기본계획이 적용될 향후 5년은 우리 경제의 서비스화·소프트화 및 IT화가 가속화되고 출산율의 저하와 인구의 고령화 경향도 지속될 전망으로

「남녀차별의 시정」에서 한걸음 더 나아가 고용평등을 통한『여성인력의 활용』이라는 보다 적극적인 접근이 필요한 상황이다.

제 3 차 기본계획은 개정된 근로여성 모성보호관련 3법이 산업현장에 완전히 뿌리내릴 수 있도록 행정역량을 집중하고, 시장기능만으로 해결하기 어려운 여성채용 확대를 위하여 여성에 대한 적극적 우대조치를 시행하며, 취업지원체제와 직업훈련프로그램의 강화를 통하여 임시·일용직 등 취약여성 근로자에 대한 사회통합적 대책을 추진한다는 내용을 담고 있다.

# 노동시장과 거시경제운용

# 노동시장에서의 실업

케인즈 이론의 등장 이래 경제운용에 대한 정부의 개입이 강화되어 왔음에도 불구하고, 오늘날 자본주의 경제에 있어 생산활동의 중심은 여전히 민간기업을 중심으로 이루어지며, 경기변동을 완전히 통제(control)하지 못하고 있는 실정이다. 경기변동 및 경제의 장기적 구조변화는 노동수요의 구조를 변화시키고, 그 결과 노동공급구조와의 괴리현상을 가져왔다. 오늘날 경기변동 및 경제구조의 변화를 통하여 발생하는 이와 같은 노동시장의 불균형을 실업을 통해 파악함으로써 첫째, 생산요소로서의 노동에 대한 불완전한 이용 때문에 발생하는 경제적 낭비를 최소화할 수 있는 수단을 강구하며, 둘째, 부적절한 취업기회로부터 오는 사회적 낭비에 대한 유용한 지표를 얻을 수 있고, 그리고 마지막으로 국민경제의 초과능력을 파악함으로써 경제정책의 하나의 지침을 제공할 수 있는 것이다.

본 장에서는 이와 같은 실업의 개념과 측정문제를 개괄적으로 파악하고자 한다. 우선 실업과 결원의 관계를 고찰하고, 그 다음 실업을 그 원인에 따라 분류하며, 각 유형별 실업이 어떠한 경제적 메커니즘을 통해 발생되는가를 검토한다. 특히 구조적 실업문제를 중점적으로 다루고, 그 이외 불완전 취업에 대해서도 설명하고자 한다.

## 14.1 실업의 개념과 측정

실업(unemployment)을 이해하기 위한 출발로서 먼저 실업, 실업자의 정의가 무엇인지를 살펴볼 필요가 있다. 예를 들어 특정 연도(1999년)의 실업자가 한국 약 135만명(6.3%), 일본 약 317만명(4.7%), 미국 약 588만명(4.2%)이라 하더라도 나라에 따라 실업자의 정의는 서로 다르기 때문에 이와 같은 수치를 단순히 비교하는 것은 곤란하다. 일반적으로 '실업자' 라고 하면 '일자리가 없는 사람' 또는 '아무런 일도 하지 않고 있는 사람' 으로 생각하기 쉽다. 그러나 경제학적 관점에서의 실업자란 일자리가 없거나 단지 일하고 있지 않는 사람들을 모두 의미하지는 않으며 '현재 직장을 가지고 있지는 않으나 구직의사가 있으며, 실질적으로 구직활동을 하고 있는 자' 만을 포함한다.

실업자 조사는 "노동력 표본조사방식"과 "실업자 등록방식"의 2가지 방법을 이용하여 이루어진다. 노동력표본조사 방식을 채택하고 있는 나라는 우리나라를 비롯하여 미국, 일본, 캐나다, 대만, 싱가포르 등이 있다. 특히 미국, 캐나다, 스웨덴 등의 국가에서는 실업보험을 시행하고 있어 직업안정기관 방식이 가능함에도 불구하고 노동력표본조사 방법으로 조사를 시행하고 있다. 직업안정업무 통계방식을 채택하고 있는 나라는 영국, 독일, 프랑스 등 비교적 실업보험제도와 직업안정기관제도가 발달하고, 임금근로자의 비율이 높은 국가들이다. 그러나 직업안정업무 통계방식을 이용하여 실업률을 산정하는 나라의 경우도 국제비교를 위하여 ILO기준의 노동력조사방식으로 실업률을 집계하여 함께 발표한다.

우리나라는 1963년 실업률 통계작성 때부터 ILO방식에 의거한 노동력표본조사 방식을 사용하여 통계청(구(舊) 경제기획원 조사통계국)에서 분기별로 실시하여 왔으며, 1982년 7월부터는 매월 경제활동인구조사를 실시하여 작성하고 있다. 제 4 장에서 언급한 것처럼 우리나라의 경우 실업자(the unemployed)는 "경제활동인구조사"에 다음과 같이 정의하고 있다. "실업자란 조사 대상주간에 전혀 일을 하지 못하고 일자리를 찾아 구직활동을 한 사람과 일시적인 병 등 특별한 사유로 구직활동을 못한 사람으로 즉시 취업이 가능한 사람"을 지칭한다. 또한 직업을 얻기 위한 특별한 노력을 하지 않았더라도 다음과 같은 3가지 경우에는 실업자로 간주한다.

첫째, 직장에서 해고되었으나 30일 이내 재고용될 것을 약속받은 조건부 일시 해고로 구직활동을 하지 않은 사람. 둘째, 새로운 직장이나 사업을 시작하기 위하여 대기 중인 구직대기자 또는 자영업 준비자. 셋째, 일시적인 병, 일기불순, 예비군·민방위 소집훈련, 가족관혼상제, 구직결과 대기(30일 이내) 중인 사람이다.

우리나라와 마찬가지로 대부분의 국가는 실업자의 범주를 현재 일이 없으나 적극적으로 구직활동을 하고 있으며 취업이 가능한 자로 분류하고 있다. 단지 차이가 있다면 우리나라는 일시해고에 대한 정의 및 포함범주가 마련되어 있고, 취업유무와 구직여부에 따라 경제활동상태를 구분한다는 점이다. 이에 비해 캐나다, 미국 등과 같이 수요감소시 인력감축 방안으로서 일시해고(lay-off)를 제도화하고 있는 나라들은 일시해고자를 실업자 범주에 포함한다. 아시아 국가 중에서는 대만 등이 일시해고자를 실업자 범주에 포함시키고 있다. 반면 유럽 국가들의 경우에는 일시해고제도가 마련되어 있지 않다. 또한 앞에서 언급했듯이 우리나라는 4주 이내의 발령대기자를 실업자로 분류하나, 싱가포르, 일본, 영국 등은 발령대기자 모두를 실업자 범주에 포함시키고 있다. 그리고 미국은 구직활동을 하지 않고 있는 취업내정자는 실업자 범주에서 제외한다. 학생구직자는 대부분의 나라에서 실업자 범주에 포함시키고 있다.

한편, 우리나라에서는 15세 이상의 경제활동인구(취업자와 실업자)에 대한 실업자의 비율을 실업률이라 부른다. 그러나 일본과 미국에서는 실업률의 산정에 있어 각각 15세와 16세 노동력인구(취업자+실업자)를 이용하고 있다. 이에 비해 영국의 실업률은 등록실업자를 전 고용노동자(고용노동자와 등록 실업자의 합계)의 비율로 산정한다. 그러므로 실업률의 국제비교에 있어서 실업자의 정의 및 측정방법에 특히 주의를 할 필요가 있다.

## 1. 실업의 경로

실업에 관한 통계적인 정의와 측정방법을 앞에서 살펴보았으나, 실업현상을 좀더 자세히 이해하기 위해서는 실업이 어떠한 경로를 통하여 발생되는가를 추가적으로 검토할 필요가 있다.

노동수요와 공급의 양면에 관련된 여러 가지 변수를 스톡(stock)과 플로우(flow)로 구별하여 보면 제 9 장의 [그림 9-1]과 같다. 사각형 안의 각 변수는 노동시장에서의 스톡을 표시하는데 그 중에는 결원, 실업자, 취업자가 해당된다. 화살표로 표시된 변수는 스톡변수와 결부된 플로우를 표시하는데 이직, 해고, 채용 등의 변수가 이에 포함된다. 기업은 재화와 용역에 대한 수요를 충족시키기 위해 여러 가지 생산요소를 결합하여 생산활동을 하게 되는데, 그 과정에서 파생적 수요로서의 노동수요가 발생한다. 그러나 생산에 필요한 노동력과 이용가능한 노동력이 항상 일치한다는 보장은 없다. 이때 기업이 희망하는 노동력 수요와 실제로 이용가능한 노동력 차이를 결원(vacancy)스톡이라 하는데, 이것은 예상되는 이직, 퇴직, 해고와 채용간의 차이(gap)로 파악할 수 있다. 이와 대조적으로 공급 측면에서 보면 비경제활동상태에 있는 가계구성원, 직장을 이직했거나 해고된 인력은 노동시장에 다시 진입하여 실업풀(unemployment pool)을 형성한다. 이와 같은 실업풀로의 진입과 실업풀로부터의 이탈의 차이, 기타 이직, 해고, 채용 등과 같은 변수에 의하여 실업스톡은 변동하게 된다.

노동시장에 있어 스톡과 플로우와 관련해서 다음과 같은 3가지 중요한 현상을 발견할 수 있다.

첫째로, 노동시장에 있어서 실업과 결원은 공존하며, 실업이란 이용 가능한 노동력과 필요노동력 사이의 차이인 것이다. 이것은 일정량의 실업의 존재가 완전고용과 모순되는 것이 아님을 의미한다.

둘째로, 노동시장에 있어 스톡과 플로우변수는 상호 의존적이며 주어진 스톡의 변동은 동시에 플로우의 변화를 가져온다. 예를 들어 결원의 증가는 취업기회의 확대로 해석할 수 있기 때문에, 보다 좋은 직장을 구하려는 사람들의 자발적 이직이 증대되고 따라서 가계 구성원의 노동시장 진입플로우를 증대시키게 된다. 그리고 이것은 실업플로우에의 새로운 보충을 의미하기도 한다.

마지막으로, 제 9 장의 [그림 9-1]에 나타난 실업은 현재적이고 현실적으로 측정가능한 개념이다. 즉, 현실 노동시장에서는 완전실업자와는 다른 희망취업시간보다 상당히 짧거나 혹은 희망임금수준보다 극히 낮은 임금을 제공하는 일자리에 취업해 있음으로 전직이나 추가적인 취업을 희망하는 불완전 취업자가 존재한다. 이러한 불완전 취업자는 완전실업자와 개념적으로 구분할 필요가 있다.

## 2. 실업과 노동력 상태의 변화

실업이 다양한 경로로부터 발생한다는 사실은 일정 기간 내에 노동력 상태의 변화에 초점을 맞추어 동태적으로 설명할 수 있음을 의미한다. [표 14-1]에서 특정 시점에 있어 생산가능 연령인구를 취업자 $E$, 실업자 $U$, 비경제활동상태인구 $N$으로 구분할 때, $t-1$기와 $t$기 두 시점 사이에 노동력상태가 어떻게 변화되는지를 나타낸다.

$t-1$시점에 있어 취업상태에 있는 대부분의 사람들은 $t$시점에서도 취업자의 지위를 계속 유지할 것이다. 이러한 집단은 [표 14-1]에서 $EE$ 즉, 계속 취업상태를 유지한 사람을 나타낸다. 그리고 나머지 과거 취업상태에 있는 사람($E_{t-1}$)은 자발적이던 비자발적이던 일자리를 잃은

**표 14-1 노동력 Flow와 실업**

| 시점 $t-1$ 에서의 노동력 상태 | 시점 $t$에서의 노동력 상태 | | |
|---|---|---|---|
| | $E_t$ | $U_t$ | $N_t$ |
| $E_{t-1}$(취업) | $EE$ | $EU$ | $EN$ |
| $U_{t-1}$(실업) | $UE$ | $UU$ | $UN$ |
| $N_{t-1}$(비경제활동) | $NE$ | $NU$ | $NN$ |

사람(*EU*), 취업상태에 있다가 정년퇴직, 결혼 등을 계기로 비경제활동상태로 이행한 사람(*EN*)으로 구분할 수 있다.

동일한 방법으로 과거($t-1$ 시점)에 실업상태에 있었던 실업자는 일정 기간 이후에 재취업된 사람(*UE*), 계속 실업상태에 머물고 있는 사람(*UU*), 구직활동을 단념하여 비경제활동상태로 이행한 사람(*UN*)으로 구분할 수 있다. 마지막으로 과거 비경제활동상태에 있었던 사람은 노동시장에 진입하여 취업된 사람(*NE*)과 구직활동은 계속하고 있으나 취업은 되지 못한 실업자(*NU*), 이외에 취학 및 가사를 위해 노동시장에 진입하지 않고 비경제활동상태로 남아 있는 사람(*NN*)으로 구분할 수 있다.

이와 같이 노동력상태의 변화는 다양한 형태로 구분할 수 있는데, 이러한 노동력상태 변화는 실업의 실태를 파악하고 해결책을 모색하는데 주요한 두 가지 시사점을 제시해 준다. 그 첫째는 일정 기간에 있어 실업의 변화와 그 구성요인과의 관계이다. 실업스톡의 변화와 노동력상태의 변화를 표시하는 플로우와의 관계는, 실업스톡 증가의 크기와 실업스톡의 감소의 크기에 달려 있다. 따라서 실업스톡의 증대는 '$EU>UE$' 와 '$NU>UN$' 의 두 부등식에 의존하게 된다.

둘째로, 상이한 두 시점에 존재하는 실업스톡의 절대값은 동일하더라도 전체 실업에서 차지하는 실업구성항목, 즉, $EU/U$, $UU/U$, $NU/U$가 다르면, 두 시점의 경제적 의미 또한 다르다. 만일 $EU/U$의 구성비가 높으면 과거 취업상태에 있다가 일자리를 잃은 실업자의 구성비가 높다는 것을 의미한다. 이에 비해 $NU/U$의 구성비가 높으면, 과거 비경제활동상태에 있다가 추가적으로 노동시장에 진입한 실업자의 구성비가 높다는 것을 의미한다.

## 14.2 인플레이션과 실업

가격수준의 변화로 실질임금과 명목임금 사이에 격차가 발생하면 일시적인 고용과 실업의 변화를 야기시키는데, 이러한 인플레와 실업률간의 관계를 필립스 관계(phillips relation)라 한다. 동태적 경제에서의 노동시장을 이해하기 위해서 우선 인플레이션의 개념을 살펴보고 필립스 곡선을 설명함과 동시에 이러한 관계의 장기적 안정성 문제를 논의하고자 한다.

## 1. 인플레이션의 개념

인플레이션이란 일반적으로 "지속적인 물가상승 또는 가중치를 고려한 평균 물가수준의 상승"으로 정의되고 있다. 우리는 미시이론을 통해 공급이 일정할 때 수요가 증가하거나 혹은 수요가 일정할 때 공급이 감소할 경우 가격이 상승함을 알고 있다. 전통적인 미시이론에서 자원의 완전활용이라는 가정은 공급이 고정되어 있음을 의미하기 때문에 물가변화는 화폐수량으로 표시한 수요부족에 의해서 야기된다. 그러나 불완전고용의 존재를 전제한 케인즈 이론에서 수요의 확대는 실업의 감소와 산출량의 증대로 나타나지만 완전고용수준의 산출을 초과하게 되면 물가상승으로 그 영향이 나타난다. 그러므로 케인즈의 인플레이션이론은 초과수요에 기인한 수요견인 인플레이션(Demand-pull inflation)이라 볼 수 있다.

한편, 후기 케인지안(Post-Keynesian)들은 총물가수준변화에 영향을 주는 다른 요인이 있음을 인식하였다. 즉, 수요요인 인플레이션과 달리 더 높은 요소 및 생산물가격을 야기하는 공급의 변화가 물가를 상승시킬 수도 있다고 주장한다(이러한 인플레이션을 비용인상인플레이션이라 한다). 이것은 케인즈가 총수요가 감소할 때 독점력으로 인하여 가격과 임금의 하방경직성이 임금과 가격의 상승을 유도할 수도 있다는 것을 의미한다. 현대 거시경제이론에서는 수요요인과 비용인상의 두 요인의 조합으로 인플레이션의 원인을 설명하고 있다. 즉, 여러 부문에 동시적으로 작용하는 수요 · 공급력의 상대적 크기가 총수요 및 가격의 상승이나 하락 여부를 결정한다는 것이다. 여기서 인플레이션의 여러 유형을 알아보고 실업과 인플레이션의 관계를 설명하기로 한다.

### (1) 수요견인 인플레이션(Demand-pull inflation)

완전고용에 근접해 있는 경제상태에서 수요증가율의 상승이 있게 되면, 특정한 자원의 부족상태가 야기될 수 있다. 이런 상태에서는 특정한 자원을 구입하려는 공급자의 경쟁에 의하여 물가가 상승하게 된다. 물가상승은 생산자의 이윤율을 증가시켜 더욱 많은 생산을 자극하게 된다. 계속적인 노동력 확보경쟁으로, 고용주들은 임금을 상승하게 할 것이며, 생산성이 낮은 노동자의 고용과 더 높은 보수지급으로 인하여 노동비용이 상승하게 된다. 이로 인하여 이윤율을 전과 같이 확보하기 위해서는 이차적인 가격상승이 있게 된다.

한편, 경기순환의 확장기에는 수요증가가 임금과 물가를 상승시키고 하락기에는 수요감소가 임금과 물가를 하락시킨다. 이와 같은 경우에 물가와 실업은 반대방향으로 움직이게 된다.

### (2) 비용인상 인플레이션(Cost-push inflation)

비용인상 인플레이션이란 생산비용의 상승, 강력한 노동조합의 존재로 말미암은 평균노동생산성 이상의 임금상승, 독점기업의 관리가격 등 주로 공급 측면의 요인으로 나타나는 인플레이션이다.

#### 임금인상 인플레이션(Wage-push inflation)

노동조합에 의한 임금의 인상은 생산비를 증대시킨다. 따라서 기업주도 종래의 이윤을 확보하기 위해서는 할 수 없이 상품가격을 인상시키는 수밖에 없게 된다. 즉, 화폐임금의 상승률이 노동생산성 상승률의 범위를 초과하게 되면 상품가격이 상승하게 된다.

#### 관리가격 인플레이션(Administered-price inflation)

독점기업의 관리가격정책도 인플레이션의 원인이 된다. 대규모 기업의 발달과 경제력 집중에 의하여 시장구조는 독과점형태로 되어 소수의 대규모기업이 이윤을 극대화하기 위해 책정된 가격이 바로 관리가격이다. 대기업은 노동조합의 임금인상 요구를 수락하더라도 관리가격 인상에 의하여 이러한 부담을 소비자에게 비교적 쉽게 전가시킬 수 있기 때문에 노동임금과 가격수준은 끊임없이 상승하는 경향이 있다. 이와 같은 경우 가격은 상향적으로는 신축적이나 하향적으로는 경직적이어서 소위 톱니효과(Ratchet-Effect)를 갖는다.

### (3) 기타 요인에 의한 인플레이션

#### 혼합인플레이션(Mixed inflation)

수요견인 인플레이션과 비용인상 인플레이션이 동시에 작용하는 인플레이션으로 이 경우의 총공급함수는 완전고용 아래에서 양(+)의 가격 탄력성을 갖는다.

#### 부문별 수요이동설

전체 노동시장이 균형상태임에도 불구하고 개별노동시장에서 불균형이 존재하고 임금 및 가격이 하방적으로 경직성을 띠면 인플레이션이 발생된다. 예를 들면 A시장은 호황이고 B시장은 불황인 경우 노동상호간에는 대체가능성이 적고 B시장가격이 하방경직적이라고 가정하자. 이 경우 A시장의 임금 또는 가격상승이 B시장으로 파급된다면 전체 경제는 더욱 높은 실업과 물가의 상승에 직면하게 된다.

### (4) 후진국 인플레이션에 대한 통화론자와 구조론자의 견해

후진국의 인플레이션을 논할 때는 주로 통화론자와 구조론자로 구분된다. 통화론자(Monetarist)의 견해에 의하면, 후진국에서는 금융시장이 발달하지 않고, 또한 정부당국의 통화 팽창정책(Easy Government Policy)이 인플레이션을 가중시킨다고 본다. 즉 후진국들은 대부분이 경제성장을 위하여 과도한 통화팽창정책을 사용하는데 이것이 곧 인플레이션의 원인이라는 결론에 도달하게 된다. 한편, 구조론자(Structuratist)의 주장은 경제구조 그 자체는 자기발전적인 기능이 없으며 어떤 정책변수에 종속되어 있다고 본다. 곧 인플레이션의 요인을 경제의 구조현상 내지 그 변화라고 주장한다. 즉, 성장과정에서 경제의 특정 부문에 초기요인(Initiating Factor)이 작용하여 수요가 증대되지만 이를 충족시킬 공급이 기본요인(Basic Factor)에 의해 저해될 때 그 부문에 물가상승이 일어나고 이것이 경제전체에 파급되어 결국 인플레이션을 야기시키게 된다는 것이다.

## 2. 초과수요와 인플레이션: 필립스 곡선

### (1) 필립스 곡선

실업과 인플레율 간의 관계는 피셔와 필립스에 의해 처음으로 제시되었다. 피셔에 의하면, 지출의 증가는 생산물 가격의 상승과 고용 및 산출량의 증대를 가져오며, 인플레율($\dot{P}$)을 실업률($U$)의 설명변수로 볼 수 있다. 즉,

$$U=U(\dot{P}) \ ; \ U'(\dot{P})<0 \qquad \cdots\cdots (14.1)$$

필립스는 피셔와 다른 접근방법을 취했는데, 명목임금률의 변화율($\dot{W}$)과 실업수준을 관련시키고 실업을 독립변수로 사용하였다.

$$\dot{W}=\dot{W}(U) \ ; \ \dot{W}'(U)<0 \qquad \cdots\cdots (14.2)$$

필립스는 영국의 1861-1913년에 걸친 시계열 자료를 가지고 영국경제에 있어 실업률과 임금상승률 간에 [그림 14-1]과 같은 비선형관계가 있음을 실증분석을 통해 밝혔다. 필립스에 의하면 생산성과 이윤은 임금상승에 영향을 미치는 변수이긴 하지만 가격인플레율이 임금인플레율에 주로 영향을 미친다고 보았다. 여기서 생산성과 이윤은 필립스 곡선을 좌우로 이동시키는 요인인 것이다.

이와 같은 필립스의 연구는 두 가지 면에서 그 의의가 있다. 첫째로, 1, 2차 세계대전 기간을 제외하면 제1차 세계대전 이전이나 1951-1957년 기간 동안에 관찰된 것과 같이 상당히 안정적이라고 할 수 있다.[1] 두 번째, 특히 중요하다고 할 수 있는 것은 정책당국이 낮은 인플

1) 그러나 이러한 관계를 필립스는 어떠한 경제이론에 의해 설명하지는 못하였다.

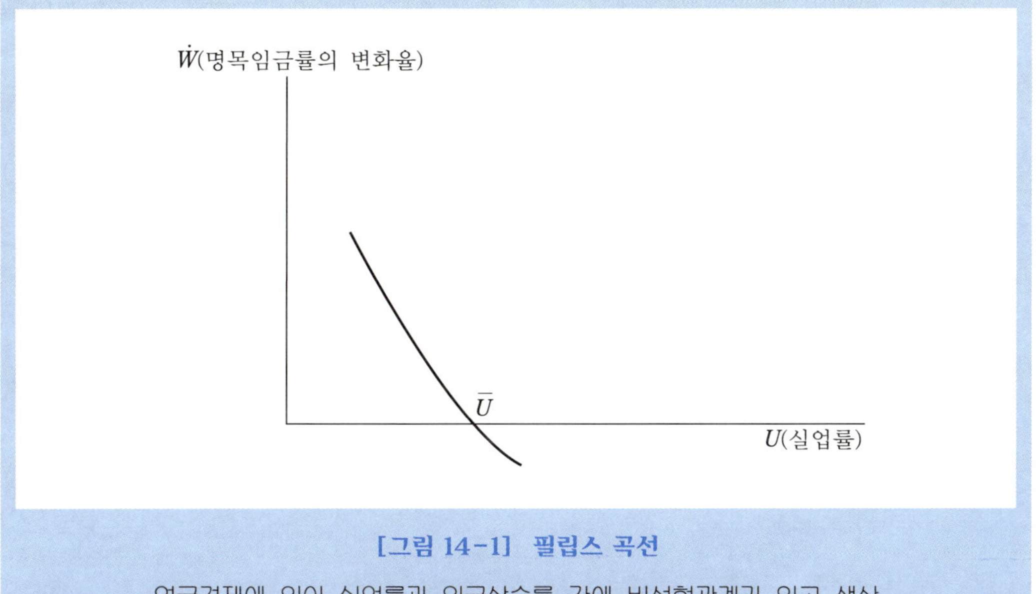


**[그림 14-1] 필립스 곡선**

영국경제에 있어 실업률과 임금상승률 간에 비선형관계가 있고 생산성과 이윤은 가격인플레율과 임금인플레율에 주로 영향을 주어 필립스 곡선을 좌우로 이동시킨다.

레이션과 낮은 실업률을 동시에 달성할 수는 없다는 점이다. 그러나 필립스는 이러한 관계를 경제이론으로서 합리화시키지는 못하였다.

### (2) 필립스 곡선의 연장: 기대변수의 역할

명목임금인플레이션과 실업간의 단순한 관계는 이론적인 측면과 실증적인 측면에서 상당히 수정되었다. 첫째로 필립스곡선은 프리드만과 펠프스에 의하여 이론적인 측면에서 수정되었다. 전통적인 필립스관계는 케인지언사상이 풍미했던 시기에 나타난 관계로, '명목' 임금인플레가 노동의 초과수요 상태에서 진행된다는 점을 구체화시킨 셈이었다. 이러한 점은 노동시장에서의 균형이 '실질' 임금률에 의해 결정된다는 신고전학파 이론과는 상충된다. 프리드만은 이와 같은 사실에 주목하여 실업수준과 실질임금률의 변화율간에 상충관계가 존재함을 이론화하였다.

둘째, 이론적인 측면에서의 수정과 함께 1960년대 후반에 들어와서 필립스 관계의 안정성에 의문이 제기되었다. 특히 미국에서 명목임금 인플레이션과 실업간의 안정적인 관계가 일관성을 보여 주지 못하게 되었다. 즉, 필립스곡선은 우측으로 이동하게 되어 주어진 실업수준에서 임금인플레는 예상보다 훨씬 더 높거나 혹은 주어진 인플레율에서 더욱 높은 실업률을 경험하게 되었다.

### (3) 예상인플레와 자연실업률

실질임금률이 어떻게 필립스의 상충관계에 영향을 미치는가를 분석해 보기로 하자. 노동시장에서의 고용계약은 실질임금에 의해 이루어지므로 임금협상과정과 관련해서 일어나는 인플레는 어느 정도 예상할 수 있다. 그러므로 예상인플레율($\dot{P}_e$)이 설명변수로서 임금방정식에 포함되어야 한다.

$$W = aU + b\dot{P}_e \qquad \cdots\cdots (14.3)$$

여기서 $b$는 상당히 중요한 계수이다. 만일 $b=1$이라면 근로자들이 화폐적 환상을 갖지 않기 때문에 예상인플레율의 증가가 명목임금 상승에 완전히 반영되어진다. 단순한 필립스 곡선에서는 물가예상이 명목임금 결정에 어떠한 역할도 할 수 없기 때문에 $b=0$로 가정되어 있다.

[그림 14-2]에서 초기 균형이 $U_n$인 경우, 임금상승률은 '0'이 된다(편의상 생산성 증가율 '0'이고 따라서 물가상승률도 '0'이라고 가정한다). 이제 정책당국이 보다 낮은 실업률($U_1$)의 달성을 위해서 총수요를 유발하는 경우, 임금상승률과 물가상승률은 3%로 증가한다(점 $A$). 점 $A$는 전통적인 필립스 곡선에서는 안정적인 균형이다. 그러나 프리드만의 주장에 따르면 근로자들에게 주어진 적절한 실질임금은 명목임금률을 예상물가수준으로 디플레이트(deflate)한 값이다. 이 경우 $A$점에서 노동자는 화폐환상을 갖게 된다. 실제 물가상승률이 증가할 때 현재와 과거의 물가상승률이 실제인플레율과 같게 된다면, 근로자들은 실질임금이 불변이라는 것을 알게되고, 그 결과 종전의 실업수준($U_n$)으로 다시 복귀하게 된다. 경제는 이제 새로운 단기 필립스 곡선 $PC_2$위의 점 $B$에 있게 된

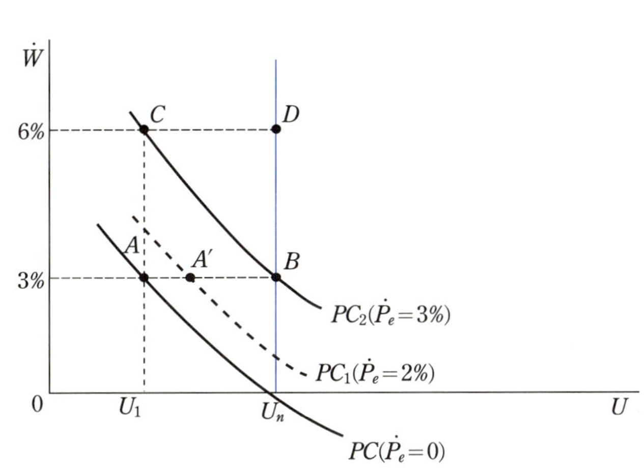


**[그림 14-2] 자연실업률 가설**

예상인플레이션이 증가하면 단기 필립스 곡선은 우측으로 이동한다. 인플레이션이 불완전하게 예상되면 화폐환상이 존재하며 $PC_1$으로 이동하고 인플레이션이 완전하게 예상되면 $PC_2$로 이동한다.

다. 그러므로 예상인플레이션이 증가할 때, 단기 필립스 곡선은 우측으로 이동한다. 만일 인플레이션이 불완전하게 예상된다면 화폐환상은 아직도 존재하여 단기 필립스 곡선은 $PC_1$으로 이동할 것이다. 이 경우에는 장기적 인플레이션과 실업간의 안정적인 상충관계가 존재한다. 그러나 인플레이션이 완전히 예상되어 단기 필립스 곡선이 $PC_2$로 이동한다면, 장기적인 상충관계는 없어지게 된다.

만약 $B$점에서 다시 실업률을 줄이기 위한 정부의 총수요증대 정책이 계속된다면 고정된 예상($\dot{P}_e=3\%$)하에서 실업률 $U_1$수준까지 줄일 수 있다. 그러나 총수요증대로 인한 실제물가는 상승되어 단기적으로 필립스곡선을 따라 $B$에서 $C$로 이동하나 장기적으로 실제물가에 예상물가($\dot{P}_e=6\%$)가 일치하면 $C$에서 $D$로 이동하여 원래의 실업률상태로 되돌아 간다.

이와 같이 인플레이션이 완전히 예상되어지는 경우라면, 자연실업률 $U_n$에서 장기균형이 이루어진다. 이때 자연실업률 $U_n$은 완전고용을 의미하는 것이 아니라, 안정적인 물가수준에 대응한 실업수준을 나타낸다고 할 수 있다. 인플레이션이 완전히 예상되는 경우 실업과 인플레이션과의 장기적인 상충관계는 존재하지 않기 때문에 실업을 감소시키려는 총수요 확대정책은 단기적으로 인플레이션율의 상승과 함께 성공적으로 이루어 질 수 있으나 장기적으로 인플레이션율의 상승만을 초래할 뿐이다. 즉, 장기적으로는 자연실업률 $U_n$수준에서 지속적인 인플레이션의 상승을 초래할 뿐이다. [그림 14-3]에서는 이러한 장기적인 상충관계를 보여주고 있다. 만일 물가예상이 임금상승률 결정에 아무런 영향도 미치지 못하는 전통적인 필립스 곡선($b=0$인 경우)에서는 단기와 장기의 상충관계는 구분될 수 없다. 그러나 만일 $b<1$이라면 안정적인 장기 상충관계가 존재하며, 그러나 전통적인 필립스 곡선보다는 기울기가 더 가파르다. 그리고 만일 인플레이션이 완전히 예상되는 경우라면($b=1$인 경우), 장기 필립스관계는 $U_n$에서 수직이 된다.

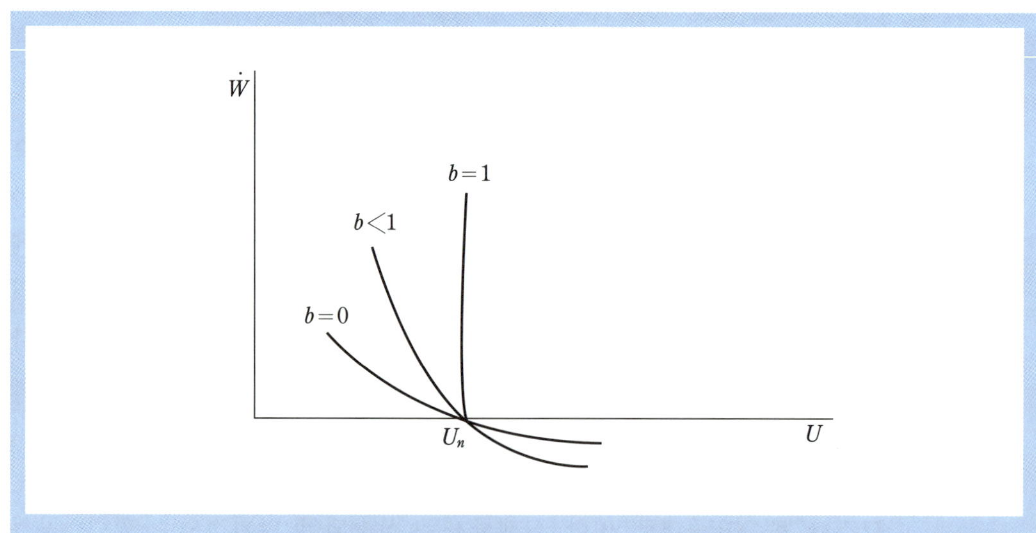


**[그림 14-3] 물가의 예상정도와 필립스 곡선**

물가예상이 임금상승률 결정에 아무런 영향을 못주는 경우($b=0$)에는 단기와 장기의 상충관계가 구분될 수 없다(전통적 필립스곡선). 물가상승률에 대한 예상이 합리적으로 이루어 진다면($b=1$), 인플레와 실업률 간에는 어떠한 상충관계도 존재하지 않는다(자연실업률 가설).

### (4) 자연실업률 가설에 대한 비판

자연실업률 가설(natural unemployment hypothesis)은 주로 케인지언(Keynesian)으로부터 다음과 같은 비판을 받고 있다.

첫째로, 계수 $b$의 값이 1이라고 맹목적으로 받아들일 선험적인 이유가 없다는 것이다. 인플레이션이 증가했거나 경제발전을 인식하고 있는 상황이라도 화폐환상이 완전한 것 같지는 않으며 화폐환상의 제거 또한 가능할 것 같지는 않다.

둘째로, 자연실업률의 개념이 모호하다는 점이다. 자연실업률의 측정은 용이하지도 않으며, 비록 단기적으로는 일정하더라도 장기적으로는 제도적인 요인에 따라 변동되므로 자연실업률 가설에 따른 반인플레이션 정책의 선택은 불확실한 면이 있다.

끝으로, 예상인플레이션율의 측정에 문제가 있다. 예상인플레이션율의 측정을 위한 대안적인 방법으로, (1) 관찰변수로부터 추출한 대응변수(proxy variables)를 사용하는 방법과 (2) 예상인플레이션율을 직접적으로 추정하는 방식이 있다. 첫 번째 방법이 대부분의 연구에서 사용되어져 왔으며 그 대표적인 것이 적응적 기대가설(adaptive expectation hypothesis)이다. 그러나 적응적 기대가설에 따른 예상인플레이션율의 형성은 개별경제 주체가 오직 현재와 과거의 가격변화만을 고려하고 현재의 외적인 사건(예를 들자면 임금 동결, 화폐의 평가절하)을 무시한다는 점에서 비합리적이며, 인플레이션이 발생되는 메커니즘과도 일관되지 않는다. 특히 인플레이션이 계속적으로 상승한다면, 적응적 기대가설에 따라 형성된 예상인플레이션은 실제인플레이션을 정확하게 반영하지 못한다.

### (5) 요 약

필립스 곡선과 관련한 지금까지의 설명을 아래와 같이 크게 세 가지로 요약할 수 있다.

① 자연실업률 가설이 타당하다면($b=1$) 그리고 물가상승률에 대한

예상이 합리적으로 이루어진다면, 인플레이션과 실업간에는 어떠한 상충관계도 존재하지 않으며, 더구나 정책당국에 의한 예상치 못한 물가변화가 발생하지 않는다면 단기적으로도 상충관계는 존재하지 않는다.

② 자연실업률 가설이 타당하고 물가상승률의 예상이 적절히 예측된다면, 단기적으로 상충관계가 존재하지만 장기적으로는 존재하지 않는다.

③ 물가예상이 임금상승률과 물가상승률에 아무런 영향을 미치지 못한다면($b=0$), 전통적인 필립스관계는 단기 및 장기 모두에 있어서 타당하다.

### 3. 필립스 곡선에 대한 노조의 영향

경제의 구조적 변화 가운데 특히 노동조합의 조직화 정도에 따라 필립스 곡선은 변화된다. 일반적으로 노동조합이 강화되면 인플레와 실업간의 상충관계는 약화되는 경향이 있다. 왜냐하면 독점기업이 수요가 줄면 가격보다는 생산량을 줄이는 것과 마찬가지로 노동공급을 독점하고 있는 노조도 노동수요가 줄 때 임금인하보다 더 높은 실업을 감수하려 하기 때문이다. 더구나 수요팽창시 노조는 가격등귀와 이윤증가에 매우 민감하게 반응하여 가격과 임금변화간 시차(time lag)를 줄이고자 한다. 그러므로 특정 실업수준에서 이런 시차의 축소는 임금변동률을 증가시켜 곡선을 상향 이동시킨다. 그러나 장기적 노동협약(labor agreements)의 존재는 임금인상과 노동감축의 시차를 증가시키기 때문에 필립스 곡선을 좌측으로 이동시켜 인플레와 실업의 상충관계를 향상시키는 경향이 있다.

## 14.3 실업과 결원

현실 노동시장에는 실업과 결원이 병존한다. 결원이란 고용주인 기업의 관점에서 보면 구인에 대한 필요 요건(자격으로서 연령 및 교육 등)과 함께 임금수준을 명시하여 활발한 구인활동을 했음에도 불구하고 인력을 충원하지 못한 '직무의 수'라고 정의할 수 있다. 그리고 근로자 입장에서 보면, 최근에 발생한 '직무(일자리)'에 이미 고용된 노동자와 동일한 필요요건과 희망임금을 가지고서라면 언제라도 고용되어질 수 있는 '근로자의 수'라고 볼 수 있다. 이와 같이 결원은 실업과 대칭되는 개념으로서, 실업통계와 상호 보완적인 역할을 하면서 노동시장의 상태와 변화를 파악할 수 있게 한다. 이와 함께 결원에 관한 정보의 존재는 실업의 원인을 파악하는 중요한 자료를 제공하고, 실업 · 결원분석은 실업의 이론적 · 실증적 분석을 위한 도구로도 이용된다. 실업 · 결원분석은 특히 1960년대 후반 이후 영국에서 활발하게 연구되었는데, 이것은 다음 세 가지 과제에 대한 주요한 문제에 대한 접근을 가능하게 만들었다.

① 1960년 이후의 필립스(phillips) 곡선의 붕괴를 설명하는 데 있어 초과 노동수요에 대한 적절한 척도는 미충족결원(unfilled vacancies)의 수준이라는 것을 증명하였고,

② 실업과 결원 사이의 비선형곡선, 즉 실업 · 결원곡선이 1960년 이후 우상향으로 이행한 원인을 규명하여 노동시장의 조정기능을 변화시키는 요인을 분석가능하게 하였고,

③ 실업 · 결원곡선을 지역별로 계측하여 노동시장의 불완전성에 대한 지역적 차이를 불가능하게 만들었다.

## 1. 실업 · 결원곡선의 도출

실업과 결원과의 관계는 양자를 결부시킨 실업 · 결원곡선을 통하여 살펴볼 수 있다. 실업 · 결원곡선이 어떻게 도출되었는가는 노동시장에 완전경쟁이 성립하는 경우와 완전경쟁을 구성하는 조건들이 충족되지 않는 경우로 나누어 살펴보았다.

### (1) 완전경쟁의 경우

먼저 완전경쟁적 노동시장에서의 실업 · 결원곡선을 살펴보자. 지금 노동시장에 있어 정보가 완전하고 정보의 획득에 비용이 발생하지 않고 노동이동에 따르는 비용이 발생하지 않으며, 또한 노동수요와 노동공급이 동질적이라고 가정하자. 이러한 노동시장에는 실업이 존재하면 결원이 발생하지 않거나, 결원이 존재하면 실업이 발생하지 아니한다. 따라서 실업 $U$, 결원 $V$ 및 노동수요 $D$의 관계는 [그림 14-4]와 같이 나타낼 수 있다.

[그림 14-4]와 같이 특정 경제에 있어 이용가능한 노동공급의 최대량을 $L$이라 할 때(따라서 $L=D$에서 경제가 완전고용을 실현한다), $O$에서 $L$로의 노동수요의 증대는 실업의 감소를 가져온다. 이와 같은 노동수요의 수준에 대응되는 실업량을 표시하는 실업곡선은 $U$로부터 $L$로 이동하여 45도 각도로 낮아지는 선이 된다. 완전고용이 달성되는 점 $L$에서는 실업이 0이 되고, 점 $L$보다 우측에서는 노동수요가 조금만 확대되

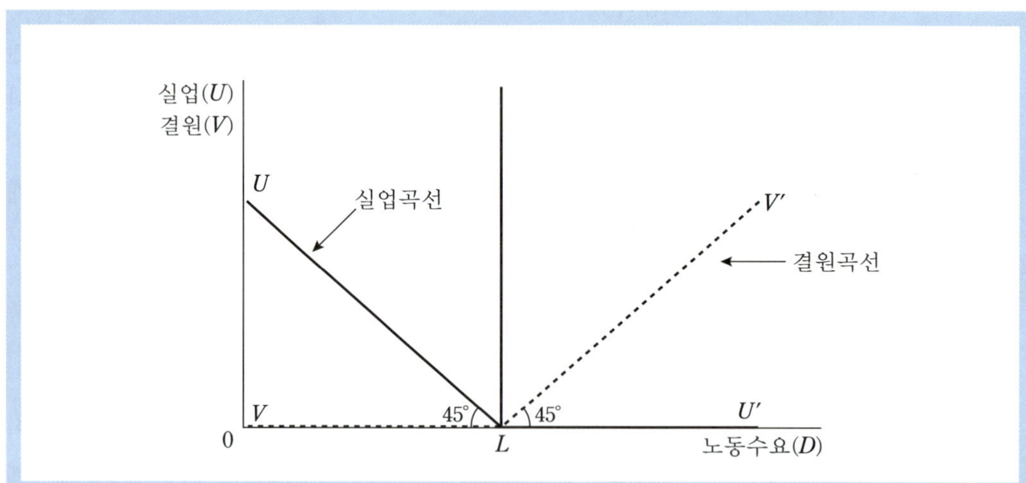


**[그림 14-4] 노동수요 · 결원 및 실업의 관계(완전 경쟁의 경우)**

자료: A. J. Brown, "UV Analysis" in the Concept and Measurement of Involuntory Unemployment, London, George Allen & Unwin Ltd, 1976, p. 135.

어도 실업선은 횡축과 일치하여 우측으로 수평이동을 계속하게 된다.

이와 대조적으로 결원선 *VV′*는 실업이 존재하여도 결원이 발생하지 않기 때문에 완전고용점 *L*이전까지는 횡축과 일치하여 우측이동하고, 노동수요가 점 *L*보다 확대되면 45도의 각도로 우상향 이동하게 된다. 실업과 결원에 관한 통계가 완전하고 양 변수에 대한 절대수의 비율이 정확히 측정된다면, [그림 14-4]와 같은 실업·결원곡선을 그릴 수 있다. 실업(unemployment)과 결원(vacancy)의 머릿글자를 따서 이것을 *UV* 곡선(혹은 Beveridge curve)이라 부른다.

### (2) 불완전 경쟁의 경우

노동시장에 대한 완전경쟁의 가정을 버리게 되면 실업과 결원과의 관계에는 변화가 있게 된다. 종축과 횡축을 측정하는 변수는 [그림 14-4]에서와 동일하다고 하고, [그림 14-5]을 이용하여 설명해 보자. 노동

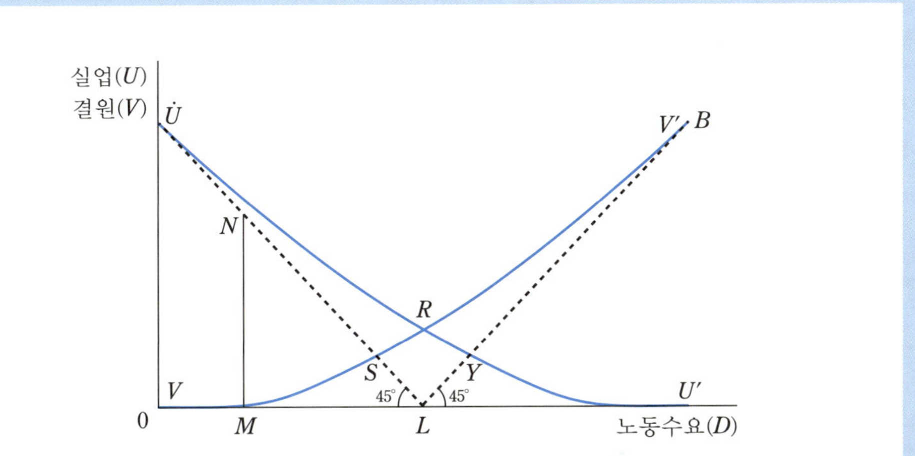


**[그림 14-5] 노동수요 · 결원 및 실업의 관계(불완전 경쟁의 경우)**

노동시장의 불완전성은 완전고용이 달성되기 이전에 결원선을 횡축으로부터 괴리시키고 노동수요가 극단적으로 높은 수준에 있게 되면 결원선은 45도선과 일치된다.

자료: A. J. Brown, *ibid,* p. 136.

수요의 수준이 매우 낮아 $OM$의 범위 내에 있다면, 그 범위 내에서의 노동수요의 확대는 결원을 발생하지 아니한다. 그러므로 고용주는 대량으로 존재하는 실업자 가운데서 '공석' 중에 있는 직무수준에 알맞은 노동자를 자유로이 선택할 수 있다. 따라서 노동수요가 낮은 수준에 있어서는 결원선, $VV'$는 노동시장에 있어 완전경쟁이 지배하는 경우와 마찬가지로 횡축을 따라 움직인다.

그러나 노동수요가 $M$점으로부터 이용가능한 최대노동량을 표시하는 점 $L$ 이상으로 증가한다고 하자. 또한 노동시장이 불완전경쟁시장이기 때문에 정보가 불완전하고 노동이동도 불완전하여 비용이 발생한다고 하자. 그러면 현재 실업 중에 있는 노동자는 결원이 발생한 사실을 알지 못하기 때문에, 공석에 구직하지 않을 가능성이 있다. 결과적으로 노동수요가 증가할수록 미충족 결원은 증가하게 된다. 이러한 노동시장의 불완전성으로 인해서 결원곡선은 완전고용 수준에 도달하기 이전에 횡축으로부터 괴리되고, 노동수요가 극단적으로 높은 수준에 있게 되면 결원곡선은 45도선과 일치된다. 이와 동일한 과정으로 [그림 14-5]와 같은 실업곡선 $UU'$가 도출된다. 그 결과 완전고용수준인 $L$에서 $RL$에 해당하는 실업과 결원이 동시적으로 나타나게 된다.

## 2. 실업 · 결원곡선의 형태

불완전경쟁 노동시장에서의 실업 · 결원곡선은 [그림 14-6]에서처럼 원점에 대해서 볼록(convex)하고, 횡축이나 종축의 어느 축에도 접하지 않는 곡선이 된다. 이와 같은 볼록형의 곡선으로 말미암아 주어진 노동수요수준에서 실업곡선과 결원곡선 기울기의 절대값의 합은 '1'과 같지 않다. 그러나 [그림 14-5]를 통해서 보면 노동수요가 $OM$의 범위에 있는 한 $dU/dD$은 $-1$이고, $dV/dD$는 0이 된다. 또한 실업이 완전소멸되는 높은 노동수요수준에서는 $dU/dD$는 0이 되고 $dV/dD$는 1과 같게된다. 한편 [그림 14-6]을 통해서 보면 실업, 결원곡선은 원점에 대하여 볼록형이 되므로, 낮은 수준의 결원 $V$하에서 $dU/dV$의 값은 커지

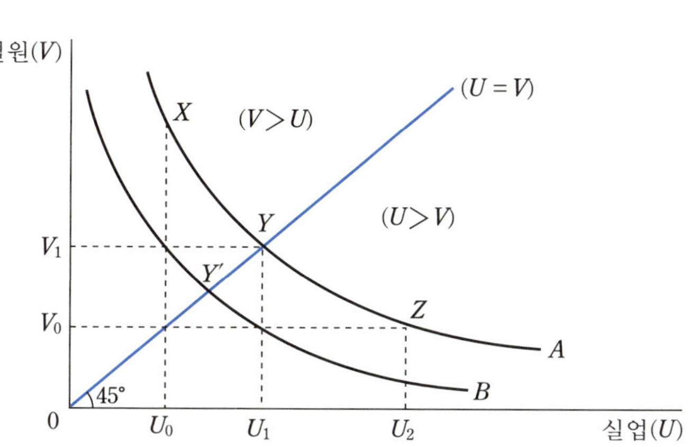


**[그림 14-6] 실업 · 결원 곡선**

실업 · 결원곡선은 원점에 대해서 볼록하고 횡축 · 종축 모두에 접하지 않는다.

자료: A. Rees, The Economics of Work and Pay, New York and others, Harper & Row, Publishers, 1973, p. 114.

고, 높은 수준의 $V$에서는 $dU/dV$의 값이 작아짐을 알 수 있다.

그러면 실업 · 결원곡선이 볼록형인 이유를 다시 한번 살펴보자. 경쟁이 불완전한 노동시장에 있어 실업수준이 매우 낮은 경우, 수요의 확대에 따라 결원은 급속히 증대하고 결원의 증대에 따라 마찰적 실업은 어느 정도 감소된다. 그러나 이러한 상태에서도 일부 노동자의 자발적 이직은 촉진되고 보다 양호한 직업에 대한 탐색이 일어나기 때문에 실업기간은 크게 감소되지 않으며, 그 결과 실업감소에는 일정한 한계가 있게 된다. 한편 아주 높은 실업수준에서는 특수한 숙련 및 고도의 자격을 필요로 하는 직장, 이른바 노동자에 대하여 매력이 있는 직장의 결원만이 존재하게 된다. 이러한 주어진 구조를 가진 노동시장에 대해서는 정의 최저 결원수가 존재한다.

## 3. 실업 · 결원곡선의 유용성

실업 · 결원곡선은 현실의 실업행동을 이해함에 있어 다음의 세 가지 이론적 의미를 줄 수 있다.

### (1) 노동시장 불완전성의 측정

첫째로, 실업 · 결원곡선은 주어진 노동시장구조에 있어 완전고용과 노동시장의 불완전성의 정도를 측정하는 데 이용될 수 있다. 종축에 결원수 $V$, 횡축에 실업자수 $U$를 표시하는 [그림 14-6]에서 보면 원점에서 우상방으로 연장하는 45도선은 실업수와 결원수가 동일한($U=V$) 상태를 표시한다. 한편 $A$, $B$ 두 곡선이 이와 같은 45도선과 교차하는 점을 각각 $Y$, $Y'$이라 하면, 이 두 점은 주어진 노동시장구조에 대응한 완전고용상태를 표시한다. 만약, 곡선 $A$의 경우, 점 $Y$에서 노동수요의 척도로서의 결원 $V_1$과 노동공급의 척도로서의 실업 $U_1$은 서로 같고 이 점에서 거시적 수급균형이 실현된다. 그리고 점 $Y'$에서도 동일한 결과를 가져온다.

한편 45도선을 경계로 오른쪽 아래 부분에서는 실업이 결원을 상회하는 초과노동공급($U>V$)상태이고 왼쪽 상단영역에서는 초과노동수요($V>U$)의 상태에 있는 경우를 나타내고 있다. 완전고용점 $Y$와 $Y'$에 대응하는 실업자수와 결원수를 비교하여 보면, 점 $Y$는 $Y'$보다도 더 큰 실업수 및 결원수를 나타낸다. 다른 말로 말하면 동일한 완전고용점에서도, 점 $Y$와 $Y'$에 대응하는 실업자수 및 결원수는 그 크기가 다를 수 있다. 완전고용과 양립되는 실업은 수요부족에 기인하지 않는 실업(후술하겠지만, 그러한 비수요부족 실업이라 부를 수 있는 경우에는 마찰적 실업과 구조적 실업의 2가지 유형이 있다)이기 때문에 실업 · 결원곡선의 원점으로부터의 거리 $OY$ 또는 $OY'$은 노동시장에서의 마찰, 즉 '불완전성'의 정도를 표시하는 것으로 해석할 수 있다. 그러므로 주어진 실업 · 결원곡선에 있어서 $U=V$가 성립할 때의 $U$를 완전고용과 양립되는 실업량이라 볼 수 있다. 따라서 실제로 계측되는 실업 · 결원곡선은 원점에 가까우면 가까울수록, 노동시장이 보다 효율적으로 작용한다는 것을 의미한다.

### (2) 노동수급 불균형의 지표

실업 · 결원곡선의 두 번째 이론적 의미는 노동수요와 공급의 비동질성과 관련되어 있다. 만일 노동시장이 하나의 동질적인 시장이 아니라 산업별, 지역별 또는 직업별로 분단되어 있는 다수의 부분노동시장으로 구성되어 있다고 하자. 이러한 경우 각각의 부분노동시장 상호간에 있어 노동이동이 완전하게 이루어지지 않으면, 주어진 총수요수준에서 부분노동시장 간에 노동수급의 불균형이 나타날 수 있다.

이와 같은 현상을 [그림 14-6]을 통해서 설명하면, 먼저 완전고용 $Y$에서 두 개의 부분노동시장(지역노동시장)에 점 $X$, $Z$와 같은 실업, 결원관계가 존재한다고 가정하자. 그러면 부분노동시장 $X$에서는 초과노동수요, 부분시장 $Z$에서는 실업이 결원을 상회하는 노동공급의 과잉을 나타낸다. 점 $Y$에 있어서 노동수급의 거시적 균형은 특정 부분시장의 초과수요와 다른 부분시장의 초과공급의 평균적 현상인 것이다. 완전고용이 거시적으로 달성될 뿐만 아니라 모든 부분노동시장에 있어서도 실현되는 것이 바람직하기 때문에, 부분시장 $Z$에 있어서 완전고용이 실현되기 위해서는 그 시장에서의 노동수요가 확대되던가 혹은 실업자의 일부가 부분시장 $X$로 이동해야 한다. 이러한 경우 시장 $X$와 시장 $Z$에서 이용되는 노동의 유형이 다르면, 노동력에 대한 재훈련이 필요하게 된다.

### (3) 실업 유형의 파악

마지막으로 실업 · 결원곡선은 실업의 원인별로 실업형태를 파악하게 해준다. 즉, 주어진 시점에 있어서 결원수준 $V_0$과 실업수준 $U_2$를 포함한 점 $Z$이라는 경제상태를 가정할 때 비수요부족실업률은 $OU_0$이고 수요부족 실업은 $U_0U_2$라고 생각하는 것도 무리는 아니다. 결원과 실업이 동일하게 되는 경우에 존재하는 실업이 비수요부족 실업이므로 점 $Z$와 관련되어 있는 결원 $V_0(=U_0)$를 상회하는 실업의 초과분 $U_0U_2$는 총수요의 부족에 기인한다고 볼 수 있다. 그렇지만 점 $X$, $Y$ 및 $Z$을 통하여 주어진 노동시장 구조에 있어 불완전성을 반영하는 실업 · 결원곡선 $A$의 경우를 보면 실업 $U_0U_2$는 노동시장에 있어 수요와 공급의 거시적 균형을 보증하기 위해 창출되어야 할 직장수보다 과대함을 알 수 있다.

## 14.4 실업의 유형

실업은 여러 가지 형태로 구분되는데 그 원인에 따라서 자발적 실업, 마찰적 실업, 구조적 실업 및 수요부족 실업의 네 가지 유형으로 분류될 수 있다. 이와 같은 실업을 통털어 현재적 실업이라 부르는데 개념상으로 비현재적 실업이라는 불완전취업과 구별된다. 또한 실업의 유형을 구분하는 두 가지 접근방법이 있다. 즉, 첫째 방법은 정책적 관점에서 본 실업구제의 관점이며, 둘째는 실업의 원인에 따른 유형화이다. 아래에서는 실업을 원인별로 네 가지로 구분하여, 각각에 대해서 살펴보기로 하자.

### 1. 자발적 실업

고전학파의 고용이론에는 첫째, 임금이 노동의 한계생산물과 동일하고 둘째, 일정한 노동량을 고용하는 경우, 임금의 효용은 그 고용량의 한계비용과 같아진다는 2가지 기본적 공준이 있다. 케인즈는 이와 같은 공준과의 관계에 의해 실업을 정의하여 자발적 실업과 마찰적 실업을 지적하고 있다. 자발적 실업이란 “1단위의 노동이 법률, 사회관행상, 단체교섭을 위한 단결 또는 변화에 대한 적응의 지체로 말미암아 그 노동의 한계생산력에 미치지 못하는 보수를 받아들이지 않음으로 인해 생기는 실업”으로 정의하고 있다. 쉽게 말해서 현행 임금수준에 만족하지 못하여, 취업을 하지 않음으로써 생기는 실업의 유형을 말한다. 이러한 자발적 실업은 “노동의 한계생산물 가치보다 낮은 임금을 받아들이지 않음으로 인해 발생하는 실업"인 것이다.

## 2. 마찰적 실업

마찰적 실업이란 노동시장이 불완전하기 때문에 노동자가 일시적으로 노동에서 이탈할 때에 생기는 실업으로 구직자와 구인처가 적절히 대응되지 못하기 때문에 발생하는 실업이다. 케인즈의 정의에 의하면 "고용조정이 종종 부정확하게 이루어져 계속적인 완전고용의 실현이 저해되는 경우"에 일어나는 실업이다. 예를 들면 수요에 대한 예측이 부정확했거나 수요의 일시적 변화에 의해 특정 자원배분에 대한 상대적 균형이 일시적으로 파괴되었을 때, 또는 예측가능하지 못한 변화에 수반되거나 일정한 시간적 격차를 가지고 고용의 전환(직장이동)이 이루어질 때 이와 같은 실업이 발생한다. 따라서 비정태적인 사회에 있어서는 자원의 일부가 생산활동에 완전히 사용되어지지 않으므로 인해 실업이 발생한다. 그러므로, 마찰적 실업의 정의는 "노동시장에 있어 임금의 조정기능이 작용됨에도 불구하고 노동수요와 공급이 시간적으로 합치되지 않음으로 생기는 일시적 성격의 실업"을 가리킨다. 또한 비버리지(W. H. Beveridge)의 정의에 의하면 마찰적 실업이란 "노동공급의 구성단위인 개인에 있어서 완전한 대체가능성과 이동성이 없음으로 인해 생기는 실업"이라 볼 수 있다. 다시 말해서 마찰적 실업은 노동수요에 대응하여 적당한 종류의 노동공급이 적당한 장소에서 이루어지지 않음으로 인해 일어난다.

## 3. 구조적 실업

구조적 실업이란 "한 국가의 중요한 경제구조의 변화에 따르는 수요구조의 변화를 통해 특정 산업이나 지역에 발생하는 실업"이라 규정된다. 이 말은 경제 전체적으로는 노동에 대한 수요가 충분할지라도 어떤 특정 분야에서는 노동에 대한 수요가 공급에 미달하여 실업이 발생할 수 있다는 것이다. 즉 구인처에서 요구하거나 또는 미충원공석을 매우는데 요구되는 자격을 지닌 근로자가 없거나 해당 지역 내에 없을 경우를 의미한다. 구조적 실업은 실업과 공석이 존재함에도 불구하고 기술을 갖춘 노동자가 이동이 불가능하거나 기술을 갖춘 노동자가 없는 경우에 주로 발생한다. 이러한 성격상 구조적 실업은 장기적이며 총수요의 수준과는 무관하고 거시적 완전고용과도 양립될 수 있다.

## 4. 수요부족 실업(비자발적 실업)

수요부족실업은 노동자가 현행 실질임금수준하에서 근로의사가 있는데도 불구하고, 생산물에 대한 유효수요 부족으로 기업이 고용하려고 하지 않기 때문에 생기는 실업으로서 주로 불황기에 생기는 실업이다. 케인즈는 대불황기의 대량실업 구제책으로 확장적 재정금융정책에 의한 유효수요 관리정책을 제창하였다. 이와 같이 수요의 부족을 원인으로 하는 실업은 단기적이면서 순환적인 성격을 가지는데 경기의 하강 측면에 있어서는 총수요의 감소에 따라서 노동공급이 수요를 상회하여 실업이 발생하나 경기순환의 정점(peak)에서는 노동공급과 실제의 고용량이 일치하여, 완전고용이 달성된다. 이와 같은 경기순환적인 유형의 수요부족 실업은 경제활동(총수요)과 노동공급의 추세적 상승경향이 어느 정도 동일하다는 가정을 전제로 한 것이다. 그러나 총수요의 추세적 성장보다도 노동공급의 추세적 상승세가 더욱 크다면 순환적 유형의 수요부족 실업과는 별도의 새로운 '성장갭(gap)형' 실업에 직면하게 된다. 이러한 유형의 실업은 그 원인이 부적절한 총수요에 있는 것이 아니고 경기순환의 정점에 있어서 수요부족 실업이 존재하는 데 기인한다.

## 5. 불완전 취업

위에 설명한 여러 가지 이유에 의하여 생산과정에서 배제된 노동자를 현재적 실업, 통계상으로는 완전실업자라 부른다. 그러나 공식통계상으로 파악할 수 없지만 문제의 중요성 때문에 무시할 수 없는 노동력의 불완전 이용이 있는데 그것을 ‘잠재실업’ 또는 ‘불완전 취업’이라 한다.

불완전 취업은 연구자의 문제의식 및 역점을 어디에 두느냐에 따라 여러 가지 표현으로 사용되어 진다. 예를 들어, 일본의 미소구치(美濃口)는 잠재실업을 정의하여 “선택한 직업의 종류에 따라 수입된 소득액이 자기의 합리적 기대에 미치지 못하고 있음에도 현재 취업하고 있는 자”라 하였다. 이와 비슷하게 로빈슨(J. Robinson)은 “실업수당도 빈민구제정책도 없는 사회에 있어 유효수요의 감소에 따라 한계생산력이 상대적으로 낮은 열등직업에 취업하고 있는 노동자를 위장실업(disguised unemployment)”이라 하였다. 위장실업의 또 다른 표현으로는 넉시(R. Nurkse)의 해석을 들 수 있다. 넉시는 동남아시아의 인구가 조밀한 소농경제의 취업상태를 지적하여 일반적으로 위장실업을 정의하고 있다. 즉, 농업기술이 변화하지 않고서도, 농업에 종사하는 사람의 대부분을 농업산출고의 감소 없이 제거할 수 있다는 의미에서 이러한 농업노동자를 위장실업으로 보고 있다. 일본의 오오카와(大川)에 의한 과잉취업(over-employment)을 정의하면 “한 가지 산업에 있어 노동의 한계생산력이 다른 부분의 노동에 대한 한계생산력에 비하여 영구적으로 저위에 있을 때 그 산업은 과잉취업상태에 있다”고 규정할 수 있다.

이와 같은 여러 가지 관점에서 정의되고 있는 불완전 취업의 개념은 ILO의 분류에 따르면 다음과 같이 정의될 수 있다. 불완전 취업이란 “특정한 근로자가 가지고 있는 숙련이나 능력, 교육수준을 감안할 때 취업할 수 있는 일자리와 비교해서 고용시간 및 기간, 임금 등 근로조건이 훨씬 낮은 일자리에 취업했을 때”를 말한다. 이러한 경우 불완전 취업은 현재적 취업과 비현재적 취업으로 구별된다.

첫째, 현재적 불완전 취업이란 노동력조사 및 기타 통계를 통하여 직접 계측이 가능한 부적절한 고용상태에 대한 통계적 개념이다. 정상적 노동시간(또는 기간) 이하의 고용에 있거나 추가노동을 통하여 최소한의 수입을 유지한 경우이다.

둘째, 비현재적 불완전 취업이란, 노동력 자원의 왜곡된 배분, 노동과 다른 생산요소간의 근본적 불균형에 기인하는 고용으로 분석적 개념에 속한다. 이러한 특징으로는 소득의 저위성, 숙련의 불완전이용, 저생산성 등이 지적될 수 있다.

## 14.5 실업대책

실업대책이란 실업풀로의 진입을 막는 고용안정정책과 실업풀에서부터 나올 수 있는 방법인 고용창출정책, 실업풀에 있는 실직자에 대한 생활안정 정책인 사회안전망 형성정책, 계층별 대책 등이 있다.

### 1. 고용안정정책

고용안정정책은 고용서비스 제공, 직업훈련의 효율성 제고, 기업의 고용유지 및 무분별한 해고제한 노력을 지원하는 방안이다. 첫째, 고용서비스 제공이란 정부가 모든 고용정보를 데이터베이스화 하여 취업정보망을 구축하는 경우를 말한다.

직업정보를 Date-Base화하기 위해선 LMI시스템[2]의 구축을 위한 중장기적 전략을 세워야 한다. LMI시스템은 사용자의 이해와 편리도모에 중점을 둔 수요자중심의 시스템이 되어야 할 것이며, 어디든지 쉽게 접근이 가능한 인터넷 또는 전화서비스 등 다양한 매체를 통한 서비스 제공을 해야 할 것이다. 또 관련된 모든 개인 및 기관들 사이에 공통기준을 마련하고 기관간 · 제공서비스간 연계를 강화시키는 표준화 작업도 중요한 문제이

---

2) 노동시장 정보(Labor Market Information)시스템: 노동시장정보는 노동력의 수요 · 공급과 관련되어 있는 모든 종류의 정보를 포괄적으로 의미하는데 직업, 산업, 임금, 근로시간, 노동시장 동향, 노동력의 인구학적 특징뿐만 아니라 구인 · 구직, 직업훈련, 노동관련 제도 및 정책에 관한 정보를 포함한다. 이러한 노동시장 정보를 수집 · 정리하고 분석 · 가공한 결과를 수요자에게 제공하는 일련의 과정(Process) 또는 체계(System)를 넓은 의미의 노동시장 정보(LMI)시스템이라 일컫는다.

다. 마지막으로 원스톱(One-Stop) 서비스 개념 아래에서 서비스와 정보들이 통합적으로 관리 · 제공될 수 있도록 전문성과 통합성을 가져야 한다.

둘째, 직업훈련의 효율성을 증대하는 방법으로는 노동수요에 맞게 직업훈련을 하는 방향과 기존의 공급자중심의 교육훈련정책을 수요자 중심으로 전환하는 방안이 있다. 예를 들어 교육훈련 바우처제도(voucher)[3]를 통해 훈련생들의 선택의 폭을 넓히게 한다던가 훈련기관간의 경쟁을 유도함과 동시에 복잡한 행정절차를 간소화함이 필요하다. 이를 위해서는 직업전망 분석이 선행되야 하고 이를 통해 쇠퇴 · 사양산업에 종사하는 노동자들에 대한 전직훈련이 이루어져야 하고 성장산업에 대한 기술을 중심으로 재취업훈련이 강화되어야 한다.

셋째, 기업의 고용유지를 돕기 위한 프로그램에 대한 정부의 지원과 무분별한 해고를 막기 위한 법제도의 구축이 중요하다. 하지만 이러한 조치가 너무 과하면 노동시장의 유연성을 막고 도덕적 해이를 가져올 수 있기 때문에 항상 수위조절을 해야 할 것이다. 이러한 방안으로는 고용조정조성금(Employment Adjustment Subsidy)제도가 있다. 일본의 경우에는 이 제도를 신설하여, 경기침체, 사업구조조정 등에 의해 재정상의 어려움을 겪고 있는 사업체에 조성금을 주어 오일쇼크 이후에 60만명의 실업을 예방할 수 있었다.

## 2. 고용창출정책

고용창출정책으로는 창업을 위한 인프라구축, 공공투자사업의 확충, 노동시장의 유연성 확보, 생산입지 조성을 통한 외국자본의 유치 등을 들 수 있다.

공공투자사업의 확충은 고전적으로 SOC투자에 의한 고용창출을 많이 해왔다. 이러한 공공투자사업은 단기적으로 고용촉진에 큰 효과를

---

3) 근로자가 본인의 필요에 부응하는 훈련기관을 선택하여 교육훈련카드를 제출 후 수강하고, 정부는 훈련기관이 수집한 교육훈련카드 '결제량'이라는 훈련실적에 따라 훈련기관에 재정지원을 하는 제도.

거두었지만 이미 개도국수준이 지난 나라의 경우에는 그 효과가 미지수이다. 결국 SOC확충과 더불어 새로운 공공투자가 필요한데 예를 들면 첨단 도서관 건립, 지역정보교육센터, 고속철도 및 IT산업의 인프라 형성등 21세기 지식경제산업의 확충이 유효한 정책수단이기도 하다.

그리고 노동시장의 유연성을 제고하기 위해 첫째, 민간부문의 경우에는 실업자의 재취업이 용이해야 한다. 그 방안으로는 직업능력기준 채용관행과 직업능력의 공정한 평가관행이 확립되어야 한다. 따라서 민간기업은 이러한 직업능력의 기준을 효율적으로 설정하기 위한 노력이 필요하고 공공부문의 경우는 민간부문의 유연성을 뒤쫓거나 혹은 먼저 유연성을 확보하여 민간기업에 모범사례가 될 수 있어야 한다.

외국인 투자유치를 위해 투자전담(One-Stop-Service)체계의 구축이 중요하다. 이를 통해 투자자가 투자승인에서부터 공장설립에 이르기까지 일괄적으로 해결할 수 있을 것이다. 또한 외국인 투자자들이 한국정부나 재계, 금융기관으로부터 한국 투자환경에 대한 정확한 자료나 정보를 얻을 수 있도록 하여야 한다.

## 3. 사회 안전망 형성정책

사회 안전망 형성정책이란 비정상적인 상황으로 인하여 다른 방법으로는 생계에 필요한 자원과 원조를 받을 수 없는 사람에게 제공하는 정부의 공적부조를 말한다. 사회적 안전망은 사전적 안전망과 사후적 안전망이 있는데 사전적 안전망은 실업이 발생하기 전에 실업을 사전에 방지하고자 하는 사전적 성격의 정책이다. 사후적 안전망이란 실업이 발생한 후에 제공되는 실업급부 및 실업부조금과 같은 경우를 말한다. 이러한 사회 안전망의 중요성은 한국이 IMF체제 이후에 더욱더 부각되었다. 더구나 한국의 경우에는 구조적으로 서양의 맞벌이 부부구조보다 성별분업구조(남성-사회노동, 여성-가사노동)가 많기 때문에 실업이 되면 가계생계가 보전되기 힘들다. 또 서양의 경우에는 자녀들의 교육비와 부양기간이 짧은 반면에 한국의 경우에는 26-30세까지 자녀를 부양하기 때문에 더욱 부담이 크다. 이와 더불어 정부의 사회보장제도가 미흡하여 실질적인 생존문제가 된다.

사전적 안전망 정책으로는 직업능력개발 및 노동공급 조절에 있어서 고등교육기관의 정원자율화 정책을 들 수 있다.

사후적 안전망 정책으로는 상호 부조적 공적보험인 고용보험사업이 있다. 현재 한국의 경우 이러한 고용보험사업에는 고용안정사업과 능력개발사업 및 실직근로자 생활안정사업이 있는데 고용안정사업은 고용정보제공 및 취업을 알선하고 고용조정을 지원하며 고령자 및 장애인 고용촉진 정책을 취한다. 능력개발사업의 경우에는 기업의 경우 사내 직업훈련의 특별 지원을 하고 일반적인 근로자의 생애직업능력개발을 보조하고 기능개발센터의 사업비를 지원하는 정책 등을 말한다.

Labor box

### 근로연계 복지정책

근로연계 복지정책이란 "근로능력이 있는 공공부조 수급자에게 근로관련 활동에 대한 참여를 의무화시키는 정책"이라 할 수 있다. 1990년대 이후의 근로연계 복지정책은 미국뿐만 아니라 서구유럽을 포함한 발전된 복지국가 전체에서 일반적으로 관찰되는 현상이다. 그러나 미국과 유럽에서 근로연계 복지정책이 확산된 배경 및 대상, 전략에는 차이가 있다. 미국에서는 위에서 얘기한 것의 의미로서 신자유주의의 확산 및 급여보다는 노동시장 참여를 중시하는 미국 복지국가의 전통, 기존의 복지제도가 복지수급자의 자활을 저해한다는 부정적인 정서에 기반하고 있다. 반면 유럽에서는 근로연계 복지정책이 확산된 것은 고실업에 따른 실업부조 지출 및 수급자 증가, 적극적 노동시장정책의 확산, 미국에서의 근로연계 복지정책의 확대 등에 의해서 영향을 받았던 것으로 평가된다.

근로연계 복지정책을 "근로능력이 있는 공공부조 수급자에게 근로관계 활동에 대한 참여를 의무화시키는 정책"이라고 정의할 때 가장 두드러지는 특징은 '의무'(obligation)로서 근로관련 활동에 대한 참여가 규정된다는 점이며 강제성을 정당화한다는 점이다. 강제성을 정당성화하는 논리는 '지원을 받을 만한 자격(desert)이 있는 수급자 선별'이라는 측면, '수급자의 자존감(self-respect)제고' 측면, '수급자의 사회적 책임' 측면, '민주적 시민권(democratic citizenship)의 확대' 측면이라고 할 수 있다. 자격 측면과 자존감 측면은 개인적인 차원과 관련 있다면 사회적 책임 측면과 시민권 측면은 개인과 사회의 관계라는 차원에서 제기된다. 또 자격 측면과 사회적 책임 측면은 수급자에게 지워지는 부담이나 의무의 필요성을 강조하는 반면에 자존감 측면과 시민권 측면은 근로연계 복지정책을 통해 수급자들에게 기존의 복지제도 하에서 보다 더 나은 삶을 제공할 수 있다는 점에서 차이점이 있다.

거시적인 측면의 경우에는 첫째, 근로연계 복지정책이 강조하는 노동시장에서의 공급 측면과 이에 대비해서 수요 측면을 중시하는 입장 사이의 차이이며, 둘째는 근로연계 복지정책이 과연 복지수혜자의 빈곤으로부터 탈출을 촉진하는 성과를 거두었는가이다. 마지막으로 노동시장에서의 직접 취업을 강조하는 정책과 직업훈련에 초점을 맞춘 통합적 접근의 문제가 있다.

예를 들어 미국의 Temporary Assistance for Needy Families(TANF)를 중심으로 살펴보면 미국은 가장 급진적인 근로연계 복지정책을 추진하였을 뿐만 아니라 수급자수의 급격한 감소 등 외형적으로 성과를 거둔 것으로 평가되고 있다. 하지만 과거에 비해 훨씬 많은 빈곤층의 사각지대가 남아 있고 경제상황이 악화되면서 수급자가 다시 증가하고 있는 추세이기 때문에 가장 엄격한 조항인 수급기간의 제한이 미치는 효과는 좀더 관망을 해서 판단하여 이 제도에 관한 성과평가는 조심스럽게 내려져야 할 것이다.

자료: 이바르 뢰드멜, 히더 트릭키, 황덕순, "근로연계 복지정책의 국제비교," 「노동연구원」, 2002.

## 4. 실업자 계층별 대책

청년층 실업대책으로는 첫째 학교와 직업간의 연계(School to Work Transition) 강화가 있다. 예를 들어 실업계고교 및 대학 내의 취업보도실을 활용하여 직업안정, 직업훈련, 진로지도 등의 역할을 담당하고 인력은행 및 노동부 직업안정과에 단시간 근로(Part Time)창구를 개설하는 등의 방안이 있다. 둘째 청년층 인턴사원을 확충하는 방안이다. 공공부문에서의 절감액을 재원으로 청년층 계약직을 인턴으로 고용하거나 실직가정 청년층을 인턴 고용시 우선 순위로 배정하는 등의 방안을 활용할 필요가 있다. 민간부문의 경우에도 인턴사원 채용의 확대는 고용의 유연성을 증대시킨다. 셋째, 대학의 미취업 졸업생에 대한 직업교육훈련 확대를 유도한다. 대학이 직업교육훈련을 실시할 경우 매칭펀드(Matching Fund)를 지원하고 원격직업교육훈련 프로그램을 개발·실시하고 기존의 실업계 고등학교의 직업훈련 시설을 보완하는 방안이 강구될 수 있다.

실업자대책의 경우 근로자들의 취업능력을 제고하는 것이 필수적이다. 특히 기업조직 내에서는 조직체계와 평가, 보상방식 등 인사관리가 성과주의에 입각한 제도로 바뀌어야 할 필요가 있다. 또한 직무에 기반한 외부노동시장이 발달되어 개개인의 전문성이 인정되어 사람들의 이동이나 기업의 충원과정이 합리적으로 이루어질 수 있어야 할 것이다. 한편 실업자들을 유형화하여 유형별 특성에 맞는 재취업 방향을 고려하는 것도 필요하다. 예를 들면 5년 미만의 전직 실업자의 경우 신기술 및 산업구조의 변화에 적응력이 있으므로 현재뿐만 아니라 장기적으로 유망한 직종을 갖도록 해야 한다. 5년 이상의 전직 실업자나 5년 이상의 전직 실업자의 경우 또는 일용직 등에 대한 차별화된 실업대책이 필요하다.

**Labor box**

### 각국의 실업정책

일반적으로 실업정책에는 두 가지 유형을 구분 할 수 있다. 첫째는 해고가 자유로운 미국식 정책이 있고, 둘째는 임금 및 작업시간을 조절하는 유럽식 정책이다. 미국식 정책의 경우에는 과감한 구조조정을 통해서 비용을 줄이고 생산성을 높여 경기를 회복시켜 고용을 증가시켜야 한다는 논리이고, 유럽식은 사회복지를 중시하여 현재의 실업자 감축에 중점을 둔 방법으로 근로시간 단축과 노동소득의 감소를 가져오지만 현재의 실업률은 가시적으로 낮출 수 있다. 각국의 실업정책을 비교해보자.

| 나 라 | 특 징 |
|---|---|
| 미 국 | • 80년대 초 재정지출확대<br>• 80년대 중후반 실업보험의 개선: 실업보험의 수혜자격 및 지급기간을 개선<br>• 직업 훈련제도 확충: 미숙련 노동자나 저학력 노동자의 직업교육 |
| 영 국 | • 80년대 노동법 개정: 노동시장의 유연성 재고<br>• 노조활동의 제한<br>• 직업교육 및 훈련 강화 |
| 독 일 | • 고용 대책 산업<br>• 고용창출 및 고용유지: 신입사원 훈련비용을 국가에서 지급<br>• 실업자 지원: 구직비용을 지원 |
| 프 랑 스 | • 임시직 근로자의 고용확대: 임시직과 시간제 근무와 같은 비정규직 노동시장 활성화<br>• 근로시간단축<br>• 신규 채용 장려금 |
| 한 국 | • 기업구조조정: 미국식 구조조정 방식을 도입<br>• 단기적 대책: 유럽식 생계보조형식으로 교육비용을 지원하고 인턴사원제를 도입<br>• 공공근로사업 확대 |

자료: 노동부, 「고용백서」.

APPENDIX

## 필립스 곡선의 미시적 분석

기대가설의 미시경제학적 해석에 의하면 임금상승률과 실업률 사이의 필립스적 상충관계는 단기적인 현상이며 장기적으로는 예상이 더 높은 임금변화율에 적응함에 따라 실업과 임금률의 변화는 독립적으로 이루어진다는 것이다. 이것은 프리드만 모형과 일치하고 있다.

### 실업과 공석의 관계

일반적으로 이직률(quit rate)은 실업률과 역의 관계에 있으며 실업기간은 실업률과 정(positive)의 관계에 있음은 잘 알려진 사실이다. 즉, 실업률이 낮을수록 더 높은 임금을 보장하는 일자리를 찾아서 이직하는 경향이 있음에 따라 이직률은 높고 실업기간은 짧게 된다. 이와 마찬가지로 평균실업기간이 짧아진다면 이것은 근로자들이 그들의 유보임금(reservation wage)과 같거나 그 이상의 임금을 제공하는 일자리를 찾고 있음을 의미한다. 그러므로 어느 경우에 있어서나 가중된 평균임금률은 실업이 감소함에 따라서 증가하는 경향이 있는데, 이러한 현상은 필립스 곡선과 일치한다. 그러나 이런 상황은 일시적이며 곧이어 더 높은 물가수준에 의해서 더 높은 임금수준에 대한 기대를 낳고 이에 따른 노동시장의 조정은 더 높은 임금률 구조하에서 실업수준을 자연율 수준으로 복귀시킨다.

공석(job vacancies) 또한 필립스 곡선의 환상을 만들어 내는데 중요한 역할을 한다. 공석이 많을수록 실업자들이 원하는 유형의 일자리를 얻을 가능성이 높아질 뿐만 아니라 이미 고용된 근로자들이 더 높은 임금수준의 일자리로 이동하는 경향이 커진다. 결국 공석의 증가는 필립스 곡선의 관계를 낳게 된다. 또한 이러한 상황은 임금률이 상승하는 시점에서도 나타난다. 즉, 임금률의 상승이 예상임금률보다 높으면 근로자들은 자신이 설정한 유보임금(reservation wage)과 일치한다는 착각하에 고용을 수락하는 경향이 있기 때문에 실업은 감소하게 된다. 이러한 경제상황에서 임금상승률과 실업에 영향을 미치는 것은 공석의 규모이다.

근로자가 유보임금을 결정함에 있어 적정임금을 설정하지 못한다면 일자리를 잃게 될 가능성도 있다. 더욱이 한 일자리를 선택함으로써 근로자는 다른 일자리를 얻을 기회를 포기해야만 하는데, 근로자들은 유보임금수준을 설정할 때 이러한 점들을 고려해야 할 것이다. 한편 탐색과정에서 이러한 유보임금에 즉시 도달하지 못하면 그는 탐색을 계속하며 다음 일자리를 찾을 때까지 기다려야만 한다. 그러나 이 경우 총수요의 증가로 인해 새로운 일자리가 생긴다면 유보임금을 받기 위해서 기다리는 대기기간(period of waiting)도 단축된다. 그러나 예기치 못한 물가상승에 의하여 실질임금변화에 대한 기대가 일어난다면 노동력시장으로부터의 퇴장이 발생하며 자연실업률로 복귀될 것이다. 따라서 유보임금수준(reservation standard), 대기기간, 그리고 취직의 용이도(availability of jobs)는 실업기간에 모두 영향을 준다.

## 마찰적 실업과 필립스 곡선

스티글러(Stigler)의 직업탐색가설(job search hypothesis), 레더(Reder)의 직종별 임금 및 고용구조이론(the theory of occupational wage and employment structure), 그리고 필립스 곡선을 결합시켜, 홀트(charles Holt)는 노동시장에서의 마찰과 필립스 곡선간의 관계를 설명하는 모형을 전개하였다. 노동시장은 일자리를 찾고 있는 실업자와 근로자를 채용하려는 고용주의 쌍방으로 구성되어 있는데, 주어진 임금을 수락하고자 하는 근로자의 의도는 실업기간($T_u$)과 역관계에 있고 고용주들의 제의임금규모는 채용기간($T_v$)과 정(positive)의 관계에 있다. 실업이 증가함에 따라 실업기간도 증가하면 근로자는 이전보다 낮은 임금을 수락하려는 경향이 있고, 고용주는 이전보다 낮은 임금을 제공하려는 경향이 있다. 이러한 현상은 아래와 같은 수식을 통해 $T_u$와 $T_v$를 설명할 수 있다.

$$T_u = U / F = (T_s/p)\,V, \quad T_v = V/F = (T_s/p)U \qquad \cdots\cdots \ (14.7)$$

여기서 $p$ =구직면담을 통해 일자리를 얻을 가능성
$V$ =공석의 수
$U$ =실업수준
$T_s$ =1회 면담당 탐색시간(search time per interview)
$F$= 매 탐색기간당 신규채용(flow of new hires per time period)

예를 들어 탐색시간이 2주, 그리고 공석의 수가 100이고 성공적인 면담가능성이 0.02의 확률을 가진다면 평균실업기간은 다음과 같이 계산될 것이다.

$$T_u = 2 / 0.02(100) = 1\text{주} \qquad \cdots\cdots \ (14.8)$$

위 식을 통해 아래와 같은 몇 가지 사실을 추론해낼 수 있다.

첫째, 면담당 탐색시간이 짧을수록 구직가능성은 커지며, 공석이 많을수록 평균 실업기간은 단축된다.

둘째, 근로자의 교육, 기술 그리고 경험은 $p$에, 노동시장의 정보전달체계의 효율성은 $T_s$에 각각 영향을 미치고 그리고 분야별 수요상태는 $V$를 결정할 것이다. 이와 같은 관계가 복합적으로 $T_u$를 결정한다.

끝으로, 노동시장의 분할 및 불균형의 정도가 $T_u$, $T_v$에 또한 영향을 미친다.

이제 필립스 곡선에 대한 신고전학파의 완전기대의 의미를 고찰하여 보자. 완전고용수준에서도 약간의 마찰적 실업은 존재하게 되는데 만약 총수요의 증가가 실업을 감소시키며 임금 및 물가를 상승시킨다고 가정하면, 이것은 필립스 곡선의 관계와 일치된다. 그러나 임금과 물가수준이 동일한 비율로 증가한다면 실질임금수준은 불변이 될 것이고, 이것이 근로자에 의해서 감지되는 한 고용과 실업수준은 원래의 수준으로 복귀되고 만다. 그 결과 임금과 물가는 더 높은 수준으로 유지되어 필립스 곡선은 상향이동하게 된다. 이와 같이 신고전학파적 견해는 인플레이션의 진행과 함께 필립스 곡선의 이동을 의미한다.

그러나 임금률에 대해서 화폐적 환상이 존재하거나 혹은 높은 임금을 제공하는 일자리에 대한 공석이 부문별 노동시장에 따라 서로 다르게 나타나거나 또는 근로자의 예상이 총수요 및 화폐임금의 변화보다도 늦게 이루어진다면 필립스 곡선은 이동하지 않을 가능성도 있다. 그러므로 필립스 곡선의 이동여부는 실증적 문제이다.

결론적으로 $T_s$를 낮추는 노동시장 정보체계의 확충개선, $P$를 증가시키는 노동력의 기술수준 제고, $U$를 낮추고 $V$를 높이는 총수요의 증대 등과 같은 제반 요인을 결합하여 작용시킨다면 인플레이션 – 실업의 상충관계를 완화할 수 있다. 즉, 이와 같은 정책은 필립스곡선을 하향이동 시킬 수 있다.

APPENDIX

# 제 15 장

# 노동시장과 소득분배

앞에서 노동배분 및 임금결정이 어떻게 이루어지는가를 살펴보았다. 대체적으로 기업별, 산업별, 지역별 임금률 및 노동배분은 특정 제약조건 아래에서 인간이 선택한 결과로서 결정되어진다. 따라서 그 선택 및 제약조건들은 사회구성원들간의 소득분배에 영향을 미친다. 이와 같은 소득분배가 어떠한 메커니즘에 의해 결정되는가 하는 의문은 클라크(J. B. Clark)의 한계생산력 분배이론을 낳게 되었다. 1960년대 이후 그 중요성이 재인식되었고, 이 부문에 대한 연구활동도 계속하여 증가하고 있다. 이 장에서는 이러한 소득분배에 대한 근본적인 몇가지 문제들을 개관하였다.

## 15.1 분배와 경제문제

최근 한 세기 동안 세계경제는 생산력의 비약적인 발전과 함께 폭발적인 경제성장을 경험하였고, 그 결과 인류의 절대적인 생활수준은 크게 향상되어 왔다. 그러나 국민총생산이라는 시장경제지표로 가늠되어온 경제성장이 사회의 실질적인 복지수준을 그대로 반영하고 있는가는 설득력 있게 입증되지 못하고 있는 실정이다. 오히려 발전의 불균형과 소득의 불평등은 국가간에 있어서 뿐만 아니라, 한 나라 안에서도 증폭되어 나타나고 있는 것이 현실이다.

이와 같은 소득과 부의 분배문제 및 이에 관련된 불평등 문제는 경제학이 전적으로 다루어야 할 일차적 문제임에도 불구하고 이제까지 경시되어 온 것이 사실이다. 분배론의 전개는 원래 고전학파로부터 시작되는데 당시의 경제학자들은 분배문제에 최대의 관심을 가지고 있었으며 이에 대한 중요성을 인식하였다. 리카도는 산업생산물의 사회계급간 분배법칙을 설명하였고 맬더스는 부의 본질과 원인을 규명하고자 하였다. 특히 리카도는 "정치경제학이란 산업생산물을 그 형성에 공헌한 사회계급간에 분배하는 법칙에 관한 탐구"임을 강조하였다. 분배론은 계속해서 빅셀-클라크-빅스티드 시대와 1930년대 초 힉스-다글라스 시대에 인기가 있었으나, 그 후 대공황, 제 2 차 세계대전, 케인즈혁명 이후 관심이 줄어들기 시작하여 최근까지도 분배론에 대한 관심은 크게 부각되지 못하고 있는 실정이다.

한편, 막스를 포함한 고전학파 경제학자들은 주로 생산요소(토지, 노동, 자본)간의 분배에 관심을 가졌으나 인적분배문제에 대해서는 비교적 주목을 하지 않았다. 그러나 국민소득 중의 생산요소 분배분과 인적소득간의 관련성이 매우 복잡한 오늘날에 와서는 고전학파의 관심대상이 되었던 요소분배문제를 넘어서 인적분배의 분석도 중요한 연구대상이 되고 있다.

## 1. 경제현상으로서의 분배문제

소득이란 일정 기간 동안의 자원의 유량(flow)을 의미하는 반면에 부는 일정 시점에서의 저량(stock)을 의미한다. 소득분배의 차이는 교육훈련비, 능력, 부모의 배경, 노동조합의 교섭력, 노동시장 구조 등의 차이에서 기인한다. 반면에 부의 분배란 부를 획득하는 기본적 과정에서 이루어진다.

즉 부의 분배는 절약, 투자에 대한 차별적 보수, 상속의 형태, 결혼 및 조세정책을 위시한 재분배 수단에 의해 결정된다. 그러므로 실제 관찰되는 소득과 부의 차이는 무엇이며 소득 및 부에 대한 정부의 재분배조치가 어떻게 영향을 미칠 것인가는 중요한 문제이다. 정부의 재분배조치로는 누진적 소득세, 최저임금법, 생계소득유지정책, 해외원조 등과 같은 여러 정책수단이 이용되고 있다.

## 2. 불평등의 문제

불평등이란 원래 소득격차라는 일반적인 말로 사용되어 왔다. 쿠즈네츠에 의하면 "소득 불평등을 말할 경우 이는 단지 소득의 격차만을 의미할 뿐 보수체계로서의 그 바람직함이나 또는 평등의 이상에 배치되는 체계로서의 바람직하지 못함에 대한 고려를 포함한 개념은 아니다" 라고 밝히고 있다. 그러나 불평등이란 사회적 판단의 문제로서 소득의 크기 또는 양의 불균형과 동시에 유리 또는 불리함을 규정하는 위치를 함께 포괄하는 개념으로 보는 것이 일반적이다. 또한 불평등이라는 용어는 타조건(구체적)면에 있어서 대등한 상황에 있는 사람들을 대상으로 하는 경우에 한정되며 이 경우 고려하여야 할 요소로서는 첫째, 자원 및 수요, 둘째, 기호와 선택, 셋째, 연령과 일생주기, 넷째, 기회와 결과(출발에 있어 '기회'와 결과에 있어 '우연') 등이 포함된다. 한편 불평등을 논의함에 있어 소득의 격차와 소득의 분포 그리고 소득의 집중은 상호 구분되어 사용된다.

## 3. 소득분배와 경제발전

지금까지 소득분배에 관한 연구의 초점은 "경제발전의 과정에 있어 초기에는 소득의 불평등이 증가하다가 그 이후에는 감소한다"는 소위 쿠스네즈 가설에 집중되어 왔다.

### (1) 쿠즈네츠 가설

1954년 쿠즈네츠에 의해 다음과 같은 가설이 발표되었다. 첫째, 산업화의 초기단계에서는 소득불균형이 심각해지는 경향이 있으나, 후기에 있어서는 결국 감소하고, 둘째, 개인소득의 분배는 선진국에 비하여 저개발국가에서 더욱 불균형하며,[1] 셋째, 고소득층의 몫은 선진국에 비하여 개발도상국에서 상대적으로 적다.

이와 같은 쿠즈네츠의 직관적 인식에 대한 타당성은 대체로 여러 실증분석 결과에 의해 확인되어 왔다. 예를 들어 크라비스는 불균형의 정도와 일인당 실질소득간에는 정(positive)의 상관 관계가 있음을 발견하고, 저개발국에서 보편화되고 있는 불균형의 근원은 분배규모가 큰 부문에서 찾아져야 한다고 주장하여 쿠즈네츠와 동일한 결론을 내렸다. 그렇지만 불균형 정도의 차이는 사람들의 성격, 사회변동에 대한 법적 또는 관습적 방해물, 노동에 대한 대가의 차이를 유발하는 구조적 요인, 즉 사회정치적인 조직에 기인한다는 것이다.

그러나 오시마에 의하면 발전의 초기단계에서 소득불균형은 아주 작으며 불균형이 반드시 저개발국에서 더욱 문제가 되는 것은 아님을 강조한다. 그러나 무역의 확대, 도시화, 산업화는 농촌지역의 변화를 수반하지 않는 한 소득격차의 확대를 가속화시키고 그리고 중간단계에 오면 1인당 자본의 편차는 농촌의 평균소득 향상과 이농에 의해서 조정된다고 하여 결국 쿠즈네츠가설을 뒷받침하고 있다.

포커트의 분석에서도 지니계수 혹은 최대 균형백분비를 사용하여 불균형의 정도는 일인당 총국내생산의 수준과 연관이 있음을 밝히고 있다. 즉, 1인당 소득수준이 \$200-\$300인 국가에서는 상위 5%의 소득비중이 가장 높고, 1인당 국민소득이 \$301-\$500인 국가에서는 하위 20%의 소득비중이 가장 낮다는 것을 발견하고 이 그룹에서 소득불균형이 가장 크게 나타남을 주장하였다.

몬텍 알루알라 역시 상대적 소득불균형은 선진국에서보다 개발도상국에서 더욱 크다는 것을 입증하고, 개발도상국의 소득불균형은 중간계층과 하위계층 모두의 낮은 소득분배에 기인함을 설명하고 있다.[2]

---

1) 후진국에 있어 세전 소득의 불균형을 가속화시키는 요인으로 (1) 고소득층으로의 저축 집중과 (2) 농업과 공업, 지방과 도시, 또는 도시민간의 소득 격차 및 도시인구의 증가 등을 지적할 수 있다.

2) 이 점에 있어 쿠즈네츠는 개발도상국의 소득불균형이 고소득계층과 중간계층간의 보

라이달의 분석에서도 1인당 GDP가 243불일 때 지니계수가 가장 크고 상위 5%의 소득비중은 200불에서 가장 높음을 보여주었다. 또한 개인간에서 보다는 가계간에 있어서 소득불균형이 더욱 심하며 상위 5%의 비중은 지니계수의 변화와 같은 방향으로 움직이고, 하위 20%의 소득비중은 처음에 감소하나 500불이 지나면 증가하는데 그 변동폭은 매우 작다는 것을 입증하였다. 쿠즈네츠가설은 일인당소득을 주요 설명변수로 하며 그리고 소득분포의 불균형 측정을 피설명변수로 한 비선형 관계로 표시된다. 또한 역 U자의 형태를 가지는데, 이러한 곡선을 쿠즈네츠 곡선(Kuznets Curve)이라고 한다. 지금까지 쿠즈네츠가설을 통계적으로 검증하는 많은 연구에서는 방법론에서 다음과 같은 몇 가지 문제점을 발견할 수 있다. 첫째, 쿠즈네츠 곡선의 통계적 자료는 발전단계가 서로 다른 여러 국가에서 얻어지는데, 특히 후진국의 소득자료를 활용할 경우 여러 가지 문제가 있을 수 있다. 둘째, 쿠즈네츠 곡선의 안정성을 검정하기 위해서는 전환점의 위치를 확인하는 것이 중요하나 이에 대한 일치된 견해가 없다. 끝으로, 소득분배는 경제발전 이외의 다른 여러 요소에 의해 영향을 받는다는 점이 쿠즈네츠 곡선의 예측력의 한계를 보여준다.

### (2) 부문간 소득격차와 이중구조

쿠즈네츠의 모형에 의하면 부문간에 소득 차이가 있을 때 부문간에 인구이동이 생기는데, 그것이 부문간 불균형 정도에 영향을 미친다는 것을 보임으로서 부문간의 이중성을 설명하고 있다. 한편, 라이달은 최신 기술이 농업부문보다 공업부문에 쉽게 침투되기 때문에 부문간에 생산성 및 소득의 차이가 생기고 그 결과로 부문간의 불균형이 커진다고 주장한다. 즉, 부문간에 있어 생산기술 선택의 차이가 생산성 및 소득의 차이를 가져오고 부문간의 이중구조를 형성시키게 된다.

---

다 큰 불균형에 기인한다고 보았다.

# 15.2 소득분배의 불평등

## 1. 빈곤문제와 소득분배

분배문제가 빈곤의 문제만을 의미하는 것은 아니나, 빈곤의 문제가 현상화되었을 때 분배의 문제가 제기된다. 또한 분배의 문제가 사회적 제인구의 자아실현을 실질적으로 보장하는 물적 기초, 즉 부의 분배에 대한 것이 분명하다면, 자아실현을 보장할 수 없는 정도의 '부의 결핍' 즉 빈곤이 분배문제의 핵이라는 것 또한 분명하다. 부의 축적을 추구해 온 경제의 발달사가 곧 빈곤에 대한 인류의 도전사라는 것을 부정할 수 없는 명제이다.

### (1) 빈곤의 개념

빈곤문제는 빈곤을 인식하는 시각에 따라서 여러 측면에서 접근될 수 있다. 역사적으로 볼 때 빈곤은 경제문제로 이해되기도 하고, 사회적 현상으로 인식되기도 하였다. 따라서 빈곤의 개념은 경제학적 개념과 사회학적 개념으로 나누어 설명될 수 있다.

경제학적 측면에서 볼 때 빈곤은 "제도적 보호를 받는 구호를 필요로 하는 집단"(제도적 정의), "최저 생계비 이하의 생활자"(객관적 정의), 또는 "대표시민이 생각하는 절대빈곤수준"(대표시민에 의한 정의) 등으로 정의할 수 있다.

또한 사회적 관점에서 볼 때 빈곤이란 "기능의 부적응"(기능주의적 관점)에서 발생할 수도 있고, "자원배분의 불공정"(갈등주의적 관점), 또는 "동기부족 내지 성취욕구의 부족 등 빈곤문화"(문화적, 낙인적, 상징적 상호주의적 관점)에서 생성되기도 한다.

### (2) 절대적 빈곤과 상대적 빈곤

절대적 빈곤(Absolute Poverty)이란 한 가정의 수입으로 최저한도의 생활, 즉 기초생활수준을 유지하는데 필요한 최저생계비 수준 이하의 상태, 즉 재화 및 용역의 결핍상태를 의미한다. 여기에서 최저생계비를 어떠한 기준에 의하여 산출하는가는 여러 가지 이견이 존재한다. 일반적으로 최저생계비를 측정하는 방법에는 이론적 모형을 통해 산출하는 이론생계비 산출방법과 생활조사를 기준으로 하는 실태생계비 조사방법이 있다. 또한 이론생계비 산출의 방법으로는 시장바스켓 추정과 엥겔계수 추정방법이 있다. 시장바스켓 추정(market basket method)이란 생필품을 품목별로 수량화하고 이를 다시 금액으로 환산하여 최저생계비를 추계하는 방법이다. 반면에 엥겔 추정법(Engel's method)이란 최저음식비를 엥겔계수로 나누어 최저생계비를 역산적으로 추정하는 방법이다. 현실적으로 생필품의 품목별 수량화에 필요한 객관적 기준의 설정이 곤란하기 때문에, 첫번째 방법보다는 엥겔계수 추정방법이 널리 사용되고 있다.

한편 상대적 빈곤(relative poverty)이란 특정한 사회의 생활수준과 직접 비교하여 정의되는 불평등의 개념이다. 부 또는 소득의 분배를 평등하게 함으로써 이러한 상대적 빈곤문제는 해소할 수 있다. 상대적 빈곤을 추계하는 데는 순수상대 빈곤계수 추정과 유사상대 빈곤계수 추정 등의 방법이 이용된다. 순수상대 빈곤계수(purly relative measure of poverty) 추정이란 소득순으로 하위 일정 비율을 빈곤층이라고 정의하는 방법으로 보통 소득수준으로 따져서 하위 20%로부터 하위 40%가 빈곤층의 범주로 분류된다. 이와 같은 추계방법은 평균소득 수준 및 소득분포의 변화를 고려하지 못하는 결점이 있다. 유사상대 빈곤계수(quasi-relative measure of poverty) 추정이란 순수상대 빈곤계수 추정방법을 변형시킨 것으로 빈곤선을 전체 평균소득 또는 소비의 일정 비율로 정의하는 방법이다. 세계은행 발표에 의하면 보통 개발도상국은 상대적 빈곤선을 평균소득의 1/3, 선진국에서는 평균소득의 1/2로 추정하고 있는데 우리나라는 1/3로 정의하고 있다.

### (3) 빈곤의 원인

이미 빈곤의 개념에서 살펴본 바와 같이 빈곤의 원인은 개인적 속성에 의한 요인과 사회적 속성에 의한 요인으로 나누어진다. 개인적 속성을 기능주의적 관점에서 보면 세대주의 사망, 질병, 불구, 노화, 저학력 등으로 인한 기능의 부적응을 빈곤의 원인으로 볼 수 있는데 이러한 요인을 비자발적 요인이라 한다. 개인적 속성으로서의 개인의 동기부족, 낮은 성취욕구, 무절제, 나태 및 의타심 등 자발적 요인을 빈곤요인으로 지적할 수도 있다. 한편, 사회적 원인 또는 갈등주의적 관점으로 보는 빈곤의 원인은 재산, 권력, 지식, 자원, 기회 등의 비소유, 즉 자원의 사회적 불평등 배분인 것이다.

특히 밀러와 라인(S.M. Miller & M. Rein)은 빈곤의 원인을 도시와 농촌의 격차에 의한 지역문제, 여성 세대주, 흑인을 중심으로 한 인종문제, 근로자의 종사상 지위 등 제 변수와 연관시키고 있으며, 갈브레이드(J.K. Galbraith)는 빈곤을 일으키는 개인적 요인으로 도덕, 위생, 가족, 환경, 교육 등 문화적 요인을 들고 사회적 요인으로는 자원(자본) 및 기술의 결여, 식민지 유산, 선진국과의 교역조건 불리 등 경제 또는 시장구조의 문제를 지적하고 있다.

한편 라운트리(Rowntree)는 영국 요오크시의 빈곤조사에서 빈곤을 1차적 빈곤과 2차적 빈곤으로 구분하고 빈곤의 주된 원인이 저임금과 대가족제임을 발견하였다.[3] 이 경우 1차 빈곤집단이란 전체 수입으로도 단순한 육체적 능력을 유지하는 데 필요한 최소한도의 필수품조차 얻을 수 없는 가족 집단을 지칭하고, 2차 빈곤집단이란 전체 수입이 조금도 다른 지출(유용하거나 낭비적이거나를 막론하고)에 쓰이지 않는 상황에서 단순한 육체적 능력을 유지할 수 있는 정도의 수입을 가진 가족집단을 말한다.

이와 같이 빈곤의 원인은 개인적 원인과 사회적 원인 등 다양한 변

---

3) 라운트리에 의한 제 1 차 빈곤의 원인: 저임금(52%), 대가족(22%), 주된 임금소득자의 사망(16%), 기타(10%).

수들과 연계되어 있지만 이 두 원인이 명확하게 구분되어지는 것은 아니다. 일반적으로 빈곤은 이러한 제반 요인들이 복합적으로 작용하여 발생하는 것으로 볼 수 있다.

### (4) 최저생계비 추정과 빈곤인구의 추계

빈곤가구를 추정하기 위해서는 최저생계비를 어떤 기준에 의해 추정하는가를 먼저 결정하여야 한다. 이론적으로 최저생계비의 산출은 인간의 기본적 욕구를 정의할 수 있는 객관적 기준의 설정이 곤란하다는 점에서 그 어려움이 있으며 빈곤인구의 추계를 위해서는 소득분포에 대한 신뢰성 있는 통계자료의 이용이 무엇보다 중요하다 하겠다.

추정된 최저생계비는 (1) 최저임금 추계의 기본자료로 활용되고, (2) 정부의 각종 공적 부조사업의 수급기준을 결정하는데 이용되며, 나아가 (3) 소득세의 면세기준으로도 이용된다.

빈곤인구의 소득분포를 이해하기 위해서 보통 빈곤갭을 추계하는데 빈곤갭(poverty gap)이란 빈곤인구를 빈곤선으로 끌어 올리는데 필요한 총금액을 말한다. 즉, 「빈곤갭=(빈곤선－빈곤인구 평균소득)×빈곤인구수」로 표시한다. 여기에서 빈곤인구비율이나 빈곤갭은 빈곤인구의 소득분포에는 전혀 영향을 받지 아니한다.

이러한 점을 보완하여 빈곤을 지수화한 것이 센의 빈곤지수(Sen's poverty index)로서 평균소득간의 소득불평등도를 나타내는 지니 계수로 표시된다.

Labor box

**한국의 불평등한 소득분배**

쿠즈네츠(Simon Kuznets)는 경제성장과 소득분배에 대해서 "경제가 발전함에 따라 초기에는 분배가 악화되나 시간이 지남에 따라 점차 개선되어 간다"라고 하였다. 쿠즈네츠는 두 차례의 실증분석을 통해 이러한 사실을 검증하였는데 시간과 지니계수로서 나타냈을 때 역 U자 모습을 한다는 '역 U자형 가설'이라 명명하였다. 그렇다면 한국의 경우에는 어떠한 모습을 할 것인가? 시간과 지니계수의 관계를 분석하여 보면 다음과 같다.

자료: 윤기중 "소득요인별 불평등도 분해; 도시근로가구소득을 중심으로" 「연세경제연구」, 제1권.

위 그림을 보면 한국의 지니계수의 변화를 잘 보여주고 있다. 도시근로자 가구소득을 가지고 계산한 것으로 한국경제 소득분배를 시대별로 잘 나타내 주고 있다.

하지만 한국은 쿠즈네츠가 말한대로 완전히 역 U자를 따르지 않고 있다는 것을 보여주고 있다. 60년대 이후로 불평등 정도가 개선되어 오다가 70년대 중반을 기점으로 고속성장으로 인해 불평등 정도가 악화되어 오다가 80년대 이후로는 전반적으로 불평등도의 개선이 지속적으로 이루어지고 있음을 알 수 있다. 선진국과 비교해 보면 한국은 88년대 지니계수가 0.336, 일본 0.288, 독일 0.301, 영국 0.324로 한국의 소득불평등도는 선진국수준보다 높다는 것을 알 수 있다. 하지만 계속해서 정부가 소득분배의 문제에 대한 관심을 갖고 있기 때문에 빠른 속도로 개선되어 가고 있는 실정이다.

## 2. 소득의 기능적 분배

소득분배는 여러 집단 사이에 배분되는 총소득의 상대적 비율을 말한다. 소득분배는 여러 측면에서 분석될 수 있지만 보통 두 가지 방향으로 정의된다. 즉 소득의 '기능적' 분배와 '규모적' 분배인데, 이 중에서 기능적 분배는 노동자와 자본가 사이의 소득분배를 다루고 있다. 리카도(D. Ricardo)의 전통적 정의에 의하면 소득의 기능적 분배란 "토지의 생산물을 사회의 세 계급, 즉 토지의 소유자, 그 경작에 필요한 자본의 소유자 및 이를 직접 경작하는 노동자 사이에 분배하는 방법"이라고 볼 수 있으며, 이를 소득의 요소소득분배라고도 한다.

소득의 기능적 분배는 구체적으로 이윤, 지대, 임금의 형태로 이루어진다. 그러나 이윤, 지대, 임금과 같은 소득구성요소들이 사회의 법률적, 제도적 장치들에 의해 결정되어지는 측면이 많기 때문에 전체적 요소분배의 측정에는 어려움이 따른다. 특히 지대, 자영업주 소득, 정부자본과 가사노동에 대한 측정의 어려움은 요소분배분에 대한 실증적 연구를 제약하는 요인으로 작용한다. 지금까지 요소분배에 관한 경험적 연구는 시간의 변화에 따른 노동소득분배의 변화, 즉 노동분배율의 안정성(일반적으로 증가추세에 있음)의 검증에 집중되어 왔다. 예를 들면 케인즈 및 캠브리지학파는 요소소득분배율의 안정성을, 그리고 솔로우는 노동분배분에 있어서의 안정성을 각 개별경제부문의 안정성에 기인하는 것으로 밝히고 있다

한편, 요소분배의 결정이론은 다음과 같은 2가지 접근 방법이 있다. 첫째, 노동, 자본, 산출량 같은 총량변수 사이의 관계를 설정하는 방법이 있고, 둘째, 경제구조를 세분화시킴으로써 단지 몇 개의 경제변수만을 요소분배의 결정인자로 고려하는 방법이 있다.

### (1) 수요 · 공급 및 소득의 기능적 분배

소득의 기능적 분배는 한계생산성체계 속에서 분석될 수 있다. [그림 15-1]은 노동에 대한 총체적 장기수요 및 공급곡선을 보여주고

있다. 순수경쟁조건들 하에서 노동자의 임금은 한계생산물가치와 같다. 그리고 [그림 15-1]에서 빗금친 부분(소위 임금기금이라고 하는)은 총노동소득을 표시한다. 또한 생산된 산출물의 총가치(즉 *GNP*)는 균형고용량에 이를 때까지의 한계생산물가치($VMP_L$)곡선 아래의 영역으로 표시된다. 그리고 색칠된 부분은 자본에 귀속되는 대가로 이윤 및 다른 모든 재산소득을 포함한다. 즉 그것은 총생산물($VMP_L$곡선의 아래영역)에서 임금소득을 공제한 값과 같다.

제 6 장을 통해 다른 조건이 일정하다면 노동공급의 증가는 임금률을 하락시키고 자본량의 증가는 임금률을 상승시킨다는 것을 이미 설명하였다. 그러면 이러한 변화가 어떻게 노동이 차지하는 상대적 소득비율(즉, *GNP*에서 차지하는 임금소득 비율)을 변화시키게 되는가? 노동의 상대적 소득비율이 증가될지 감소될지의 여부는 노동에 대한 수요와 자본에 대한 수요의 탄력성에 달려 있다. 더글라스(Paul Douglas)의 총생산함수에 대한 초기연구결과에 의하면 미국에 있어 오랜 기간 동안에 걸쳐 관찰된 노동의 상대적 소득비율은 대략 소득의 75%로서 이것은 완전경쟁의 가정하에 콥-더글라스(Cobb-Douglas) 생산함수로부터 예측한 상대적 비율과 거의 같다는 것을 발견하였다. 이와 같이 실제 배분된 노동의 상대적 소득비율이 예측된 비율과 대략적으로 같다는 것은 총체적 노동과 자본간의 소득분배가 완전경쟁하에서 나타난 결과와 비교적 비슷하다는 것을 보여준다. 이와 같은 결과는 미국 경제가 완전경쟁적임을 말하는 것이 아니고, 현존하고 있는 불완전한 경쟁요소가 노동과 자본간의 총체적 소득분배에는 영향을 미치지 않았다는 사실을 의미한다. 설혹 시장의 불완전함이 소득분배에 영향을 준다하더라도 그 중에서 가장 큰 영향은 노동과 자본의 소유자 사이에서보다는 오히려 노동부문 안에서 더욱 크게 나타날 것이다. 한편 12장에서 이미 설명하였듯이 노동의 조합화(unionization)는 노동조합 비조직부문으로부터 조직부문으로 소득을 재분배시켰다. 그러면 이러한 노동력의 조합화가 소득분배에 어떻게 영향을 미쳐왔는가?

### (2) 노동력의 조합화와 소득분배

총체적 생산성의 향상은 임금상승을 야기시키지만 실제로 나타난 실질임금의 상승은 대부분 노동력의 조합화에 기인한다고도 볼 수 있다. 더욱이 조합화의 영향이 생산성증가를 통해 작용될 수도 있지만 오히려 이윤의 희생으로 노동소득의 배분이 확대될 수도 있다. 즉 조합의 영향에 의해 자본소유자로부터 노동자에게로의 소득재분배가 이루어진다고 본다.

만약 노동조합이 모든 노동자의 평균임금을 완전경쟁수준 이상으로 상승시킬 수만 있다면 조합화에 의해 노동의 상대적 소득비율은 그만큼 증대된다고 볼 수 있다. 그러나 노동조합이 조직화된 부문에 있어 조합의 임금상승 능력이 비조합부문에의 임금하락 영향에 의해 상쇄되어진다면, 즉 조합화로 말미암아 조직부문의 임금이 상승되고 비조직부문의

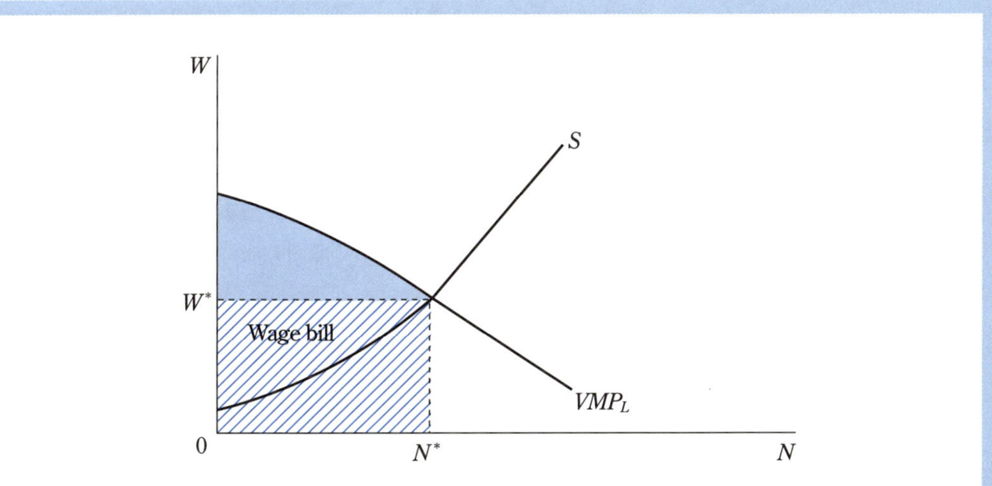


**[그림 15-1] 노동과 자본 사이의 GNP 배분**

노동에 대한 총체적 장기수요 및 공급곡선을 보여주는 그래프로 빗금친 부분은 총노동소득을 나타내고 색도 부분은 자본에 귀속되는 대가로 이윤 및 다른 모든 재산소득을 나타낸다.

임금이 하락된다면 결합된 두 부문의 평균임금은 변동하지 않을 것이다. 그러므로 이 경우엔 조합화가 노동 및 자본간의 소득분배에 아무런 영향을 미칠 수 없게 된다.

정부가 노동조합 조직과 비조직부문 사이에 항구적 임금격차가 유지되는 것을 방지하는 정책을 쓴다면 결국 물가를 상승시키게 된다. 따라서 조합은 끊임없이 조직-비조직부문의 임금격차를 유발하려고 하는 반면 정부가 끊임없이 이러한 임금격차를 방지하려 한다면 결국 인플레이션이 발생하게 될 것이다. 즉 인플레이션은 단체교섭을 통해 명목임금을 완전경쟁수준 이상으로 상승시킬 수 있는 정도에 따라 영향을 받을 것이다.

조합화(unionization)가 실질임금수준과 소득의 기능적 분배에 전혀 영향을 주지 못한다고 하나, 이론적으로 노동조합화는 화폐임금에 영향을 줄 수 있다. 조직화부문에서 완전경쟁수준 이상으로 임금을 상승시킨다면 그 부문에서의 고용의 감소를 보게 된다. 만약, 정부가 총수요를 자극하려는 정책을 시도하지 않는다면 해고된 실업자들은 비조합부문으로 유입(spillover)될 것이고 비조직부문으로의 노동자의 유입은 이 부문의 임금을 감소시킬 것이다.

[그림 15-2]에서 초기에는 노동조합 조직과 비조직 부문의 임금격차는 없으며 노동에 대한 수요를 실질임금으로 나타낸다. 따라서 초기 실질임금수준은 양 부문 모두 $W_0/P_0$라고 가정하자. 이제 단체교섭에 의해 조합부문의 명목임금이 $W_1$으로 변화하였고, 그 결과 실질임금이 $W_1/P_0$로 되었다면 노동수요량은 $N_0^u$에서 $N_1^u$으로 감소하여 $N_0^u-N_1^u$만큼 실업자가 생긴다. 정부의 수요창출이 없다면 해고된 실업자들은 비조직부문으로 유입(spillover)된다. 그러나, 정부가 조합부문에서 야기된 실업을 해소하기 위해 특히 통화공급을 증가시켰다고 가정하면 확장적 통화공급의 장기적 효과는 물가수준을 올릴 것이다. 물가수준이 $P_1$으로 상승하면 실질임금은 원래의 수준으로 회복되어 실업은 소멸된다. 물가수준이 $P_1$으로 상승할 때 비조직부문의 실질임금은 $W_0/P_1$으로 하락하여 노동수요량이 $N_0^n$에서 $N_1^n$으로 증대된다. 따라서 노동의 초과수요로 말

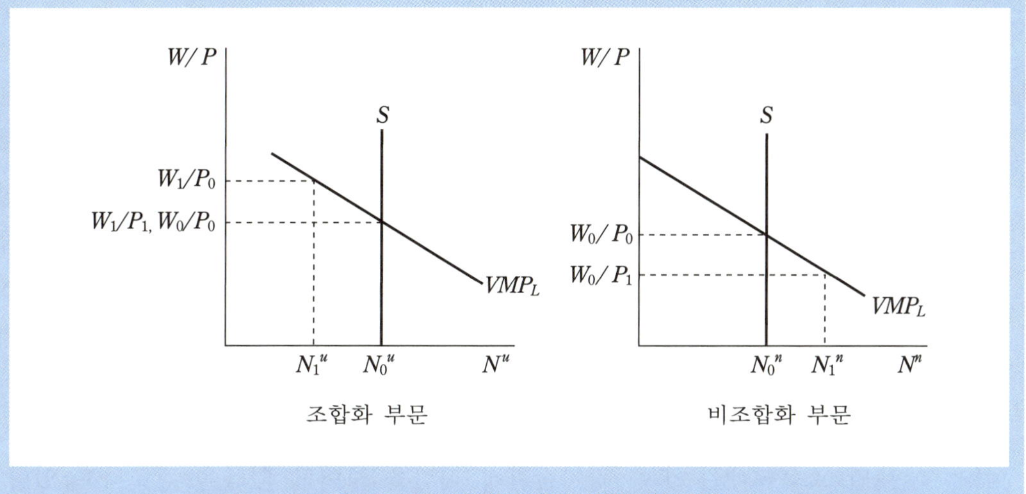


**[그림 15-2] 단체교섭에 의한 임금인상**

초기에는 노동조합조직과 비조직부문의 임금격차는 없고 노동에 대한 수요를 실질임금으로 나타낸다. 그 후에 단체교섭에 의해 조합부문의 명목임금이 $W_1/P_0$로 된다면 $N_0^u - N_1^u$만큼 실업자가 생긴다.

미암아 비조직부문에서는 임금상승 압력이 존재한다.

그러나 중앙은행이 조직부문에서 생성된 일시적 실업에 대처하기 위한 확장적 통화공급을 취하지 않는다면 인플레이션은 발생하지 않을 것이다. 또한 중요한 것은 인플레이션이 기대되는 기간 동안에도 중앙은행이 조합 임금상승에 대해 아무런 반응을 하지 않을 경우 즉각적으로는 실업이 발생되나 장기적으로 조합은 조합구성원들의 고용을 감축시키는 위험 때문에 임금상승에 대한 요구를 유보하게 될 것이다.

위에서 서술한 단체교섭 및 금융정책의 상호작용에 대한 모형은 약간은 모호하지만 다음과 같이 요약될 수 있다. 중앙은행이 단체교섭에 의한 임금상승에 대응하여 통화공급을 증가시키면, 조합 및 비조합 노동의 실질임금은 변동이 없을 것이다. 따라서 단체교섭에 의한 명목임금의 상승은 노동의 상대적 소득비율을 증가시키지 못할 것이다. 반면에 중앙은행이 단체교섭에 의한 임금상승에 아무런 대응을 하지 않는다면 자본소유자로부터 노동자에게로가 아니라 비조합 노동자로부터 조합

노동자에게로 소득이 재분배된다.

### (3) 단기에 있어 소득의 기능적 분배

1930년대 이후 신고전학파의 분배이론 또는 한계생산성 분배이론은 일반적 분배이론이 아니고 오히려 완전고용균형 조건하의 특수한 상황에서의 분배이론이라고 비판을 받아 왔다. 특히 '케임브리지'의 경제학자들에 의해 총수요변동을 고려한 모형이 개발되어 일반화 되었는데 그 대표적 학자로서는 칼도(Nicholas Kaldor), 로빈손(Joan Robinson)과 파시네티(Lugi Pasinetti) 등을 들 수 있다. 그들은 한계생산성 분배이론이 근본적으로는 장기에 걸친 소득의 기능적 분배라는 점을 지적하고 있지만 소득분배는 또한 경기순환적 패턴을 보이고 있음을 강조하고 있다. 즉, 경기침체 기간 동안에 노동의 상대적 소득비율은 증가하는 경향을 보이며, 경기회복기에는 그것이 하락하는 경향을 보인다는 것이다. 경기침체기에 노동의 상대적 소득비율이 증가하는 것은 다음과 같은 두 가지 이유 때문이다.

첫째, 경기침체기에는 임금의 하방경직성이 물가의 하방경직성 보다 더욱 크게 나타나기 때문에 임금의 하락에 비해 이윤은 더욱더 빠르게 낮아지는 경향이 있다.

둘째, 경기침체기에 있어 1인당 생산량이 감소하고 기업경영은 비효율적 규모로 운영되어 생산이 위축되기 때문에 일반적으로 이윤폭은 축소되는 경향이 있다.

주기적 경기변동과 상반되는 방향으로 나타나는 이러한 노동의 상대적 소득비율은 노동자의 복지 상태를 나타내는 적합한 지표라고 볼 수는 없다. 미국의 경우를 예로 들어보면 총소득에 대한 노동의 상대적 비율은 역사적으로 볼 때 1930년대의 경기침체기에 있어 가장 높았지만 그렇다고 해서 그 기간 동안에 노동자의 복지상태가 가장 양호했다고 말할 수는 없는 것이다. 이런 역설적 관계 때문에 노동의 상대적 소득비율을 노동자의 복지비율로 사용하는 경우는 드물다. 그러므로 소득분배에 대한 최대의 관심은 소득의 규모별 분배에 집중되는 경향이 있다.

## 3. 소득의 규모별 분배

소득의 규모별 분배란 사회의 구성원이나 가계들 사이에 소득의 분산이 어떻게 되어 왔는가를 설명하려는 개념으로 환언하면 소득분배의 불균등도(the degree of inequality in distribution of income)를 살펴보려는 것이다. 일반적으로 소득분배의 불균등요인은 재산소득과 노동소득의 불균등요인을 추적함으로써 파악할 수 있다.

### (1) 로렌츠곡선과 지니계수

소득의 불균등을 다룰 때 가장 근본적인 문제로 대두되는 것은 소득 불균등도를 측정할 수 있는 지표의 설정문제이다. 소득불균등은 보통 그래프나 수식으로 파악할 수 있다. 그래프를 사용하는 방법에는 일반적으로 로렌츠 곡선(Lorenze Curve)을 들 수 있는데, 이 곡선은 특정 소득을 받고 있는 사회구성원수의 누적비율(%)에 대한 이 사람이 받고 있는 소득의 누적비율(%)의 상대적 크기를 나타내준다. [그림 15-3]은 미국의 1970년도의 로렌츠 곡선을 예시한 것이다.이 곡선을 보면 총가계 구성원중 저소득층 20%는 사회 총소득 중 5.5%의 소득을 차지하고 있으며 저소득층 40%는 17.5%의 소득을 차지하고 있음을 보여준다. 한편 대각선은 소득이 각 가계들간에 완전균등하게 분배되었을 경우를 의미하며 그림에서는 횡축과 우측편에 있는 종축으로 직각을 이루며 나타난다. 따라서 로렌츠 곡선이 완전균등선인 대각선에 가까우면 가까울수록 더욱 균등하게 소득이 분배되고 있음을 말해 준다.

로렌츠 곡선에 의해 그래프로 파악된 소득의 균등도는 지니계수에 의해 수식화될 수 있다. 지니계수는 대각선 이하의 삼각형의 면적([그림 15-3]에서 $A+B$)에 대한 대각선과 로렌츠 곡선으로 구성되는 활꼴의 면적([그림 15-3]에서 A)의 비율을 말한다. 즉 [그림 15-3]에서 지니계수는 $A/(A+B)$로 표시된다. 지니계수가 0이라는 것은 완전히 균등하게 소득이 배분되었다는 것을 의미하며, 1.00이라는 것은 완전히 불균등하게 배분되었다는 것을 의미한다.

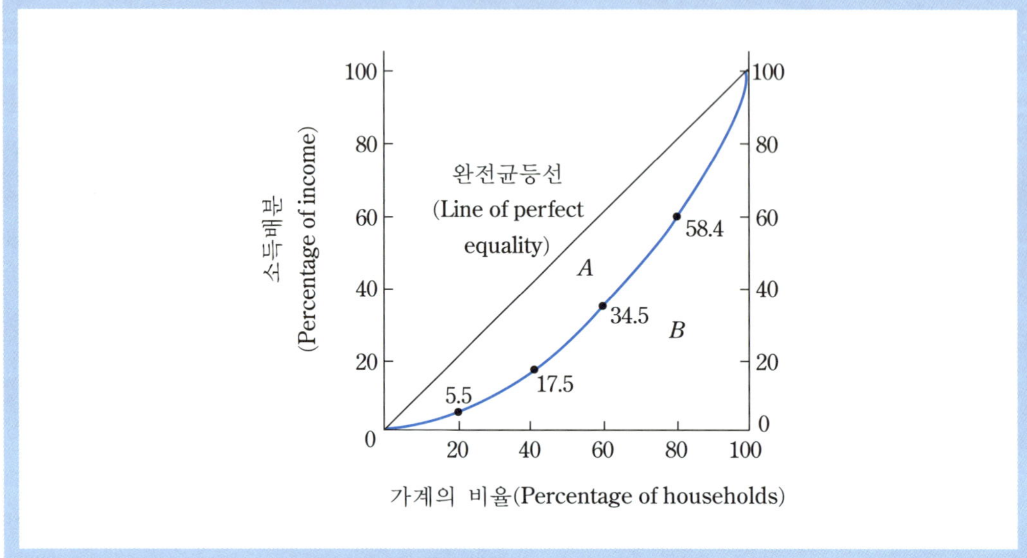


**[그림 15-3] 1970년도 미국의 로렌츠 곡선**

지니계수는 대각선 이하의 삼각형 면적(A+B)에 대한 대각선과 로렌츠 곡선으로 구성되는 활꼴의 면적(A)의 비율을 말한다(A/(A+B)).

### (2) 근로소득의 분배와 개인적 특성

근로소득과 부의 불균등 중에서 근로소득의 불균등(격차)을 가져오는 제요인에 대한 해명은 대단히 중요하다. 왜냐하면 대부분의 사람들에게 있어서 소득의 주된 원천은 근로소득이기 때문이다. 겔러웨이(Lowell Gallaway)는 총소득에서 재산소득을 뺀 자료를 이용하여 1972년 미국의 지니계수를 구해본 결과 0.338로서 총소득에 대한 지니계수 0.342와 거의 동일함을 입증하였고 이 결과로 말미암아 미국의 경우에는 재산소득의 불균형이 소득불균형의 주원인이 아니고 노동소득의 불균형이 그 주요 원인임을 추론하였다. 그러면 먼저 노동소득이 불균등한 이유부터 살펴보기로 한다.

노동소득이 불균등한 이유로는 직업별 임금격차의 결정요인을 들 수 있다. 예를 들면 사람들 사이에 시간에 대한 내부선호율(internal rate of time preference)이 서로 다르기 때문에 인적자본에 대한 투자의 차이를 보이며 결과적으로 소득의 차이를 유발시킨다. 또한 각 개인들의 능력이나 기호 및 선호가 서로 다르기 때문에 임금에 차이가 나타난다.[4] 어떤 사람들은 물질적인 것을 좋아하지 않기 때문에 다른 직종보다 급료는 적지만 인기 있는 직업을 선택하려 할 것이고 노동과 여가의 대체 정도가 각각 다르므로 그들이 일하려는 노동량이 다르며, 일하려는 동기가 각기 같지 않으므로 맡은 일의 양 및 질에 대해 서로 다른 영향을 미친다. 이러한 요인들 이외에 운(luck), 기회(chance) 등과 같은 요인들도 소득분배에 영향을 미칠 것이다.[5]

한편 근로소득을 개인적 특성의 차이에 의해서 설명하려는 시도와는 달리 노동시장에는 노조와 고용주의 독점력 및 정부의 역할 등 비경쟁요소가 작용한다는 사실에 착안하여 노동수요의 특성과 임금결정에 있어서의 제도 및 관습, 개인의 상대적 지위의 역할이 강조되기도 한다.

### (3) 부의 집중과 원인

일반적으로 부의 집중화과정은 스스로 모은 재산의 축적과정과 재산의 상속 및 증여과정으로 이루어진다. 스스로 모은 재산의 축적은 근본적으로 ① 총수입에서 소비하고 남은 부분을 저축하거나 ② 근검, 절약을 통해서 또는 ③ 부로부터 발생하는 각종 수익으로부터 이루어 진다.[6] 한편 유산상속은 유증(遺贈)과 생존해 있는 사람으로부터의 증여를 포함한 모든 부의 수취를 의미한다. 여기에 부의 양도는 반드시 한 세대에서 다음 세대로 부가 이전됨을 의미하는 것은 아니다. 그것은 형제로부터 다른 형제에게로, 또는 고용주로부터 운전기사에게로 넘겨질 수

4) 인간의 정신적 및 신체적 특성은 정규분포곡선에 따라 분포되어 있는 반면에 소득은 같은 방식으로 분포되어 있지 않는데 이것을 피구의 역설이라 한다.

5) 쉬스(Chiswick)에 의하면 불평등한 기회와 불평등한 능력이 결합하여 소득의 불평등에 영향을 미치게 되나 능력의 차이보다 기회의 불평등(사회경제적 배경)이 더 중요한 소득 불균형의 요인이라는 것이다.

6) 자수성가한 이러한 사람들이 재산을 모으게 된 몇 가지 통로를 다음의 예에서 찾아볼 수 있다. ① 새로운 기술 또는 제품의 발명 또는 개발, ② 상업적 성공, ③ 천연자원의 소유권, ④ 정치적 영향, ⑤ 행운.

도 있고, 한세대를 뛰어 넘을 수도 있으며, 자선단체 및 다른 단체에 양도될 수도 있다.

부가 집중되어 있는 상위계층(예를 들면 0.1% 이내)에서 스스로 축적한 부와 상속받은 재산간의 균형을 검토할 필요가 있다. 이 경우 현재 200억원의 재산을 가지고 있는 사람이 있다고 하자. 이 사람이 10년 전에 100억원을 상속받았다고 할 때 상속받은 재산에 대한 수익률이 존재하기 때문에 100억원의 차이가 바로 축적된 부를 나타낸다고 말할 수는 없다. 만약 그가 재산상속을 받지 않았다면 부를 축적하기에 그다지 유리하지 않았을지도 모른다.

유산은 일부 계층에 대해서만 유리한 인생의 출발점을 제공해 주기 때문에 사회적으로 기회의 불평등을 야기시킨다. 그러므로 정부는 부의 소득 및 양도에 대해 일정한 규제 및 세금을 부과하는 등 정부정책을 통해 부의 재분배를 실시하고자 한다. 부의 소득에 대한 세금은 부의 가치에 대해 부과하는 연례적인 세금(재산세)과 과세연도 중의 부에서 발생한 소득에 대해 부과하는 세금(법인세, 소득세)의 두 가지 형태가 있고 재산의 양도에 대한 주된 세금은 상속세 혹은 유산세와 증여세이다.

부의 재분배를 위한 정책은 부의 소득 및 양도에 대한 세금 이외에도 사유재산의 범위를 제한하거나 부의 집중에 따른 영향을 상쇄시키기 위해 고안된 '대항조치'로 실시하기도 한다(예를 들면 국유화, 자본과세 등). 부의 정의 및 부의 평가방법상의 어려움과 유산자료의 신고기피 등으로 개인적 부의 분배에 관한 자료는 다음과 같은 세 가지 경로를 통해서 얻게 된다.

### 부의 표본조사센서스(국부조사)

표본에 기초한 정기적인 국세조사를 통해 모든 사람들의 자산과 부채를 추정한다. 국부조사를 통해 파악된 자산의 가치에서 부채의 가치를 공제한 것이 개인의 자본 또는 부를 형성하는 것으로 가정하여 모든 가구간에 있어 부의 분배를 도출하게 된다. 이와 같은 표본조사자료는 일반적으로 부를 과소 보고하려는 경향 때문에 신뢰할 수 있는 응답은 확보하기 어렵다는 문제가 있다.

### 유산자료

개인의 총자산과 부채가 가장 확실하게 드러나게 되는 유일한 경우는 사망할 경우이며 어느 나라나 유산에 대해서는 과세목적 때문에 신고를 의무화하고 있다. 그러므로 유산의 신고는 부의 보유에 대한 중요한 정보의 출처가 된다. 유산자료에 의한 부의 추정은 특정 연도에 사망한 사람들의 유산을 살아있는 사람들의 부에 대한 표본으로 사용하는 것이다. 즉 죽은 사람들을 같은 성에 같은 나이를 먹은 사람들의 임의표본이라고 가정하고 이들의 부에 사망률 승수(즉 사망률의 역수)를 곱하여 살아 있는 사람들의 부를 추정하는 것이다.

### 투자소득방법

이 방법은 세무당국이 집계한 투자소득에 관한 통계를 근거로 그 소득을 발생시켰을 자본을 역산하여 부를 추정하는 것이다. 이 방법의 특징은 투자소득의 분포를 그 토대가 되는 자본 분포로 전환시키기 위해 '수익승수'를 사용한다는 것이다. 여기에서 수익승수는 부에 대한 수익의 역수이다.

이와 같이 오늘날 경제학이 어느 정도의 균등 또는 불균등이 효율적인가를 설명해 줄 수 없다 할지라도 개별 경제학자들은 어떠한 분배 또는 재분배의 효과가 효율적인가에 대하여 어느 정도의 전문적 의견을 갖고 있다. 이러한 유형의 분석이 경제학의 테두리 안에서 활발히 진행되고 있는 것이다. 그러나 경제학자들이 소득불균등도에 대해 윤리적 관심을 표명하려 한다면 그들은 단지 한 개인의 윤리적 견해를 피력하고 있을 따름인 것이다. 그러므로 정책결정에 있어 개인적 가치와 경제분석간의 차이가 뚜렷이 구분되어져야 한다.

## 15.3 소득재분배정책

### 1. 소득재분배정책의 의의

일반적으로 시장경제에서 이루어지는 소득분배상태 하에서는 개개인의 능력과 상속받은 재산 및 주변 여건들이 다르기 때문에 어느 정도의 부의 불평등이 발생하는 것은 불가피하다. 더군다나 시장경제가 고도화되고 세계화가 진행되고 있는 오늘날에 와서는 불평등은 더욱 심화되고 있는 실정이다. 예를 들어 저임금국가로부터 노동집약적 상품이 수입됨에 따라 노동집약적 산업이 사양화되고 제조업근로자에 대한 수요가 감소되어 미숙련노동자들의 빈곤이 일반화되는 반면 다른 한편으론 정보화와 기술혁신으로 인해 학력·경력이 높은 고임금직종의 노동자가 증가한다면 사회 전체적으로 임금격차는 더욱 커지게 된다. 이러한 불평등의 심화는 소득재분배정책의 중요성을 한층 고조시켜 왔다. 소득재분배정책의 유형은 두 가지로 나누어 볼 수 있는데 첫째는 소득결정과정 그 자체에 정부가 개입하여 분배를 재조정하는 최저임금제도, 임금가이드라인, 가격지지제도 등이 있고, 둘째는 소득분배를 정부의 재정을 통해 사후적으로 수정하는 방법이 있다.

### 2. 최저임금제도

최저임금제(minimum wage system)란 노동시장에서 결정되는 시장임금이 지나치게 낮아 노동자들이 생활을 영위하기 힘들다고 판단하여 정부가 임금의 최저한도를 정하고 기업주에게 그 이상의 지급을 강제하는 제도이다. 이와 같이 최저임금제도는 임금수준을 전반적으로 끌어 올려 근로자의 생활안정과 노동의 질적 향상을 기함을 목적으로 성립되었다. 한국의 최저임금제도의 경우 최저임금보다 낮은 임금을 지급하는 고용주는 3년 이하의 징역이나 1천만원 이하의 벌금에 처해진다. 최저임금법은 1986년 12월 31일 제정 공포되어 1988년 1월 1일부터 시행되었다. 최저임금법은 전 산업 10인 이상 제조업체에 한하여 적용이 되었으나 1989년 광업·건설업에도 시행하게 되었고 1990년부터는 10인 이상의 전 산업체로 확대적용되었다. 최저임금액은 근로자위원, 사용자위원, 공익위원 각각 9명씩의 대표위원과 정부측의 결의권 없는 특별위원 3명이 참가한 최저임금심의위원회의 심의를 거쳐 매년 노동부장관이 결정·고시한다.

최저임금제는 1894년 뉴질랜드의 강제중재법과 1896년 오스트레일리아 빅토리아주(州)의 공장법에서 비롯되어 서양 선진자본주의 국가에 파급되었으며, 제1차 세계대전 이후 본격적으로 확산하기 시작하였다. 국제노동기구(ILO)는 1928년 최저임금결정기구 창설에 관한 조약(26호), 1970년 개발도상국을 특별히 고려한 최저임금 결정에 관한 조약(131호)을 비준, 그 보급에 힘을 기울였다. 최저임금제는 임금의 최저한도를 법으로 정하기 때문에 기업상호 간의 공정한 경쟁의 확보, 기업경영의 근대화, 노동시장의 근대화 등을 촉진하는 역할도 하게 되었다. 최저임금제의 내용은 각국의 역사적·구체적 조건에 따라 다르다. 현재 세계 각국이 채택하고 있는 최저임금의 결정방식에는 ① 임금위원회 또는 임금심의회 방식(한국·영국), ② 노동협약의 확장적용 방식(프랑스·구서독), ③ 중재재판소 또는 중재위원회 방식(뉴질랜드·오스트레일리아), ④ 법률에 의하여 직접 결정하는 법령 방식(미국) 등이 있다. 또한 적용범위도 전산업에 일률적으로 부여하는 방식과 일부 산업에 한정하는 것, 산업별로 기준을 달리한 것 등이 있다.

## 3. 정부에 의한 소득재분배

정부는 재정활동(특히 조세와 재정지출)에 의해 주로 소득의 재분배를 할 수 있다. 소득세의 경우에는 직접적으로 납세자의 가처분소득을 감소시키거나, 간접세처럼 가격체계를 교란하여 간접적으로 소득을 감소시켜 과세 후 소득분배상태를 변경시킨다. 그렇기 때문에 조세는 재정수입의 조달 수단일 뿐만 아니라 의도된 소득재분배의 정책수단으로 활용된다. 조세로는 소득세와 간접세, 상속세 · 재산세 등이 있다.

소득세의 경우 사람을 중심으로 하는 세금으로 개인이 획득하는 소득을 과세표준으로 하는 조세로서 세제에서 핵심을 이룰 정도로 세수의 규모가 크다. 개인소득세는 누진세율 구조와 과세최저액을 규정하는 여러 가지의 공제제도(기초공제, 배우자공제, 부양가족공제, 장애자공제 등)가 있다. 이러한 공제제도는 그 자체에서 소득분배를 시정하는 기능을 내포하고 있어 소득의 재분배효과를 가지고 있다. 결국 개인소득에 대한 소득세액의 비율에 따라 소득이 많은 사람은 부담액도 커지게 되고 소득이 적은 사람은 부담액이 적어지게 된다.

간접세는 대부분이 소비지출에 대한 과세로서 동일한 가격의 상품에 대해서는 동일한 액수의 세금을 물기 때문에 소비지출에 대해서는 비례적인 부담이 되지만, 소득에 대비해서 생각해 본다면 역진적(Regressive)인 성격을 갖는다. 따라서 간접세의 비중이 총조세수입에서 차지하는 비중이 높을수록 이것은 오히려 소득분배를 불평등한 쪽으로 변화시킨다. 예를 들면 생활필수품은 저소득층의 주된 구매상품이고 사치품은 고소득층이 주로 구매하기 때문에 사치품에 세부담을 무겁게 한다면 고소득층에 세금이 더욱 부담되는 효과를 가져오지만 생활필수품에 대한 간접세 비중을 높이면 고소득층과 저소득층의 소득격차가 늘어나게 되는 효과를 기대할 수 있다.

상속세는 상속이나 유증(遺贈)에 의해 재산을 취득한 재산액에 따라 과세된다. 자본주의경제에 있어서 소득불평등의 원인은 소득형성의 전제조건이 되는 자산의 보유상황의 불평등 때문이다. 이러한 불평등을 해소하기 위해서는 상속세, 재산세, 증여세의 부과를 통해 부의 분배를 평준화시켜 재산수익으로부터의 소득이 일정한 개인이나 계층에 집중되는 것을 방지함으로써 재분배를 기할 수 있다. 상속세의 경우 상속재산이나 증여재산에 대한 세율이 높을수록 과세 후의 유산 또는 증여비율이 작아져 자산보유의 평준화 효과는 크게 된다. 일반적으로 대다수의 나라에서 상속세와 증여세의 세율은 매우 높지만 실제 세수효과는 무시할 만큼 작은 것이 공통된 현상이다.

이렇듯 조세제도를 통해 재분배효과를 가져오지만 한국의 경우에 직접세와 간접세의 비중을 살펴보면 간접세의 비중이 높다는 특징을 지니고 있다. 이러한 패턴은 직접세 중심으로 되어 있는 선진국 패턴과 정반대라 할 수 있다. 또한 규모가 큰 불로소득이 과세대상에서 제외되거나 세원으로 포착되지 않고 탈루되고 있어 불평등을 심화시키고 동시에 사회보장 및 공공서비스를 위한 재원조달도 어렵게 하고 있는 실정이다.

재정지출에 의한 소득재분배는 사회보장제에 대한 정부기여를 통한 소득재분배와 정부의 노동자생활관련 공공서비스 제공에 의한 소득재분배로 나뉘어진다. 사회보장제도는 국민이 자신의 힘으로는 생활을 유지하기 어려운 경우에 국가가 최저한의 생활을 보장해 주는 제도로서 모든 국민에게 최저한도의 생활을 보장하고 복지를 향상시키는 것을 목적으로 사회보험과 공적부조의 두 가지로 구성되어 있다.

사회보험은 사회의 구성원이 일정한 금액을 미리 갹출하여 실업 및 소득의 중단·상실에 대비함으로써 생활의 안정을 꾀하는 제도인데 여기에는 의료보험, 연금보험, 실업보험, 산업재해보상보험 등의 유형이 있다. 이러한 보험은 자신의 소득에 비례하여 부담하는 보험료와 더불어 정부의 재정부담으로 운영되기 때문에 사회보험제도는 소득재분배의 기능을 가진다고 할 수 있다. 이러한 사회보험으로 고소득층에서 저소득층으로 재분배가 일어나고 또 보험료를 부담하는 동일계층간의 재분배, 수평적 재분배로 이루어진다. 결국 사회보험에 의한 수직적 재분배효과를 크게 하기 위해서는 정부의 부담을 높여 사회보험재원에 조세수입을 통하여 지불되는 몫을 넓혀나가고 누진세율도 높여야 한다.

우리나라의 사회보험에는 4대사회보험이라 불리는 제도가 있다.

**국민연금** 소득활동을 할 때 조금씩 보험료를 납부하여 모아두었다가 나이가 들거나, 갑작스런 사고나 질병으로 사망 또는 장애를 입어 소득활동이 중단된 경우, 본인이나 유족에게 연금을 지급함으로써 기본생활을 유지할 수 있도록 정부가 직접 운영하는 소득보장제도이다.

국민건강보험 2000. 7. 1일 의료보험의 완전통합으로 새롭게 출발하는 의료보험의 새 이름이다. 즉, 기존의 의료보험이 국민건강보험으로 바뀌게 된 것이다. 기존의 '의료보험'이 주로 상병을 치료하기 위해 소요되는 비용 및 의료서비스를 제공하는 등 주로 질병의 치료에 보험혜택이 주어진 반면, '건강보험'은 진료비 보장과 질병의 치료는 물론, 질병의 예방, 재활, 건강증진까지 보험의 혜택이 확대되는 적극적이고 포괄적인 의미이다.

고용보험 근로자와 사업주가 공동부담하는 기금으로 실업의 예방, 고용의 촉진 및 근로자의 직업능력개발 · 향상은 물론 근로자의 생활에 필요한 급여를 지급하여 실직근로자의 생활안정 및 재취업을 지원하는 사회보험제도이다.

산재보험 산업재해로부터 근로자와 사업주를 보호하기 위하여 1964년에 도입된 우리나라 최초의 사회보장제도이다. 산재보험의 가입대상은 다음과 같다

- 상시 근로자 1인 이상의 사업 또는 사업장(단, 농업, 벌목업을 제외한 임업, 어업, 수렵업은 상시 5인 이상) 단, 상용, 일용, 임시직 등 고용형태나 명칭과는 상관없다.
- 총공사금액 2천만원 이상의 건설공사(계약변경으로 2천만원 이상이 된 경우 포함)
- 본사단위로 동종사업 일괄가입대상(2년 전 총공사실적 30억원 이상이고 연도초일 현재 2천만원 이상 공사를 1개 이상 시공하는 업체)

공적부조는 생계유지자의 사망, 노령화, 질병, 실업, 재해, 심신장애 등으로 인한 생활궁핍자에 대해 최저생활수준을 유지할 수 있는 소득을 보장함으로써 정부가 직접 빈곤계층을 구제하려는 제도이다. 즉 보험료를 부담할 수 없는 소득계층이 있고 보험금이 소득보장으로서 충분한 수준이라고 할 수 없기 때문에 생활이 어려운 사람들을 위한 별도

의 사회적 구제제도가 필요함에 따라 공적부조의 필요성이 대두되었다. 공적부조의 급부는 일반조세를 재원으로 하여 아무런 대가도 치르지 않는 저소득층에게로 그 지출이 돌아가게 된다. 따라서 공적부조의 재원조달에 누진적인 과세를 사용하게 되면 납세자인 고소득층으로부터 수익자인 저소득층으로 소득이 직접 이전되어 재분배효과가 나타나게 된다.

마지막으로 공공서비스확충에 의한 소득재분배를 들 수 있는데 의무교육, 의료서비스의 무료급부, 공공주택의 공급 등 재정지출은 저소득층의 소득향상에 효과를 가져온다. 그에 대한 지출의 재원조달에서 저소득층이 상대적으로 낮은 비율을 부담하게 한다면 더욱 효과는 클 것이다. 특히 기초생활에 필요한 부분을 공공서비스로 확충하고 재원조달의 부분을 저소득층이 낮게 부담한다면 자동적으로 소득 재분배효과를 누릴 수 있을 것이다.

## 4. 한국의 사회보장제도

일반적으로 사회보장은 사회구성원들이 사회적 위험에 처해 있을 때 국가가 이들을 보장해주는 것이다. 여기서 하나 하나씩 따져보면 사회보장의 주체는 국가이고 객체는 사회구성원, 즉 국민이다. 그리고 사회적 위험이란 것은 사람이 살아가다가 직면하는 여러 가지의 위험들-질병, 노령, 실업, 장애, 사망, 출산, 빈곤 등으로 인하여 소득이 일시적 또는 장기적으로 중단되거나 지출의 증가로 인간다운 삶을 살아갈 수 없을 때를 말한다. 이것을 종합해보면 국가는 국민들이 사회적 위험 속에서도 인간다운 삶을 살아가도록 프로그램을 말한다. 대부분의 사회보장은 민간부문에서 하기엔 경제적으로 너무나 벅차기에 오직 국가만이 할 수 있다.

서구 복지국가들은 오랜 기간 동안 시행착오를 거듭하면서 그들의 실정에 맞는 사회보장을 만들어 왔다. 그것이 그들이 지금의 복지선진국을 만들어낸 결과이다. 그러나 한국의 사회보장제도는 그들 나라에 비해 매우 짧은 역사를 갖고 있지만 한국도 최근 사회의 급속한 변화속에서 기본적인 패러다임을 전환시켜 가고 있다. 먼저, 무연고자나 생활보호대상자 등을 중심으로 한 시설중심의 대책에서 전체 일반 대중과 재가복지서비스분야로 서비스대상과 제공방법이 변화하고 있고 중앙정부주도의 복지행정이 지방자치시대에 맞게 지방행정으로 추진되고 있다. 또한 사회구조의 변화와 함께 국민대중의 복지니드가 다양화되고 다계층화됨에 따라 경제적이고 물질적 중심의 서비스와 함께 비물질적, 사회적 기능장애에 대처하는 서비스가 상호 연계되거나 통합되어 가고 있다.

또한 지난 1995년 고용보험의 도입으로 의료보험, 산재보험, 국민연금과 함께 4대 사회보험체계가 구축되고, 노인 · 장애인 등 취약계층을 위한 기본적 복지서비스를 위한 제도의 기본틀이 어느 정도 갖추어지게 되었다.

보건복지부에서는 지난 1998년 11월 제 1 차 사회보장장기발전계획을 통해 21세기 국민복지의 비전을 '정의롭고 생산적인 복지공동체 구축'에 놓고 전국민 사회보험 실현과 최저생활수준 보장 및 삶의 질 제고를 위한 복지서비스의 확충을 계획하였다.

또한 사회보장발전의 기본이념을 사회적 권리로서의 국민복지기본선의 보장과 생산적 복지에 두고, 보호가 필요한 모든 국민에 대한 최소한의 먹고 입는 문제와 자녀교육 및 의료는 국가책임하에 둘 것을 선언하였다. 그리하여 단순보호차원의 복지보다는 자활능력 배양 등을 통해 경제발전에 기여할 수 있는 생산적 기능을 강화하기 위해 다음과 같은 추진전략을 설정하였다.

첫째, 고실업시대에도 적응할 수 있는 사회안전망의 구축으로 전국민 사회보험 실현으로 1차 사회안전망을 완비하고, 공공부조의 확대를 통해 사회보험 미적용 계층을 흡수 · 보호하겠다는 것이며, 둘째로는 국민기초생활의 보장 및 생산적 복지의 강화로 근로능력이 없는 저소득계층에게는 최소한의 기본적 생활을 보장하고 근로능력자에게는 자활 · 자립기반을 조성하겠다는 것이며 셋째, 정부와 민간이 함께 하는 선진형

복지지원체계를 확립하고 넷째, 사회보장관리 체계의 효율화를 추진하여 4대 사회보험의 통합추진 및 복지서비스 전달체계를 개선하겠다는 등이 그 주요한 것이다.

Labor box

### 국민기초생활보장법

국민기초생활보장법이란 생활이 어려운 자에게 필요한 급여를 행하여 이들의 최저생활을 보장하고 자활을 조성하는 것을 목적으로 제정된 법률(1999. 9. 7, 법률 6024호)이다. 빈곤선 이하의 저소득 국민에게 국가가 생계·교육·의료·주거·자활 등에 필요한 경비를 주어 최소한의 기초생활을 제도적으로 보장해 줄 목적으로 제정된 법으로, 헌법 제34조에 근거하여 생활보호법을 폐지하고 새로 제정하였다.

이 법은 급여의 종류와 방법, 보장기관, 급여의 실시, 보장시설, 수급자의 권리와 의무, 이의신청, 보장비용, 벌칙 등 9장으로 나뉜 전문 51조와 부칙으로 구성되며 주요 내용은 다음과 같다.

이 법의 보호대상은 가족의 소득 합계가 최저생계비 이하인 가구이다. 최저생계비는 국민이 건강하고 문화적인 생활을 유지하기 위하여 소요되는 최소한의 비용으로서, 관계전문가·공익대표·관련공무원들로 구성되는 중앙생활보장위원회에서 매년 가계지출, 생활실태, 물가상승률 등 객관적인 지표를 고려하여 결정한다.

이 법에 의하여 지급되는 급여에는 생계급여·주기급여·의료급여·교육급여·해산급여·장제급여 및 자활급여의 7종이 있다. 급여는 원칙적으로 금전으로 지급한다. 그러나 최저생계비가 전액 지급되는 것은 아니며, 가구의 소득과 의료비·주민세·전화세 등 다른 법령에 의해 지원받는 금액을 뺀다. 해산비와 장제비는 최저생계비와 별도로 지급된다.

근로능력이 있는 사람에게는 고용안정센터를 통해 직업훈련·취업알선·자활공동체사업·공공근로사업·창업지원·자원봉사 등의 고용서비스를 제공하며, 취업이 어려운 사람에게는 자활후견기관의 자활공동체사업이나 자활공공근로사업 등을 통해 자활능력을 키울 수 있도록 지원한다.

Labor box

### 생산적 복지

생산적 복지란 단순히 개인들에게 복지혜택을 주는 것이 아니라 복지혜택을 받은 개인들이 가지고 있는 능력을 키워주는 것으로, 그들이 노동현장에 복귀해서 다시 생산적으로 돌아갈 수 있다는 점에서 '생산적' 복지라 한다. 즉 이러한 생산적 복지는 일하기 위한 복지(welfare-to-work)로 표현되기도 한다. 80년대 초 영미(英美)에서는 과거 복지제도가 지나치게 잘 되어 있어 기존 복지제도에의 의존도가 너무 높아 문제점이 드러났다. 이를 보완하기 위하여 실업자들에게 단순한 복지혜택을 주는 것보다는 능력을 키워주고 훈련을 시켜 노동현장에 복귀하도록 하였다. 이러한 제도는 결국 국가세금을 증대시키고 국가재정이 생산적으로 돌아가게 할 수 있다는 점에서 '생산적 복지'라는 용어로 쓰이기도 했다.

다시 말하면 현대에 있어 생산적 복지란 취약계층에 대한 잔여적·시혜적 복지가 아니라 사회통합을 위한 적극적 복지이다. 이러한 생산적 복지는 궁극적으로 모든 국민이 인간다운 삶을 영위하고 기본적인 권리를 향유하는 복지사회의 구축을 목표로 하고 있다. 하지만 현 단계의 사회정책적 과제들을 우선적으로 정비하고 해결해야만 생산적 복지의 지속적인 추진과정에 모든 계층이 적극 참여할 수 있을 것이다. 생산적 복지의 미래지향적 비전은 경제원리에 입각한 경제성장과 연대원리에 입각한 분배정의가 균형관계에서 출발해야 한다는 것이다. 이때 분배정의는 안정적 경제성장의 사회적 기초로 작동하고 경제성장은 국민 모두의 삶의 질 향상에 기여하는 상호 보완적 관계를 이루어야 한다.

생산적 복지를 추진하는 원칙으로는 첫째, 복지의 확충이 경제성장과 마찬가지로 국가발전을 위한 생산적 기능을 수행하는 것으로 보고 복지를 통한 사회안정과 안전망 기능을 강화해야 한다는 것이다. 이를 통해 모든 국민이 안심하고 경제·사회활동을 하도록 하는 한편 우리 사회에 대한 공동체적 신뢰기반을 견고히 구축할 수 있을 것이다. 둘째, 복지를 확충하되 일괄적인 배분구조를 탈피해서 사회적 약자층과 빈곤층이 항구적으로 사회적 소외와 빈곤에 처하는 것으로부터 탈피할 수 있어야 한다. 구체적으로는 자립촉진, 인적자원개발, 경제활동 참여기회 확대 등의 생산적 정책수단을 최대화시켜야 한다. 셋째, 복지를 통해 모든 국민의 사회적 시민권을 확대하고 국민간의 연대감을 회복해야 한다는 목표를 분명히 해야 한다. 이를 위해서 시장 내의 취약계층에 대해 연대적 배려의 형태로 권리를 확대시켜 주는 차별시정정책을 강화해야 한다. 넷째, 생산적 복지는 국민의 삶의 질을 향상시키기 위한 적극적인 사회투자 원칙에 입각해야 한다. 복지인프라의 확충은 국민 삶의 질 향상과 이를 기반으로 한 사회발전을 촉진시킴으로써 경제성장에 걸맞는 복지사회를 구축하는 작업이기 때문이다.

**최근의 생산적 복지정책의 추진 내용**

| 정책방향 | 내 용 |
|---|---|
| 노동시장 변화에 적극 대응하는 인적자원개발 | 1995년 직업능력개발사업, 직업교육 훈련관련 3법(직업교육훈련촉진법, 한국직업능력개발원법, 자격기본법) 등 직업유지를 위한 평생학습을 통한 인적자원개발에 초점을 두었다. |
| 취약계층의 자활·자립을 위한 인적자원개발 | 2000년 '국민기초생할보장법'이 시행됨에 따라 취약계층에 대한 직업훈련이 실시되었다(취지에 맞게 '수요자 중심'으로 이들에게 어떻게 하면 보다 적합한 프로그램을 제공하여 빠른 시일 내에 정부의 시혜에서 벗어나 자활·자립할 수 있을 것인가에 대해 초점을 두어야 한다). |
| 연구개발 촉진과 연구기능강화 | 산업수요에 맞는 인적자원을 개발하는 데 있어 직업전망, 산업수요, 실업자의 특성 및 기존 관련정책의 평가 등이 유기적으로 연계되어 시행될 수 있도록 정부와 노동연구단체에서 연구기능을 강화하였다. |

자료: 「새로운 도전, 희망찬 미래(생산적 복지)」, 김유배, 에디터, 2001.

## 15.4 노동시장정책

### 1. 인력개발정책

인력개발정책이란 노동력을 창출하고 유지하며 활용하는 것으로서 구조적인 실업인 경우에 효과가 있다. 인력개발정책은 1950년대 말에서 1960년대 초에 걸쳐 미국에서 실업자문제에 대한 대책으로 등장하였다.

유럽의 적극적 노동정책(positive manpower policy)과도 유사한 정책이라 할 수 있다.

인력개발정책의 경우에 정책을 수행하기 위해서는 인력의 수요 · 공급의 예측이 중요한데 단기적인 예측의 경우에는 미시적 방법으로 중요 산업의 기업체에 대하여 현재 또는 미래에 필요한 인력을 조사하여 예측하는 방법이다. 일반적으로 노동부에서 행하고 있는 노동력수요동향 조사는 이러한 방법에 속한다고 할 수 있다. 장기적인 예측의 경우에는 거시적인 방법을 사용해야 하는데 예를 들면 국민경제 전체 수준에서 미래의 성장률을 예측하고 그 생산량을 생산하는 데 투입되는 인력을 계산하는 방법으로 예상경제성장률을 여러 가지 방법으로 계산하여 예상 생산량을 구한 뒤 생산량 한 단위의 생산을 위해서 투입되는 노동자의 수, 즉 노동계수(labor coefficient)를 알거나 일정한 수치를 가정하게 되면 연차적인 인력수요량을 계산할 수 있다. 이러한 방법으로 하면 국민경제 전체뿐만 아니라 특정 산업에 대한 특정수준의 기술인력에 대해서도 예측이 가능하다.

인력 공급예측의 경우에는 국민경제 전체의 성별·연령별 인구를 구하고 추정하여 경제활동참가율을 곱하여 총노동공급을 예측할 수 있다. 그리고 각 연도별로 정규교육 · 직업교육훈련기관에서 양성되는 공급자와 현장훈련 등을 통하여 양성되는 공급자를 추정하여 이를 연도별 기능수준별로 합계하는 방법도 있다.

인력의 수요 · 공급을 예측한 후에는 적정한 직업훈련을 시키는 정책을 실행해야 한다. 직업훈련은 크게 정규교육, 직업훈련, 현장훈련 등이 있고 좀더 적극적인 정책으로는 공공직업훈련과 사업 내 직업훈련, 민간직업훈련 등이 있다. 한국의 경우에는 직업훈련기초법에 의하여 일반산업계가 요구하는 기능인력을 공공직업훈련기관과 직업훈련의 무제에 의한 사업 내 훈련기관에서 양성하도록 하고 있다. 일반적으로는 직업훈련은 기능직에 집중되어 왔으나 산업이 발전됨에 따라 사무직, 서비스직, 전문직 등 다양한 직종으로 세분되어지고 훈련유형의 경우에도 양성훈련에서 향상훈련, 전직훈련 등 노동시장의 수요에 의해 다양화되고 있는 실정이다. 특히 1997년 외환위기 이후에는 대량 실업의 사태에 대응하여 실업자 훈련이 증가하였고 최근에는 평생학습사회에 대응하는 방향으로 개편되고 있다. 1998년 이후에 직업훈련이 급격히 증대되고 정부에서도 직업훈련사업을 위하여 재정을 할당하고 외자를 투입하여 전국에 국공립직업훈련원을 설치하였다. 대표적인 예로서 1998년에 개편된 한국산업인력공단의 직업교육훈련과 한국산업인력공단에서 분리된 18개 기능대학을 들 수 있다.[7)]

청소년 · 기혼여성 · 고령자 및 장애자 등 2차노동자의 노동정책은 일반적인 노동정책과는 다르게 관리해야 한다. 먼저 청소년의 경우에는 직업에 관련되는 적성검사를 제공하고 직업진로에 대한 취업지도 및 상담과 함께 건전한 직장경험을 할 수 있도록 취업을 알선하는 청소년 담당기관도 마련해야 할 것이다. 기혼여성의 경우에는 기혼여성을 많이 채용할 수 있는 직종을 개발하고 개발하는 민간업체에게는 적절한 재정보조를 통해 사업이 활성화 될 수 있도록 유도하고 공공 탁아시설과 보육시설 등을 지역에 설치해서 여성의 불리한 점을 극복하도록 해야 할 것이다. 또한 기혼여성들에 대한 특정한 직업훈련도 청소년과 마찬가지로 제공해줘야 할 것이다. 고령자의 경우에는 한국도 고령화 시대로 접어들기 때문에 다른 문제보다도 시급하게 접근해야 한다. 고령자에 대한 대책으로는 기존의 기술 · 숙련을 계속 유지시키기 위한 제도적 노력이 중요하다. 고령자의 기술수준도 시대에 맞게 향상시켜야 하는 과제도 포함하는 것이다. 이러한 고령자의 훈련을 하기 위해서는 사업 내의 훈련기관에 정부가 보조금을 지급하거나 공공고령자 훈련기관을 마련해야 할 것이다. 이와 더불어 법적으로 고령자의 고용을 의무화시킬 필요도 있을 것이다. 일본의 경우에는 실버인재은행과 같은 곳을 조직하여 불규칙적으로 발생하는 수요에 대해서 노동을 제공하고 그 대가를 받도록 정부가 필요한 연락장소를 제공하는 등 지원책을 마련하고 있다. 결

7) 2006년 3월부터 노동부 산하 기능대학과 한국폴리텍대학으로 개편된 한국산업인력공단의 직업전문학교는 기능대학법 및 한국산업인력공단법 개정을 통해 산업현장과 연계한 현장실무중심의 직업전문학교로 통합 · 운영되고 있다.

국 한국도 일정한 정년연령에 도달하면 근무조건을 바꾸어 재고용계약을 맺는 재고용제도, 일정 연령 이후에는 적어도 더 이상의 임금상승이 안되거나 임금수준을 낮추는 방향으로 조정하는 방안과 같은 임금피크제, 고령근로자에게 알맞은 직종 및 근무제도의 개발 등이 필요하다.

장애자의 경우에는 특수한 기술훈련을 제공하거나 일정한 비율로 고용을 의무화하는 고용률제도가 있다. 고용률제도는 이미 도입되어 있으나 인프라의 미비, 인식부족 등 내실화가 되어 있지 않다. 이를 위해 정부의 인프라를 확대하고 장애인을 고용하는 기업이 불편함을 느끼지 못하도록 정부의 지원이 필요하다.

## 2. 직업안정정책

노동력을 원활하게 공급하기 위한 제반대책으로 직업안정정책이 있다. 이는 거시적인 노동시장의 수요와 공급을 안정적으로 만드는데 기여한다. 즉 노동시장의 유연화, 노동력의 양적안정과 질적향상을 통해 근로자에 장기적이고 안정적인 고용을 유도한다. 이러한 직업안정정책으로는 크게 적성검사, 취업지도, 직업소개, 해외고용관리 등이 있다.

적성검사란 구직자가 자신의 적성과 능력에 알맞은 직업을 선택하게 도와주는 검사이다. 적성검사는 근로자를 노동현장에 적재적소에 배치되게 하여 개인이 직장으로부터 만족감을 최대한 얻을 수 있도록 하여 동일한 직장에 장기근속시켜 노동시장을 안정시킬 수 있다. 현재 정부는 한국실정에 맞는 적성검사방법을 개발하도록 하고 있으며 희망자에 대해서 한국고용정보원이나 주요 도시의 직업안정과에서 적성검사를 할 수 있게 한다.

직업소개란 정부가 구직자와 구인자 사이의 직업관련 정보를 공개하여 취업이 원활하게 이루어지도록 하는 것을 의미한다. 현재 노동부에서는 고용보험사업을 직접 관장하고 있고 실직자가 실업급여를 받을 때 직업소개 내지 취업알선을 해주고 있다. 또 지방사무소에서 직업안정과를 두어 일반적인 직업소개업무도 담당하고 있다. 하지만 정부는 한국고용정보원을 통해 전국적인 전산망을 운영하여 특히 중소기업이 인력을 구할 경우 노동력에 대한 정보를 주어 활용하도록 인프라 구성에 주력하고 있다. 이러한 노동시장의 인프라를 선진화하기 위해 '고용정보고속도로'를 구축해야 할 필요도 있다. 즉 집에서 모든 구인 · 구직 정보를 누구나 손쉽게 검색할 수 있고, 실업급여 수급을 집에서 화면상담을 통해 구직활동심사를 받은 후 수령할 수 있는 등 현재 공공직업안정센터에서 이루어지는 대부분의 일들이 다 집에서 처리할 수 있도록 하여야 한다.

해외고용관리사업 경우 과거의 중동건설사업 및 외항선박 선원, 간호사 등이 주를 이루었다. 하지만 국내 임금이 상승하고 있는 실정이기 때문에 단순노동자의 해외송출은 어려운 실정이다. 이제는 정부가 단순노동력의 수출이 아닌 해외사업에 역점을 두어 해외에 사업을 할 수 있도록 정보를 제공하고 절차 등을 도와줄 수 있는 기관에 따로 두어 해외사업에 역점을 둔다면 현지인의 노동력뿐 아니라 현지에 파견할 한국노동자의 수요도 급증하게 될 것이다.

Labor box

### 한국고용정보원

한국고용정보원은 고용지원서비스 선진화를 위해 2006년 3월 독립법인으로 설립된 국가기관으로서 고용정보의 수집 · 분석 · 제공, 직업에 관한 조사 · 연구 고용관련전산시스템의 개발 · 관리 · 운영 등의 업무를 효율적으로 수행함으로써 모든 국민들이 보다 빠르고 정확한 일자리 정보를 얻는데 노력하는 21세기 국가고용정보 인프라의 중추기관이다.

한국고용정보원은 국가산업발전 육성시기인 1979년 노동청 직할기관인 '국립중앙직업안정소'로 설립된 이래 직업연구 및 직업지도, 해외취업알선 및 고용정보제공의 업무를 수행하였다.

1995년도에는 노동부 중앙고용정보관리소로 조직을 개편하여 기존 업무 이외로 '고용보험전산망'과 '고용정보전산망'의 2대 전산망을 구축 · 운영하였으며, 특히, 외환위기 이후의 대규모 실업사태시에는 신속 · 정확한 고용정보를 제공하고 기초자료를 분석 · 제공하므로써, 실업위기를 극복하는데 그 역할을 충실히 하였다.

1999년 4월에는 고용지원정보망 Work-Net을 개통, 급변하는 정보화시대에 맞춰 가장 빠르고 정확한 양질의 고용정보서비스를 제공하는 등 첨단의 고용정보시스템을 성공적으로 구축하였으며, 2001년 1월에는 한국산업인력공단 중앙고용정보원으로 이관되어 일-훈련-자격을 직접 연계하는 고용지원의 주요기관 역할을 수행하여 왔다.

이에 2006년 3월 고용정책기본법의 개정에 의한 독립법인 한국고용정보원이 설립되어 고용정보의 허브, 고용전산망의 중추, 인력수급 전문기관, 직업연구의 메카, 진로지도 · 직업상담의 산실로서 국가고용정보 인프라의 중추기관으로의 역할을 하고 있다.

중장기적인 인력수급계획에 근거하여 지식기반산업분야의 인력개발투자를 확대하는 정책을 수립하는 데 다음 몇 가지 제도의 도입을 강구해 볼 수 있다.

- 창의성과 문제해결능력을 강조하는 교육훈련 내용 및 방법의 혁신
- 훈련정보 및 훈련성과의 공개, 훈련기관간 경쟁 촉진
- 훈련바우처 제도의 확대실시를 통한 수요자의 선택권 확대
- 인적자원인증제 등을 도입한 기업의 효과적인 인적자원개발체계 구축
- 근로생애에 걸친 평생학습체계의 구축

## 3. 차별금지정책 및 보호정책

노동시장에서 차별정책은 고용차별, 직종차별, 임금차별 등이 있다. 이러한 차별은 각종 직무 혹은 직종에 적격인 근로자를 채용 · 배치함에 있어 성, 학력 등 근로자의 노동특성을 이용해 온 관행으로부터 발생한 결과이다. 이러한 차별은 한국뿐 아니라 선진국에서도 존속하는데 대부분 법률로서 차별을 엄격히 규제하고 있다. 한국도 마찬가지로 법률로 차별금지를 규정하고 있다. 근로기준법 5조에는 "사용자는 근로자에 대하여 남녀의 차별적 대우를 하지 못하며 국적, 신앙 또는 사회적 신분을 이유로 근로조건에 대한 차별적 처우를 하지 못한다"고 규정하고 있다. 또한 1987년에는 남녀고용평등법을 제정하여 시행하고 있

다. 하지만 고용주의 편견 및 의도적인 차별로 인하여 실효성이 선진국에 비해 많이 떨어진다. 이러한 법적인 집행 외에도 정부는 남녀고용평등의 실태를 공표하거나 고용평등 우수기업을 지원하는 제도를 만들어서 남녀고용차별을 개선하고자 노력한다. 장애자의 경우에는 단시간근로, 재택근로 등 유연하고 다양한 고용형태에 쉽게 접근할 수 있는 체제 등을 정비하여 장애인이 자유롭게 취업할 수 있는 사회적 여건을 정비하는 추세에 있다.

보호정책의 경우도 마찬가지로 근로기준법으로 명시하고 있다. 근로기준법 제 5 장에서 여자와 소년편을 두어 15세 미만인 연소자를 채용하지 못하도록 규정하고 있고 대통령령으로 정하는 금지직종에는 여자와 18세 미만자를 근무하지 못하도록 하고 있다. 또 여성에 대한 생리휴가, 임신중의 여자에 대한 산전 · 산후휴가, 육아시간의 허용 등 여성에 대한 보호정책도 규정되어 있다. 하지만 이러한 보호규정은 사용자의 인식이 필요하고 정부의 근로감독이 있어야 하며 근로자 자신의 권리의식도 바로서야 보호규정이 실효성이 있을 것이다.

Labor box

### 한국의 학력간 불평등한 임금격차

1990년대 중반을 전환점으로 근로자가구간의 소득분배가 악화되고 있다. 이러한 현상은 1990년대 학력간 임금격차가 다시 악화되는 시점과도 일치하여 학력간 임금격차가 심한 시기에 경제전체의 소득분배에도 중요한 영향을 미친다는 것을 알 수 있다.

학력별 노동시장을 간단히 살펴보면 중졸 이하의 노동공급비율은 1982년 66.2%에서 2002년 28.7%로 중장기적으로 감소하고 있고 고졸자의 노동공급비율은 1982년 26.0%에서 1990년대 초반까지 지속적으로 증가하다가 안정적인 추세를 보이고 있다. 또 전문대졸자의 노동공급비율은 1982년 1.7%에서 2002년 8.7%로 다른 학력계층에 비해서 가장 빠르게 증가하고 있고 대졸 이상자의 노동공급비율은 1982년 6.2%에서 2002년 18.1%로 전문대졸자 다음으로 가장 빠르게 증가하고 있다. 즉 지난 20년 동안 우리 경제는 고학력화를 바탕으로 고학력자의 노동공급비율이 증가하는 반면에 저학력자의 노동공급비율은 감소하고 있는 추세이다. 수요 측면에서는 중졸 이하자의 노동수요비율은 1982년 67.3%에서 2002년 28.9%로 중장기적으로 감소하고 있고 고졸자의 경우에는 1982년 25.0%에서 1990년대 중반까지 지속적으로 증가하다가 그 이후 안정적인 추세로 2002년에는 44.4%로 나타나고 있다. 전문대졸자의 노동수요비율은 1982년 1.6%에서 2002년 8.6%로 다른 학력에 비해서 빠르게 증가하고 있으며, 대졸 이상자의 노동수요비율은 1982년 6.2%에서 2002년 18.1%로 전문대졸자 다음으로 가장 빠르게 증가하고 있다. 즉 고학력자에 대한 노동수요도 노동공급과 마찬가지로 중장기적으로 증가하는 추세이다.

실업률을 보면 전문대졸 실업률이 다른 학력계층에 비해 지속적으로 가장 높게 나타났다. 대졸 이상자의 실업률은 1980년대 초반의 대학입학 정원의 확대로 1980년대 중반 이후 1990년대 중반까지 고졸자에 비해 높았지만 다른 시기에는 물론 최근에도 고졸자에 비하여 낮게 나타나고 있다는 것을 주목해야 한다.

특히 학력간 임금격차에 대한 분석에서 중요한 분석대상인 고졸자와 대졸 이상자에 한정하여 살펴보면 대졸 이상자의 임금상승률은 1982-1994년에는 4.2%, 1994-2002년에는 4.3%로 비교적 일정하지만 고졸자의 경우 1982년-1994년에는 5.9%에서 1994-2002년에는 3.4%로 크게 낮아지고 있다. 그러나 이것은 1994-2002년에 대졸 이상의 상대적인 노동공급량이 증가하였음에도 불구하고 고졸자와 대졸 이상자간의 임금격차는 오히려 크게 확대되고 있음을 의미한다.

## 4. 노사관계정책

21세기에 들어서 국가경제의 효율성과 형평성의 조화로운 발전을 도모하고 국가 차원의 노·사·정의 협력기조를 확립·유지하기 위해서는 노·사·정의 사회적 파트너십을 구축해야 한다. 이를 위해서 노사정위원회의 기능을 활성화하고, 생산적·통합적 교섭관행을 확립하여 기존의 분배위주의 대립적 교섭관행에서 벗어나 노사공통이익의 증진을 위한 방향으로 가야 할 것이며, 다원·다층 교섭체계를 구축하여 업종의 특성에 따라 기업별 혹은 산업별 교섭을 선택해야 할 것이다.

인적자원 중시의 경영혁신을 하기 위해서는 조직이 필요로 하는 동기부여를 이끌어 낼 수 있는 합리적이고 공정한 보상체계가 필요하고 복잡하지 않고 단순하여 근로자들이 이해하기 쉬운 기준이 확립돼야 불필요한 노사갈등을 방지할 수 있을 것이다. 이를 위해서는 성과지향적 보상체계의 정착이 필요하다. 성과에 따라 보상을 함으로써 기업으로서는 지불능력을 넘어서는 인건비 증가를 방지할 수 있어 경쟁력 개선에 도움이 되며 근로자 개인으로서는 업적을 낸 만큼 보상을 받게 되므로 공정한 것이라고 할 수 있다.

미래 지식경영체제하에서는 종업원들의 헌신성 제고가 기업의 생존과 발전을 위한 핵심적인 조직자원으로 제기되고 있는바, 이를 위해서는 현장근로자들의 자발적인 참여에 기초하는 고성과 작업체계(Participative High Performance Work System)의 한국적 모델을 개발시켜야 할 것이다. 그리고 효율적인 인적자원개발 · 관리지원인프라를 구축하고 기업 및 작업장 수준의 노사관계 측정지표를 개발함과 동시에 이를 활용한 정기적인 조사를 통해 전반적인 노사관계의 개선 정도와 문제요인들을 파악하고 이에 의거한 관련정책 방안을 수립하여야 한다.

# 노사관계와 단체교섭

제16장　노사관계의 구조 및 발전과정

제17장　노동조합

제18장　노동쟁의와 단체교섭

제19장　임금 · 고용 · 경제적 후생에 관한 노조의 영향

제 16 장

# 노사관계의 구조 및 발전과정

노사관계론은 노동시장분석에 있어 노동자, 경영자단체, 정부기관 사이에 존재하는 상호 복합관계로서 집단적 행동, 또는 작업규칙과 노동쟁의 해결을 포함한다. 즉, 노사관계(industrial relations 또는 labor-management relations)란 다양한 생산양식을 가지고 수행되는 산업화과정에 있어 노동력의 채용, 배치, 해고, 임금, 직무 배치 등에 관한 노동자, 경영자 및 정부의 관련기관 사이의 공식적 또는 비공식적 상호관계의 복합체를 말한다. 그러므로 노사관계는 근대산업사회에서 생겨나는 '생산을 둘러싼 사회관계'라고 할 수 있고, 그 주기능은 '생산성과의 배분을 위한 직장의 제규칙을 제정'하는데 있다.[1] 노사관계를 '공업화 무대 위의 특수한 인간관계'라고 보기도 한다. 던롭(J.T.Dunlop)에 의하면 노사관계는 '기술적 특성, 시장 또는 예산제약, 세력관계 또는 권력구조, 문화 내지 이데올로기'와 같은 환경조건의 변화 속에서 상반되는 당사자 사이의 이익을 절충·조정하기 위한 인간관계라고 설명된다.

1) 郎編者, 日本の 勞使關係 システん, 日本勞動協會, P.S.

# 16.1 노사관계의 의의와 형성배경

## 1. 노사관계의 의의

노사관계라는 말은 "노동자와 사용자의 관계"를 줄인 말로서 영어 표기는 노동-경영관계(labor-management relations), 혹은 산업관계(industrial relations)라고도 하며 사용자와 노동자간의 고용관계에서 발생하는 이익갈등을 조정하는 사회제도라는 의미를 지니고 있다.

이러한 노사관계라는 용어는 미국에서 1912-1915년에 "the US. Commission on Industrial Relations"란 말이 처음 사용되었다. 노사관계라는 용어는 노동경제학뿐만 아니라 법학, 사회정책학, 산업사회학, 경영학 등과 맞물려 있기 때문에 어떻게 다른가는 확실치 않다. 하지만 일반적으로 노사관계는 산업활동에서 결합되는 개인 · 집단 및 조직 간에 특히 노동자와 사용자의 사이에서 발생되는 사회관계 일반을 나타낸다. 던롭의 "노사관계체계"의 말을 인용하면 "오늘날까지 노사관계에 대한 연구는 거의 이론적인 내용을 갖추지 못하였다. 초기의 연구나 종종 그 이후의 연구를 보더라도 그것은 대부분 역사적이고 기술적인 것이었다. 몇몇 연구를 보면 특히 공장부서의 임금 또는 그 관련 연구에서는, 인류학과 사회학의 방법을 빌리기도 하였다. 비록 노사관계론이 하나의 학문분야이기를 바라는 독자적인 학회도 있지만, 노사관계론에는 어떤 중심적인 분석내용이 부족하다. 즉 노사관계론이란 몇 개의 학문분야, 즉 역사, 경제학, 정부론, 사회학, 심리학 그리고 법학 등이 만나는 교차로였었다. 노사관계론은 "고립되어 있는 사실들을 연결시키고, 연구의 새로운 형태를 제시하며 조사연구의 기여도를 높이기 위해 이론중심이 되어야 한다"라는 주장도 있다.

이는 즉 복잡한 현상으로 이루어진 노사관계를 노사관계 이론을 통해 체계적으로 설명할 수 있고 노사관계가 앞으로 어떻게 될 것인가를 예측할 수 있어야 한다는 의미이다.

일본에서는 노사관계라는 용어 대신에 노동문제 혹은 노자관계라는 용어가 일반적으로 쓰였으나 이는 사회과학적 개념 또는 행정적인 개념으로 쓰이기도 하였다. 여전히 일부 노동문제를 다루는 전문가들은 '노사관계' 라는 용어 대신에 '노자관계' 라는 용어를 쓰고 있다. 이러한 현상은 일부 전문가 혹은 노동운동가들 사이에 미친 마르크스주의 사상의 영향으로 볼 수 있다. 이 사상의 영향으로 기업에서 경영자 혹은 감독자는 자본의 대리인에 지나지 않는다고 보고 자본의 지배에 완전히 종속되어 있다고 생각한다. 따라서 산업사회에 있어서 인간관계의 기본은 자본가 대 노동자의 적대적 관계인 노자관계라고 보는 것이다. 이에 반해 노사관계라는 개념은 산업활동에 종사하는 사람과 사람의 일반적인 관계 또는 조직체를 결합시키는 일반적인 관계를 기능적인 관점에서 보는 것을 의미하며, 그 중에서 노동조합과 사용자 및 그 단체와의 관계를 가장 중요하게 평가한다. 그리고 이러한 노사관계론은 노동자와 사용자 사이의 지속적 관계와 집단적 교섭과 관련된 사항들을 연구대상으로 하는 학문이다.

## 2. 노사관계의 역사적 형성배경

노사관계의 역사적인 형성배경은 우선 노동자계급의 성숙과 산업민주제도의 발전으로부터 시작한다. 산업혁명 이후 공업화의 진전에 따라 노동자계급은 양적 또는 질적으로 성장하였고 19세기 말 취업인구 중 고용노동자의 수가 점점 증가하였다. 이로 인해 노동자의 생활수준은 향상되고 정치적 · 사회적 지위도 향상되어 노동운동의 힘을 키워왔다. 이러한 노동운동은 노동입법과 사회입법 그리고 사회정책과 공공정책에 영향을 주었고 이는 노사관계에 중요한 역할을 하였다. 노동운동, 특히 노동조합운동은 노동자를 스스로 단결시켜 노동조합을 만들고 사용자나 자본가와 단체교섭을 행함으로써 고용과 노동조건의 개선을 도모해 왔다. 그 결과 각국의 노동입법이나 노동정책도 점차 노동조합을 승인하고 노동조합의 권리를 적극적으로 보장하기에 이르렀다.

콜(G.D.H.Cole)은 노사관계의 역사적 고찰을 통해 자본주의하에서 노사관계의 제 1 유형은 노동자와 사용자 사이의 종속적 관계를 의미하지만 점차 노동자들이 노동조합을 결성함으로써 제 2 유형인 대등관계가 등장하게 되고, 이를 바탕으로 노동시장에서의 완전고용 상태가 출현하면서 노사간의 협력관계가 성립하였다고 말하고 있다.

## 16.2 노사관계의 체계

### 1. 노사관계 제도의 구성요소

노사관계의 주요 구성요소는 다음과 같다. 노사관계는 첫째, 산업노동자와 그 조직으로 구성된다. 노동조합은 정기적 교섭이나 고충처리를 통하여 노동자를 대표하게 되는데 이러한 산업노동자의 조직화는 공업화의 과정에서 발생하였으며 나라마다 그 조직화의 목표는 서로 상이하다. 예를 들면, 미국의 노동조합은 생계문제에, 프랑스의 노동조합은 정치권력에 관심을 두었던 데 비해 아프리카의 노동조합은 독립국가를 달성하는 데 관심을 가져왔다. 한편, 노동자의 조직은 여러 가지 형태를 취하고 있다. 가령, 어떤 조직은 단 하나의 지역이나 기업에 국한되지만 경우에 따라서는 광범위한 지역에 걸쳐 수많은 산업에 조직화되어 있기도 한다. 산업별 조합은 동일 산업 내의 생산노동자와 관리노동자 모두를 그 관할권 내에 포함하고 있다. 그러나 직업별 조합은 관련된 직종의 범위에 한정된다.

노사관계를 구성하고 있는 두 번째의 구성요소는 경영자와 그 조직이다. 공업화는 또한 노동자를 관리하고 기업을 지도하는 경영자를 탄생시켰으며, 기업은 기업의 발전을 계획하고 조정하며 평가하는 전문적인 최고경영자 집단을 보유한다. 이러한 경영자 집단은 중간으로부터 최고경영자 또는 소유주까지를 포함하며 노동자 조직과의 단체교섭을 통해 직장의 규칙을 결정한다.

세 번째 노사관계의 구성요인으로 관련 정부기관을 들 수 있다.[2] 노동시장의 모든 문제나 분규를 다루는 정부기관도 공업화의 진전에 따라 발달하며, 대부분의 경우 정부는 안전규칙, 최저임금법 등 직장의 규제에 영향을 미치며 쟁의의 한계를 규정한다.

## 2. 노사관계를 규제하는 여건

일반적으로 노사관계를 규정하는 여건으로 다음과 같은 몇 가지 특성을 들 수 있다. 첫째, 노동조직 및 경영조직과 관련된 기술적 특성을 들 수 있다. 이는 경영관리의 형태나 노동자조직의 형태, 감독에 관련되는 문제로서, 고용되는 노동력의 특성, 공공적 규제의 필요성 여부 등에 의한 영향을 나타낸다. 예컨대 노동의 형태와 규모, 고용기간, 노동자집단의 안정성, 작업장과 생활공간의 문제, 산업재해의 가능성, 기술수준과 교육, 여성, 청소년 노동자의 고용문제 등을 포함한다.

둘째, 제품시장 및 노동시장의 경쟁압력 또는 예산제약이 노사관계에 영향을 미친다. 즉, 기업의 규모와 제품수요, 고용에 있어서의 계절적 또는 경기적 변동 등의 영향은 간접적으로 작업장의 기술이나 다른 특성에 영향을 미친다. 노사관계 주체의 행동은 직접 또는 간접으로 객관적 환경조건이나 노사관계를 둘러싼 각종 규칙 및 이데올로기에 영향을 받는다. 다시 말하면 노사관계는 경제적 요인, 사회적 요인 및 제도적(정치적) 요인에 의해서 규정된다고 할 수 있다.[3]

셋째, 사회전체의 권력구조 즉, 각 주체의 명성, 사회적 지위 또는 권력자에 대한 접근가능성 등이 하나의 노사관계를 형성하고 또 그 형성을 제약하는 요인으로서 작용한다. 예컨대, 정치권력, 전통적 엘리트 집단, 교회, 정당, 여론 등이 사회 전체적으로 노사관계체계에 영향을

---

2) Dunlop에 의하면 경제적 요인에 해당되는 것에는 기술적 특성과 시장의 형태 또는 예산제약 등이 포함된다.

3) 노사관계를 형성하는 직접적인 당사자는 사용자계층과 노동자계층이다. 정부는 국영기업에서는 사용자이자 비국영기업에서는 당사자라기보다는 '규제자' 또는 '개입자'로 볼 수 있다. 그러나 던롭은 정부를 노사관계의 당사자에 포함시키고 있다.

미치는 것들이다.

끝으로 노사관계를 둘러싼 규정, 즉 각종 규칙을 제정함에 있어 각급 노동자측과 경영측 또한 정부의 세력이 어떻게 상호 작용하고 있는가에 따라 각 주체들의 규칙제정에 참여하는 자유도는 달리 나타나게 되고 최종적으로는 노사관계체계 전반에 영향을 미친다.

## 3. 노사관계의 양면성

경영자는 기업경영의 목표를 성장, 안정, 이익 및 사회적 책임에 두고 그 역할을 수행하며 근로자들도 생산력의 향상, 근로조건의 향상 및 인간(주체)성의 발휘라는 세 가지 목표를 갖고 이를 향상시킬 권리와 책임을 갖고 있다. 이와 같이 노사 양측이 추구하는 목표와 가치관이 상이하므로 상호 교섭하는 과정에서 대립관계와 협조관계라는 양면성을 갖게 된다. 즉, 자본과 노동 등 생산요소의 투입자들 사이에 있어 이윤과 임금의 배분을 둘러싼 대립적 측면과 이윤과 임금의 전체적 몫을 증대시키기 위한 생산과정에서의 협조적 측면이 존재한다.

이것은 "배분에는 대립을," "생산에는 협조를"이라는 단순한 슬로건으로 표현되기도 한다. 또한 노사관계의 이원적 관계라 하여 '경영대 조합관계'는 근로조건의 유지, 개선을 둘러싼 이해대립관계, '경영자 대 종업원 관계'는 기업 내 생산성 증대를 위한 이해협조관계로 표현되기도 한다.

오늘날 노사관계는 그 양면성, 이원성에 따른 제도화가 이루어지고 있다. 노사간의 상호 대립적, 협조적 목적을 단체교섭제도와 경영참가제를 통해 현실적으로 조정, 해결해 나갈 수 있는 것이다.

# 16.3 경영참가와 노사협의제

## 1. 경영참가

광의의 경영참가란 노동자 또는 노동조합이 어떤 형태로든 기업의 경영에 그 의사를 반영시키는 것으로서 이는 제1차 세계대전 이후 유럽을 중심으로 나타난 것이다. 경영참가를 통하여 의사를 개진할 수 있는 것은 주로 임금, 생산성, 복지, 투자, 부가급부, 판매, 공장의 신설, 폐쇄, 노동시간 등의 노동조건, 안정 등이다.

이런 경영참가의 형태로는 첫째, 노사자율결정의 전통이 강한 국가에서 행해지는 것으로 법률에 의한 강제보다 노사간의 단체교섭 결과를 들 수 있다. 둘째, 노사협의회에 의한 참가인데 근로자가 생산성 향상, 교육, 훈련, 보건안전 등에 대해 사용자와 노동자의 대표를 통하여 협의하는 것으로서 단체교섭이 어려워질 때 이러한 협의가 필요하게 된다. 셋째, 노동자 이사, 감사역제에 의한 참가로서 노동자의 경영참가 형태로서는 가장 고도의 것이라 할 수 있다. 독일의 경우 이런 제도가 30년 이상 지속되어 왔으나 실제적인 참가의 효과는 그다지 크지 않다는 지적이 있다.

## 2. 노사협의제

이는 노사의 대표적인 노동문제, 예컨데 단체교섭의 대상이 되지 않는 노동조건이나 생산성향상, 복지, 교육, 훈련. 보건안전, 고충 등에 대하여 각 노사의 대표가 협의하는 제도이다. 노사협의의 성공적 운영여부는 노사간의 세력균형이 잘 이루어진 상태인가, 그리고 기존 노동조합과 마찰을 일으킬 소지가 없는가에 따라서 결정된다. 이러한 노사협의제는 생산성과를 확대시키기 위한 경영참가의 하나이고 참가의 범위, 정도, 수출 및 형태에 따라 다양한 성격을 가진다.

일반적으로 단체협약과 노사협의제의 관계는 다음 유형으로 분류

된다.

① 분리형: 취급사항의 구분에 따라 양제도를 구분하는 형태

② 연결형: 노사협의를 단체교섭의 전단계 또는 예비적 단계로 하는 형태

③ 혼합형: 노사협의회에서 단체교섭사항을 처리하거나 단체교섭의 범위를 확대하여 노사 협의 사항까지 포함시키는 형태

## 16.4 한국의 노사관계

한국의 노동조합 및 노동운동은 자본주의 체제하에서의 노동자가 근대적 산업노동자로 전환하는 과정에서 이루어졌으며 19세기 말의 개항장이나 광산지대에서 형성되어 그 후 운수부문, 제조업부문 등 각 산업부문으로 파급되기에 이르렀다. 일제시대에는 토지조사사업 등에 의해 토지를 약탈당한 농민들이 도시로 몰려 저임금의 노동력을 공급하였는데, 일제의 식민지적 공업화 과정에서 형성된 이러한 산업노동이 노동운동의 주체적 조건이 되고 가혹한 노동조건이 객관적인 조건이 되어 노동운동을 촉진시켜 왔다.

해방 직후에는 저곡가 정책, 미국의 잉여농산물 원조, 과중한 조세부담 등에 힘겨운 농민이 계속 도시로 몰려 도시실업군을 형성하여 왔으나 노동조직은 좌우의 정치적 대립 속에 근로자의 지위향상을 위해 별다른 역할을 수행하지 못하였다.

60년대 이후 정부 주도하에 추진하였던 고도성장공업화 과정에서 도시실업자군과 농촌노동력이 산업노동자군을 형성하였고 이들을 중심으로 계속적인 노동조직화 및 노동운동이 이루어져 왔다. 특히 정부의 노동통제정책과 가부장적 기업경영에 맞서 노동운동은 격화된 양상을 띠어 왔다.

1980년대 후반 이후 정치적 민주화과정을 거치면서 노사관계도 사회적 제도로서 인정받아 제도화되는 단계로 접어들게 된다.

노동조직 및 노동운동 그리고 제도적 법규정 등의 역사적 전개과정을 시대별로 살펴보자.

## 1. 80년대 이전의 노사관계

### (1) 공업화 이전의 노사관계

일제치하의 초기에는 외국상품이 들어오는 부두의 하역장이나 외국자본의 광산지대에서 산발적인 노동운동이 발생하였으나 1920년대에 와서는 조선노동공제회 및 노동대회 그리고 조선노동 총동맹 등을 비롯하여 전국적 규모의 근대적 노동운동이 전개되었다. 일제 말기에는 일제 탄압으로 노동조직은 지하에 잠복하였으며 비합법적 혁명주의적 성격의 적색노조가 이 당시의 노동운동을 주도하였다. 해방이 되자 미군정하에서 지하 노동조직이 표면에 나오고 노동운동자들이 출옥하여 새로운 노동조직이 형성되었는데 대부분 정치투쟁과 연계되어 활동하였다.[4] 당시의 노동운동은 다음과 같은 좌우익조직의 대립기라고 볼 수 있다.

#### 조선노동조합 전국 평의회(전평)

1945년에 결성된 반미 및 민족통일 등을 목표로 내세운 좌익단체로서 산업별 노조를 결성하였으나 대한노총의 공세에 밀려 1947년에 와해되었다.

#### 조선독립촉성 노동 총동맹(대한 노총)

전평타도를 목표로 한 우익단체로서 직장별 노조를 결성하였고 전평 와해로 전국적 체제를 갖추게 되었다. 1948년 정부수립 후의 유일한 합법적 노동조직은 대한독립촉성을 개칭한 대한노동총연맹(대한노총)이었다. 내안노총은 기업별 조직체계를 갖추었으나 새로운 노동운동의 지도방향을 설정하지 못하고 전평 타도에서 맺은 정부와의 밀접한 관계를

4) 미군정기에도 노동보호입법이 있었다. 즉 '일반노동 임금'에 관한 법령 제14호, '최고노동시간'에 관한 법령 제121호, '아동노동법규'에 관한 법령 제112호 등이다. 자세한 내용은 한국법제연구회편, 「미군정법령총람」, 1971년 133페이지 참조.

청산하지 못한 채 정치권력에 휩쓸려 노동운동계의 분열을 초래하였다.

한편, 1953년에는 노동관계법이 제정되어 명목상으로는 노동운동의 법적 보장이 이루어졌다. 즉, 민주적 노동입법의 기초가 되는 노동조합법, 노동쟁의조정법, 노동위원회법, 근로기준법을 내용으로 한 노동4법이 제정되었다. 이러한 노동관계법은 미국의 노동관계제법을 근간으로 제정했던 일본의 관계법을 모방한 것으로 당시 대외적 위신이나 국내의 정치적 요구에 의해 제정된 것이며 현실적 노동관행이나 실태와는 전혀 유리된 이상적인 내용을 포함하였다(예를 들면, 노조자유설립주의, 노조조직유형의 자유선택, 단체행동의 자유행사 등).

### (2) 60-70년대의 노사관계

1960년 4.19 이후 노동운동은 새로운 자세로 정상화를 시도하였으나 곧 이은 5.16의 발발로 자율적 노동운동의 기반구축을 상실하고 만다. 5.16 군사정부는 기존의 노동조합을 해체시키고 '근로자 단체활동에 관한 임시 조치법'을 공포, 정치적 지배를 목적으로 노동조합의 조직형태를 산업별 조합으로 개편하고 각 산업별 노조조직 책임자를 임명하였으며, 뒤이어 한국노동조합총연맹(노총)을 조직한다. 제 3 공화국 성립 후 1963년에 개정된 집단적 노동관계법은 전반적인 단결권의 제약 또는 규제, 단체교섭보다는 협조와 협의를 촉구하는 내용으로 이루어졌다.[5] 5.16 이후 노사관계는 반공과 엄정한 정치적 중립, 재정자립을 기본노선으로 하는 노동조합운동, 경제개발계획의 추진과 쟁의발생을 줄이기 위한 단결권의 제약을 특징으로 하나 4.19의 여파와 공업화의 진전에 따라 노동문제는 심각해지고 노동쟁의도 격화되기에 이른다.

유신정치체제(1972)의 국가안보우선주의와 수출증대 및 외국인 직접투자유치를 위한 유인전략으로 70년대에 있어 노동통제는 한층 강화된다. 1970년 '외국인 투자기업의 노동조합 및 노동쟁의 조직에 관한 임

5) 보위법 이전의 임금결정기구 중 노사협의회에 의한 업체비율은 섬유의 경우 20.0%, 자동차 21.2%, 화학 33.7%, 금속 31.0%로 전체적으로 27.2% 업체가 이 방식을 통해 임금을 결정했다. 자료는 서울대 경제연구소, "한국경제의 정책과제와 제도개선 연구," 1983에서 인용.

시 특별 조치법', '수출자유지역 설치법'의 제정, 1971년 '국가보위에 관한 특별 조치법', 1972년 '유신헌법', 그리고 1973년, 1974년의 노동관계법 개정을 위시한 노동 3 권(특히 단체교섭권 단체행동권)의 제약, 공권력의 개입 등으로 노동조합활동은 제약을 받을 수밖에 없었다.[6] 그리하여 노동분쟁은 극단적 형태로 폭발적·폭력적 성격을 띠었고 아울러 노동운동에 대한 사회적 관심과 참여가 이루어지게 되고 노동운동은 정치지향적 성격을 뚜렷이 하였다.[7]

## 2. 80년대의 노사관계

### (1) 6.29 이전 사회적 갈등기(80년대)의 노사관계

10.26 사태, 12.12 사태, 5.17 광주민주화운동 등 일련의 정치적 격변기를 통해 탄생한 제 5 공화국은 노동조합 간부의 숙청(이른바 정화조치)을 비롯하여 노동조합의 해체, 노동관계법의 개정을 행한다. 80년 노동법의 개정에 의하여 과거의 산업별 노동조합 체제에서 기업별 노동조합 체제로 전환되고 유니온 숍(union shop)제도의 법규정 삭제로 인해 노동조합운동은 계속 규제되었고 전체 조합원 수도 상당히 감소된다. 이 시기는 헌법상의 노동 3 권이 사문화되고 과거의 노동정책이 그대로 답습되어 70년대에 이어 노동운동 노사관계의 암흑시대가 된다. 이에 따라 노동자가 조합을 신뢰하지 않고 노조가 노동자의 요구에 따라 사용자와 교섭을 타결할 능력을 상실한 채 노동운동의 이중구조를 형성하기에 이른다. 특히 노동조합 조직률의 저하, 노동조합의 이용화 내지 종속화에 대한 비난, 노동쟁의의 불법화 폭력화, 학생의 위장취업, 종

6) 이 기간 중 임금교섭이 법적으로 제대로 보장을 받지 못했다는 사실은 80년 노동법 개정에 따라 유신체제나 이 기간 중의 임금교섭채널의 음성화가 표면화되므로 임금분쟁이 급증했다는 것에서 알 수 있다. 즉 1980년 1~4월의 노사발생건수 807건 중에서 637건이 임금분쟁이었다(그 이전은 매년 60여 건이었다).

7) 그 중요한 예를 들면 청계피복노조사건, 동일방직노조사건, 원풍모방노조사건, 콘트롤데이다노조사건, 반도상사노조사건, YH무역사건 등이며 전태일의 분신, 한진노동자사건, 현대조선소노동분규, 사우디현대건설노동자파업 등 폭발적 노동투쟁의 양상을 예로 들 수 있다.

교단체의 노동운동 개입 등의 현상이 나타난다.

### 노동법의 개악과 노사협의제의 강화

1980년대에 들어와서 개정된 노동관계법은 노동조합의 단체교섭기능을 약화시키고 쟁의행위를 극소화시킨 것으로 노사관계의 불안정성을 내포하고 있었다. 그 주요 내용은 기업별 노조체제로의 전환, 노동조합의 설립과 운영에 제 3 자 개입금지, 단체교섭의 위임금지, 노동조합 설립요건의 강화, 노조임원의 자격제한, 단체협약 유효기간의 연장, 유니온 숍(union shop)제의 불인정, 노동조합의 재무사항 공개의무 등 규제적 측면이 강조되었다. 노동쟁의 조종법은 쟁의행위 억제조항의 내용이 더욱 강화되어 국가 중요산업 및 방위산업체의 쟁의를 금지하고 쟁의의 냉각기간을 연장하였다. 이와 아울러 노사협의회법이 노동조합법의 틀로부터 떨어져 나와 독립법률로 제정되어 단체교섭과 노사협의회를 구별하고 있다.[8)]

### 노조활동의 위축과 기업별 노조의 기능 강화

정부의 임금인상억제정책의 지속과 단체교섭 위임승인의 제한 및 기업별 교섭체제의 미확립, 사용자측의 부당노동행위의 증대 등은 노사관계의 불균형을 증대시키고 자율성을 위축시켰다. 결국 노동운동은 단체교섭을 외면당한 상태에서 피상적인 협력분위기에 휩쓸려 제 기능을 발휘하지 못하였다. 유니온 숍 제도가 폐지됨으로써 노조의 단결권은 자연스럽게 약화되었고 노동조합의 재무사항 공개의무 등 규제적 측면이 강조되어 노조활동은 더욱 위축되어 갔다. 노조조직률도 계속 저하

---

8) 노사협의제는 원래 1963년의 노동조합법에 규정된 제도였다. 당시 노동문제를 경쟁적 차원보다는 협력적 차원에서 평화적으로 해결하기 위한 새로운 방안으로 제시되었으나 노동조합법 자체에서 이 제도의 법적 성격을 뚜렷이 밝히지 못하였을 뿐만 아니라 노사 양측의 이해가 서로 달라 실효를 거두지 못하였다. 노조조직과 운영에 대한 제약으로서, 사용자는 단체교섭의 전단계 정도로 이해하였다. 1973년 노동조합법의 개정에서 다시 노사간의 협력과 화합을 위한 경영참가시스템으로 도입되었는데 이는 노사관계의 주요 문제를 단체교섭과 노사협의제라는 양대 메커니즘으로 해결하도록 하기 위한 것이었다. 그런데 1980년에 노사협의회법을 별도로 법률로 새로 제정한 것은 종래의 노동조합법에 의한 노사협의회가 유명무실하였다는 평가에 토대를 두고 이를 명실공히 노사협조의 실질적인 매개체로 활용하자는 의도에서였다.

되어 1987년 6.29선언 전에는 13%까지 내려갔다.

특히 조합원수의 감소로 인한 노동조합의 재정적 지위의 약화, 상하급 노조조직간의 일체성이 줄어들어 상하조직체계의 혼란과 상급단체의 지도통제력의 약화, 그리고 상급단체에 대한 불신감의 증대가 일반화되었다.

기업별 단위노조의 기능과 활동이 강화됨으로써 상부조직에 대한 노선비판이 증가하였으며, 노동조합 연맹체의 기능은 매우 약화되었다. 이는 기업별 조직이 가지고 있는 약점이지만 그 기능이 강화되어 이후에 오히려 노동운동활성화의 싹이 될 수 있었다.

### 노사분규 악화와 대기업에서의 발생

제 5 공화국의 경제 · 정치적 상황으로 노조활동이 상당히 위축되어 조합원수가 1979년보다도 오히려 줄어들었다. 아울러 분규건수도 감소하는 추세를 보였다.[9] 노사분규의 강도는 높았으나 전반적인 발생건수는 줄어들었는데, 이것은 노동조합에 대한 억압에 의한 것으로 다음 시기의 보다 큰 노사분규의 요인들을 누적시키고 있었다.

중소기업의 노사분규가 지배적인 가운데 중소기업부문의 노동운동이 활발해지면서 노사분규가 격화되었다.[10] 그리고 일부 대기업에서 노사분규가 발생하기 시작했고 분규형태는 대형화되기 시작하였으며, 인근지역노조의 동조농성 등으로 연계화되고, 노동문제 차원을 넘어서서 정치성을 띠게 되었다.

### 재야 노동운동과 노동운동의 이원화

노조에 대한 사회적 비난이 위장취업, 기업별 조합의 민주화운동을

9) 1982년 88건, 1983년 113건, 1986년에는 276건이었다.

10) 1985년 4월에 일어난 대우자동차 노사분규는 사회적 충격이 컸고, 노동운동의 새로운 방향전환을 의미하는 것이었다. 즉, 임금에 대한 불만, 노조의 어용성 시비, 위장취업문제, 노무관리의 허점, 근로자의 상대적 빈곤감 등을 원인으로 하여 발생하는데, 그 특징을 요약하면 다음과 같다. ① 중소기업이 아닌 대기업, 그것도 재벌기업의 주력기업에서 일어났고, 파업에 참여한 인원, 규모, 기간에 있어서 사회적 관심을 불러일으켰다. ② 경공업과 전자산업 등이 아닌 중공업, 기간산업 분야에서 남성근로자중심으로 일어났다. ③ 노조조직중심이 아닌 기존노조의 틀을 벗어난 노동운동가에 의해서 일어났다. ④ 공권력의 개입 없이 노사간의 자주적인 해결이 있었다.

야기시켰다. 과거 상부조직의 이상주의적 노선 대신 자연 발생적인 현장근로자중심의 현실주의적인 노동운동의 경향을 나타내기 시작하였다. 그리하여 노동운동은 1980년부터 제도권적 노동운동과 학생 및 지식층 중심의 재야 노동운동으로 이원화되기 시작하였다.[11]

### (2) 사회적 욕구의 분출 시기의 노사관계(6.29선언 이후 80년대)

6.29선언으로 이제까지 정부가 노사관계에 직접 개입하고 간섭하던 정책과 노동운동을 억제하던 정책은 종언을 고하게 되었다. 이 시기에는 노사관계에 있어 노동쟁의의 대량화·과격화, 노동조직의 다원화, 조직률의 증대, 교섭방식의 변화 등 모든 면에서 커다란 변화를 가져오게 되었다.

#### 노동운동의 활성화

노동운동의 활성화와 노조조직의 급격한 확대, 자주적 노동조합조직에 대한 근로자들의 조직욕구가 분출되어 노동조합조직이 급속도로 확산되었다. 그 동안 각종 법률상의 제약이나 사용자의 방해로 억제되어 왔던 노동조합의 설립이 노동조합법의 개정(1987.11.28)으로 폭발적으로 증가하게 되어 노동운동의 고양기를 맞게 되었다.[12] 조직 측면에서 볼 때, 노조조직률이 과거와 달리 대규모 사업장일수록 높았는데 대기업에서 노동조합들이 새로이 결성되고 이들이 노동운동과 쟁의를 주도하였다. 그리고 노동자들의 연대행동과 연대조직화가 이루어져 지역별, 업종별, 그룹별 노동조합조직의 연대가 강화되었다.

---

11) 노동운동의 이념에서 양자는 상당한 편차를 가지고 있었다. 재야 노동운동은 노동조합주의보다는 체제비판적이며 계급투쟁적인 급진성향을 강하게 나타내었다. 이러한 노동운동의 전개는 재야의 급진적 정치투쟁세력의 노동운동참여와 크게 연관되었고 그 영향과 작용을 받은 것이었다.

12) 참고로 6.29선언 이후의 조직현황을 보면 다음과 같다.

| 연 도 | 단위노조수 | 조합원수(천명) | 조직률(%) |
|---|---|---|---|
| 1987.6. | 2,725 | 1,050 | 11.7 |
| 1988.6. | 5,062 | 1,510 | 15.9 |
| 1989.6. | 7,380 | 1,835 | 18.0 |
| 1990.6. | 7,883 | 1,932 | 18.7 |

자료: 한국노동연구원, 「분기별 노동동향분석」.

### 노사분규의 급격한 증가와 전업종으로의 확산

그 동안 활동의 규제를 받아 왔던 기존의 노동조합과 새로 결성된 노동조합에서 모두 노사분규가 폭발적으로 발생하게 되었다. 6.29선언 이후 2개월 동안에 노사분규가 집중적으로 일어나 1987년에는 총 3,748건이 발생하였다. 1988년 이후에도 노사분규의 빈도와 강도가 계속 줄어들어 갔지만 이전의 시대와 비교할 때, 분규건수의 엄청난 증가라는 사상 유례없는 기록을 남기게 되었다. 이들 노사분규에 있어서의 특징은 시위, 농성 및 파업이라는 극한적 대립상태가 주종을 이루었고, 대규모 사업장일수록 분규발생률이 높았으며 분규발생업종도 제조, 운수, 광업에서 전업종으로 확산되었다.

### 민주노조운동세력의 부상

6.29선언 이전에도 재야 또는 노동운동세력이 있지만 이러한 노동운동을 거의 국가안보 및 대공적 차원에서 다루었기 때문에 활동에 많은 제약을 받았었다. 이들 재야 노동운동세력들은 이념적으로 급진적이며 강한 정치적 성향으로 6.29 이후에는 여러 군데의 노사분규에 상당한 영향력을 행사하고 막강한 힘을 발휘하였다. 그 중에서도 당시의 갈등적 상황 속에서 기존의 한국노총과는 운동노선을 달리하는 전국연맹체인 전국노동조합협의회(전노협)가 탄생하여 민주노조의 상징으로 자리잡게 되었다.[13] 그리고 1980년 말에 이르러서는 2,000명 이상의 노조원을 가진 16개의 대형노조가 대기업 연대회의를 분리조직하고, 이어 사무직 노동자들은 업종별 회의를 분리조직하게 됨으로써 민주노조운동은 3분립이 이루어지게 되었다.[14]

---

13) 전노협은 한국노총과는 다른 새로운 이념을 내세우며 조직 당시 530여 개 노조, 18만명의 조합원(울산을 포함하여 22만명)을 가졌으나 동년 5월 KBS투쟁과 현대중공업투쟁을 지원하기 위하여 총파업을 전개함으로써 공권력의 집중적인 타깃이 되면서 세력은 약화되기 시작하였다

14) 1991년말 당시 전노협은 33개 노조에 10만명의 조합원으로 출범 당시에 비해 현저하게 줄어들었고, 대기업 연대회의는 1991년 봄, 포철의 탈퇴를 계기로 사실상 와해된 상태이지만, 업종별 회의의 경우 노조수 589개에 조합원수 17만명으로 안정되어 있었다.

### 집단적 노동관계법의 대폭 개정

6.29선언 이후 본격적인 민주화추진과정에서 1987년 11월 28일에 대폭적인 노동관계법의 개정이 이루어졌다. 이때의 법개정은 그 개정과정에서 여·야 정당의 개정안과 노동계, 경제계의 요구내용 등 각계의 의견을 폭넓게 수용하여 단일안으로 이루어진 것이 하나의 특징이라고 할 수 있다. 노조의 설립요건과 노조형태를 근로자의 자율적 의사에 맡겨 자율성을 확보하고 설립신고절차를 간소화하였다. 당시의 법개정은 대부분 1980년말에 개악된 부분을 그 이전 상태로 원상회복시키는 내용이 많았을 뿐 아니라, 노동조합의 조직과 활동을 대폭 자유화하고 강화해 주는 법개정이었다는 데 의의가 있었다.

## 3. 90년대의 새로운 노사관계 모색

1987년 6.29 이후 급격히 성장하였던 노사관계 및 노동운동은 1989년의 정점기를 거쳐 1990년대 초에 들어 새로운 국면을 맞이하게 된다.

1990년대에 들어 노동조합 수 및 조합원 수, 노동조합 조직률이 감소세로 돌아섰고 노동쟁의 발생 건수도 급격히 감소하였으며, 그간 일정하게 진전을 보여왔던 생산 및 노사관계의 민주화 추세도 정체되거나 오히려 후퇴하기도 하였다.

이러한 양적 지표에서의 쇠퇴와 노동운동의 일정한 고립에 따른 '위기'는 다른 한편으로 그 때까지의 노동운동에 대한 반성을 토대로 새로운 대안적 모색을 하게 하였으며, 노동운동 내부에서도 조직적인 분화 등 상당한 변화를 야기하였기 때문이다. 이는 1989년 이후 노동운동 조직에서의 분화와 정비, 이념 및 활동에서의 수렴화 경향, 노동운동의 전문성 강화 등으로 정리할 수 있을 것 같다. 이러한 노사관계 및 노동운동에서의 특징은 노사관계개혁위원회의 활동이나 1996년말~97년초의 노동법 개정 총파업과정에서 잘 나타난다.

### 노조조직률의 저하와 한국노총의 위상약화

1987년 6.29선언 이후부터 대립 투쟁적이던 노사관계가 1990년대에 들어서면서 세계화 · 개방화 추세에 밀려 노조의 위상이 세계적으로 현저하게 약화되기 시작하였다. 이러한 영향 속에서 노동조합 및 조합원이 계속 감소하여 노조조직률이 갈수록 떨어지게 되었다.[15] 그리고 1993년 이후에는 한국노총을 탈퇴하는 노조가 급등하였는데 이들은 1995년 11월에 출범한 민주노총에 가입하였다.[16] 그리고 기업별 단위노조의 기능은 강화되는 경향을 보였다.

1988년 이후 급속히 확산되면서 연대를 도모해 왔던 재야 노동세력은 민주노총을 결성하여 노동운동의 주체를 개편하려는 시도를 했다. 1995년 11월 11일에 창립한 재야 노동계의 결집체라 할 수 있는 민주노동조합총연맹(민주노총)이 법외단체라는 정부의 규정에도 불구하고 출범을 하여 노사개혁을 추진하고 있는 정부의 입장과 맞물려 노사관계의 새로운 상황변화가 예고되었다.

### 노사분규의 감소와 공기업 노사분규의 증가

1990년대 전반기의 경제적 개방의 여파로 경제여건 악화에 대한 노사간의 공감대가 형성되면서 전반적으로 안정된 분위기가 지속되었다.[17]

금융 및 기타 서비스 업종이 크게 성장함에 따라 금융, 연구기관, 경제단체 등의 사무직 위주의 노동운동도 크게 성장하였고, 중소기업의 노사분규가 지배적인 상황 아래에서도 사회적인 영향력이 큰 대기업과 공기업의 노사분규가 계속해서 발생하기 시작하였다. 이때의 노사분규는 대형화, 연계화, 정치화되는 특징이 있었다.[18]

---

15) 노조의 조직화가 가능한 대기업 등의 조직완료 및 과도기에 조직한 노동조합에서 조합원의 이탈현상이 수된 원인으로 파악되고 있다.

16) 1993년 이후 한국노총을 탈퇴한 노동조합에는 현대, 대우 등 그룹계열사 노조뿐만 아니라 한국통신 등 노조원수가 많은 공공기업노조가 포함되었다.

17) 노사분규건수는 1991년도에 234건, 1992년도에 235건, 1993년도에 144건으로 안정된 모습을 보여주고 있다. 1993년도에는 1987년 이후 해마다 악성분규가 되풀이되었던 마산 · 창원 지역의 주요 분규다발업체에서도 단 하루의 분규도 없이 임금과 단체교섭이 마무리된 것은 이러한 안정화추세를 반영한 것이었다(노동부, 노동경제백서 '94).

18) 한국통신과 서울지하철, 현대자동차 등 사회와 경제에 대한 영향력이 큰 일부 대기

또한 비제도권 노동단체의 불법파업 등 과격분규에 대한 조합원들의 호응도가 낮아지고, 국민여론도 안정을 선호하는 가운데, 준법질서 확립을 위한 정부의 확고한 의지 등으로 법외노동단체는 활동기반이 약화되고 조직세가 현저하게 위축되었다.

#### 합리적 노사교섭관행과 노사협력분위기 확산

점차로 노사관계의 합리적 기틀을 다지면서 노동권과 경영권이 상호존중하는 분위기가 형성되었으며, 노사간 대립과 갈등보다는 대화와 타협으로 이해문제를 해결하려는 노력이 확산되고 불법적이고 과격한 분규에 대해서는 더 이상 여론이 호응해 주지 않음으로써 법의 테두리를 벗어나지 않으려는 노력이 확산되었다. 과거와 같이 불법 또는 과격분규에 대해 조합원들의 참여와 호응이 현저히 낮아지고 있음은 이를 반증해 주고 있다.

그리하여 정부는 노사관계가 안정적 조정국면으로 진입함에 따라 사회적 합의 형성기반조성, 노동관계법의 개정추진 및 총액기준 임금제 실시 등 합리적 노사관계를 정착시키기 위한 종합대책을 수립하여 추진하였다. 특히 총액기준임금제는 그 동안 누적되어 왔던 임금문제를 근원적으로 개선하여 치열한 국제경쟁에 대응하고, 저임금 부분을 중점적으로 보호 육성하기 위한 시책이었다.

1990년대의 노사관계의 안정적인 기조가 노사협력 분위기로 확산되기 시작하여 협조적 안정적 노사관계를 위한 구체적인 실천 프로그램들이 가시화되었다.[19]

#### 정부의 새로운 노동정책의 추진

정부는 그 동안 노사분규, 임금교섭 지도 등에 주력하는 과정에서

---

업과 공기업의 노사분규는 한때 사회적 파문을 크게 일으키기는 하였지만, 이에도 불구하고 1990년대의 전반적인 노사관계는 안정적이라고 할 수 있다.

19) 동국제강의 무쟁의선언(1994. 2.15.)을 시발점으로 동국제강은 1995년 국내 최초로 무교섭 임금타결을 하였고, 이어서 '95 산업평화정착을 위한 노총과 경총의 공동선언(1995. 3.30.)과 함께 1995년에는 고려제강의 노사협력선언을 필두로 노사협력선언이 전국적으로 확산되어 2,000개 사 이상이 이에 참여하였다.

상대적으로 소홀하였던 인력양성문제나 고용정책 등에도 적극적인 대응을 해 나가고자 노력하였다. 이러한 기조 아래서 정부의 직접적인 개입을 자제하고 노사간에 발생하는 문제는 노사가 스스로 공동책임의식을 가지고 자율적으로 해결하도록 하는 '노사자율 자치주의'의 원칙을 견지하였다. 정부는 이 과정에서 공정하고 중립적인 조정자로서의 역할을 다하는 데 노력하였다.

문민정부에서는 신경제 5개년계획(1993~97) 중 1994년을 노사관계 재정립을 위한 노사안정의 해로 정하여 산업평화를 확고히 정착시키고 노사가 국제경쟁에 효율적으로 대처할 수 있도록 노동관련제도를 선진화시켜 나가도록 하였다.

## 4. IMF경제위기 이후의 노사관계

1997년말에 닥친 외환위기의 충격은 그 이후의 노사관계와 노동운동에 직접적인 영향을 미친다. 경제성장률 −5.8%라는 최악의 경제상황 속에서 기업의 대대적인 구조조정 등에 따라 근로자들의 고용불안은 최악의 상태에 놓이게 되었다. 실업자가 IMF자금지원 직전인 1997년 10월 이후 불과 1년여 사이에 120여 만명이 증가하여 1998년 2월에는 180만명에 근접하기도 하였으며, IMF 이전 10여 년 이상 지속되어 온 구인난 시대가 하루아침에 구직난 시대로 바뀌게 되었다.

### 양보교섭의 일반화

이러한 상황하에서 고용조정을 둘러싼 노사간의 갈등이 증폭되어 노동쟁의로 표출되는 경우가 많아 쟁의 발생건수는 이전 3년 여간에 비하여 증가하였지만 노동조합과 근로자의 교섭력은 악화될 수밖에 없었고 고용안정을 확보하기 위한 양보교섭이 불가피하였다. 단적인 예는 임금교섭에서 나타나는데, 1998년 연말에 집계된 근로자 100인 이상 사업장의 협약임금 인상률은 −2.7%로 나타났다. 이는 전년 동기의 4.3%에 비해서 무려 7.0%나 낮은 것으로 1980년 임금교섭현황 조사개시 이후 가장 낮은 인상률이었다.

이러한 외환위기 이후의 노사관계의 변화는 그 이후 지속되게 되는데, 지식정보화사회라는 새로운 사회경제환경과 맞물리면서 노사관계에서도 새로운 패러다임이 요구되고 있다.

### 인력관리방식의 변화

97년 IMF경제위기 이후에 노사관계는 전통적인 경제 및 경영의 기본규칙이 새롭게 바뀌게 되었다는 특징을 갖는다. 경제위기가 발생한지 만 3년이 지난 시점에서 매우 중요한 과제는 경제위기가 우리나라 기업의 인적자원관리 및 노사관계에 어떠한 영향을 미쳤는가인데, 특히 조직관리구조와 보상관리, 평가제도에 있어서의 변화가 가장 두드러지게 나타나고 있다. 인력관리 방식에 있어 가장 큰 변화는 유연화로 요약될 수 있다. 보상관리에 있어서의 가장 큰 변화는 성과주의 보상의 확산이다. 조직구조에 있어서 두드러진 변화는 조직의 수평화이다. 경제위기 이후 인적자원관리 방식과 제도상의 변화들은 일시적이거나 점진적인 개선이라기보다는 새로운 차원으로의 변화 내지는 혁신의 성격을 가지고 있다. 이러한 이유로 인하여 노사관계에서는 경제위기 이후 임금양보와 고용조정이 광범위하게 일어났고, 임금조정이나 고용감축이 모두 실시된 당해 연도에는 생산성이 저하되고 있지만, 생산성이 향상되고 있는 것으로 나타난다. 이상의 결과는 기업의 경영성과 향상 측면에서 고용감축이 임금조정보다 선택하기 용이한 방안이지만, 노동조합의 입장에서는 고용감축이 임금조정보다 근로자들을 개별화시키면서 노동조합의 힘을 약화시키는 결과를 가져왔다.

### 노사정위원회의 역할

1987년 이후 독립노조의 폭발적 등장을 계기로 이전의 노사관계 모델은 변화하기 시작하였다. 여전히 기업수준의 노사관계는 대립적인 성격이 강하지만, 산업(업종)과 지역수준에서 교섭과 사회적 협의가 시도되면서 기업의 틀을 넘은 기제를 통해 노사의 이해가 조정되기 시작하였다. 국가수준에서는 사회적 협의가 제도화되면서 정부의 공공정책결정권한이 노사에게 공유되었고, 노사단체는 로비의 방식이 아니라 정책결정과정에 참여하면서 노사관계제도 개선을 뛰어넘는 현안에 대해 노동자계층과 사용자계층 전체의 이해를 본격적으로 대변하게 되었다.

이러한 변화는 1997년 경제위기와 국민의 정부 등장 이후 보다 두드러지게 되었고, 이러한 흐름속에서 만들어진 것이 '노사정위원회'이다. 1998년 1월 15일 출범한 노사정위원회는 노사정위원회 위원장, 한국노총과 민노총의 대표, 경총과 전경련의 대표, 정부를 대표하는 2인(재경부장관, 노동부장관), 그리고 4명의 정당대표로 구성되었다. 각각 집단 이외의 실질적 대표자를 확보하였고, 위원회에서 도출된 협정을 유지하고 실제 정책으로 전환할 수 있는 능력을 지니고 있는 정부대표가 참가하고 있었으며, 정당대표가 참여함으로써 합의사항을 법제화할 수 있는 잠재력이 높았다. 즉, 노사정위원회는 대표성, 집행력, 제도화 능력이 강화된 새로운 3자 협의기구였다.

### 친노동자 정당의 탄생

참여정부가 출범한 이래 한국의 노사관계는 많은 변화를 겪고 있다. 먼저 4·15 총선으로 친노동자 정당인 민노당이 장내 진입에 성공하였다. 민노총이 30%의 지분을 갖고 있는 민노당이 제3당으로 당당히 원내에 진출함으로써 계급갈등의 문제를 제도권 내(장내)에서 해결하는 실마리가 열리게 되었다.

### 노사갈등의 재연

IMF 위기 이후 노동시장의 유연화가 진행되면서 적대적 노사관계가 심화되고 있다. IMD의 한국의 노사관계 경쟁력은 2000년에 47개국 중 44위, 2001년에 49개국 46위, 그리고 2002년에는 49개국 중 47위로 최하위에 머물고 있고, 노사분규일수는 49개국 중 38위를 기록함으로써 노사관계가 적대적(hostile)이라는 것을 여실히 보여주고 있다. 노동시장의 유연화가 적대적 노사관계를 심화시켰다. 현재 기업별 노조체제하에서 정규직과 비정규직, 대기업과 중소기업 간의 임금격차가 확대되어 높은 임금유연성을 보여주고 있고, 고용의 유연성은 영국 수준에 달할

**표 16-1 한국 노사관계의 변천과정**

| 시대구분 | 연 대 | 주요사건 | 특 징 |
|---|---|---|---|
| 일제하 | 1920<br>1922<br>1924<br>1927<br>1930 이후 | 조선노동공제회 설립<br>조선노동연맹회 조직<br>조선노동총동맹 결성<br>조선노동총동맹, 농민총연맹 분리<br>노동조합 지하 잠복 | • 타율적 발전과정 : 외부적 정치환경조건(3.1운동, 전평과의 이데올로기 대립, 정부수립, 노동입법)에 의해 노동운동이념, 전략이 규정됨<br>• 민주주의 전통 없음 : 하향적 조직과 지식인 주도의 이념운동<br>• 단일조직체계 : 반공, 노사 협조<br>• 노동조건은 단체협약보다 취업규칙으로 결정<br>• 조합주의, 경제주의를 이념으로 하지만 경제적교섭 노동복지 무관심 |
| 미군정기 | 45. 9.11<br>45.10.31<br>45.11.15<br>48. 3.10<br>48. 9.23<br>49. 3. | 미군정실시<br>노조활동허용(구정법령19호)<br>조선노동조합전국평의회(전평)<br>대한독립촉성노동총연맹(대한노총)<br>전평 철도종업원 총파업<br>전평 제 2 차 총파업<br>전평불법화(남로당) | |
| 제 1 공화국 | 48. 6.<br>49<br>49.11.28<br><br>53. 1.23<br>54. 4. 1<br>55<br>59.10.26 | 대한노총연맹으로 개칭<br>전평완전해체<br>대한노총ICFTU(국제자유노련) 창립총회 참가<br>노동관계법 제정(노동 4법)<br>노동조합중앙연뱅체 결성<br>대한노총 자유당의 하부기관화<br>전국노동조합협의회(전국노협) | |
| 4.19혁명<br>제 2 공화국 | 60. 5.22<br>60.11.25 | 한국교원노조연합회<br>한국노동조합총연합회(한국노련) | • 노동운동조직의 이중구조 : 정치정부의존적 산별 전국연맹체와 일선노동자의대립<br>• 기업우선적 노사관계정책 : 체불임금, 부당노동행위증대<br>• 노사협의회를 통한 산업 평화유지<br>• 단결권의 제약 |
| 제 3 공화국 | 61.<br>61. 5.19<br>61. 5.22<br><br>61. 8. 3<br><br>61. 8.20<br><br>61. 8.30<br>63. 4.17 | 근로기준법 개정<br>노동쟁의 금지(공고 제 6 호)<br>노동단체 해산(최고회의 포고령 제 6 호)<br>단결권보장(사회단체등록에 관한 법률중 개정 법률)<br>노조활동재개(근로자의 단체활동에 관한 임시조치법 72호)<br>한국노동조합총연맹(한국노총)<br>노동관계법 개정 | |
| 제 4 공화국 | 70. 1.<br><br>70.11.30 | 외국인투자기업의 노동조합 및 노동쟁의조정에 관한 임시법특례법<br>전태일사건(형제피복노조) | • 기업별 혼합조합<br>• 단체교섭의 형태화<br>• 노사협의회를 통한 협조정책한계 |

| 시대구분 | 연 대 | 주요사건 | 특 징 |
|---|---|---|---|
| 제 4 공화국 | 71.12.27<br>72.10.<br>73.<br>74.<br>78.<br>79. 8<br>79.10.26 | 국가보위에 관한특별조치법<br>10월 유신<br>노동관계법 개정<br>현대조선소 사건<br>현대건설 사우디 사건<br>YH사건<br>박대통령사망 | • 정부의존, 어용노조화, 분쟁의 표면화(한국모방, 삼립식품사건)<br>• 노동운동에 관한 사회적관심: 도산, 신구교노동문제 공동협의회 |
| 제 5 공화국 | 80. 4.20<br>80. 8.20<br>80. 9.20<br>80.12.30<br>81.<br>81.12.17<br>84. 3.10<br>87. 6.29 | 사북사태(동원탄광)<br>제 1 차 정화조치<br>제 2 차 정화조치<br>노동법 개정, 노사관계법 제정<br>노동부출범<br>국가보위에 관한 특별조치법 폐지<br>한국노동자복지협의회(노협)<br>6.29선언 | • 조직률하락, 임금상승억제, 소득분배불균형, 노사간불신<br>• 노동운동에 대한 사회적개입(종교단체개입, 학생위장취업)<br>• 노조어용화, 종속화에 대한 비판<br>• 노동쟁의의 분출 |
| 제 6 공화국 | 87.<br>88.<br>88. 4. | 남녀고용평등법 제정<br>최저 임금법 제정<br>노사관계법 대폭 개정 | • 쟁의의 대량화, 과격화(산업민주주의 요구, 정치적 조합주의 성향)<br>• 노동운동체질전환의 계기(조직증대, 다원화, 교섭방식 변화)<br>• 노조분쟁(어용노조배격)<br>임금결정기준변화(생산성임금제를 벗어나 최저생활비 요구) |
| 문민정부 | 97. 3. | 노동조합 및 노동관계 조정법 제정<br>근로자참여 및 협력증진에 관한 법률 제정<br>근로기준법 개정 | • 전노협 등 재야노동단체 활동강화<br>• 민주노총의 결성(1995. 11)<br>• 노사관계개혁위원회 발족과 노동법 개정 |
| 국민의 정부 | 98. 1. 15.<br>98. 2. 6. | 노사정위원회 출범<br>2·6사회 협약 | • 독립노조의 강화<br>• 노사정위원회를 통한 노사관계의 민주화 및 분권화<br>• 기업 및 금융의 구조조정<br>• 정리해고제 및 파견근로제 도입 |
| 참여정부 | 03. 8. | 근로기준법 개정 | • IT혁명과 고용없는 성장(비정규직의 과도한 양산)<br>• 노동시장의 유연화가 진행되면서 적대적 노사관계 심화<br>• 주 5일 근무제의 단계적 시행 |

정도로 높다. 비정규직의 확대에는 대기업 노조의 집단 이기주의가 한몫을 하고 있다. 협상력이 강한 대기업 노조는 고용보장과 임금인상을 동시에 추진함으로써 기업은 비정규직 고용확대나 해외 이전으로 대응하고 있어 노사갈등이 재연되고 있고, 기업은 설비투자를 감소시키면서 경기침체와 고용불안을 가속화시키고 있다.

Labor box

### 유한킴벌리의 협력적 노사관계

유한킴벌리는 안정적이고 협력적인 노사관계를 바탕으로 한 학습·혁신체제의 성공적 사례로 평가되고 있다. 협력적인 노사관계는 학습·혁신체제의 직접적인 성공요인은 아니지만 작업조직이나 교육훈련을 지탱해 주는 버팀목 역할을 할 수 있다는 점에서 중요하다. 또한 학습·혁신체제가 우수하다 할지라도 노동조합의 반대가 있는 한 기업 내에 도입되기가 현실적으로 불가능하다는 점도 간과할 수 없을 것이다.

유한킴벌리의 노사관계가 대립에서 협력으로 전환하게 된 결정적인 계기는

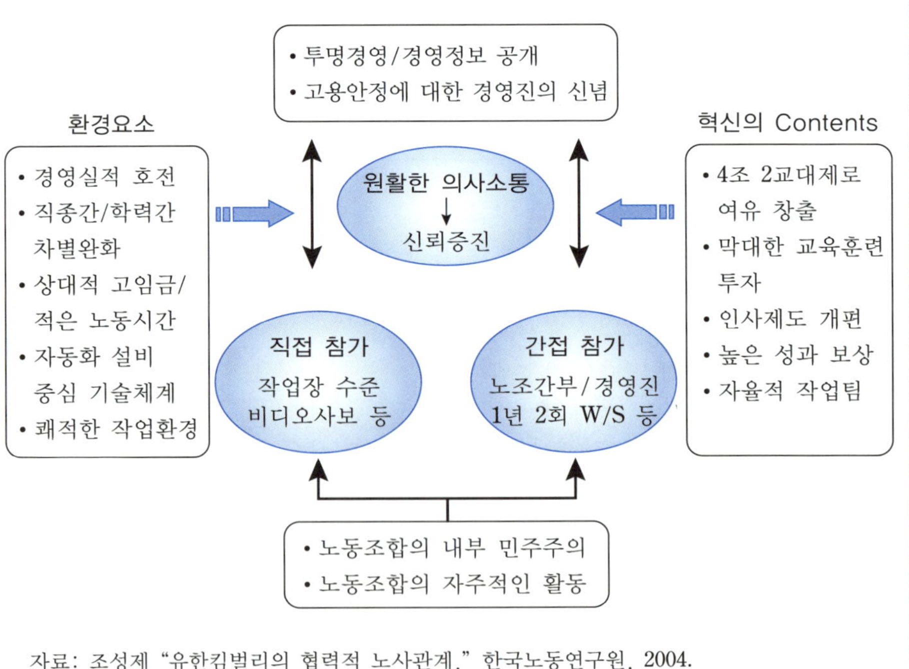


자료: 조성재 "유한킴벌리의 협력적 노사관계," 한국노동연구원, 2004.

외환위기를 맞이하면서 회사가 고용안정적 경영형태로 대처하는 과정에서 찾을 수 있을 것이다. 외환위기를 맞이하면서 회사는 급격한 판매의 감소를 겪게 되고 이에 회사는 "사람을 자르는 대신에 기계를 잘랐다"라고 표현되듯이 일부 라인을 축소하는 대신에 시장성이 있는 기계의 가동률을 높였으며, 여기에 4조 2교대제를 도입하였다. 또 최근에는 다른 회사들이 물류를 외주화(Outsourcing)하는 경향이 확산되고 성남 물류센터 등에서 일부 관리자가 이러한 경향을 언급하여 근로자들이 불안해하자 사장이 직접 나서서 "만일 물류부분에서 일자리를 없애게 되면 그 관리자부터 해고할 것이다"라고 오해를 적극적으로 해소하고 근로자들의 불안을 해소시켰다. 이는 정리해고를 둘러싼 노사갈등을 회피한 소극적 전략이 아니라 '내 회사' 의식을 더욱 강화한 노사 신뢰의 선순환 구조를 적극적으로 구축하여 인간중심의 경영철학을 내세워 경기불황에서 그 진가를 발휘하였다고 볼 수 있다.

유한킴벌리에서 가장 중요한 점은 고용안정에 신뢰받을 자격이 있는(trust-worthy) 사용자의 등장이였다. 전임 사장의 '한국적 비즈니스 관행'에 따라 구설수에 항상 휘말렸던 것에 비하면 문국현 사장의 경우 윤리경영과 투명경영을 몸소 실천하면서 이것이 회사전체의 비전과 가치관을 제시하여 공유하는 리더십과 결부되어 신뢰받을 자격을 갖춘(trust-worthy)것이라고 할 수 있다. 즉 최고경영자를 중심으로 회사가 먼저 변화한 것이 노사협력의 기초가 되었다.

## 16.5 세계 각국의 노사관계

던롭은 "노사관계제도는 경제제도 및 정치제도와 상호관계를 형성하고 있다. 정치제도 분석에 정치학, 경제제도 분석에 경제학이 있으나 노사관계제도 분석을 행하는 독자적인 학문영역으로서 노사관계론이 존재하지 않고 있다"라고 하였다. 또 던롭은 노사관계론을 기업(작업장)차원, 산업차원 그리고 전국차원에서 노사관계의 규칙을 분석적으로 연구하는 학문영역으로 규정하였다.

특히 던롭은 기술적 여건, 경제적 여건, 관련 당사자간의 권력배분

상태, 이데올로기가 노사정 행위주체의 전략과 선택을 결정하고 여타의 여건들이 규칙결정에 영향을 미친다는 것을 보여주었다. 이러한 던롭의 모형은 노사관계론에서 독립변수와 종속변수간의 인과관계를 설정한 데 의의가 있다. 하지만 독립변수가 어떠한 방식으로 종속변수에 영향을 미치는지 혹은 독립변수의 변화가 있을 때 종속변수는 어느 정도 변화하는지에 관해서는 이론적인 틀을 제시하지 못하였다는 결점이 있다.

한편 '코건 · 캐츠 · 맥커시 모형'은 기업차원의 노사관계론에서는 생산 측면과 분배 측면을 동시에 파악해야 한다고 하였다. 또 기업차원에서 노·사·정 행위 당사자의 전략과 선택은 최고경영 결정수준, 중간 단체교섭 및 인사노무관리수준, 그리고 하위의 작업장수준이라는 3단계의 수준에 따라 다를 수 있다고 하였다. 여기서 삼수준에서의 노사관계 활동은 독립적인 것이 아니라 서로 영향을 주고 받는 상호작용의 관계에 있다고 한다.

3단계의 수준에서의 노사관계 파악방법은 생산단계에서 노사가 상호 협력하고 근로자의 능력개발 및 근로자 참여에 의해 부가가치의 생산성을 높이는 참여 · 협력적 노사관계 분석이 노사관계론의 영역에 들어 왔다는 점에서 의의가 있다. 특히 인적자원개발과 관련된 기업의 교육 · 훈련제도, 급여 · 승진 등 보상체계, 작업조직설계에 있어서 노동조합의 역할 등에 대한 분석이 노사관계분석의 주된 영역이 되고 있다. 코건 · 캐츠 · 맥커시 모형에 의해 최근 지식경제로의 이행과 더불어 노사관계의 구조적 변화를 보다 포괄적으로 분석하는 것이 가능하게 되었다.

## 1. 독일의 노사관계

### (1) 노사관계주체의 성격

노동조합은 독일의 온정주의적 전통을 따라 '수직으로 결합된 직장공동체'의 개념으로 성장해 왔다. 독일에서의 본격적인 노동조합운동은 1848년의 혁명으로부터 시작되었다. 처음에는 '이데올로기'적인 연대감을 가진 직업조직으로부터 성립되었다.

현재 독일에는 독일노동총연맹(Deutscher Gewerkschaftsbund: DGB)과 독일공무원총연맹(Deutscher Beamtenbund: DBB), 독일직원조합(Deutscher Angestelltengewerkshaft: DAG), 독일기독교노동총동맹(Christlicher Gewerkschaftsbund: CGB) 등이 있다. 여기서 CGB를 제외하면 독일의 노동조합은 '이데올로기' 적으로 다원주의적 경향을 보이고 있다. 이는 독일의 노동조합이 파벌간에 내부적 경쟁이 존재하고 있다는 것을 의미하기도 한다. 특히 독일의 노동조합 중에서 사회민주주의 노선을 가진 집단이 가장 큰 영향력을 가지고 있다. 그리고 독일 노동조합의 내부구조는 직접 조합원이 참가하는 대표제 민주주의의 특징을 가지고 있다. 독일의 노동조합 정책은 지역적·산업적인 단체교섭을 하고 있고 노동조합은 광범위한 사회문제를 포함하는 정책을 제안하고 있다. 또한 독일의 노사관계는 다른 나라와는 다르게 법률지향적이고 전문가의 참가가 활발하다. 또 정부의 간섭이 없고 정치적인 성향을 띠고 있다는 점도 특징이다. 이러한 독일의 노동조합의 활동은 일반적인 노동조건의 범위를 초월한 광범위한 것이며 그럼에도 불구하고 노동조합의 사회정책이나 경제정책에 대한 정책적 기조는 매우 협조적이다.

사용자단체의 경우에는 다른 나라와는 다르게 이중적인 구조를 가지고 있다. 기업은 기업을 경영하고 장기적인 정책을 기획하는 경영위원회(Vorstand) 대신, 보다 중요하고 큰 의사결정을 하고 경영실적을 조정하는 보다 높은 관리조직(Aufsichsrat)에 의해 행해지고 있다. 독일의 사용자 단체는 19세기 후반의 노동조합의 성장에 대항하기 위한 방어적인 목적에서 설립되었다.

특히 독일경영자단체연맹(Bundesvereinigung Deutscher Arbeitgeb-erverbande; BDA)에는 독일 내 모두 기업의 약 80%가 포함되고, 46개의 전국 레벨의 동맹과 12개의 지방 레벨의 동맹을 대표하고 있다. BDA도 DGB와 마찬가지로 직접적으로는 단체교섭에 참가하지 않지만 산하조직에 단체교섭과 관련된 여러 가지의 정보를 제공한다. 그런데 BDA도 다른 나라의 경우와 마찬가지로 '이데올로기' 적으로는 보수적이며 정부에 대해서는 사용자의 대표로서 행동한다.

정부의 역할은 독일 노동법이 광범위하게 유지되고 있었기 때문에 일반적으로 성문법에 의해 규정된 대로 정책을 수행하는 것이다. 예를 들면 노동기준 · 노동시간 · 질병수당 등 권리설정에 대해서는 포괄적인 법규인 안전위생법이 존재하고 있다. 독일은 1880년대에 처음으로 사회보험이 도입된 이래 포괄적인 사회보장 시스템이 발전해 왔고 이는 노동시장 정책의 전반을 담당해 왔다.

### (2) 단체교섭의 특징

독일의 단체교섭은 노사 당사자간의 자발적인 조정 시스템을 가지고 있기 때문에 단체교섭에 대해 독일 정부가 관여하는 일은 드물다. 독일 단체교섭은 일반적으로 2중구조로 되어 있기 때문에 우선 직장 및 공장에서 노동조합과 사용자간의 직접적인 교섭은 존재하지 않고 경영협의회 및 사용자가 법에 입각한 교섭을 행한다. 단, 산업 및 지역에서는 노동조합과 사용자단체가 직접 교섭을 행한다는 점에서 다르다. 단체교섭과정에서 요구사항은 공장에서 조합원과 위원 사이에 논의되고 그 다음에 조합의 위원회에 대한 불평의 형식과 범위에 관하여 권고를 행하는 교섭위원회에 의해 심사를 받는다. 또 교섭위원회가 설치되고 교섭은 현행 단체협약 종료일의 2주 전에 시작된다. 그리고 협약실효일 후 4주 동안 평화의무가 있고 그 기간에 노동자는 파업이나 쟁위행위를 할 수 없다. 새로운 단체협약이 결정될 것인가 아닌가에 관한 합의에 실패한 경우 당사자 일방 또는 쌍방이 교섭의 결렬을 선언하고 그 후 조합교섭위원회가 파업의 여부에 관한 투표를 제안하게 된다. 이러한 과정을 통해 노사간의 합의에 실패한 경우 노사 당사자가 2일 이내에 조정위원회에 소송을 청구하면 조정위원회는 3일 이내에 조정위원회를 개최하고 5일 이내에 조정을 제안해야 한다. 이 경우 쟁의중인 당사자는 6일 이후에 조정위원회의 조정안을 수락 · 거부할 것인가를 결정해야 한다.

독일의 노사관계 특징은 자율적인 단체교섭과 교섭의 이중구조라고 할 수 있는데, 교섭의 이중구조에 대해 켈러(Keller) 교수는 독일의 경우 교섭의 분권화가 진전되고 있는데 단체교섭의 분열이 아니라 단체교섭시 개별기업의 특성을 감안한 탄력적 교섭이라는 점을 지적하였다. 또 켈러(Keller) 교수는 독일 노사관계의 특징으로 근로시간의 단축과 교섭구조 혹은 노동시장의 탄력성간의 교환작용이 발생한다는 점, 즉 근로자는 근로시간의 단축을 통하여 근로조건의 개선을 하는 특징을 나타내고 사측은 단체협약인 공장협약 · 평의회협약을 이용하여 교섭구조의 분권화를 촉진하는 방법을 사용한다는 점을 들었다.

### (3) 공동결정관행

독일에는 독일 특유의 공동결정이라는 광범위한 합의관행이 있다. 공동결정은 1916년 독일의 중요산업에 최초로 도입된 이래 1920년에는 경영협의회법에 의해 의무화되었다. 1915년의 공동결정법은 석탄 및 철강산업에서 감사위원회 내의 전원일치의 공동결정을 확립시키고 이사회의 일원으로서 노동자대표를 포함시켰다. 1974년에는 직원대표법에 공동서비스 및 공영기업에 있어서의 직원협의회의 선거제도를 도입하였다. 그리고 경영협의회는 노동환경 등의 변경에 대한 공동결정뿐 아니라 직업훈련과정에 대한 공동결정도 행할 수 있다. 따라서 기업에서 주요한 경영상의 변경이 요구되는 사유가 발생한 경우 경영협의회는 사용자와 함께 변경사유에 대한 공동결정을 행하며, 노동자에게 경제적인 불이익이 발생한 경우에도 동시에 적절한 보상협정에 관한 합의를 유도하기도 하여 독일 노사관계에 있어서 협조적인 노사관계를 정착하는 데 기여하였다. 이와 같이 독일의 노동조합은 공동결정의 관행하에서 그들의 요구사항뿐만 아니라 다양한 문제에 대하여 사용자와 단체교섭을 행하며 발전해 왔는데, 이것이 독일 노사관계의 고유한 특성이라고 할 수 있다.

**Labor box**

**강력한 노조는 국가의 경쟁력을 떨어뜨린다**

독일의 경우에는 1926년부터 4.3%의 꾸준한 성장률을 보이다가 51-60년 사이에 평균 7.9%라는 고성장을 하였고 70년대까지 꾸준히 4%이상의 비교적 고성장을 하였다. 특히 1961년부터 70년까지는 실업률이 1%도 안 되는 '라인강의 기적'을 노래하는 시절이었다. 이러한 라인강의 기적을 창출한 독일의 교과서들이 한결같이 강조하는 것은 독일경제는 시장에서 자유롭게 결정되는 가격제도에 바탕을 둔 경제라는 사실이다. 하지만 독일의 자유롭게 결정되는 가격제도, 특히 임금제도는 1970년에 중단되고 말았다. 흔히 애기하는 '독일병'은 1970년대부터 시작하여 1980년대 동유럽 사회주의 몰락을 계기로 독일식 자본주의가 싹틀 무렵부터 만연되기 시작하였다. '독일병'은 강력한 노조파워, 노동자경영참가제도 등 노동시장의 경직화 문제들이라는 가장 심각한 문제를 낳았다.

독일의 노동조합의 경우는 입법부처럼 막강한 파워을 가지고 있어 산업별 노조의 단체협약 없이 임금과 근로조건 등이 결정된다는 것은 불가능하다. 즉 단체협약은 강제규정이기 때문에 노동시장의 유연성을 높일 수 있는 분권적 노사합의는 금지되어 있다. 정부의 실업정책도 복지정책이 주가 되어 실업보험, 실업보조금, 사회부조 등에 많은 돈을 쓰는데 2000년 독일 제조업의 시간당 평균 노동비용은 25.81유로로 세계에서 가장 높은 실정이다. 25.81유로 중에서 55.1%만 노동자가 직접 쓸 수 있는 금액이고 임금의 나머지 44.9%인 11.58유로는 각종 사회보장기여금으로 쓰여지는 세금이다. 이러한 결과로 말미암아 독일사람들은 고임금에도 불구하고 대부분을 세금으로 내야하기 때문에 실소비액은 낮게 나타났다.

노동자경영참가제도의 경우에는 동전의 양면처럼 좋은 점도 있고 나쁜 점도 있는데 노동조합이 너무 막강하기 때문에 노동자경영참가제도도 독일 노동시장에 악영향을 미치고 있다. 이 제도의 가장 큰 문제점은 기업의 경영결과가 좋지 않을 때는 '자기책임원리'에 따라 노사 모두 책임을 져야 하지만 노조측에서 책임을 지는 부분이 사측에 비해 적기 때문에 무책임한 경영을 할 수 있다는 점이다.

## 2. 일본의 노사관계

### (1) 노사관계의 기본구조

일본의 노동조합은 1889년이래 조직되어 러일전쟁(1904-1905년) 직후와 1920년 초에는 많은 노동쟁의가 일어났다. 그 당시 노동쟁의의 주목적은 수당의 정액화, 재해수당 신설, 퇴직금제 도입, 사무직과 생산직간의 차별철폐 등 비교적 현대와 비슷한 양상이였다. 그 후 1936년 만주사변과 강력한 군국주의체제에 의해 노동조합은 완전히 해체되었다. 1950년경부터 일반적인 고용관계가 시작되었고 이로 인해 근로자의 계급대립의식발달이 적었고 일본의 근로자의 경우 고용관계의 일반화가 구미 선진국과 비교하여 후진적이라는 평가를 받는다. 사용자의 경우 과거 기업에서는 소유와 경영이 분리되지 않는 경우가 많았으나 전후의 재벌해체과정에서 소유와 경영이 분리됨으로써 전문경영자가 형성되었다. 그렇기 때문에 일본의 전문경영인은 서구와 다르게 대부분이 동일기업에서 성장해 왔기에 연대감이 매우 강하다는 특성을 가지고 있다. 이와 같이 일본 노사관계의 직접 당사자인 노사는 모두 기업에 강한 연대감을 가지고 있기 때문에 서구와는 달리 노사관계가 가지고 있는 일반적인 대립관계도 있지만 동시에 강한 직업의식과 노사협조라는 특성을 가지고 있다.

따라서 일본의 노사관계는 종신고용과 연공임금을 중심으로 되어 노사관계가 다소 협력적이라는 특징을 가지고 있지만 자칫 어용화될 우려도 있다는 점에서 양면성을 가지고 있다.

### (2) 노사관계 특징

일본의 노사관계는 종신고용 · 연공임금제 · 기업별조합이라는 특징을 가지고 있다. 이러한 일본만의 노사관계의 특징은 1950년대 이후 일본경제가 세계적인 불황 속에서도 고도성장을 이룩함에 따라 세계의 주목을 받기 시작했다. 첫째, 종신고용제는 학교의 신규졸업자가 신입사원으로 채용되는 경우 원칙적으로 정년까지 고용시키는 관행을 말하며, 학교로부터 직접 채용하여 기업 내의 훈련(on-the-job training)을 통하여 직능에 알맞은 전문기능을 습득하게 된다는 점과 채용기준이 특정 직무나 기능을 중시하기보다는 성격 · 지능과 같은 기초적인 능력을 중심으로 채용한다는 점을 특징으로 한다. 따라서 노동자로 하여금 단순한 일자리확보라는 차원이 아닌 공동운명체라는 의식을 갖게 하여 노사안정에 기여하는 제도이다.

둘째, 연공임금제는 정규종업원에 대한 보수가 개별노동자들의 경력 특히 근속연수에 따라 결정되는 관행을 말한다. 이러한 고용관행의 효과로는 고도 성장산업 또는 기업의 경우에는 저렴한 임금의 신규노동자를 쉽게 고용할 수 있기 때문에 연공임금제가 결과적으로 저렴한 임금경쟁력을 바탕으로 기업간의 경쟁에 있어서 매우 유용하다는 점을 들 수 있다. 서구의 생산성임금제와 비교해 보면 연공임금제의 경우 생산성과 직무에 따라 임금이 지급되는 것이 아니라 기업에 대한 공로에 따라 임금이 지급되는 것으로 서구의 계약사회에서는 볼 수 없는 종업원의 공헌에 대한 대응 작용으로 임금이 지급된다고 할 수 있을 것이다.

셋째, 기업별 조합은 특정 기업 또는 사업장마다 기업에 고용된 정규종업원의 자격을 가진 노동자만을 조합원으로 하는 노동조합으로서 그 운영상의 주권을 거의 모두 완전한 형태로 장악하고 있는 독립된 노동조합을 말한다.

하지만 사용자가 종업원의 임금과 복지에 대하여 강한 책임감이 없을 경우에는 노동조합의 독립성이 약해지고 조합의 운영에 대한 사용자의 지배, 개입의 여지가 있어 어용조합으로 타락할 위험이 큰 편이다. 이러한 기업별 조합은 정규종업원에게만 인정하고 직종과 직능의 구분 없이 단일 조직형태를 가지고 있고 조합의 간부가 특정 기업의 정규직원으로서 기업지배적 간부로서 직업적인 '유니온 리더'가 적고 대부분이 '아마추어 리더'이며 상부통제를 받지 않는 독립적인 자치권을 가지고 있다는 점이 특징이다. 따라서 기업별 조합은 대규모 파업으로 이루어질 가능성이 적고 조합원은 기업의 종업원이기 때문에 회사에 대한 공동운명체적 인식을 강화시킬 수 있다.

### (3) 단체교섭

일본의 단체교섭과 단체협약은 기업별 조합이 주체가 되지만 철강 등 일부 산업에서는 산업별로 협정이 체결되기도 한다. 단체교섭의 주체로서 노동조합은 일반적인 이익문제를 교섭할 뿐 아니라 직무구분 등

생산에 관한 사항을 경영자와 협의하기 때문에 독일 노동자평의회의 기능과도 비슷하다고 볼 수 있다. 그리고 일본 임금교섭관행의 특징은 노동조합들이 공동으로 전개하는 춘계임금투쟁(춘투)을 들 수 있다. 이는 1955년 봄에 8개 단위산별연맹이 공동으로 춘계임금인상투쟁을 하는 데서 유래했는데 모든 노동자가 총파업을 할 수 있는 조직력을 갖지 못한 일본에서는 현실적으로 가능한 단위산별연맹이 투쟁을 하는 것이 유리하다는 의도에서부터 시작된 것이다. 이러한 춘투는 공동투쟁에 참가하는 단위산별연맹이 일정한 시기에 동시에 쟁의에 돌입하는 스케줄 투쟁을 전개하고 투쟁의 중심이 되는 단산(單産)을 정하고 이러한 단산의 임금인상타결을 위해 모든 힘을 기울여 이 단산의 임금인상을 한 뒤에 다른 산업의 임금을 인상시키는 교섭 방식을 채택하는 특징도 있다.

## 3. 미국의 노사관계

### (1) 미국의 역사적 전개과정

#### 1930년에서 1954년 사이의 노사관계

미국에서는 1935년 국가 노동관계법(National Labor Relation Act: NLRA)이 통과되어 고용주가 행하는 해고나 지위의 강등, 노동조합활동에 관계된 노동자를 징계하는 것과 같은 반노동조합적이고 불공정한 행위들을 금지하였다. 또 노동조합대표선거과정을 설립하여, 다수의 노동자가 노동조합대표에 대한 투표를 원하면 고용주가 이를 보장하도록 했다. 이것은 효과적으로 노동조합 조직비용을 감소키면서 노동자가 노동조합에 가입하는 것을 증가시켰다. 또한 1935년에 미국 연방노동동맹(American Federation of Labor: AFL)으로부터 8개의 노동조합이 분리되었으며, 이는 Congress of Industrial Organization(CIO)이라는 새로운 연합을 형성하였다. 이와 같은 변화과정에서 단순하고 위험한 산업에 종사하던 노동자들은 집단행동을 통해 이를 개선시켰고 노동조합조합원의 수 또한 증가되었다.

파업 및 실직과 관련된 잠재적인 가능성은 노동조합 참여결정에 주요한 요인이 되었고, 제 2 차 세계대전 동안 급속히 발전한 경제는 실직에 대한 잠재적인 비용을 감소시켰다. 이러한 요인도 노동조합에 가입하는 노동자수를 증가시켰다.

### 1955년에서 1980년 사이의 노사관계

이 기간 동안에는 노동조합조합원의 더딘 증가를 볼 수 있으며, 노동조합에 가입한 노동자가 실제로 감소하였다. 그 요인으로는 재화생산 경제에서 서비스생산 경제로의 이동을 들 수 있다. 실제로 미국에서 이 기간 동안 재화생산 산업의 고용은 25% 정도 증가에 지나지 않았지만 서비스생산 산업의 고용은 115%나 증가하였다. 화이트칼라 노동자는 노동조합을 회피한다는 오래된 전통과 관련하여 노동조합에 가입하려는 노동자의 수는 감소하였음을 알 수 있다.

미국 남부지역에서는 노동의 이동시 노동조합의 조직화를 어렵게 하는 법적 환경이 마련되었다. 1955년에서 1980년 사이, 미국 전체의 고용이 79% 늘어난 것과 비교하여 미국 남부에서의 고용은 142%나 증가하였는데, 노동조합에 가입하지 않더라도 고용된 노동자들이 보호받을 수 있는 미국 남부에서는 노동조합의 조직이 상대적으로 어려웠다.

또한, 이 기간 동안 고용주들은 노동자의 노동조합 설립을 저지하기 위하여 많은 노력을 기울였다.

### 1981년에서 1998년 사이의 노사관계

노동조합조합원 수는 1980년까지 지속적으로 성장해 오다가 그 이후 18년 동안 1920년대 이래 가장 최악의 감소를 겪었다. 미국의 자동차노동조합이나 철강노동조합과 같은 규모가 큰 노동조합들은 특히 심한 타격을 받아, 18년 동안 300만명의 조합회원을 잃었다고 한다. 노동조합이 결성된 산업이나 기업의 경우 대규모 공장 폐쇄나 임시휴업으로 고용이 현저히 줄었으며 이러한 폐쇄나 임시휴업은 노동조합에 대한 수요를 줄게 했다.

### (2) 미국의 노사주의(UNIONISM)의 변화

미국에서의 노동조합은 1980년대 이후 커다란 변화를 겪고 있다. 노동조합의 조합원수는 계속적으로 감소하고 있는데 이런 현상이 일어나는 이유로는 크게 세 가지를 들 수 있다.

#### 구조적 변화(Structural Change)

다양한 구조적 변화가 경제와 노동력에 나타나고 있다. 소비자 수요와 고용경향이 전통적인 노동조합 근거지에서 벗어나고 있다. 국내 산출이 노조가 강한 블루칼라(blue-collar)의 제조업에서 노조가 약한 화이트칼라(white-collar) 서비스 업종으로 이종되고 있다. 최근 고용성장이 상대적으로 대기업들보다 덜 조직화된 소기업들에 의해 많이 제공되고 있다. 고용증가의 커다란 부분이 여성, 젊은 층, 시간제(part-time) 근로자에게 집중되었다. 그리고 에너지 비용이 증가함에 따라 산업이 노조주의가 강한 북동부와 중서부 지역에서 남부와 남서부로 이동하고 있다.

고용주들은 비노조 공급자들에게 일을 더 많이 하청하고, 산업화가 덜 된 지역에 비노조 공장을 세우고 부품을 저임금 국가에서 생산케 하면서 노동을 자본으로 대체하는 일에 박차를 가하고 있다. 이런 행동들은 비노조 지역과 비교하여 노조지역의 고용기회의 성장을 감소시킨다. 그러나 구조적 변화 가설도 몇 가지 결함을 가지고 있는데, 첫째, 다른 선진 자본주의 국가들은 미국에서 발생된 것과 유사한 구조적 변화를 경험했지만, 노동이동은 절대적으로 또한 상대적으로 증가하고 있다. 둘째, 역사적으로 노조성장은 전통적으로 '비노조'로 여겨진 근로자들의 노동 조합화에 의해 실현되어 왔다. 셋째, 청년층과 여성 근로자들도 노동조합이 상당히 조직화되어 있는 장년층과 남성 근로자들처럼 노동조합을 조직할 수 있다.

#### 경영측의 반노조 가설(Managerial-Opposition Hypothesis)

노조 성장을 방해하는 주요한 요소로서 경영측의 반노조 전략을 들 수 있다. 1970년대 초, 노동조합은 비노조 근로자들과 비교하여 임금이 증가했다. 이는 바꾸어 말하면, 노조를 가진 기업은 비노조기업들보다 경영상 이윤이 좋지 않았다는 것이다. 따라서 노동조합에 대한 경영측의 반노조 전략이 구체화되었고, 더 적극적이 되었다. 이런 반노조 전략은 합법적인 방법과 불법적 방법 등 다양한 형태를 띠고 있다.

### 대체 가설(The Substitution Hypothesis)

고용주나 정부가 근로자들에게 제공하는 서비스는 노동조합조합원이 되려고 하는 유인을 감소시킨다. 노동시장과 관련된 오늘날의 많은 공공 프로그램—실업보험, 산업재해보험, 사회보장제도, 건강과 안전과 관련된 법—들은 노동조합의 주요한 목적이었고, 정부가 더욱더 이런 서비스를 제공하는 데 책임을 지고 있는데, 이로 인해 근로자들이 노동조합에 가입할 필요성을 느끼지 못하게 한다.

### 다른 요인들

위 세 가지의 가설은 노동조합의 감소에 기여하는 요인들을 어느 정도는 설명하지만 속속들이 규명하지는 못한다. 기타 요인들을 살펴보면, 첫째, 노동조합을 조직하기 위한 노조의 노력이 불충분하다는 것을 들 수 있다. 둘째, 노동조합이 자유 시장과 경쟁적 개인주의를 강조하는 미국 사회에서 강한 노동 이동을 위한 풍부한 환경을 제공하지 못하였다는 점을 들 수 있다.

### 노동조합의 감소 추세에 대한 반응

노동조합의 감소 추세에 대한 노동조합의 대응 중의 하나로 노조가 서로 통합하기 위하여 유사한 관할권을 가지게 되었다는 것을 들 수 있다. 1955년 이후, 미국에서는 85개 이상의 노조가 합병하였으며, 1979년과 1984년 사이에는 전체 중 약 35%가 합병한 것으로 추정된다.

또 노동조합 조직과 협상 전략을 변화시키는 것은 다른 대안이 될 수 있다. 예를 들어, 노동조합은 과거 임금과 근로조건에 우선순위를 두었던 것과는 달리 이제 임산부문제, 육아문제, 탄력적인 작업 스케줄에 더 큰 비중을 두게 되었다.

# 제 17 장

# 노 동 조 합

노사관계를 구성하는 세 가지 주체 가운데 가장 중요한 것은 노동자와 그 단체인 노동조합이다. 노동조합(labor union)이란 임금노동자가 노동생활의 제 조건을 유지·개선하기 위해 조직한 항구적 단체이다. 이러한 조직화된 노동조합은 나라에 따라 법률·관습·제도적인 구조를 각기 달리하여 발달해 왔다. 이와 같은 노동조합의 발달과정과 아울러 그 조직 및 구조, 영향 등을 차례로 살펴보기로 한다.

## 17.1 노동조합의 의의

노동자들의 임금수준, 노동시간, 기타 노동조건 등은 노동시장의 수급상황, 경제적 여건, 노동자 개인의 선택 등에 따라서 달라질 수 있지만, 노동조합의 조직형태나 활동수준에 의해서도 영향을 받는다. 이와 같이 노동조합은 노동문제의 전개에 중요한 역할을 담당하고 있다.

우리나라는 노동조합을 근로자가 주체가 되어 자주적으로 단결하여 근로조건의 유지·개선과 근로자의 복지증진 및 기타 경제·사회적 지위의 향상을 도모함을 목적으로 조직하는 단체 또는 그 연합체로 규정하고, 설립신고증을 교부받은 단위노조, 지부·분회 및 (총)연합단체를 노동조합으로 지칭하고 있다.

노동조합에 대한 견해로 우선 첫째, '웹' 부부의 견해가 있다. '웹' 부부(Sydney and Beatrice Webb)는 노동조합의 활동 속에는 임금 · 노동시간 등과 같은 노동조건의 유지 · 개선을 위한 활동뿐만 아니라 노동자들의 생활조건 전반의 향상을 추구하는 사회적 · 정치적 활동까지 포함되며, 이러한 활동을 전개하는 노동자들의 항구적 단체가 노동조합이라고 주장했다. 그러므로 노동자들이 조직한 자주적인 항구단체는 모두 노동조합으로 간주될 수 있다고 하였다. 이는 노동조합이 자본주의사회의 비판을 둘러싸고 노사간에 생성된 자연발생적인 조직이고 그것이 노사의 자주적인 사회규범을 생성시키면서 현대에 이른 역사적인 과정을 잘 나타내고 있다.

둘째, '브렌타노' 의 견해가 있다. '브렌타노' (Lajo Brentano)는 노동조합을 노동자들이 노동력의 판매를 유리하게 하기 위해서 조직한 단체라고 정의하는데, 이는 노동자들이 노동력상품이 일반상품과 달리 불리한 점을 극복하기 위하여 횡단적 조직을 결성하게 되고 이것이 노동조합이라는 것이다. 그러나 일반조합이나 산업별 조합, 그리고 기업별 조합과 같은 조직형태로는 특정 시장의 노동력 공급을 억제할 수 없고 노동시장에 대한 지배력도 매우 약할 수밖에 없기 때문에 브렌타노의 견해는 클로즈드 숍제도를 유지할 수 있는 직업별 조합의 경우에만 타당성을 갖는다.

셋째, 복지국가론적 견해가 있다. 복지국가론적 견해에 따르면 노동조합은 기업가 및 정부와 함께 자본주의 사회를 뒷받침하는 중요한 지주의 하나로, 경영참여나 정치참여를 통해 노동조건의 향상, 생활의 개선, 사회보장의 확충을 위해 노력함으로써 자본주의 사회의 모순과 결함을 점진적으로 개선하는 조직이라는 것이다. 그러므로 노동조합은 자본주의 사회에 대한 적대자 · 파괴자라기보다는 협력자 · 충고자로서의 역할을 수행하게 된다는 것이다.

넷째, 마르크스주의적 견해가 있다. 이에 따르면 노동조합이란 자본가계급의 지배로부터 모든 노동자들을 해방하는 것을 목표로 하여 투쟁하는 조직으로서 자본주의 질서 안에서 노동자들의 생활개선을 위해

운영되는 것이 아니라, 그 질서의 테두리를 뛰어 넘고 이를 파괴하려는 노동자들의 조직이라는 것이다. 이 배경에는 자본주의사회를 노동자들에 대한 착취와 억압 위에 성립된 사회로 간주하고, 이러한 질서를 그대로 놓아둔 채 노동자들의 생활향상과 권리신장을 추구하는 것은 원천적으로 불가능하다고 보는 자본주의관과 철학 및 사상이 존재하고 있다.

위와 같은 견해를 토대로 노동조합의 일반적인 성격을 살펴보면 다음과 같다.

① 노동조합은 근로자가 그들의 노동력을 유리한 조건으로 판매하기 위한 목적으로 조직한 자주적인 단체이다.

② 노동조합은 근로조건의 유지 · 개선을 목적으로 하는 단체이다.

③ 노동조합은 근로자의 일시적인 단체가 아니라 항구적 · 계속적인 단체이다.

## 17.2 노동조합이론

### 1. 노동조합 성립의 이론

노동조합의 성립에 대한 여러 연구자들의 다양한 설명에 관한 던롭의 평가를 간략히 요약해 보자.

탄넨바움(Tannenbaum, Frank)은 기계에 대한 반작용(reaction to the machine)에 의해 노동조합이 성립되었다고 주장하였다. 즉, 기계의 출현으로 개별근로자들의 직장의 안정성이 위협받게 됨에 따라 근로자들이 기계의 도입을 규제할 목적으로 자체방위를 위한 노력을 전개한 데에 있다고 설명하였다. 그리고 웹부부(Sidney and Beatrice Webb)는 노동조합의 성립에 대한 이론으로 근로자들이 근로조건의 유지 · 향상을 위하여 노동조합을 설립하고 또한 가입한다고 설명하였다. 던롭은 이들의 연구에는 실제로 노동조합의 성립에 관한 가설에 해당되는 부분은 없다고 평가하고 있지만 그들의 노동조합에 대한 분석을 보면 사실상 노동조합성립에 대한 설명을 어느 정도 살필 수 있다. 노동조합 성립에 대한 혹시(R.F. Hoxie)의 이론은 집단심리로써 설명이 가능한데, 유사한 사회경제적 환경에 있는 임금근로자들은 사회적 상태에 대하여 공통적인 해석을 하는 경향이 있으며, 그와 같은 집단적 감정(group senti-ments)이 결정될 때 노동조합이 성립된다고 하였다. 그리고 펄먼(Selig Perlman)의 이론은 다른 무엇보다도 취업기회의 희소성에 관한 관심 내지 우려 때

**표 17-1 던롭의 네 가지 기준과 각 이론 비교**

| | 조합의 유래 · 발생 | 조합 발전요인 | 조합 최종목표 | 조합가입이유 |
|---|---|---|---|---|
| 탄넨바움<br>F. Tannen-baum | 생산양식의 변화(기계사용증가)에서 오는 생활의 불안정을 막기 위하여 | | 산업민주주의 원리 | 자기방어 |
| 혹시<br>R.F. Hoxie | 임금노동자들이 사회제도에 대해 가지는 집단감정 | | | |
| 커먼즈<br>J.R. Commons | 시장의 확대에 주된 중요성을 부여(시장확대로 임금노동자 · 사용자 출현) | 주문생산 → 소매, 생산 → 도매생산 등의 생산양식의 변화에 따라 시장의 확대를 가져옴 | | |
| 펄먼<br>S. Perlman | 육체노동자들의 직무의식(취업기회의 희소성에 관한 우려) | 기업가 · 지식인 · 노동조합의 상호작용 | 지식인의 역할 | 직무(취업기회의 희소 의식) |
| 웹 부부<br>S. & B. Webb | 사회발전에 대응하여 임금노동자들의 고용조건을 규제하기 위하여 | 상호보험 · 단체교섭 · 최저기준 입법화 | 산업민주주의 원리 | 경제적 향상 |
| 마르크스<br>K. Marx | 자본가들의 착취에 대항하기 위하여 | | 공산주의사회 | 계급투쟁 |
| 브렌타노<br>Brentano | 노동자의 불리한 사정과 지위(핍박 판매 등)을 배제하고 스스로를 개선하고자 | 자본주의를 부정하는 세력의 단결 | | |

문에 노동조합조직이 발생하고 또한 근로자들이 노동조합에 가입한다는 것이다. 또 커먼즈(J.R. Commons)의 이론에서는 시장의 확대가 새로운 교섭의 담당계급인 임금근로자와 사용자를 출현시켰다고 보고, 시장의 확대에서 노동조합조직의 성립근거를 찾고 있다고 볼 수 있다. 마지막

**표 17-2 노동조합주의 이론**

| 조합이론 | 주요 내용 |
|---|---|
| 책임 있는 노동조합 주의 | 식민지 종속에서 해방된 신생국들의 당면 문제에서 연유노동조합은 순수하게 분파적인 이익을 대변하는 역할보다는 전체 사회의 이익에 봉사하는 책임을 져야 한다.<br>네루(P.D.Nehru), 낫세르(G.A.Nasser), 엔크루마(K.Nkrumah), 니이에레(J. Nyerere), 수카르노(A.Sukarno) 등이 주창 |
| 다원주의 | 노동조합의 사회적역할은 작업장 주변에 한정되어야 한다.<br>노동조합이 작업현장에 관해서 갖는 목표는 전체 사회에 대한 목적에 비추어 지엽단말적이라는 주장의 마르크스주의 이론과 완전 대립되며, 영국의 플랜더즈에 의해 주창 |
| 마르크스 | 노동조합은 사회주의를 위한 학교이며, 노동자들에게 계급적훈련을 실시하고, 또 그들이 역사적 사명을 수행하도록 그들을 준비시키는 조직의 구심체임을 주장<br>노동조합의 존재 의의는 그것이 자본주의 체제를 전복시키는 혁명의 잠재력이라는 점에 있다고 주장 |
| 노사협조 주의 | 계급대립을 부정<br>독점자본은 차츰 사회화하고 그 운영권이 전문경영인의 손으로 넘어감에 따라 노동자와 회사가 대립할 필요성이 사라지기 때문에 노동자들은 자신들을 대표하여 기업을 운영하고 있는 경영인과 협조하여 생산성향상을 노력하여야 한다는 주장 |
| 경제주의 | 노동조합의 임무를 경제투쟁에 한정하며 실제 노동조합은 당초 절실한 경제요구를 실현하기 위해 조직된 것이라고 주장함으로써 노동자 계급의 정치조직의 중요성과 그 역할을 부정함 |
| 노동조합 무용론 | 경제투쟁 혹은 개량투쟁만을 수행하는 조직이라고 단정하고 그렇기 때문에 노조는 별 필요가 없다고 생각함<br>심한 경우는 노동조합이 노동자를 개량주의적 환상에 빠뜨리기 때문에 무익하다고 주장함 |
| 조합 내 민주주의 | 노동조합은 노동자가 스스로 설립한 자주적 대중조직이며 사상 · 신조 · 정당의 차이를 넘어 노동자의 요구에 근거하여 단결하고 그 요구의 실현을 위해 싸우는 조직이라고 주장함 |

으로 마르크스주의자들의 이론에 의하면, 노동조합은 원래 노동계급이 자신들의 사회 · 경제적 지위를 개선시키기 위하여 조직한 것이지만, 곧 그 이상의 사회적 기능을 하는 것이 된다고 하였다. 결국 자본주의 경제제도를 부정하기 위한 세력의 조직중심부 역할을 해야 되는 것으로 되어 있다.

실제로 시대에 따라 그리고 국가에 따라 노동조합이 발생하고 성립되는 객관적 정세나 여건 그리고 주체적 사정에는 차이가 많기 때문에 노동조합성립에 대하여는 어느 한 가지 측면만을 강조한 이론으로서 만족할 만한 설명을 기하기는 어렵다. 그러므로 위의 여러 학자들이 지적한 측면들이 시대 및 국가에 따라 그 비중을 달리하면서 복합적으로 영향을 미치는 것으로 이해해야 할 것이다.

던롭(J.T. Dunlop)은 노동조직과 노동운동에 대한 이론을 구성하는데 있어 ① 노동조합이 발생 · 성립되게 된 이유(조건 및 환경) ② 노동조합의 발전형태를 결정하는 요인 ③ 노동조합의 궁극적인 목적 ④ 근로자들이 노동조합에 가입하는 이유 등 네 가지 기준을 제시하고 있다. 이러한 던롭의 기준에 의해 노동조합에 대한 제이론을 간단히 소개하면 [표 17-1]과 같다.

## 2. 노동조합의 본질논쟁

한때 미국에서는 노동조합이 과연 무엇을 하는 기관이냐에 대한 논쟁이 있었고, 경제학자들은 분석에 있어서 전통적으로 제도적 방법론에 의한 접근과 신고전파적인 주로 미시경제학적 방법론에 의한 접근방법의 두 가지를 사용하여 왔다. 던롭은 노동조합을 경제행위를 결정할 수 있는 하나의 경제적 주체로 가정하고, 그리하여 임금총액, 임금인상률 또는 고용량 등 어떤 대상을 정하고 그것을 노동조합이 극대화 또는 극소화하고 있는 것으로 가정하고 있다. 그런데 이때, 대상물로 되는 것을 어떻게 규정할 것인가에 관하여 상당한 논란이 대두되었다.

이에 대해 로스(A.M. Ross)는 노동조합의 이질적인 조합원과 그들의 관심사항 그리고 목표를 가진 노동조합행동에 대한 분석에 경제적 접근방법을 사용하는 것은 잘못이라고 비판하고, 노동조합의 정책은 단순한 극대화목적에 기초하여 결정되는 것이 아니며 정치적 의사결정과정에 기초하여 형성된다고 주장했다. 또한 로스는 노동조합지도자들에게 있어서 가장 중요한 활동목표는 조직의 유지에 관한 것이며, 비록 경제적 원칙으로는 비합리적일지라도 정치적인 구조 내에서 그것을 볼 때에는 합리적인 행동이 될 수 있다고 하였다.

이러한 로스의 비판에 대하여 던롭은 적어도 미국의 실정에서 볼 때 정치적 요소가 지배적인 노동조합은 일부에 불과하고, 노동조합지도자들은 임금의 행태가 시장적 변수로써 잘 설명될 수 있다는 사실을 잘 알기 때문에 경제적 현실, 특히 장기적인 경제현실에 대하여 관심을 가지고 있다고 주장한다.

두 학자의 차이는 결국 정치적 요인과 경제적 요인 어디에 상대적으로 더 많은 비중을 둘 것인가에 대한 견해의 차이라고 할 수 있다. 경제학자들은 항상 경제와 관련이 있는 모든 사항에 대한 설명을 하고자 할 때, 상당한 정도의 단순화에 따르는 문제점을 알면서도 경제변수만으로 설명을 시도한다. 하지만 오늘날 경제학적 분석방법의 응용은 결혼, 법률적 사항, 교육 등의 분석에까지 널리 확대되고 있고, 따라서 그와 같은 관점에서 볼 때, 노동조합의 활동에 대한 설명은 경제적 분석방법에 의해서도 상당 정도 그 실효를 거둘 수 있을 것으로 보인다.

## 17.3 노동조합의 발달과정과 기능

### 1. 노동조합의 기원과 발달과정

구미에 있어서 노동조합은 산업혁명이전에 있었던 장인들의 우애조합으로부터 시작되었는데 이들 조합은 장인들의 질적 수준을 유지하고 장인으로의 진입을 통제할 것을 목적으로 조직되었다. 노동조합은 역사적으로 1851년 영국에서 결성된 ASE(합동기계공조합)와 같은 직능별조합(craft union)의 형태로 출발했으나, 19세기말 이후 산업별조합(industrial union)으로 발전하여 오늘에 이르고 있다. 그 후 노동조합은 노사간의 단체교섭과정에서 파업을 무기로 교섭을 벌이는 투쟁단체로 변화된 것이다. 현대적인 의미의 노동조합이 지속적인 존재로 인정받기 시작한 것은 영국에서조차도 20세기에 들어오면서부터인데 이 과정에서 수많은 법률적 또는 노사 대결적인 투쟁을 경험하였다.

노동조합은 자본주의 경제가 발달함에 따라 대체로 다음과 같은 네 가지 단계를 거쳐서 발달되어 왔다.

① **제 1 국면**: 숙련기술자인 장인들이 한정된 소규모 지방조직의 노동조합을 형성하였던 단계로 영국의 경우 19세기 말까지 이러한 조직이 존속하였다.

② **제 2 국면**: 직종별 노동조합이 미숙련 노동자를 고용하거나 비직종별 조합이 생성되었던 단계로 제1차 세계대전에 이르기까지의 영국 · 미국 · 오스트레일리아를 예로 들 수 있다.

③ **제 3 국면**: 직종별 · 비직종별 조합이 대량생산 산업체제로부터 생성된 반숙련 근로자를 흡수하거나 산업별 노동조합이 형성되는 과정으로서 1920년말에서 제2차 세계대전 이전까지에 이른다.

④ **제 4 국면**: 화이트칼라(white-collar) 노동자가 새로운 노동조합을 결성하거나 기존의 노동조합에 흡수됨으로써 이들 근로자들이 조직화되는 단계로 제2차 세계대전 이후에 나타난다.

## 2. 선진제국의 노동조합의 생성발전

### (1) 영 국

영국의 노동조합은 노동조합 발달의 4국면을 그대로 밟아왔다. 영국의 경우 특징적인 현상은 노동조합의 발전이 직종별조합, 일반조합, 화이트칼라 노동조합 등의 경로로 발전하여 왔기 때문에 하나의 산업 또는 사업장수준에서도 여러 개의 단체교섭단위가 존재한다는 점인데 이를 복수노동조합(multiunionism)이라 부른다.[1] 영국의 노동조합 성립과 발전의 역사는 근로자 및 노조의 끊임없는 투쟁의 역사였다.

영국의 근대적 노동운동은 1870년 결성된 노동조합회의(Trade Union Congress: TUC)에서 시작된다. TUC는 영국 유일의 노동조합본부이다. 영국은 1990년 기준으로 직종별 노동조합, 산업별 노동조합, 일반노동조합 또는 화이트칼라 노동조합 등 76개 노조가 가입되어 있고 TUC 산하 노조원은 영국 총조합원의 90%에 이른다. 그러나 TUC의 힘은 매우 약해 산하조직에 대한 통제력이 매우 약한 것으로 알려져 있다.

### (2) 미 국

미국의 노동조합 역사는 그 기원에 있어 미국의 역사와 거의 비슷하다. 미국의 노동조합은 사용자와 사법당국으로부터 상당히 적대시되는 가운데 발전하였으며 특히 단체교섭은 다음과 같은 몇 가지 특징을 가지고 발전되어 왔다.

① **분권화**: 노사관계는 분권화되어 있기 때문에 지부조합 단계에서의 권한과 활동은 크다. 단체교섭이 다른 기업에서 일하는 다수의 고용자를 대표해서 행해지는 유럽이나 호주, 산업별 단체교섭이 수행되는 영국, 지역별 단체교섭이 수행되는 프랑스와는 달리 미국에 있어서의 협약은 개별공장에 관한 것이기 때문에 그것은 그 지역의 노동관행과 시장조건을 그대로 반영한다.

② **유일대표권**: 공장 또는 다른 하나의 교섭단위에 속하는 고용자는 그들 스스로를 대표하는 단일의 조합을 선택한다. 이처럼 유일대표권이 관행화된 것은 다수결로 단일대표를 선출하는 미국의 정치적 관습에서 연유한다.

③ **보수적 조합 이데올로기**: 미국의 노동운동은 미국적 환경의 많은 특색을 반영하고 있는데, 노동운동의 이데올로기는 실리주의적 조합주의로서 임금요구에 과격하고 사유경제제도에 보수적이다. 따라서 미국의 노사규정은 다른 나라를 능가하며, 노동조합은 미국사회의 경제

---

1) 동일 기업 내에 수개의 노동조합 지부가 존재하여 단체교섭상 많은 문제를 야기한다.

적 · 정치적인 제도에 의해 뒷받침이 되고 있다.

④ **정부 규제와 방임의 공존:** 미국의 노사관계제도는 교섭의 과정과 조합운영의 절차에 대해 광범위하고도 상세한 규제를 하고 있으며, 단체교섭 대상의 몇 가지를 지정하고 클로즈드 숍(Closed shop)에 대해서는 단체교섭을 금하고 있다. 그러나 단체교섭에 있어서 절차상의 세목에 관한 규제와 실질적 내용상의 방임주의가 공존함은 특이한 일이다.

### (3) 독 일

독일의 노동조합은 19C 후반기에 나타났는데 초기 독일 노동운동의 특징은 정치적 · 종교적 집단이 노동조합에 강력한 영향을 미쳤다는 점이다. 특히 독일 노동조합운동은 중산계급, 자유주의자, 기독교 지도자, 가장 중요하게는 사회민주당원들에 의하여 주도되었다. 1933년 히틀러에 의하여 노동조합이 괴멸되었으나 1950년에 비공산주의자들이 독일 노동총연맹(DGB)을 창설하였다. 서독의 노동조합은 공장위원회와 공동결정제도로 유명하다.

독일은 영미와 노사관계에서 기본적으로 다른 양상을 보인다. 독일을 영미와 구분지을 수 있는 점은 영미에서는 기본적으로 기업차원의 노사관계가 적대적이나 독일에서는 협력적이라는 점이다. 독일의 노동운동은 기업경영의 이윤추구와 효율성 증진에 같이 참여하고 그 책임을 같이 나누어 갖는 협력적이며 동반자적 관계의 운동이념을 갖고 있다. 공정한 소득분배와 재산분배는 사회적 생산물의 지속적인 증대를 전제로 한다는 관점에서 새로운 생산방식의 도입, 기업의 기술혁신 도입, 공장자동화 및 합리적 조치의 시행에 대해 협력적이며 협조적이다. 동시에 경제성장과 시장경제 그 자체가 저절로 공정한 소득분배와 재산분배를 보장하지 않기 때문에 단체교섭 및 사회보장제에 의해 노동자의 이익을 증진시킨다.

독일의 노동운동의 특징을 살펴보면, 첫째, 전국적인 사회민주주의 정치운동으로 노동자의 단결과 연대를 구현한다는 점이다. 둘째, 사용자단체들과 산업별 교섭에 의해 단체협약을 체결하여 협약기간 동안 평화의무에 의거 노사관계안정을 이룬다. 셋째, 사회보장혜택과 정치적 요구를 통해 생활조건을 향상시켜 왔다. 넷째, 노동조합과 기업경영층은 기업차원에서 생산동맹 또는 노사합작을 맺고 있다.

#### (4) 일 본

일본의 본격적인 노동조합조직의 확대와 노동운동은 패전 직후인 1946년부터 시작되었다. 점령군사령부의 지원하에 전시중 완전 파괴되어 있던 노동조합이 전후에 급속히 조직되었다. 일본 노사관계의 특색은 종신고용노동자가 존재한다는 데서 찾을 수 있다. 노동자와 기업 간에 있어 종신관계의 정착화로 일본 노동시장은 특유한 성격을 지니게 되는데 그것은 조합을 직능별이나 산업별이 아니라 기업별로 조직화하도록 유도한다. 기업별 조합주의하에서 조합은 주로 그들이 처한 특정 회사일에만 관심을 가지며 기업별 조합과 경영자와의 공생적 관계 때문에 파업이 발생하는 경우는 적다. 대부분 기업별 조합은 전국조합에 가맹하고 또 3개의 전국적 연합의 어느 하나에 가맹하고 있다. 이러한 상부조직체는 지방조합의 경제적 문제에 아무런 역할을 하지 못하지만 정치적으로는 일본 노동계에 있어 중요한 역할을 하고 있다.

## 3. 노동조합의 정의 및 목적과 기능

영국의 웹(Sidney Webb)은 그의 저서 「영국노동조합사」의 머리말에서 노동조합이란 "노동자 생활의 제반조건의 유지 혹은 개선을 목적으로 하는 노동자의 항구적 단체"라고 정의하고 있다. 또한 한국노동조합법 제 3 조에 의하면 노동조합은 '근로자의 자주적 단체' 이며 '근로조건의 유지 및 개선과 사회적 지위의 향상을 도모함을 목적으로 조직하는 단체' 이고 '근로자의 계속적 단체' 로 규정되어 있다.

노조의 목적에 대해서는 다양한 견해가 있지만 일반적으로 임금을 포함한 노조원들의 근로조건 향상과 직장 안정을 가장 대표적인 목적으로 본다. 노동조합은 고용계약의 여러 가지 내용, 즉 보수와 부가급여,

근로조건, 고용에 관한 정책, 초과근무, 직무, 승진, 일시해고, 근로자들과 경영진 사이의 고충을 처리하는 수단 등에 대해 사용자와 협상한다. 협상은 여러 수준에서 이루어질 수 있다.

노동조합도 다른 대규모조직들과 마찬가지로 민주국가에서는 정치세력화된다. 노동조합은 종종 단체교섭을 통해 쉽게 얻을 수 없는 이득을 얻기 위해 정치적 과정을 이용하곤 한다. 영국을 비롯한 몇몇 국가에서는 노동조합이 자신의 정당을 가지고 있을 정도로 정치 세력화되어 있다. 미국 등과 같은 나라에서는 노동조합이 어떤 정당과도 연계되어 있지 않지만 이 경우에도 노동조합은 연방, 주, 지방정부의 차원에서 입법과 정책결정에 로비스트와 같은 역할을 함으로서 정치적 영향력을 가지고 있다.

한편, 노동조합의 기능을 살펴보면, 주된 기능으로는 경제적 기능과 정치적 기능 및 공제, 복지적 기능을 들 수 있다. 그 외에도 노동조합조직의 확대 및 강화, 조사연구, 교육홍보, 국제 교류 등 부차적 기능을 가진다.

### (1) 경제적 기능

임금의 인상, 노동시간의 단축, 작업현장에서의 부당노동행위 방지, 작업환경개선, 해고반대, 부가급여, 퇴직금 향상, 보건안전, 기술과 시설, 사회보장 등에 관한 사항을 해결한다. 수행방법으로는 단체교섭, 동맹파업, 태업, 보이콧(boycott) 등이 있다. 이런 고용조건은 협상과정을 통해 결정된다.

첫째, 동맹파업으로 이는 노동조합의 협상능력 중 가장 중요한 부분 중 하나이다. 동맹파업은 노동조합 입장에서는 임금을 받지 못하고 고용주측에서는 생산물생산을 하지 못한다는 비용을 수반하게 된다. 또한 어느 쪽에 비용이 더 많이 드는가는 협상력에 달려 있다. 파업은 또한 분쟁 당사자뿐만 아니라 제 3 자에게도 파업의 비용을 부과하게 할 가능성이 있다. 파업의 비용은 파업을 금지하거나 한정하게 만들곤 한다. 일반적으로 서비스 산업이나 부패하기 쉬운 제품을 생산하는 기업이, 파업기간 동안 재고품을 이용할 수 있는 석탄이나 철강 같은 내구재 생산 기업보다 파업의 영향이 더 크다. 또, 수직통합된 기업이 그렇지 않은 기업보다, 노동집약적 산업이 자본집약적 산업보다 영향을 더 많이 받는다. 호황기에는 파업이 노동조합에 유리하게 작용하지만 불황기에는 그렇지 못하다. 그리고 상대적으로 큰 규모의 협상자가 유리한 입장에 놓인다고 할 수 있다. 파업의 방법에는 둘째, 태업으로 규율을 빈틈없이 철저히 따르면서 생산성을 낮추는 방법이다. 셋째, 보이콧(boycott)으로 이를 통해 기업의 비용을 증가시킨다. 또 파업 위협이 약할 때는 공개적인 시위나 주주권 행사 등과 같은 방법으로 회사의 이윤이나 대외적 이미지를 손상시키는 방법이 있다.

이런 노동조합의 파업에 대한 대응으로 기업은 노동조합원 중 일부가 파업을 했을 경우, 다른 노동자들에게 재정적인 도움을 제공해 줌으로서 파업의 유인을 없애는 방법을 택하기도 한다.

### (2) 정치적 기능

노동조합은 사용자와의 교섭이나 협의의 범위를 벗어나 국가 및 사회전체에 대하여 영향을 미치는 활동을 하게 되는데 그 예로서 첫째, 노동조합이 특정 정당과 일정한 관계를 유지하면서 정치적 영향력을 행사하거나, 둘째, 법령의 제정 · 개정을 위하여 건의, 제안, 청원을 하는 경우, 셋째, 국가의 각종 경제 · 사회정책의 수립과정에 참가하는 경우 등이 있다.

### (3) 공제, 복지적 기능

조합원 자신들을 위한 각종 복지 · 후생활동이다. 공제, 복지적 기능을 수행하는 방법으로서 공제기금의 운영이나 장학기금 또는 장학회의 운영, 또 신용협동조합의 운영과 판매협동조합 사업의 운영 등이 이용된다.

## 17.4 노동조합의 조직 및 형태

노동조건을 유지, 개선하기 위한 노동조합의 조직과 기능은 1948년 말부터 1958년대에 영국의 기계공업 및 건설업에서 생성되었던 직능별 조합에 잘 나타나 있다.

### 1. 노동조합의 유형

직능별 조합(craft union): 가입자격을 노동조합의 정규도제훈련을 수료한 숙련공으로 한정하고 고액의 가입금과 조합비를 납부하며 비숙련공의 입회를 제한한다. 풍부한 재정으로 공제제도를 운영하고 실업수당을 지불하기도 한다. 동일직종 내지 직업에 속하는 근로자들이 조직하는 조합으로 그 단결이 강하고 임금교섭에서 유리하다.

일반조합(general union): 19C말 운수, 항만하역 기타 도시의 비숙련노동에 대한 수요가 증대하자 직능별 조합을 확대하여 산업 및 직능의 구분없이 각종의 근로자 특히 비숙련 근로자를 광범위하게 포함시켜 만든 조직을 일반조합이라 한다. 미국의 운수 및 일반노동자조합(Transport and General Workers Union)과 미국 최대조직이고 최강조직인 운수노동조합(Teamster's Union)은 트럭운송에 관련 있는 일체의 근로자를 조직하고 있는 일반조합이다.

산업별 노동조합(industrial union): 20C에 철강, 전기, 화학, 자동차 등의 대량생산 공업의 발달에 따라 발전한 산업단위별 조직이다. 1930년대 미국의 산업별 조합회의(Congrese of Insustrial Organization: CIO)산하의 조합, 자동차 노조(UAW), 철강노조(USW) 및 서독의 금속노조(I.G. Metal) 등이 이에 속한다. 하나의 산업 내의 근로자를 그 직종 내지 직업을 불문하고 산업단위로 조직화한 노동단체로서 투쟁력이 크지만 산업 내의 서로 다른 직종간에 이해의 마찰이 생길 경우 단결력이 약화되기도 한다.

기업별 노조(enterprise union): 일본, 한국에서 보편적으로 나타나고 있는 조직형태로서 조합가입자격을 기업의 사업체에 있는 종업원에 한정시키고 있다.

회사조합(company union): 외부조합의 개입을 배제하고 사용자의 의도에 따라 기업내의 종업원으로 조직되는 비자발적 조합이다. 황색조합 또는 어용조합이라고도 한다.

## 2. 조직형태

산업별 조합 및 일반조합, 기업별 조합 등에는 입직규제(즉, 조합가입자격의 제한)가 없기 때문에 그 대신에 조직의 보전을 위해 제반 규칙을 설정할 필요가 있다. 일반적으로 조직보전을 위한 규칙의 설정 여하에 따라 몇 가지 조직형태가 있다. 노동조합이 결성되면 노동자들은 노동조합의 조합원과 기업의 종업원이라는 두 신분을 가지게 되는데, '숍' 제도란 노동자가 어떤 일에 종사하려면 먼저 조합원이 되어야 하는가, 아니면 종업원이 되어야 하는가, 또한 두 신분의 관계는 어떻게 되는가를 규정하는 것으로 노동조합의 교섭력에도 중요한 영향을 미친다. 지금부터 주요 '숍' 제도에 대해 간략히 살펴보도록 하겠다.

### (1) 클로즈드 숍(closed shop)

클로즈드 숍이란 조합원 자격의 보유를 고용계약의 체결 및 존속을 위한 요건으로 하는 제도를 말한다. 보통은 이미 일정의 노동조합에 가입하고 있는 근로자가 아니면 채용하지 않고 또한 해당조합으로부터 탈퇴하거나 제명되어 조합원 자격을 상실할 때에는 해고한다는 협정을 말한다. 이 제도하에서는 노동조합의 노동공급권이 독점되어 노동의 공급을 통제할 수 있기 때문에 그 세력이 크며 교섭에도 유리하다. 미국의 경우 와그너 법(Wagner Act)에서 사용하였다가 테프트, 하틀리 법(Taft-

Hartley Act)에서 금지되었고 영국에서는 모든 형태의 클로즈드 숍이 허용된다. 우리나라의 경우 항운노동조합연맹이 클로즈드 숍 제도하에 운용되고 있는데 원칙적으로 항운노조의 조합원이 아닌 노동자는 고용할 수 없게 되어 있다.

### (2) 유니온 숍(union shop)

유니온 숍이란 근로자를 채용할 때에는 특정 노동조합의 조합원인 사실의 유무에 관계없지만 일단 채용된 후에는 일정한 기간 내에 특정 노동조합에 가입하여야 하며 또한 그 조합으로부터 탈퇴하거나 제명되어 조합원 자격을 상실할 때에는 해고된다는 협정을 말한다. 오늘날에는 종업원이 자동적으로 조합원이 되는 제도로 수정하여 시행되고 있다. 기업 내의 비조직 근로자를 노동조합에 가입시킬 수 있는 이점이 있기 때문에 조직 확대를 위해서는 대단히 유용한 규정이다.

### (3) 오픈 숍(open shop)

오픈 숍 제도란 근로자를 고용함에 있어서 그 근로자가 노동조합의 조합원인가 아닌가가 종업원이 될 수 있는 자격에 아무런 영향을 미치지 않는 제도이다. 그러므로 채용시나 채용 후나 노조에의 가입에 대해서는 완전히 자유로운 상태이다. 그런데 이 제도하에서 노동조합은 노동력의 공급을 독점할 수도 없고 조합원을 확대하기도 어렵기 때문에 자본가와의 교섭에서 매우 불리한 위치에 서게 된다.

### (4) 변형적 숍 제도

변형적 숍 제도들에는 '에이전시 숍', '프리퍼렌셜 숍', '메인터넌스 숍'이 있다. '에이전시 숍'(agency shop)은 조합원이 아니더라도 모든 종업원에게 조합회비를 징수하는 제도로서 대리기관 숍제도라고 하고, '프리퍼렌셜 숍'(preferential shop)이란 채용에 있어서 노동조합원에게 우선순위를 주는 제도로서 우선 숍제도라고 한다. '메인터넌스 숍'(maintenance of membership shop)이란 조합원이 되면 일정 기간 동안 조합원으로서 있어야 한다는 제도로서 조합원 유지 協제도라고도 한다.

## 3. 조직체계

### (1) 단위조합

노동조합을 하나의 구성단위로 하여 결성되는 연합단체와는 대립되는 개념으로서 하나의 독립된 노동조합으로의 실체를 가진 단위체이다. 단위조합의 조직형태에는 산업별, 기업별, 직업별, 지역별 조직이 있고 우리나라의 철도, 체신, 전매, 전력노조는 산업별 수준의 단위조합이다.

### (2) 산업별 전국조합 및 전국노조연맹

산업별 전국조합은 하나의 산업이 단위로 되어 조직된 전국수준의 노동조합으로서 현재의 전국철도, 전매, 체신, 전력 노조가 이에 속한다. 산업별 전국노조연맹이란 사업장별 내지 기업별 노동조합이라는 단위노조가 원칙적으로 하나의 산업을 기준으로 연합하여 만든 연맹체 내지 연합단체이다. 2000년 현재 한국에는 44개의 산별노조 또는 산별연맹이 있다.

### (3) 전국 중앙조직

전국의 기업별 또는 산업별 조직을 회원조직으로 하여 구성하는 연합체 혹은 협의체를 말한다. 전국, 전산업에 관련된 노동관계 정책을 대상으로 하여 입법부, 행정부, 사용자 및 사용자단체 등과 교섭 내지 권익증진을 위한 제반 활동을 전개한다. 선진국의 경우 전국중앙조직의 노동지도자는 조직의 막강한 세력을 배경으로 하여 정치, 경제, 사회적 영향력을 행사할 수 있다. 영국의 노동조합회의(TUC), 서독의 독일노동조합연맹(DGB)과 같이 하나의 전국 중앙조직으로 구성되기도 하고 일본, 프랑스에서처럼 중앙조직이 좌익계, 우익계, 중도계로 나누어지기도 한다. 우리나라는 한국노총과 민주노총 두 개의 전국 중앙조직이 있다.

### (4) 국제노동조직

국제노동조합조직은 각국 노동조합의 전국중앙조직이나 산업별 노동조합이 모여서, 국제적인 노동조합의 교류와 연대의 강화, 통일 행동의 촉진과 각국 노동조합 운동을 서로 지원하기 위해서 만든 단체이다. 대표적인 조직으로는 세계노동조합연맹(세계노련), 국제자유노동조합연맹(국제자유노련), 세계노동자협의회(세계노협) 등이 있다.

세계노동조합연맹(World Federation of Trade Unions: WFTU): 1945년 파리에서 개최된 세계노동조합회의(회의 도중 세계노동조합대회로 개칭)에서 결성되었고 결성 당시 56개국에서 6,700만명의 조합원이 가입하였다. 1983년 현재 1억 9,000만 이상의 조직노동자가 가맹하고 있다. 미국의 산업별 조합회의(CIO), 영국 노동조합회의(TUC)도 결성당시 참여했고 주요 가맹노조로는 프랑스 노동총연맹, 이탈리아 노동총맹, 전 소련노조중앙협의회, 중화 전국노동공회, 전인도노조회의 등이 있다. 기관지로는 세계노동운동(Word trade union Movement)이 있다.

국제자유노동조합연맹(International Confederation of Free Trade Unions: ICFTU): 1949년 개최된 런던 대회에서 결성되었고, 결성당시 53개국에서 조합원 4,800만이 가맹했으나, 1982년에 미국의 AFL-CIO가 탈퇴함으로써 조직의 힘이 미약하게 되었다. 1983년 현재 조직인원은 대략 8천 5백 39만명이며 주요 가맹노조는 영국노동조합회의, 독일노동총연맹, 벨기에 노동총동맹, 네덜란드 노동총동맹 등이 있다. 기관지로 국제자유노련이 있다.

세계노동자협의회(World Confederation of Labour: WCL): 제2차 세계대전 전부터 있었던 카톨릭계 노동조합의 국제조직이다, 1945년 세계노련결성대회에 대표로 파견하였지만, 세계노련에 가맹하지 않고 그 후 독립조직으로 존속하고 있다. 가맹인원은 1,500만명으로 유럽국가 및 라틴 아메리카 국가들이 주요한 세력을 차지하고 있는 실정이다.

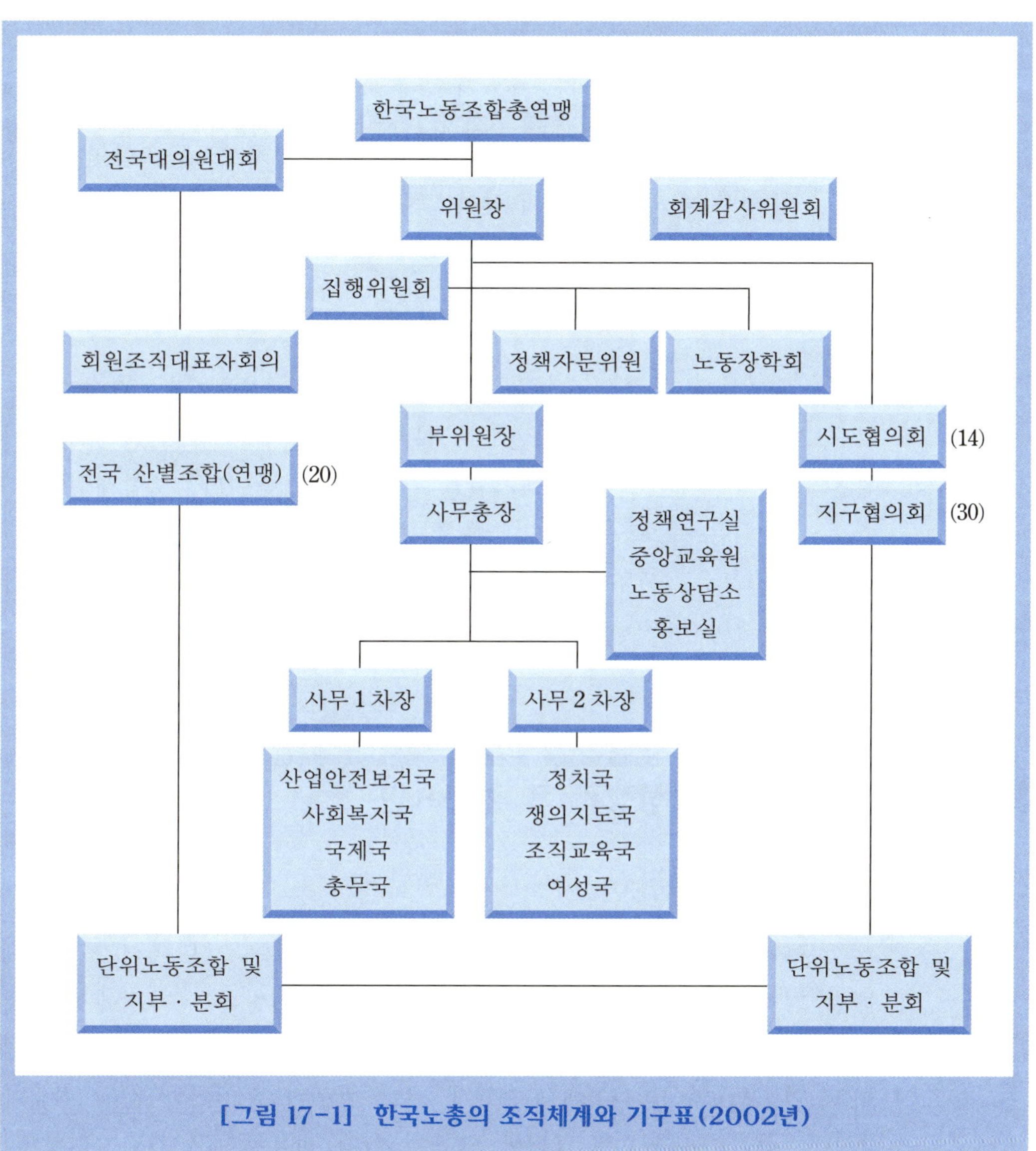


**[그림 17-1] 한국노총의 조직체계와 기구표(2002년)**

산업별 노동조합 인터내셔널(Trade Unions International) : 세계노련규약 제113조에 근거하여 조직된 세계노련 산업별 부문(Trade Department of the WFTU)으로서 산업 업종에 관한 전문활동을 통하여 노동자의 국제적 연대와 통일 행동을 강화시켜 나가는 것을 그 목적으로 하고 있다.

국제산업별 조직(International Trade Secretariats: ITS) : 국제자유노련의 산업별 조직으로서 제2차 세계대전 전의 구 국제노동조합연맹(암스테르담 인터내셔널)의 산업별 조직이 그대로 존속된 것이다.

### 4. 노동조합의 내부조직 및 조합재정

노동조합은 민주적 운영을 위하여 결의기관, 집행기관, 감사기관으로 크게 나누어지고, 결의기관으로서는 중앙집행위원회가 있다. 감사기관은 독자적 기관으로서 집행기관을 감사하는 기관이다. 조합재정에 있어서의 수입은 주로 조합원이 납부하는 조합비, 교부금, 가입금, 임시징수금, 기부금, 사업수입 등이 있으며 지출로서는 조합의 활동경비와 각종 후생경비지출이 있다.

## 17.5 노동조합의 성장과 그 결정요인

### 1. 노동조합의 성장요인

노조원수의 변화를 설명하기 위한 경제학자의 시도는 노조가입에 대한 기대수익이 기대비용보다 크면 노조에 가입한다는 가정에서 출발한다. 이 가정은 노조원의 수가 경제활동수준에 따라 직접적으로 변화하고 있음을 의미한다. 노조가입에 의한 비용과 수익이 시간의 경과에 따라 변화하며, 개인은 그러한 변화에 쉽게 적응된다고 가정하면서 아쉔펠터(Ashenfelter)와 펜커벨(Pencavel)은 노조가입에 의한 비용과 수익의 변화를 구별하고 있다.[2] 그들의 논의에 의하면 경제가 팽창기에 있다면

2) 노조가입에 따르는 비용은 우선 노조회비와 노조활동에 참여하는 시간 등이고 노조가입에 따르는 혜택은 임금상승, 고용안정, 심리적 혜택(일에 대한 보람 증대, 소득불평등 완화, 기업의 의사결정과정에의 참여) 등이다.

물가상승이 화폐 임금수준의 상승을 앞지르기 때문에 실질임금은 하락하지만 노조의 활동에 의해 일정한 임금상승이 기대되는 한 노조가입으로부터 오는 기대수익은 물가수준의 상승과 더불어 오히려 증가한다. 또한 이 시기에 있어 고용의 가능성은 증대하고 고용주의 보복비용은 감소되어 성공적인 조직화의 가능성도 높아진다.[3] 그러므로 조합원의 수는 물가수준 및 고용변화에 따라 직접적으로 변동된다고 볼 수 있다. 이 두 변수에 부가하여 다음과 같은 정치·사회적 압력을 위시한 환경적 요소를 성공적인 노조화의 설명변수로 생각할 수 있다.[4]

첫째, 사회적인 압력을 나타내는 변수로 노동자의 불만을 들 수 있다. 즉, 물가수준과 고용변화가 일정한 경우, 노동자가 갖는 불평이 크면 클수록 노조원이 얻을 수 있는 이득이 그만큼 더욱 커진다고 볼 수 있다. 노동자의 불만은 비록 양적으로 표현되기가 어려운 개념이지만 실업률에 의해 측정될 수 있으므로 여타 조건이 동일하다면, 실업률이 클수록 노조원은 더 큰 이득을 얻을 가능성이 있다.

둘째, 정치적 환경의 영향을 나타낼 수 있는 특정 변수를 포함한다. 예를 들어 여타 조건이 동일하다면 의회 내에서 노동자가 후원하는 정당이 의석을 많이 차지하거나 파업에 대한 정치적 제약이 해소되고 파업에 대한 여론이 호전되면 될수록 단체교섭상의 효율성 증대와 노조원의 이득은 더욱 커진다.

셋째, 조직의 한계수확체감을 나타내는 노조화된 부문에 있어서 총고용에 대한 노조원의 비율을 설명변수로 선택한다. 즉, 이러한 비율이 크면 클수록 노조원의 이득은 적어지고 노조규모의 증대도 적어진다.[5]

한편, 뉴우만(Newman)은 미국의 각주의 비농업부문에 있어 노조조

---

3) 경기가 좋은 때일수록 경영주의 입장에서는 파업의 기회비용이 상대적으로 커지기 때문에 파업보다는 양보를 택하는 경향이 있다.

4) 요약해서 말하면, 아쉔펠터, 펜커벨은 노동조합원의 변화가 (a) 가격수준변화, (b)고용변화, (c) 경제후퇴기의 실업률, (d) 의회 내의 노동자 후원정당 의석수의 비율과 정(+)의 상관관계에 있고, (e) 노조화된 부문에 있어서 고용에 대한 노조원의 비율과 부(−)의 상관관계에 있음을 주장하였다.

5) 노조의 조직률이 높으면 높을수록 그 이상의 조직확대를 기하기가 더욱 어려워지는 현상을 포만효과(Saturation effect)라 한다.

직률의 차이가 7가지 변수와 관련되어 있다는 것을 발견하였다. 즉, ① 블루칼라(Blue color)직업의 고용비율 ② 도시화의 정도 ③ 유색인종의 노동력비율 ④ 장년노동자의 노동력비율이 노조원 성장에 있어서 유리한 요소이며 ⑤ 여자노동력비율 ⑥ 노동입법의 존재 ⑦ 남부지역조건 등이 노조의 성공에 불리한 요소라는 것을 발견하였다.

## 2. 한국 노동조합의 성장 추이

[표 17-3]을 통해 한국 노동조합의 성장추이를 살펴보면 1991년 이후 노동조합원수, 단위조합수가 감소하고 있는 것을 볼 수 있다.

[표 17-4]에서 각 산별 내지 산업연맹체 단위노조의 수와 조합원수를 보면 철도, 전교조, 한교조, 전매, 전력, 체신노조는 전국단위의

**표 17-3 노동조합수 및 조합원수 추이**

(단위: 개소, 명)

| 연 도 | 조 합 수 | | 조합원수 | | |
|---|---|---|---|---|---|
| | 산별연맹 | 단위노조 | 계 | 남 | 여 |
| 1991 | 22 | 7,656 | 1,803,408 | 1,341,745 | 461,663 |
| 1992 | 22 | 7,527 | 1,734,598 | 1,323,521 | 411,077 |
| 1993 | 27 | 7,147 | 1,667,373 | 1,275,859 | 391,514 |
| 1994 | 27 | 7,025 | 1,659,011 | 1,285,627 | 373,384 |
| 1995 | 27 | 6,606 | 1,614,800 | 1,254,133 | 360,667 |
| 1996 | 27 | 6,424 | 1,598,558 | 1,259,932 | 338,626 |
| 1997 | 41 | 5,733 | 1,484,194 | 1,194,414 | 289,780 |
| 1998 | 43 | 5,560 | 1,401,940 | 1,148,435 | 253,505 |
| 1999 | 45 | 5,637 | 1,480,666 | 1,173,239 | 307,427 |
| 2000 | 46 | 5,698 | 1,526,995 | 1,221,117 | 305,878 |
| 2001 | 43 | 6,150 | 1,568,723 | 1,263,314 | 305,409 |
| 2002 | 43 | 6,506 | 1,538,499 | 1,238,748 | 299,751 |
| 2003 | 45 | 6,257 | 1,549,949 | 1,223,330 | 326,619 |
| 2004 | 44 | 6,017 | 1,536,843 | 1,211,952 | 324,891 |

자료: 노동부.

**표 17-4 산별 노동조합수 및 조합원수: 2000년말**

(단위: 개소, 명)

| | | 조합수 | 조합원수 |
|---|---|---|---|
| 전 체 | | 5,698 | 1,526,995 |
| 한국노총 | 소 계 | 3,754 | 872,113 |
| | 한국노총(직할) | 13 | 897 |
| | 철도노조 | 1 | 25,612 |
| | 섬유노련 | 183 | 31,653 |
| | 광산노련 | 25 | 6,751 |
| | 전력노조 | 3 | 23,664 |
| | 외기노련 | 45 | 21,594 |
| | 통신노련 | 41 | 8,805 |
| | 항운노련 | 58 | 32,219 |
| | 해상노련 | 59 | 32,576 |
| | 금융노련 | 85 | 80,407 |
| | 담배인삼노조 | 4 | 5,611 |
| | 화학노련 | 658 | 85,558 |
| | 금속노련 | 631 | 121,013 |
| | 연합노련 | 546 | 70,987 |
| | 출판노련 | 57 | 3,644 |
| | 자동차노련 | 490 | 79,507 |
| | 관광노련 | 110 | 11,527 |
| | 체신노조 | 2 | 23,323 |
| | 택시노련 | 541 | 103,570 |
| | 고무노련 | 18 | 9,198 |
| | 도시철도노련 | 6 | 8,727 |
| | 공공서비스노련 | 34 | 14,011 |
| | 아파트노련 | 39 | 3,756 |
| | 공공건설노련 | 16 | 5,271 |
| | 의료산업노련 | 6 | 5,206 |
| | 정투노련 | 25 | 18,592 |
| | 예능인노련 | 18 | 2,291 |
| | 한교조 | 1 | 25,060 |
| | 식품산업노련 | 39 | 11,083 |
| 민주노총 | 소 계 | 1,362 | 614,951 |
| | 민주노총(직할) | 81 | 22,696 |
| | 언론노련 | 48 | 21,557 |
| | 병원노련 | 25 | 40,088 |
| | 전대학노조 | 4 | 7,604 |
| | 금속산업노련 | 281 | 173,122 |
| | 화물운송노련 | 25 | 3,938 |
| | 시설관리노련 | 19 | 732 |
| | 민주택시노련 | 168 | 22,259 |
| | 민주관광노련 | 37 | 5,895 |
| | 사무금융노련 | 197 | 68,831 |
| | 공공노련 | 204 | 99,173 |
| | 여성노련 | 18 | 1,066 |
| | 건설산업노련 | 95 | 26,958 |
| | 상업노련 | 31 | 7,993 |
| | 민주화학 섬유노련 | 128 | 32,039 |
| | 전교조 | 1 | 81,000 |
| 상급단체미가입 | | 582 | 39,931 |

자료: 노동부.
주: 비가맹노조란 산별연맹에 가입되어 있지 않은 단위노조를 지칭함.

단일 또는 소수의 산업별 노조로 되어 있고 나머지 산별 노조는 모두 연맹체로 되어 있는 점이 특징이다. 또한 한국노총이나 민주노총 어디에도 가입하지 않은 노조도 582개나 있다.

## 17.6 노동조합 가입결정의 경제분석

### 1. 조직률의 결정요인

노동조합 조직근로자의 조직률은 증가추세에 있을 수 있거나 또한 감소추세에 있을 수 있거나 또는 조직률이 지속적으로 유지될 수도 있다. 무엇이 조직률에 변화를 야기시키는 요인이 되는가? 노조조직률이 어떻게 결정되는지는 노조의 세력에 영향을 미치는 요인들을 노조활동에 대한 수요 · 공급모델로 나타냄으로써 알 수 있다.

이 이론에는 피고용자들이 노동조합의 조직원이 되고자 하는 조직화에 대한 수요 측면이 있고, 피고용자들을 조직화하는 데 소요되는 비용을 배경으로 하는 조직화의 공급 측면이 있다. 그래서 이러한 수요와 공급이 조직화되는 피고용자의 균형비율을 결정해 주고 노동조합서비스에 대한 균형가격을 결정해 준다.

#### 노조활동에 대한 수요 · 공급 측면의 결정요인

이 간단한 모형에서 먼저 노동조합활동에 대한 수요 측면을 결정하는 요인을 생각하여 보자. 피고용자들이 노동조합원이 되고자 하는 수요는 노조멤버십 비용의 함수로 나타나고 이 가격에는 월별 조합비(monthly dues)와 가입비(initiation fees), 노조활동에 투입되는 시간의 가치 등이 포함될 것이다. 따라서 다른 조건이 동일하다면 이 비용이 높을수록 노조원이 되고자 하는 근로자의 비율은 낮아질 것이다.

다음으로 노동조합활동에 대한 공급 측면을 보면 다음과 같다. 단체교섭과정에서 노동조합이 조합원을 대표하여 협상하는 데는 비용이 드는 것이 사실이며, 노동조합조직을 활성화하는 데에도 재원이 요구된다. 즉, 조직자의 관점에서 볼 때, 노동조합활동에 점점 더 소극적인 사람을 조합원으로 만들려고 하면 할수록 더 많은 비용이 발생하게 된다는 것이다. 따라서 다른 사정이 동일하다면 노조원조합비(price of union membership)와 비례하여 이것이 높을수록 많은 노동조합서비스를 제공하고자 한다. 이는 다시 말해서, 조직률이 높아질수록 노동조합조직화의 비용이 상승할 것으로 생각할 수 있다. 이것은 소위 포만효과(saturation effect)가 존재하기 때문이다. 포만효과란 노동조합의 조직률이 높으면 높을수록 그 이상의 조직확대를 하기가 더욱 어렵다는 것이다. 이것은 조직률이 높을수록 비조직근로자가 상대적으로 적어질 뿐 아니라 그 남아 있는 근로자들은 노조가입에 소극적인 사람들이기 때문이다.

### 노조 수요곡선의 우측이동

위와 같은 노조원조합비 이외에도 수요곡선과 공급곡선의 이동에 의해서 조직화되는 노동력의 비율은 달라짐을 알 수 있다. 즉, 수요곡선이나 공급곡선이 우측으로 이동하는 경우 노조조직률이 높아질 것이고, 좌측으로 이동하는 경우 노조결성률이 낮아질 것이다. 따라서 여기서는 수요곡선과 공급곡선을 이동시키는 요인을 간단히 살펴보도록 하자.

우선 노조조직화 수요곡선이 우측으로 이동하는 경우를 살펴보면, 이는 근로자들이 노조원이 될 경우의 순이익이 어느 정도나 된다고 인식하는지에 따라 결정된다. 노조조합원이 되면 예상되는 이익과 노동조합회원권 가격간의 차이를 노조원의 예상순이익(expected net benefits)이라고 했을 때, 노조가입의 예상순이익이 증가할수록 노동조합회원권에 대한 수요는 증가하여 수요곡선이 우측으로 이동하게 된다. 또 다른 요인은 근로자들의 기호(taste)이다. 만약 사회적인 인식의 변화 또는 노조원의 권리를 보장하는 제도가 입법화되는 경우, 근로자들이 노조원이 되고자 하는 성향이 커지고 따라서 수요곡선이 우측으로 이동하게 될 것이다. 다시 말해서 노조가입의 예상순이익을 증가시키는 요인으로 몇 가지 들어보면, 노동자들의 불만과 분노의 스톡(stock of labor's grievances or discontent)이 클수록 노조의 단체교섭이나 노조의 집단적 발언(collective voice) 효과로 인하여 노조가입의 예상순이익이 증가할 수 있다. 그리고 노조의 정치활동으로 사회보장 및 노동자생활관련 서비스제공이 향상될 가능성의 여부로서 이 가능성이 높아지면 예상순이익이 증가하여 노조가입에 대한 수요가 증가할 것이며, 보통의 경우 여성의 경제적 지위향상에 대한 노조의 관심과 노력이 있으면 전체 노동력에서 여성고용의 비중이 증가함에 따라 노조가입은 증가하게 된다.

### 노조 수요곡선의 좌측이동

다음으로 노조조직화 수요곡선이 좌측으로 이동하는 경우를 알아보자. 앞의 세 요인이 반대로 작용하면 좌측으로 이동하게 되는데, 이 외에도 수요곡선을 좌측으로만 이동시키는 데 기여할 요인으로는 다음 몇 가지를 들 수 있다.

첫째, 산업구조가 서비스업 중심으로 바뀌게 됨에 따라 임금 및 근로조건을 개선시키는 데 있어서 집단적 교섭을 선호하는 생산직의 비중이 줄고 전문적 일을 통해 자신의 적성과 능력을 발휘하고 능력에 따른 개인별 보상을 선호하는 전문·기술직 및 화이트칼라의 구성이 높아지면 노조가입은 감소된다.

둘째, 중후장대형 산업(철강, 조선, 자동차 산업) 상품의 국제경쟁력이 격화될 뿐만 아니라 세계화에 따른 경쟁압력이 전반적으로 높아져서 상품의 가격탄력성이 높아짐에 따라 노조조직의 예상순이익이 낮아지게 되어 노조가입이 감소하게 된다.

셋째, 교통수단 및 정보통신의 발달로 해외공장이전 비용절감, 생산공정의 표준화로 해외노동과 국내노동이 대체관계에 있게 되어서 노조가입의 예상순이익이 낮아져 노조가입이 감소하는 경향성을 지닌다.

넷째, 기업이 개인근로자에 대해 능력개발기회 및 지식급(직능급)을 제공하고 직장만족도 제고가 이루어지면 노조가입의 예상순이익은 감소하여 노조가입은 감소한다.

즉, 노조가입에 따른 예상순이익의 증가 또는 감소결과에 따라 한 나라의 노동조합조직화에 대한 수요이동의 크기가 결정될 것이다.

#### 노조·공급 곡선의 이동

다음으로 공급측면을 살펴보면 노조결성활동에 따르는 비용이 변하는 경우 공급곡선이 이동하게 된다. 이러한 비용을 변화시키는 요인에는 다음과 같은 것들이 있다. 첫째, 노조의 조직활동에 유리한 입법은 공급곡선을 우측으로, 노조 억압적 입법은 공급곡선을 좌측으로 이동시킨다. 예를 들어 노조가 대표권투표에서 승리할 수 있는 노동법이 제정되는 경우 공급곡선이 우측으로 이동하게 되고, 대표권투표에서 승리할 수 있는 여건이 더 어렵게 된다면 공급곡선은 반대로 좌측으로 평행이동하게 될 것이다. 둘째, 사용자의 반노동조합 이데올로기의 강도가 강할수록 노조조직비용이 증대하여 노조조직화 공급곡선을 좌측으로 이동시킨다. 셋째, 근로자들이 결속하기가 어렵게 산업구조가 바뀌는 경우, 공급곡선은 좌측으로 평행이동하여 노조조직률을 떨어뜨리는 결과를 초래할 것이다.

지금까지의 수요와 공급모형은 다른 방법들보다도 개인의 선택에 영향을 미치는 요인에 의해 노조의 성쇠를 비교적 정확히 그리고 간결하게 묘사하는 장점을 가지고 있다고 볼 수 있다.

## 2. 조직화 결정요인의 응용 예

위의 조직화 이론에 대한 한 응용으로 미국의 경우 1930년대 와그너법이 제정되고 대공황으로 노조에 대한 사회적 인식이 노조에 호혜적으로 조성됨에 따라 수요곡선과 공급곡선이 우측으로 이동하여 노조조직률이 빠르게 증가하였다. 제2차 세계대전 기간 중에는 실업률이 낮은 수준에 머물러 직장을 잃게 될 두려움이 감소됨에 따라 근로자들이 노조에 대해 호혜적인 성향을 보여 수요곡선이 우측으로 이동하게 된다. 그러나 제2차 세계대전 이후 실업률이 증가함에 따라 수요곡선이 좌측으로 이동하고, 테프트-하틀리법(Taft-Hartley Act)이 통과됨으로써 노조가 멤버십을 늘리기 어렵게 되자 공급곡선이 역시 좌측으로 이동하여 노조조직률이 저하되었다.

1914년 정도만 하더라도 미국, 영국 그리고 유럽대륙 국가에서의 노조조직률은 대단히 낮았다고 볼 수 있고, 1930~1939년 사이에 크게 증대되었다. 이 시기에 도달한 노조조직률이 유지되고 있는 국가로 독일을 들 수 있고, 서서히 하락해 온 나라로는 영국, 미국, 프랑스, 일본(제2차 세계대전 이후에 국한)을 들 수 있으며, 오히려 상승한 나라로는 덴마크, 스웨덴, 노르웨이, 오스트레일리아를 들 수 있다. 그러므로 노동조합 조직률이 세계적으로 하락하고 있다는 일부 언론의 보도나 학계의 주장은 극히 피상적이며, 사실과 일치하지 않는다고 할 수 있겠다.

한국의 경우, 노조조직률이 1996년을 기준으로 12.2%로서 1990년 16.2%보다 크게 낮고, 12.2%라는 조직률은 전두환정부시기에 가장 낮은 수준인 1986년의 12.3%와 거의 같다. 우리나라를 선진국과 비교해 보면, 1910년 또는 1920년대 선진국 노동운동 초기단계의 조직률과 유사하다고 볼 수 있다. 우리나라의 노동운동이 조직률을 높이려면 노조조직화 수요 및 공급곡선의 이동요인에 대한 보다 면밀한 분석이 행해져야 할 것이다.

## 17.7 노동조합의 임금정책

노동조합은 단체교섭을 통하여 고용주 측으로부터 양보를 얻을 수 있는 목표로서 대체로 다음과 같은 두 가지를 고려한다. 첫째, 임금지불의 증액이고 둘째는 기타노동조건의 개선에 대한 요구인 것이다.[6] 여

6) 노동조합이 추구할 수 있는 목표에는 임금이나 근로조건의개선과 같은 순수한 경제적인 목표뿐만 아니라 정치적 · 사회적 개혁과 같은 정치적 목표에 이르기까지 여러가지가 있을 수 있다. 이러한 노조의 목표는 우선 조합원 · 노조집행부 · 고용주의 이해

기서는 조합의 임금정책(union wage policy)이라 불리는 전자의 목표에 주목할 것이다. 보통 노동조합 내부에는 여러 가지 상이한 의사결정이 존재하는데 그 중에서 임금 및 (임시)상여금 요구수준의 결정은 조합의 중요한 역할 가운데 하나이다. 노동조합은 임금에 관하여 언제나 가능한 한 높은 임금을 요구한다는 점을 누구나 부인할 수 없으며 이를 만족시켜 줄 수 있는 해답을 경제학적으로 줄 수 있는 것도 아니다. 그러한 의미에서 조합의 이론은 생산물의 가격 및 산출량을 결정함에 있어 일반적으로 인정할 수 있는 목적함수와 제약조건을 가진 기업이론과 사정이 다르다. 물론 조합 역시 일정한 목적함수와 제약조건이 존재한다고 주장하는 경우가 있는데 다음 세 가지 실례를 통해 이를 살펴보기로 하자.

## 1. 1인당 임금을 극대화 하는 경우

조합의 행동기준이 1인당 임금을 극대화 하는 것이라는 이론은 사이먼(H.Simon)에 의해 정식화되었다. 이 이론에 의하면 기업에 신규 입직되는 노동자는 조합원이 아닐 수도 있기 때문에 조합원이 해고된다면, 조합정책에 대한 영향력도 동시에 잃어버린다는 것을 전제로 하고 있다. 조합원 노동자에 대한 수요함수가 [그림 17-2](a)에서와 같이 우하향한다고 가정하면 1인당 조합원의 최대소득은 가능한 한 조합원의 수를 감소시킴으로써 달성될 수 있다. 이것은 조합이 인원을 감소하지 않고는 고임금을 추구할 수 없음을 의미한다. 그러나 현실적으로 조합은 동일한 직장의 사람들이 실직하는 데 무관심하지 않기 때문에 조합의 조직확대 노력을 설명함에 있어 이 모형의 현실타당성이 높다고는 할 수 없다. 일반적으로 노조의 임금인상에 따른 고용효과를 고려할 때는 노동수요곡신의 위치와 임금탄력성이 노동조합의 목표달성능력을 제한하는 시장제약으로 작용한다. 여타 조건이 일정하다면 노동수요곡선

---

관계 혹은 의식구조에 따라 결정되며 최종적으로는 정치 · 사회환경에 영향을 받는다. 6.29 이후 노조임원을 대상으로 한 설문조사에 의하면 단순한 임금 및 생활조건의 개선이 노조의 주된 목표라고 응답한 비율은 32.5%에 불과하고 나머지는 대부분 사회정치적 목표를 더 강조하고 있다.

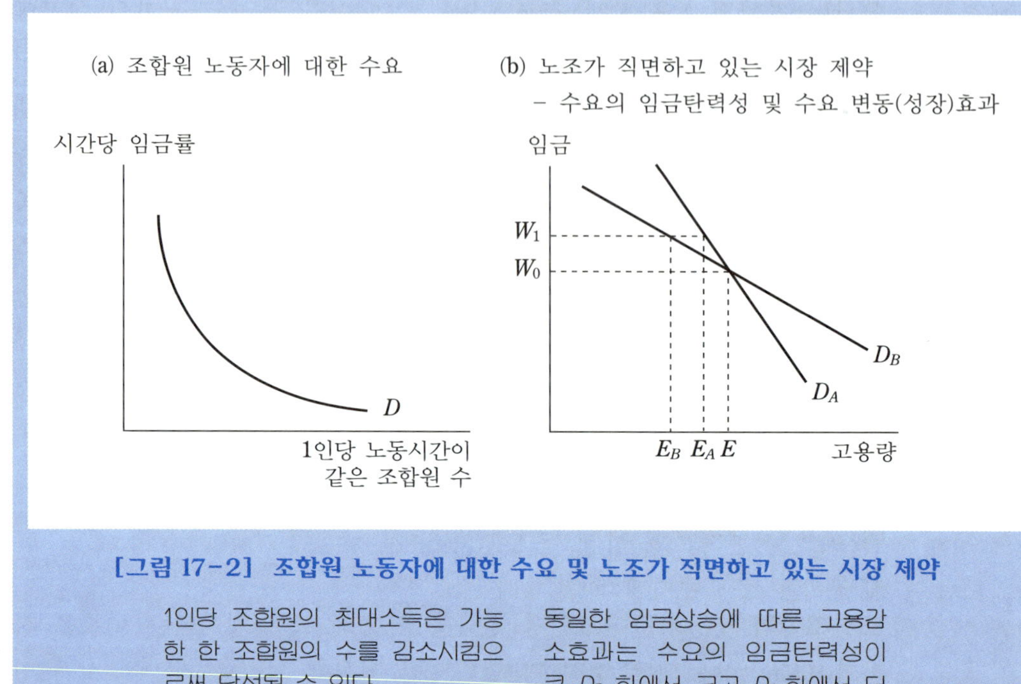


**[그림 17-2] 조합원 노동자에 대한 수요 및 노조가 직면하고 있는 시장 제약**

1인당 조합원의 최대소득은 가능한 한 조합원의 수를 감소시킴으로써 달성될 수 있다.

동일한 임금상승에 따른 고용감소효과는 수요의 임금탄력성이 큰 $D_B$ 하에서 크고 $D_A$ 하에서 더욱 작게 나타난다.

이 탄력적일수록 일정한 크기의 임금상승으로 인한 고용의 감소효과는 더욱 커지는 반면 노동수요곡선이 빠른 속도로 오른쪽으로 회전이동하면 할수록 고용감소 효과는 적어지며 또 고용감소 속도도 완화된다.

[그림 17-2](b)에서 보면 동일한 임금상승에 따른 고용효과는 수요곡선 $D_B$와 $D_A$를 비교할 때 수요의 임금탄력성이 큰 $D_B$하에서 상대적으로 크게 나타나고 $D_A$와 $D_B$를 비교할 때 $D_A$하에서 더욱 작게 나타남을 알 수 있다. 그러므로 노조가 조합원의 임금을 상승시킬 수 있는 능력은 비탄력적인 수요곡선을 가지고 급속하게 성장하는 산업에서 강력하게 나타난다. 반대로 노동수요의 임금탄력성이 탄력적이고 또 수요곡선이 왼쪽으로 이동하는 산업에서는 그 능력이 약화된다.

## 2. 생산물시장의 독점자와 유사한 행동을 하는 경우

노동조합과 사용자 사이의 관계에 대한 가장 단순한 모형은 '독점' 조합주의라 일컬어져온 것으로, 이 모형에서는 노동조합이 마치 생산물시장의 독점자와 같이 행동한다. [그림 17-3]에서는 노동조합은 조합원들의 임금과 고용수준을 모두 가치 있는 것으로 보며, 두 변수에 기초한 노동조합의 효용함수를 만들 수 있는데 그것은 무차별한 임금과 고용수준의 궤적을 나타낸다. 노동조합이 주어진 효용수준을 유지하기 위해서는 한 변수(고용 또는 임금)가 감소하면 다른 변수의 증가로 보상이 이루어져야 하기 때문에 무차별곡선은 부(−)의 기울기를 갖는다.

만약 노동조합이 없는 경우, 시장균형이 임금 $W_0$와 고용수준 $E_0$($A$ 점)에서 달성되었다고 가정하자. 이제 노동조합을 통한 단체교섭이 도

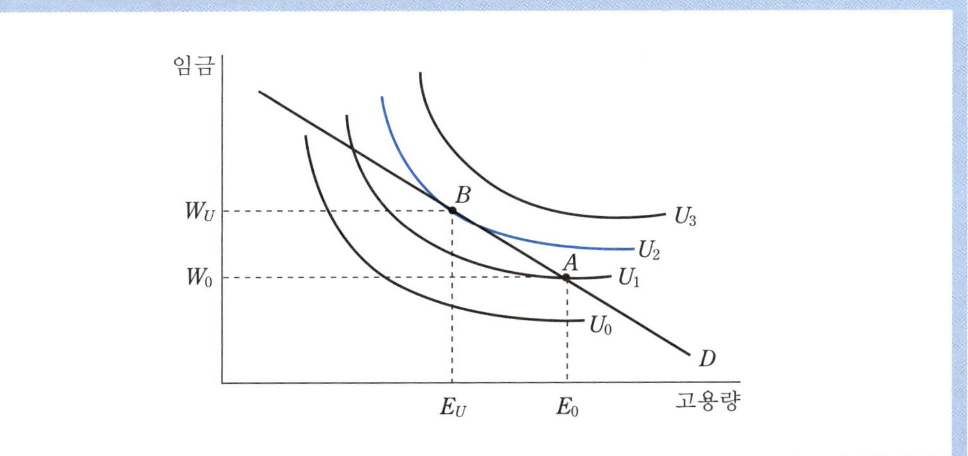


**[그림 17-3] 노동수요곡선의 제약하의 노동조합의 효용극대화**

노동조합이 없는 경우 시장균형이 임금 $W_0$와 고용수준 $E_0$($A$점)에서 결정된다고 가정했을 때, 노동조합을 통해 단체교섭이 도입되면 협상을 통해 사용자는 이윤을 극대화하는 고용수준을 결정하려 하고 노동조합은 이를 알기 때문에 제약조건에서 효용을 극대화하는 것을 목표로 삼을 것이다.

입되면 어떤 영향을 주겠는가? 한 가지 가능성은 노동조합과 사용자가 더 높은 임금에 합의하고 나서, 임금이 주어지면 사용자가 고용할 조합원의 수를 결정하는 것이다. 협상을 통해 임금이 주어지면, 사용자는 노동수요곡선으로부터 이윤을 극대화하는 고용수준을 결정할 것이다. 노동조합은 아마도 이를 알고 있기 때문에, 노동수요곡선과 겹치는 임금/고용의 제약조건하에서의 효용을 극대화하는 것을 자신들의 목표로 삼을 것이다.

[그림 17-3]에서 보면, 노동조합은 무차별곡선 $U_2$가 수요곡선에 접하는 점 $B$로 옮겨가려 할 것이다. 이 점에서는 임금은 $W_U$, 고용은 $E_U$가 된다. 노동수요곡선이라는 제약조건하에서 점 $B$는 노동조합이 얻을 수 있는 가장 높은 효용수준을 나타낸다.

## 3. 경기변동에 따른 조합의 행동목표

노동조합은 임금상승과 조합원수의 확대를 다 같이 중요한 관심사로 하지만 이러한 두 가지 목표에 부여하는 비중은 보통 경제환경에 따라 다르다.[7] 즉 고용확대기와 축소기에 따라서 조합이 보여주고 있는 교섭력의 강도나 그 방향이 다르게 나타난다.

### (1) 고용확대기

고용확대기에는 물가도 상승하는 경향이 있으므로 조합은 경제적으로 최대의 자유로운 교섭력을 행사할 수 있다. 그러나 이러한 시기에 있어서도 임금상승은 고용량에 영향을 미치기 때문에 고용의 절대량이 감소한다든가 고용의 성장률이 둔화하는 정도를 함께 고려해야 한다.[8] 기업측에서도 고용확대 및 물가상승기에는 조합측의 요구에 양보하는 방향이 더욱 현명하게 된다. 그 첫째 이유로는 호황기에 있어 임금상승으로 인한 비용보다도 사업에 따르는 생산정체가 기업에 더욱 손실이

7) 일반적으로 조합은 임금상승보다는 임금인하에 대하여 보다 강한 반발을 한다.
8) 물론 고용성장률의 둔화는 절대량의 감소보다도 조합의 저항을 덜 받게 된다.

**표 17-5 노 · 사 · 정간에 있어 목표의 우선 순위(미국의 예)**

| | 노동조합 | 경 영 | 정 부 |
|---|---|---|---|
| 제 1 차적 관심 | 1) 조합원에의 공헌<br>2) 종업원이익의 실현<br>3) 조합의 이미지향상<br>4) 단체교섭<br>5) 조합의 사회적 권위<br>6) 완전고용<br>7) 인간의 존엄<br>8) 사회정의<br>9) 집단적 의사결정<br>10) 경제(인플레/디플레)<br>11) 생산성<br>12) 정치행동<br>13) 세금<br>14) 조합임원의 윤리<br>15) 민주적 절차<br>16) 조합운영의 효율<br>17) 산업평화<br>18) 자유기업의 유지 | 1) 경영효율<br>2) 세금<br>3) 고객.주주.거래선<br>4) 기업의 사회적 권위<br>5) 자유기업의 유지<br>6) 경제<br>7) 생산성<br>8) 기업의 이미지<br>9) 종업원 이익 실현<br>10) 완전고용<br>11) 인간의 존엄<br>12) 경영자의 윤리<br>13) 정치 행동<br>14) 산업평화<br>15) 단체교섭<br>16) 민주적 절차<br>17) 사회정의 | 1) 경제<br>2) 정치행동<br>3) 조세<br>4) 완전고용<br>5) 생산성<br>6) 국가의 사회적 권위<br>7) 집단적 의사결정<br>8) 인간의 존엄<br>9) 산업평화<br>10) 사회정의<br>11) 관료의 윤리<br>12) 민주적 절차<br>13) 단체교섭<br>14) 자유기업의 유지<br>15) 정부운영의 효율 |

자료: W.V. Owen and Howard V. Finston, Industrial Relations-Management, Labour and Society, Appleton-Century-Crofts, 1964, pp. 192-3.

크며, 둘째로는 호황기에 노동시장이 핍박할 때는 임금인상을 통해 자격이 높은 노동자를 채용할 수 있기 때문이다. 그렇지만 기업은 호황기의 임금상승을 생산물가격으로 전가시키므로 인플레이션을 가속화시킨다는 비판을 우려하기 때문에 임금의 상승보다도 실질보수(주로 무상급부)의 증가 형태를 취하는 경우가 허다하다.

### (2) 고용축소기

다른 한편, 고용축소기에 있어 조합의 임금정책은 매우 복잡하다. 왜냐하면 파업을 승리로 이끌기에는 조합측의 힘이 매우 약화되어 있으며 대폭적인 임금상승을 요구하면 고용축소가 필연적으로 수반되기 때문이다. 그러나 물가수준의 상승이나 타기업 및 타산업의 임금상승이 있는 경우엔 고용축소기에도 조합은 임금인상을 요구할 수 있다.

## 17.8 노동조합의 의무와 책임

### 1. 노동조합의 의무

협약기간중의 파업금지(노쟁법 제31조와 동법 제14조 규정): 노동조합은 노사분규와 같은 극단적인 수단보다는 고충(grievance)처리 및 중재(arbitration)절차 같은 평화적인 방법으로 해결함으로써 사업장 내의 노사관계를 안정화하고 이로써 고용주·종업원의 이해를 보호할 의무가 있다. 파업금지는 무조건적 형태와 조건적 또는 제한적인 형태로 규정되기도 한다

불법적 파업의 금지(노조법 제32조 규정): 노동조합의 허락없이 소수의 노동자 또는 노조간부들에 의해 선동되는 경우의 불법적 파업(wildcat strike)이 금지되어 있으며 사태발생시 고용주들은 주동인물을 해고 또는 처벌할 수 있는 권리가 주어진다.

파업중의 재산보호(노조법 제13조①②항, 제40조, 제41조 규정): 노동조합은 파업으로 인한 기업, 종업원, 노동조합 및 국가경제상의 손실을 최대한 방지할 의무가 있다.

### 2. 노동조합의 책임

조합원에 대한 책임(노조법 제29조, 동법 제11조 규정): 노동조합은 조합원 가입 및 자격에 대하여 평등한 적용을 하여야 한다. 그러나 노조는 자체 내규나 정관 등에 의해서 조합원 가입자격을 제한할 수 있다.

사용자에 대한 책임: 노조는 기업조직이 성과의 극대화를 목표로 한

경제, 기술, 사회적 체제임을 깊이 인식할 필요가 있다. 즉 노동조합은 기업내 노동자를 대표하는데 있어서 대립적인 입장만을 고수하기보다는 가능한 한 사용자측과 교섭을 통한 해결을 모색하도록 노력하여야 할 책임이 있다.

사회에 대한 책임(노동쟁의 조정법 제12조②항 규정): 공익사업체등 국가경제에 영향을 미치는 산업에 대하여는 단체행동의 노사분규에 대해서 규제를 가할 수 있다.

## 17.9 한국의 노동조합 실태와 특징

우리나라 노동조합의 조직과 운영 실태를 일본과 비교하여 간략하게 살펴보도록 하자. 우리나라 노동조합의 조직형태는 일본과 마찬가지로 기업별 노동조합이 노동조합의 근간을 이루고 있는데, 우리나라의 경우 전체 노동조합의 98.6%가 기업별 조합이고, 일본의 경우에는 단위노동조합의 94.5%가 기업별 조합이다. 그리고 1991년 일본이 우리나라에 비하여 단위노동조합 수에서는 9.4배, 조합원수에서는 6.9배로 조직률에서는 일본이 우리나라에 비하여 절대적인 우세를 보이고 있다. 그리고 우리나라는 한국노총이 전국중앙조직으로 존재하고 있는 반면, 일본의 경우 최대 전국중앙조직인 일본노동조합총연합회에 전체 조합원수의 61.4%만이 포함되어 있고, 어떠한 노동조합에도 가입하지 않은 가맹조합원도 9.0%나 된다.

산업별 조직현황을 보면 제조업 집중비율이 우리나라나 일본 모두 높게 나타나고 있는데, 일본의 경우 화이트칼라 산업이 노동조합 조직률이 우리나라에 비해 상대적으로 훨씬 높다는 것이 특징이다. 이러한 산업별 수준의 조직은 우리나라나 일본 모두 가맹단위가 기업별 조합을 주축으로 한 산업별 연맹체 형태를 띠고 있다.

노동조합 조직기구의 구성이나 운영은 일본과 유사하지만, 일본에서는 대의원 대회의 개최 회수나 대의원 수를 많게 하고 조합대회에서의 전결사항의 범위가 상당히 포괄적인 반면, 우리나라의 경우에는 대의원 대회가 총회의 기능을 대신하는 경우에도 조합의 합병·분할 또는 해산에 관한 결정과 노동쟁의에 관한 결정은 반드시 총회에서 조합원 전원의 의사에 따라 결정하도록 규정하는 경우가 대부분이다. 이러한 측면은 '대중성'에 대하여 우리나라 노동조합이 일본보다 더욱 비중을 두고 있음을 의미한다.

우리나라는 노동조합의 전임자수가 조합원 219명당 1명으로 일본에 비하여 높은 편인데, 이는 노동조합의 자립성과 전문성 제고를 위해서는 바람직하다고 할 수 있지만 효율성 측면을 고려하지 않은 채 전임자수만을 증가시킬 우려가 있기 때문에 기업에서의 인건비 부담의 가중은 물론 노조운영의 효율성도 저해할 우려가 있다.

노동조합의 재원은 우리나라도 일본과 마찬가지로 조합비이고 이 조합비의 부과방법도 구미제국의 경우와는 달리 재정적으로 안정되고자 하기 때문에 정률제 또는 [정액+정률]의 혼합방식이 많다. 노동조합 재정지출의 특징은 기업별 조합이 자립적인 재정을 가지고 있고, 전국중앙조직 등은 각 가맹조직으로부터의 상부단체비에 기초한 재정권만을 가지고 있다는 점을 들 수 있다.

노동조합의 단체교섭으로는 기업별 교섭이 대단히 높고, 그 범위는 기본적으로 임금·상여금·근로시간·휴일 등 기본적인 노동조건을 포함하고 있으며 노동조합의 활동과 관련된 사항·복지후생·작업환경·교육훈련 등이 대부분을 차지하고 있다. 또한 노동쟁의 발생원인은 대부분이 임금·상여금과 같은 임금과 관련된 사항에 집중되어 있다. 그 밖에 우리나라의 노동조합에서는 기업 내 복리후생 문제를 두번째로 중시하고 있는 반면, 일본의 노동조합에서는 근로시간·퇴직금·연금제도·정년연장 등에 상대적으로 높은 관심을 보이고 있는 것으로 나타난다. 이는 일본의 경우 기업 내 복리후생수준이 이미 상당 수준에 이르고 있고, 일본 근로자의 상대적으로 높은 소득수준 및 고령화 추세를 반영하는 것으로 볼 수 있다.

# 제 18 장

# 노동쟁의와 단체교섭

노동조합과 기업의 단체교섭 행위는 어떠한가? 노조는 단체교섭을 통해 고용조건을 개선하려고 시도하며 이윤을 극대화하려는 기업의 입장에서 보면 노동조건의 개선은 생산비용을 상승시키기 때문에 기업은 교섭을 통해 비용 상승을 극소화하고자 한다.

단체교섭은 일련의 제안과 대체제안으로 구성되므로 노조가 최초로 요구하는 제안은 기대하는 수준보다 크며, 기업이 최초로 허용하고자 하는 수준은 낮은 것이 보통이다. 그러므로 단체교섭의 과정은 노조가 그 요구수준을 낮추고 기업이 제공하고자 하는 수준을 높이는 일련의 협상과정이다. 물론 노조나 기업의 교섭과정에서 고용조건에 대한 불일치가 있을 수 있다. 이 경우 노조에게 최후의 무기는 파업(strike)이다. 파업은 기업을 설득하여 노조의 조건을 받아들이게 하는 수단인데 이것은 보통 노조가 기업에 대해 노동력의 제공을 통제하므로 생산, 판매, 이윤에 관한 기업활동을 중지시키는 것을 의미한다. 기업에게 있어 최후의 무기는 직장폐쇄(lockout)로서 이는 노동력의 고용을 거부하는 조치이다. 파업과 직장폐쇄는 모두 작업중단(work stoppage)의 예로서 단체교섭의 와해에 해당한다.

## 18.1 노동쟁의 의의와 유형

### 1. 노동쟁의의 의의

인간상호간의 모든 관계 내에서는 분쟁이 발생할 수 있고, 그것은 근로자와 사용자의 관계, 즉 노사관계 내에서도 마찬가지이다. 그런데 노사관계 내에서 발생하는 분쟁(노동쟁의)은 우선 그것이 일상적으로 발생한다는데 그 특징이 있다. 노사관계는 본질적으로 이해상반적 요소를 내포하고 있기 때문에 이러한 관계에서 분쟁이 발생하는 것은 필연적이라고 볼 수 있다. 하지만 노사관계는 또 한편으로, 노사가 서로 외적 강제 없이 자발적으로 서로간에 하나의 관계를 형성하였다는 점으로 보아 이 관계가 본질적으로 이해공통적 요소도 또한 가지고 있다는 것을 알 수 있다. 그러므로 노사의 이해대립적 측면에서 발생하는 분쟁은 노사의 이해공통적 요소에 의해서 그 내부에서 완화 또는 상쇄의 작용을 받기도 하며, 분쟁 자체가 스스로에 의해 해소되기도 한다고 볼 수 있다.

노사관계에 있어서 노동자들은 노동조합을 결성하여 근로조건의 유지 및 개선을 위한 단체교섭을 하게 되는데 이와 같은 평화적 교섭이 결렬된 경우에 노사는 각각 자기 측의 주장을 관철시키기 위하여 실력행사로서의 쟁의행위를 하게 된다.

노동쟁의(labor dispute)는 임금 · 근로시간 · 후생 · 해고 · 기타 대우 등 근로조건에 관한 노사관계 당사자간의 주장의 불일치로 인한 분쟁상태를 의미한다. 이 경우 주장의 불일치는 당사자간의 합의를 위한 노력을 계속하여도 더 이상 자주적 교섭에 의한 합의의 여지가 없는 경우를 말하는 것으로서 일반적으로 평화적인 단체교섭이 단체협약의 체결에 이르지 못하고 결렬된 경우 어떠한 실력행사를 하지 않더라도 노동쟁의는 발생한 것으로 간주한다. 노동쟁의는 노동자가 노동조합, 또는 기타의 집단을 조직하는 경우에만 가능하므로 노동자 개인과 사용자간의 분쟁은 노동쟁의가 아니다. 쟁의행위는 노동쟁의와는 달리 파업 · 태업 또는 직장폐쇄와 같은 투쟁행위 내지 대항행위를 일컫는 것으로 노사쌍방뿐만 아니라 국민경제에도 막대한 타격을 가할 수 있기 때문에 노사간의 분쟁은 평화적으로 타결되는 것이 가장 바람직하다. 그러나 노동자들이 사용자와 대등한 지위에서 평화적으로 교섭할 수 있는 것은 궁극적으로 쟁의행위라는 투쟁력을 배경으로 하기 때문이라는 사실은 부인할 수 없으므로 쟁의행위는 노동자들의 생존권을 확보하기 위한 불가피한 수단이라고 볼 수 있다.

## 2. 쟁의행위의 유형

우리나라의 쟁의행위제도에는 파업(strike), 태업(slow-down or sabotage), 피케팅(picketing), 보이콧(boycott), 2차 보이콧(secondary-boycott), 농성(sitting), 직장폐쇄(lockout) 등 여러 방법이 존재하고 있다. 물론 이러한 모든 쟁의행위가 다 합법적으로 가능한 것이 아니며, 우선 이러한 행위가 강압에 의하지 않는 자발적이고 비폭력적 방법에 의해야 한다는 것은 말할 것도 없다.

외국과 비교하여 우리나라의 경우 쟁의행위의 특징은 첫째로, 사용자에게 매우 불리하다는 것으로 우리의 경우 쟁의행위에 수반하여 농성 등의 행위가 그대로 인정되고 있고, 이러한 쟁의행위가 사업장을 벗어날 수 없다는 규정에서도 정당화되고 있다. 즉, 쟁의행위는 오로지 사업장 내에서만 할 수 있다는 것이다. 둘째는, 우리나라의 경우 파업이 사용자 업무의 정상운영을 저해시키는 적극적 공격행위, 즉 합법적인 업무방해행위로 인식되는 경향이 있다. 따라서 파업참가자들의 적극적인 조업방해행위에 의해 사실상 소수의 근로자가 참가하더라도 업무를 불가능하게 하고 특히 사업장점거농성이 그러한 결과를 빚고 있다고 할 수 있다. 셋째는, 우리나라의 경우 근로자의 쟁의행위가 아직 제도적으로 정착되지 못하여 법질서를 준수하지 않고, 불법적인 수단 등의 방법으로 행하여지는 경우가 많다는 것이다. 이에 대해 사용자는 징계처분을 할 수 있지만 이는 현재의 부당한 쟁의행위를 중단시킬 수 없다는 문제와, 만약 사용자의 조치가 오히려 부당노동행위로 판정될 경우 여기에 따르는 추가적 부담을 각오하고 있어야 한다는 문제가 있다. 넷째로, 우리나라의 경우 쟁의행위를 근로자가 행하였을 때 사용자측은 직장폐쇄로서 대항할 수 있을 뿐, 파업에 거부하고 조업활동을 적극적으로 계속하기가 어렵게 되어 있다는 것이다.

노동쟁의의 유형에 대하여 좀더 자세히 살펴보면, 쟁의행위에는 노동자측의 쟁의행위와 사용자측의 쟁의행위가 있다.

### 노동자측의 쟁의행위

우선 노동자측의 쟁의행위에 대해 살펴보면 여기에는 파업, 사보타쥬, 보이콧, 생산통제, 피케팅, 기타 보조적 쟁의수단이 있다.

첫째, 파업(strike)은 가장 널리 행해지고 있으며 또한 가장 역사가 깊은 기본적인 쟁의형태이며 노동자들이 단결하여 근로조건을 유지 또는 개선이라는 목적을 쟁취하기 위하여 집단적으로 노동의 제공을 거부하는 행위로서 파업이 종료된 후에 노동자들은 근로를 계속할 의사를 갖고 있다고 보는 경우이다. 파업의 수단은 일반적으로 조합원을 공장, 사업장 등의 시설물 밖으로 철수시키는 직장이탈(work out)이 기본이 되고, 부차적인 방법으로 노동자들이 작업장을 떠나지 않고 작업을 중단하는 직장의 점거방법에 의한 연좌농성(sitdown strike), 생산품의 출하저지, 수금액 납입기피 등의 방법도 있다. 파업은 채무불이행의 요소를 갖는 행위이지만 헌법상 보장되고 있는 단체행동권의 행사이기 때문에 민사상 · 형사상의 책임이 없고, 다만 단체행동권으로서 보장되는 범위를 넘을 경우에는 별도의 법적 평가를 받게 된다.

파업에 따른 경제적 손실 중 노동자와 사용자의 사적 비용을 볼 때, 노동자들은 생산활동의 중단에 따른 노동소득의 감소를 감수해야 하고 사용자들은 생산의 중단에 따른 이윤의 감소를 감수해야 한다. 그리고 국민경제적 차원에서의 사회적 비용은 재화 및 서비스의 생산량 감소로 사회적으로 소비 내지 투자수준이 저하되어 나타나는 손실로 말할 수 있다. 그리고 파업의 경제적 기능을 살펴보면, 노사 양측은 파업제도가 없을 경우보다 협상타결에 대한 압력을 더 받게 되어 협상이 성공할 가능성이 높아진다는 점과 파업을 통해 개별기업수준의 단체협약을 신속하고 성공적으로 실현시킬 수 있다는 점을 들 수 있다.

둘째, 사보타쥬(sabotage)에는 소극적 사보타쥬(passive sabotage)와 적극적 사보타쥬(active sabotage)가 있다. 적극적 사보타쥬와 같은 쟁의행위는 세계 각국에서 불법행위로 간주하고 있는 것으로 사업장에 대한 방해 행위, 업무의 고의적 방해, 기계류의 파괴, 고의적인 불량품 생산 등, 생산 또는 사무를 의식적이고 적극적으로 방해하는 행위를 말한다. 소극적 사보타쥬는 일반적으로 태업이라고도 하는데 형식적으로 작업은 하지만 실제로는 작업을 하지 않거나, 필요 이상의 완만한 작업 또는 조잡한 작업 등, 의식적으로 작업능률을 저하시키는 행위를 말한다. 파업은 노동수단을 생산수단과의 결합상태에서 분리시키고 사용자의 노동력에 대한 지휘, 명령으로부터 완전히 벗어나게 하는 것인 반면, 사보타쥬는 단지 사용자의 지휘, 명령만을 그대로 따르지 않는다는 점에 차이가 있다.

셋째, 보이콧(boycott)은 1차 보이콧과 2차 보이콧으로 나눌 수 있다. 1차 보이콧은 사용자 또는 그와 거래관계에 있는 제 3 자의 제품 구입을 거부하든지(불매운동), 근로계약의 체결을 거절할 것을 호소하는 쟁의행위를 말하고, 2차 보이콧은 사용자와 거래관계에 있는 제 3 자에게 사용자와의 거래를 단절하고 이에 응하지 않으면 제품의 구입이나 시설의 이용 또는 노동력의 공급을 중단하겠다고 압력을 가하는 것을 말한다. 보이콧은 파업을 지원하기 위한 부차적인 수단으로 행해지는 경우가 많다.

넷째, 생산통제는 법적으로 용납되지 않는 쟁의행위로 노동조합이 사용자의 의사에 반하여 공장시설, 원자재 등을 노조의 점유하에 두고 사용자의 지휘명령을 배제하고 노조가 기업을 운영하는 형태의 쟁의행위이다.

다섯째, 피케팅(picketing)은 파업의 이탈자를 감시하고 제 3 자에게 파업에의 협력을 호소하는 것을 기본으로 하는 쟁의의 실효성을 높이고 쟁의의 파괴를 방지하기 위한 부수적 쟁의행위이다.

마지막으로, 기타 보조적 쟁의수단으로는 쟁의선언이나 문서의 배포, 부착 그리고 현수막의 개시, 구내 시위행위, 농성 등의 보조적 쟁의수단을 이용하거나 출하저지, 물품은닉 등 쟁의효과를 높이는 방법도 사용할 수 있다.

#### 사용자측의 쟁위행위

다음으로 사용자측의 쟁의행위에 대해 살펴보자. 우선 직장폐쇄(lockout)는 노동법으로 인정되고 있는 것으로 사용자가 그의 주장을 관철시키기 위해 노동자들을 직장으로부터 차단하는 행위, 즉 이는 노동자의 쟁의행위에 대항하여 사용자측에서 직장을 폐쇄하여 생산을 일시적으로 중단하는 것이다. 그런데 직장폐쇄의 경우 임금지불의 책임에 대하여 노동계약은 쟁의중에서도 효력을 상실하지 않는다고 보아 직장폐쇄는 노동계약의 불이행으로 당연히 임금을 지불할 의무가 있다고 간주한다. 직장폐쇄 외에 대체고용의 방법도 있는데, 이는 쟁의행위에 가담한 조합원 이외에 이미 노동계약관계에 있는 노동자들 가운데 희망자를 사용해서 조업을 계속하는 것을 의미하는 것으로서, 비조합원과 파업불참 노조원의 대체고용은 가능하나 새로운 고용은 불법화되어 있다.

## 18.2 노동쟁의와 조정제도

### 1. 노동쟁의의 발생과 협상

노사간 당사자주의에 입각한 단체교섭을 통해서 자주적 타협과 합의가 이루어지지 않아 노동쟁의가 발생하거나 또는 공익사업과 같이 당사자의 자주적 해결에 맡겨서는 쟁의행위가 국민경제에 막대한 영향을 미칠 우려가 있는 경우 노사 혹은 일반사회에서의 손실을 최소화하기 위해 정부나 제 3 자에 의한 신속한 쟁의조정이 필요하게 된다.

[그림 18-1]은 노동쟁의가 발생했을 경우 나타나게 되는 임금협상과정을 나타내고 있다. 노동쟁의가 발생하게 되면, 노동조합의 초기 요구액은 $W_4$이고 기업의 초기 제시액은 $W_1$이 된다. 양쪽 모두에서 노동쟁의가 발생되었을 경우 유리하다고 생각한다면, 노동쟁의가 발생할 것이다. 그리고 노동조합은 $t^*$의 시간이 흐른 뒤, 회사가 $W_3(A)$에서 동의할 것이라고 예상하고, 반면에 회사는 노동조합이 $W_2(B)$에서 동의할 것

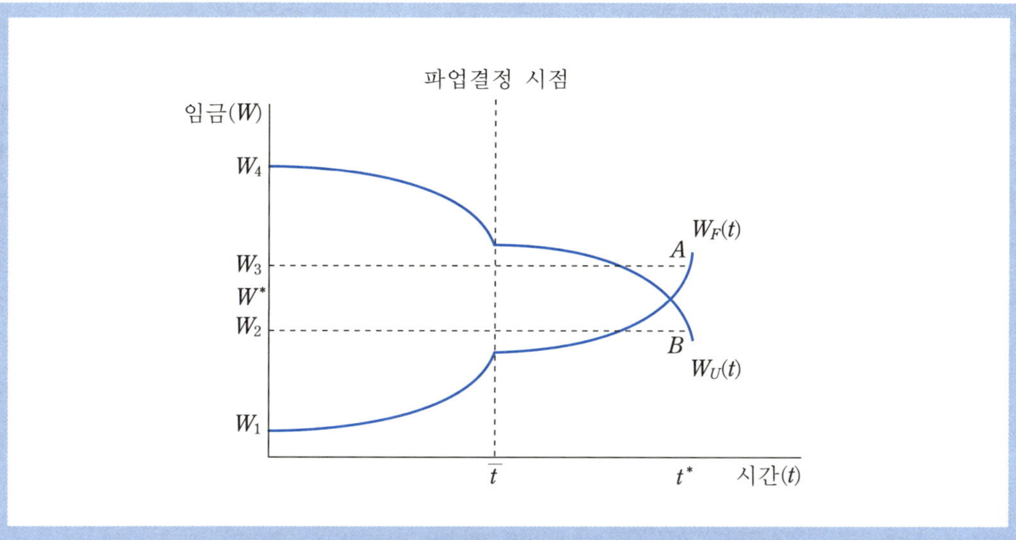


**[그림 18-1] 노동쟁의의 발생**

노동조합의 초기 요구액은 $W_4$, 기업의 초기 제시액은 $W_1$이다. 노동쟁의가 발생하고 $t^*$시간이 지난 뒤 노동조합은 회사가 $W_3(A)$에서 동의할 것이라고 믿고 회사는 노동조합이 $W_2(B)$에서 동의할거라 믿는다. 이러한 양쪽의 과도한 예상은 노동쟁의를 야기시키고 결국은 $W^*$ 임금에 동의하게 된다.

이라고 믿는다. 이러한 과도한 예상은 양쪽 모두의 입장에서 노동쟁의를 야기시키고 결국은 $W^*$의 임금에 동의하게 할 것이다. 그런데 만약 협상 당사자간 서로의 정보를 충분히 알고 있다면 파업과 같은 극단적인 방법은 발생하지 않게 된다.

노동쟁의는 협상하고 합의에 도달하는데 있어 강력한 유인이 되고, 협상 당사자들에게 자발적으로 해결책을 찾도록 해준다. 그러나 노동쟁의는 분쟁 당사자뿐만 아니라 제3자에게도 파업의 비용을 부과하게 될 가능성이 있기 때문에 노동쟁의에 대한 금지 제약이 있을 수 있다.

## 2. 노동쟁의 조정제도의 유형

노사간의 협상이 결렬되어 노동쟁의가 발생할 경우, 노사당사자는 노동위원회나 임의조정자 등 제3자에게 조정신청을 하게 된다. 이러한 조정제도는 쟁의행위 돌입이전에 반드시 거치도록 하는 강제중재(compulsary arbitration)와 노사가 원하면 개인이나 집단 등 누구에게라도 조정과 중재를 받을 수 있도록 하는 임의중재(voluntary arbitration)로 나눌수 있다.

이와 같이 쟁의행위의 대안으로 단체교섭에서 가장 많이 쓰이는 조정제도는 다음과 같이 구분된다.

### (1) 조정(Mediation)

제3자의 중재의 가장 일반적인 형태로 중립적인 자세로 협상을 도와준다. 조정자의 가장 주요한 목적은 양쪽 다 동의할 수 있도록 도와주는 것이다. 조정자는 구속력이나 협상의 비용을 강요할 수 없다. 조정자의 주요한 영향은 협상을 빠르게 하도록 도와주고 양보를 수월하게 할 수 있도록 도와주는 것이다.

### (2) 사실확인(Fact-Finding)

공공부분에서 더 자주 사용되어지고, 조정이 실패했을 경우 사용되어지곤 한다. 단체교섭 중 협상논쟁을 세 가지 측면에서 수월하게 한다. 첫째, 자기의 요구를 주장하기 위해 제공하는 불확실한 정보 사이에서, 노동조합과 회사 사이의 불일치를 해결한다. 둘째, 진실을 찾아내서 전달하게 되면, 협상에 도달하게 되는 점을 찾을 수 있게 된다. 셋째, 중립적인 입장에서 공식적이고 진실한 정보를 찾아내서 제공한다.

### (3) 중재(Arbitration)

중재는 조정제도 중 구속력을 가진 가장 강제적인 형태이다.

이익 중재(Interest arbitration): 새로운 계약의 형태나 조건을 결정하는 조정시 이용된다. 민간부문에서 이익중재가 사용되는 경우는 드물며, 주로 공공 부문에서 찾아볼 수 있다. 이익중재는 파업의 위협없이 협상할 수 있다는 정점이 있다. 그러나 여러 가지 단점도 가지고 있는데, 첫째 고용주나 노동조합이 협상이나 양보하는 데 있어서 무관심한 냉각효과(chilling effect)가 발생할 수 있다. 또한, 협상이 중재자에 의해 이루어지므로 재정적 위치가 과장될 수 있고, 협상자들이 중재자들에게 의존하게 되는 마비효과(narcotic effect)가 발생하기도 한다. 이익중재는 노사 양측 중 하나의 마지막 제시액을 이용하는 최종 제시액중재를 이용하므로 노사간의 앙금이 남을 수 있다.

권리중재(Rights arbitration): 존재하고 있는 계약형태의 중재나 적용에 대한 불평이나 논쟁을 판결하는데 이용되며, 미국의 경우 매우 일반적으로 이용된다.

## 18.3 단체교섭론

현실적인 단체교섭의 과정이 주어졌을 때 노조와 기업주는 구체적으로 어떠한 전략을 행사하며 그 교섭결과는 어떻게 결정되는가 하는 문제는 단체교섭 이론의 주된 관심사이다. 따라서 교섭모형은 교섭결과를 결정하는 요인들을 분석하는 것과 그 이전에 발생할 수 있는 분규의 가능성과 분규기간을 분석하는 것을 기본내용으로 하고 있다. 단체교섭 모형은 크게 두 가지로 나눌 수 있다. 하나는 교섭과정의 분석을 통하여 분규의 가능성과 기간을 설명하는 것을 생략하고 교섭결과가 결정되는 방식만을 다루는 교섭모형인데 이 모형은 바람직한 교섭결과에 관한 가이드라인을 제공해 줄 수 있다는 면에서 그 의의를 가지고 있다. 또 하나는 교섭과정에 대한 분석을 통하여 교섭결과뿐 아니라 분규를 설명하려는 이론인데 이 이론은 힉스(Hicks)로부터 시작되어 최근 게임이론

의 발전과 더불어 불완전정보하의 교섭이론 등으로 진전되는 등 학자들의 많은 주목을 받고 있다.[1)]

## 1. 힉스의 단체교섭모형

단체교섭을 통해 노사협약이 이루어지는 경우 계약조건은 노조의 제안보다 못하고 기업의 최초 제안보다 나은 것이 보통이다. 즉, 단체교섭과정에서 노조의 요구는 하향조정되고 기업의 제안은 상향조정되게 된다. 이러한 일련의 조정과정은 힉스(Sir John Hicks)의 "단체교섭모형"을 통해 설명될 수 있다.[2)] [그림 18-2]에서 보면 사용자의 양보곡선(employer's concession curve)과 조합의 저항곡선(union resistance curve)은 파업의 예상기간과 가능한 임금률간의 시간에 따른 경로로 표시된다. 기업은 파업이 없는 최초의 임금제안 $W_1$를 선호하나 실제로 이보다 더 높은 임금이 지불되며 이것은 계약기간에 있어 기업의 비용증가를 의미한다. 왜냐하면 단체교섭의 와해로 인한 파업의 결과는 기업에게 생산, 판매, 이익의 감소에 따른 비용을 발생시키며 파업의 예상기간이 길면 길수록 이러한 예상비용은 커질 것이기 때문이다. 이러한 의미에서 사용자의 양보곡선은 기업이 파업으로 인해 손해를 입기보다 지불에 동의하고자 하는 임금수준을 나타낸다. 파업의 예상기간이 길면 길수록 파업을 방지하기 위한 임금지불은 더 상승하므로 양보곡선은 우상향곡선이 된다.

노조원은 물론 파업없이 최초의 임금요구가 타결되기를 희망하나 대부분의 경우에 있어서는 파업이나 임금요구의 인하라는 서로 상충되는 선택을 필요로 한다. 즉, 파업은 조합의 입장에서는 실업의 위험이나 소득중지의 비용을 초래할 수 있으며 낮은 임금에서의 타결(파업없는)은 계약기간 동안 노조에게 비용을 부담시키게 된다. 그러므로 노조

---

1) 첫 번째 단체교섭이론은 규범적(axiomatic) 교섭이론이라고 하고, 두 번째 단체교섭이론은 비협조적(non-cooperative) 교섭이론이라고 부른다.

2) John R. Hicks, The Theory of Wages, London, Macmillan, 1932, pp. 136-158.

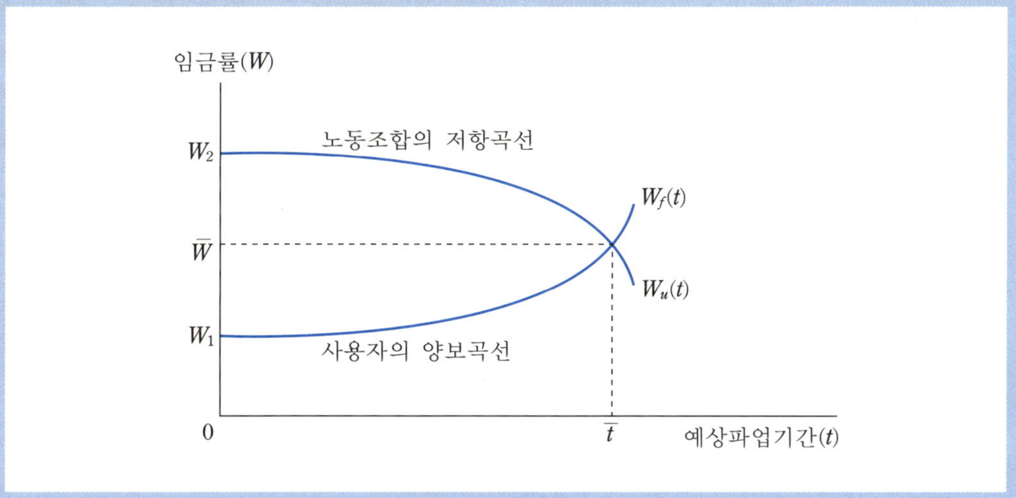


**[그림 18-2] 힉스의 단체교섭모형**

사용자의 양보곡선은 기업이 파업으로 인해 손해를 입기보다 지불에 동의하고자 하는 임금수준으로 파업의 예상기간이 길수록 파업을 방지하기 위한 임금지불은 더 상승하므로 우상향한다. 임금수준이며 파업기간이 길수록 타결에 동의하게 될 임금은 낮아지므로 우하향곡선이 된다.

저항곡선은 파업을 하는 것보다 타결에 동의하고자 하는 임금수준을 나타낸다. 파업기간이 길수록 파업을 피하기 위해 타결에 동의하게 될 임금은 낮아지므로 이 곡선은 우하향곡선이 된다.

힉스의 모형은 코메이(Yochanan Comay), 메리닉(Arie Melinik), 스보트닉(Abraham Subotnik) 등에 의해 검증되었다. 이들은 1966-67년 미국 뉴욕시의 파업에서 타결되었던 단체교섭의 8가지 예를 조사하여 다음과 같은 사실을 발견하였다.

① 각각의 단체교섭과정은 최소한 5회의 제안 및 대체제안을 포함하고 있다.

② 파업초기에 있어 조합은 임금요구를 계속 유지하는 경향이 있으나 일정한 기간 후에는 타결에 도달하기 위해 임금요구를 낮추는 경향이 있다. 이와 대조적으로 사용주의 양보곡선은 파업의 전기간 동안 서

서히 상승하고 있다.

③ 힉스의 단순모형은 최종타결 상태의 임금수준을 예측하는데 아주 정확하다.

④ 그러나 이 모형은 파업발생 이전의 교섭과정 및 파업의 전망에 대해서는 거의 논하지 않고 다만 단체교섭과정에서 노조는 요구를 낮추고 기업은 제안을 높힌다는 사실을 설명하고 있을 따름이다.

## 18.4 단체교섭의 수행

### 1. 교섭력과 교섭력 결정요인

일반적으로 단체교섭은 노조나 기업주가 거래를 통하여 쌍방 모두가 교섭이익을 볼 수 있을 경우에만 이루어질 수 있다. 여기서 노조나 기업주의 교섭이익은 단체교섭에서 타결된 고용조건에 따라 달라지는데 어떤 고용조건의 교섭이익이란 노조 혹은 기업주가 그 고용조건하에서 각기 상대방과 고용관계를 유지할 때의 이익으로부터 그 고용관계를 아예 폐기할 때의 이익(경제학적 용어로 그 고용관계의 기회비용)을 뺀 나머지를 의미한다. 여기서 노조나 기업주가 각기 상대방과의 고용관계를 폐기했을 때의 이익을 노조나 기업주의 유보이익(*WM*, *WU*)이라고 정의하자. 단체교섭의 타결임금 *W*는 *WM*과 *WU* 사이에서 결정될 것이다.이 타결임금은 *W*가 *WU*에 가까우면 기업주가 더 많은 교섭이익을 얻게 되고 *WM*에 가까우면 노조가 더 많은 이익을 얻게 된다.

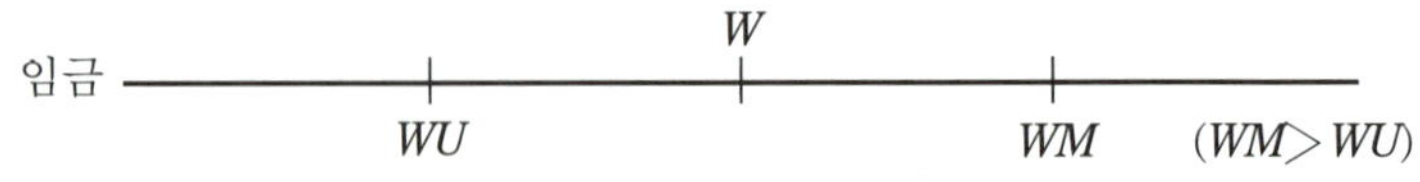


구체적으로 타결임금 *W*의 위치를 결정하는 요인은 노조나 기업주

의 교섭력(bargaining power)이다. 그러면 교섭력이란 무엇인가? 이는 구체적으로 단체교섭과정에서 자신에 유리한 방향으로 타결을 유도하는 능력을 말한다. 따라서 노조의 교섭력이 기업주의 교섭력보다 상대적으로 더 크면(작으면) 타결임금은 *WM*(*WU*)에 가깝게 결정된다.[3]

노조나 기업주의 교섭력이 크다는 것은 노조나 기업주가 주어진 분규위협 속에서 양보를 적게 한다는 것을 의미한다. 따라서 노조의 교섭력은 양보를 함으로써 받게 되는 임금손실로부터 분규의 부담을 덜게 되는 이익을 뺀 값, 즉 노조의 양보비용과 비례하게 될 것이다. 마찬가지로 기업주의 교섭력도 양보함으로써 받게 되는 임금손실로부터 분규비용을 뺀 기업주의 양보비용과 비례하게 될 것이다. 그렇다면 이러한 노조와 기업주의 양보비용을 결정하는 변수들을 고려함으로써 노사 양측의 상대적 교섭력을 분석할 수 있을 것이다. 여기서 노조의 상대적 교섭력을 "노조의 양보비용/기업주의 양보비용"으로 정의하기로 한다.[4] 그러면 노조의 상대적 교섭력이 클수록 임금은 *WU*보다 *WM*에 가깝게 타결될 것이다.

그리고 이러한 상대적 교섭력은 노사당사자에 의해 단기적으로 변동시킬 수 없는 정치·법률제도, 생활수준, 노동시장 상황 및 경기국면, 기업주의 자본구성 및 기술수준, 제품시장의 형태 및 기업주의 전략적 위치, 작업과 직장의 성질, 노무구조 및 관리, 단체교섭구조 및

---

3) Catter, A. M. Theory of Wages and Employment, Irwin, 1958, 5장 참조.
카터-챔벌린에 의하면 교섭력이란 상대방이 자기의 조건을 수락할 때 드는 상대방측의 비용에 대해 이를 거부함으로써 발생하는 비용의 비율을 의미한다. 따라서 교섭력은 아래와 같이 규정된다.

노조 조건을 거부할 경우 사용자 비용

$$\frac{\text{노조의 교섭력}}{\text{(사용자의 교섭태도)}} = \frac{\text{노조 조건을 거부할 경우 사용자 비용}}{\text{노조 조건을 수락할 경우 사용자 비용}}$$

사용자 조건을 거부할 경우 노조 비용

$$\frac{\text{사용자의 교섭력}}{\text{(노조의 교섭태도)}} = \frac{\text{사용자 조건을 거부할 경우 노조 비용}}{\text{사용자 조건을 수락할 경우 노조 비용}}$$

교섭력의 추산은 결국 비용항목의 추계로 밖에 이루어질 수 없다.

4) Allan, C. Catter, and F. Ray Marshall, Labor Economics: Wages, Employment and Trade Union, Irwin, 1967, p. 318.

조합의 인적, 재정적 능력 등 제요인에 의해 결정된다.[5)]

## 2. 교섭의 무기

노사교섭에 있어서 임금교섭이 파기되면 쟁의행위에 들어가게 되는데 이 경우 노조나 사용자가 사용할 수 있는 경제적 무기(economic weapon)로서 다음과 같은 것이 있다.[6)]

### (1) 노조의 무기

노조의 가장 강력한 무기는 동맹파업(strike)이다. 동맹파업이란 노조가 조합원인 근로자 전원의 노동력을 집단적, 조직적으로 통제하며 사용자의 지배, 관리로부터 전면 이탈시키는 행위이다. 파업은 목적에 따라서 정치적 파업(political strike), 조직관련 파업(organizational strike), 관할권관련 파업(jurisdictional strike), 고충파업, 계약파업 등으로 구분할 수 있으며 파업기간의 설정 유무에 따라 무기한 파업, 시한 파업, 파상파업 등으로 구분한다. 이러한 무기 이외에도 노동조합은 태업(sabotage), 직장점거, 준법투쟁의 방법 등을 이용한다. 태업이란 노동조합이 조합원 근로자의 일부를 집단적, 조직적으로 통제함으로써 노동력에 대한 사용자의 지배관리로부터 부분적으로 이탈하여 노동의 능률을 저하시키는 쟁의행위이다.

### (2) 사용자의 무기

사용자가 쟁의할 때 사용할 수 있는 무기는 우선 조업단축이다. 그러나 노조가 쟁의활동을 행하고 있는 단계에 있어 신규로 근로자를 채용

---

5) 미국 석탄노조(*UMW*)의 교섭력 결정요소로 Navarro는 산업이윤, 생산성, 석탄수요, 증대된 석탄재고, 미국 경제의 석탄의존도, 석탄생산에 대한 *UMW*의 통제력, 계약인준준칙, 노조지도자의 힘과 경험을 들었다.
Peter Navarro, "Union Bargaining Power in Coal Industry, 1945-1981", Industrial and Labor Relation Review, vol. 36, Jan. 1983. pp214-229 참조.

6) 경제적 무기의 활용 가능성 및 실행능력, 실시 경험 등이 교섭력과 임금 해결결과에 상당한 영향을 준다.

**표 18-1 교섭력의 결정요인**

| 교섭력 결정요인 | | 작용 메커니즘 |
|---|---|---|
| 정치 · 법률제도 | 정치 · 사회적<br>분위기 | • 노사 당사자에 대한 정부의 영향력 · 태도<br>• 입법기관이나 법원의 태도 |
| 생활수준 | 최저생계비 | • 경제발전단계<br>• 근로자 생활수준 · 불만정도 |
| 노동시장상황<br>(실업률) | 실업률<br>임금격차 | • 직접적 영향<br>• 노동력 부족시 노동자의 자발적 이동 증대<br>경영자에의 의존도 감소 |
| 경기국면<br>자본구성 | 물가상승률<br>경기지표 | • 호황기 기업의 파업비용 증대 · 저항력 약화 |
| 제품시장형태 | 산업집중도<br>노동수요탄력성 | • 단위 노동당 설비액이 높을 경우<br>회사 파업비용이 높음 |
| 기술 수준 | 기술집약 등 | • 경쟁산업의 파업비용이 높음 |
| 기업의<br>전략적 위치 | 산업집중도<br>기업규모<br>종업원 수 | • 기술고도화로 경영자의 생산통제력 강화<br>회사측의 파업비용 낮춤 |
| 단체교섭구조 | 중앙분권/<br>분권화 정도 | • 전략산업 또는 긴급을 요하는 산업에 적극적 정부개입 |
| 조합의 인적 ·<br>재정적 능력 | 교육 · 채용 · 승진<br>인사고과 · 임금 | • 조직 · 권한의 집중화 정도는 파업비용에 영향 |
| 노무관리 | 성 · 학력 · 연령<br>기능의 구성 | • 분규경험, 조합간부의 능력, 사회적 배경 등에 의해 단결력 · 투쟁의욕이 좌우됨<br>• 유니온 숍제도, 파업자금 축적, 자금조달 능력에 의해 조직 및 재정상태가 결정됨 |
| 노무구조 | | • 노무관리의 합리화는 종업원이 불만 안화와 기업에 대한 충성심 고취 |
| 직업 · 직장의<br>성격 | | • 대체가 어려운 집단의 힘은 강하고<br>대체가 용이한 집단의 힘은 약함<br>• 근로자의 사회적 배경 · 직업 및 기능이 동질적인 경우 단결력 강함 |

하여 조업을 계속하는 일은 노조쟁의조정법 제15조에 의해 금지되고 있다. 그리고 조업단축 이외에도 직장폐쇄(lockout) 등이 이용될 수 있다.

## 3. 단체교섭의 유형

단체교섭은 노사간의 교섭력을 배경으로 하는 거래와 협상으로서 단체교섭의 유형은 노동운동의 성격, 노동조합의 조직형태, 산업구조, 사용자단체의 노사관계에 대한 시각 등에 따라 상이하게 나뉘는데, 여기에는 기업별교섭, 산업별교섭, 대각선교섭, 공동교섭, 집단교섭이 있다.

### 기업별교섭

우선 기업별교섭은 우리나라와 일본과 같은 기업별 노동조합 조직체계를 갖는 국가에서 이루어지는 것으로 단일사용자교섭(single employer bargaining)이라고도 하는데, 노동조합이 단체교섭의 당사자가 되어 당해 기업주 또는 사업주와 교섭하는 형태이다. 이는 기업별 노동조합제도가 발전된 곳에서 기업마다 단체계약의 만료일에 맞추어서 교섭을 행하는 것이다. 기업별 교섭의 장점은 기업의 경영실적과 기타 근로조건의 특수성을 잘 반영할 수 있어 무리한 요구로 인한 노사분규를 방지할 수 있다는 점이지만, 사용자와 종업원이라는 종속관계로 인하여 대등한 입장에서 교섭이 곤란할 경우가 있고 단체교섭이 기업별로 진행되는 경우 동종 또는 유사 산업 내에 상당한 임금 및 근로조건 격차가 발생할 수 있다는 점 등에 그 단점이 있다. 따라서 이러한 문제를 극복하기 위해 교섭의 시기와 요구조건 그리고 관철방법 등에 관하여 상부노조의 통제하에 교섭을 전개하기도 한다.

### 산업별교섭

다음으로 산업별 교섭은 기업의 규모가 크지 않고 재정력도 약하여 시장에서 상호 경쟁이 극심한 중소기업이 많은 경우에 적합하다. 산업별교섭은 복수사용자교섭(multiple employer bargaining) 또는 통일교섭이라고도 하는데, 전국 또는 지역규모의 산업별, 직업별 노동조합과 이에 대응하는 전국 또는 지역규모 사용자단체간 교섭을 의미한다. 이 교섭 방식이 갖는 장점은 해당 산업 또는 지역별로 요구하는 임금 및 근로조건의 통일성을 제고할 수 있다는 점으로 영국, 독일 등 산업별 노동조합체계를 유지하는 국가에서 이러한 교섭형태가 중심을 이루고 있다.

### 대각선교섭

대각선교섭은 미국의 대기업에서 흔히 관찰되는 교섭형태로 산업별 노동조합이 개별기업과 개별적으로 교섭하는 경우로서 산업별교섭(통일교섭)과 기업별 교섭의 절충방식이다. 이 방식은 산업별 노동조합에 대응할 만한 사용자단체가 없거나, 이러한 사용자단체가 있더라도 각 기업별로 특수한 사정이 있을 경우에 해당된다. 미국에서는 대규모 회사에서 이 방식을 채택하고 있는데, 그 이유는 기업 단독의 힘만으로도 전국노조와 대결할 수 있다고 믿기 때문이다.

공동교섭은 노동조합이 기업별 노동조합으로 구성되어 있는 경우, 산업별·직업별 노조의 경우, 기업단위의 지부가 당해 기업과 단체교섭을 할 때 상부단체가 이에 참가하여 공동으로 사용자와 교섭하는 것이다. 이 교섭의 결과는 전국적 표준으로서의 기능을 하게 되어 상대적으로 교섭력이 취약한 개별기업이 지나치게 사용자에게 양보하는 것을 방지할 수 있다.

### 집단교섭

마지막으로 집단교섭은 노동조합측이나 사용자측이 산업별로 연합전선을 형성하여 교섭하는 것이므로 연합교섭이라고도 한다. 이는 하나의 상부단체의 통제하에 몇 개의 기업이 병행하여 동일한 장소에서 동시에 사용자와 집단적으로 교섭하는 방식으로 각 개별기업은 서로 독립적으로 존재하므로 동일교섭이나 대각선교섭과는 달리 개별적인 교섭이 이루어진다. 즉, 업종·기업규모·지역 등이 공통되는 수개의 단위노조가 그에 대응하는 사용자 또는 사용자단체와 교섭을 전개하는 것이다.

노사관계에 있어서 단체교섭은 사용자와 근로자의 목표와 이해의 상호 갈등을 조정하기 위한 과정으로 볼 수 있다. 노사간의 이해갈등이 부분적인 것이거나 노사관계에는 상호 이해적인 측면이 있음에도 불구하고 노사관계는 본질적으로 노사 양 당사자의 힘을 기반으로 하는 세력관계이며, 노사 양측의 상대적 역학관계는 단체협약이라는 규칙으로 구체화되어 나타나게 된다. 이로써 노사의 교섭력을 결정하는 요인이 무엇인가 하는 점은 매우 중요한 문제라고 할 수 있다.

Labor box

### 미국 공공부문의 단체교섭 및 분쟁해결방식

미국 공공부문 노조와 사용자의 단체교섭은 연방정부와 주 및 지방정부 차원에서 각기 상이한 법과 행정명령에 근거하여 이루어지고 있다. 대표적인 연방정부 차원의 노사관계법으로는 1987년에 제정된 공무원개혁법(CSRA)과 연방체신근로자에게 별도로 적용되는 우편재조직법(PSR)이 있다. 공무원개혁법이 적용되는 연방조직에는 90여 개의 노조와 65개의 연방집행기관이 단체교섭에 들어가고 있고, 교섭단위는 대부분 연방노동관계당국(FLRA)에 의해 결정되며, 4,000여 개의 교섭단위가 있다. 공공부문에서 가장 제한적인 범위에서 단체교섭이 이루어지는 연방집행기관의 경우 임금과 수당은 교섭대상에서 제외된다. 우편재조직법의 적용을 받는 연방체신부문 단체교섭의 범위는 전국노사관계법(NLRA)에서 보장하고 있는 임금, 수당, 그리고 대부분의 근로조건을 포괄한다. 이와 함께 적정교섭단위와 부당노동행위를 결정하는 권한을 결정하는 권한은 전국노사관계위원회(NLRB)에 주어진다.

주 및 지방정부의 경우 근로자와 사용자의 단체교섭은 그들이 속해 있는 각 주의 노사관계법에 의해 규제된다. 현재 공공부문에서 노조조직률 상위 10위 안에 드는 주에서는 모두 포괄적인 단체교섭법이 있다. 대부분의 공공부문 근로자에게 적용되는 포괄적인 단체교섭법은 전국노사관계법(NLRA)을 모델로 하여 몇 가지 중요한 조항을 규정하고 있는데 근로자 권리, 경영권, 행정기구, 교섭단위 결정, 선거절차 부당노동행위, 그리고 노조보호조항 등을 포함한다. 공공부문의 교섭구조는 민간부문에 비해 상당히 분권화되어 있으며, 직종별로 교섭단위가 구성되는 경우가 많고, 지방정부의 경우 경찰, 소방관, 기능직 종사자 등 다양한 직종에 따라 각기 다른 협약을 맺는 경향이 높다.

쟁의가 대체로 위법인 공공부문에서 대표적인 세 가지 분쟁해결방식으로는 조정, 진상조사, 중재가 있다. 연방정부의 분쟁해결기구로는 연방조정알선국

(FMCS)과 연방분쟁조정위원회(FSIP)가 있다. 연방조정알선국은 미국과 해외에서 근무하는 연방직원의 노사분쟁에 대해 기술적 지원을 하여 사안에 따라 조정, 진상조사, 중재를 제안한다. 만일 연방조정알선국의 지원이나 다른 자발적인 해결이 실패할 경우, 노사 양 당사자는 연방분쟁조정위원회의 개입을 요청할 수 있다. 주 및 지방정부의 경우 단체교섭법은 노사분쟁을 관리할 행정기구조항을 두고 있다. 노동부나 공무원위원회에서 맡기도 하고, 공무원관계위원회(PERB)라고 부르는 신설조직에서 담당하기도 한다.

## 4. 단체협약

단체협약은 노동조합과 사용자간에 체결되는 노동조건에 관한 합의문서로서 평화적인 교섭이나 쟁의행위를 거쳐 노사 쌍방의 합의에 의해 노동조건을 협약한 것이다. 따라서 단체협약은 집단자치의 원리에 의해 형성되는 규칙이므로 산업자치, 산업민주주의의 이념을 가장 잘 반영하고 있다.

단체교섭은 일정 기간 동안 노동자와 사용자가 상호 위반할 수 없는 내용을 자율적인 교섭을 통해 체결한 것이므로 사용자에게는 노동조건의 개선, 사용자에게는 평화의 유지를 보장해 주는 역할을 한다.

단체협약의 내용은 규범적 부분과 채무적 부분을 포함한다.

규범적 부분: 노동조건과 기타 노동자에 대한 대우에 관하여 정한 부분(임금액 형태, 지급방법, 노동시간, 유급휴가, 상여금, 경조금, 퇴직수당, 재해보상, 안전위생, 후생시설, 정년제 등에 관한 조항)이다. 규범적 내용을 협약한 근로계약은 법규범과 동일한 효력을 가진다. 즉 강행적, 직접적, 자동적 효력을 가진다.

채무적 부분: 노동조합과 사용자, 즉 협약당사자 사이의 채권, 채무관계를 규율하는 조항(취업기간 중 노조활동, 노조사무소 게시판, 유일교섭 단체조항, 제3자 교섭위임 조항, 숍형태, 평화조항, 경영참가 등)이다. 채무적 내용을 포함한 협약은 채무불이행의 효력을 가진다.

## 18.5 한국의 단체교섭 현황

과거 한국의 기업체 중에서 단체교섭에 의해 임금을 결정하는 기업체의 비율은 비교적 낮은 편이었으나, 최근에 와서는 노조가 조직되어 있는 기업에서는 단체교섭이 일반화되어 있다. 즉 노동조합이 있는 사업장에서 단체교섭으로 임금을 결정하고 있는 업체비율은 보위법 이전에 30.3%, 그리고 보위법이 폐지된 82년에도 34.4%에 불과했으나,[7] 87년 민주화선언 이후 크게 증가하였다. 그 동안 임금결정에 있어서 단체교섭방법이 자주 이용되지 못한 이유는 주로 노조의 활동 미흡과 임금정책에 의한 정부의 개입[8] 때문으로 볼 수 있다.

또한 임금교섭에 있어서도 교섭에 합의가 이루어지지 못할 때 제3의 조정자로서 담당관청이 개입하여 중재하게 함에 따라 사용자측은 고의적으로 임금교섭을 파기하여 감독관청의 직권조정으로 끌고 가는 경우가 많았다.[9]

### 1. 임금교섭방법

한국의 임금교섭방법은 거의 개별교섭, 즉 기업별 교섭형태를 취하는데 이와 같은 형태는 1980년 노조법 개정으로 더욱 강화되었다. 물론 우리나라에서도 실제로 통일교섭을 하는 업종도 있다고 할 수도 있으나 이 경우 행정관청의 승인을 얻어야 하는 행정적 절차가 필요하다.

이런 상황에서도 전통적으로 업종별 교섭이나 지역별 교섭을 하는

7) 임금결정구성, “임금교섭방식 및 개선방향,” 서울대학교 경제연구소, “한국임금의 정책과제와 제도개선 연구,” 1983. 2, pp. 148-149.

8) 정부의 임금인상방침에 따라 공무원 및 국·공영기업체의 임금결정이 이루어지고, 그 다음이 재벌기업을 포함한 대임금, 그 다음이 비조직 군소업체나 하청업체, 그리고 마지막으로 노조조직 업체의 임금결정이 이루어지는 형태를 띠었다. 따라서 섬유·운수업을 제외하고는 노조가 거의 임금결정에 영향을 주지 못했다.
Funkoo Park & T. Castaneda, “Structural Adjustment and the Role of the Labor Market,” KDI working paper No 8705, 1987, KDI, pp. 28-31.

9) 「조정결정구분(임금교섭)」; 노총, 「사업보고서」, 부속자료 참조(해당연도).

업종이 있다. 즉 섬유업의 경우 기업규모와 제품의 동질성에 따라 면방, 생사, 모방 · 화섬, 직물 기타의 4분회로 섬유노조가 구성되고 이에 대해 사용자 단체도 대한방직협회, 한국생사수출조합, 소모방협회로 구성되어 있다. 이와 같은 조직에 따라 임금교섭은 대개 통일교섭이 이루어진다. 물론 매년 통일교섭이 이루어지는 것은 아니고, 특히 화섬 · 모방업종과 직물 기타 업종은 기업별 개별교섭이 주로 이루어진다.

섬유산업 이외에도 운수업, 석탄광업(민영탄광), 금융업, 자동차산업에 있어서도 통일교섭과 지역별 교섭이 이루어지고 있다. 최근에 와서는 화섬업, 신발제조업, 고무제품 제조업, 출판 · 인쇄업 및 공공부문 등에 있어 공동교섭이 이루어지고 있다. 자동차노조는 70년대에 서울 택시운수 사업조합, 서울 시내버스여객 사업조합, 서울 전세여객 사업조합, 서울 장의 사업조합, 부산 택시운수 사업조합, 충남 버스여객 사업조합 등으로 세분되어 지역별 통일교섭을 했으나, 1980년 초반에 들어와서는 서울 시내버스여객 사업조합을 제외하고는 거의 기업별 교섭을 하고 있는 실정이다.[10] 이와 같은 종래의 지역지부와 이에 상응하는 사용자 단체간의 임금교섭의 결과로 운수업에서는 동일지역 동일업종에 있어서는 거의 같은 임금체계와 수준을 유지할 수 있었다. 한편 교섭당사자가 정부인 경우의 임금교섭은 교섭당사자가 민간기업인 경우와 교섭방법이 다르다.

이 경우 임금교섭은 거의 정부의 예산범위 내에서 일방적으로 이루어지고 있는데 현재 노동조합의 10-15%가 이와 같은 교섭방법에 적용을 받는다.

## 2. 임금교섭과정

임금교섭은 사용자의 임금인상안과 노조의 요구안 작성에서부터 시작된다. 이와 같은 임금인상과 노조요구안의 작성에 있어서 임금결정의

10) 1980년에는 자동차조합의 지역지부가 해체되어 지역별 교섭은 소멸되었다. 전국 자동차노동조합, 「자동차 노조 사업보고서」(각년호) 참조.

주요 요인은 다음과 같다.[11)]

타사와 동계업자와의 균형(24.7%)
기업의 지불능력
근로자의 생계비 보장(13.7%)
근로자와의 단체협약(13.3%)
물가상승률(9.4%)
생산성 상승률(5.0%)
기 타(1.5%)

노조의 요구안은 최저생계비와 물가상승률, 사용자측의 인상안은 지불능력을 토대로 주로 작성된다. 그러나 70년대 이전에 있어서 이와 같은 인상안과 요구안은 대부분 과학적인 근거없이 작성되었으나 70년에 들어오면서 교섭의 근거자료는 네 가지 획기적인 발전을 맞이하였다. 첫째, 1969년 전국조직 노동조합이 전문가를 위촉하여 한국인 표준가구에 관한 이론 최저생계비를 산출하게 하고 여기에 섬유산업 노동자의 특수성을 감안한 섬유산업 노동자의 최저생계비를 산출했다. 이것이 이후의 최저생계비 모형(노총)에 대한 기초가 되었다. 둘째, 한국 생산성본부 및 한국은행에서 산업별로 노동생산성 지표를 작성, 공포함에 따라 노동생산성 상승비율이 실질임금 상승률과의 관련에서 임금인상률을 결정하는 주요한 자료가 되었다. 셋째, 70년에 한국은행 조사부에서 기업경영 분석자료가 발표되고 또한 증권시장 발전에 따른 상장회사들의 경영수지 동향이 발표되어 직접적인 경영지표로 이용되었다. 넷째, 이론최저생계비에 따라 임금의 실질구매력을 측정할 수 있게 되었다.

이러한 근거자료를 토대로 한 사용자의 임금인상안과 노조의 요구안은 실제로 상당한 격차가 존재하므로 대개 임금교섭시 단위노조는 노조간부회의를 거쳐 기업 실정에 맞게 수정하여 협상에 임한다.[12)] 임금

11) 임종철, "임금결정에 관한 실태조사," 서강대부설 산업문제연구소, 산업노동관계연구, No 7, p. 9.

12) 노조의 1차 요구율과 사용자 제시율은 Tae Won Kim, "Man power Implication of the 6th Five-year Souo-economic Development Plan," Korean Labor Economics

교섭시 노사측의 임금인상안 제시방법은 노조측의 70% 인상이 문서로써 경영측은 53.1%가 구두로써 제시하고 있다. 또한, 임금교섭방법은 다른 기업의 교섭경과를 살피면서 임금교섭을 하는 경우가 대부분이며 다른 기업의 교섭을 그대로 따라가는 패턴교섭(pattern bargaining)도 상당한 비중을 차지했다.

## 18.6 주요 국가의 단체교섭제도

### 1. 미국의 단체교섭제도

미국식 단체교섭의 대표적인 방식은 한 기업의 사용자가 다수의 노동조합과 교섭하거나, 한 노동조합이 다수의 사용자 또는 사용자단체와 교섭을 벌이는 다각교섭의 형태를 취하고 있고 그 중 패턴교섭(pattern bargaining)이 특징이다. 패턴교섭은 산업별 노동조합이 해당산업의 가장 영향력이 큰 대기업 하나를 선정하여 교섭을 전개하고, 여타의 기업들은 추이를 관망한 후 교섭결과를 참고하여 교섭을 실시하는 것을 말한다. 우선 한 고용주가 여러 개의 사업장을 갖는 경우는 단체교섭시에 전국조합과 협상을 하기 쉬우며 전국조합과 협상하기 위해서는 중앙집권적 기업교섭구조를 선택할 가능성이 높다. 이는 사용주의 여러 사업장에서 생산되는 제품이 부품생산에서 완제품생산으로 이어지는 협력·분업관계에 있으면 한 사업장에서의 파업은 파멸적 영향을 미치므로 회사전체의 노사관계정책을 동일하게 조정하는 경향이 있고 이는 중앙집권적 단일사용자 교섭구조를 필요로 하게 됨을 의미한다. 유럽과 영국에서의 산업별 복수사용자교섭에 비하면 미국은 전국조합과 단일 사용자가 협상하는 비교적 분권화된 교섭구조를 갖고 있다.

미국은 1990년대에 들어와 유례 없는 고성장, 저실업률, 물가안정을 향유하고 있는데, 이의 중요한 원인은 화합과 협력의 신노사관계로

Association and Friedrich Fbert Foundation, 1987, March, Table 9 참조.

의 전환이라는 노사관계의 혁신에 있다. 신노사관계는 기본적으로 인적 자원 또는 인간중시의 원칙에 입각한 것으로 노사가 기업의 경쟁력 강화와 근로생활의 질적 향상을 동시에 추구하기 위해 협력하는 공동번영을 위한 파트너로 발전해 가기 위해 노력하고 있다. 따라서 신노사관계에서 단체교섭의 역할은 조합원의 임금인상, 근로조건의 개선과 같은 권익보호의 차원으로부터 기업의 경쟁력을 유지 · 강화하는 데 기여하며, 직장을 보호하고 벤치마킹을 위한 본보기를 설정하는 것으로 전환되고 있다. 신노사관계는 그 중심축을 단체교섭이 아니라 작업현장 조직 및 노동자의 역할변화와 전략적 차원에서의 노사협력에 둔 결과 최근 미국에서는 기업이 노동조합으로부터 많은 양보를 유도하기 위해 기업에 관한 정보를 공개하고 공유하면서 나타나는 양보교섭이 증가되고 있으며 패턴교섭이 감소추세를 보이고 있다. 또한 전국단위노조에 의한 교섭보다는 기업이 처한 환경과 입장을 고려하는 기업내 교섭이 선호되면서 널리 보편화되고 있는 추세이다.

Labor box

### AT&T의 노조전략

1984년 미국 정부의 통신업체 분할과 탈규제 이후 변화된 상황에 대응한 AT&T의 기본전략은 비용절감 및 감량경영, 그리고 노사관계 측면에서의 노조회피전략이었다. 그리고 이에 따른 지속적인 인원감축과 노사대립은 대내적으로는 종업원들의 사기저하와 조직몰입도의 악화, 장기근속자의 숙련상실을 초래했고 대외적으로는 서비스산업에서 특히 중요한 기업이미지를 실추시킴으로써 노사 모두에게 적지않은 부담을 주어 왔다.

그러나 1990년대에 접어들면서 AT&T의 노사는 대립으로부터는 노사 모두가 얻을 것이 없다는 판단하에 상호 협력적인 방향으로 태도변화를 보이기 시작했다. 즉 한편으로는 통제 위주의 경영보다는 근로자 참여가 품질 중시의 기업전략에 더 부합된다는 경영측의 판단, 그리고 다른 한편으로는 단순히 물리력을 동원한 단체교섭방식으로는 고용조정문제를 해결하는 데 한계를 가질 수밖에 없다는 노동조합측의 판단이 맞물리면서 1992년 이른바 '미래의 작업장'(Workplace of the Future) 프로그램의 도입이 노사 합의로 이루어진 것이다.

AT&T의 '미래의 작업장' 프로그램은 완성된 것이라기보다는 현재에도 진행 중인 과정에 있다. 이 프로그램에 대한 회사측의 평가는 종업원들의 조직몰입도가 증대되고 경영성과에 대한 관심이나 이해 및 협조를 높이고 있다는 점에서 긍정적이다. 그러나 한편으로 AT&T에서는 지속적인 인력감축이 대립적 노사관계로의 복귀를 자극하는 압력요인으로 작용하고 있기 때문에 이와 같은 노사협력 프로그램이 어느 정도 완성된 형태로 진전될 수 있을지는 불투명하다. 아직도 AT&T의 자회사들에서는 노조회피 정책을 견지하고 있으며 1998년에도 관리직 대상이기는 했지만 인원감축이 실시됨으로써 노사갈등의 소지가 여전히 존재하고 있다. 노사협력에 있어서는 특히 경영측이 자신에 대한 근로자들의 신뢰 형성을 위해 노력하는 것이 중요한데 AT&T의 경우에서 드러나는 중요한 두 가지 점은 근로자들에 대한 고용보장과 노동조합의 활동 및 생존보장이다.

## 2. 영국의 단체교섭제도

영국의 노사관계는 전통적으로 오랜 관행으로 규율되어 와서 노동조합과 단체교섭을 촉진시키는 노동조합법이 없다. 영국의 노사관계를 지탱하는 주된 요인은 노동조합과 사용자간에 맺어진 신사협정(gentlemen's agreements)이라는 논리적 힘과 노동조합에 의하여 사용자 및 종업원에게 가해지는 압력이라 할 수 있다. 이 신사협정은 법적 구속력을 갖지 않는 것이지만 영국에서는 이 신사협정이 거의 예외 없이 지켜진다.

영국은 민간부문 사용자들도 교섭을 해야 할 법적 의무를 지지 않기 때문에 대부분의 단체교섭이 임의적이며 단체교섭의 형태도 다양하다. 단체교섭은 일반적으로 진국적 수준에서 이루어지는 것이 원칙이나 최근에 전국적인 단체협약의 내용보다 더 나은 조건을 획득하기 위해 공장경영자와 직장대표(shop steward)간에 지속적으로 비공식적으로 이루어진다. 이 교섭에서는 임금의 추가인상률, 복지, 해고문제 등과 같은 일반적인 근로조건들과 새로운 기술의 도입이나 근로조직의 변화와 같은 특별한 근로조건들이 다루어진다.

노사관계 개혁 이전 영국의 전통적 노사관계의 특징은 첫째, 노동조합에 대한 강력한 면책특권의 인정으로 인한 파업권의 남용을 초래하여 각종 파업이 반발했다는 점이다. 둘째, 클로즈드숍 제도로 인한 기업의 경쟁력 약화이다. 셋째, 소수 간부에 의한 노동조합의 지배로 인한 조합민주주의의 후퇴로 영국의 노동조합은 소수 간부에 의한 전횡의 여지가 많았다. 넷째, 노동당과의 특수관계에서 오는 정치적 특권의 향유를 지적할 수 있다.

1979년에 재집권한 보수당은 1980년부터 노사관계에 대한 법적 규제를 강화해 왔다. 노사관계 개혁은 노사간의 세력균형을 회복하기 위한 노동조합에 대한 규제확대의 방향으로 추진되었다. 구체적인 내용을 보면, 노동조합의 중요한 결정에 대한 조합원의 직접 비밀투표 실시를 법제화하였고, 독립된 투표검사인 제도의 도입과 우편투표제도의 강화를 통하여 투표의 합리성을 꾀하였으며, 클로즈드 숍의 불법화 · 체크오프(check-off)제도의 제한 · 조합원에 대한 노동조합의 부당한 징계의 제한 등을 통하여 노동조합의 민주적 운영의 기초를 강화하였다. 그리고 노동조합의 재정활동에 대한 감독제도의 강화를 통한 재정의 투명성과 운영의 민주성을 확보하였고 노동조합의 통합을 용이하게 하고 사업장 내의 단체교섭 수의 감소를 도모하였다. 또한 쟁의행위에 대한 요건과 절차를 엄격히 규제함으로써 불법적인 쟁의행위를 방지하였다.

노사관계 개혁의 결과로 파업의 횟수가 크게 감소하는 등 노사관계가 크게 안정화되었으나 노사협력의 기반이 여전히 취약하기 때문에 세계의 초우량기업들이 추구하는 참여 · 협력의 노사관계로의 전환에는 미흡하며 여전히 대립과 갈등의 노사관계 틀을 유지하고 있다.

## 3. 독일의 단체교섭제도

독일의 경우 사회민주주의 정당이 처음부터 노동조합과 상호 밀접한 협력관계를 유지해 왔기 때문에, 노동조합은 공동결정체(Mitbestimmung)라는 노동자 참여제도를 통하여 산업민주주의를 실현하여 매우 안정된 노사관계를 유지하고 있다. 독일의 단체교섭제도는 철저한 노사자율(Tarifautonomie)의 원칙에 입각하고 있고, 단체교섭제도의 구조는 산업별 노동조합과 사용자조직간에 이루어지는 단체교섭과 공식적으로 노동조합으로부터 독립적인 공장단위 경영협의회(Betriebstrat)와 경영협정(Betriebsvereinbarung)이 있다.

기업 외부적 단체교섭은 주로 산업별로 16개주 혹은 주의 일정 지역에 대하여 각각 독립적으로 교섭이 진행되는데, 임금 및 근로조건의 기본사항만을 협약하도록 되어 있고 협정기간은 보통 12개월이다. 그리고 급여를 제외한 근로조건에 관한 협약(Manteltarifvertrag)이 있는데, 이는 전통적으로 5년의 장기계약이다. 독일의 산별 조합은 직업을 구분하지 않고 모든 노동자들이 가입하는 초기업적 조직으로서 산별 노조와 산별 사용자 단체간의 산별 교섭이 주된 형태이다. 산별 교섭으로 인하여 노사분규는 사용자 개인이 아니라 사용자의 조직을 향하여 방향을 맞추게 되었고 기업의 작업장에서 산업전체로 분쟁장소를 변화시켰으며 임금을 제외한 모든 사안에서 개별적인 사용자들의 권위를 침해하지 않는다는 논리도 노동조합에 의해 제시되었다.

이 밖에 노동자의 이해관계와 관련된 모든 구체적인 사항은 개별기업의 경영협의회에서 다루어지고 있는데, 경영협의회는 단체교섭의 문제를 다룰 수 없고 파업의 권리도 없으며 이들의 임무는 사용자와의 신뢰성 있는 협력을 쌓는 것이다. 그리고 이 기구는 비조합원을 포함하는 전체 종업원의 조직으로 쟁의권도 갖지 않아 노동조합과는 완전히 별개의 독립된 기관이다. 경영협정은 그 기업의 경영협의회가 대표하는 노동자와 경영주만을 구속할 뿐만 아니라, 불경기 동안 사용자는 임금을 산업별 협약에 명시된 수준으로까지 줄일 수도 있다.

최근 독일 경제는 동독지역을 시장경제로 이행시키기 위해 막대한 통일비용을 계속해서 감당해야 하며 높은 실업률을 낮추기 위해 고용안정정책을 실시해야 하는 등 중대한 과제들을 안고 있다. 이러한 상황하에서 나타나는 단체교섭의 새로운 특징은 다음과 같다.

첫째, 독일의 임금인상률이 전반적으로 낮아진 가운데 노동자 측 투쟁열기가 고조되고 있고 둘째, 독일의 산업별노조는 노동시간의 단축과 임금삭감을 동시에 진행시키면서 고용안정을 도모하려는 경향이 두드러지고 있다. 셋째, 단체협약은 사업장이나 기업단위의 규범으로서의 의미가 더 중요시되어 산업별 교섭제도에 대한 보완으로 기업별로 자발적인 교섭방법을 동시에 구사하고 이를 개별기업이 선택하도록 하는 패턴이 제시되고 있다. 그리고 넷째, 최근의 단체교섭과정에서 노동조합은 고용안정을, 사용자측은 노동시간의 유연화를 주장한다는 점을 지적할 수 있다.

독일 정부도 다른 선진국가들과 마찬가지로 1994년 남녀의 평등대우, 노동시간의 유연성 제고 등 노동법의 대폭적인 개정을 통하여 노동시장의 유연화를 통한 고용안정과 국제경쟁력의 강화를 도모하였고, 노동촉진법을 개정하여 허가받은 사설기관에 의한 지역적 직업소개업무를 무제한 허용함으로써 직업알선체계를 정비하였다.

## 4. 일본의 단체교섭제도

일본 노동조합의 지배적인 형태는 우리나라와 마찬가지로 기업별 조합이라서 단체교섭의 방식도 기업 대 기업별 조합이라는 '기업내교섭'이 주축을 이루고 있다. 기업별교섭은 각 기업의 경영실적과 노동조건의 특수성을 잘 반영할 수 있지만, 동종 또는 유사산업 내에서 기업간 임금 및 근로조건의 격차가 크게 날 수 있기 때문에 최근 노조측에서는 교섭방식으로도 통일교섭, 대각선교섭, 공동교섭, 집단교섭 등의 다양한 형태를 주장하는 경향도 있다. 그러나 일본 단체교섭의 기본 틀은 여전히 기업별 교섭이다. 일본의 경우 철강 등 일부의 산업에서 집단교섭에 의해 산업별로 협정이 체결되는 경우도 있는데 이 경우 개별 노동자의 노동조건은 이 협정에 의거하여 체결되는 개별기업에서의 단체협약에 의해 정해진다.

일본의 단체교섭의 대상은 크게 두 가지 범주로 나눌 수 있는데,

노동조합의 인정, 조합원의 자격, 노동조합의 안정, 파업절차 등에 관한 것들은 보통 상세히 규정되지만 임금, 상여금지급, 퇴직금, 노동시간, 휴가, 복지시설, 기타 근로조건 등에 관한 경우는 포괄적으로 규정되어 사용자에게 많은 재량권을 부여하고 있다.

일본의 단체교섭제도를 논의할 때 반드시 언급되는 것이 바로 춘투이다. 춘투는 여러 조합들이 공동으로 전개하는 춘계임금투쟁(춘투)으로서 원래 1955년 봄에 8개 단위산별 연맹이 공동으로 춘계임금인상투쟁을 전개한 데서 시작된 것이다. 춘투는 각 개별기업 수준으로 분산된 협상의 단점을 보완하기 위하여 약한 기업별 노동조합들을 한데 모아 근로조건을 향상시키는 것을 목적으로 하지만, 기업간 임금지불능력의 격차가 확대되고 경영자는 개별기업차원의 노무관리를 강화함으로써 오늘날에 있어서는 제대로 실효를 거두지 못하고 있는 실정이다. 그 밖의 단체교섭 구조의 특징으로는 조합이 대기업에 집중되어 있고, 사무직 근로자와 생산직 근로자는 동일한 노조의 조합원이자 동일한 노조에 의해 대표된다는 점을 들 수 있다.

일본의 단체교섭제도는 노사협의제와의 관계 속에서 새로운 역할을 모색하고 있다. 노사협의회는 단체교섭과는 달리 법률적으로 제도화되어 있지 않고 단체협약에 의해 설치되는 기관으로 일본의 단체교섭은 노사협의회와의 상호 긴밀한 관계 속에서 일본 특유의 문화로 양자를 융화시키며 운영되고 있는 것이 특징이다.

일본에서도 노동시장의 유연성 제고를 목적으로 노사관계의 개혁에 관한 논의가 1970년대 후반부터 제기되어 1985년 이후에는 이를 반영하는 다수의 법률이 제정 또는 개정되었는데, 이는 '남녀고용평등법,' '노동자파견법,' 그리고 '근로기준법,' 그 밖에 90년대에는 '고령자고용촉진법'과 '육아휴업 등에 관한 법률' 등으로 확대해 나갔다. 이러한 사실을 통해 볼 때, 일본에서도 노동시장의 유연성 제고는 거역할 수 없는 하나의 시대적 요구가 되고 있는 것으로 보인다.

APPENDIX

## 단체교섭과정이론

파업의 실행을 통해 타결점에 도달하는 과정을 도식화한 것이 [그림 18-3](리이즈에 의한 도식화)인데 종축에는 임금이, 횡축에는 기간이 표시되어 있다. 현행 임금 $W_0$에 대해서 노동조합은 최초로 $D_1$의 임금을 요구하며 사용자는 최초의 대체제안으로 $O_1$의 금액을 제시한다. 최초의 요구와 제시된 금액간에는 현격한 격차가 있으므로 이를 좁히려는 교섭이 계속되어 노동조합은 요구액을 $D_2$로 인하한다. 만약 사용자가 이들의 요구를 거부하면 노동협약의 유효기간이 종료됨과 동시에 노동조합은 파업을 하게 되고 파업에 돌입된 뒤 사용자는 두 번째의 제시액 $O_2$를 제안한다. 이때 노동조합이 이 제안을 거부한다면 이 과정에서 쌍방의 요구액의 격차는 좁혀지고 파업을 중지시키기 위한 교섭의 속도도 빨라진다. 또한 제 3 자를 통한 알선 및 조정 등이 있게 되고 두 번째의 제시금액 $O_2$를 상회하는 금액 $S$로 타결점에 이르게 된다.

리이즈에 의하면 파업의 타결점이 즉시 나타나지 않는 이유는 쌍방에 전달되는 정보에 제한이 있다는 점이다. 즉 사용자와 노동조합의 쌍방을 통하여 새로운 경제환경에 적합한 임금수준이 어떤 것인지를 명확히 알지 못하기 때문에 모색적인 교섭과정을 통하여 타결점에 도달하는 것이다.

한편, 매브리(Mabry)는 노사 양측이 단체교섭에 임할 때 최종적으로 수락할 용의가 있는 자신의 조건과 교섭과정에서 명시적으로 제안하는 조건간에 차이가 있음을 발견했다.[13] 이것을 토대로 그는 임금교섭이론을 전개했는데, 그것은 [그림 18-3] (b)와 같다. 노조가 실제 최종

13) Mabry, Bevars. D., The Pure Theory of Bargaining, Industrial and Labor Relation Review, June. 1964, pp. 497–502.

적으로 타결되기를 바라는 조건은 $L_R$이며, 교섭에서 형식적으로 요구하는 조건은 $L_N$이다. 이에 비해 사용자의 실제 수락용의조건은 $M_R$이며, 형식적으로 노조에게 제시하는 조건은 $M_N$이다.

아센펠트와 존슨(Ashenfelt & Johnson) 또한 노조구성원과 노조지도자간의 목표상충을 모형에 도입하여 임금교섭이론을 설명하고 있다.[14] 일반적으로 노조대표자는 고용주의 실제 재정상태와 노조가 얻을 수 있는 최저임금수준에 대해 일반조합원보다 훨씬 많은 정보를 가지고 있

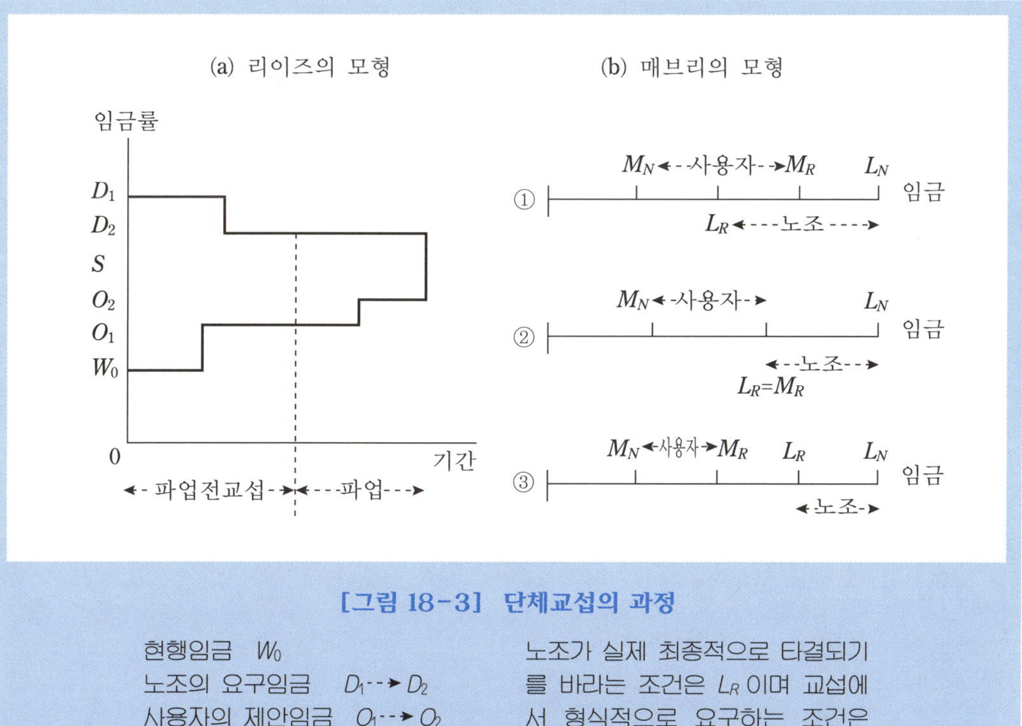


**[그림 18-3] 단체교섭의 과정**

현행임금 $W_0$
노조의 요구임금 $D_1 \dashrightarrow D_2$
사용자의 제안임금 $O_1 \dashrightarrow O_2$
타결임금 $S$

노조가 실제 최종적으로 타결되기를 바라는 조건은 $L_R$ 이며 교섭에서 형식적으로 요구하는 조건은 $L_N$ 이다. 사용자의 실제 수락용의 조건은 $M_R$ 이며 형식적으로 노조에게 제시하는 조건은 $M_N$ 이다.

14) Orley Ashenfelt and George Johnson, "Bargaining Theory, Trade Union and Industrial Strike Activity," American Economic Review, 59. March, 1969, pp. 35–49.

다. 이와 같은 상태에서 노조대표자가 타결한 임금수준이 노조구성원이 원했던 수준보다 낮으면 노조대표자는 파업 또는 노조구성원에 대한 설득을 선택할 수밖에 없다.

APPENDIX

# 제 19 장

# 임금 · 고용 · 경제적 후생에 관한 노조의 영향

노조가 결성되지 않았을 때보다 노조활동에 의해 조합원의 임금을 더욱 상승시킬 수 있다면 노조는 상대임금에 대해 영향을 미친다. 즉, 주어진 기술수준에서의 조합노동자의 평균임금이 $W_u$이고, 동일한 수준의 비조합노동자의 평균임금이 $W_n$이라면 상대임금에 대한 노조의 영향은 $(W_u - W_n)/W_n$의 비율로 측정된다. 이 경우 상대임금에 대한 조합의 영향은 조직노동의 수요탄력성에 의존한다. 즉, 조직노동에 대한 수요의 탄력성이 크면 클수록 노조원의 이익증진에 따른 노조의 비용은 커지므로(노조원의 고용감소로 나타나는) 노조가 상대임금을 올리기는 그렇게 쉽지 않다. 반면에 조직노동에 대한 수요가 비탄력적일수록 노조임금의 상승에 따른 비용은 적어지므로 그만큼 노조가 상대임금의 우위를 확보하기가 쉬워진다. 만약 기업의 노동수요가 매우 비탄력적이어서 노조원의 고용감소가 거의 없이 노조의 임금을 상승시킬 수 있다면 노조의 임금정책에 의한 사회적 비용은 없는 것일까? 그렇지가 않다. 이 경우 노조의 임금인상에 따른 비용은 비조합노동자와 다른 조합원들에서 발생될 수 있다. 즉, 이러한 비용의 발생은 비조합노동자로부터 조합노동자로의 소득 재분배가 일어나서 국민생산물의 산출에 있어 손실은 물론 여타 경제부문에 있어 노동분배의 왜곡을 초래할 수 있다.

이러한 점을 고려하여 조직노동자 노동수요의 결정요인을 분석함으로써 임금, 고용, 경제적 후생에 대한 노조의 영향을 논의하고, 노조가 상대임금에 영향을 줄 수 있는 조건을 설명해 보자.

## 19.1 노동조합의 사회적 비용

신고전학파의 전통적 견해에 의하면 노동조합은 다음의 세 가지 경로를 통해 사회적 비용을 증가시킨다.

첫째, 비효율적 자원배분을 초래하게 된다. 노동조합은 조합원의 임금을 증대시켜 노동조합이 조직되지 않은 부문에서의 근로자보다 조직부문 근로자의 임금을 높게 하기 때문에 고임금의 조직부문과 저임금의 비조직부문간의 임금격차를 조장하여 저임금부문으로부터 고임금부문으로의 노동이동을 조장하여 노동자원의 적정배분을 불가능하게 한다. 동일한 노동의 질을 갖는 비조직부문의 근로자가 저임금-저생산성 부문에서 이동하여 고임금-고생산성의 조직부문에 취업하는 경우 그가 창출하는 한계생산물이 증대됨으로써 사회적 순복지증대효과가 일어나게 될 것이다. 그러나 노동조합은 해당 사업장에서의 임금을 계속 높은 수준에서 유지하고자 하기 때문에 노동조합에서 유지하고 있는 높은 임금수준보다 다소 낮은 임금으로, 고임금부문에서 취업하기를 원하는 근로자는 고임금부문에서의 고용이 불가능하여 계속 저임금부문에서 일할 수밖에 없게 된다. 그 결과 노동조합에 의한 임금의 경직화로 인해 조직부문과 비조직부문간의 임금격차는 계속되고 저임금부문에서 고임금부문으로의 노동이동이 창출하는 사회적 순복지증대효과가 약화되어 노동자원의 비효율적 배분이 일어나게 되는 것이다.

둘째, 기술적 비효율도 초래하게 된다. 노동조합이 단체협상을 통해 확보하는 조항 가운데는 작업의 내용을 경직적으로 명시하거나 작업배치규정 · 작업속도 등을 정해 기존 근로자의 작업권을 보호하고자 하는 내용들이 많다. 노동조합의 이러한 작업제한 행태는 노동조합의 기업에서의 노동 · 자본과 같은 생산요소간의 대체성을 감소시키고 유휴노동자원을 낳게 할 뿐만 아니라 주어진 생산요소를 완전히 활용하지 못하게 한다. 또한 효과적인 기술을 도입하는 데 차질을 빚게 하고 인적자원을 효과적으로 생산에 활용하기 곤란하게 하는 등 노동조합의 단체협상을 통한 작업제한 행태는 기업에서 기술도입을 하는 데 제약요인으로 작용하여 기술적 요인에 의한 생산의 비효율이 일어나는 것이다.

셋째, 파업에 의한 생산손실을 초래하게 된다. 파업에 의한 사회적 비용이라 함은 경제의 한 부문에서 발생한 파업으로 인한 타부문에서의 생산 및 소비의 감소를 말한다. 노사간의 단체협상이 진전되지 않아 일어나는 파업의 경우 생산의 손실이 일어나게 되는데 이는 파업의 전후방효과로 인한 사회적 비용의 발생이라고 할 수 있을 것이다. 파업의 전방효과란 파업중인 사업장으로부터 원자재 및 부자재를 공급받는 기업의 경우 파업을 하지 않더라도 생산에 차질이 일어나는 것을 말하고, 파업의 후방효과란 파업중인 사업장에 원자재 및 부자재를 납품해 오던 기업이 제품을 팔 수가 없게 되어 생산이 위축되는 것을 말한다. 이러한 전후방효과를 함께 고려할 경우 노동조합에 의한 파업의 사회적 비용은 더 커지게 될 것이다. 다른 산업에 비하여 특히 서비스산업부문은 파업에 따른 사회적 비용이 가장 큰 분야로서 이러한 서비스산업은 재고조절 등이 불가능하므로 파업이 발생하면 그만큼 경제전체의 서비스 소비수준이 떨어진다고 할 수 있다. 그러나 산업에 따라서는 한 기업의 파업에 따른 생산량 감소를 타 기업의 생산량 증가로 보충할 수 있기 때문에 국민경제 전체적으로는 큰 문제가 되지 않는 경우가 많다.

## 19.2 상대임금에 대한 노동조합의 영향

### 1. 노동조합의 상대적 임금효과

노동조합이 비조합원의 임금에 미치는 상대적 임금효과는 두 가지 상이한 효과에 의해 결정되는데, 이는 파급효과(spillover effect)와 위협효과(threat effect)이다.

### 파급효과

파급효과는 노동조합이 조직됨으로써 노동조합 조직부문에서의 상대적 노동수요가 감소하고 그 결과 일자리를 잃은 노동자들이 비조직부문의 임금을 하락시키는 효과이다. 노동조합이 조직되어 있지 않은 상태에서 노동조합이 조직되어 노동의 공급독점력을 행사하면 조직부문의 임금이 시장의 균형임금보다 높게 되어 조직부문의 고용은 감소하게 된다. 이렇게 노동조합이 결성된 산업에서 축출된 노동자들이 노동조합이 없는 비조직부문으로 이동함에 따라 노동공급을 증가시켜 비조직 부문의 임금은 하락하고 고용은 증가할 것이며, 이 과정에서 조직부문에서 발생한 신규 실업자는 없어지게 된다. 노동조합이 조직된 부문에서 발생하는 실업효과와 이로 인해 나타나는 비조직부문에서의 임금하락효과는 노동시장이 경쟁적이라는 가정 하에서 성립되는 논리임을 유의하는 것이 매우 중요하다. 파급효과가 매우 강한 경우, 조직부문의 임금인상 때문에 비조합원들이 직무안정성과 승진기회가 낮은 2차 노동시장으로 내몰려 저임금으로 고용될 가능성이 더 커지게 된다.

우선 [그림 19-1]을 살펴보자. 그래프 (a)는 노조 부문, (b)는 비노조 부문이다. 앞에서 가정했던 것과 같이 여기서도 직업과 임금의 차이를 줄 수 있는 다른 요인들은 같다고 가정한다. 또한 (a), (b) 모두 처음에는 노동조합이 조직화되지 않았다고 가정한다. 이 경우 노동시장은 자유로운 노동의 이동이 이루어지며 이로 인해 양쪽 모두 동일한 임금에서 균형이 이루어지게 된다. 그래프 (a), (b)에서 균형임금은 각각 $A$, $C$점의 임금 $W_1$로 나타나고 있다. 처음에 노동조합을 조직하는데 성공하는 경우, 그들은 교섭을 통해 그래프 (a)의 임금은 $B$점의 $W_u$로 상승시킬 것이다($A$점에서 $B$점으로 이동). 노조 부문에서 $E_1-E_u$ 만큼의 노동자가 고임금 $W_u$에서 실직하게 되고, 이로 인해 실업자 중 일부가 직장을 찾기 위해 비노조 부문으로 유입됨으로써 비노조 부문에서 파급효과가 발생한다. 비노조 부문의 노동공급 증가는 공급곡선을 $S_n$에서 $S_n'$ 오른쪽으로 이동시키고 비노조 임금을 $W_n$로 하락시킨다($C$점에서 $D$점으로 이동).

### 위협효과

위협효과는 노동조합의 잠재적인 조직위협에 의해서 비조직부문의 노동자의 임금이 인상되는 효과로서 노동조합이 조직되어 있는 기업의 임금이 노조가 없는 기업의 임금정책에 영향을 주는 효과라고 할 수 있다. 이는 조직부문의 임금인상에 따른 비조직부문의 사용자의 반응에 따라 달라질 수 있다. 비조직부문의 사용자는 노동조합이 노동비용을 증가시키고 경영재량권을 제약하는 조직으로 생각하여 노동자들이 노동조합을 조직하는 것을 싫어하는 경향이 있다. 그래서 노조가 없는 기업들은 노동조합이 조직되는 것을 예방하기 위하여 노조가 결성되지 않도록 미리 조직부문의 임금수준 정도의, 혹은 그보다 더 높은 수준의 임

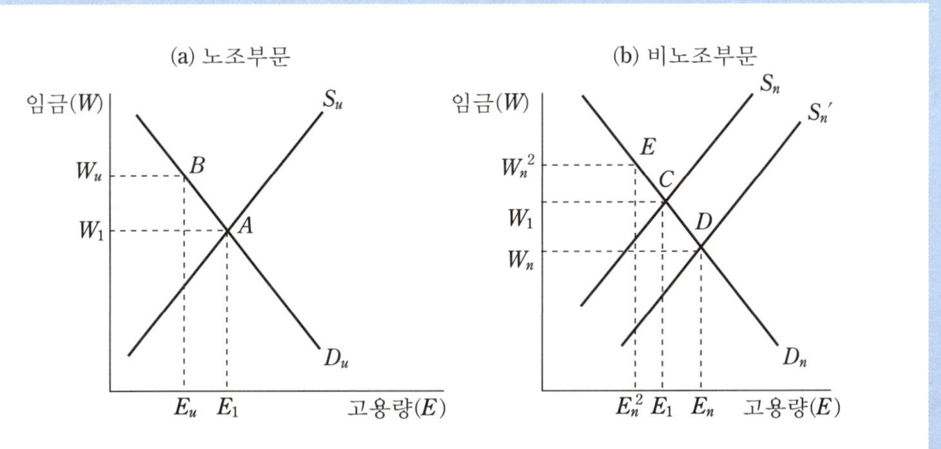


**[그림 19-1] 파급효과와 위협효과**

그래프 (a)는 노조부문이고 그래프 (b)는 비노조부문이고 두 부문 모두 처음에는 노동조합이 조직화되어 있지 않았다고 가정한다. 이 경우 노동시장은 자유로운 노동의 이동이 이루어져 결국 양쪽 모두 동일한 임금에서 균형이 이루어지게 된다. 노조부문에서 임금이 $W_u$로 인상된다면 실직된 노동자들이 비노조부문으로 이동하여 임금수준을 $W_n$으로 낮추게 된다(파급효과). 비노조부문에서 노조결성을 막기 위해 사용자가 시장가격 이상의 임금을 제안한다면 비노조부문의 임금은 $W_n^2$로 상승한다(위협효과).

금을 지불하는 것이 하나의 경영전략으로 채택될 수 있다.

이 경우 임금은 [그림 19-1] (b)의 $E$점에 대응한 $W_n^2$으로 상승하게 될 것이다.

## 2. 경제전체로서의 상대임금에 관한 노조영향

결국 노동조합이 조합원과 비조합원간의 소득분배에 미치는 영향은 두 가지 효과의 상대적 크기에 의해 결정된다고 할 수 있는데, 만약 노동조합이 비조직부문의 임금을 인상시키는 위협효과가 파급효과보다 크면 조합원과 비조합원간의 소득불평등은 작을 것이다. 반대로 노동조합이 비조직부문의 노동자의 임금을 하락시키는 파급효과가 위협효과보다 크면 조합원과 비조합원간의 임금격차가 더 커지게 되고 소득의 불평등도는 증대될 것이다. 따라서 노동조합이 비조직부문의 임금을 하락시키거나 조직부문의 임금인상률보다 비조직부문의 임금인상률이 더 작은 경우 소득분배를 왜곡시켜 소득불평등을 증대시킨다고 할 수 있을 것이다.

상대임금에 대한 노조의 영향에 대한 측정은 루이스(H. Greff Lewis)의 작업으로부터 시작된다. 루이스는 과거 미국의 상대임금의 변화를 관찰하고, 이에 미치는 노조의 영향을 발견했다. 그의 상대임금에 대한 노조의 경제적 영향에 대한 추정에 따르면 1923-1929년에 15-20%, 1931-1933년에 25% 이상, 1939-1941년에 10-20%, 1945-1949년에 0-5%, 1957-1958년에 10-15%의 변화를 나타낸다. 1957-1958년의 기간은 안정된 물가수준과 완전고용으로 특징지어지므로 10-15%의 상대임금에 대한 노조의 경제적 영향은 비교적 안정된 경제조건으로 정상적인 것으로 나타났다. 로젠(Sherwin Rosen)에 의한 같은 기간 동안의 실증적인 연구는 루이스의 결과보다 5% 정도 높게는 측정되었지만 루이스의 추정을 다시한번 입증하는 것이었다. 두룹(Ardian Throop)에 의하면 노조-비노조 임금차이가 1960년중 26%로 추정되었으며 로젠의 조직생산노동자에 대한 최근 연구는 1959년에 25-30%의 상대적 임금우위효과를 보여

주었다. 따라서 이들 연구에 의하면 노조의 임금은 비노조임금보다 크게 높다는데 모두 의견의 일치를 보고 있다.

한편, 노동조합이 임금에 미치는 영향에 관한 최근 한국의 실증분석 결과에서도 석유 및 화학산업의 노조유무별 임금격차는 약 7-8% 정도로 나타나고 있다. 또한 사무직 생산직사이의 비교에서는 대체로 사무직쪽의 노조유무별 임금격차가 크게 나타나고 있음을 보인다.

### 3. 경기변동과 노조의 상대임금

상대임금에 대한 노조의 영향이 시간경과에 따라 변화한다는 설명은 노조임금 1회의 교섭은 1년 내지 3년간 지속되는 데 반해 비노조임금은 노동수요의 변화에 더욱 민감하게 반응한다는 인식에서 시작된다. 생산물수요와 노동수요가 증가하면 비노조임금은 상승하는 경향이 있고, 노조임금이 같은 비율로 증가하면 노조-비노조 임금차이는 좁혀지지 않을 것이다. 그러나 노조임금은 그렇게 빨리 상승하지 않는다. 왜냐하면 노조임금은 교섭기간 동안 계속 유효할 것이며 재교섭이 되기까지는 일정한 시간이 필요하기 때문이다. 즉, 노조임금상승은 경제상승기 동안 비노조 분야의 임금상승에 비해 떨어지므로 $(W_u-W_n)/W_n$비율은 하락하게 된다. 반면 노동수요의 하락 기간에 노조임금은 비노조임금에 비해 낮은 비율로 하락하여서 $(W_u-W_n)/W_n$의 비율은 증가한다. 한편 통계적 자료에 의하면 비숙련노동자의 경우보다 숙련노동자의 경우에 상대임금에 미치는 노조의 영향이 크다는 것이 입증되고 있다.

## 19.3 부가급여에 관한 노조의 영향

같은 조건하에서 노조임금과 비노조임금간의 격차를 추정하는데는 두 가지에서 잘못된 결과를 낳을 수 있다. 첫째, 임금은 노동자가 받게 되는 총임금 중 일부라는 것이다. 유급휴가, 휴가급여, 병가, 퇴직급여

등의 부가급여는 비노조 부문에서 보다 노조 부문에서 더 많이 받고 있는 것으로 나타나고 있다. 노동자들이 평균적으로 어떤 부가급여를 선호하는지 비노조 부문에서는 손쉽게 전달받을 수 있는 방법이 없으므로 노동조합이 없는 경우 총보수 가운데 임금의 형태로 지급되는 금액이 많은 편이다. 따라서 부가부여를 무시한 임금격차 분석은 노조-비노조 간의 실제로 지급되는 총보수 격차를 과소평가할 수 있다.

반대로 비금전적 고용조건을 무시하게 되면, 노동조합이 조합원의 전반적인 복지수준에 주는 영향을 비노동조합 부문의 근로자에 대해 상대적으로 과대평가하게 될 수도 있다. 예를 들어, 블루칼라 노동자에게 있어서 노조화된 기업은 비노조기업에서 보다 구조화된 작업환경, 보다 위험한 일, 유연성이 떨어지는 노동시간, 빠른 작업속도, 초과시간할당에 대한 통제불능 등이 원래 더 심한 기업이라고 할 수 있다. 이와 같은 상황은, 근로자들 사이에 보다 독립적이기를 요구하는 생산환경과 사용자들에 의해 엄정한 작업요건의 요구 등이 노동조합에 원인이 있기 때문에 발생한다고 할 수 있다. 즉, 노동조합에 찬성하는 결정은 이와 같은 고용에 따른 비금전적 고용조건에 크게 영향을 받는다. 노동조합이 이러한 근로조건에 대해 많은 노력을 기울이지만, 언제나 성공하는 것은 아니다. 추정된 노동조합과 비노동 조합간의 근로소득차이 중 일부는 노동조합가입 근로자들에게 지급된, 이와 같은 상대적으로 열악한 근로조건을 보상하기 위한 프리미엄의 성격이 있다. 한 연구에 따르면 추정된 노조-비노조간의 근로소득격차 가운데 약 5분의 2 가량이 그와 같은 보상의 성격이며, 관찰된 근로소득격차는 노동과 관련된 총체적 복지수준에 있어서의 진정한 차이를 과대평가하고 있는 것이다.

## 19.4 노동조합과 임금불평등효과

우선 첫째로, 노동조합이 임금분산(임금불평등)에 미치는 효과에 대해서 살펴보자. 여기에는 다음과 같은 대립되는 두 가지 견해가 있다.

그 하나는 노동조합이 소득불평등을 확대시킨다는 주장인데, 노동조합이 노동공급의 독점력을 가지고 있으며 노동조합은 임금을 경쟁수준 이상으로 올리기 위해 이러한 독점력을 이용한다는 것이다. 이 주장에 따르면 노동조합운동으로 인한 조직부문의 임금인상이 파급효과를 유발하여 조직부문의 노동력이 비조직부문으로 이동함으로써 비조직부문의 노동자들의 임금을 하락시킨다. 그리고 노동조합은 시장의 자유경쟁을 제한하는 일종의 독점조직이기 때문에 노동력의 이용방법을 왜곡시켜 효율성을 저해하면서 사회전체에 손해를 주고, 소수의 이익을 도모하는 폐단이 있기 때문에 노동자계급의 소득분배를 더욱 불평등하게 한다는 것이다.

노동조합이 임금분산에 미치는 효과의 다른 하나는 노동조합은 평등주의적인 세력으로서 소득불평등을 오히려 축소시키는 역할을 한다는 주장이다. 노동조합이 독점효과에 의해서 부문간 임금불평등도를 부분적으로 확대시키기는 하지만 노동조합은 동시에 조직부문 내부의 각종 임금격차를 축소시키기 때문에 전체적으로는 이 효과가 독점효과로 인한 임금불평등도의 확대효과를 상쇄하여 경제전체의 임금불평등도를 축소시킨다는 주장이다. 독점임금효과에 의한 불평등의 확대효과는 노동조합의 임금정책에 의해 상쇄되는데, 왜냐하면 노동조합은 다수파가 지배하는 정치적 과정에 근거하기 때문에 조직의 결속을 위해 임금의 분산이 작은 것을 선호하게 될 것이기 때문이다. 이렇게 노동조합은 독점적 측면과 집단적 발언 측면을 함께 가지고 있기 때문에 노동조합이 임금불평등도를 확대하느냐 아니면 축소하느냐 하는 문제는 위의 두 상반된 효과 중 어느 쪽이 더 크게 작용하느냐에 달려 있다고 하겠다.

두 번째로 노동조합의 임금표준화 전략에 대하여 살펴보자. 노동조합의 임금표준화전략이란 인구학적 속성과 직종이 같은 노동자들에게 기업으로 하여금 동일노동 동일임금을 지불하도록 요구하고 경영자측이 선별적으로 개개인의 임금을 결정하는 권리를 제한하는 것을 말한다.

그러면 노동조합이 임금표준화전략을 추구하는 몇 가지 이유를 살펴보자. 첫째, 노동조합이 한계노동자(marginal worker)들의 선호보다는 대다수 노동자에게 이익이 되는 임금정책을 채택하기 때문이다. 이는 노조대의원이 표결을 통해 다수의 표를 얻어 당선되기 때문에 한계적 노동자보다는 중립투표자(median voter)의 의사를 존중하지 않을 수 없게 되어 있기 때문이다. 둘째, 노동자의 기업에 대한 공헌도를 객관적으로 측정하는 것은 대단히 어렵고, 감독자의 자의적인 평가는 상당한 편차를 가질 수 있기 때문에 경영자측의 자의적인 임금결정권을 줄이고 객관적으로 임금을 결정하도록 하기 위하여 임금표준화전략을 선호한다는 것이다. 노동조합은 '동일직무 동일임금'을 강하게 요구하는 정책을 추진함으로써 조합원들을 감독자의 자의적 임금결정에 대한 불안으로부터 보호하려고 할 것이다. 셋째, 한 직종에서 개개인 간의 임금격차가 현저히 큰 경우 노동조합이 조직력을 계속 유지하기 어렵기 때문에 노동조합은 노동자의 연대와 조직의 통일성을 위해 동일한 직무에 근무하는 노동자의 임금을 균등하게 하려고 한다.

이상과 같이 노동조합이 사업체 내의 임금을 표준화시키는 전략을 채택하게 되면 임금의 분산을 줄일 수 있게 될 것인데, 우리나라의 경우에도 이에 따라 조직부문 근로자들의 임금분산이 비조직부문의 임금분산에 비하여 작게 나타나고 있다.

노동조합의 임금표준화는 노동자의 숙련도나 지식에 대해서 낮은 수익률을 제공함으로서 가능한데 이는 연령-임금곡선을 보다 평탄하게 함으로써 이루어질 수 있다. 이는 노동자간의 경쟁을 억제하고 평등주의정책에 의해 노동자의 회사에의 귀속감이나 기여정신을 낳게 하여 생산성 향상에 기여할 수 있다는 장점이 있다. 그러나 숙련도나 기술, 교육 등에 대한 낮은 수익률은 생산성이 높은 노동자에게는 불이익을, 생산성이 낮은 노동자에게는 큰 이익을 제공함으로써 노동자의 인적자본 축적의 추구를 저해하는 점이 있다. 그 결과 노조조직 기업은 중후장대형 산업에만 위치하게 되어 장기적으로 노조조직이 와해될 가능성이 있다는 단점도 있다.

## 19.5 고용과 경제후생에 관한 노조의 영향

상대임금의 향상에 대한 노조의 영향은 경제전체로 보면 반드시 실업을 수반하는 것은 아니다. 왜냐하면, 노조분야에 있어 임금의 상승은 그 분야에 있어서의 고용을 감소시키나 비노조부문으로의 노동력 이동에 의해 비노조부문에선 임금수준이 하락되고 고용증가가 일어나서 결국 총고용수준은 일정하게 유지될 수 있기 때문이다. 이 경우 노조부문의 높은 임금은 비노조부문의 임금하락을 희생으로 하여 이루어진 것으로 이와 같은 고용의 이동은 노동의 불합리한 배분을 나타내며 경제후생을 그만큼 감소시키게 된다.

그러면 노조의 임금정책이 고용과 경제후생에 어떻게 영향을 미치는지를 구체적으로 알아보기로 하자. 두 집단의 노동자 $U$와 $N$으로 구성되어 있는 경제를 생각해 보자.

### 노조부문에서 실직된 노동자들이 비노조부문으로 이동하는 경우

[그림 19-2]에서 경제전체의 노동수요는 $VMP_{L(u+n)}$이고, 경제전체의 노동공급은 $S$라 하면 수요공급에 의해 경쟁임금 $W_c$가 결정된다. $W_c$의 임금하에서 노조($U$)부문의 고용은 $E_u$이고, 비노조($N$)부문의 고용은 $E_n$이다. 이제 $U$부문에서 노조화가 형성되면 임금은 $W_u$로 상승한다고 하자. 이때 고용수준은 노조부문에서 $E_u^*$로 하락한다. 노동자들이 노조부문 $U$에서 비노조부문 $N$으로 이동된다면 $N$부문에서의 임금은 $W_n$으로 떨어지고 고용은 $E_n^*$으로 증가된다. $U$부문에서 직장을 잃은 노동자가 $N$부문으로 이동하는 한 경제전체로의 실업은 존재할 이유가 없으며 고용수준은 $E_{u+n}$에서 일정하게 유지될 수 있다. $N$부문의 기업들이 노조화와 임금상승에 대한 위협을 느낀다 하더라도 실업이 발생하지는 않는다. 이와 같은 노조의 임금정책에 따라 실업이 발생하지 않더라도, 두 부문 사이에 있어 노동의 불합리한 배분은 존재하게 된다. 전에 임금 $W_c$를 받고 $U$부문에서 고용된 노동자들은 지금 $N$부문으로 이동하여 그

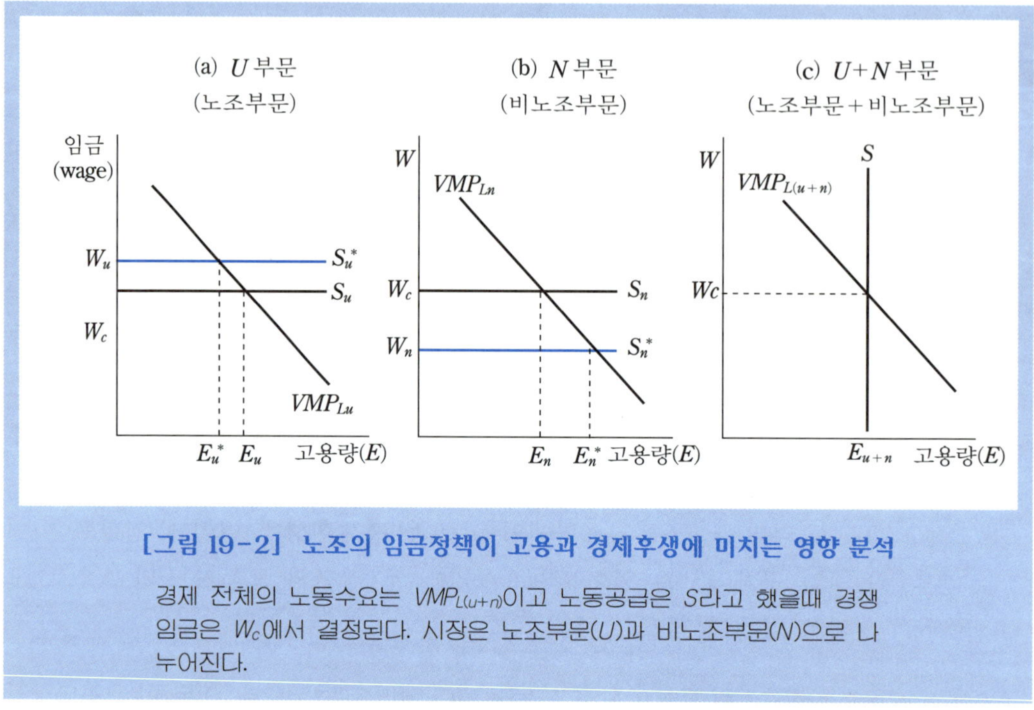


**[그림 19-2] 노조의 임금정책이 고용과 경제후생에 미치는 영향 분석**

경제 전체의 노동수요는 $VMP_{L(u+n)}$이고 노동공급은 $S$라고 했을때 경쟁 임금은 $W_c$에서 결정된다. 시장은 노조부문($U$)과 비노조부문($N$)으로 나누어진다.

보다 낮은 임금 $W_n$을 받고 고용된다. 따라서 경제전체로 볼 때 산출량의 가치는 그만큼 더 낮아진 셈이다.

### 노조부문에서 실직된 노동자들이 이동하지 않는 경우

후생손실의 측정에 관한 최근의 연구는 정태분석의 한계를 넘어 보다 현실적인 면을 고려함으로써 실업을 노조의 임금정책에 대한 비용으로 고려하는 경우가 많다. 예를 들면 $U$부문에서 실직된 노동자가 $U$부문에 남아 재고용될 기회를 찾는 동안, 실업은 $U$부문에 나타나게 될 것이고, 더욱이 노조부문의 이점 때문에 비노조노동자가 노조부문으로 구직을 희망하여 이동한다면 그 때 노조부문에 있어 실업은 그만큼 높아지게 된다. 노조부문에서 실직된 노동자들과 고용이 확장되고 있는 비노조부문 사이가 지역적으로 서로 분리되어 있는 한 이동에 따르는 비용과 정보수집에 드는 비용은 그만큼 실업의 기간을 연장시키게 된

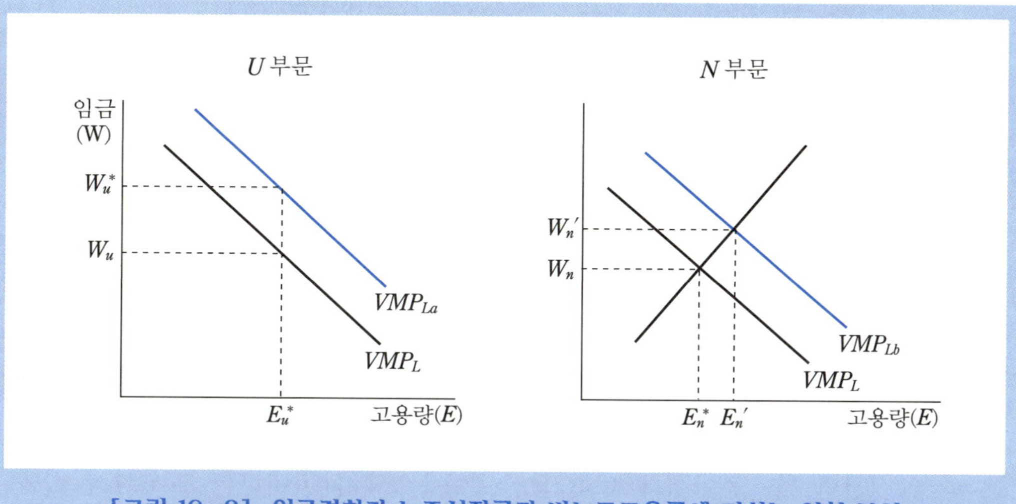


**[그림 19-3] 임금격차가 노조성장률과 비노조고용률에 미치는 영향 분석**

노조부문에 있어 노조노동에 대한 $VMP_L$의 증가는 노동고용량을 감소시킴없이 임금은 $W_u^*$로 상승시키고, 노조가 임금상승을 $W_u^*$까지 제한한다면 비노조부문으로 노동의 유출은 없을 것이다. 비노조부문의 경우 노동수요의 증가는 임금과 고용을 $W_n'$와 $E_n'$까지 증가시킨다.

다. 노조-비노조의 임금격차가 어떻게 노조성장률과 비노조 고용률에 영향을 미치는가를 동태적으로 분석하기 위해 [그림 19-3]에 예시된 일련의 과정을 살펴보자.

### 노조 · 비노조 부문에서 노동수요가 똑같이 증가할 때

노조가 상대수입에 영향을 미치는 균형상태를 가정한다. 노조부문에서 임금은 $W_u$, 고용은 $E_u^*$, 비노조부문에서 임금은 $W_n$, 고용은 $E_n^*$이라하자. 이 경우 경제 내의 총고용은 $E_u^*+E_n^*$이 되는데 노동의 총수요는 자본형성률과 기술의 변화율에 따라 일정한 비율로 증가하며 처음엔 $U$부문과 $N$부문에서 똑같이 노동수요가 증가한다고 가정하자. 노조부문에 있어 노조노동에 대한 $VMP_L$의 증가는 노조고용량을 감소시킴 없이 임금을 $W_u^*$로 상승시킨다. 노조가 임금상승을 $W_u^*$까지 제한한다면, 그 때 비노조부문으로의 노동의 유출은 없을 것이고, 비노조부문에 있어 노동수요의 증가는 임금을 $W_n''$ 까지 상승시키고, 고용도 $E_n'$까지 증가시킨다. 고용증가는 비노동부문에만 증가할 때 이 경우 노동수요가 두 부문에서 똑같이 증가한다는 가정과는 반대로 고용증가는 비노조부문에만 존재하며 노조부문의 고용은 일정하게 유지된다고 하자. 이 경우 노조/비노조의 임금격차는 $(W_u^* - W_n')/W_n'$에까지 확대되어 노조의 상대임금은 상승하고, 비노조부문의 노동수요는 증가한다. 비노조부문의 노동수요증가는 비노조 임금을 상승시키면서 고용을 증대시킨다. 노조부문에 있어 노동수요의 증가율이 낮음으로 해서 노조노동자에 대한 실업의 발생없이 얻을 수 있는 임금의 증가폭도 결국은 그만큼 작아진다. 예를 들어보면 미국의 노조인원이 1953년의 16,948천명에서 1972년엔 19,435천명으로 증가했다 하더라도 총노동력에서 차지하는 노조원의 비율은 25.5%에서 21.8%로 감소했다. 이와 같은 추세를 통해 볼 때 노조노동수요는 계속 증가하고 있지만 비노조부문의 노동수요 및 고용은 이보다 훨씬 급격히 증가하고 있다는 사실을 알 수 있다.

지금까지 노조임금정책에 따르는 사회적 비용 측면이 분석되었다. 노조원의 실직을 수반하지 않는 노조의 임금정책은 비노조부문으로 그 사회적 비용을 전가시키게 된다. 노조의 임금인상에 따르는 사회적 비용은 소득의 재분배를 수반한 비노조노동자의 평균임금하락과 노동의 불합리한 배분인 것이다. 그러나 고용성장은 비노조 분야에서 노조임금정책이 없는 경우보다 더 크게 나타난다. 신고전파모형에 의하면 또 다른 비용도 있을 수 있다. 예를 들면 노조화가 특정 지역의 노동시장에 집중되어 있다면 노동시장에서의 고용증가율이 낮아진 경우, 노동력 참가자들이 직업을 구하지 못함에 따라 이 지역에 있어 더 높은 평균실업률을 경험하게 된다. 이와 같은 노동시장에서의 노동력 참가는 구직에 실패한 신규참가자 또는 실망노동자가 노동력으로부터 퇴장하거나, 다른 지역으로 이주함에 따라 더욱 감소될 수도 있다.

이 장에서 우리의 논의는 상대임금에 미치는 노조의 영향에 초점을 두고, 고용과 후생에 미치는 노조영향을 살펴보았다.

## 19.6 노조의 생산성에 대한 영향

생산성에 미치는 노동조합의 영향 또는 단체교섭이 경영효율성에 미치는 효과에 대하여 오랫동안 논쟁이 있어 왔다.

노조는 임금조건, 작업의 성질, 훈련, 이직률, 근로자의 사기 등을 통해 생산성에 긍정적 효과를 미친다. 반면에 노조의 자의적 정책(make-work rule)이나 노조에 의해 부과된 경영자정책등은 생산성에 부정적 효과를 가져오기도 한다.

### 1. 생산성에 대한 긍정적 효과

노동조합의 존재는 생산성에 대해 다음과 같은 긍정적 효과를 갖는다.

첫째, 노동조합이 조직되어 있는 사업장은 상대적으로 임금 및 부가급여의 수준이 높고, 근로조건이 양호하기 때문에 양질의 근로자 채용이 가능하고, 아울러 직무의 질을 높히고, 직무에 대한 인식변화를 유도할 수 있다. 그러므로 근로자의 사기증진, 인화증진, 동기부여 등을 높여 생산성에 대한 긍정적 효과를 가져온다. 특히 노동자의 사기는 경영자에게 노조충격(union shock)을 안겨줌으로써 보다 긴장되고, 개선된 경영방식으로 대응하기를 강요하며 경영능력의 제고를 가져온다.

둘째, 노동조합의 존재로 승급, 승진, 전환 등의 노무관리나 일상적인 작업지시 등의 과정에서 경영관리층으로부터 부당한 대우를 상대적으로 덜 받게 되며 불만과 고충이 발생되더라도 이를 노동조합 조직을 통하여 해소하거나 완화시킬 수 있다. 즉, 노조는 노동자와 경영자간의 의사소통채널을 열어준다.

셋째, 조합 조직으로 말미암아 직장의 안정성(stability of job)이 증진되고, 따라서 이직률이 감소되고, 사내훈련의 축적으로 장기근속이

유도될 수 있다.[1)]

넷째, 연공서열제도는 노동자간의 협조를 조성하고, 적대의식을 불식시켜 생산성 증대에 영향을 준다.

### 2. 생산성에 대한 부정적 효과

노조는 생산성에 있어 다음과 같은 부정적 효과를 갖는다. 첫째, 과업(task)이 줄어들고, 반복적이고, 불필요한 작업이 행해지며 불필요한 대기인원이 늘고, 생산기준이 느슨해지며 작업장 이탈이 늘고, 기술변화가 저해된다. 둘째, 노조로 인해 양질의 노동자고용이 방해를 받고, 서열제도는 능력자의 승진을 방해하며 노동자는 경영과 생산에 있어서 대화보다 완고한 입장을 고수한다. 셋째, 노조활동의 증대는 노동자의 불만표출을 증대시켜 생산활동에 저해요인으로 작용한다.

## 19.7 최저임금법과 고용

미국에선 1938년 법적최저임금을 규정한 "공정근로기준법"(The Fair Labour Standards Act)을 제정하였고, 이 법규정에 의하여 최저임금을 지불해야 할 경제부문을 설정하였다. 1938년 이래로 이 법은 두 가지 방향으로 수정되어 왔다. 즉, 최저임금은 계속적으로 상승되어 왔으며 더 많은 노동자에게로 법의 적용범위가 확대되어 왔다. 최저임금의 지지자는 최저임금제도를 빈곤추방을 위한 수단으로 선호하는 경향이 있고, 반대하는 입장에선 비숙련기술노동자의 고용을 저해하는 법으로 간주하고 있다.

이와 같은 최저임금이 어떻게 임금과 고용에 영향을 미치는가를 살펴보기로 한다.

[그림 19-4]에서 비숙련기술직업에 대한 노동공급과 수요곡선을 각각 $S$와 $D$라 하고, 균형시장임금을 $W_e$, 균형고용량을 $E$라고 가정하자.

1) 노조는 임금을 높이고, 아울러 이직률을 낮춘다(Lewis, 1963).

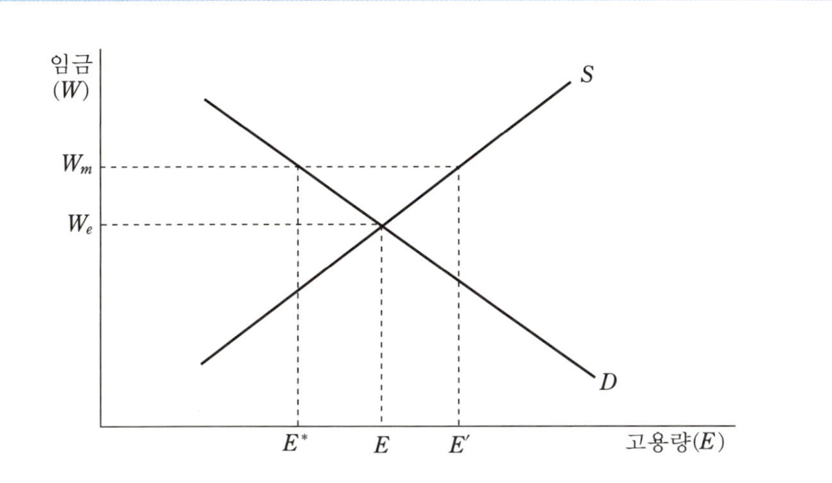


**[그림 19-4] 최저임금이 임금과 고용에 미치는 영향**

최저임금법의 설정에 의해 영향을 받는 기업은 마지막 고용으로 노동자의 $VMP_L$이 최저임금 $W_m$과 같아질 때까지 고용을 감소시켜 $E^*$로 하락한다.

정부가 최저임금 $W_m$ 이하의 임금을 받는 모든 노동자들에게 $W_m$의 임금이 지급되도록 규정한다면 이 법은 현행 시장임금이 최저임금 이하이거나 한계선보다 조금 높은 노동시장에서만 일차적인 효과를 가진다. 즉, 최저임금보다 현저히 높은 임금을 얻은 노동자는 거의 영향을 받지 않을 것이다. 지금, 최저임금을 $W_e$보다 높은 $W_m$으로 설정하면 그 결과는 어떠하겠는가? 이윤극대화 기업은 물가상승요인과는 관계없이 투입요소의 상대가격 상승에 따라 다른 조건이 일정하다면, 투입요소로서의 고용을 감소시킬 것이다. 즉, 최저임금의 설정에 의해 영향을 받는 모든 기업은 마지막 고용된 노동자의 $VMP_L$가 최저임금 $W_m$과 같아질 때까지 고용을 감소시킬 것이다. 그리하여 고용은 $E^*$로 하락한다.

한편, 노동공급량이 최저임금 $W_m$에서 $E'$로 증가한다면 $E^*-E'$는 최저임금에 의해 유인된 초과공급량인 것이다. 그러나 이와 같은 결론은 높은 최저임금이 노동공급량을 증대시키더라도 그러한 최저임금에서는 직업을 구할 수 있는 가능성이 낮아지므로 기대임금은 상승되지 않으며 최저임금 상승결과로 실직된 노동자들은 그 직업을 떠나고, 유인되었던 노동자들은 구직을 포기할 것이다.

이러한 이유로 경제학자들은 최저임금과 실업 사이의 관계보다 최저임금과 고용 사이의 관계를 조사해 왔다. 특히 비숙련노동자 고용이 최저임금 상승에 의해 영향을 받는다는 주장은 강력한 통계적 지지를 받았다. 케스터와 웰치(M. Kasters & Finis Welch)는 1954년에서 1968년에 결쳐 발생했던 최저임금상승의 고용효과를 조사했는데 그들은 가장 심각한 고용감소효과는 10대 청소년층에 집중되어 있다는 것을 알아내었다. 또 다른 연구에서 웰치(Welch)는 1954년에서 1968년까지 최저임금 적용범위의 확대와 더불어 인상된 최저임금으로 인해서 청소년의 고용비율은 현저하게 낮아졌고, 또 경기변동에 따라 결과적으로 최저임금법의 대상에서 제외된 산업부문으로 청소년 고용의 실질적 이동이 이루어졌음을 입증하였다.

이와 같은 사실을 종합해보면 조직된 노동자들이 최저임금상승을 강력히 지지하는 이유를 설명할 수 있을 것이다. 청소년층은 노조원인 경우가 드물기 때문에 노조는 고용상실의 비용을 갖지 않으며 최저임금 상승으로부터 이득을 얻는다.

Labor box

**최저임금제의 득과실**

최저임금제란 상대적으로 열악한 조건에 있는 근로자를 보호하기 위한 제도로서 최저임금은 최저생계비와 관련하여 아주 낮은 수준에서 실업문제까지 생각하여 책정이 된다. 대체로 정규직 경우 최저임금제에 영향을 받지 않으나 비공식부문과 같이 고용관계가 확실하지 못한 경우에는 효력을 받는다.

미국의 케네디(Edward Kennedy) 의원은 미국이 1981년 이후 인플레이션이 지속되었음에도 불구하고 최저임금은 그에 미치지 못하기 때문에 그에 대체 방안으로 최저임금인상을 주장하였다. 이에 찬반론이 미국 내에서 일어났는데 반대하는 경제학자들은 이러한 최저임금제는 인플레이션을 가속화시키고 이는 실업률을 상승시켜 최빈곤층인 비숙련노동자를 노동시장에서 퇴출시키는 역효과를 낼 수 있다고 주장한다. 또 최저임금에 해당하는 노동자의 비율 중 정규직 노동자는 20%이고 대다수의 최저임금 노동자는 1/3이 청소년 노동자 및 파트타임 주부라는 점을 고려해 볼 때 최저임금노동자들은 임금률보다는 직장을 구하는 것이 문제라는 것이다. 이와 같은 상황에서 최저임금제의 실시는 약 30만개의 직장수가 감소할 것이며 10대의 실업률은 15%에 이를 것으로 전망하였다. 이는 높은 임금을 받고 있는 높은 임금의 노동자까지 자극하여 연쇄적인 임금상승을 유발시킨다는 점도 지적되었다.

이에 반해 찬성론자들은 케네디의 경제연구팀의 연구에 의해 실업률 상승의 효과는 극히 적다(약 0.1% 상승)고 강조하면서 인플레이션과 실업에 미치는 영향이 있으나 경제적 효과가 크지 않고 최저임금 시행이 주로 서비스업에 종사하는 사람에게 영향을 미치게 되므로 국제경쟁력의 문제에도 영향을 주지 않는다고 주장했다.

과연 최저임금제가 한국에서 위에서 언급한 것처럼 득이 큰지 실이 큰지는 생각해 볼 문제이다.

자료: 강태진 · 유정식 · 홍종학 공저, 「미시적 경제 분석」, 1996.

Labor box

### 사양산업에서 노동조합이 임금에 미치는 영향

미국의 1970년대와 1980년대 사이에 제조업 10대산업 중 철강산업은 임금이 가장 큰 폭으로 상승되었는데 이 철강산업의 생산은 16%나 감소하는 이상현상을 보였다. 이처럼 철강산업은 사양산업인데도 불구하고 어떻게 임금인상을 할 수 있었는가? 이는 자본집약적인 산업에서 제품에 대한 수요가 감소할 경우에는 임금인상에 대응해 노동을 자본으로 대체할 수 있는 능력은 줄어들고 노동에 대한 수요가 증가한다. 다시말해 생산이 확장되고 새로운 자본재가 도입될 경우 이러한 사본재(기계)는 수명이 길고 산업에 특화되어 있는 경우가 대부분이기 때문에 대체성이 떨어진다. 결국 쇠퇴산업에서는 이렇듯 대체성이 떨어지는 자본재보다는 대체가 쉬운 노동의 수요가 늘어나게 된다.

하지만 임금의 상승은 노동비용을 증가시키고 생산감축을 더욱 가속화시켜 기업의 가변비용조차 감당하지 못하게 만든다. 이러한 시점에서 노동자들은 자신이 일하는 회사를 지키기 위해 임금을 낮추게 된다. 이러듯 사양산업의 경우 일시적으로 임금이 상승하다가 결국에는 다시 임금을 낮추게 되는것이다.

자료: Colin Lawrence and Robert Z. Lawrence "Manufacturing Wage Dispersion; "An End Game Interpretation" Brookings Papers on Economic Activity 1985-1.

# 국문색인

ㄱ

## ㅇ

ㅌ



ㅍ



ㅎ

# 영문색인

## A

## C



## D



## E

## P



## Q



## R



## S

**[저자약력]**

연세대학교 상경대학 경제학과 졸업(경제학 학사)
미국 University of Illinois(at Urbana-Champain) 대학원 졸업(경제학 석사 · 박사)
국제경제연구원(현 산업연구원) 수석연구원 역임
UNDP/ILO 경제자문관, 수석고문 역임
한국노동경제학회/한국노사관계학회 회장 역임
성균관대학교 기획실장/전국대학 기획실장 협의회 회장 역임
대통령자문 정책기획위원회 복지건강분과위원, 경제분과위원장 역임
대통령 비서실 복지노동수석비서관, 「삶의질」 향상 기획단 단장 역임
국가 보훈처장 역임
한국산업인력공단 이사장 역임
현재: 성균관대학교 경제학부 교수
국제기능올림픽대회 조직위전략위원회 부의장
남도학숙 원장

저서 및 논문

• 저 서
  국제협력과 해외인력 진출, 1989
  화폐금융 경제학, 1990
  한국노사관계의 현상과 전망, 1991
  노동시장 변화와 인력수급관리, 1994
  위기가 기회다(공저), 1998
  새로운 도전 희망찬 미래: 생산적 복지, 2001
  99번째 이력서를 쓰는 젊은이, 2004
• 논 문
  경제발전과 노동시장의 변모
  노동시장 변화와 인력수급 관리
  환율 · 임금의 변동이 산업별 가격에 미치는 영향
  유교적 전통문화와 노사관계 외 다수

개정판
노동경제학

2004年 11月 20日 初版發行
2006年 10月 15日 改訂版發行
2009年 3月 15日 重版發行

著 者 김 유 배
發行人 安 鍾 萬
發行處 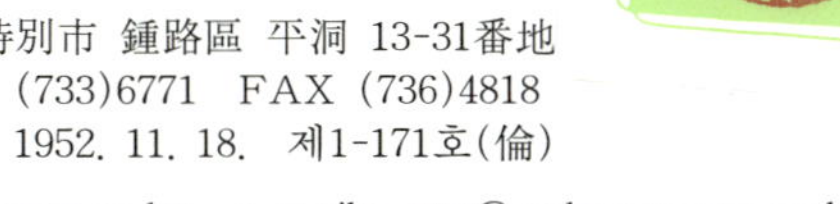
서울特別市 鍾路區 平洞 13-31番地
電話 (733)6771 FAX (736)4818
登錄 1952. 11. 18. 제1-171호(倫)

www.pakyoungsa.co.kr e-mail: pys@pakyoungsa.co.kr

定 價 30,000원 ISBN 89-10-20490-7